VITÓRIA, A RAINHA

Julia Baird

Vitória, a rainha
A biografia íntima da mulher
que comandou um Império

TRADUÇÃO
Denise Bottmann

2ª reimpressão

Grafia atualizada segundo o Acordo Ortográfico da Língua Portuguesa de 1990,
que entrou em vigor no Brasil em 2009.

Título original
Victoria the Queen: An Intimate Biography of the Woman Who Ruled an Empire

Capa
Carlos di Celio

Imagem de capa
Queen Victoria, de Franz Xaver Winterhalter, c. 1843, óleo sobre tela. Alamy/ Fotoarena

Tradução das notas, legendas e materiais complementares
Lucas Cordeiro

Preparação
Victor Almeida

Índice remissivo
Probo Poletti

Revisão
Isabel Cury
Adriana Bairrada
Valquíria Della Pozza

Dados Internacionais de Catalogação na Publicação (CIP)
(Câmara Brasileira do Livro, SP, Brasil)

Baird, Julia
    Vitória, a rainha : A biografia íntima da mulher que
comandou um Império / Julia Baird ; tradução Denise
Bottmann. – 1ª ed. – Rio de Janeiro : Objetiva, 2018.

    Título original: Victoria the Queen : An Intimate
Biography of the Woman Who Ruled an Empire.
    Bibliografia.
    ISBN 978-85-470-0072-1

    1. Grã-Bretanha – História – Rainha Vitória, 1837-
-1901 2. Rainhas – Grã-Bretanha – Biografia 3. Vitória,
Rainha da Grã-Bretanha, 1819-1901 I. Título.

18-19788   CDD-941.081092

Índice para catálogo sistemático:
1. Rainha Vitória : Grã-Bretanha : História :
    Biografia   941.081092

Cibele Maria Dias – Bibliotecária – CRB-8/9427

[2022]
Todos os direitos desta edição reservados à
EDITORA SCHWARCZ S.A.
Praça Floriano, 19, sala 3001 — Cinelândia
20031-050 — Rio de Janeiro — RJ
Telefone: (21) 3993-7510
www.companhiadasletras.com.br
www.blogdacompanhia.com.br
facebook.com/editoraobjetiva
instagram.com/editora_objetiva
twitter.com/edobjetiva

Para Poppy e Sam, minhas crianças mágicas.

[A rainha Vitória não] pertencia a nenhuma categoria imaginável de monarcas ou de mulheres, não tinha nenhuma semelhança com uma dama aristocrática inglesa, não tinha nenhuma semelhança com uma inglesa rica de classe média nem com qualquer típica princesa da corte germânica... Reinou por um período maior do que os das outras três rainhas somados. Nunca poderiam confundi-la em vida com outra pessoa e nunca poderão. Com ela seria impossível usar expressões como "gente como a rainha Vitória" ou "aquele tipo de mulher"... Por mais de sessenta anos, foi, sem prefixo nem sufixo, "A Rainha".

ARTHUR PONSONBY[1]

Estamos todos atentos a sinais de doença na rainha; mas... a vontade de ferro que percorre seu extraordinário caráter lhe permite continuar firme até o último minuto, como nenhuma outra pessoa conseguiria.

LADY LYTTELTON[2]

Sumário

Lista de personagens

A família de Vitória

PRÍNCIPE EDWARD, posteriormente DUQUE DE KENT (1767–1820). Quarto filho de Jorge III e pai da rainha Vitória. Vigoroso e justo, era um disciplinador implacável como oficial do Exército, mas afetuoso como marido e pai. Depois de um controverso período como governador de Gibraltar e marechal do Exército, Edward se dedicou a tentar deixar um herdeiro para o trono. Morreu de pneumonia apenas seis dias antes de seu pai, Jorge III, e menos de um ano após o nascimento de sua filha, de quem sentia imenso orgulho.

MARIE LOUISE VICTOIRE, DUQUESA DE KENT (1786–1861). Mãe da rainha Vitória e de Feodora, princesa de Hohenlohe-Langenburg. O duque de Kent convenceu a então viúva Victoire a se casar com ele e a se mudar da Alemanha para a Inglaterra. A relação entre mãe e filha era tempestuosa e doentia; os atritos, que começaram na adolescência de Vitória, vieram a público quando ela se tornou rainha. Mais tarde elas se reconciliaram. Quando a duquesa morreu, em 1861, Vitória ficou inconsolável.

JORGE III (1738–1820). Rei da Grã-Bretanha (e depois do Reino Unido) de 1760 a 1820 e avô de Vitória. Apesar de ter sido o terceiro monarca a reinar por mais tempo (depois de Isabel II e Vitória) e ter levado uma vida comedida e espartana, ficou mais conhecido pelos acessos imprevisíveis e incontroláveis de loucura e também pela perda de colônias na Revolução Americana. O fantasma de sua insanidade — assim como a sua possível herança — atormentaria Vitória (e daria munição a seus opositores) por décadas.

JORGE IV (1762–1830). Depois de ter sido príncipe regente quando Jorge III esteve doente, o príncipe George Augustus Frederick se tornou rei em 29 de janeiro de 1820. Sujeito extravagante e pançudo, Jorge IV desprezava e perseguia a esposa, Caroline de Brunswick, e vivia com a amante. Sua única filha, a princesa Charlotte, morreu dando à luz. A relação dele com a sobrinha Vitória era tensa, mas ele a agradou ao presenteá-la com um jumento e promover montagens da peça *Punch e Judy* para ela no jardim dele.

PRINCESA CHARLOTTE AUGUSTA DE GALES (1796–1817). Filha única de Jorge IV. Era muito amada e se esperava que se tornasse uma grande rainha, mas faleceu depois de um parto difícil, o que desencadeou uma disputa entre seus tios corpulentos e de meia-idade pela geração de um herdeiro legítimo do trono. Sua morte também deixou para trás um viúvo devastado — o impetuoso, ambicioso e amável Leopoldo, tio de Vitória.

GUILHERME IV (1765–1837). Terceiro filho de Jorge III e sucessor de seu irmão, Jorge IV. Aos 27 anos, aposentou-se da Marinha. Tornou-se rei quarenta anos depois. Nesse meio-tempo, teve dez filhos bastardos com a amante. Veio a se casar com a estimada princesa Adelaide de Saxe-Meiningen, mas nenhum de seus filhos sobreviveu à infância, o que significou a ascensão de Vitória ao trono após a morte dele.

ERNESTO AUGUSTO (1771–1851). Quinto filho de Jorge III, tornou-se rei de Hanôver porque a lei sálica impedia a sobrinha Vitória de ascender ao trono. Ernesto, um *tory* convicto — também conhecido como duque de Cumberland —, provocou muito medo e rumores devido às cicatrizes em seu rosto e a boatos infundados de atos incestuosos com a irmã, estupros de freiras e assassinato de um lacaio.

PRÍNCIPE AUGUSTUS FREDERICK, posteriormente DUQUE DE SUSSEX (1773–1843). Sexto filho de Jorge III. Inabilitou-se para o trono ao se casar duas vezes com mulheres que o pai desaprovava e, portanto, infringir o Decreto dos Casamentos Reais.

PRÍNCIPE ADOLPHUS, posteriormente DUQUE DE CAMBRIDGE (1774–1850). Sétimo filho do rei Jorge III. Também era avô de Maria de Teck (esposa e rainha consorte de Jorge IV) e tataravô de Elizabeth II.

Marido e filhos de Vitória

ALBERT DE SAXE-COBURGO-GOTA (1819–61). Príncipe consorte da rainha Vitória. Nascido três meses depois de Vitória, no Castelo Rosenau, perto de Coburgo, Albert teve a infância marcada pelo fim violento do casamento dos pais. Indivíduo culto e disciplinado, Albert aspirava à grandeza e à virtude e era adorado por Vitória. Indubitavelmente hábil, também era uma figura controversa: alguns o chamavam de "Albert, o Bondoso", outros de "Albert, *das Rei*" — o intruso alemão. Foi celebrado pelo mundo todo por encabeçar a Exposição Universal, em 1851. A saúde frágil e o trabalho árduo e ininterrupto o levaram à morte, em dezembro de 1861, aos 42 anos.

PRINCESA VICTORIA ADELAIDE MARY LOUISE (1841–1901). Primogênita do casal Vitória e Albert. Embora fosse uma criança precoce e inteligente, não poderia herdar o trono se um irmão do sexo masculino nascesse. Aos dezessete, casou-se com o futuro imperador Frederico da Prússia. A união feliz contrastava com o resto de sua sofrida vida na Alemanha: sentia-se estrangeira, incompreendida e sozinha. Dois de seus filhos morreram ainda crianças e o terceiro, Guilherme, era deliberadamente cruel. Vicky e a mãe trocaram confidências em cartas por décadas e morreram com apenas seis meses de intervalo.

ALBERT EDWARD, PRÍNCIPE DE GALES, futuro EDUARDO VII (1841–1910). Segundo filho de Vitória e primeiro na linha sucessória. O temperamental e sociável "Bertie" não era tão sagaz quanto sua irmã mais velha e os pais o julgavam severamente por isso. Vitória atribuía a morte do marido às aventuras sexuais do filho e, enquanto viveu, negou-lhe quaisquer incumbências oficiais mais sérias. Apesar das reservas de seus progenitores, Bertie viria a ser um monarca bem-sucedido e querido durante seu curto reinado. O filho, Jorge V, o sucedeu.

PRINCESA ALICE MAUD MARY (1843–78). Terceira filha de Vitória e segunda entre as filhas mulheres. Rebelde e muito próxima do irmão mais velho, Bertie, quando criança, teve seu caráter afetuoso posto em evidência quando devotou seus cuidados ao pai agonizante e, logo depois, à devastada mãe. Seu casamento com o príncipe Louis, seis meses depois, foi um evento austero, espécie de prenúncio da união infeliz. Quando vivia em Darmstadt, dedicou-se de corpo e alma à enfermagem, especialmente durante a Guerra Franco-Prussiana. Tinha apenas 36 anos quando morreu de difteria, em 14 de dezembro de 1878. Herdou o gene hemofílico da mãe e o transmitiu a vários de seus filhos, dentre os quais Alexandra, esposa do tsar Nicolau II, que posteriormente encarregaria Raspútin da cura do filho hemofílico.

PRÍNCIPE ALFRED ERNEST ALBERT (1844–1900). Segundo filho de Vitória e Albert, "Affie" se tornaria o governante da pequena província de Saxe-Coburgo-Gota na Alemanha. Habilidoso oficial da Marinha (embora os períodos de ausência no mar deprimissem a rainha), Affie teve que abrir mão da carreira naval quando se tornou duque de Coburgo. Era um monarca escrupuloso, mas o casamento infeliz e o suicídio do filho o levaram a afundar no alcoolismo. Morreu em julho de 1900, seis meses depois da morte da mãe.

PRINCESA HELENA AUGUSTA VICTORIA (1846–1923). Quinta filha de Vitória e terceira entre as mulheres, "Lenchen" se casou com o desprezível príncipe Frederick Christian de Schleswig-Holstein-Sonderburg-Augustenburg e teve com ele quatro filhos. Admiradora de Florence Nightingale, Helena se tornaria presidenta da Associação das Enfermeiras Britânicas, em 1889. Embora morasse perto de Vitória, conseguia escapar do controle materno trabalhando como secretária da rainha e promovendo ações beneficentes.

PRINCESA LOUISE CAROLINE ALBERTA (1848–1939). Nascida num ano de revolução, Louise seria conhecida como indomável e caprichosa pelo resto da vida. Tornou-se uma escultora talentosa e se envolveu em escândalos, sendo o mais notável o caso com seu mestre, Joseph Edgar Boehm. A bela Louise se casou com o marquês de Lorne, que se revelou, ainda que leal, um marido insatisfatório. Apesar da desaprovação de Vitória, que estava surpresa com a guinada intelectual de algumas das filhas, Louise apoiou a criação da União Nacional pelo Ensino Superior de Mulheres e foi a primeira presidenta da entidade. Morreu durante a eclosão da Segunda Guerra, aos 91 anos.

PRÍNCIPE ARTHUR WILLIAM PATRICK ALBERT (1850–1942). Sétimo filho de Vitória e terceiro varão. Arthur foi comandante-chefe de vários exércitos em quatro décadas de serviço militar. Aquiesceu, talvez com razão, à escolha que a mãe fez de sua noiva, uma princesa prussiana, e foi recompensado com uma união feliz (pelo menos dentro dos parâmetros reais). Após a morte de seu irmão mais velho, Affie, tornou-se herdeiro do ducado de Saxe-Coburgo-Gota, mas seu propósito de governar à distância, da Grã--Bretanha, levou o imperador alemão a escolher outro candidato. Assim, de certo modo, ele evitou guerrear contra a própria família durante a Primeira Guerra.

PRÍNCIPE LEOPOLDO GEORGE DUNCAN ALBERT (1853–84). Oitavo filho de Vitória, quarto varão e primeiro em cujo parto se utilizou clorofórmio como sedativo. Intelectual de visões políticas conservadoras acentuadas, teve a vida arruinada pela hemofilia. A mãe protetora e os médicos o impediam de fazer atividades comuns. Ainda assim, ele frequentou Oxford, teve assento na Câmara dos Lordes como duque de Albany, casou-se com a princesa Helena de Waldeck e Pyrmont e foi pai de uma menina. Morreu poucos dias antes de seu 31º aniversário e do nascimento de seu único filho homem, em 1884.

PRINCESA BEATRICE MARY VICTORIA FEODORE (1857–1944). A nona e última filha de Vitória era também a favorita. Betrice seria a companheira mais presente na vida de Vitória após a morte de Albert, embora tenha tido um pequeno alívio dessa condição muitas vezes sufocante quando se casou com o príncipe Henry de Battenberg. Apesar das ressalvas de Vitória, "Liko" se mostraria um genro exemplar até a sua morte, em 1895. No papel de executora do testamento de Vitória, Beatrice passaria anos reescrevendo e editando os diários da mãe e queimando muitas de suas cartas, numa prática atroz de censura.

Netos de Vitória

GUILHERME II (1859–1941). Imperador da Alemanha, filho da princesa Vicky e primeiro neto de Vitória. O parto de Guilherme foi pélvico e traumático. Como consequência, um de seus braços nasceu torcido e comprometido. Ele passaria o resto da vida o escondendo e tentando compensar essa deficiência. Detestava a mãe e era grosseiro com ela. Não escondia a adoração que tinha pela avó, mas sua ambição violenta pelo próprio país tornou as relações com a família competitivas e depois hostis. Como imperador, declararia guerra contra seu primo britânico, Jorge V.

JORGE V (1865–1936). Segundo filho de Bertie e neto de Vitória, Jorge V reinou de 1910 a 1936. Seu irmão mais velho, Eddy, morreu inesperadamente em 1892. (George se casou com a futura noiva do irmão falecido, Maria de Teck.)

Membros da criadagem real

BARONESA LOUISE LEHZEN (1784–1870). Governanta de Vitória e posteriormente dama camarista. Durante a infância de Vitória, Lehzen era sua firme apoiadora, educando-a para ser forte e a defendendo de críticas e maus-tratos. A rainha desenvolveu uma forte dependência dos conselhos de Lehzen, situação que Albert consideraria intolerável. Depois de intenso conflito, Albert disse à baronesa que se retirasse discretamente para a Alemanha; ela fez as malas e partiu enquanto Vitória ainda dormia.

SIR JOHN CONROY (1786–1854). Conroy abriu caminho até o centro da família de Vitória, primeiramente como cavalariço do duque de Kent e depois como conselheiro da viúva dele. Estava determinado a ganhar poder e tentou forçar Vitória a torná-lo seu secretário particular quando se tornasse rainha. Vitória o desprezava e nunca o perdoaria pelo modo severo como a tratava; baniu-o assim que ascendeu ao trono.

LADY FLORA HASTINGS (1806–54). Dama camarista e posteriormente dama de companhia da duquesa de Kent. Quando Lady Flora teve um inchaço na barriga, cortesãs rivais espalharam o boato de que ela estava grávida de John Conroy. Inclinada a crer no pior e estimulada pela incompetência médica de Sir James Clark, Vitória nada fez para que os rumores cessassem. Quando Lady Flora morreu, depois de um longo e doloroso padecimento, a jovem rainha foi hostilizada em público e atacada abertamente pela imprensa.

SIR JAMES CLARK (1788–1870). Médico particular da rainha de 1837 a 1860. Sua longa carreira na corte se deu mais por diplomacia do que por talento profissional. Sua inépcia em diagnosticar e o desejo de agradar à rainha levaram a corte ao espetacular e escandaloso caso de Lady Flora Hastings.

BARÃO VON STOCKMAR (1787–1863). Embora tenha estudado medicina, tornou-se político e diplomata extraoficial da corte real como secretário do tio Leopoldo, conselheiro próximo do príncipe Albert e carrasco da baronesa Lehzen.

LADY LYTTLETON (1787–1870). Uma das damas camaristas de Vitória e futura dama inspetora — ou gerente — do berçário real. Astuta observadora da vida na corte que se maravilhava com a "vontade de ferro" inata da rainha.

LADY JANE CHURCHILL (1826–1900). Dama camarista de 1854 até sua morte, em 1900, Lady Churchill geralmente atuava como intermediária da rainha. Informava sobre o desagrado da rainha com desobediências à etiqueta — atrasos em cerimônias, por exemplo, ou risadas muito altas durante o jantar. Também lia para a rainha romances de escritoras como Jane Austen, ou George Eliot. Serviu lealmente a Vitória por quase meio século, morrendo apenas um mês antes da rainha. Como não deixou diários ou reminiscências, sua discrição permanece impecável.

GEORGE EDWARD ANSON (1812–49). Secretário particular do príncipe Albert e um de seus mais confiáveis conselheiros. Anson demonstrou ser essencial e normalmente atuava como mediador depois das constantes rusgas do casal real. Albert ficou desolado após a sua repentina e precoce morte.

SIR HOWARD ELPHINSTONE (1829–90). Veterano da Guerra da Crimeia e condecorado com a Cruz Vitória, Elphinstone foi nomeado tutor do príncipe Arthur, em 1859, e também do príncipe Leopoldo, mais tarde.

SIR CHARLES PHIPPS (1801–66). Guardião do vedor da casa e tesoureiro do príncipe de Gales. Foi nomeado cavaleiro em 1858 e era membro do círculo privado de confiança que estava presente no leito de morte de Albert.

GENERAL CHARLES GREY (1804–70). Oficial militar, político e secretário particular da rainha nos anos ulteriores à morte de Albert. Passava boa parte do tempo inventando desculpas para justificar a reclusão de Vitória.

SIR HENRY PONSONBY (1825–95). Leal, perspicaz e irônico secretário particular da rainha. Serviu por 38 anos e foi nomeado cavaleiro em 1879.

SIR ARTHUR BIGGE (1849–1931). Tornou-se secretário particular da rainha e cavaleiro no mesmo ano, 1895. Depois da morte de Vitória, ainda serviu a Eduardo VII e Jorge V, e foi membro da Câmara dos Lordes em 1911.

JOHN BROWN (1826–83). Escocês contratado como ajudante de caça ou criado para serviço externo de Albert em Balmoral. Foi convocado à Inglaterra para ajudar Vitória quando ela estava de luto pela morte do marido. Rapidamente ele ganhou a confiança dela e uma intensa relação surgiu, relacionamento que seria motivo de escândalo. Os filhos de Vitória o abominavam e o apelidaram de "o garanhão da rainha". Quando Vitória foi enterrada, a aliança da mãe de Brown estava em sua mão. Depois da morte da mãe, Eduardo VII queimou todas as cartas potencialmente comprometedoras.

ABDUL KARIM (1862 ou 1863–1909). Secretário indiano da rainha e *munshi*, ou escriturário. A rápida ascensão de Karim na criadagem real, de servente a conselheiro de confiança, causou grande ressentimento por parte de membros e criados da corte, particularmente entre os filhos da rainha, embora Vitória estivesse cega para a vaidade e o caráter embusteiro do indiano. Depois da morte da rainha, Eduardo ordenou que a papelada do *munshi* fosse queimada, de modo que só é possível especular sobre o real alcance de sua influência.

SIR JAMES REID (1849–1923). Médico pessoal predileto da rainha. Cuidou de John Brown quando este esteve fatalmente doente em 1883 e assistiu o parto dos quatro filhos de Beatrice. A discrição, a habilidade e o talento de Reid o tornaram essencial à rainha. Reid foi o incumbido de atender às exigências da rainha relativas a seu funeral. Ela morreu nos braços dele.

Outros membros da realeza

FEODORA, PRINCESA DE HOHENLOHE-LANGENBURG (1807-72). A muito amada meia-irmã de Vitória era filha do primeiro casamento da duquesa de Kent. Quando Vitória tinha apenas oito anos, a atraente Feodora se casou e foi para a Alemanha. As meias-irmãs se corresponderam religiosamente por décadas; Vitória ficou devastada com a morte dela, em 1872.

LEOPOLDO I DA BÉLGICA (1790-1865). Tio muito amado de Vitória e viúvo da princesa Charlotte. Decidido a casar Vitória e Albert desde que eram crianças, Leopoldo era como um pai para ela; aconselhava-a e acompanhava com interesse a educação, a saúde, a evolução espiritual e o casamento de Vitória.

LEOPOLDO II DA BÉLGICA (1835-1909). Filho de Leopoldo I. Seu domínio sobre o Congo foi marcado pela crueldade, pela exploração atroz e pelo genocídio.

LUÍS FILIPE I DA FRANÇA (1773-1850). Forçado a abdicar depois da revolução de 1848, exilou-se na Grã-Bretanha e viveu na residência de Claremont, em Surrey. Sua filha, a princesa Louise-Marie, foi a segunda mulher de Leopoldo, tio de Vitória.

Contemporâneos ilustres de Vitória

THOMAS CARLYLE (1795-1881). Rabugento, porém celebrado escritor e historiador escocês, Carlyle deixou muitos vívidos depoimentos sobre eventos ocorridos no reinado de Vitória.

CHARLES DICKENS (1812-70). Não tinha grande apreço pela monarquia; considerava a si mesmo mais ilustre que a rainha e tentava evitá-la. Era Vitória quem o admirava imensamente e devorava suas narrativas sobre o submundo londrino. Não se encontraram até 1870, apenas três meses antes da morte dele. Ela o descreveu como "muito agradável, com voz e modos aprazíveis".

FLORENCE NIGHTINGALE (1820-1910). Enfermeira brilhante que revolucionou os cuidados médicos em campos de batalha, especialmente durante a Guerra da Crimeia. Inspirou sucessivas gerações de mulheres, incluindo a rainha e suas filhas Alice, Vicky e Helena. Apesar de sua saúde precária, continuou a fazer campanha por mudanças estruturais e culturais na área de saúde. Foi a primeira mulher condecorada com a Ordem do Império Britânico, em 1907.

ALFRED, LORD TENNYSON (1809–92). Poeta laureado brilhante que viveu perto da rainha, na Ilha de Wight, e se tornou confidente de Vitória durante o luto pela morte de Albert, período no qual seus poemas foram fonte de enorme consolo para ela. Recebeu um título de nobreza em 1833.

Primeiros-ministros

LORD MELBOURNE (1779–1848). Primeiro premiê da jovem rainha e em quem ela mais confiava. Após experiências tumultuadas e dolorosas em sua vida pessoal, Melbourne se apegou à rainha tanto quanto ela se apegou a ele. Quando seu mandato finalmente acabou, Vitória ficou muito abalada. Mais tarde, ela veio a se sentir envergonhada pela intensidade dos sentimentos que nutria pelo primeiro-ministro.

SIR ROBERT PEEL (1788–1850). Sucessor de Lord Melbourne. No início, Vitória se ressentia pelo fato de ter destituído Melbourne e também por sua reserva no trato social. Mas ela veio a respeitá-lo quando percebeu sua competência e determinação na luta por seus ideais, ainda que a muito custo pessoal. Embora fosse um *tory* conservador, Peel era favorável a reformas e revogou com sucesso as impopulares e protecionistas Leis dos Cereais, o que o tornou persona non grata entre seus correligionários. Albert viria a considerá-lo como um pai.

LORD RUSSEL (1792–1878). Reformista liberal e duas vezes primeiro-ministro. Foi quem arquitetou a Lei de Reforma em 1832, evento ao qual muitos se referem como o início do declínio dos amplos poderes da monarquia. Sua incapacidade de socorrer os irlandeses durante a terrível fome dos anos 1840 foi o grande fracasso que agravou as relações com o país empobrecido ao longo das décadas subsequentes.

LORD PALMERSTON (1748–1865). Ministro das Relações Exteriores e premiê. Inicial-mente benquisto por Vitória e Albert, sua relação com o casal real se deteriorou devido às suas ações liberais e intervencionistas em política externa e à sua acintosa recusa em consultá-los. Vitória considerou várias vezes a possibilidade de sua exoneração.

LORD DERBY (1799–1869). Três vezes primeiro-ministro, embora em curtos mandatos minoritários, e líder do partido conservador pelo tempo recorde de 22 anos. Talvez seu maior feito tenha sido a aprovação da Segunda Lei da Reforma, em 1867, a partir da qual o eleitorado duplicou, incluindo grande parcela da classe média.

BENJAMIN DISRAELI (1804–81). Primeiro conde de Beaconsfield, romancista extravagante, político conservador e quatro vezes primeiro-ministro. Embora convertido à Igreja Anglicana, foi o único premiê britânico de origem judaica. Suas bajulações respeitosas, eloquência e anedotas divertidas cativaram Vitória. Diplomata habilidoso, também levou a cabo uma política externa violenta e implementou legislação progressista no Parlamento.

SIR WILLIAM GLADSTONE (1809–98). Líder liberal e quatro vezes premiê, ficou conhecido como o *Grand Old Man* da política britânica. Sujeito fervorosamente religioso que se recolhia em sua propriedade rural para cortar árvores meses a fio, tinha uma estranha obsessão em resgatar "damas da noite" das garras da prostituição. Apesar de sua seriedade no âmbito da política, nunca foi respeitado por Vitória. A rainha despendeu força considerável em tentativas de evitar que ele se tornasse premiê.

CONDE DE ROSEBERY (1847–1929). Premiê liberal hesitante coagido por Vitória a assumir o cargo em vez de Gladstone. Seu mandato durou menos de um ano.

LORD SALISBURY (1830–1903). Último primeiro-ministro de Vitória, teve três mandatos e se uniu a ela em oposição feroz contra a autonomia local da Irlanda e seu principal proponente, Gladstone. Ela se encantaria por suas maneiras gentis e respeitosas. Imperialista implacável, Salisbury defendia uma política de "isolamento esplêndido", descartando a ideia de forjar alianças com outras potências.

Outras personalidades

MADAME ALPHONSINE THÉRÈSE BERNARDINE JULIE DE MONTGENÊT DE SAINT LAURENT (1760–1830). Muitas vezes chamada de "Julie", foi amante do duque de Kent nas três décadas que antecederam o casamento do duque com a mãe de Vitória.

ALEXANDRA DA DINAMARCA, PRINCESA DE GALES, posteriormente RAINHA ALEXANDRA DA GRÃ-BRETANHA (1844–1925). Esposa de Bertie, "Alix" era elegante, gentil e discreta. Embora a herança dinamarquesa de Alix fosse um tanto inconveniente, em razão da intrincada e difícil questão Schleswig-Holstein, Vitória frequentemente dizia que preferia sua nora a suas filhas. O povo britânico também adorava Alix — ao passo que desprezava o marido lascivo.

SIR JOSEPH PAXTON (1803–64). Jardineiro paisagista e arquiteto responsável pelo projeto do Palácio de Cristal da Exposição Universal de 1851.

SIR JOSEPH EDGAR BOEHM (1834–90). Escultor vienense renomado a quem Vitória fez mais de quarenta encomendas reais. Era muito próximo da princesa Louise, a quem ensinou a arte da escultura. Ela estava presente à morte súbita de Boehm em seu estúdio; especulou-se que ele teria sucumbido à vigorosa intensidade do ato sexual, conjetura alimentada pela posterior destruição de seus papéis.

GENERAL CHARLES GORDON (1833–85). Herói militar excêntrico muito admirado pela rainha Vitória. Em 1883, foi enviado em missão para a retirada das tropas britânicas e egípcias do Sudão após um golpe de Estado local. No entanto, ele se entrincheirou e o cerco teve início. A relutância de Gladstone em enviar reforços enfureceu Vitória e incitou insatisfação popular. O subsequente assassinato de Gordon foi atribuído à indecisão de Gladstone. A rainha nunca o perdoou por isso.

ARTHUR BENSON (1862–1925) e LORD ESHER (1852–1930). Veteranos de Eton encarregados da tarefa colossal de editar as cartas da rainha Vitória, que, reunidas, somavam mais de 460 tomos de documentos. Embora não tenham hesitado em publicar muitos escritos secretos e arquivos confidenciais, omitiram episódios comprometedores e qualquer assunto considerado maçante ou trivial, como a maternidade, o que distorceu a imagem de Vitória durante décadas.

Compilada com a ajuda de Catherine Pope

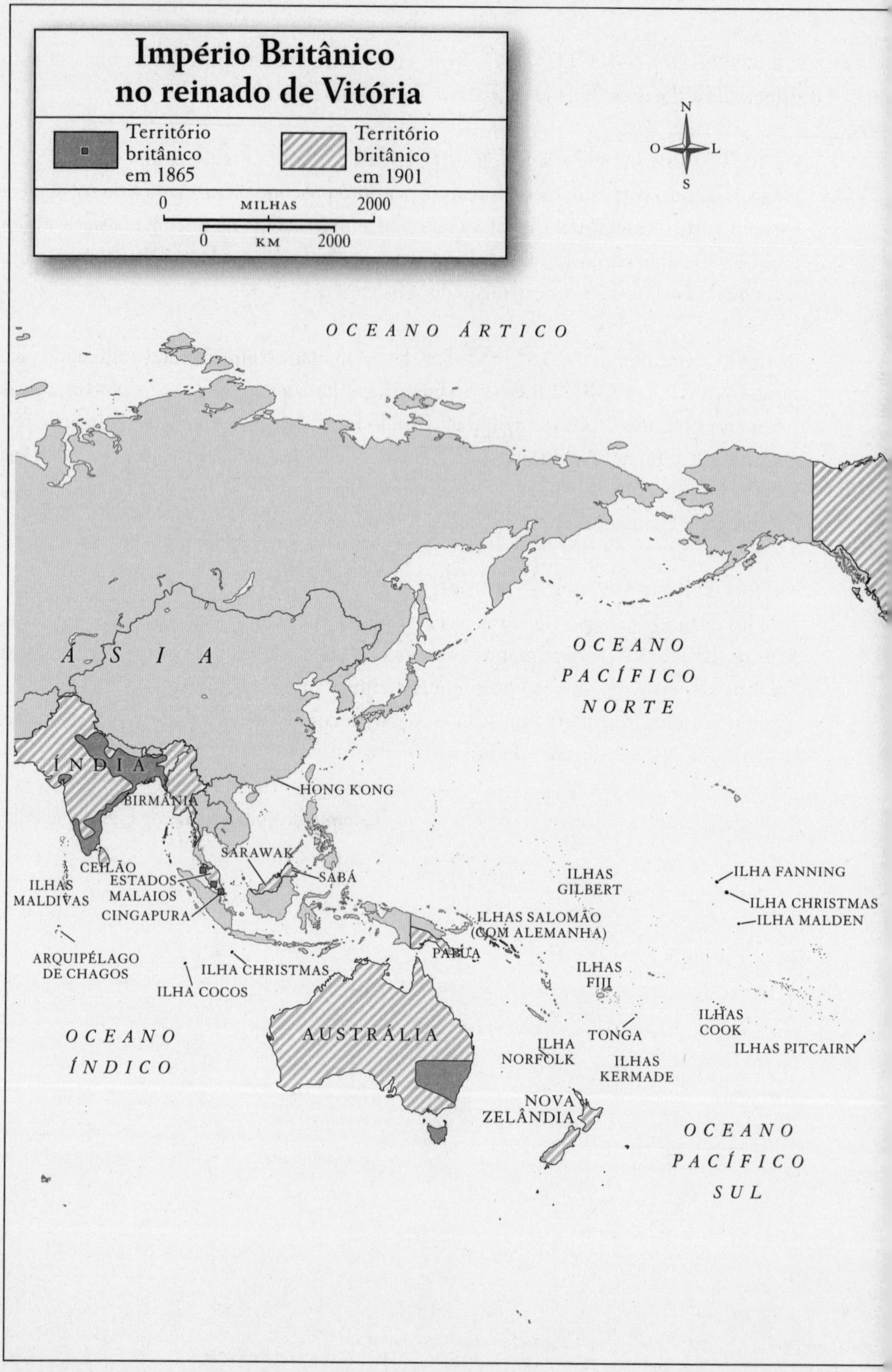

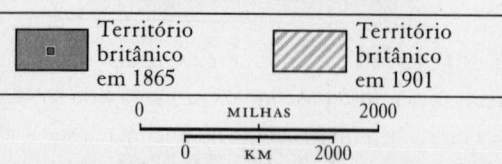

Império Britânico
no reinado de Vitória

Território
britânico
em 1865

Território
britânico
em 1901

0   MILHAS   2000

0   KM   2000

OCEANO ÁRTICO

ÁSIA

OCEANO
PACÍFICO
NORTE

ÍNDIA

BIRMÂNIA

HONG KONG

CEILÃO

SARAWAK

ILHAS
MALDIVAS

ESTADOS
MALAIOS

SABÁ

ILHAS
GILBERT

ILHA FANNING

CINGAPURA

ILHA CHRISTMAS
ILHA MALDEN

ILHAS SALOMÃO
(COM ALEMANHA)

ARQUIPÉLAGO
DE CHAGOS

ILHA CHRISTMAS

PAPUA

ILHAS
FIJI

ILHA COCOS

OCEANO
ÍNDICO

AUSTRÁLIA

ILHA
NORFOLK

TONGA

ILHAS
KERMADE

ILHAS
COOK

ILHAS PITCAIRN

NOVA
ZELÂNDIA

OCEANO
PACÍFICO
SUL

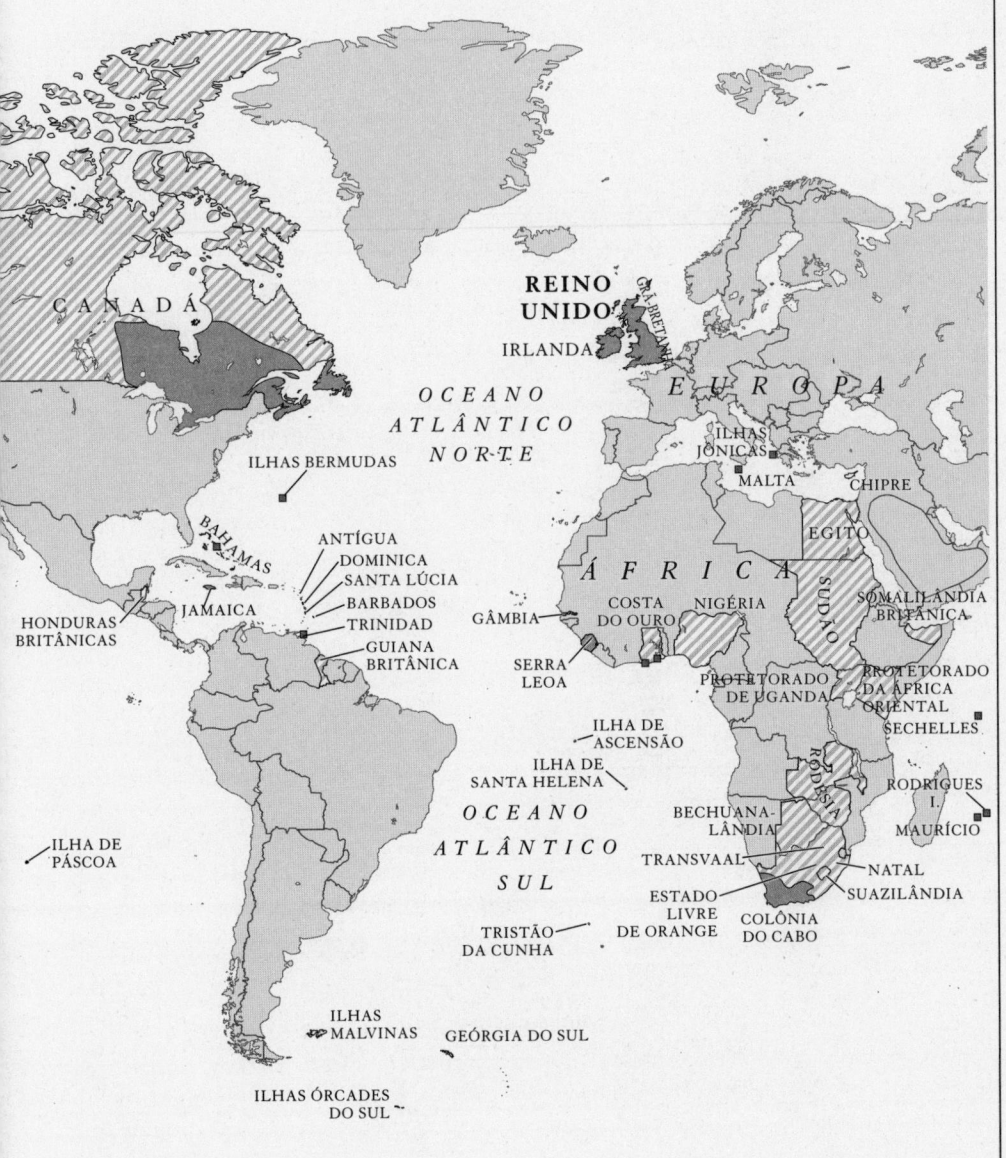

OCEANO ÁRTICO

REINO
UNIDO
IRLANDA

CANADÁ

OCEANO
ATLÂNTICO
NORTE

EUROPA

ILHAS BERMUDAS

ILHAS
JÔNICAS
MALTA
CHIPRE

BAHAMAS
ANTÍGUA
DOMINICA
SANTA LÚCIA
BARBADOS
TRINIDAD
GUIANA
BRITÂNICA

EGITO

ÁFRICA

JAMAICA

HONDURAS
BRITÂNICAS

GÂMBIA

COSTA
DO OURO

NIGÉRIA

SUDÃO

SOMALILÂNDIA
BRITÂNICA

SERRA
LEOA

PROTETORADO
DE UGANDA

PROTETORADO
DA ÁFRICA
ORIENTAL
SECHELLES

ILHA DE
ASCENSÃO

RODÉSIA

ILHA DE
SANTA HELENA

RODRIGUES
I.

MAURÍCIO

ILHA DE
PÁSCOA

OCEANO
ATLÂNTICO
SUL

BECHUANA-
LÂNDIA

TRANSVAAL

NATAL
SUAZILÂNDIA

TRISTÃO
DA CUNHA

ESTADO
LIVRE
DE ORANGE

COLÔNIA
DO CABO

ILHAS
MALVINAS

GEÓRGIA DO SUL

ILHAS ÓRCADES
DO SUL

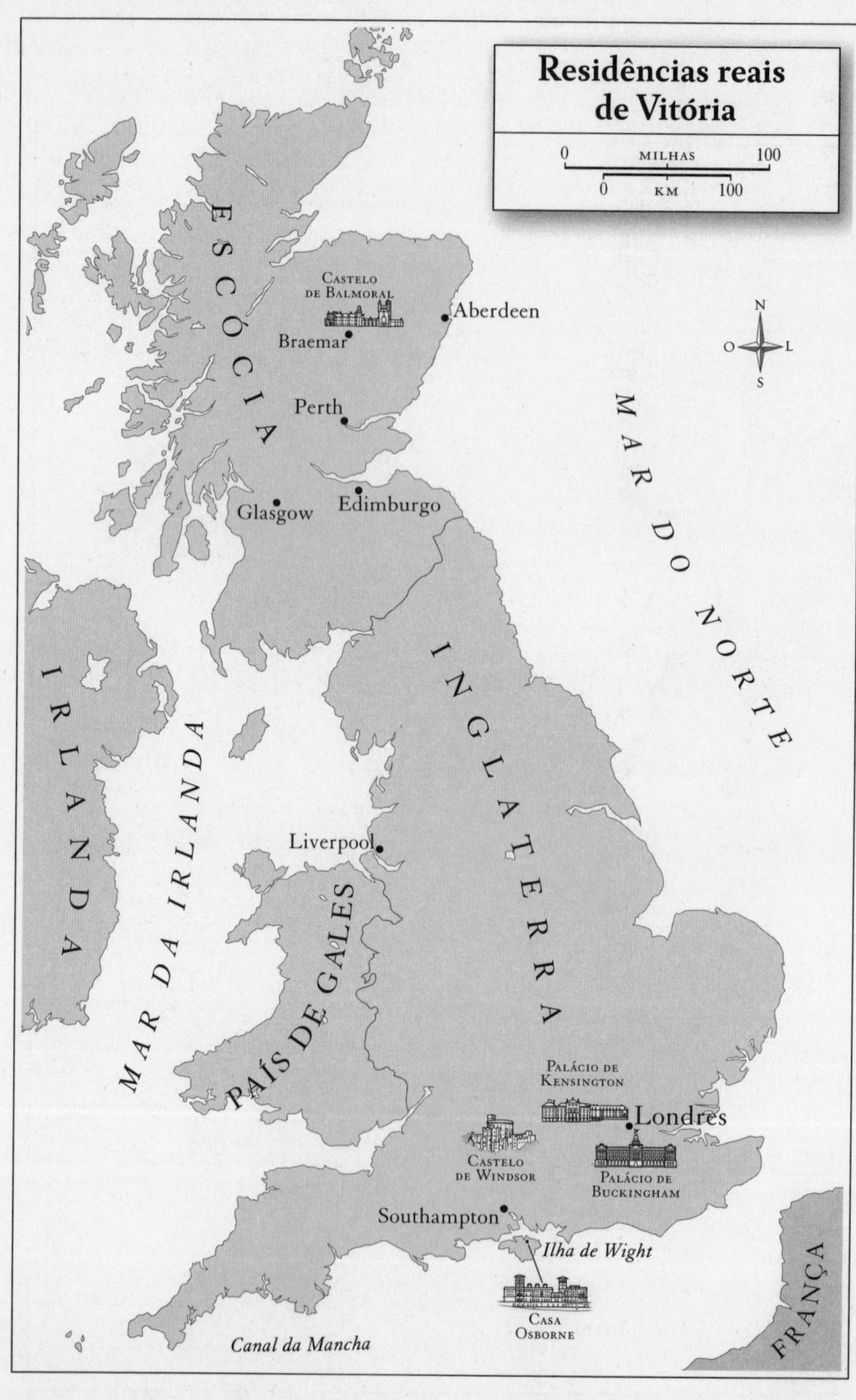

Residências reais de Vitória

0 — MILHAS — 100

0 — KM — 100

ESCÓCIA

CASTELO DE BALMORAL

Aberdeen

Braemar

Perth

Glasgow

Edimburgo

MAR DO NORTE

IRLANDA

MAR DA IRLANDA

INGLATERRA

PAÍS DE GALES

Liverpool

PALÁCIO DE KENSINGTON

Londres

CASTELO DE WINDSOR

PALÁCIO DE BUCKINGHAM

Southampton

Ilha de Wight

CASA OSBORNE

FRANÇA

Canal da Mancha

N O L S

Guerra da Crimeia, 1853-6

IMPÉRIO AUSTRÍACO

MOLDÁVIA

VALÁQUIA

IMPÉRIO RUSSO

PENÍNSULA DA CRIMEIA

Alma

Inkerman

Sebastopol

Balaclava

MAR NEGRO

Sinope

IMPÉRIO OTOMANO

Estreito de Bósforo

Constantinopla

Scutari

Dardanelos

TURQUIA

MAR EGEU

MAR MEDITERRÂNEO

MILHAS 0 200

KM 0 200

N O L S

MAR DO NORTE

DINAMARCA

SUÉCIA

MAR BÁLTICO

SCHLESWIG

OLDEMBURGO

HOLSÁCIA

Hamburgo

GRÃO-DUCADO DE
MECKLEMBURGO-
SCHWERIN

POMERÂNIA

Danzig

PRÚSSIA
OCIDENTAL

PRÚSSIA
ORIENTAL

Bremen

HANÔVER

PAÍSES BAIXOS

BRANDEMBURGO

Berlim

Varsóvia

IMPÉRIO
RUSSO

VESTFÁLIA

Colônia

PROVÍNCIA DO RENO

BÉLGICA

Dresden

SAXONIA

SILÉSIA

Coburgo

Frankfurt

Praga

BOÊMIA

Cracóvia

FRANÇA

BADEN

Nuremberg

Stuttgart

WÜRTTEM-
BERG

BAVIERA

MORÁVIA

Munique

Viena

HUNGRIA

NEUCHÂTEL
(Prússia)

SUÍÇA

IMPÉRIO

AUSTRÍACO

Budapeste

Milão

REINO
DA
SARDENHA

N

O   L

S

Veneza

TOSCANA
(Áustria)

Unificação da Alemanha:
a Alemanha em 1815

Território da Prússia

Fronteiras da
Confederação Alemã
em 1815

0   MILHAS   200

0   KM   200

MAR DO NORTE

DINAMARCA

SUÉCIA

MAR BÁLTICO

SCHLESWIG-
HOLSÁCIA

OLDEMBURGO

Hamburgo

GRÃO-DUCADO DE
MECKLEMBURGO-
SCHWERIN

POMERÂNIA

Danzig

PRÚSSIA
OCIDENTAL

PRÚSSIA
ORIENTAL

Bremen

HANÔVER

BRANDEMBURGO

Berlim

Varsóvia•

IMPÉRIO
RUSSO

PAÍSES BAIXOS

VESTFÁLIA

BÉLGICA

PROVÍNCIA DO RENO

•Colônia

Dresden

SAXÔNIA

SILÉSIA

Coburgo

•Frankfurt

Praga•

BOÊMIA

Cracóvia•

LORENA

Nuremberg

MORÁVIA

FRANÇA

ALSÁCIA

BADEN

•Stuttgart

WÜRTTEM-
BERG

BAVIERA

Viena•

IMPÉRIO AUSTRÍACO

HUNGRIA

•Munique

SUÍÇA

Budapeste•

ITÁLIA

Unificação da Alemanha:
a Alemanha em 1871

Território da Prússia

Fronteiras da
Confederação Alemã
em 1871

0   MILHAS   200

0   KM   200

N O L S

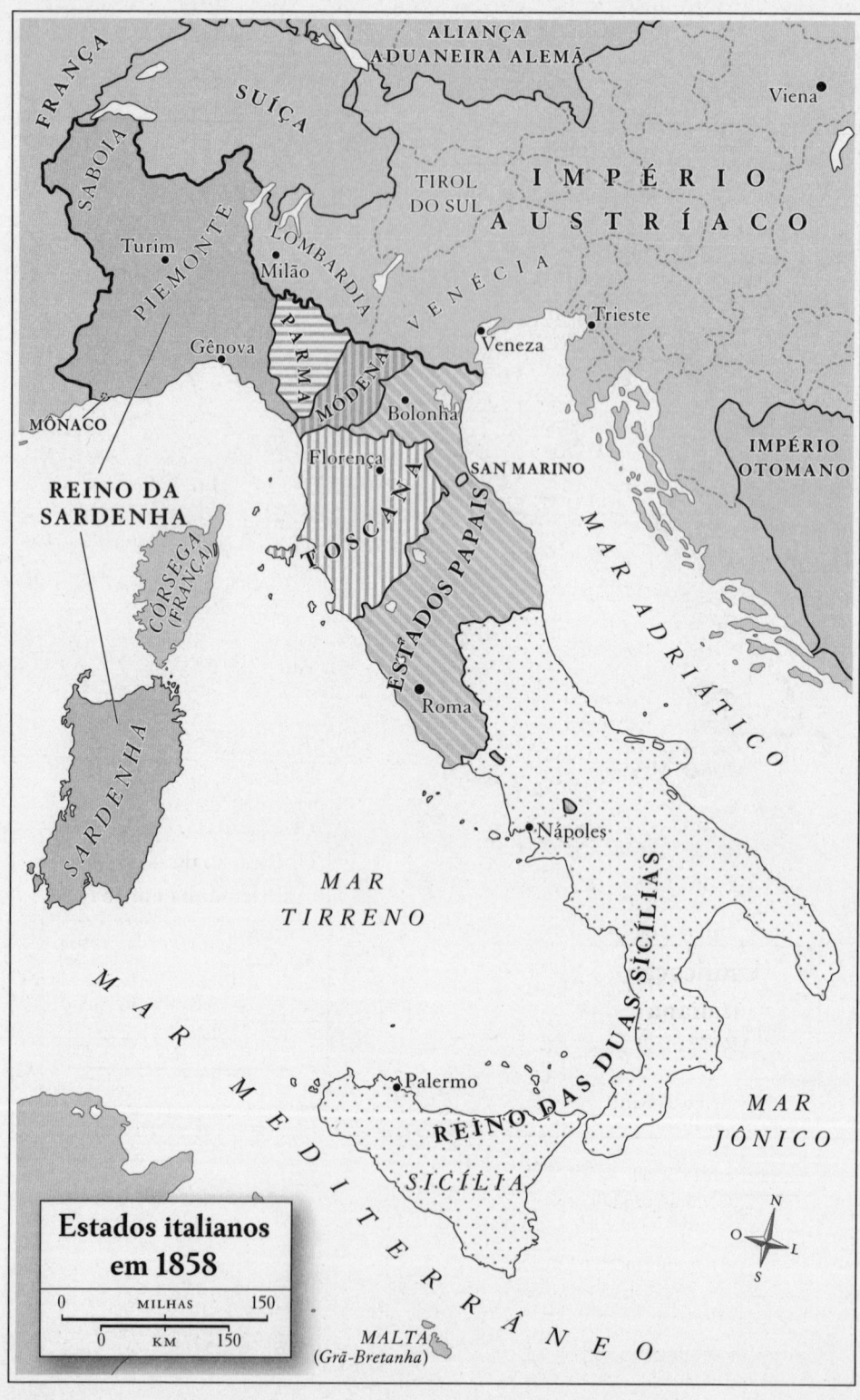

FRANÇA

ALIANÇA
ADUANEIRA ALEMÃ

SUÍÇA

Viena

SABOIA

TIROL
DO SUL

IMPÉRIO
AUSTRÍACO

Turim

PIEMONTE

LOMBARDIA

Milão

PARMA

VENÉCIA

Gênova

Trieste

MÓDENA

MÔNACO

Veneza

Bolonha

REINO DA
SARDENHA

Florença

SAN MARINO

IMPÉRIO
OTOMANO

CÓRSEGA
(FRANÇA)

TOSCANA

ESTADOS PAPAIS

Roma

MAR ADRIÁTICO

SARDENHA

Nápoles

MAR
TIRRENO

REINO DAS DUAS SICÍLIAS

MAR MEDITERRÂNEO

Palermo

MAR
JÔNICO

SICÍLIA

N
O   L
S

Estados italianos
em 1858

0   MILHAS   150

0   KM   150

MALTA
(Grã-Bretanha)

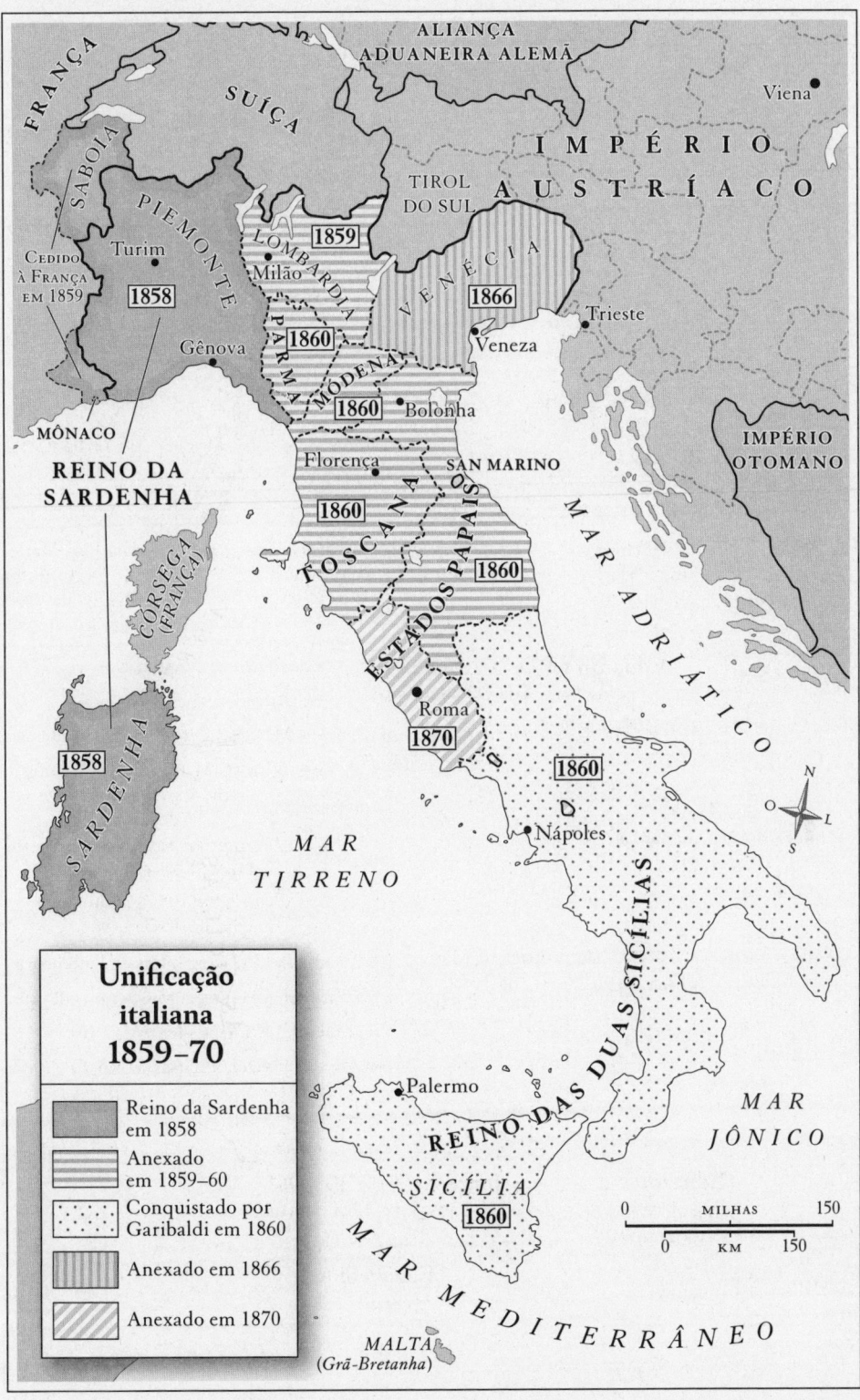

FRANÇA

SUÍÇA

ALIANÇA
ADUANEIRA ALEMÃ

Viena

IMPÉRIO
AUSTRÍACO

SABÓIA

PIEMONTE

TIROL
DO SUL

LOMBARDIA

1859

Turim

CEDIDO
À FRANÇA
EM 1859

1858

Milão

PARMA

1860

VENÉCIA

1866

Trieste

MÔNACO

Gênova

MÓDENA

1860

Veneza

REINO DA
SARDENHA

Bolonha

IMPÉRIO
OTOMANO

Florença

SAN MARINO

CÓRSEGA
(FRANÇA)

TOSCANA

1860

ESTADOS PAPAIS

1860

MAR ADRIÁTICO

SARDENHA

1858

Roma

1870

N

O   L

1860

S

MAR
TIRRENO

Nápoles

REINO DAS DUAS SICÍLIAS

**Unificação
italiana
1859–70**

Reino da Sardenha
em 1858

Anexado
em 1859–60

Conquistado por
Garibaldi em 1860

Anexado em 1866

Anexado em 1870

Palermo

MAR
JÔNICO

SICÍLIA

1860

0   MILHAS   150

0   KM   150

MAR MEDITERRÂNEO

MALTA
(Grã-Bretanha)

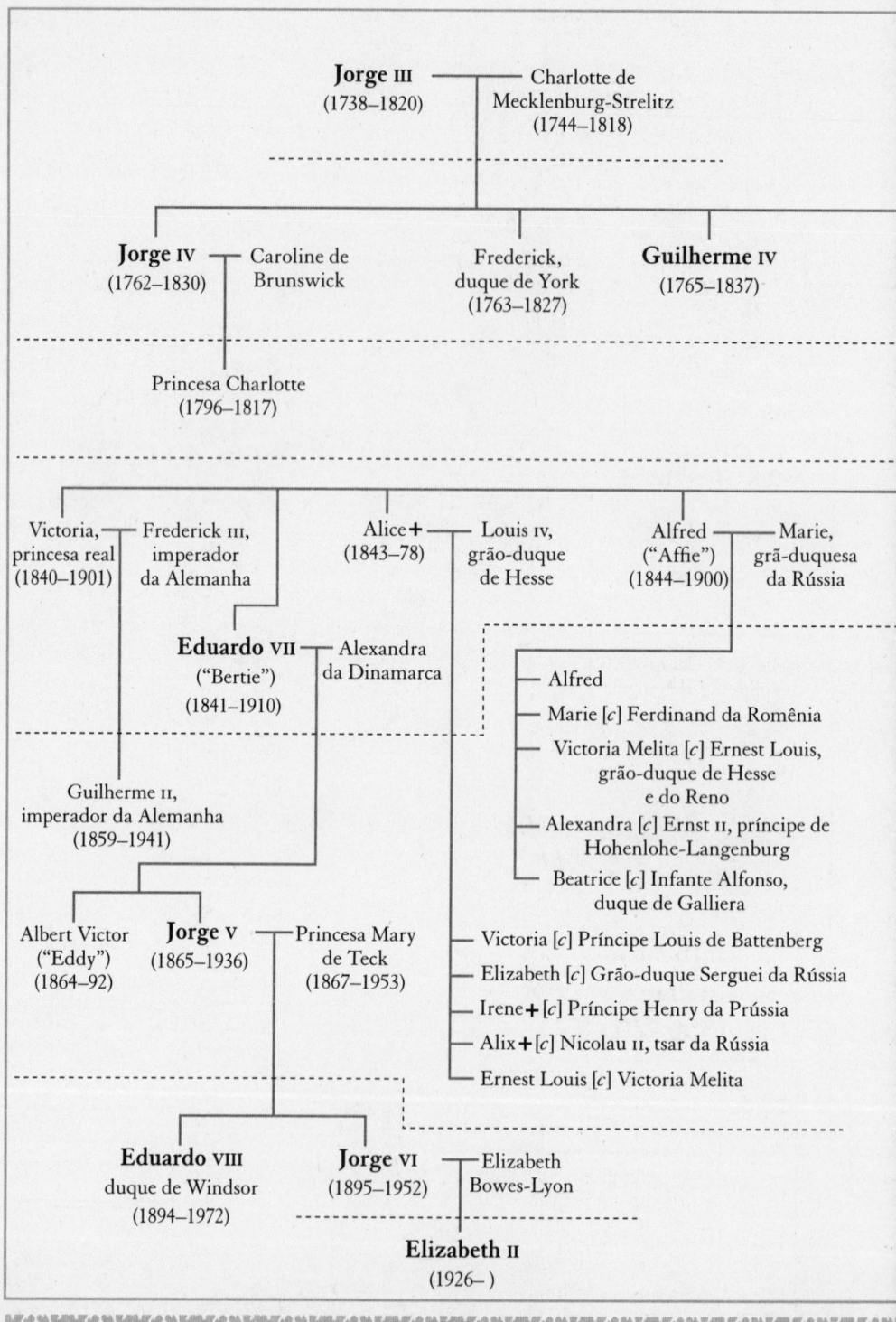

Jorge III
(1738–1820)
— Charlotte de
Mecklenburg-Strelitz
(1744–1818)

Jorge IV
(1762–1830)
— Caroline de
Brunswick

Frederick,
duque de York
(1763–1827)

Guilherme IV
(1765–1837)

Princesa Charlotte
(1796–1817)

Victoria,
princesa real
(1840–1901)
— Frederick III,
imperador
da Alemanha

Alice **✚**
(1843–78)
— Louis IV,
grão-duque
de Hesse

Alfred
("Affie")
(1844–1900)
— Marie,
grã-duquesa
da Rússia

Eduardo VII
("Bertie")
(1841–1910)
— Alexandra
da Dinamarca

Alfred

Marie [c] Ferdinand da Romênia

Victoria Melita [c] Ernest Louis,
grão-duque de Hesse
e do Reno

Alexandra [c] Ernst II, príncipe de
Hohenlohe-Langenburg

Beatrice [c] Infante Alfonso,
duque de Galliera

Guilherme II,
imperador da Alemanha
(1859–1941)

Albert Victor
("Eddy")
(1864–92)

Jorge V
(1865–1936)
— Princesa Mary
de Teck
(1867–1953)

Victoria [c] Príncipe Louis de Battenberg

Elizabeth [c] Grão-duque Serguei da Rússia

Irene **✚** [c] Príncipe Henry da Prússia

Alix **✚** [c] Nicolau II, tsar da Rússia

Ernest Louis [c] Victoria Melita

Eduardo VIII
duque de Windsor
(1894–1972)

Jorge VI
(1895–1952)
— Elizabeth
Bowes-Lyon

Elizabeth II
(1926–)

Árvore genealógica da rainha Vitória

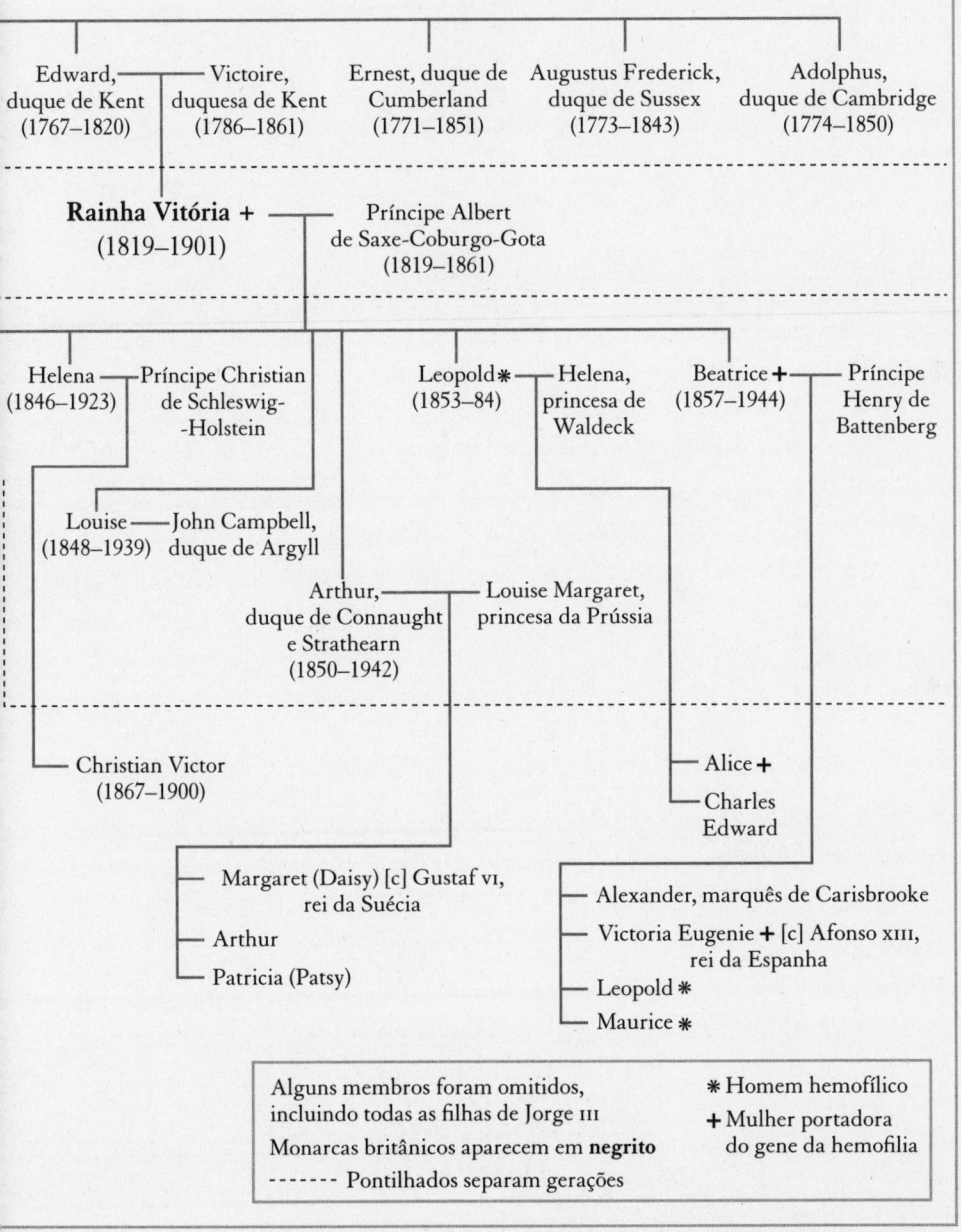

Edward,———Victoire, Ernest, duque de Augustus Frederick, Adolphus,
duque de Kent duquesa de Kent Cumberland duque de Sussex duque de Cambridge
(1767–1820) (1786–1861) (1771–1851) (1773–1843) (1774–1850)

Rainha Vitória +———Príncipe Albert
(1819–1901) de Saxe-Coburgo-Gota
(1819–1861)

Helena———Príncipe Christian Leopold*———Helena, Beatrice +———Príncipe
(1846–1923) de Schleswig- (1853–84) princesa de (1857–1944) Henry de
-Holstein Waldeck Battenberg

Louise———John Campbell,
(1848–1939) duque de Argyll

Arthur,———Louise Margaret,
duque de Connaught princesa da Prússia
e Strathearn
(1850–1942)

Christian Victor Alice +
(1867–1900) Charles
Edward

Margaret (Daisy) [c] Gustaf vi, Alexander, marquês de Carisbrooke
rei da Suécia
Victoria Eugenie + [c] Afonso xiii,
Arthur rei da Espanha

Patricia (Patsy) Leopold *

Maurice *

Alguns membros foram omitidos, * Homem hemofílico
incluindo todas as filhas de Jorge iii + Mulher portadora
Monarcas britânicos aparecem em **negrito** do gene da hemofilia
------ Pontilhados separam gerações

Introdução

Sente-se que a rainha é uma mulher pela qual vale a pena viver e morrer.
EMILY TENNYSON[1]

Uma megerazinha.
REVERENDO ARCHER CLIVER[2]

Estava pronta.

Mas, ao se sentar pela primeira vez no trono, os pés de Vitória não alcançavam o chão. Sob as imponentes arcadas da Abadia de Westminster, ela não passava de um pontinho, ardendo sob os olhares curiosos da multidão ali reunida, controlando-se para não balançar as pernas. Milhares de pessoas se apinharam nas ruas de Londres antes do amanhecer, na esperança de conseguir um lugar de onde pudessem enxergar a nova rainha da Grã-Bretanha, que acabava de completar dezoito anos e não chegava a um metro e meio de altura. Os reis anteriores tinham sido devassos, mulherengos, loucos ou usuários de ópio. O país estava apaixonado pela "bela rosa branca da perfeita feminilidade", a nova dirigente, a pequenina adolescente sentada pouco à vontade numa grande abadia decorada com tecidos dourados e tapetes exóticos, enquanto a aristocracia recoberta de diamantes mantinha os olhos fixos nela.[3]

Vitória sentia a cabeça doer sob o peso da coroa e sua mão latejava — haviam posto o anel de rubi da coroação no dedo errado; mais tarde, tiveram de usar gelo para removê--lo. Ao redor dela estavam seus conselheiros mais antigos, que se encontravam num estado lastimável. O primeiro-ministro estava grogue de ópio e conhaque, supostamente ingeridos para acalmar o estômago, e assistiu à cerimônia inteira fora de si. O arcebispo, não tendo ensaiado antes, atrapalhou-se na fala. Um dos lordes, ao se aproximar para beijar a mão da rainha, tropeçou e caiu nos degraus. Mas Vitória manteve a mais perfeita compostura. Sua voz saiu serena, firme e cristalina. Antigamente, ficava apavorada com a ideia de se tornar rainha, mas, ao crescer, queria trabalhar, ser independente e ter controle sobre a própria vida. Seu maior sonho era dormir sozinha, num quarto seu, libertando-se da presença sufocante da mãe. Os adolescentes geralmente recebem uma mesada; ela recebeu um reino.

Poucos apostariam que Vitória se tornaria a rainha das Ilhas Britânicas. Afinal, seu pai não era o primogênito e sim o quarto filho do rei. Como tantas vezes ocorre com o poder hereditário, foi só por causa de uma sucessão de tragédias familiares — as mortes, além das de recém-nascidos, de uma mulher durante o parto e de dois robustos tios, sem contar a sorte que teve seu pai militar, quando conseguiu escapar da morte às mãos de soldados amotinados e, já na meia-idade, mesmo sendo um príncipe quase falido, persuadiu a mãe de Vitória a se casar com ele — que, em 20 de junho de 1837, o destino de uma nação deu uma reviravolta e se deteve no corpo miúdo de uma mocinha de dezoito anos. Uma mocinha que lia Charles Dickens, preocupava-se com o bem-estar dos ciganos, adorava animais, gostava de cantar ópera, era fascinada por domadores de leões e detestava insetos e sopa de tartaruga; uma mocinha que, mesmo submetida a intimidações dos mais próximos, desenvolveu uma determinação de aço; uma mocinha de coração formado por um sólido entrelaçamento de emoção e estoicismo.

Não tinha sido fácil. Antes de completar um ano de idade, Vitória perdeu o pai. Antes de chegar aos dezoito, afastara-se da mãe. A coroa quase lhe escapou das mãos diversas vezes; tentaram arrancar-lhe a sucessão durante anos a fio. Ela precisara recorrer a toda a firmeza inata de seu caráter e cultivara uma força tenaz. Mas a menininha que fincava o pé, a garota que batia a tampa do piano, a adolescente que obrigava seus atormentadores a abaixar os olhos agora era rainha. A primeira coisa que ela fez, voltando da coroação para casa, foi dar um banho quente e cheio de espuma em seu cachorro, rindo enquanto ele se sacudia e lhe respingava sabão no rosto e nas roupas.

Hoje em dia esquecemos por quanto tempo Vitória reinou sozinha. Pode ter se casado com Albert dois anos após a coroação, mas, depois da morte do marido, ela reinou por si só durante 39 anos. No entanto, pouco sabemos sobre esse período. Isso se deve, em larga medida, à enorme e constante manifestação de sua dor. Ao andarmos pelas ruas de Londres, a cidade nos relembra que Vitória pranteou clamorosamente o finado por muito tempo. Desde então, ficou claro para todos que ela amava o marido alemão intensamente: um amor súbito que a tomou de surpresa e durou até sua morte. Duas décadas após o falecimento de Albert, ela ainda continuava a erguer monumentos — em Hyde Park, sua estátua musculosa se projeta no céu, com pernas douradas robustas, cercado por anjos e pelas Virtudes, como um deus. Vitória nunca se recuperou por completo e mais tarde, quando encontrou felicidade na companhia de outro homem, consultou um sacerdote, tomada de sentimento de culpa.

Todavia, a grande dor de Vitória gerou quase imediatamente um mito no qual muitos ainda acreditam: que ela abdicou de quase toda a sua autoridade e seu poder, transferindo-os para seu habilidoso marido em vida, e que deixara de reinar após a morte dele. Quando foi coroada, as pessoas ficaram surpresas que Vitória pensasse com clareza e falasse sem tropeços. Quando se casou, convenceram-se de que ela havia cedido todas as decisões importantes a Albert. Quando ele morreu, ela ficou reduzida a uma viúva pesarosa e distante. Tudo isso está equivocado. A rainha Vitória era uma dirigente decidida, que reclamava do peso de suas tarefas ao mesmo tempo que mandava sem parar em seus primeiros-ministros. "A rainha, por si só", disse o primeiro-ministro Gladstone, "é o suficiente para matar qualquer homem." Mesmo assim, nossa geração, nisso bastante parecida com a geração vitoriana, parece não entender como uma mulher dessas podia exercer o poder com gosto e competência. Essa incompreensão se deve em parte à pura e simples dificuldade de atravessar as várias camadas de lendas e hipérboles para chegar à verdadeira Vitória.

Para entendermos de forma clara essa tarefa, precisamos voltar a 10 de maio de 1943, no auge da Segunda Guerra Mundial. Foi o dia em que Adolf Hitler estendeu sua ditadura por tempo indeterminado, os soldados americanos se preparavam para expulsar o Japão das ilhas do Alasca e Winston Churchill chegava a Washington para uma reunião crucial com Franklin D. Roosevelt, um dia antes de os países do Eixo se renderem aos Aliados na África do Norte. Beatrice, filha de Vitória, com 86 anos, estava sentada em sua casa em Sussex, na Inglaterra, tremendo. Décadas antes, ficara incumbida da infeliz tarefa de editar os volumosos diários da rainha. Foi o que ela fez durante dez anos, transcrevendo-os à mão em cadernos azuis e queimando os originais, num dos maiores atos de censura histórica do século. Agora era uma senhora idosa que se dedicava a traduzir os arquivos da família, para se distrair das "ansiedades" da guerra. Nesse dia, ela pegou um papel de correspondência para escrever uma carta suplicante — nunca antes publicada — a seu sobrinho-neto, o rei Jorge VI, pai da rainha Elizabeth II. Ficara estarrecida com a última remessa dos materiais de arquivo. Tratando-o de "Bertie", ela escreveu:

Acabei de receber do bibliotecário um livro com breves cartas de meu pai para minha mãe, em inglês e em alemão, mas de natureza tão íntima, tratando de briguinhas pessoais passageiras, que não conseguirei lidar com elas. Havia também anotações sobre os vários resguardos de minha mãe. Esses papéis não têm absolutamente nenhum valor histórico ou biográfico e, se fossem vistos, só poderiam ser mal interpretados em prejuízo da memória dela. Talvez você não saiba que fiquei como executora da biblioteca de minha mãe. Como tal, sinto que devo recorrer [a você] para me autorizar a destruir qualquer carta penosa. Sou sua única filha viva e sinto que tenho o dever sagrado de proteger sua memória. Como essas cartas chegaram a ser... mantidas nos arquivos, não consigo entender.[4]

O bibliotecário do Castelo de Windsor, Owen Morshead, desculpou-se com Sir Alan Lascelles, guardião dos Arquivos Reais, por ter enviado inadvertidamente "material perigoso" ("Sei que o príncipe e a rainha nem sempre concordavam durante os primeiros anos do casamento", escreveu ele de maneira muito prosaica, "mas não suspeitei de qualquer revelação nesse volume específico").[5] O livro foi devolvido a Beatrice, que o queimou rapidamente.

No ano seguinte, 1944, Beatrice morreu. O que não lhe haviam contado era que, antes de lhe devolverem o livro de documentos, alguém fotografara o material e guardara cuidadosamente numa seção dos Arquivos Reais. Continuam guardados lá, ordenados numa caixinha branca, amarrada com uma fita. Não se sabe como isso aconteceu. Foi o bibliotecário que se rebelou contra as ordens? Ou foi o rei que mandou que acatassem a vontade da velha senhora, mas preservassem as provas dos conflitos conjugais da bisavó? Sabemos que Jorge V e a rainha Maria tinham ficado contrariados ao ver Beatrice destruindo os papéis particulares da mãe e expurgando os registros remanescentes. Como ainda existem alguns relances do diário original de Vitória na obra de Theodore Martin, a quem ela encarregara de escrever uma biografia de Albert, fica claro que Beatrice, ao reescrever o material, tornara a mãe mais dócil, menos emotiva e mais sensata.[6]

Os editores das cartas de Vitória também desvirtuaram os registros históricos. Como Yvonne Ward tão bem demonstrou, Arthur Benson e Lord Esher, os dois homens incumbidos da tarefa de selecionar e editar a correspondência de Vitória, apresentaram uma versão distorcida da rainha. Houve cortes óbvios — a eliminação de alguma crítica ácida demais aos franceses ou aos filhos, ou a retirada de termos "vulgares" para purificar sua linguagem —, mas:

conhecimentos e opiniões especialmente afiados e concisos da rainha foram amenizados para que ela ficasse parecendo feminina e inocente. Sua correspondência com outras mulheres foi omitida para evitar trivialidades. Sua correspondência europeia foi reduzida para atenuar qualquer impressão de alguma influência estrangeira sobre ela.[7]

Cortaram todas as palavras que pudessem sugerir que Vitória era "excessivamente categórica, pouco feminina ou ofensiva", bem como politicamente tendenciosa.[8] Pior ainda, a maioria das cartas nos quatro volumes oficiais foi escrita por homens; apenas quatro de cada dez cartas são da rainha.[9] Benson e Esher também eliminaram muitas das cartas destinadas a outras mulheres e as menções aos filhos, de forma que as amizades femininas de Vitória foram removidas e suas confidências maternas desapareceram.

As reproduções dos documentos destruídos por Beatrice durante a Segunda Guerra Mundial — que são citadas neste livro — são raras preciosidades que permitem vislumbrar o relacionamento íntimo entre Vitória e Albert, em que ele a chamava de "criança" e ditava seu comportamento. Mas essa correspondência também mostra a extrema dificuldade de se tentar captar os pensamentos e sentimentos de uma rainha cujas palavras foram adulteradas, reescritas, cortadas, ocultadas e destruídas. Calcula-se por baixo que Vitória escreveu 2500 palavras por dia durante seu reinado, num total aproximado de 60 milhões de palavras.[10] Mas boa parte desse material foi suavizada, encoberta ou eliminada. A família queimou uma quantidade incalculável, principalmente toda e qualquer correspondência relacionada com seu amigo íntimo escocês John Brown, seu criado indiano Abdul Karim e o episódio mais vergonhoso do início de seu reinado — a pressão sobre Lady Flora Hastings.

A rainha Vitória continua soterrada sob uma montanha de mitos, criados por observadores, bajuladores, monarquistas, republicanos e por ela mesma, e desde então encorajados pela família real. Mitos como: quando Albert morreu, ela morreu também. Que detestava os filhos. Que era uma rainha bem-comportada, impecavelmente constitucionalista. Que não gostava do poder, faltava-lhe ambição, amava apenas a vida doméstica. Que era simples produto dos homens que a aconselharam e lhe deram forma, como uma galateia que passou a falar e a andar. E, claro, que seu criado John Brown era apenas um bom amigo. E há também os mitos que ela mesma criou: que Albert era irrepreensível e o casamento era perfeito. Que ele era rei e ela apenas sua humilde sombra. Tudo isso é bobagem.

Oscar Wilde achava que as três grandes personalidades do século XIX eram Napoleão Bonaparte, Victor Hugo e a rainha Vitória. Disse que ela parecia "um rubi montado em azeviche", imagem mais majestosa do que propriamente lisonjeira. De fato, Vitória era uma grande personalidade. Mas também era cáustica, egoísta, muitas vezes depreciativa, propensa à autopiedade e obstinada. Milhões de pessoas morreram de fome e doenças durante seu reinado, mas ela parecia cega à situação. Era exigente e grosseira com as pessoas de quem não gostava. Desprezava as elites, criticava os membros da Câmara dos Lordes por passarem os dias caçando, bebendo e farreando, desdenhava os membros da sociedade que eram indolentes e amantes do sexo, muitas vezes deixava de apoiar reformas importantes se não gostasse pessoalmente de seus propagadores, e não raro fugia de suas obrigações públicas para se refugiar na paz e na solidão da Escócia.

Vitória tinha clara consciência de seus defeitos. Suas roupas eram tidas como desajeitadas, estava sempre mais gorda do que gostaria e se cercava de beleza por vontade de compensar sua própria falta de beleza. Mas amava com dedicação, era bondosa e sincera, tinha um agudo senso de justiça, desprezava os preconceitos raciais e religiosos, desenvolvia com a criadagem ligações tão fortes que eram consideradas incomuns e até suspeitas. E também sobreviveu a oito tentativas de assassinato. Ao final do reinado, o prestígio da rainha Vitória era fenomenal. Os americanos a nomearam a mulher mais sábia do mundo. Mulheres mais velhas acreditavam que a rainha podia curar doenças com o toque de sua mão, homens idosos diziam que passavam a enxergar melhor depois de uma visita dela, uma mulher afro-americana de 76 anos economizou durante cinquenta anos para fazer a longa viagem dos Estados Unidos e falar alguns minutos com ela.

A rainha nasceu numa época de profundas mudanças. O povoado modorrento que cercava o Palácio de Kensington se transformaria, no final de sua vida, numa metrópole agitada, com chaminés soltando fumaça que bloqueava o sol, casinhas geminadas abarrotadas de gente, com cinco famílias em cada cômodo, rios entupidos de dejetos e água de esgoto, navios cruzando orgulhosamente o mundo para hastear bandeiras britânicas nos continentes estrangeiros. Sublevações iriam abalar a Igreja, a aristocracia e o Parlamento. Durante seu reinado, a Grã-Bretanha atingiria uma grandeza que jamais conhecera antes. Essa rainha viria a governar um quarto da população do mundo, toda uma época seria designada com seu nome, seu perfil severo iria se associar para sempre com um período paradoxal de crescimento, poderio, exploração, pobreza e democracia.

Vitória foi a rainha mais poderosa e a mãe com dupla jornada mais famosa do planeta. Com Vitória submersa há tanto tempo na memória pública em suas sombrias camadas de luto, esquecemos que ela lutou por sua independência, por seu prestígio e pela honra da Coroa desde a adolescência, com grande êxito e, em larga medida, sozinha. Também esquecemos que ela lutou por um Império e por valores em que acreditava, trabalhou até seus últimos dias, aconselhou e debateu com dez primeiros-ministros, povoou as cortes reais da Europa e manteve a estabilidade da monarquia britânica durante as revoltas políticas que abalaram a Europa no século XIX. Esquecemos que ela voltou a amar, que ria com os netos brincando a seus pés, que ajudou a evitar uma guerra com os Estados Unidos, que não perdia a oportunidade de demitir ou consagrar premiês. Esquecemos que todos os movimentos pela ampliação do direito de voto, contra a miséria e contra a escravidão no Império Britânico remontam a seu reinado monumental, ao lado de uma profunda reavaliação da vida familiar e do surgimento da dúvida religiosa. Quando morreu, em 1901, era a monarca com mais tempo no trono em toda a história inglesa, e assim se manteve até 2015, quando sua tataraneta Elizabeth quebrou o recorde.

O legado de Vitória foi enorme: um século, um Império, nove filhos, 42 netos. Hoje, na frente do Castelo de Windsor, entre sorveterias e quiosques cheios de souvenirs, ergue-se no meio da rua a estátua de uma mulher corpulenta, séria, olhando acima dos transeuntes para o horizonte. O castelo foi construído no século XI por Guilherme, o Conquistador e passou por reformas sob vários reis, entre eles Carlos II e Jorge IV; Vitória o considerava grande, triste, parecendo uma prisão, mas é ela que o protege hoje em dia.[11] A guardiã desse castelo é uma mãe que protegeu o povo britânico ao se encaminhar com passos firmes para a democracia, num século fermentado de turbulências. É uma mãe que ia atrás do marido de sala em sala enquanto brigavam, esbravejavam e gritavam, e que lutava para reconciliar sua determinação inata com a insegurança que sentia em relação a si mesma. É uma mulher comum, que foi lançada a um papel incomum.

Vitória enfrentou muitas questões que as mulheres enfrentam hoje — lidar com relações desiguais, acalmar o cônjuge zangado, tentar criar bem os filhos, combater crises de insegurança e depressão, passar anos se recuperando dos partos, ter saudades de um amor perdido, apoiar-se na força de outra pessoa quando queremos nos esconder do mundo, tomar decisões sobre nossa própria vida com independência e moldar o mundo em que vivemos. Ela desejou e lutou pelo poder numa época em que as mulheres não tinham poder nenhum. A vida de Vitória é uma história de prestígio incomparável e imenso privilégio, de enfrentamento e desintegração, de intervenção e energia, de devoção e profunda dor e, por fim, de uma vigorosa capacidade de resistência que definiu a mulher pequenina no centro de um Império. É, acima de tudo, uma história de força surpreendente. O que realmente esquecemos hoje é que Vitória é a mulher sob cuja proteção se constituiu o mundo moderno.

Julia Baird
Shelley Beach
Outubro de 2015

PARTE I

A princesa Vitória: "Pobrezinha da Victory"[1]

1. O nascimento de um "pequeno Hércules"

*Meus irmãos não são fortes como eu... Sobreviverei a todos
eles; a coroa virá para mim e para meus filhos.*
EDWARD, DUQUE DE KENT, PAI DA RAINHA VITÓRIA[1]

A rainha Vitória nasceu aos berros às 4h15 da madrugada, uma hora antes de o dia 24 de maio de 1819 amanhecer. Naqueles primeiros instantes, era como qualquer recém-nascido: nua, vulnerável, surpresa, contorcendo-se nos braços da mãe. Seu tempo de inocência duraria pouco. Logo afluiriam ao quarto os homens mais importantes do país — sacerdotes, chanceleres, militares e políticos —, comprimindo seus rostos corados na menininha que ainda não tinha nome. Dali a duas décadas, todos os homens presentes a seu nascimento que ainda estivessem vivos iriam se curvar diante dela como rainha — algo que poucos imaginariam em seu nascimento, pois era apenas a quinta na linha de sucessão. Mas era uma criança importante — iria comandar exércitos, escolher arcebispos, nomear primeiros-ministros. A partir desse momento, nunca ficaria sozinha; um adulto acompanharia cada passo dela, provaria cada bocado que comesse, entreouviria cada conversa que tivesse.

Enquanto o céu clareava, a mãe, duquesa de Kent, reclinou a cabeça nos travesseiros de seu leito de quatro colunas e fechou os olhos, exausta, inspirando o perfume dos lilases e das trepadeiras nos jardins embaixo. Era uma manhã nublada de primavera, com uma chuva fina que trazia alívio após três semanas de calor intenso. O quarto do Palácio de Kensington onde Vitória nasceu era inteiramente branco, com o cheiro do novo suntuoso tapete. Lá fora, carneiros pastavam e gaios cantavam entre as faias.

Como era de costume nas famílias reais, os homens do Conselho Privado tinham sido convocados de jantares, do teatro e da cama na noite anterior. Enquanto a duquesa arfava e se debatia entre contrações, os ministros de Sua Majestade aguardavam num aposento contíguo.[2] O duque avisara que não iria se juntar a eles, pois pretendia ficar ao lado da esposa, dando-lhe incentivo. Como ditava a tradição, esses homens de alta posição ouviram os gritos da duquesa durante as seis horas do parto e então se apinharam no quarto após o nascimento da criança, para comprovar que era de fato filha daquela mãe.[3] (Em 1688, quando Maria de Módena, a esposa católica de Jaime II, deu à luz um menino saudável, a maioria do público — sob a instigação de protestantes descontentes com a ideia de um herdeiro varão de boa saúde — acreditou que, na verdade, ela perdera a criança e fizera com que lhe trouxessem furtivamente outro bebê dentro de uma grande caçarola usada para aquecer a cama. Não era verdade, mas foi um dos fatores que levaram à revolução que derrubou Jaime II.)[4]

A duquesa suportou a presença dos homens, que assinaram a certidão de nascimento e um atestado sobre "a aparência de perfeita saúde" do bebê. Murmuraram suas congratulações e voltaram cansados para uma cidade que despertava aos poucos; os cavalariços nos estábulos iam buscar água, a fábrica de velas ali perto emanava um cheiro de cera de abelha. O pessoal que vendia lanches para o desjejum estava montando suas bancas ao longo da Great Western Road, uma antiga estrada romana que passava pelo Hyde Park e era o principal caminho do sudoeste até Londres. Os operários seguiam às pressas para as fábricas, entre as diligências postais e as carroças rumo ao mercado sacudindo em meio à neblina, e passando por milhares de cabeças de gado que, extenuadas, eram conduzidas ao matadouro.

No Palácio de Kensington, o duque de Kent mal se continha de orgulho e entusiasmo. Em cartas aos amigos, desmanchou-se em elogios à "paciência e doçura" da esposa durante o parto e louvou "a atividade, o zelo e o conhecimento" da parteira, Frau Siebold.[5] Numa curiosa coincidência que mostra como eram próximos os mundos da realeza britânica e da realeza germânica naquela época, Frau Siebold, três meses depois, iria atender ao nascimento do futuro marido de Vitória, Albert de Saxe-Coburgo-Gota. O bebê Albert era *superbe — d'une beauté extraordinaire* ["magnífico, de uma beleza extraordinária"], comentou a mãe orgulhosa.[6] Desde a infância, Albert era elogiado pela sua beleza, assim como Vitória era elogiada pela sua força.

Ao nascer, Vitória era apenas a quinta na linha do trono. Mas, nos anos anteriores, seu pai, Edward, duque de Kent — quarto filho do rei Jorge III —, fizera uma revisão radical em sua vida ao perceber que seus irmãos não estavam gerando herdeiros e que talvez algum dia o trono passasse a ele e à sua progênie. O duque de Kent já tinha uma companheira, uma amável francesa chamada Julie de Saint-Laurent. Contratara-a, supostamente, para cantar numa festa com sua banda em 1790, durante seu primeiro exercício no cargo de governador em Gibraltar, mas na verdade ela fora introduzida na casa para dividir o leito com ele. Apesar desse início não muito romântico e do fato de que, mesmo que se casassem, o rei jamais reconheceria a união, os dois formavam um casal que se dava admiravelmente bem, numa relação que atravessou os períodos em Gibraltar e no Canadá, bem como um escandaloso amotinamento dos soldados de Edward.[7]

Todavia, a despeito das três décadas que passara com a devotada Julie de Saint-Laurent, Edward decidiu que precisava de uma esposa legítima, que lhe possibilitasse pagar suas dívidas nada desprezíveis, visto que os príncipes recebiam mesadas adicionais ao se casarem. Quando sua sobrinha Charlotte, herdeira do trono, morreu durante o parto, também ficou claro para ele que, se arranjasse uma esposa mais jovem, ela poderia ter uma criança que talvez viesse a reinar sobre a Inglaterra.

O duque de Kent, quando tomou sua carruagem e se lançou às pressas da Alemanha para o oeste, semanas antes do nascimento de Vitória, estava tentando vencer seu rival mais imprevisível: a biologia. Ele queria que sua esposa alemã, com gravidez adiantada, chegasse à Grã-Bretanha em tempo de dar à luz uma criança que, segundo suas esperanças, algum dia poderia vir a ocupar o trono. O duque estava convicto de que qualquer futuro monarca seria mais amado pelos súditos se tivesse soltado seu primeiro choro em solo inglês. Fitava o rosto pálido da esposa, iluminado pelo suave sol de primavera, e sorria. Edward estava com 51 anos e não tinha um tostão: era quase um milagre que tivesse conseguido uma esposa tão jovem, bonita e simpática. A princesa Victoire de Saxe-Coburgo-Saalfeld, um pequeno principado que encolhera ainda mais depois que Napoleão se apoderara de territórios no sul da Alemanha, era alegre, rechonchuda e baixinha, com cabelo encaracolado castanho e o rosto corado. Victoire, que enviuvara pouco tempo antes, tinha dois filhos do primeiro casamento e foi necessária certa insistência para que concordasse em se casar com o duque de Kent. Mas em pouco tempo criaram uma relação muito afetuosa e Victoire logo engravidou.

Ao iniciar a longa viagem de Amorbach até a Inglaterra, o duque não estava apenas correndo para a Grã-Bretanha; em suas esperanças, estava também na corrida pela coroa. Um ano antes, a mera ideia de que o duque de Kent fosse gerar um herdeiro do trono despertaria risadas. Estava apenas num distante quinto lugar na linha de sucessão, depois do irmão mais velho, Jorge, o príncipe regente. Depois de Jorge vinha sua única filha, a amada Charlotte. Abaixo dela estavam os outros irmãos mais velhos de Edward, Frederick e Guilherme. O rei Jorge III, que estava enlouquecendo, tivera quinze filhos com a esposa, a rainha Carlota, dos quais doze ainda estavam vivos.[8] Os sete filhos restantes tinham precedência sobre as cinco irmãs — e se algum deles tivesse filhos, a coroa passaria para seus herdeiros e não para as irmãs. (Até 2011, o trono britânico foi ocupado pela primogenitura preferencialmente masculina, de forma que a coroa passava para os filhos, por ordem de nascimento, antes de passar para as filhas, por ordem de nascimento.)

Charlotte, filha única do filho mais velho do rei Jorge III, o príncipe regente que se tornaria Jorge IV, ascenderia ao trono depois do pai. Charlotte era uma moça muito alegre e atraente, que se apaixonou perdidamente pelo elegante príncipe Leopoldo de Saxe-Coburgo-Saalfeld, com quem veio a se casar em 1816. A Inglaterra comemorou a sua gravidez, que se deu rapidamente. Mas Charlotte detestava se sentir enorme — e ouvir constantemente como estava enorme — e entrou em depressão. Os médicos lhe impuseram uma dieta rigorosa nos meses finais da gravidez e lhe aplicaram sangrias. Muitos pacientes morriam dessa prática duvidosa, que era o tratamento mais usado para os pacientes diagnosticados com "maus humores", sobretudo aqueles que já estavam enfermos e malnutridos.

Depois de um trabalho de parto que se estendeu por cinquenta horas, o filho de Charlotte nasceu morto. Ela estava esgotada, sangrando profusamente. Os médicos a entupiram de vinho e conhaque e a rodearam com bolsas de água quente, mas não conseguiram salvá-la; Charlotte morreu em 6 de novembro de 1817.[9] (Seu *accoucher*, isto é, seu parteiro, Richard Croft, ficou tão abalado que, três meses depois, atendendo a outro parto muito demorado, pegou uma arma e deu um tiro na testa.) O luto pela morte de Charlotte, presumível futura rainha da Inglaterra, pesou durante semanas como uma mortalha nas ruas de Londres. Faltavam tecidos pretos em todo o país.

Inesperadamente a linha sucessória se abrira; agora a coroa passaria para os irmãos, já com certa idade, ou para seus filhos, e não para Charlotte, jovem amada que mal acabara de sair da adolescência. O povo se perguntava: quem seria o próximo herdeiro do trono?

O rei Jorge III e a rainha Carlota levavam uma vida tranquila e respeitável, aos moldes da classe média britânica. Mas seus filhos eram devassos, gordos, preguiçosos, impopulares. Curiosamente, o único honesto, direito e disciplinado era aquele que os pais menos pareciam amar: Edward, duque de Kent, o pai de Vitória.

Em 1818, o rei Jorge estava surdo, cego e mentalmente perturbado, sofrendo, segundo alguns, de um raro distúrbio metabólico chamado porfiria, embora pudesse muito bem ser demência ou distúrbio bipolar.[10] Moradores do castelo ouviam "risadas desagradáveis" nas alas por onde ele andava, e muitas vezes o encontravam dedilhando um cravo, usando mantos roxos.[11] Era perseguido por visões apocalípticas em que se afogava numa grande inundação; falava com amigos invisíveis; abraçava árvores, achando que eram dignitários estrangeiros. Em 1811, aos 73 anos, foi oficialmente declarado insano.

O príncipe regente, que viria a se tornar Jorge IV, tinha uma inteligência afável e mediana. Aos cinquenta e poucos anos, estava acabado. Sofria de gota e tomava grandes doses de ópio para aliviar a dor nas pernas. A relação com a esposa, a princesa Caroline, era nefasta e brutal.[12] O príncipe regente chegou a proibir a presença dela na cerimônia de sua coroação em 1821 (bateram-lhe a porta na cara quando chegou à Abadia de Westminster, enfeitada da cabeça aos pés). Três semanas depois, a rainha Carolina morreu. Desconhece-se a causa, mas correram boatos de que o rei a envenenara.

Quando a filha do príncipe regente morreu, em 1817, os sete filhos de Jorge III já estavam na meia-idade; o mais novo tinha 43 anos. Qual, então, geraria um herdeiro? Ernest, o duque de Cumberland, era o único oficialmente casado e que se dava bem com a esposa.

Quando ainda eram pequenos, Jorge III havia decretado que ninguém da prole real poderia se casar sem o consentimento do rei e a aprovação do Parlamento. O resultante Decreto dos Casamentos Reais de 1772 oferecia aos príncipes uma justificativa muito conveniente para se desvencilhar de qualquer compromisso com suas amantes. Eles agiam, segundo disse mais tarde Lord Melbourne à rainha Vitória, como "animais selvagens".[13] O resultado foi uma montanha de netos ilegítimos — 56 ao todo, nenhum deles capaz de ocupar o trono. Charlotte fora a única neta gerada num casamento oficialmente reconhecido. Assim, o que estava em jogo não era apenas aquela geração, e sim o controle da geração seguinte. (Lá no fim da linha sucessória,[14] distantes demais para serem levadas em conta, estavam as cinco filhas vivas do rei Jorge III, todas acima dos quarenta anos e sem filhos.)[15]

Poderia uma família enorme como essa se extinguir? Hoje parece até engraçado pensar que a dinastia hanoveriana, que começou com o rei Jorge I em 1714, podia ter terminado com os filhos do rei Jorge III. Mas era plenamente possível, em vista do comportamento da progênie. Quando Charlotte morreu, houve um grande tumulto em relação ao futuro do trono e o Parlamento insistiu que os quatro irmãos solteiros se casassem.

Os irmãos imediatamente empoaram seus cabelos e voltaram os olhos para as cortes reais da Europa. A França estava em desvantagem devido às décadas de batalhas com Napoleão. Preferia-se a Alemanha, em parte porque se acreditava que uma educação luterana formava esposas castas e obedientes. Três dos quatro irmãos logo atenderam à ordem, casando-se em meados de 1818. O príncipe real mais novo, Adolphus, duque de Cambridge, enviou um pedido de casamento a Augusta, a princesa alemã de Hesse-Cassel, que aceitou.[16]

O pai de Vitória, Edward, duque de Kent, agora era o quarto na linha sucessória, sendo o único filho que adotara o modo de vida espartano e disciplinado dos pais. Tinha mais de 1,80 metro, era altivo e musculoso e se dizia "o mais forte dos fortes". Embora admitisse reservadamente que era um tanto presunçoso, vangloriava-se de que viveria mais do que os irmãos: "Levo uma vida comum", dizia muitas vezes, "sobreviverei a todos eles; a coroa virá para mim e para meus filhos."[17] Nele se mesclavam os opostos que mais tarde se refletiriam na filha: gentil e ríspido, compassivo e carente, áspero quando contrariado e terno quando amado.

Ao contrário dos irmãos, Edward era inteligente, eloquente, um missivista consciencioso. Era progressista, favorável ao ensino popular, à emancipação católica e à abolição da escravatura. Apesar de sua fama de militar tirânico, era bondoso. Também era extravagante: entre os caprichos que se permitia, havia uma biblioteca de 5 mil livros trazidos do exterior, fontes instaladas em gabinetes, degraus forrados de veludo para subir na cama, luzes de todas as cores dispostas no caminho de entrada. Mantinha na equipe de empregados um cabeleireiro para si e seus criados.

Quando o duque pediu a mão de Victoire, não havia garantia de que ela aceitaria. Seus dois filhos, Charles e Feodora, estavam com treze e dez anos respectivamente, e a vida independente de uma viúva era, em muitos aspectos, preferível à de uma esposa. Mas, dias após a morte de Charlotte, o viúvo Leopoldo, que era irmão de Victoire, escreveu-lhe uma carta recomendando que reconsiderasse o pedido do duque de Kent. Agora, de repente, Edward tinha melhores perspectivas: estava muito mais perto do trono. Por fim Victoire concordou. Edward, em resposta, foi terno e romântico, prometendo à jovem noiva que a faria feliz.[18]

Edward e Victoire tiveram sorte: foram pouco a pouco se encantando um com o outro e se acomodaram numa rotina doméstica. Em 31 de dezembro de 1818, Edward escreveu à nova esposa um bilhete amoroso: "Deus te abençoe. Ama-me como amo a ti". Ao repicar dos sinos do Ano-Novo, havia três novas esposas grávidas. Deitaram-se junto aos respectivos maridos, com barrigas redondas e doces esperanças, pensando no ano que se iniciava.

Em 1819, a corrida começou para valer. Em 26 de março, Augusta, esposa de Adolphus, irmão mais novo do duque de Kent, deu à luz um filho sadio. Em 27 de março, Adelaide, esposa de Guilherme, irmão mais velho de Edward, teve um parto prematuro e a menina sobreviveu apenas algumas horas. E, em 28 de março, Edward, o duque de Kent, partiu de Amorbach, na Alemanha, com destino a Londres. Victoire, no oitavo mês de gravidez, enfrentou um percurso de quase setecentos quilômetros por estradas ruins e mares agitados. O receio do duque era que a viagem antecipasse o trabalho de parto. Mas Victoire estava cheia de "alegres expectativas" com a vida que a aguardava na Inglaterra. Enquanto ia se sacudindo ao lado do marido, passava continuamente as mãos no ventre, os dedos acompanhando na pele os pezinhos minúsculos que chutavam e os membros que faziam cócegas na barriga.

Em 18 de abril, a longa caravana de crianças, enfermeiras, parteiras, padres, médicos e uma enxurrada de criados, cachorrinhos e papagaios chegaram a Calais, a cidade portuária francesa que fica na parte mais estreita do canal Inglês da Mancha. O príncipe regente permitira relutante que o irmão usasse o iate real para a travessia. Atravessaram o canal uma semana depois. Ventava forte e Victoire estava pálida; havia vomitado várias vezes durante as três horas de viagem. Depois de finalmente desembarcarem em Dover, seguiram direto para Kensington. Na época, Kensington era um pequeno vilarejo rural e o vasto palácio estava em ruínas. A umidade havia tomado as paredes e o lugar cheirava a podre. O duque, pródigo e ativo decorador de interiores, prontamente comprou cortinas, tecidos e guarnições: branco para os dormitórios e vermelho para a sala de jantar. (Em caráter reservado, também enviou cartas ansiosas a amigos, perguntando como estava Julie, sua ex-companheira.) Enquanto Victoire e ele se preparavam para o nascimento da filha, que reinaria sobre o Império Britânico durante grande parte de um século, pouca gente se interessou no assunto. Era mais um príncipe barrigudo, esbanjador, com mais uma esposa alemã grávida. Os únicos que prestaram atenção foram os que mais tinham a perder com o nascimento de Vitória: a família real. Não muito depois de a primeira lufada de ar encher os pulmões da bebê, já corriam rumores de que seus tios malvados planejavam matá-la.

2. A morte de um pai

Não me esqueça.
DUQUE DE KENT, 1820

A duquesa de Kent se encantou imediatamente com a filhinha. Insistiu em amamentá-la durante seis meses, embora as mulheres da aristocracia daquela época costumassem empregar amas de leite, muitas vezes porque os apertadíssimos espartilhos afetavam sua capacidade de produzir leite.[1] Enquanto a nobreza franzia o cenho em desaprovação, o empenho da duquesa em amamentar a filha caía no gosto do público, principalmente da burguesia, que passou a adotar essa prática. A decisão de Victoire foi mais importante do que ela imaginava: como a amamentação ao peito é um bom anticoncepcional, ainda que não infalível, isso significou que a duquesa dificilmente engravidaria outra vez no curto prazo. Se tivesse engravidado e gerado um irmãozinho para Vitória, ele é que teria ocupado o trono.

A decepção do duque em não ter tido um menino durou pouco tempo. Afinal, segundo a Lei de Regulamentação de 1701, sua filha, se não tivesse irmãos, poderia herdar a coroa. Em caráter reservado, embora reconhecendo que as chances da menina eram pequenas, mesmo assim ele se gabava: "Olhem bem para ela, pois será a rainha da Inglaterra".[2] O pai de Vitória sempre considerou aquele bebê forte e bonito um milagre. Afinal, nascer no século XIX era coisa perigosa. Em mil nascimentos, cerca de 150 bebês morriam ao nascer. Além disso, com a grande incidência de sarampo, coqueluche, escarlatina e cólera, a probabilidade de sobreviver até os cinco anos de idade era pouco acima de 70%. As chances dos filhos das famílias urbanas pobres que não eram amamentados ao peito ou eram desmamados cedo demais eram ainda menores.

Havia também a prática corrente de dar ópio aos bebês para pararem de chorar e, com isso, muitos perdiam o apetite e morriam de desnutrição.[3] Como era de se esperar, quem levava a culpa eram as mães que, por causa das longas jornadas de trabalho nas fábricas, deixavam os filhos com estranhos. Um artigo publicado em 1850 no *Household Words*, jornal editado por Charles Dickens, atribuía essa prática a alguma "babá mercenária ignorante"[4] que cuidava de oito ou nove bebês ao mesmo tempo, mantendo-os drogados. Misturas intituladas de "xarope calmante" ou "tranquilidade materna" e uma poção à base de láudano chamada "cordial de Godfrey" garantiam "lares pobres em silêncio cheirando a narcóticos". Karl Marx, na época em que escrevia *O capital*, em 1867, mencionou o "infanticídio disfarçado e o estupor de crianças com opiáceos", acrescentando que os próprios pais criavam essa dependência.* Era tão frequente a morte dos bebês que os pais faziam seguro sobre os recém-nascidos e costumavam receber cinco libras caso eles morressem, prática essa considerada um incentivo ao infanticídio. Em 1900, 80% dos bebês eram segurados.

Mas Vitória se desenvolveu com tanto vigor que o duque alardeava que ela parecia "mais um pequeno Hércules do que uma pequena Vênus".[5] Era uma criança robusta, "um modelo de combinação entre força e beleza", segundo o pai, que fiscalizava pessoalmente os horários e a atuação das babás.[6] Também era muito rechonchuda, com pernas gorduchas: o barão Stockmar, advogado do duque, dizia que era uma "linda princesinha, roliça como uma perdiz".[7] Os tios de Vitória não ficaram muito contentes.[8] O regente, que logo se tornaria o rei Jorge IV, nutria por seu irmão, o duque de Kent, um ódio visceral de longa data.

Vitória nasceu numa época gloriosa do Império Britânico. Quatro anos antes, em 1815, Napoleão fora derrotado na Batalha de Waterloo, que pôs fim a dezessete anos de guerra com a França. A Grã-Bretanha se rejubilara com a humilhação do homem e

---

* Na época, tal como agora, o uso de drogas entre as classes trabalhadoras gerava mais preocupação do que o das classes médias e altas e desviava a atenção dos verdadeiros problemas: as longas jornadas e as duras condições a que os trabalhadores estavam submetidos, para não citar a falta de proteção às mulheres, como licença-maternidade ou creche para as crianças. As mulheres eram as bestas de carga do mundo vitoriano: geravam bebês, criavam os filhos, cuidavam da casa e, cada vez mais, trabalhavam em fábricas, mas tinham poucos direitos e quase nenhum reconhecimento. Até o final do século, eram propriedade legal dos homens com quem se casavam (Virginia Berridge, *Opium and the People*, p. 97).

do país mais poderosos da Europa. Agora Napoleão estava confinado em segurança em Santa Helena, uma ilha tropical no Atlântico Sul, e, para o deleite dos ingleses, passara a se dedicar à jardinagem. A Batalha de Waterloo marcou o início da *Pax Britannica* — uma paz de 99 anos que se estenderia até a Primeira Guerra Mundial. O Império se expandia sem cessar, assinalando países da Ásia, África, Austrália, América do Norte e América do Sul com um vermelho imperial (como então os mapas mostravam o Império Britânico). Essa expansão foi acompanhada por um enorme desenvolvimento manufatureiro e pela disparada na produção de carvão e ferro. O crescimento veloz e aparentemente incontrolável do Império no século XIX fazia do trono britânico um prêmio altamente cobiçado. Com o fim das Guerras Napoleônicas, a Grã-Bretanha era a única economia industrializada do mundo e a maior potência naval do planeta. Mas Londres fervilhava de insatisfação.

Em 1821, metade da força de trabalho britânica tinha menos de vinte anos. Em 1819, ano em que Vitória nasceu, aprovou-se uma lei que limitava a jornada infantil nas fábricas e algodoarias a doze horas diárias, embora fosse raramente aplicada. Crianças de cinco anos trabalhavam da manhã à noite em fábricas de fósforos e pregos, em usinas de gás, estaleiros e construção civil. Em 1833, a Lei Fabril vetou o emprego de crianças com menos de nove anos em fábricas têxteis. Em 1834, tornou-se proibido utilizar meninos com menos de dez anos como limpadores de chaminés ou "tratar mal" os que fossem mais velhos — mas, também nesse caso, a lei foi ineficaz e não era aplicada. A limpeza de chaminés se tornou um grande símbolo da exploração infantil, com histórias em que acendiam fogo por baixo das crianças para obrigá-las a trabalhar mais depressa, ou de crianças que ficavam presas e morriam nas fendas tortuosas e escuras. Em 1840, apenas 20% das crianças em Londres frequentavam a escola.

A Revolução Industrial se acelerava rapidamente e a população se transferia do campo para a cidade. No começo do século, 20% da população britânica morava em cidades ou vilas; no final do século, era 75%. Espalhavam-se cortiços por toda a Londres, e às vezes, em casarões antigos, viviam trinta ou mais pessoas no mesmo cômodo.[9] Para a maioria dos moradores de cortiços e barracos, o saneamento consistia em usar um balde e despejá-lo num esgoto aberto. Quando Vitória nasceu, cozinhava-se em lareiras e fogo a céu aberto, usavam-se cavalos para levar as mensagens, metade da população era analfabeta e somente um pequeno setor de donos de propriedades tinha poder político. No final de sua vida, em 1901, as pessoas andavam de metrô, telégrafos disparavam mensagens transoceânicas, o ensino era obrigatório e as mulheres tinham alguns direitos fundamentais.

Na época do nascimento de Vitória, o indulgente príncipe regente vivia muito distante da realidade da maioria de seus súditos pobres. O governo aprovou as Leis do Trigo em 1815 para proteger o trigo inglês, impondo-lhe tarifas; em decorrência disso, o preço da alimentação aumentou, o que enfureceu a classe operária, já em situação muito difícil. As terras comunais, que muitos trabalhadores rurais usavam como pasto coletivo para os animais, foram cercadas e delimitadas em terrenos menores, encarecendo o arrendamento e criando grande miséria. A demanda internacional de produtos de exportação da Inglaterra caíra junto com os salários e o nível de emprego. Dias antes do nascimento de Vitória, houve tumultos por causa do preço do pão; mesmo em áreas abastadas em torno do Palácio de Kensington, eram visíveis os sinais de pobreza.

Embora nascida na Inglaterra, Vitória vivia cercada de alemães; até para acalmá-la quando chorava, embalavam-na com cantigas de ninar alemãs (embora ela só tenha começado a aprender a língua aos sete anos). Tinha sangue quase totalmente germânico. A mãe, a meia-irmã Feodora, o tio Leopoldo e a governanta eram todos alemães. Seus quatro avós também eram alemães e seu antepassado britânico mais próximo era do século XVII.[10] Entre 1714 e 1901, todos os hanoverianos que reinaram na Inglaterra se casaram com alemães — Vitória inclusive, bem como seis de seus nove filhos.

A Alemanha, naquela época, era um conjunto de Estados que se haviam juntado numa unidade chamada Confederação Germânica em 1815, após a derrota de Napoleão. (O país só veio a existir como nação única em 1871.) Alguns desses Estados tinham se alinhado com a França durante as Guerras Napoleônicas, mas o maior e mais poderoso deles — a Prússia — era aliado da Inglaterra. Curiosamente, um pequeno Estado, Hanôver, era governado a partir de Londres pelos reis da Inglaterra, que eram hanoverianos por herança. Esse arranjo secular, iniciado em 1715 pelo rei Jorge, anglo-germânico, se interrompeu quando Vitória ascendeu ao trono. Somente homens podiam governar Hanôver.

Em 24 de junho de 1819, num majestoso aposento de pé-direito muito alto, no último pavimento do Palácio de Kensington, uma pequena multidão alvoroçada fitava a bebê Vitória e seus pais. Estavam todos ao redor de uma pia batismal dourada, trazida da Torre de Londres para a ocasião. Os nichos estavam forrados com veludo carmesim, ocultando uma fileira de bustos no alto da parede, que mostravam os perfis orgulhosos de uma série de imperadores e faraós: Nero, Calígula, Cleópatra. (O protocolo mandava ocultá-los para não ferir as suscetibilidades do arcebispo da Cantuária.)

O regente, enfurecido porque seu odiado irmão agora tinha um herdeiro, insistia que o batizado fosse uma cerimônia pequena e reservada, realizada no meio da tarde. Não queria que fosse um evento rebuscado nem nada que desse qualquer sinal de envolver uma futura monarca em potencial. Ninguém teve autorização de se arrumar para a ocasião nem de usar uniformes ou rendas douradas. Pior ainda, o regente não permitiu que o duque e a duquesa de Kent escolhessem o nome da própria filha. O casal queria chamá-la de Victoire Georgiana Alexandrina Charlotte Augusta, mas o regente lhes escreveu de antemão, avisando que não permitiria que dessem o nome de Georgiana à menina, pois não queria que um derivado de seu próprio nome, George, precedesse o do tsar da Rússia, Alexandre (que dera dinheiro ao duque de Kent para o casamento e era o padrinho da criança). O regente avisou que durante a cerimônia revelaria os outros nomes que poderiam usar.

Durante o batizado, o arcebispo da Cantuária segurou o bebê roliço com ar de expectativa e perguntou ao regente: "Por qual nome apraz a Vossa Alteza chamar esta criança?". O regente anunciou com firmeza "Alexandrina" e se calou. O duque de Kent propôs Charlotte como segundo nome e depois Augusta, mas o regente balançou a cabeça. Também recusou o nome de Elizabeth. Não queria que a criança, rival do trono, herdasse nenhum dos nomes históricos e tradicionais da família real britânica. Quando a duquesa prorrompeu em lágrimas, o regente finalmente declarou: "Então dê-lhe o nome da mãe também, mas ele não pode vir antes do imperador". Alexandrina Vitória não era uma escolha muito simpática, pois os dois nomes eram estrangeiros; até mais ou menos os quatro anos, chamavam-na de Drina. Depois, foi sempre Vitória. Em 1831, quando o Parlamento tentou alterá-lo para Charlotte ou Elizabeth, devido à impressão de que Alexandrina e Vitória não eram nomes então muito conhecidos na Inglaterra, Vitória insistiu em mantê-lo.

O regente saiu do batizado sem falar com o irmão. Sua animosidade não diminuiu: quando o duque de Kent levou a pequena Drina, com três meses de idade, a uma revista de tropas em Hounslow Heath, o regente gritou: "O que esse bebê está fazendo aqui?".[11] Os tios reais também não tinham nenhum apreço especial pela mãe da criança. A duquesa de Kent tinha um sotaque alemão carregado e pouco se esforçava em aprender inglês — embora depois Lord Melbourne viesse a concluir que ela conhecia bem o idioma e, por conveniência própria, apenas fingia o contrário. Seus discursos eram escritos foneticamente: "*Ei hoeve to regret, biing aes yiett so little cônversent in thie Inglisch*" ["*I have to regret, being as yet so little conversant in the English*" — Lamento por ser ainda tão pouco familiarizada com o inglês].[12] Os membros da família real tinham depositado todas as suas esperanças no duque de Clarence, irmão mais velho do duque de Kent, e em sua esposa para gerar um herdeiro, em vez do detestado Edward: a pequena Vitória era "um verdadeiro espinho no flanco".[13]

O impopular regente era um infeliz. Perdera a filha Charlotte e seu único neto no mesmo dia, e odiava a esposa.[14] Era bastante gordo e dependente do láudano, que usava para diminuir a dor nas pernas inchadas. A aspirina só veio a ser patenteada como medicamento em 1899, e não havia muitas alternativas de analgésicos. O láudano — também conhecido como tintura de ópio — era legal na época vitoriana. Consistia num preparado de ervas, ópio, água destilada e álcool, usado como medicação para ajudar o sono, diminuir a dor, controlar a diarreia (comumente provocada pelo cólera ou por disenteria), reduzir as cólicas menstruais e a flatulência, amortecer as dores do parto e aliviar dores de dente, de ouvido e de garganta. Também era empregado para tratar histeria e insanidade e para ajudar no "cansaço e depressão", bem comuns nas classes trabalhadoras.[15] Era um componente fundamental na maioria dos medicamentos patenteados, de altíssima potência e extremamente propenso a criar dependência.[16] Entre os dependentes de seus efeitos soporíferos e extasiantes estavam Mary Todd Lincoln, Samuel Taylor Coleridge, Charles Dickens e Elizabeth Barrett Browning. Florence Nightingale passou a consumir ópio depois de voltar da Guerra da Crimeia, alegando que ajudava a diminuir a dor. Escreveu em 1866: "Nada me fazia bem, a não ser uma curiosa e pequena prática recente de introduzir ópio sob a pele. Isso traz alívio por 24 horas, mas não melhora a vivacidade nem a serenidade do intelecto".[17] A mulher de Dante Gabriel Rossetti morreu de uma dose excessiva de láudano. Muitos membros da família real recorriam a ele, principalmente os que tinham problemas crônicos, como gota.

O duque de Kent considerava o oceano um tônico muito melhor do que o ópio. Enquanto a maioria das pessoas ia ao litoral no verão, ele optou pelo inverno rigoroso em 1819, para que Victoire, que sofria de reumatismo, pudesse repousar. Os médicos haviam descoberto pouco tempo antes o que julgavam ser as qualidades terapêuticas do mar — afirmava-se que a água do mar curava problemas pulmonares, apoplexia e mesmo depressão ou, como se dizia, esgotamento pós-parto. Banhos de água salgada eram altamente recomendados para mães amamentando. Assim, o duque foi antes, para examinar a costa de Devonshire e encontrar um local onde todos pudessem ficar. Estando lá, foi visitar uma cartomante. Ela disse que dois membros da família real morreriam no ano seguinte. "Curioso", refletiu ele, "pergunto-me quais serão."[18] Um deles seria seu pai louco, o rei Jorge III; o outro, não teve como adivinhar.

Algumas semanas depois, ele levou a família para um chalé aninhado num pequeno vale não distante da costa. (Quando estavam a caminho, hospedaram-se na casa do bispo Fisher, antigo preceptor do duque. A pequena Vitória lhe arrancou a peruca — sinal precoce de sua irreverência diante da autoridade episcopal, característica que manteria pelo resto da vida.) Chegaram ao chalé durante uma nevasca no dia de Natal. Estava sendo um inverno muito rigoroso e a casa era exposta a ventos cortantes, mas o duque se sentia muito contente. Escreveu uma carta a um amigo comentando como a filhinha era forte: "Saudável demais, receio eu, na opinião de alguns membros de minha família, que a veem como intrusa".[19] Vitória tinha apenas oito meses, mas, pelo tamanho, parecia já ter um ano — e seu pai estava convicto de que ela herdara seu espírito de aço. Os dois primeiros dentes romperam a gengiva "sem o menor problema"; ela mal se queixou. Um dia, quando a menina dormia em seu quarto no chalé, um garoto local, caçando passarinhos, deu um disparo acidental que atravessou a janela. O duque disse que ela enfrentou o tiro como uma verdadeira filha de soldado.[20]

Em 7 de janeiro, durante uma ventania, o duque de Kent saiu para uma longa caminhada pelos despenhadeiros com seu camareiro, John Conroy. Voltou reclamando que seus ossos doíam devido ao frio. Desenvolvendo febre, foi transferido para um quarto mais aquecido e lhe aplicaram duas sangrias, mas sem resultado. O único médico que conseguiram chamar de imediato, William Maton, não falava alemão. Dr. Maton fez mais uma sangria, depois aplicou ventosas e sanguessugas no duque. Naquela época, era comum usar ventosas: fazia-se um corte na pele e em cima se colocava um copo aquecido de boca para baixo. Enquanto o copo esfriava, o sangue era sugado pelo vácuo. Ao final do tratamento, o duque perdera cerca de três litros de sangue. A duquesa ficou enfurecida e mortificada. Mesmo assim, não questionou a sabedoria do médico. Ela escreveu dizendo que não restou "praticamente nenhum local em seu corpo querido que não [tivesse] sido afetado por ventosas, vesicatórios ou sangrias... Ele foi tremendamente exaurido... por aqueles médicos cruéis".[21] À noite, quando lhe disseram que o médico queria aplicar mais uma sangria, o duque chorou.

A duquesa andava de um lado para o outro enquanto o marido jazia com dores na cama, entre tosses e soluços. Ela não quis ir descansar. Logo começaram a chegar alguns amigos ao chalé, entre eles o príncipe Leopoldo, irmão da duquesa, trazendo em sua companhia o médico e advogado Christian Stockmar, que em anos posteriores viria a ter um papel fundamental na corte. Enquanto a duquesa aguardava, Stockmar tomou o pulso do duque. Virou-se e disse em voz baixa: "Não há mais o que se possa fazer".[22] A duquesa o fitou, voltou para o lado do marido e lhe tomou a mão. Fazia dias que ela não dormia nem trocava de roupa. A bebê Vitória — a quem chamava pelo diminutivo "Vickelchen" — dormia no berço, enquanto Feodora, filha mais velha da duquesa de Kent, rezava de joelhos. Amanheceu, e o duque estava febril e agitado. Apertou a mão da esposa, puxou-a para junto de si e sussurrou: "Não me esqueça".[23]

O duque de Kent morreu às dez da manhã do domingo, dia 23 de janeiro de 1820. Sua morte foi um grande choque, em vista de sua vigorosa saúde habitual.[24] "Aquele verdadeiro Hércules não existe mais", escreveu a princesa Lieven, esposa do diplomata russo em Londres.[25] A pobre Victoire enviuvava pela segunda vez. Não era uma pessoa muito querida entre o público em geral, não tinha quase nenhum tostão e contava com poucos aliados. Não entendia a língua, os costumes e o povo do país cuja filha e talvez futura soberana trazia ao colo. Havia certo apreço por ela na família real, sobretudo entre as mulheres, mas este logo se desfez devido à sua falta de tato e competitividade diante dos que poderiam gerar rivais para Vitória.[26]

Mesmo na morte, o duque de Kent era imponente. O caixão pesava mais de uma tonelada e tinha 2,10 metros de comprimento — seus carregadores tiveram dificuldade em atravessar as portas. Ele foi sepultado à noite na cripta da família em Windsor, em 12 de fevereiro, enquanto a esposa chorava em seus aposentos (não era permitida a presença de mulheres nos funerais, porque supostamente perderiam o controle de suas emoções). Tinha sido uma união feliz.[27] Agora a duquesa estava sozinha e tomaria a proteção, a instrução e o controle de Vitória como a grande missão de sua vida. Mas primeiro precisava aprender a sobreviver.

Não foi fácil. O duque assinara um testamento confiando a filha à esposa. Deixou tudo a Victoire, embora, pelo costume, os homens deixassem seu patrimônio aos parentes do sexo masculino (as mulheres, geralmente, recebiam apenas os juros sobre suas propriedades). Mas, por causa das grandes dívidas do duque, a esposa teve que recorrer ao auxílio financeiro de seu irmão Leopoldo e à hospitalidade do regente, seu cunhado. O regente consentiu que permanecessem no Palácio de Kensington. O grupo tristonho voltou ao palácio no frio inverno londrino, com a pequena Vitória, de oito meses, incomodada com os sacolejos da carruagem. Ficava de pé, com as perninhas grossas nos joelhos da mãe, chorando e batendo as mãozinhas nas janelas fechadas do coche, recoberto de tecido preto. Com a morte do pai, surgia na vida da futura rainha uma dupla tensão — que se tornaria recorrente — entre perda e resistência.

Seis dias após o falecimento de Edward, seu pai, Jorge III, morreu no Castelo de Windsor. Assim, o príncipe regente se tornou rei Jorge IV. Em 29 de janeiro de 1820, Vitória passou do quinto para o terceiro lugar na linha de sucessão. Aumentando as chances, sua mãe, antes meiga e terna, se tornou cada vez mais ambiciosa e obcecada pelo poder. Vitória precisou aprender a resistir à mulher que acabara de desmamá-la quando o pai morreu. A duquesa disse que a filha, mesmo quando era bebê de colo, já dava "sinais de querer fazer as coisas à sua maneira".[28] Ao crescer, teria que se valer dessa teimosia. Pois foi aprendendo a desafiar a mulher que a trouxe ao mundo que Vitória aprendeu a ser rainha.

3. A princesa malcriada e solitária

[Vitória] é tão vigiada que nenhuma criada tem sequer um momento para cochichar
"Você é herdeira da Inglaterra". Imagino que, se pudéssemos dissecar o coraçãozinho,
descobriríamos que foi avisada por algum pombo ou outro passarinho.
SIR WALTER SCOTT, 1828[1]

Vitória era uma menina insolente e de pavio curto. Detestava ficar quieta, detestava tomar remédio, detestava receber ordens. Quando seu professor de piano, sr. Sale, lhe disse que devia praticar como qualquer outra pessoa, ela bateu com força a tampa do piano e gritou: "Aí é que está! Não há nenhum *deve* nisso".[2] Tantos *deve* em sua vida apenas aumentavam sua rebeldia. Em 1830, sua governanta, a baronesa Louise Lehzen,[3] obrigou Vitória a registrar suas explosões em "livros de conduta".[4] Às vezes, ela anotava três acessos no mesmo dia, escrevendo: "Muito malcomportada e impertinente com Lehzen". Em 21 de agosto de 1832, ela foi "*muito muito muito tremendamente MALCRIADA*" (os "muito" estão sublinhados três vezes e "malcriada" quatro). Em 24 de setembro de 1832, à tarde, Vitória escreve que foi "*MUITO MUITO MUITO MUITO MEDONHAMENTE MALCRIADA!!!!!*" — a frase toda sublinhada quatro vezes —, mas, em seu diário, ela anotou apenas que "o calor estava imtolerável [sic]". Quando escrevia exercícios de composição, suas redações eram sobre crianças mimadas e desobedientes que precisavam se arrepender ou ser castigadas.[5]

As redações da jovem princesa também mostravam como lutava contra a necessidade de ser comportada e sonhava em que lhe fizessem as vontades, em vez de ser repreendida.

Numa redação, que escreveu aos sete anos, ela discorreu sobre uma "menina malcriada" chamada An. O texto dizia (com os erros incluídos):

A pequena An era muito malcriada gulosa e desobediente. Ninguém gosta de ficar perto dela pois era muito desagradável.

Um dia o pai dela deu uma festa e veio muita gente fina; e a pequena [A]n teve permissão de entrar na sala. Quando alguém falava com ela virava as costas e não respondia. Como seu querido pai queria agradá-la, então ela teve permissão de jantar com seu papai; sua mãe (que era a favorita dela) dava tudo o que ela pedia e dava seus doces em provusão. Ane sentou entre a Lady D— e sua mamãe; An incomodou tanto a pobre da velha Lady D— que ela disse para sua mãe: "Madame, sua filha é muito malcriada e impertinente". A sra. G— que era a mãe de An ficou vermelha de raiva. Na verdade madame peço sua licença para ir com minha queridinha Ane querida. Ela vai e sai da sala com An e um prato cheio de doces na mão.[6]

São palavras de uma menina que conhece o prazer e os perigos de ser mimada. Vitória vivia testando não só Lehzen, mas também seu preceptor, o reverendo George Davys. Quando a mãe disse a Vitória, então com quatro anos, que lhe daria um prêmio se se comportasse durante a primeira visita de Davys, ela tentou negociar, pedindo para receber o prêmio antes. Quando Davys sugeriu que estudassem a letra *o*, ela disse que preferia o *h*.

Mas, apesar de seu temperamento, Vitória tinha bom coração e era honesta. Um dia, a duquesa disse ao preceptor da menina: "Hoje de manhã ela está boazinha, mas ontem foi um tormento". Vitória acrescentou: "Dois tormentos, um com a roupa, outro com o banho".[7] Sua teimosia era, em parte, alimentada pelas bajulações da criadagem do palácio, bem como pelas visitas importantes que apareciam regularmente. Ela adquiriu clara consciência de sua posição. Certa vez, disse a uma menina que a visitava, Lady Ellice, que tentou brincar com alguns brinquedos seus, entre eles um sofazinho de boneca de cetim branco e três pequenas bailarinas: "Você não deve tocar neles, são meus. E eu posso chamar você de Jane, mas você não pode me chamar de Vitória".[8] Era como se ela fosse incentivada a ser superior, e tanta adulação levava à arrogância. Feodora, sua meia-irmã doze anos mais velha, escreveu mais tarde a Vitória, comentando a respeito da baronesa Späth, dama de companhia da mãe delas: "Era uma espécie de idolatria, quando ela se ajoelhava à sua frente, quando você era pequena".[9] Bispos engatinhavam nos tapetes para brincar com ela, aristocratas marcavam presença durante suas aulas. Mais tarde, Vitória admitiu que sabia ser o "ídolo da casa" e às vezes desafiava as pessoas a enfrentá-la. Uma vez, avisaram para ela que seu tio, o duque de Sussex, iria castigá-la caso ela gritasse. Ela passou a se esgoelar toda vez que ele aparecia por perto.

Sendo uma menina que tinha tudo, cavalos para montar, viagens regulares à praia, atendentes que a adoravam, talvez seja surpreendente que Vitória dissesse mais tarde que teve uma infância bastante triste.[10] Reclamou que o Palácio de Kensington era desconfortável, sujo e infestado de besouros. Uma vez, quando lhe perguntaram o que queria de aniversário, ela respondeu que queria que limpassem os vidros das janelas. Mas, apesar de todos os seus brinquedos, roupas finas, animais de estimação e passeios de mula, o que realmente lhe faltava eram amizades. Mais tarde, contou à sua filha mais velha: "Tive uma vida muito infeliz quando criança; não podia exprimir meus fortíssimos sentimentos de afeição, já que não tinha irmãos nem irmãs para conviver. Nunca tive pai. Em minhas infelizes circunstâncias não mantinha uma relação boa nem minimamente próxima ou íntima com minha mãe... e não sabia o que era uma vida doméstica feliz!".[11] Não se trata apenas do rigor inflexível de uma avaliação retrospectiva — sua irmã Feodora pintou mais tarde um quadro igualmente desalentador:

> Foi muito duro ter sido privada de qualquer relação, sem qualquer pensamento alegre naquela nossa triste existência. Minha única hora feliz era sair com você e Lehzen, a pé ou de coche; então eu podia falar e ficar à vontade. Escapei a alguns anos de prisão que você, minha pobre irmã querida, teve que suportar depois que me casei.[12]

Vitória tinha apenas nove anos quando Feodora se casou e mudou para a Alemanha, em 1828; ela ficou desolada. A partir de então, vivia sob a vigilância constante e sufocante dos adultos. Dormia todas as noites no quarto da mãe, com alguém velando até a hora em que a mãe se recolhia. Mesmo quando regava flores, havia um criado de libré escarlate a seu lado.

Aos dez anos, Vitória descobriu que era a terceira na linha de sucessão. Foi em 11 de março de 1830, quando estava sentada à sua pequena escrivaninha, tentando se concentrar nos livros. Havia um ramo de azevinho preso na frente de seu vestido de veludo e rendas, que a obrigava a manter o queixo erguido e as costas retas.[13] Lá fora, o sol derretia o gelo depois de um intenso frio que congelara partes do Tâmisa, e ela estava doida para ir passear a cavalo, sentada de lado na sela, galopando pelos jardins de Kensington. Montar era a coisa mais próxima da privacidade que podia ter. Começou a folhear o livro de Howlett, *Tables of the Kings and Queens of England* [Tabelas dos reis e rainhas da Inglaterra] e franziu a testa ao deparar com uma página que nunca vira antes: um quadro da árvore genealógica da família real britânica, com uma linha levando ao trono. O rei na época era Jorge IV, seu tio enfermiço e recluso. A seguir vinha o irmão dele, seu tio Guilherme. Depois vinha seu nome. Vitória explodiu em lágrimas: "Eu estava mais próxima do trono do que imaginava".[14]

Trinta anos depois, a baronesa Lehzen, que fora contratada inicialmente como preceptora de Feodora e depois fora nomeada governanta de Vitória, então com cinco anos, criou uma versão altamente adornada daquele momento. Segundo ela, Vitória disse em tom solene: "Ora, muitas crianças se gabariam, mas não conhecem as dificuldades. O esplendor é grande, mas a responsabilidade é maior".[15] Ainda segundo Lehzen, Vitória ergueu o indicador ao ar e declarou: "Eu serei boa!". Essas frases amplamente reproduzidas — demasiado formais e empertigadas para uma menina de dez anos — criaram um mito em torno de um momento desgastante e intimidador. E, embora muitas mães talvez preferissem avisar pessoalmente suas filhas de uma notícia tão importante, a duquesa de Kent ficou feliz que Vitória tomasse conhecimento de sua situação como que por acaso.[16] (Pouco tempo antes, dois bispos que foram avaliar a educação de Vitória haviam recomendado à mãe que pusesse a filha a par da situação.) Claro que Vitória já desconfiava de sua importância antes desse episódio — por qual outra razão tanta gente se curvaria e faria reverências a uma menina tão pequena? E ainda por cima ignorando sua meia-irmã? Mas a confirmação foi preocupante. Décadas depois, o príncipe Albert revelou que Vitória ficara "muito infeliz" ao descobrir como estava próxima do trono. "Chorou muito ao saber, e até lamentou essa contingência."[17] Três meses depois, o rei Jorge IV, seu tio, morreu.

Naquele 11 de março de 1830, quando Vitória descobriu seu possível destino, várias crianças que se tornariam grandes figuras da Era Vitoriana também estavam debruçadas sobre seus livros. Florence Nightingale, um ano mais nova do que Vitória, estava montando com o primo uma casinha de brinquedo em Winchester, cobrindo um sofá com urze e tentando remover a umidade das camas mofadas. (Demonstrando um talento natural para a organização, a menina Florence desenhou placas com "Frutas" e "Vegetais", mostrando as pinhas, bolotas e vários objetos que usavam para representar pêssegos, pepinos, ervilhas e batatas na copa da casinha de brinquedo.)[18] George Eliot — então Mary Ann Evans — estava com dez anos, escrevendo redações impecáveis em seu internato em Nuneaton.[19] (A criação de Evans era diferente da habitual: as mães geralmente educavam as filhas em casa ou em escolas que se concentravam em ensinar obediência, costura, desenho e música.) John Ruskin, o futuro crítico de arte, estava com onze anos, educado pelos pais em casa, em Surrey. Charles Dickens acabava de fazer dezoito anos e passava a maior parte do tempo trabalhando na Sala de Leitura do Museu Britânico, onde aprendia taquigrafia para poder se lançar como jornalista. Alfred, Lord Tennyson, que era um pouco mais velho que Dickens, sentia-se infeliz estudando em Cambridge. Todos se tornariam grandes nomes, mas sempre ultrapassados pela mulher que, antes, tinha sido aquela menina de dez anos aos prantos, no Palácio de Kensington.

* * *

Vitória só confiava numa pessoa: sua governanta. A baronesa Lehzen, filha de um pastor luterano de Coburgo, era uma mulher inteligente, excêntrica e decidida que dedicou a vida a garantir que Vitória viesse a ser uma rainha enérgica e capaz.

Vitória, que se tornou prolífica artista, desenhou retratos afetuosos da baronesa, com os cabelos escuros, olhos pensativos, nariz e queixo pontudos, com aparência séria, paciente e bondosa. A única coisa que gostava de comer eram batatas, e tinha o hábito de mastigar sementes de cominho para melhorar a digestão. Lehzen era frequentemente objeto de críticas por parte daqueles que se ressentiam de sua influência sobre a jovem princesa, mas ela era a única pessoa que pensava exclusivamente nos interesses de Vitória. Por causa disso, conquistou sua confiança e afeto e nunca traiu esses sentimentos. Quando Vitória adoecia, Lehzen ficava a seu lado, costurando roupinhas de bonecas em silêncio, enquanto a mãe de Vitória continuava a viajar e a visitar os amigos. Se Lehzen adoecia, Vitória sentia sua falta. Foi dito mais tarde: "A princesa era seu único objeto de atenção e seu único pensamento..."[20] Nos treze anos em que foi governanta da princesa Vitória, *nunca a deixou uma só vez*".

A maior preocupação de Lehzen era que Vitória ficasse protegida, recebesse uma boa educação e se tornasse uma rainha de espírito firme. Foi muitas vezes acusada de ser a responsável pela atitude desafiadora e independente de sua pupila, mas Lehzen apenas identificara e alimentara a determinação inata da princesa. Ela disse a Vitória: "Certamente não criei, mas nutri na princesa *uma* qualidade, *a qual* é avaliar, considerar e defender com firmeza aquilo que julga bom e correto".[21] Na época, a mera sugestão de que valia a pena cultivar o intelecto das meninas e de que a força era uma qualidade importante numa jovem já era uma grande provocação. Embora Vitória considerasse Elizabeth I uma boa dirigente, mas uma mulher cruel e indecorosa, Lehzen disse a um dos Conroy que Elizabeth era o "modelo de perfeição",[22] acrescentando que podia "perdoar a maldade numa rainha, mas não a fraqueza".[23] Apesar de ter seus defeitos, Vitória nunca foi fraca. Era uma criança rápida, inteligente, que gostava de alquimia e detestava latim e anatomia. Mas suas maiores paixões eram mais artísticas do que acadêmicas: dança, canto, desenho, teatro, ópera e balé. Vitória era uma menina que falava e sonhava com entusiasmo.

Muitos comentavam que Vitória se parecia mais com os homens do que com as mulheres da família. Em certos aspectos, isso era uma pena, em vista da tendência hanoveriana masculina a ter físico troncudo e rosto redondo, com queixo retraído, nariz grande e olhos saltados. De fato, ela nunca foi uma grande beldade e sempre lutou com seu peso, embora às vezes — sobretudo quando era pequena ou quando apaixonada ou quando ria — certamente fosse encantadora. Os retratos mostram seu belo pescoço, as maçãs do rosto delicadas, o arco límpido das sobrancelhas, a boca miúda. Parecia uma terna menininha: cabelo claro, rosto alegre e grandes olhos azuis emanando confiança. Lord Albemarle descreveu Vitória aos sete anos como uma "menina bonita e vivaz" que cuidava das flores sob a janela dele, usando um largo chapéu de palha.[24] Ao crescer, suas formas se afinaram, os cabelos escureceram e a expressão se tornou mais séria, tímida e imperiosa. As pinturas solenes não captam a leveza da voz nem a graça e desenvoltura dos gestos. Harriet Arbuthnot, amiga íntima do duque de Wellington, disse que Vitória aos nove anos era "a criança mais encantadora" que conhecera: "Uma criatura fina, bonita, de bela constituição, muito pueril e brincalhona".[25]

O que houve de mais incomum na educação de Vitória foi que seu temperamento explosivo nunca se extinguiu — e todas as tentativas iniciais de domá-lo falharam miseravelmente. Naquela época, as outras meninas aprendiam a ser dóceis e retraídas. A importante autora Hannah More escreveu no começo do século XIX que os meninos eram elogiados por terem "espírito arrojado, independente, empreendedor", ao passo que qualquer tendência de uma menina nesse sentido devia ser suprimida quando descoberta. "As meninas devem ser ensinadas desde cedo a renunciar a suas opiniões",[26] escreveu More, "e não prosseguir obstinadamente numa disputa, mesmo que saibam estar certas... É da máxima importância para sua felicidade futura que adquiram um gênio submisso e um espírito paciente."[27] Vitória era o oposto disso.

A jovem princesa adorava o que chamava de "diversão". Tinha muito senso de humor e um grande talento para imitações e respostas rápidas. Segundo sua avó, era uma palhaça. Vitória também gostava de se fantasiar. Entre outros personagens, vestia-se como um velho advogado turco, com um grande turbante verde, barba branca e manto verde; uma freira, uma dama com turbante na cabeça; uma mulher de bandoleiro, com xale colorido e corrente de ouro. Volta e meia Leopoldo lhe dizia que a vida não se resumia à diversão — havia, por exemplo, o aprendizado e os exercícios físicos —, o que era de pouco consolo para uma adolescente irrequieta. Ela retrucava: "O *prazer* faz mais bem do que cem caminhadas e cavalgadas".[28] Dizia-lhe que "suspirava por alguma alegria".

O que deixava Vitória mais feliz era receber visitas, e o que a fazia mais infeliz era quando iam embora. Adorou quando seus primos, os príncipes Alexander e Ernest de Würtemberg, chegaram em 1833, e escreveu: "Ambos são extremamente altos. Alexander é muito bonito e Ernst tem uma expressão muito gentil. Ambos são extremamente simpáticos". Os primos lhe contavam histórias fascinantes sobre a Europa e as campanhas militares, e ela ficou desolada quando partiram: "Vamos sentir a falta deles ao desjejum, ao almoço, ao jantar, montando, velejando, dirigindo, passeando, em tudo, na verdade".[29] No verão de 1833, a encantadora Feodora e seu casal de filhos, Eliza e Charles, hospedaram-se no Palácio de Kensington. Ao partirem, Vitória desenhou um retrato de sua pequena sobrinha Eliza em roupa de viagem, para dá-lo a ela, e escreveu numa longa divagação de catorze páginas em seu diário:[30]

> É para mim uma FELICIDADE TÃO TÃO GRANDE ter minha QUERIDÍSSIMA a mais AMADA E QUERIDA irmã comigo em meu quarto... Nem consigo dizer quanto eu a amo... É PAVOROSO DEMAIS para mim pensar que daqui a uma hora não verei mais o *querido* rosto doce e *gentil* da *queridíssima* Feodora, e a *lindezinha* Eliza aos saltos de um lado e outro e *o bom e honesto* Charles correndo pelo aposento. Fiquei tremendamente triste ao pensar na partida que a abracei [Feodora] e nós duas choramos *amargamente* e nos abraçamos *com toda a ternura*... Quando voltei para casa, estava numa tal tristeza que não sabia o que fazer. Solucei e chorei com toda força durante a manhã inteira...[31]

Em 21 de setembro de 1836, quando Leopoldo deixou a casa de Vitória em Claremont depois de uma visita de seis dias, apenas uma hora e meia depois Vitória já lhe escrevia para dizer "que estou *muito, muito triste* que você nos deixou e para repetir que creio que você sabe muito bem *quanto* o amo". A ideia de que ele estava de partida e talvez ela passasse um ano sem o ver "me faz chorar... É pavoroso nesta vida que a pessoa esteja destinada, *especialmente minha infeliz pessoa*, a viver quase sempre separada daqueles a quem mais ama". Vitória assinou como sua "sempre devotada e muito amorosamente afeiçoada sobrinha e *filha*".

Na falta de amizades, a princesinha criou um grande apego por seus animais de estimação. À exceção de alguns infelizes canários que ela torturava nos viveiros do Palácio de Kensington, Vitória adorava animais. Seu cão favorito era um *cavalier king charles spaniel* chamado Dash, com quem passava horas brincando, vestindo-o com casaca vermelha e calças azuis e mimando-o com pães de mel e balas de goma no Natal. Quando ela adoecia, Dash dormia a seu lado; quando velejava, Dash ia nadando atrás do iate. A jovem princesa também passava muitas horas brincando com suas bonecas. Aos nove anos, Vitória enviava notícias de suas bonecas a Feodora; às vezes elas mesmas escreviam a carta. Depois que uma boneca favorita sofreu um desventurado acidente e perdeu a cabeça, Feodora escreveu: "Espero que [a boneca] esteja quase totalmente recuperada e que esse grave ferimento não afete sua saúde geral e não deixe de ser querida por ter ficado sem cabeça por algum tempo". Mas Vitória tinha encontrado uma boneca melhor e escreveu: "Lehzen consertou a bebê e a deixei de lado, como relíquia; apesar disso, tenho uma linda bebê, chamada Clara".[32]

Aos dez anos, Vitória enjoou de sua coleção de bebês de brinquedo. Agora se dedicava a criar uma série de 132 sofisticados bonecos de madeira. Com Lehzen, passou centenas de horas costurando cuidadosamente as roupinhas e copiando figuras de personagens da corte, do balé ou da ópera. Pintavam as figuras com todo o capricho, faziam as roupas e anotavam seus nomes num livro de registros. Às vezes Vitória levava os bonecos em suas viagens e, em cada novo ambiente, tinha o cuidado de "ajeitá-los" em belas cadeiras estofadas, com seus rostinhos melancólicos a espiá-la, todos em fila.

À falta de um pai ou de qualquer contato significativo com os tios paternos, Vitória teve em seu tio Leopoldo uma figura fundamental, a quem adorava. Ela passou alguns dos momentos mais felizes da infância em Claremont, a casa do tio em Surrey, no sul de Londres. Nas férias, Leopoldo, Vitória e sua mãe passeavam à beira-mar enquanto as crianças chapinhavam e mulheres em trajes de banho que chegavam aos tornozelos riam na beira da praia. Vitória chorava quando tinha que retornar a Kensington.

As cartas de Leopoldo a Vitória mostram o lado afetuoso do futuro rei dos belgas, que ficara profundamente pesaroso com a perda da jovem esposa Charlotte. Era cortês, bem-apessoado e elegante, mas alguns, como seu sogro, rei Jorge IV, o julgavam traiçoeiro e maçante. Com o passar dos anos, tornou-se cada vez mais excêntrico. Gostava de usar saltos de quase oito centímetros de altura e um boá de plumas, usava uma peruca para evitar resfriados e calços de ouro na boca para mantê-la aberta durante o sono (por motivos que ninguém conseguia decifrar). Ao que constava, tinha um apetite sexual enorme, mas tratava algumas amantes com desprezo. Em 1829-30, quando Vitória tinha dez anos, ele atraiu a bela atriz prussiana Caroline Bauer à Inglaterra. A pretexto de que se casaria com ela, instalou-a numa mansão no campo e ia visitá-la todos os dias. Para o azar de Caroline, Leopoldo andava entusiasmado com uma prática então em voga, o "chuvisco": tiravam-se das dragonas as borlas de ouro e prata, que então eram colocadas numa trituradora, de onde então "chuviscava" um pó que podia ser fundido e convertido em metal. Leopoldo passava horas chuviscando e Caroline ficava ali sentada com tanto tédio que, dizia ela, "praticamente desaprendi a rir".[33] Nos meses que antecederam a chegada do irmão de Caroline, vindo da Alemanha para cuidar de seu retorno, Leopoldo transformou em chuvisco uma quantidade de borlas suficiente para fazer uma sopeira de prata. Deu-a de presente para Vitória.

Leopoldo desenvolveu grande interesse pelo bem-estar da sobrinha, a quem se referia como "querida pombinha".[34] Dava-lhe periódicas lições de moral. Primeiro, recomendava-lhe constantemente que examinasse seus próprios defeitos e se esforçasse muito. "Um bom coração e um caráter realmente honrado", disse ele quando Vitória fez treze anos, eram as "qualificações mais indispensáveis para sua futura posição."[35] Quando fez catorze anos, ele advertiu que não ficasse "embriagada pela grandeza e sucesso nem abatida pelo infortúnio".[36] Segundo, ensinou-a a ser imparcial, lição que ela contestaria durante a vida toda. Terceiro, aconselhou-a a ser firme e decidida, mas aguardar antes de decidir. Quarto, a estudar história e aprender com ela. E quinto, a se proteger contra a hipocrisia. Também aconselhou vivamente a adolescente, cujos antepassados eram propensos à obesidade, a fazer exercícios físicos e controlar o hábito de comer muito ou rápido demais. Aos quinze anos, Vitória pediu que Leopoldo fosse visitá-la, a fim de "ser testemunha ocular de minha extrema prudência ao comer, que o surpreenderia".[37]

O rei Jorge IV não era um dirigente muito popular. O duque de Wellington o considerava o pior homem que conhecera na vida, sem uma única qualidade redentora. *Tory* reacionário, o rei combateu o movimento de reforma em curso e foi obrigado a aceitar uma lei, em 1829, permitindo que os católicos concorressem ao Parlamento. Para William Makepeace Thackeray, Jorge IV "não passava de uma casaca e uma peruca encimando uma máscara sorridente".[38] O rei extravagante também se convertera em símbolo dos grandes excessos da elite inglesa, drenando o dinheiro público enquanto o país sofria com os custos de uma guerra com a França que terminara em 1815. Quando ocupou o trono, aos 58 anos, ele pesava mais de 110 quilos, com 120 centímetros de cintura, e era dependente de ópio. A barriga chegava aos joelhos. (Quando Vitória era pequena, tão gorducha que mal conseguia andar, Lady Granville a chamava de "*le roi* George de saias".)[39]

Mas Vitória ficou encantada quando recebeu um convite, em 1826, para visitar o tio rei na residência real em Windsor, onde estava morando com a amante. O rei corpulento, com o rosto coberto de maquiagem e usando uma peruca branca, o corpanzil reluzindo com bijuterias, presenteou Vitória com uma miniatura de si mesmo. A princesa Lieven, a perspicaz esposa do embaixador russo, disse que, apesar dos "carinhos que o rei prodigalizou a ela", via-se que "ele não gostava de ter nos joelhos de 64 anos aquele pedacinho do futuro, de sete anos de idade".[40] Mas, posteriormente, Vitória declarou que seu tio "corpulento e gotoso" tinha "uma magnífica dignidade e maneiras encantadoras".[41] Em 1828, o rei se tornara um recluso que passava a maior parte do tempo dormindo em seu leito no Castelo de Windsor. Para o biógrafo Roger Fulford, Jorge IV passou seus últimos anos "a mimar uma amante impopular, a acumular todas as roupas que usava, a mandar esvaziar as ruas antes de sair a passeio em seu coche, para que ninguém visse a devastação que os anos haviam trazido à sua aparência".[42]

Enquanto o rei enfraquecia, fortaleciam-se as intrigas no círculo próximo de Vitória, sobretudo por obra de um homem que ela veio a detestar. O capitão John Conroy, indivíduo atraente e manipulador, era um ex-soldado de origem irlandesa que fora cavalariço-mor do pai de Vitória e agora era o conselheiro mais íntimo de sua mãe. Quando Victoire enviuvou, Conroy lhe prometera proteção e se insinuou em sua estima. De vez em quando era gentil com Vitória, mas também a magoava cruelmente, tendo--lhe dito certa vez que ela se parecia com o feioso duque de Gloucester — um terrível escárnio para uma jovenzinha e que a assombrou por décadas. A principal colega de brincadeiras de Vitória era Victoire, uma entre os seis filhos de Conroy, com quem ela passava muitas horas andando a cavalo, brincando de se fantasiar e construindo castelos de cartas. Mas Vitória nunca realmente gostou ou confiou nela. Acima de tudo, detestava Conroy, que julgava ter hipnotizado sua mãe. Ofendia-se com sua "conduta indecente e insultante" e com sua pretensão de achar que podia mandar nela. Conroy fiscalizava cada movimento seu e cobiçava uma posição oficial — como, por exemplo, secretário particular da rainha — que lhe permitiria controlá-la.[43]

Conroy tinha a paranoia de que os membros da família real queriam sequestrar ou corromper Vitória. Por isso, a duquesa e ele cortaram quase todos os contatos dela com os demais parentes. Ele também demitiu a baronesa Späth, dama de companhia da duquesa — que Vitória amava e conhecia desde o nascimento —, pois achava que ela, além de mimar Vitória, era espiã do rei. A família real ficou perplexa com essa repentina decisão, já que fazia mais de vinte anos que a baronesa servia lealmente à duquesa. Vitória ficou com muito receio de que a próxima fosse Lehzen, "a amiga mais *afetuosa, devotada, dedicada e desinteressada* que tenho".[44]

A família real foi ficando irritada e atônita com a influência desproporcional de Conroy. Em 1830, a duquesa de Clarence (posteriormente rainha Adelaide), tia de Vitória, escreveu manifestando sua preocupação quanto ao isolamento cada vez maior de Victoire. A duquesa transmitiu o "desejo geral" da família real de que ela não permitisse "demasiada influência" de Conroy sobre si. Afinal, a posição social da família de Conroy não era tão elevada a ponto de se tornar o único círculo da futura rainha da Inglaterra. A carta apenas alimentou ainda mais a paranoia de Conroy, também partilhada por Victoire. Quase não falavam de outra coisa a não ser da saúde do rei, e a atmosfera no palácio estava tensa de complôs e maquinações.

No dia 26 de junho de 1830, às três e meia da madrugada, Jorge IV teve um violento acesso de tosse, chegando a exclamar: "Bom Deus, o que é isso?". Agarrou a mão de seu pajem e, ao que consta, respondeu a si mesmo: "Rapaz, é a morte". Abafou-se o luto. Ficou decidido que ele morrera por "obesidade do coração", embora o grande consumo de láudano tenha contribuído para o declínio de sua saúde.[45] Seu irmão Guilherme comemorou. Agora sexagenário, vinha se preparando para o trono fazia anos, dando longas e vigorosas caminhadas e tomando um tônico medicinal de água de cevada com sabor de limão. Não tinha feito muita coisa na vida, além de procriar dez filhos ilegítimos, e estava doido para usar a coroa.

Mas Vitória, com onze anos, ficou consternada com a notícia. No dia seguinte, acordou de madrugada e ficou horas no aconchegante leito que levava em todas as suas viagens, com o peito apertado de ansiedade. Ao desjejum, queixando-se de dor de cabeça, pediu licença para ir espairecer num passeio a cavalo. Brandiu o chicote e se firmou na sela; galopou por horas a fio — avançando contra o vento, os olhos ardendo, o sol às costas. Logo o trono seria seu, mas ela não queria. Sabia que a ambição tomava conta do coração de sua mãe, assim como a apreensão se apoderava do seu. Foi nesse momento que ela, ainda uma criança que brincava com bonecas, iniciou uma batalha de sete anos contra a mãe, e que lhe deixou profundas cicatrizes. Mas as suas preces mudariam quando ela percebesse que sua mãe estava tentando roubar a coroa antes que pudesse ser colocada na cabeça de Vitória.

4. Uma estranha e impossível loucura

> *A mais extrema de todas as extremas qualidades [de Vitória, aos dezoito anos] era sua força de caráter... Nunca existiu ninguém menos sujeito a caprichos ou vacilações. Depois de decidir o que faria, aferrava-se inflexivelmente à sua decisão. Ceder não fazia parte de seu caráter.*
>
> DAVID CECIL[1]

Vitória estava deitada na cama, muito irritada. Nunca se sentira pior. A cabeça martelava, sentia-se fraca e nauseada, a febre alta se prolongava por dias e ela estava com o rosto tão encovado que mal se reconhecia no espelho. A seu lado se encontrava a baronesa Lehzen, mascando suas sementes de cominho. Em frente estava a duquesa de Kent, num elegante vestido de seda brilhante, os punhos cerrados de frustração. A mãe de Vitória se mantinha imóvel, de pé, olhando por uma das janelas do hotel que dava para a costa portuária de Ramsgate, luzindo de guarda-sóis e rostos corados pelo sol da tarde.

Conroy e a duquesa queriam duas coisas. Primeiro, que Conroy fosse nomeado como secretário particular de Vitória quando se tornasse rainha (a isso se seguiria um título de nobreza e um assento na Câmara dos Lordes, que era o que ele mais ambicionava). Segundo, que a duquesa ocupasse a regência e governasse no lugar de Vitória, caso o rei morresse antes que Vitória chegasse à maioridade. Vitória ainda era muito nova, dizia a duquesa, e todos eles viviam juntos e eram tão próximos... Não gostaria e não precisaria dos sábios conselhos de Conroy? Mas Conroy tinha provocado e atazanado Vitória por anos; então em vez de tê-lo à frente de seu futuro reinado, ela queria bani-lo. Vitória encarou friamente a mãe e respondeu: "Não".

O grupo caiu em silêncio. Podiam ouvir lá fora o som de risos e de crianças brincando. De repente, Conroy irrompeu no quarto com a boca comprimida de raiva. Gritou com Vitória, acusando-a de ser tonta, estúpida, egoísta e irracional. Vivia com a cabeça cheia de bobagens, disse ele, com todas aquelas bonecas idiotas e a paixão pela ópera, que era evidente que não tinha condições de governar por conta própria. E ela lhe *devia*. Afinal, depois de tudo o que ele e sua mãe haviam feito por ela...

Então Conroy enfiou uma pena e um papel na mão de Vitória, tentando forçá-la a assinar o documento que o nomeava secretário particular. Vitória balançou a cabeça, fez uma careta e puxou seu querido cão Dash para mais perto de si. Ela notou o olhar que a mãe deu a Conroy, suplicante, quase covarde, e a cena lhe deu náuseas.

Vitória não chegou a registrar esse episódio. Enquanto enfrentava a doença e o assédio de Conroy, seu diário ficou em branco durante três semanas (fato raro). Somente mais tarde ela revelou seu trauma a Lord Melbourne: "Tudo o que aguentei lá; a tentativa deles (de mamãe e de JC) quando eu ainda estava muito adoentada de me fazerem prometer *de antemão*, à qual resisti apesar de minha doença e da crueldade deles — apenas minha amada Lehzen me apoiando".[2]

O trauma de Vitória provinha, em parte, da angústia de que a mãe não levava sua doença a sério; somente Lehzen. A duquesa e Conroy passaram dias fazendo ouvidos moucos aos apelos de Vitória por um médico. Conroy não queria que ninguém soubesse que ela estava doente, por medo de que fosse considerada incapaz de governar. (A imprensa local foi informada de que um criado estava doente e que Vitória tinha apenas um "leve resfriado".)

Quando finalmente foi chamado, dr. Clark disse que ela estava com "febre biliosa", mas o mais provável é que fosse amigdalite ou mesmo febre tifoide. Era visivelmente grave; ela ficou presa ao leito por cinco semanas, ao cabo das quais só conseguia dar poucos passos de cada vez e perdera chumaços de cabelo. Quando pôde sair do quarto, magra, cambaleante, ficou exasperada com a indiferença da mãe. Por outro lado, ergueu grandes louvores à governanta: "Minha *preciosa queridíssima* Lehzen foi e continua a ser (pois ainda demando muitos cuidados) INCESSANTE e INFATIGÁVEL AO MÁXIMO em seu *grande* cuidado por mim. Ainda estou MUITO fraca e fiquei MUITO *magra*".[3] Ela seguiu escrupulosamente os conselhos do médico, mantendo as janelas abertas, mastigando devagar, erguendo pequenos pesos para fortalecer os músculos. Aos poucos, recuperou-se.

Se Conroy fosse um observador mais perspicaz, não se surpreenderia com a negativa de Vitória em transferir o poder a ele. A cordialidade e a persuasão teriam sido muito mais eficazes. Como lhe escreveu Leopoldo: "Ele imaginava que poderia colocá-la numa espécie de *cativeiro*, o que, estando eu perto de você, às suas ordens, era uma estranha e impossível loucura".[4] Vitória tinha uma secreta e férrea firmeza que barrava quem a subestimasse. Nunca perdoou Conroy pela década de intimidações com que a assediou. Em 1833, quando completou catorze anos, ela fez uma pintura chamada "Amazonas em guerra". Mostrava mulheres montadas, com a longa cabeleira solta, entrando em batalha, os cavalos pisoteando homens caídos; uma delas dispara uma flecha bem no rosto de um soldado e o mata.

O rigoroso e complexo conjunto de regras para converter uma mocinha de cabeça quente em rainha se chamava "método Kensington". Desde os cinco anos, Vitória não podia ficar sozinha, só era permitida descer as escadas pela mão de um adulto e brincava com outras crianças apenas na presença de um tutor. Grande parte desse método era bem-intencionada, como forma de criar uma rainha adequada. A duquesa e Conroy também queriam criar uma rainha progressista, uma *whig* como Conroy, em vez de uma *tory* como o restante da família real. (Nas décadas iniciais do século XIX, os *whigs* defendiam a abolição da escravatura, a igualdade para os católicos, a ampliação do direito de voto e o livre-comércio, bem como uma monarquia constitucional, em que o rei ou a rainha atua como chefe de Estado e o poder legislativo cabe ao Parlamento.)

Mas o método Kensington não visava exclusivamente, ou nem sequer basicamente, ao benefício de Vitória. Seu meio-irmão Charles de Leiningen definiu os objetivos da seguinte maneira: 1) granjear popularidade para Vitória, isolando-a dos maus costumes e da má política da corte real; 2) obter a regência (devido à necessidade de "assegurar um futuro honroso e agradável também para a duquesa de Kent"); 3) nomear Conroy como secretário particular. O monitoramento para chegar a esses objetivos, escreveu ele, era exaustivo, incluindo "o mais ínfimo e insignificante detalhe".[5]

Outro espectro mais sinistro movia o esquema: a perspectiva de um assassinato. A duquesa e Conroy diziam crer que Ernest, duque de Cumberland, planejava matar a sobrinha para ter a coroa: ele era o seguinte na linha do trono. Conroy falou para a duquesa que o tio Ernest ia envenenar o leite de Vitória, então a sequestraria e a deixaria à morte.[6] Vitória troçou dessa ideia, dizendo que era "tudo invenção de Sir John", mas a mãe ficou assustada.[7] Providenciou que alguém provasse o desjejum da filha todas as manhãs.

Aos 64 anos, Guilherme IV foi o indivíduo mais idoso a ser coroado soberano em toda a história da Inglaterra. Depois da revolução francesa de 1830, que derrubou Carlos X, Guilherme IV procurou refrear o republicanismo local sendo mais frugal do que o opulento irmão mais velho e se envolvendo pessoalmente na política. Mas seu conservadorismo e sua indiferença pela reforma logo indispuseram os súditos cada vez mais descontentes. Em 1830, apenas 13% dos homens na Inglaterra e em Gales — os que tinham bens de nascença — podiam votar. Ainda existiam alguns pequenos "burgos podres", onde o proprietário aristocrata local era quem de fato escolhia o representante local para o Parlamento, e muitas cidades manufatureiras não tinham nenhuma representação. Os 500 mil moradores de Birmingham, Leeds, Manchester e Sheffield, por exemplo, não tinham representantes parlamentares.

Em 1830, houve um movimento de mudança com a chegada de um grande número de *whigs* progressistas ao poder. Em 1831, quando a Lei da Reforma não conseguiu ser aprovada pela segunda vez, o país explodiu. Castelos e casas foram incendiados, houve centenas de mortos e feridos nas revoltas em Derby, sobretudo pelas mãos do Exército. Quatro revoltosos foram enforcados. Os políticos ficaram nervosíssimos com a possibilidade de uma revolução, caso não se ampliasse o direito de voto. No ano seguinte, 1 mílhão de homens obtiveram o direito de voto após a aprovação da Lei da Reforma, na terceira tentativa. Agora, 18% da população masculina adulta podia votar. Novas cidades que haviam surgido durante a Revolução Industrial receberam assento na Câmara e os burgos mais corruptos foram erradicados.[8] A Câmara dos Comuns, com seus membros eleitos, cresceu em estatura, enquanto a Câmara dos Lordes encolheu. Aquela década marcou o auge da eficiência *whig*: em 1833, a escravidão foi finalmente abolida em quase todo o Império Britânico, trinta anos antes da abolição na América.[9]

Em novembro de 1830, a duquesa de Kent chorou de alegria com a aprovação de um projeto de lei na Câmara dos Comuns que fornecia um acréscimo de 10 mil libras para o palácio e para a educação de Vitória. Além disso, designava a duquesa para a regência, caso Guilherme IV falecesse sem deixar herdeiros. (A alternativa — o duque de Cumberland — era inconcebível.) "Este é o primeiro dia realmente feliz que passo desde que perdi o duque de Kent", disse ela.[10]

A partir daí, a hostilidade entre a casa do rei e a casa da duquesa vazou para o público. Numa ocasião, a duquesa visitava a rainha Adelaide quando um dos filhos (ilegítimos) do rei entrou no aposento; ela gelou e partiu imediatamente.[11] Também aproveitava todas as oportunidades para lembrar ao rei que Vitória era a próxima na linha do trono, provocando-o deliberadamente ao mandar hastear o estandarte real quando a filha estava em Ramsgate e ao encorajar salvas militares a "Sua Alteza Real" quando estava no mar.[12] Conroy e ela exibiram Vitória por todo o país naquela que veio a ser sua primeira turnê real, para incentivar uma publicidade favorável e mostrar a princesa a seus futuros súditos. Em registro de 31 de julho de 1832 em seu diário, Vitória descrevia uma dessas viagens, quando foi a Gales. Ela ficou atônita com o impacto da mineração de carvão na área em torno de Birmingham:

> Homens, mulheres, crianças, casas e campo são todos negros. O campo é muito desolado por todas as partes; há carvão espalhado e a grama está totalmente arruinada e enegrecida. Acabo de ver uma construção extraordinária ardendo em chamas. O campo continua negro, máquinas flamejando, carvão em abundância, fumaça e montes de carvão ardendo por todas as partes, entremeados com palhoças miseráveis, carroças e criancinhas esfarrapadas.

Era um mundo por onde Vitória, boquiaberta, passou rapidamente. Sua habitual franqueza foi mais tarde eliminada das publicações oficiais, selecionadas e montadas a partir dos diários. Não havia mais as reclamações sobre as paisagens feias, as densas multidões de pedintes, gente bêbada nas cidades e um infeliz episódio em que sua carruagem atropelou um pedestre. Brigou energicamente com a mãe sobre a necessidade de fazer essas viagens exaustivas. Mas, enquanto percorria o país, sua grande popularidade ficou evidente; e a afronta de Conroy irritou o rei.

A rixa entre as duas famílias logo virou um dramalhão público. A duquesa se negou a comparecer à coroação de Guilherme IV, julgando que ele havia destratado Vitória ao impedir que ela ocupasse o lugar atrás dele na procissão. Enviou um bilhete ao rei dizendo que a filha caíra, arranhando o joelho, e por isso não poderiam estar presentes à cerimônia. Preferiram ir para as areias cinzentas da Ilha de Wight, ignorando a subsequente crítica generalizada àquela impertinência. *The Times* escreveu um artigo sarcástico sobre a atitude desdenhosa da duquesa, atribuindo-a a uma "oposição sistemática e deliberada" a qualquer coisa que o rei quisesse. Em novembro de 1833, em seus diários, Thomas Creevey descreveu a duquesa como "o demônio mais incansável, mais perseverante e mais incômodo possível".[13]

Guilherme IV, por sua vez, não perdia oportunidade de humilhar publicamente Conroy. No meio de uma reunião na sala de estar, ele mandou que os cavalheiros que acompanhavam a duquesa de Kent — entre eles Conroy — saíssem, pois apenas cavalheiros do rei e da rainha tinham autorização de estar ali. Quando Conroy foi excluído da cerimônia de crisma de Vitória, em 1835, ela ficou furiosa. Sua crisma tinha sido "um dos acontecimentos e feitos mais solenes e importantes de sua vida", tendo ido com "a firme determinação de se tornar uma verdadeira cristã".[14] Vitória saiu dali fumegando de raiva, humilhada por ter que aguentar uma imposição daquelas, estragando um dia de tão grande importância, mesmo que tenha acontecido contra um homem que ela desprezava.

Aos dezesseis anos, Vitória já chegara à flor da idade. Para seu grande aborrecimento, ainda media apenas 1,48 metro e também era "infelizmente muito gorda".[15] Leopoldo escreveu que soubera que "certa princesinha... come um pouco demais e quase sempre *rápido* demais". Suas maneiras à mesa eram horríveis, devorando e engolindo a comida de uma vez só, roendo os ossos, fazendo "coisas inomináveis com os aspargos" (o que provavelmente significava comê-los com as mãos).[16] Mesmo assim, com o passar dos anos, ela ficou esbelta e as pessoas admiravam sua pele, os olhos azuis de um tamanho impressionante, os cabelos longos e cheios e a saúde de ferro. Nessa idade, afrouxaram um pouco as rédeas; ela teve autorização para ler alguns romances, escolher seus próprios penteados, ter aulas de italiano e de canto e frequentar mais as festas da mãe, onde podia se entregar ao prazer de ficar olhando os rapazes bonitos e de dançar com eles pelo tempo que lhe fosse autorizado. Vitória adorava música e ópera; seus ídolos de adolescência eram bailarinos e cantores — um dos quais, o grande Luigi Lablache, foi contratado para ensiná-la a cantar.

Era "amplamente conhecido", escreve Dulcie Ashdown, "que Vitória se tornara uma mulher" com essa idade, mas, felizmente, seu "primeiro período menstrual nunca foi anunciado oficialmente".[17] Sem dúvida ficou perplexa com o que então se chamava de "regras", "período" ou "incômodo". A menstruação não era um assunto que se costumasse comentar, e a maioria das pessoas acreditava que ela incapacitava as mulheres. Os médicos recomendavam que as moças evitassem dançar em salas aquecidas, não tomassem chuva nem frio e tentassem não pensar muito. O escritor James McGrigor Allan disse à Sociedade Antropológica de Londres em 1869:

Nesses períodos, as mulheres ficam inaptas para qualquer grande esforço mental ou físico. Sofrem uma languidez e uma depressão que as deixam incapacitadas de pensar ou agir. Torna-se extremamente duvidoso até que ponto podem ser consideradas seres responsáveis enquanto dura a crise... No trabalho intelectual, o homem ultrapassou, ultrapassa e sempre ultrapassará a mulher, pela razão óbvia de que a natureza não interrompe periodicamente sua reflexão e utilidade.[18]

O mais impressionante em relação a Vitória é que, afora ao desejo de ser mais alta e mais magra, ela dava pouca importância à sua aparência física. Sabia que não era nenhuma beldade e não se detinha nisso. Brincou a respeito com sua meia-irmã, escrevendo que ficava "muito feliz em saber que o retrato de minha cara feiosa lhe agradou".[19] Todavia, apreciava genuinamente a aparência estética dos outros, homens e mulheres. Ficava encantada em especial com seu primo de segundo grau Charles, duque de Brunswick, de bigode escuro e casaco com gola de pele que usava para montar. Admirava muito o cabelo dele, que caía "rebelde no rosto".[20]

Vitória era considerada um ótimo partido. Muitos homens ficaram obcecados por ela, e vários jornais discutiram uma longa lista de possíveis parceiros. Robert Browning escreveu que Vitória, quando adoeceu, estava "resolvida a não se casar com ninguém, a não ser com Lord Elphinstone", um rapaz vistoso dois anos mais velho.[21] Em fevereiro de 1836, depois de se recuperar e quando o médico finalmente a autorizou a ir para o Palácio de St. James, Lord Elphinstone desenhou seu retrato, entre os bancos da igreja. Ela posou com um ar muito compenetrado, com uma bela capa parisiense de cor cinzenta, sentindo o peso do olhar dele. A duquesa de Kent tomou suas providências para que o capitão do Exército e camarista de Guilherme IV fosse enviado para a Índia.[22] Corria o boato de que Vitória e ele estavam apaixonados, e bastou esse boato para que ele fosse afastado.[23] Circularam rumores sobre outros pretendentes, entre eles os irmãos Orange, George Cumberland, o duque de Orleans, o duque de Nemours, um dos Württemberg, o rei Otto da Grécia e até, muito estranhamente, seu tio Leopoldo.

Mas Leopoldo já escolhera um par para a sobrinha — Albert, seu primo em primeiro grau — e tentou explicitamente orquestrar a união. Em maio de 1836, Albert e seu irmão Ernest fizeram a primeira visita a Vitória, em seu aniversário de dezessete anos.[24] Vitória adorou os primos, "*muito muito* alegres, divertidos e felizes, como devem ser os jovens". Albert, atlético, pareceu-lhe "extremamente bonito". "Seus olhos são grandes e azuis", escreveu ela, "e tem um belo nariz e uma boca muito suave com dentes bonitos." Mas Albert também era frágil, propenso a desmaios, e não conseguia acompanhar o ritmo da prima. No baile da festa de aniversário em St. James, Albert se recolheu cedo; "estava pálido, e todos nós receamos que desfalecesse; portanto ele se retirou".[25] Passou o dia seguinte inteiro no quarto, sem comer, devido a um "ataque de bílis", e depois apareceu "pálido e delicado". Vitória escreveu a Leopoldo, com uma ponta de frustração: "Lamento dizer que temos em casa um inválido na pessoa de Albert".[26]

No final, Vitória lhe agradeceu com cortesia: "[Albert] é muito sensato, muito gentil e bondoso e muito simpático também", acrescentando que ele tinha, "além disso, a aparência e o exterior mais agradáveis e encantadores que se possam imaginar".[27] Mas Vitória não tinha o menor interesse em se casar. Convidou o pai de Albert para sua coroação, mas não os filhos. Os dois voltariam a se ver três anos depois.

Ao longo de todo esse período, a conduta de Conroy era realmente intrigante. De onde vinham aquelas suas liberdades? Como podia supor que tinha lugar à mesa real? Por que disse a Vitória que "as filhas dele eram tão altas quanto eu"?[28] Anos depois, ela continuava espantada: "Realmente nunca consegui entender *por que* ele *me* ofendeu e insultou".[29] A resposta se encontra numa velha igrejinha em Oxford, onde os arquivos Conroy estão conservados em Balliol College. Num diário castanho desbotado, com fecho quebrado e páginas endurecidas, o neto de John Conroy registrou uma mensagem secreta datada de dezembro de 1868. Estava escrita num código que parece se basear no alfabeto utopiano de Sir Thomas More: "Diz-se que Lady Conroy é a filha do duque de Kent".[30] Em outras palavras, John Conroy acreditava que sua esposa, Elizabeth Fisher, era filha ilegítima do duque de Kent, pai de Vitória, concebida quando ele morava no Canadá. Assim, ela seria meia-irmã de Vitória.[31] E com isso, evidentemente, Conroy seria cunhado de Vitória — um igual, não um subordinado. Em seu leito de morte, Edward, o primogênito de John Conroy, afirmou a mesma coisa. Era algo tecnicamente impossível, interesseiro e inverídico, mas explica a atitude controladora e a familiaridade de Conroy. Era claro que Conroy não queria ser conselheiro da rainha; queria governar em seu lugar, junto com a duquesa.

Não havia dúvidas quanto às conotações eróticas do relacionamento entre Conroy e a duquesa, a qual estava sozinha fazia muitos anos. Vitória temia que fossem amantes. O detestável duque de Cumberland já dissera isso na frente dela, quando pequena.[32] O duque de Wellington disse a Greville que Vitória presenciara algumas "familiaridades" entre a mãe e John Conroy, contara a Späth e esta então repreendera a duquesa.

Mais tarde, Vitória negou que a mãe tivesse sido amante de Conroy, apesar de suas suspeitas durante a infância. É provável que a duquesa viúva tivesse desenvolvido uma profunda afeição por um homem conhecido por sua misteriosa habilidade de enfeitiçar as mulheres. Isso certamente explicaria o controle dele sobre ela. O rei Leopoldo dizia que Conroy era "um verdadeiro Mefisto"[33] e falou a Vitória, então com dezenove anos, que ele dominava a duquesa com "um grau de poder que antigamente alguém julgaria ser obra de bruxaria".[34] Mesmo na velhice, a temível rainha estremecia à lembrança do homem a quem chamava de "monstro".[35]

Conroy inventava novas estratégias a cada instante: enquanto penteava o cabelo que vinha raleando, enquanto bajulava os parlamentares entre garrafas de vinho, enquanto aguentava intermináveis rodadas de uíste com a duquesa. Quanto mais exasperante ele se tornava, mais firme era a posição de Vitória. Ela aprendera a ter controle e paciência diante das perseguições. Foi seu tio, o rei Guilherme IV, que finalmente explodiu, furioso com as pérfidas e explícitas maquinações de Conroy. E sua cólera gerou um enorme escândalo.

5. "Cenas pavorosas na casa"

Eles a infernizam todo dia, a toda hora.
BARÃO STOCKMAR[1]

O rei Guilherme IV percorria as ruas de Londres olhando a cidade pela janela da carruagem. Era um dia frio e ventoso de agosto de 1836, e ele acabava de fazer um discurso encerrando o ano parlamentar.

Esperara anos até chegar ao trono, mas agora não podia desfrutá-lo. Os apelos incessantes por uma reforma parlamentar eram irritantes. No começo, ele apoiou a reforma e ficou contente em ser amado por isso. Mas depois os reformadores ficaram gananciosos demais. O rei não quis aprovar aquela lei da reforma, muito embora as classes baixas ameaçassem se rebelar. Ele disse ao primeiro-ministro que defenderia Londres, hastearia o estandarte real no arsenal militar em Weedon e combateria até a morte. É possível que Vitória tenha se alinhado com ele. Mas, por fim, o rei cedeu e a lei foi aprovada. Nem isso pareceu satisfazer por muito tempo os descontentes.

Enquanto a carruagem dourada real avançava lentamente ao lado do Tâmisa, o rei recordava a época em que se podiam apanhar salmões subindo a correnteza e as águas do rio eram verdes opacas, e não escuras com os dejetos dos esgotos. Logo ficariam escuras como as do rio Irwell em Manchester, com cadáveres aparecendo de vez em quando. Ele limpou o nariz com a ponta do indicador, como de hábito, e ficou observando o caos da rua: um tocador de realejo fazendo algazarra, um homem anunciando sabões, garotinhos vendendo fósforos, vendedores ambulantes negociando tortas, um mendigo indiano com um nariz devastado pela sífilis tocando tambor. O andar dos

77

cavalos ressoava ruidoso nas pedras do calçamento, passando por montes de esterco que espirravam na bainha das roupas e convertiam as ruas numa estrumeira.

Pararam na entrada do Palácio de Kensington, que pertencia ao rei, embora ali morassem a duquesa de Kent, Vitória, o irmão mais novo do rei, o duque de Sussex, e sua irmã, a princesa Sophia. Poucos meses antes, a duquesa pedira permissão para se mudar para o andar de cima, longe da umidade dos esgotos subterrâneos, onde cresciam fungos e cogumelos e onde os operários descobriram cortiças, gatos, focas mortas, dentes postiços e até cadáveres.[2] Depois da doença de Vitória em Ramsgate, o médico havia recomendado aposentos mais arejados — mas o rei não acatou essa sugestão.

Guilherme IV subiu as escadas e entrou na Galeria do Rei, com suas amplas janelas dando para o parque. Indo contra suas ordens, ela fora reformada. Ele contou: agora a duquesa ocupava dezessete aposentos. Durante as três horas de viagem até Windsor, o rei, normalmente bem-humorado, refletiu sobre todas as atitudes de menosprezo que a duquesa demonstrara a ele e à sua família. Aliás, nunca gostara de seu irmão Edward. Agora, de certa forma, estava na posição de devedor à ingrata viúva.

Às dez da noite, o rei entrou no salão de Windsor onde celebravam seu aniversário. Foi até Vitória, tomou-lhe as mãos e disse que gostaria de vê-la com mais frequência. Então, em voz alta, falou à duquesa de Kent que sabia que ela ocupara aposentos em Kensington "não só sem o consentimento dele, mas contra suas ordens", e que "não entendia nem toleraria uma conduta tão desrespeitosa". Afastou-se, prometendo que impediria sua tentativa vulgar de agarrar o poder.

Na noite seguinte, em 21 de agosto, cem convidados do palácio se sentaram à mesa para um banquete de aniversário, à luz de velas. A duquesa de Kent se sentou à direita do rei e uma das irmãs dele à esquerda. Guilherme IV esvaziou seu cálice de vinho e se levantou para falar, o rosto vermelho quente, e a volumosa barriga comprimida sob o colete:

Confio em Deus que minha vida possa se prolongar por mais nove meses, e decorrido este período, no caso de minha morte, não haveria mais regência. Eu teria então a satisfação de deixar a autoridade real a cargo do exercício pessoal daquela jovem dama, herdeira presuntiva da Coroa, e não nas mãos de uma pessoa próxima de mim, que está cercada de maus conselheiros e é incompetente para agir com propriedade na condição em que se colocaria. Não hesito em dizer que tenho sido insultado — grosseira e continuamente — por essa pessoa, mas estou decidido a não tolerar mais um modo de conduta tão desrespeitoso comigo... Entre muitas outras coisas, devo reclamar especialmente da maneira como aquela jovem dama foi afastada de minha corte; foi repetidamente afastada de minhas salas, onde sempre deveria estar presente... Sou rei, e estou decidido a fazer respeitar minha autoridade, e para o futuro insistirei e ordenarei que a princesa esteja presente em todas as ocasiões em minha corte, como é de sua obrigação fazer.[3]

Vitória caiu no choro. Os criados lançaram olhares furtivos ao rosto ruborizado da duquesa de Kent, que ensaiava réplicas que jamais pronunciaria. Pratos de geleia de morangos, pães de ló e bolos de creme e frutas ficaram intocados, enquanto os convivas se retiravam rapidamente. A duquesa partiu para Claremont no dia seguinte.

Em 1837, a atmosfera no Palácio de Kensington estava sufocante. As brigas se tornavam cada vez mais intensas, agressivas e frequentes. Infeliz, Vitória se queixava de enxaquecas, dores estranhas e cansaço. A duquesa pediu a seu filho — e meio-irmão de Vitória —, Charles de Leiningen, que agisse como mediador.[4] Charles ficou chocado com o "ódio terrível" de Conroy por Lehzen e o tratamento grosseiro que lhe dispensava, mas sempre estimara Conroy e tomou prontamente seu lado. Concluiu que Vitória estava sendo irracional e tomou seu desprezo por Conroy como mero "capricho infantil", instigado por Lehzen. Suas tentativas de pacificação falharam: não conseguiu persuadir Conroy a se desculpar, nem Vitória a confiar em Conroy, nem Leopoldo a orientar Vitória a estender o período de regência até completar 21 anos.[5] Vitória ficou arrasada; fora traída pelo próprio irmão.

Na segunda quinzena de maio, Leopoldo, que estava na Bélgica, decidiu enviar seu conselheiro de confiança Stockmar até a Inglaterra, para avaliar a situação. Perspicaz, Stockmar concluiu que as causas do conflito eram a "personalidade inata da princesa" e "o comportamento de Sir John em relação à própria princesa". O problema de Sir John, disse ele, era ser rude, sentir-se como se estivesse em seu direito e agir como se fosse "o controlador de toda a máquina".

Ainda assim, Vitória detinha o grande trunfo. Tornava-se dia a dia mais ciente de si mesma e "mais consciente de sua própria força",[6] mas o assédio incessante a deprimia: "Eles a infernizam todo dia, a toda hora", disse Stockmar a Leopoldo.[7] A mãe lhe passava recriminações à vista de todos, relembrando-lhe sua pouca idade e dizendo que devia todo o seu sucesso à boa reputação materna. A mulher que insistira em amamentar a filha ao peito e se encantava com suas bochechinhas redondas se tornara fria, tomada por uma ávida ganância pelo poder, seduzida por sua própria narrativa vitimista de mãe longamente sofredora. Reiterava constantemente que renunciara à sua vida em outro país para se dedicar à criação da filha para ser rainha.[8] Vitória logo deixou de falar com ela.

Em maio de 1837, o rei Guilherme IV decidiu intervir. Escreveu a Vitória, alguns dias antes de seus dezoito anos, dizendo-lhe que asseguraria sua independência no aniversário: solicitaria ao Parlamento 10 mil libras anuais para seu uso próprio e lhe permitiria nomear seu vedor da casa, isto é, seu administrador financeiro, que responderia apenas a ela, e lhe conferiria o poder de montar e organizar sua própria Casa Real. O rei deu instruções ao portador, o Lord Camareiro, que se assegurasse de entregar a carta nas mãos de Vitória. Conroy e a duquesa tentaram se apoderar da carta, mas Vitória a pegou e leu cuidadosamente antes de repassá-la à mãe. A duquesa ficou furiosa, acima de tudo porque achou que o rei não demonstrara nenhum respeito por seu trabalho como mãe. Ela sabia que sua chance de conseguir a regência expiraria em menos de uma semana. Então, sem dizer nada à filha, resolveu recusar a oferta em nome de Vitória.

Depois de ouvir a ladainha materna, Vitória foi para seu quarto. Anotou no diário: "Muito infeliz e agitada. Não desci para jantar".[9] Adoraria aceitar a proposta do rei, mas sabia que a mãe não permitiria e ainda vivia sob a autoridade dela. Sem lhe ocorrer outra opção, Vitória havia obedientemente copiado uma carta que a mãe escrevera a conselho de Sir John Conroy e a enviou como sua resposta formal.[10] Invocou sua juventude e inexperiência e declarou que desejava permanecer sob os cuidados da mãe, a qual deveria receber todo o seu dinheiro. O rei não se deixou enganar: "Não foi Vitória quem escreveu essa carta".[11]

Na manhã de 24 de maio de 1837, uma bandeira de cores vivas se agitava contra o céu cinzento e nublado, sobre o Palácio de Kensington, trazendo uma única palavra: VITÓRIA.[12] Finalmente completara dezoito anos. As vitrines das lojas estavam fechadas, enquanto músicos tocavam e menestréis dançavam pelas ruas de Kensington, forradas de flores. Às sete da manhã, uma banda de harpas e instrumentos de sopro tocou no terraço, sob a janela de Vitória: "Eis as gratas lágrimas de uma nação/ para a mais bela flor de maio". Vitória, olhando pela janela, pediu que tocassem outra vez. Sentindo-se aliviada, escreveu no diário:

Hoje faço dezoito anos! Que adulta! E, no entanto, como estou longe de ser o que deveria ser. A partir de hoje tomarei a firme resolução de estudar com renovada assiduidade, de manter minha atenção sempre concentrada no que estiver fazendo e de me esforçar em ser cada dia menos frívola e mais adequada para aquilo que, se os Céus quiserem, algum dia serei!

A jovem princesa passara a se entusiasmar mais com seu destino depois de brigar com a mãe, passando a ansiar por outra vida, uma que pudesse controlar e em que sua mãe tivesse que responder a ela.

Naquela tarde, quando Vitória percorreu de carruagem os parques, na companhia da mãe e do irmão, foi saudada com uma onda de afeição. Sentiu-se comovida com a multidão nas calçadas, erguendo os olhos para vê-la: "A ansiedade do povo em ver essa pobre tonta era muito grande, e devo dizer que fiquei muito emocionada e sinto orgulho, como sempre senti, por meu país e pela nação inglesa". Mas a aclamação pública apenas punha em destaque a austeridade de sua vida doméstica, e Vitória se sentiu desanimada à medida que prosseguiam as comemorações. Nem mesmo um grandioso baile de aniversário e seu vestido amarelo-claro coberto de flores em botão foram capazes de lhe levantar o ânimo.

Lord Liverpool desceu de sua carruagem no Palácio de Kensington em 15 de junho de 1837, sob o céu azul de verão. Vestia trajes cinza e cartola — a cartola agora era tida como marca distintiva dos cavalheiros, muito embora o primeiro homem a usá-la em público, quarenta anos antes, tivesse sido preso a pretexto de que ela tinha "um brilho lustroso deliberado para alarmar as pessoas tímidas" (quatro mulheres tinham desmaiado ao vê-la e fora objeto de vaias dos pedestres).[13] Lord Liverpool, *tory* como quase todos na família real e meio-irmão mais novo do ex-primeiro-ministro, era uma das raras pessoas que tinham a confiança tanto da duquesa quanto de sua filha. Sua tarefa era resolver o impasse.

Liverpool começou se reunindo com Conroy, o qual explicou, numa conversa de homem para homem, que Vitória e Lehzen haviam criado uma aversão irracional por ele. Em primeiro lugar, disse ele, Lehzen tinha que ir embora. Em segundo, a "insuperável objeção [de Vitória] à sua nomeação para o cargo de secretário ou conselheiro político particular" era ridícula, pois ela seria incapaz de agir sem a orientação dele. Vitória era totalmente inadequada para avaliar assuntos de Estado e, mesmo que agora tivesse dezoito anos, era "mais jovem em intelecto do que em idade". Conroy explicou que a princesa era frívola e "facilmente cativada pela elegância e pelas aparências". Poderia Lord Liverpool lhe incutir alguma sensatez? Conroy, claro, estava pensando apenas no bem dela.

Lord Liverpool negou categoricamente o pedido de Conroy para um cargo oficial junto à rainha, alegando que ele era muito impopular. Como concessão, ele poderia ser nomeado vedor da casa, que cuidava dos assuntos financeiros do monarca, e receberia uma pensão, desde que não interferisse na política e deixasse suas posições "claras a todos". Depois de "alguma reflexão", Conroy concordou. Os dois trocaram um aperto de mãos.

A seguir, foi a vez da princesa recalcitrante. Vitória aguardava Lord Liverpool sozinha, tendo preparado uma lista com vários itens. Concordou que não teria secretário parti-cular e se reportaria diretamente ao primeiro-ministro, Lord Melbourne. Mas trabalhar com Conroy estava fora de cogitação. Sem dúvida, Lord Liverpool estava ciente, disse ela, "dos muitos menoscabos e incivilidades de que Sir John era culpado em relação a ela", mas, além disso, "sabia coisas sobre ele que lhe tornavam totalmente impossível colocá-lo em qualquer posição de confiança". Não admitiria que Conroy ocupasse o cargo de vedor da casa. Lord Liverpool pressionou para ter maiores informações. Que coisas ela sabia? Vitória respondeu apenas que sabia coisas sobre Sir John que "retiraram completamente a confiança dela nele, e que sabia pessoalmente, sem que nenhuma outra pessoa a informasse".[14] Vitória estava com uma carta que fora ditada por Lehzen, em que se recusava a ficar tolhida por qualquer promessa. Por fim, a adolescente pediu ao ex-primeiro-ministro que abrisse os olhos do indivíduo que a atormentava "quanto à dificuldade da posição em que me colocam". Ela estava no firme comando da situação.

Lord Liverpool falou à duquesa que não conseguiu mudar a postura de sua filha. Conroy praguejou ao saber disso. Nos dias subsequentes, Vitória se manteve em seu quarto e falava apenas com Lehzen. Conroy decidiu que era hora de pôr em prática sua desesperada cartada final: trancafiar Vitória e obrigá-la a concordar. Seu aliado, James Abercromby — advogado que então era o presidente da Câmara dos Comuns —, dissera-lhe que, como Vitória não ouvia o bom senso, agora devia usar a força. Conroy foi até a duquesa e declarou que "ela deve ser coagida".

Enquanto Vitória enfrentava parentes e assediadores, os homens no Parlamento discutiam se as mulheres poderiam ser autorizadas a assistir na galeria pública aos debates parlamentares. No dia da visita de Lord Liverpool, 15 de junho, um certo sr. Grantley Berkeley indagara à Câmara dos Comuns: "Quanto à presença de senhoras... quando eles tinham um buquê de flores em seus aposentos, o ar não lhes parecia mais doce?". Os respeitáveis cavalheiros não concordaram e votaram contra a proposta.

Quando viu um grupo de ciganos acampados na estrada perto da residência inglesa de Leopoldo, a Claremont House, Vitória ficou encantada com a simpatia deles. Visitou-os várias vezes em janeiro de 1837, desenhou seus retratos, enviou-lhes sopa, tentou conseguir educação para as crianças. Quando uma das jovens ciganas deu à luz, Vitória mandou entregar alimentos e cobertores. Resolveu que, se lhe pedissem que fosse madrinha da criança sem pai, iria lhe dar o nome de Leopoldo. A mocinha bondosa não mostrou a menor sombra de preconceito em relação ao bebê ilegítimo. Invejava e ficava fascinada com o ambiente alegre e acolhedor dos lares ciganos:

Enquanto andávamos pela estrada perto das tendas, a mulher que disse se chamar Cooper, geralmente a porta-voz do grupo, veio das tendas até a estrada e, quando viramos e paramos, aproximou-se com um bando inteiro de crianças. Seis, creio eu. Foi uma cena curiosa e, ainda assim, bonita e pitoresca. Ela sem nada na cabeça, o cabelo negro despenteado e solto pelos ombros, e o grupo de *molequinhos* enxameando em volta dela, com cabelos escuros desgrenhados e roupas escuras, todos pequenininhos e lindinhos... Os ciganos são uma raça curiosa, peculiar e muito resistente, como nenhuma outra!

Na época, os ciganos tinham má fama. Eram considerados pagãos preguiçosos, toscos, sujos, párias que vagueavam pela Europa e enchiam as alas dos reformatórios.[15]

Mas Vitória achava que eram "falsamente acusados, injustiçados e maltratados". Junto com Lehzen, ela leu um livro chamado *Gipsies Advocate*, de um certo sr. Crabbe, e se convenceram de que os pobres respondiam à bondade.[16] Conroy discordava.[17]

Em 1837, o rei Guilherme IV estava surdo e acabado. Vitória mal o mencionava no diário, mas, quando ele adoeceu gravemente em maio de 1837, manifestou seu pesar: "Pessoalmente, ele sempre foi bondoso comigo".[18] Em meados de junho, ficou claro que o rei estava à beira da morte. A pressão sobre Vitória era enorme e, segundo Stockmar, que a visitou em 16 de junho, sua mãe agora era de extrema severidade com ela. Se alguém fora do palácio soubesse que Vitória era uma "pessoa oprimida", escreveu ele, todos "viriam correndo em seu auxílio".[19] Mas não vinha ninguém. Em vez disso, Vitória aprendeu, nas palavras de Stockmar, a "viver em termos exteriormente submissos e afetuosos com pessoas de que não gostava e das quais desconfiava".[20]

Lehzen passou a servir de para-raios para a insatisfação dos partidários de Conroy. Ao fortalecer os brios de Vitória, ela prejudicava os planos deles. Conroy e aliados lhe dirigiam olhares ferozes e a tratavam com rispidez. Depois da doença de Vitória em Ramsgate, a meia-irmã Feodora ficou tão preocupada que demitissem Lehzen que escreveu à duquesa de Northumberland — então governanta de Vitória —, pedindo-lhe que ajudasse com sua influência.[21] Quando Conroy percebeu que a duquesa de Northumberland fizera amizade com Lehzen, foi "tratada de acordo": a governanta nunca viu Vitória a sós ou chegou a conhecê-la e, desgostosa, renunciou ao cargo. Mais tarde, Vitória comentou o que sua especial aliada Lehzen havia "*suportado*": chegara a temer por sua vida durante as "cenas pavorosas na casa".[22]

À noite, deitada na cama sob a manta de edredom, ouvindo o tique-taque do velho relógio de casca de tartaruga que pertencera ao pai, Vitória tecia fantasias de vingança: faria a mãe se arrepender por tê-la maltratado; baniria Conroy; daria bailes, convidaria os rapazes mais bonitos que conhecia, dançaria e flertaria a noite toda, se banquetearia com doces.

Àquela altura, a menina que chorara ao descobrir seu destino se tornara uma adolescente decidida, no auge das forças. Escreveu resoluta ao tio Leopoldo: "Aguardo o acontecimento que parece vir em breve com calma e serenidade. Não estou alarmada com ele, mas não me julgo de forma alguma à sua altura; confio, porém, que com *boa vontade, honestidade* e *coragem*, em todo caso, não falharei".[23] Essas palavras se tornaram seu mantra: "Não falharei".

PARTE II

A rainha adolescente

6. Tornando-se rainha: "Sou muito jovem"

Nunca fui feliz antes dos dezoito anos.

RAINHA VITÓRIA[1]

Todos os marinheiros ficarão comovidos por ter uma jovem rainha pela qual lutar. Logo estarão tatuando o braço com o rosto dela.

GUILHERME IV[2]

Às duas da manhã de 20 de junho de 1837, após soltar um último grito, o rei Guilherme IV morreu. Logo a seguir, seu camareiro, Lord Conyngham, e o arcebispo da Cantuária subiram num coche que já estava à espera e seguiram às pressas para o Palácio de Kensington, a 34 quilômetros de distância. Passaram em disparada por ordenhadeiras equilibrando baldes e cavalariços varrendo o chão dos estábulos, lavando carruagens e escovando cavalos enquanto o céu clareava.

Os dois conversavam curiosos sobre Vitória, comentando quão pouco realmente sabiam — eles ou qualquer outra pessoa — a seu respeito, tão ciosamente fora protegida pela mãe. Chegaram ao palácio às cinco, encontrando os portões fechados. O porteiro roncava, alheio aos chamados. Vitória dormia enquanto os homens tocavam várias vezes a sineta, até que o porteiro acordou e os introduziu num dos aposentos térreos. Pouco tempo depois, começaram a se perguntar se tinham se esquecido deles. Tocaram duas vezes, e duas vezes foram instruídos a esperar. Por fim, às seis horas, a duquesa de Kent acordou Vitória.

Ao erguer os olhos e fitar o rosto da mãe, Vitória sentiu o estômago se revirar. Levantou-se, penteou o cabelo comprido, pôs as chinelas e vestiu um roupão de algodão por cima da camisola branca lisa. A mãe lhe agarrou a mão e pela última vez escoltou a filha pela escada escura e estreita. Atrás delas ia Lehzen, levando sais de cheiro. Ao entrar na sala onde aguardavam os dois homens, Vitória fechou a porta atrás de si — deixando a mãe e a governanta do lado de fora. Os dois se puseram de joelhos. Lord Conyngham informou que seu tio morrera, beijou-lhe a mão e lhe entregou o atestado de óbito do rei. O arcebispo lhe disse que Deus estaria com ela. Vitória os dispensou, saiu e fechou a porta. Então apoiou a cabeça no ombro da mãe e chorou — pelo rei que havia morrido, pelo tio que pouco conhecera e pela emoção de algo que mal reconheceu: um sentimento de libertação.

A primeira coisa que Vitória fez foi pedir para ficar sozinha por algum tempo. Mandou que sua cama fosse retirada do quarto materno, vestiu um traje preto sem adornos e prendeu o cabelo no alto, num coque. Então tomou o desjejum com Stockmar, o conselheiro e secretário particular de confiança de Leopoldo, que o cedera a Vitória como presente ao se tornar rainha. Sentou-se à escrivaninha e escreveu três cartas: para Leopoldo, para sua meia-irmã Feodora e para a enlutada rainha Adelaide, a quem continuou a tratar como Sua Majestade. No diário, Vitória anotou: "Visto que aprouve à providência me colocar nessa posição, farei o máximo para cumprir meu dever para com meu país; sou muito jovem e talvez inexperiente em muitas coisas, ainda que não em todas elas, mas tenho certeza de que raros têm mais boa vontade e mais verdadeiro desejo de fazer o que é correto e adequado do que eu".

Às nove da manhã, Vitória recebeu o primeiro-ministro, "CLARO que *totalmente* SOZINHA, como *sempre* farei com todos os meus ministros". O cortês Lord Melbourne a cativou de imediato. Durante a reunião, ele redigiu um rascunho do pronunciamento que Vitória faria ao Conselho Privado, convocado para se reunir logo mais, às onze da manhã. Por toda Londres, homens vestiram trajes oficiais e se dirigiram para o Palácio de Kensington. Naquela época, havia outras rainhas jovens na Europa: a rainha de Portugal (a quem Vitória se referia como a "rainha gorda") tinha apenas um mês a mais do que Vitória, e a rainha da Espanha tinha apenas seis anos de idade (sua mãe era a regente). Mas Vitória era a rainha mais nova que a Grã-Bretanha já conhecera e, além disso, fazia 123 anos desde que o trono não era ocupado por uma mulher, a rainha Ana. Embora o Conselho Privado — formado por antigos ou atuais parlamentares que aconselhavam o monarca — costumasse ter reuniões mensais, poucos apareciam com regularidade. Naquele dia houve um recorde de comparecimento.

Quando Melbourne lhe perguntou se queria entrar acompanhada no salão, ela respondeu: "Não, obrigada. Entrarei sozinha". Seus tios, o duque de Cumberland e o duque de Sussex, conduziram-na até o trono. Com a morte de Guilherme IV, Cumberland se tornara rei de Hanôver, livrando a Inglaterra de um duque amplamente impopular. Vitória recebeu o juramento dos tios, depois dos ministros do governo e da maioria dos membros do Conselho Privado. (Num gesto de gentileza, ela impediu que o duque de Sussex, que estava "fraco", se ajoelhasse — e lhe beijou o rosto para que ele não precisasse se curvar para beijar sua mão.) Vitória então leu a declaração que Lord Melbourne havia preparado para ela:

A grave e aflitiva perda que a nação sofreu com a morte de Sua Majestade, meu amado tio, entregou a mim o dever de administrar o governo deste Império. Essa tremenda responsabilidade foi imposta a mim tão repentinamente e num período tão precoce de minha vida que tal fardo me oprimiria profundamente se eu não fosse sustentada pela esperança de que a Divina Providência, que me convocou para tal tarefa, me dará a força para desempenhá-la e que encontrarei na pureza de minhas intenções e no zelo pelo bem-estar público aquele apoio e aqueles recursos que, geralmente, pertencem a uma idade mais madura e a uma maior experiência... Educada na Inglaterra, sob os cuidados ternos e esclarecidos de uma mãe muito afeiçoada, aprendi desde a infância a respeitar e a amar a Constituição de meu país natal. Será meu esforço incessante manter a religião reformada tal como foi estabelecida por lei, ao mesmo tempo assegurando a todos o pleno gozo da liberdade religiosa; e protegerei constantemente os direitos e promoverei ao máximo de meu poder a felicidade e o bem-estar de todas as classes de meus súditos.[3]

Foi uma apresentação pública triunfal. Os homens reunidos se embasbacaram com a nova rainha, muitos deles emocionados em ouvi-la com sua voz calma e cristalina. Vários choraram. Pareciam assombrados que um fiapinho de gente soubesse ler tão bem. Charles Greville, que ali estava como secretário do Conselho Privado, escreveu em seu diário:

Nunca houve nada semelhante à primeira impressão que ela causou nem ao coro de louvor e admiração que se ergueu quanto a suas maneiras e comportamento, e certamente não sem justiça. Foi extraordinário e muito além do que se esperava. Sua extrema juventude e inexperiência, aliadas à ignorância do mundo a respeito dela, naturalmente despertavam profunda curiosidade.[4]

Os elogios pareciam unânimes. John Wilson Croker, *tory*, disse que era "a jovem mais bonita e interessante que já vi".[5] O duque de Wellington, visivelmente emocionado, declarou: "Ela não ocupava apenas seu assento, ocupava o salão".[6] "Nossa querida rainhazinha é, em todos os aspectos, uma *perfeição*", derramou-se Thomas Creevey, político *whig* que ficou conhecido pela publicação póstuma de parte de sua correspondência e diários.[7] Para os homens ali reunidos, ela era uma criança ou mesmo uma "rainha infante", segundo Lord John Russell. A mais simples apresentação despertava generosos elogios.

O país estava apaixonado. O *Spectator* apelidou a febre geral de "Reginamania". Uma charge intitulada "Fígaro em Londres" mostrava John Bull, personagem representando o inglês comum, disposto a cortar as orelhas se assim quisesse a rainhazinha.[8] Escritores discorriam extasiados sobre seus atributos. Thomas Creevey narrou uma vez que Vitória, ao encontrar sua nova dama de companhia, Lady Charlemont, que ainda não conhecia, passando no corredor com uma vasta braçada de livros da biblioteca, caiu na risada. Disse ainda que ela estava usando seus próprios fundos para pagar pensão a algumas pessoas inesperadas como os FitzClarence, primos ilegítimos que sua mãe mantinha à distância, mas com os quais, mesmo assim, Vitória se importava. Sallie Stevenson, mulher do embaixador americano, escreveu a suas irmãs na Virgínia contando que todo mundo estava "doido de lealdade pela jovem rainha... Em todas as ocasiões sociais, não se fala senão de sua beleza, de sua sabedoria, de sua gentileza e autodomínio. Contam milhares de casos sobre sua bondade e a atitude maravilhosa com que trata a tudo e a todos".[9] Fazia pouco mais de cinquenta anos que os americanos tinham se rebelado e vencido o rei Jorge III e apenas um quarto de século que haviam novamente combatido a Inglaterra na Guerra de 1812, mas agora até eles estavam curiosos com a nova rainha.

Os homens de mais idade se encantavam com a jovem no trono, muitas vezes para a surpresa deles mesmos. Lord Holland disse que voltou de uma visita "um pouco enamorado". "Embora não seja uma beldade nem tenha uma silhueta muito boa", admitiu ele, "ela realmente é em pessoa, no rosto e sobretudo nos olhos e na pele, uma moça muito simpática e atraente."[10] Podia engolir a comida de uma vez só, podia rir mostrando gengivas pouco atraentes, escreveu Creevey, mas ele estava disposto a desconsiderar esses defeitos porque ela "enrubesce e ri a todo instante de uma maneira tão natural que desarma qualquer um.[11] Sua voz é perfeita, e também a expressão de seu rosto, quando quer dizer ou fazer uma coisa agradável". O artista George Hayter, que pintou o retrato de Vitória e viria a se tornar um favorito da corte, estava "totalmente apaixonado por ela" e "falava da maneira mais científica sobre a característica extraordinária de seus olhos".[12] Nem todos os relatos, porém, são confiáveis. Creevey, afinal de contas, comentou que nunca vira uma "devoção mais bonita e natural" do que a de Vitória pela mãe.

Algumas mulheres, menos preocupadas com os encantos físicos da nova rainha, temiam por ela, imaginando o que a pompa, o alvoroço e o peso da obrigação provocariam numa garota de dezoito anos. Mesmo Harriet Martineau, reformista social rija e durona, escreveu: "Todos nós estamos um pouco românticos sobre nossa jovem rainha, pobrezinha! Que chance terá de crescer com bondade e simplicidade?".[13] A seu ver, Vitória não tinha muita chance de "vir a ser grande coisa".

Quando Melbourne saía da primeira reunião de Vitória com o Conselho Privado, enxugando os olhos úmidos de lágrimas, o barão Stockmar se aproximou e lhe entregou uma carta de John Conroy com uma lista atrevida de exigências.[14] "Minha recompensa pelo *passado*", escrevia Conroy, "creio que deve ser um título de nobreza — a faixa vermelha — e uma pensão do Tesouro Particular de 3 mil libras anuais."[15] Ele estava pedindo mais do que um ministro do governo recebia. Melbourne largou o papel e exclamou: "Onde já se viu um descaramento desses?".[16] No dia de prantear o rei e de celebrar a nova rainha, Conroy só pensava em si mesmo. Albert, mais tarde, comentou sobre a lista que Vitória preparara com as exigências do "monstro": "O rei tinha morrido naquela mesma manhã".

Num átimo, Vitória demitiu Conroy da casa; se tinha sido delicioso antever aquele momento, também foi delicioso quando ocorreu. Para desfazer a tensão, Lord Melbourne decidiu lhe conceder uma pensão e o título de baronete. Também prometeu que, quando pudesse nomear um novo par irlandês do reino, seria Conroy. Acrescentou que a rainha concordara com a ideia. Mais tarde, evidenciou-se que foi um erro de avaliação. Ao prometer a Conroy um pariato que levaria anos até se efetivar — precisaria esperar pela morte de um par irlandês em vida —, Lord Melbourne lhe deu espaço para continuar a tramar contra Vitória. Conroy pretendia ficar na casa da duquesa de Kent até que a rainha cumprisse todas as suas promessas (Lord Liverpool disse a Stockmar que Melbourne fora "ludibriado"). Conroy nunca se tornou par irlandês, e a indignação ressentida da família fica perceptível nos cadernos que mantinham, cheios de recortes de artigos de jornal criticando Vitória. Extasiavam-se com seus passos em falso e multiplicavam os ataques a ela.[17]

A única menção de Vitória à mãe em seu diário, no dia em que se tornou rainha, vem no final do registro: "Desci e dei boa-noite a mamãe etc.". A duquesa ficou magoada. Naquele mesmo dia, escrevera a Vitória perguntando se podia levar Conroy à proclamação — subestimando, como sempre, o ódio visceral de sua filha por ele. A duquesa argumentou que os outros notariam e "surgiriam comentários que você certamente deve evitar no primeiro dia". A rainha respondeu que Lord Melbourne era da "opinião categórica" de que Conroy não devia comparecer. A duquesa redigiu uma réplica condescendente: "Você não conhece o mundo. S. J. [Sir John] tem seus defeitos, pode ter cometido erros, mas suas intenções sempre foram as melhores... Esse assunto é muito comentado e de modo muito infeliz. Tome cuidado, Vitória, você conhece sua prerrogativa! Tome cuidado, pois Melbourne não é rei".

A partir desse dia, a duquesa foi obrigada a observar o protocolo, o que significava que, para poder vê-la, devia esperar que antes Vitória a chamasse.[18] Vitória se deleitava com sua solidão. Reuniu-se com o "muito bondoso" Melbourne mais duas vezes naquele dia. Então jantou sozinha em seu quarto. Nesse primeiro dia, escreveu cinco vezes a palavra "sozinha" em seu diário — "*sozinha*... e CLARO, *totalmente* SOZINHA... *totalmente* sozinha... e sozinha... sozinha". Finalmente.

Um mês depois, Vitória compareceu ao Parlamento para encerrar o ano parlamentar. Era sua primeira vez ali, e ela se apresentou em trajes magníficos, com um vestido de cetim branco bordado com fio de ouro, um manto de veludo escarlate, de cauda longa, todo ele com acabamento de arminho e renda de ouro, e uma tiara. Ao entrar na Câmara dos Lordes, andava com os olhos fixos em Lord Melbourne, que caminhava à frente com a Espada do Estado. Um jornal vespertino se manifestou de forma efusiva: "Sua emoção era claramente perceptível no rápido arfar de seu peito e no brilho de seu corpete de diamantes, que, de vez em quando, cintilava no recesso escuro onde estava colocado o trono".[19] Como se tornaria comum nas primeiras aparições da jovem rainha, os grandes homens de Estado não seguravam as lágrimas. Lord Grey "chorou de prazer à voz e ao discurso da rainha"; Charles Sumner declarou que "nunca ouvi melhor leitura em minha vida"; o duque de Sussex foi visto enxugando os olhos ao final do discurso. A americana Sallie Stevenson, que estava sentada na galeria dos diplomatas, comentou que a voz da rainha era "suave como a de um rouxinol da Virgínia".[20] A mãe de Vitória foi dominada pela emoção ao ver a filha, depois de avançar lentamente sob os mantos pesados geralmente usados por homens, se sentar no trono. Lá fora, a polícia não conseguiu impedir que as pessoas subissem nas árvores, para tentar ver a rainha; ficaram nos galhos por horas a fio, debaixo de chuva.

Em seu novo papel, Vitória estabeleceu imediatamente uma rotina. Levantava-se às oito, lia a Bíblia e despachava até o desjejum, às dez horas, quando a mãe se reunia com ela. Recebia os ministros do governo entre as onze e a uma e meia da tarde. Os dois monarcas que haviam reinado antes dela não gostavam de muito trabalho, e assim seu empenho foi motivo de admiração. Vitória escreveu orgulhosamente ao primo Albert, com uma ponta de bravata: "Delicio-me com a atividade que tenho que fazer e que não é pouca em importância nem em quantidade".[21] O tio Leopoldo, que agora era o rei Leopoldo da Bélgica, continuava a aconselhá-la de perto. Recomendou que fosse discreta, formasse opinião própria e mudasse prontamente o rumo da conversa caso alguém se atrevesse a levantar assuntos pessoais sem seu consentimento. Também aconselhou que pensasse antes de decidir, tal como recomendara Lehzen: "Sempre que uma questão tenha alguma importância, não deve ser decidida no dia em que lhe for submetida".[22] Essa abordagem barrou os dez premiês seguintes da Inglaterra.[23]

Apesar de tudo, Vitória se entusiasmava com sua nova carga de trabalho. Segundo ela, era "o *maior prazer* cumprir meu dever para com meu país e meu povo, e nenhum cansaço, por maior que seja, será muito grande para mim se for pelo bem-estar da nação".[24] Finalmente era útil e necessária para seu país, e isso a revigorava. Quando Leopoldo lhe disse que devia passar mais tempo no palácio dele em Claremont, Vitória respondeu: "Preciso ver meus ministros todos os dias". Tinha pouco tempo livre. Diariamente, enquanto as criadas passavam o pente e repuxavam seus cabelos compridos e finos, ela examinava grandes montes de papéis e caixas de documentos oficiais. Muitas vezes, trabalhava noite adentro.[25]

Fazia poucas semanas que estava no trono quando começaram os comentários sobre "leves sinais de um temperamento categórico" e sua "vontade forte".[26] Era confiante em suas opiniões. Quando deu o título de cavaleiro a Moses Montefiore, o primeiro cavaleiro judeu na história britânica, ela descartou toda e qualquer objeção dizendo: "Fiquei muito contente por ter sido a primeira a fazer o que penso ser plenamente correto e como deveria ser".[27] Também enfrentava convenções que lhe pareciam exageradas. Não gostava da segregação tradicional entre os sexos que ocorria após o jantar, por exemplo, quando os homens se retiravam para beber em outra sala. Não permitia que seus convivas do sexo masculino dedicassem mais do que quinze minutos a isso, e não se sentava em sua sala de visitas enquanto eles não aparecessem. Suas acompanhantes também eram obrigadas a ficar de pé.[*]

O político Arthur Ponsonby, filho de Henry Ponsonby, que depois viria a ser secretário particular da rainha, escreveu em 1833 que "desde o princípio ela mostrou disposição para seguir estritamente seus próprios critérios de conduta, em vez de se adaptar ao padrão". Sua independência se tornou "um traço permanente e dominante" ao longo de toda a vida.[28] Mas o que ele deixou de apontar foi que, quando Vitória se casou, esse traço se evaporou quase por completo. A segurança de Vitória sempre foi maior quando solteira ou viúva.

---

[*] Até o povo percebeu que a menina que passara anos sob um controle muito cerrado agora se deliciava em exercer sua vontade. Certa vez, quando a mãe e Melbourne lhe disseram que seria apropriado ir de carruagem a uma revista das tropas em Hyde Park, ela decidiu ir a cavalo. Sua decisão inspirou uma balada:

Irei a cavalo, quanto a isso já estou decidida,
Se uma revista for.
Revista só a cavalo, Lord Melbourne, e assim será,
Apesar de você e de mamãe.

(Queen Victoria's Journal [Diário da Rainha Vitória], 22 de agosto de 1837).

* * *

A relação entre a rainha Vitória e seu primeiro-ministro Lord Melbourne é um dos grandes romances platônicos da história moderna. Ambos, a jovem rainha órfã de pai e o político curiosamente apolítico, tinham muito a ganhar nessa relação — orientação para ela e mais prestígio para ele. Ambos ficaram levemente apaixonados. A paixão de Vitória se desenvolvera depressa. "Gosto demasiado dele e suas conversas me fazem muito bem", escreveu em seu diário.[29] Fazia apenas três dias que estava no trono quando contou a Leopoldo: "Minha pobre mãe vê Lord Melbourne com grandes ciúmes". (Posteriormente, os editores de sua correspondência ficaram constrangidos com o tom íntimo e afetuoso com que Vitória escrevia sobre Melbourne, e eliminaram uma parte das cartas pelo receio de que as pessoas achassem que os dois eram amantes.)[30]

Melbourne, que perdera esposa e filho, podia se devotar à sua nova incumbência. Orientava Vitória nos rumos da política, mas o que lhe dava de mais precioso era segurança e afeição genuínas. Nas palavras de Greville, era um "afeto apaixonado"[31] que se poderia sentir por uma filha, por parte de "um homem com capacidade de amar sem nada para amar".[32] Em 30 de agosto de 1837, Greville anotou:

[Vitória] tem grande vigor natural e ingressa nas grandiosas novidades de sua posição com o prazer e a curiosidade de uma criança. Não há homem mais talhado para agradar a ela do que Melbourne. Trata-a com consideração e respeito ilimitados, consulta seus gostos e vontades, coloca-a à vontade com suas maneiras francas e naturais enquanto a diverte com sua inteligência singular, excêntrica, epigramática e seus conhecimentos variados sobre todos os temas.[33]

Os temas que abordavam eram diversificados: regime, Dickens, limpeza de chaminés, os tios pérfidos de Vitória, seu pai, sua mãe, dr. Johnson, dentes, história, filosofia, etiqueta. Sempre havia muito a conversar. O tumulto político se acalmara um pouco após a Lei da Reforma de 1832, mas o movimento operário dos cartistas, que passou décadas trovejando em sua luta pela democracia e contra a corrupção, estava apenas começando.

O mundo, agora que Vitória fazia parte dele, criou um novo fascínio por ela. No ano em que subiu ao trono, Charles Dickens lançava *Oliver Twist* em folhetim; Caroline Norton publicava seu artigo radical, sustentando que as mães deviam ter, em alguma medida, direto à guarda dos filhos pequenos após o divórcio; nos Estados Unidos se realizava uma convenção nacional contra a escravatura, com agradecimentos ao apoio das mulheres britânicas. Inventores patenteavam o telégrafo elétrico; foi revelado o primeiro daguerreótipo; foi concluída a Grand Junction Railway, a ferrovia que ligava Manchester e Birmingham. O impulso para uma profunda transformação começara a ganhar forças.

Vitória quis imediatamente ir morar no Palácio de Buckingham. Ele fora comprado por Jorge III em 1761 e depois reformado por Jorge IV, mas ainda não era uma residência real oficial, e os consertos e as reformas não haviam terminado. Vitória enviou instruções insistindo para que ele estivesse pronto em 13 de julho. Para atender a seus desejos, contratou-se uma legião adicional de trabalhadores. "Tudo isso", escreveu Sallie Stevenson, a esposa do embaixador americano, "para uma jovem rainha!"[34] Em 14 de julho, o palácio estava um caos, com criadas esfregando o assoalho e operários estendendo tapetes, mas Vitória mantinha a serenidade em meio a tudo. Convocou Sigismond Thalberg, tido como o maior pianista do mundo, para se apresentar no final de julho e encomendou a Strauss as composições para seus bailes.

Depois do ambiente melancólico do Palácio de Kensington, Vitória ficou encantada com o espaço e a luminosidade de seu novo lar; havia espelhos enormes refletindo os jardins e candelabros cintilando nos salões de baile. Seus aposentos ficaram bem longe dos da mãe. (Vitória nunca se interessou muito por decoração de interiores, ao contrário de Jorge III e Jorge IV; quando tentou mais tarde, revestindo tudo com tecidos em padrão xadrez, o resultado foi, de modo geral, considerado uma afronta aos sentidos.) Com o tempo, Vitória veio a detestar o Palácio de Buckingham, com as lareiras que soltavam fumaça, a ventilação insuficiente, o cheiro de comida podre, e iria se sentir oprimida pelo ar abafadiço e as multidões de Londres — bem como pela fuligem que caía em flocos negros em seus jardins. Mas agora o palácio estava recém-pintado, era suficientemente grandioso e tinha uma excelente localização. Ela escreveu a Feodora: "Todos dizem que sou outra pessoa desde que cheguei ao trono.[35] Estou muito bem e com ótima aparência, tenho uma vida muito agradável; exatamente o tipo de vida que me agrada".

Foi um verão de maravilhosa felicidade. Vitória o passou fora de Londres, em Windsor, onde jantava, dançava e fazia principalmente o que lhe agradava. Em 19 de julho, deu uma recepção em que lhe beijaram a mão 3 mil vezes. Ela adorava a companhia, a atenção, os elogios. Depois de uma revista militar no Great Park de Windsor, onde saudou os homens como faziam os oficiais, ficou empolgada: "A coisa toda foi magnífica; e pela primeira vez me senti como um homem, como se eu mesma pudesse combater à frente de meus soldados".[36] Em 15 de agosto, Vitória voltou a montar depois de dois anos; pois se recusara por muito tempo a sair a cavalo porque a mãe sempre insistia que Conroy a acompanhasse. Ela gostava de reunir grupos numerosos de cavaleiros e galopar durante horas, e sempre julgou que parecia mais atraente — e mais alta — sentada numa sela.

Quando Vitória se dirigiu de carruagem a um banquete oferecido pelo prefeito de Londres no Paço Municipal, em novembro, foi coberta de aplausos. Depois de anos sendo chamada de egoísta, estúpida e fútil, era um imenso prazer ser amada por tanta gente. Enfim Vitória começava a acreditar que talvez Feodora tivesse razão quando dizia: "Está em seu poder tornar milhares de pessoas felizes".[37] Logo seriam milhões.

Havia, porém, duas pessoas claramente infelizes. A duquesa e o maquiavélico Conroy sentiam os ventos gélidos do desprezo da rainha. Vitória prontamente anunciou que não alteraria a posição social da mãe nem cogitou Conroy para secretário particular ou administrador financeiro da casa. Os dois sabiam que teriam pouca ou nenhuma influência sobre ela.[38] Isso também era evidente para os círculos da corte. Agora Melbourne estava plenamente a par da rixa, muito embora a duquesa tivesse implorado a Vitória que não lhe contasse, mas ele não fez nada para aproximá-las. Vitória começou a ficar com pena da mãe deprimida.

Era uma missão perdida, mas a leal duquesa continuava tentando reabilitar Conroy. Em novembro, pediu a Vitória que o autorizasse a comparecer ao banquete no paço. Se Vitória não gostava dele, "ao menos perdoe e não exclua nem discrimine a ele e à sua família". A duquesa prosseguiu: "A rainha deve esquecer o que desagradava à princesa. Lembre que tenho o maior apreço por Sir John, não posso esquecer o que ele fez por mim e por você, embora tenha tido o infortúnio de desagradar a *você*".[39] A duquesa estava ofendida com o que julgava ser ingratidão da filha. Em seu aniversário de dezenove anos, a mãe lhe deu intencionalmente um exemplar de *Rei Lear*.

Com o rendimento adicional que recebia como rainha, Vitória começou a saldar as dívidas do pai, recebendo em outubro de 1839 agradecimentos formais pela iniciativa. A duquesa, porém, continuava a esbanjar demais e escrevia cartas irritadas à filha, pedindo mais dinheiro, apesar do aumento de sua própria mesada. Em janeiro de 1838, Vitória escreveu: "Recebi uma *tal* carta de mamãe. Ah! Ah! Que carta".[40] Ao receber outra, ela falou a Melbourne que a mãe a estava "infernizando".[41] (Toda a correspondência entre Vitória e a mãe em 1837 foi "eliminada" das edições oficiais de suas cartas publicadas logo após sua morte.)[42]

A áspera briga entre mãe e filha agora era assunto de conversas em Londres, embora, em geral, os observadores ignorassem a causa. Talvez, arriscou Greville, ela não só tivesse sido "maltratada" pelos dois no passado, mas também "suspeite secretamente da natureza da ligação materna" com Conroy.[43] A duquesa confidenciou à princesa Lieven, esposa do embaixador russo e que encarnava os olhos e ouvidos da Europa, que estava magoada com a "sua própria insignificância".

Conroy agora era um homem sem esperanças e amargurado. No começo de 1841, estava "mortalmente inquieto por falta de ocupação".[44] Dando uma guinada surpreendente em sua carreira, foi para a zona rural e estudou agricultura com seu habitual empenho, tornando-se um destacado defensor de um novo método agrícola. Em 1852, ganhou da Sociedade Agrícola Real da Inglaterra a medalha de "Criador e Expositor da Melhor Vara de Porcos Gordos". Vitória continuou a honrar suas obrigações para com a família dele. Quase trinta anos após a morte de Conroy, ela ainda estava pagando pensão à nora dele.

O sucesso de Vitória como rainha às vezes era quase fácil demais. Os louvores eram praticamente incondicionais. Os homens de Estado abafavam gritos e exclamações em seus lenços quando ela lia em voz alta uma declaração escrita por outra pessoa, ficando evidente que tinham expectativas baixíssimas, já que Vitória era jovem e era mulher.

Os membros do Conselho Privado ficavam não só surpresos, mas arrebatados à vista daquela adolescente que havia sido tão protegida mantendo a compostura em público. Como escreveu Lady Cowper (irmã de Lord Melbourne): "Nunca ouvi ninguém dizer uma única palavra em seu desfavor ou encontrar qualquer defeito nela — é, de fato, uma rara ventura".[45]

Infelizmente, seria uma ventura efêmera. O arguto lacaio londrino William Tayler se mostrou um pouco cético quanto à popularidade de Vitória em 1837: "A rainha é uma coisa nova e agrada muito ao povo no momento, mas creio que não vai durar muito pois o povo é volúvel demais para ficar satisfeito com um indivíduo só, rei, rainha ou súdito".[46] Tinha razão.

7. A coroação: "Um sonho das *Mil e uma noites*"

Sempre lembrarei este dia como o de maior orgulho de minha vida.
RAINHA VITÓRIA, 1838[1]

Pobre rainhazinha, está numa idade em que uma menina mal sabe escolher sozinha uma touca; no entanto, pesa sobre ela uma tarefa perante a qual um arcanjo recuaria.
THOMAS CARLYLE, 1838[2]

No dia 27 de junho de 1838, à meia-noite — pouco mais de um ano após a morte de Guilherme IV —, Londres zunia com os sons de serras, martelos e plainas. Para a sorte dos que ainda estavam trabalhando, era uma noite fresca, com uma brisa leve. Em Hyde Park, anões, gigantes, albinos e garotos obesos em frágeis tendas de lona tentavam descansar um pouco antes do dia da apresentação; donos de barracas pregavam bandeiras e estandartes em suas bancas; padeiros empilhavam doces em cestas enormes; mulas zurravam e micos repuxavam as correias que os amarravam a coches, carroças e mastros. Os sinos da Igreja de St. Margaret, perto da Abadia de Westminster, repicaram até a uma da manhã, para grande incômodo dos moradores locais. Logo depois, sob um céu negro carregado, magotes de gente começaram a serpentear pelas ruas até a velha abadia cinzenta, tentando garantir os melhores lugares para a coroação da rainha Vitória, que começaria dali a poucas horas.

Às cinco da manhã, quando se abriram as portas da abadia, havia uma grande aglomeração. Os mais farristas, saindo de festas e bailes da coroação, tinham decidido varar a noite, vagueando semibêbados pelas ruas, antes que começassem os acotovelamentos e as disputas de lugares para assistir à cerimônia. "Na verdade, o dia da coroação se passará como um sonho para essas pessoas", comentou um repórter.[3] Nas áreas mais pobres de Londres, moleques maltrapilhos dançavam descalços pelas ruas e praças abertas, rindo, gritando e cantando "God Save the Queen" até raiar a pálida luz do dia.

Totalmente desperta em sua cama no Palácio de Buckingham, Vitória lutava contra a sensação de que lhe aconteceria algo "terrível" naquele dia.[4] Procurou enterrar a cabeça debaixo dos travesseiros durante a salva de 21 tiros ao nascer do sol, logo antes das quatro horas.[5] Era impossível voltar a dormir por causa do barulho. Já era rainha fazia um ano — as coroações costumam ser adiadas por vários meses após a morte de um monarca, para que possam ser momentos de comemoração, não de luto, e haja tempo suficiente para prepará-las. Mesmo assim, ela estava nervosa. Vitória nunca assistira a uma coroação, não sabia bem o que fazer e estava apavorada com a possibilidade de cometer algum erro. Como Lord Melbourne lhe diria mais tarde, seu desempenho era "uma coisa sobre a qual não se pode aconselhar, deve ficar a cargo da pessoa".[6] A mãe também não lhe servia de nada; a principal preocupação da duquesa era Conroy, que só seria convidado para a cerimônia se passasse por cima do cadáver de Vitória.

Às sete da manhã, Vitória reuniu coragem para olhar para fora. Pela janela, espiou o "curioso espetáculo" no Green Park: multidões subiam a colina, carruagens de nobres e fidalgos seguiam para a abadia, damas galgavam os assentos erguidos especialmente para elas na frente de suas associações, soldados marchavam, o povo aglomerado disputava o melhor ponto para enxergar a rainha. Antes caíra uma chuva forte e a multidão soltou gritos de alegria quando o sol finalmente despontou. Ao longo do trajeto da procissão, as casas estavam enfeitadas com flores e bandeiras, os assentos forrados com tapeçarias coloridas, que se destacavam com brilho ainda maior devido às roupas de verão brancas ou de cores claras das mulheres belamente vestidas ali sentadas.

Charles Dickens, que escreveu uma matéria sobre o evento para o *Examiner*, disse que o mundo estava "animado de gente" esperando para ver a rainha.[7] Cerca de 400 mil pessoas haviam dormido nas ruas de Londres na noite anterior. Greville escreveu:

> É como se a população de repente tivesse quintuplicado. Não um aglomerado aqui ou ali, mas a cidade toda um aglomerado só, se apinhando, se alvoroçando, se embasbacando e olhando todas as coisas, alguma coisa qualquer ou coisa nenhuma: o parque era agora um imenso acampamento, com estandartes flutuando no alto das tendas. Ainda assim, as estradas estão repletas, as ferrovias carregadas com multidões chegando.[8]

Quando Feodora entrou no quarto, Vitória estava de pé na frente do espelho. Sua assistente lhe ajustava na cabeça o diadema de diamantes. A rainha abraçou a irmã, virou-se para o espelho e se olhou outra vez, com uma mescla de ansiedade e orgulho. Seu corpo miúdo e curvilíneo fora comprimido num corpete justo de cetim branco e um vestido de veludo vermelho. Estava pronta. Quando finalmente entrou em sua carruagem às dez da manhã, sentindo fisgadas de nervosismo no estômago, o sol atravessou as nuvens e os marinheiros hastearam o estandarte real no alto do triunfal arco à entrada do Palácio de Buckingham. Quando soou o primeiro disparo anunciando sua partida, os que a aguardavam na Abadia de Westminster, seu local de destino a quilômetros de distância, puseram-se de pé. O proprietário teatral Nelson Lee bateu num gongo em Hyde Park e todos os artistas da feira desfraldaram suas roupas em rodopios de cores fulgurantes, enquanto os donos das barracas levantavam o toldo de lona e começavam a apregoar os artigos à venda.[9] Começava o espetáculo.

O percurso de 4,5 quilômetros até a Abadia de Westminster, subindo Constitution Hill até Hyde Park Corner, passando pelas multidões em Piccadilly, St. James's e Pall Mall até Trafalgar Square e Whitehall, levou uma hora e meia. O compositor Felix Mendelssohn, de férias no país, assim descreveu o coche de Vitória: "dourado, como de fadas, sustentado por tritões e seus tridentes, encimado pela grande coroa da Inglaterra". Vitória se sentiu arrebatada pela visão de seus súditos, apertando-se em bancos especialmente construídos para tal fim, agarrando-se à saída das chaminés nos telhados, em parapeitos, árvores, encarapitados uns nos ombros dos outros. Enquanto os oito cavalos cinzentos puxavam a luxuosa carruagem, Vitória olhava em todas as direções, esperando alcançar o maior número possível de olhos, sorrindo radiante e acenando. Mais tarde, escreveu:

> Por mais numerosos que fossem no dia em que fui ao paço, não eram nada em comparação às multidões, aos milhões de meus súditos leais que se reuniram em todos os locais para presenciar a Procissão. O bom humor e a extrema lealdade deles ultrapassavam tudo, e realmente não consigo dizer *quão* orgulhosa me sinto de ser a rainha *desta* nação.[10]

Quando a carruagem real se deteve em Whitehall, ela viu alguns policiais "fazendo mais uso de seus cassetetes do que as circunstâncias pareciam exigir" e manifestou seu desagrado.[11] Foi obrigada a intervir várias vezes, e insistiu repetidamente que não se empregassem medidas brutas para lhe abrir caminho.[12] Felix Mendelssohn também não conseguiu entender por que a polícia recorreu à violência naquele dia. Viu alguns tentando impedir que uma mulher bêbada de cabelos soltos e ombros nus dançasse; a cada vez que tentavam, ela gritava "coroação!". Alguém da multidão a parou lhe dando um tapa no ouvido. Mendelssohn concluiu: "Aqui os bêbados são mais mulheres do que homens. É incrível a quantidade de uísque que conseguem emborcar".[13] Os gritos da multidão eram ensurdecedores. Escreveu Dickens: "Punham o coração na voz".[14]

* * *

A nova rainha chegou à abadia logo antes do meio-dia, entre um imenso oceano de lenços se agitando, salvas de tiros, toques de clarim. "A pessoa precisava se beliscar para se certificar de que não era um sonho saído das *Mil e uma noites*", disse Mendelssohn, impressionado.[15] Os repórteres multiplicavam os superlativos ao descrever a visão que saudou Vitória ao entrar na Abadia de Westminster, uma figura diminuta sob os arcos góticos.

A abadia estava decorada com tapeçarias douradas, os bancos lotados de nobres vestidos de veludo, longas filas de bispos paramentados, o presbitério e o altar rodeados por tecidos púrpura bordados em ouro e vistosos tapetes orientais no chão. As sofisticadas joias e diamantes das mulheres faiscavam em contraste com a pele clara. Até mesmo a escritora Harriet Martineau, que não era propriamente fã de religiões, abadias e rainhas, ficou impressionada: "Nunca tinha visto o pleno efeito dos diamantes. Quando a luz passava, cada dama da nobreza refulgia como um arco-íris. O brilho, a amplidão e a magnificência onírica da cena geravam um estranho efeito de exaustão e sonolência".[16] No alto da abadia, Martineau aguardava comendo um sanduíche, lendo um livro e se apoiando contra um pilar.

Enquanto Vitória se preparava no vestiário, pondo um manto vermelho debruado de arminho, com uma longuíssima cauda de veludo, os embaixadores entraram na abadia, para grande animação e admiração geral. Houve uma aclamação especial para o velho inimigo da Inglaterra, o marechal francês Soult. A ele se seguiram a duquesa de Kent e o duque de Sussex, e depois o duque, a duquesa e a princesa Augusta de Cambridge. A procissão dos embaixadores era especialmente elegante e foi muito bem recebida, devido a suas carruagens suntuosas e, em alguns casos, aos trajes vistosos. O embaixador russo estava vestido de peles brancas. O príncipe Esterhazy da Áustria usava uma roupa feita inteiramente de pérolas e diamantes — até as botas eram incrustadas de diamantes, que refulgiram quando ele atravessou uma faixa de luz do sol ao entrar na abadia. Seu chapéu faiscante "irradiava uma cintilação que dançava por toda a volta".[17] Quando o sol incidia sobre o príncipe, escreveu Dickens, ele "resplandecia como uma galáxia".

Então entrou Vitória. A multidão permaneceu de pé enquanto tocavam o hino "I Was Glad". Atrás dela, oito donzelas vestidas de branco e prata, com rosas cor-de-rosa nos cabelos, seguravam a cauda do manto. O Lord Camareiro segurava o final da cauda. À frente da rainha, o primeiro-ministro Lord Melbourne portava a Espada do Estado. Ele ingerira uma dose maciça de láudano e conhaque para combater os efeitos de um distúrbio estomacal. Estava emotivo e, nas palavras de Vitória, "completamente tomado".[18] Naquele seu atordoamento, Melbourne lhe disse que ela parecia flutuar numa nuvem prateada. Benjamin Disraeli, *tory* recém-eleito para o Parlamento e futuro primeiro-ministro, disse que Melbourne estava com uma aparência "muito desajeitada e esquisita,

101

com sua grande coroa quase batendo no nariz, o manto se arrastando debaixo dos pés, segurando a grande espada do Estado como um açougueiro".[19]

Começaram cinco horas de cerimônia. O arcebispo da Cantuária proclamou Vitória como a "rainha inconteste deste reino", enquanto ela se virava para o norte, o sul e o oeste.[20] Ela prometeu defender o protestantismo e então se dirigiu à Capela de St. Edward atrás do altar, onde tirou os mantos e a tiara e trocou por uma roupa de linho e uma túnica dourada. Então voltou ao altar, sentou-se na Cadeira de St. Edward e foi ungida sob um dossel de ouro sustentado por cavaleiros da Ordem da Jarreteira. Nem tudo correu impecavelmente, devido à falta de ensaio e ao fato de que o deão de Westminster estava doente demais para comparecer.

Vitória sussurrou a Lord John Thynne: "Por favor, diga-me o que devo fazer, pois eles [os ministros] não sabem".[21] Ela teve que perguntar ao bispo de Durham o que fazer com o orbe pesado. Ele respondeu que o segurasse, junto com o cetro, enquanto colocavam em seus ombros o manto feito de fio de ouro e debruado de arminho. Infelizmente, o anel de rubi da coroação, que fora feito especialmente para seu dedo mindinho, foi dolorosamente enfiado no anular.

Londres explodiu em sons quando a esplêndida coroa nova foi posta na cabeça de Vitória: 41 canhões estrondearam, tambores rufaram, clarins soaram novamente. Homens e mulheres da nobreza colocaram suas coroas de nobres, os bispos seus solidéus, os reis de armas suas coroas heráldicas. Os presentes no interior da abadia gritavam à vontade, abalando a abóbada. A multidão nas ruas urrava de aprovação. Lord Melbourne deu um olhar "muito bondoso", "paternal" a Vitória quando ela o fitou de relance. Ela também viu o olhar de sua "muito amada Lehzen" sentada logo acima do camarote real, e as duas trocaram um sorriso.[22] Enquanto isso, dois balões de ar quente se erguiam sobre a cidade. Em Hyde Park, os atores que interpretavam a rainha e os membros de seu círculo tentavam reproduzir exatamente a mesma cena que se passava, enquanto o público encharcado de cerveja gritava palavras de encorajamento. A alegria parecia geral.

Lord Salisbury, então com sete anos e conhecido como Lord Robert Cecil, estava entediado ao lado do pai assistindo aos rituais da mulher que, várias décadas depois, iria nomeá-lo primeiro-ministro. Mas, quando o homem a seu lado o colocou a cavalinho nos ombros para ver a nova rainha recebendo a coroa, ele ficou estupefato com o que mais tarde descreveu como "uma visão inesquecível de luz e cor deslumbrantes concentradas numa pequena e única figura solitária".

Muito empertigada num trono revestido de ouro, Vitória ainda estava tomada de emoção. A mãe explodiu em lágrimas. Martineau disse que Vitória se afigurava "tão pequena que parecia insignificante".[23] A Coroa Imperial do Estado, feita especialmente para ela, foi avaliada em 112 760 libras, cerca de 12,5 milhões de dólares atuais, e era encimada por uma Cruz de Malta.[24] Os nobres numa longa fila subiam os degraus até o trono, um por vez, tocando a coroa e lhe beijando a mão — e não o rosto, embora fosse esse o costume usual, pois haviam concluído que uma jovem receber no rosto beijos de seiscentos homens mais velhos era uma "perspectiva aterradora".[25] Quando seu tio Sussex, de saúde frágil, se esforçou com dificuldade em subir os degraus, a jovem Vitória o abraçou carinhosamente. Foi um susto geral quando Lord Rolle, ancião corpulento amparado por dois homens, caiu e rolou pelos degraus, enroscando-se no manto. Ajudaram-no a se levantar e ele tentou novamente subir até a rainha, que o aguardava, incentivado por gritos de apoio, mas Vitória se ergueu, foi até ele, sussurrou gentilmente que esperava que não tivesse se machucado e lhe estendeu a mão para beijar, fazendo-se benquista a todos os que viram e ouviram falar do incidente.

Então Vitória tirou a coroa e recebeu o sacramento. Como que numa sugestão sobrenatural, um raio de sol lhe iluminava a cabeça. O bispo de Bath e Wells pulou uma página da sequência da cerimônia e encerrou prematuramente a coroação. A seguir, a rainha teve um breve interlúdio na Capela do Confessor, onde o altar estava repleto de sanduíches, e Melbourne enxugou um cálice inteiro do vinho tinto sacerdotal. Depois disso, o coro cantou "Aleluia" enquanto ela se retirava na saída final e formal. De volta ao vestiário, tentou tirar o anel do anular, que latejava. Por fim, teve que manter a mão em água gelada durante meia hora para conseguir tirá-lo.

Fora da abadia, o policial John Robinson continha um homem que tentava forçar a entrada para pedir Vitória em casamento. Mais tarde, quando um magistrado perguntou ao indivíduo, capitão Thomas Flower do 13º Regimento da Cavalaria Ligeira, qual era sua profissão, ele respondeu: "A profissão ou a atividade não tem nada a ver com a questão. Sou apenas um pretendente à mão de Sua Majestade".[26] Ele já fora acusado duas vezes de perturbação da ordem e tinha "criado um grande distúrbio" no Teatro de Ópera Italiana tentando entrar no camarote de Vitória. Foi declarado insano e enviado a Tothill Fields, uma casa de correção no centro de Londres. (Tom Flower não era o primeiro a tentar pedir a mão da rainha Vitória. Outro já fora detido por perseguir a princesa, e um terceiro foi preso por tentar invadir a Capela Real.)

O desempenho de Vitória foi perfeito, sua compostura quase anulando as gafes cometidas pelos outros. De volta ao Palácio de Buckingham, estava cansada, mas aliviada. As multidões continuavam aclamando e as senhoras acenavam seus lenços perfumados dos parapeitos, sacadas e palanques. Vitória estava morrendo de fome, mas a primeira coisa que fez ao chegar foi pegar e colocar seu cachorrinho Dash numa tina para lhe dar banho, vertendo cuidadosamente a água em sua pelagem.

Após o término da procissão, por volta das onze da manhã, milhares de pessoas começaram a afluir ao Hyde Park, para a feira. Era uma visão deslumbrante: quase mil barracas espalhadas por cinquenta acres. Havia bancas, toldos e tendas com bandeiras e estandartes coloridos de todas as nações. Havia fartura de carnes, presuntos, frangos, saladas, cerveja e vinho. Os frequentadores perambulavam entre as bancas que vendiam nozes, brinquedos, pães de mel, sorvetes e laranjas, ao som de gongos e bandas tocando, enquanto malabaristas faziam suas acrobacias. Paravam para olhar os dioramas e panoramas modernos, mostrando paisagens e momentos históricos, desde as Cataratas do Niágara (que cabiam misteriosamente numa caixa) até a Morte de Lord Nelson e a Captura de Napoleão. A maioria, porém, estava lá pelas barracas de bebidas e pistas de dança, animadas por palhaços, "lotadas a ponto de sufocar", enfeitadas com cortinas e bandeiras britânicas, onde fumavam, bebiam e flertavam.[27] A feira havia começado e poucas horas depois a mulher do confeiteiro que fazia pães de mel deu à luz. O bebê ganhou o nome de Hyde Park e se tornou uma atração por si só — depois de encerrada a feira, a banca continuou aberta por vários dias e as mulheres levavam presentes para a mãe e a criança.[28] Na noite da coroação, um jovem de 23 anos morreu numa pista de dança, com suspeita de epilepsia ou, oficialmente, pela "visita de Deus".

Algumas das tendas e barracas mais frequentadas apresentavam "espetáculos de aberrações", um gênero bizarro e geralmente cruel das diversões vitorianas. Havia mulheres e homens imensos de gordos, garotos de pele manchada, crianças de duas cabeças, animais sem cabeça. Havia também dezenas de macacos, um elefante esquelético e cavalinhos da sorte; um encantador de serpentes, anões, "esqueletos vivos", gêmeas gigantes dos Estados Unidos, a mulher de duas cabeças e a admirada madame Stevens, a "Senhora com Cara de Porco", que na verdade era um urso castanho com a cara e as patas barbeadas, usando luvas brancas, touca, xale, capa e vestido, amarrado numa cadeira, que um garoto escondido cutucava com uma vara quando seu dono lhe fazia uma pergunta.[29]

Charles Dickens passou por um desses espetáculos e balançou a cabeça, dando risada: por que as tendas dos gigantes são sempre as menores? Dickens era o autor mais famoso na Inglaterra. Saíra de Twickenham, onde estava passando férias, para assistir às comemorações da coroação em Hyde Park. Há tanta gente esnobe quando se trata do prazer das classes trabalhadoras, pensou ele: são acusadas das mais variadas farras, lascivas e pecaminosas, mas vejam como isso é maravilhoso! Era uma "cena muito agradável e aprazível".[30] Segundo as estimativas, dois terços da população de Londres estiveram na feira. Como escreveu Greville: "O principal objetivo [da coroação] parece ter sido entreter e divertir" o povo.[31] Era algo incomum e marcou o início de uma nova época na relação entre monarca e cidadãos.

Por toda a Inglaterra, Escócia, Irlanda e Gales, todas as camadas sociais participaram dos festejos da coroação, fossem turbulentos ou ordeiros: piqueniques, almoços oficiais, ofícios religiosos, festas de rua, jantares e bazares. Nas cadeias e reformatórios, os detentos ganharam rosbife e carne ensopada com legumes, pudim de ameixas, cerveja, tabaco, chá e açúcar. Os indigentes receberam um auxílio da coroação. Em Newgate, os delegados forneceram aos prisioneiros carne, batatas, pão e um caneco de cerveja forte. Os reclusos em solitárias tiveram permissão de se reunir brevemente aos outros. Nas feiras do interior, os homens com mais de cinquenta anos disputaram corridas cujo prêmio era um bom colete, e as mulheres com mais de cinquenta competiram por meia libra de rapé.

A rainha passou a cavalo pelo Hyde Park no dia seguinte, depois que a chuva cessou. Vitória, entusiasmada com o comentário de Lord Melbourne, que lhe dissera que seu desempenho fora "excelente — todas as partes dele, com muito bom gosto", postou-se à sua sacada à meia-noite, para assistir aos fogos de artifício daquela noite.[32] A multidão se deslumbrou com os milhares de luzes e estrelas pipocando, serpentes, rojões e foguetórios. Mas o mais empolgante foi o espetáculo final — uma projeção de Vitória com seus trajes completos da coroação, cintilando e se estendendo em luzes pelo céu.

No dia posterior à coroação, Melbourne foi se deitar com uma dose reforçada de calomelano. Ausentou-se do gabinete ministerial por uma semana, mas não teve a complacência do Palácio de Buckingham. Em 4 de julho, a rainha escreveu: "Isso é uma *extrema provocação e humilhação*, e me deixa *profundamente irritada*, pois estou *tão* habituada e mal-acostumada a ver esse *bondoso* e posso arriscar a dizer *até querido* amigo... *todos os dias* que fico *profundamente aborrecida* e desconcertada quando não recebo minha agradável visita diária... E hoje tenho um Conselho... e lá devo estar, por assim dizer, sem a pessoa que me faz sentir segura e confortável".[33] (Sabendo que a ciumenta Lehzen leria suas anotações, Vitória se apressou em acrescentar que ele lhe era de conforto apenas quando Lehzen não estava com ela.)

Alguns meses depois, a coroação era a peça central das novas instalações de Madame Tussaud em Baker Street. Vitória autorizara a confecção de réplicas exatas de seus trajes para a ambiciosa exposição, que incluía uma cópia em papel machê do interior da Abadia de Westminster e capturava um momento que só viria a se repetir mais de um século depois: uma jovem sendo ungida como dirigente de milhões de pessoas. Os britânicos eram "fundamentalmente monarquistas", escreveu Lady Cowper à princesa Lieven; à rainha, "basta se mostrar para ser adorada".[34] Naqueles momentos, tudo era glorioso, dourado, envolto em luz; atribuíam-se todas as virtudes à formosa rainha. *The Champion and Weekly Herald* escreveu que, em vista da juventude e dos encantos de Vitória, era "impossível" que "tal soberana possa ter inimigos".[35] Em pouco tempo, essa situação mudaria. Não era coragem nem compostura que faltavam à jovem rainha, como ela logo viria a descobrir. Era bom senso. Por causa disso, sua estrela despencaria com a mesma rapidez com que ascendera.

8. Aprendendo a governar

Você leva uma vida que não é natural para uma jovem.
É uma vida para homens-feitos.
LORD MELBOURNE[1]

Vitória teve uma queda imediata por Lord Melbourne. Seu primeiro-ministro não tinha esposa e era extremamente atraente: bonito, charmoso, com cabelo escuro revolto e um ar de indiferença simulada. Ela prestava atenção em cada palavra dele, comentava muitas vezes sua bela aparência, principalmente quando estava com o uniforme azul e vermelho de Windsor ou quando o vento lhe despenteava o cabelo, e anotava detalhadamente seus gracejos no diário.

Amava-o "como a um pai", escreveu ela.[2] "Ele tem *tantos* conhecimentos, uma memória tão maravilhosa, conhece tudo e todos, *quem* eram e *o que* fizeram... Isso me faz um bem *enorme*, e suas conversas sempre *aprimoram* muito a pessoa." Ela era uma moça órfã de pai que fora assediada pelo conselheiro da mãe; ele era um viúvo que fora gravemente ferido pela infidelidade escandalosa da esposa e cujo filho único morrera no ano anterior. Gostava de ser requisitado, admirado e prestigiado; ela adorava a afeição e a atenção dele. Como Greville notou com argúcia, os sentimentos de Vitória eram provavelmente "*sexuais*, embora não soubesse disso". Corriam rumores sobre o tempo enorme que passavam juntos.[3] "Espero que você se divirta com a notícia do provável casamento de Lord Melbourne com Vitória", escreveu a condessa Grey a Thomas Creevey.[4]

Vitória tinha confiança absoluta nele, porém nem sempre merecida. Lord Melbourne não tinha perfil de líder e fora reconduzido ao cargo de primeiro-ministro, dois anos antes da ascensão de Vitória ao trono, basicamente porque era o candidato com menor rejeição. Não era um apaixonado por política e não conseguia reunir energia suficiente para se preocupar com os problemas sociais, muito menos para combatê-los.[5] Às vezes, ao receber reformadores que iam defender melhorias como a redução da aplicação da pena de morte ou a implantação do ensino obrigatório, ele ficava tirando penas de um travesseiro, que lançava ao ar e soprava por cima da escrivaninha enquanto os outros falavam. William Lamb, como era seu nome de batismo, era um *whig* privilegiado, inteligente, formado em Eton, que passara grande parte da vida evitando esforços e conflitos. Por sua atitude despreocupada, era impossível saber que sofrera na vida pessoal uma dolorosa traição e uma perda excruciante. Sua relação com a rainha era muito especial e profunda e o afetava estranhamente. Para entender a razão disso — e como sua carência se equiparava à dela —, é preciso antes entender como a humilhação e a dor da vida pessoal de Melbourne haviam escandalizado a aristocracia londrina e empederniram seu coração.

No dia em que Lord Melbourne, então William Lamb, fez seu primeiro discurso na Câmara dos Comuns, em dezembro de 1806, a pequena figura de um garoto se sentou na galeria pública, ouvindo-o extasiado. Era sua esposa, Caroline Lamb, criatura excêntrica e travessa que vestira as roupas do irmão. Foi conduzida sorrateiramente à galeria — na qual, naquela época, só se admitia a entrada de homens — pelo secretário de outro político *whig*, Lord Morpeth. Sua sogra ficou furiosa.

Caroline Ponsonby não era considerada especialmente bonita, mas era intensa, inteligente e cheia de disposição. Lord Melbourne ficou encantado e pediu sua mão em casamento quase na primeira oportunidade (depois que o irmão mais velho morreu e ele se tornou herdeiro de um título da nobreza irlandesa e de uma fortuna considerável). Sua família se preocupava com os notórios acessos de raiva e a volubilidade de Caroline, mas Melbourne a amava e eles se casaram em 1805. Foi uma relação tempestuosa, marcada pela tolerância quase inexplicável dele diante do comportamento destrutivo dela. Tiveram só um filho, que era epiléptico e provavelmente autista. O fato de Caroline não poder ter mais filhos era fonte de grande pesar e intensificava um processo de carência emocional já instável. Depois de poucos anos de casamento, William Lamb começou a receber cartas anônimas sobre o adultério da esposa.

O amante mais conhecido de Caroline era o vistoso poeta Lord Byron, adulado por Londres desde que começara a publicar suas aventuras em 1812, em *Childe Harold's Pilgrimage*. Caroline leu a obra assim que saiu e, depois de insistir num encontro, disse que ele era, numa frase que se imortalizou, "louco, maldoso e perigoso de se conhecer". Os dois eram desse jeito, na verdade. Ficaram enfeitiçados um pelo outro, em mútuo reconhecimento e desejo. "Aquele belo rosto pálido", escreveu ela a respeito do segundo encontro de ambos, "é meu destino."[6] Tornou-se um dos casos amorosos mais escandalosos e lendários do século; inúmeros escritores usaram as aventuras de Caroline e Byron em personagens fictícios. O casal chocou Londres naquele verão, tão ostensivo e despudorado era o comportamento deles. Byron se sentia lisonjeado pelas atenções da vivaz esposa de um político. Ela estava encantada pela beleza, pela fama e, acima de tudo, pela habilidade literária dele, e com um ardor que, mais tarde, traria sofrimento a ambos. Trocaram uma infinidade de cartas de amor — numa delas, que se encontra numa pasta nos arquivos da British Library, Caroline incluiu um cacho ensanguentado de seus pelos púbicos — e tentaram fugir juntos (ainda há quem acredite que se casaram em segredo).

Depois de quatro ardorosos meses, Byron dispensou a amante. Caroline ficou arrasada e, após um dramático incidente durante um baile, em que cortou os braços com um caco de vidro, foi banida para a propriedade rural de Brocket, onde ficou sob o regime de uma garrafa de xerez por dia.[7] Quebrava os móveis, espatifava a louça, cutucava a criadagem com cabos de vassoura, aparecia seminua em público. Estava frequentemente bêbada e chapada de ópio. Essa vida esgotava Melbourne, que ficou grisalho aos 36 anos. Sua carreira política se afundou, mas ele não largou a esposa nem pediu divórcio.

Há três razões prováveis para a constância de Lord Melbourne: seu amor inabalado por Caroline, sua passividade (na escola, ele se afastava de brigas que sabia que não venceria) e os costumes muito pouco puritanos dos *whigs*. Nas décadas finais do século XVIII, durante o período de formação de Melbourne, a fidelidade conjugal não era uma virtude que se exaltasse.[8] Os casamentos eram vistos como contratos de convivência com o objetivo de gerar um herdeiro do sexo masculino. A própria mãe de Melbourne, como ele dizia a si mesmo, era "uma mulher notável, mãe devotada, excelente esposa — mas não casta, não casta".[9] Teve muitos amantes e vários filhos com esses amantes. Era de conhecimento geral que o pai de Melbourne não era o marido de sua mãe, de quem recebeu o sobrenome, mas sim um dos amantes dela, Lord Egremont. O surpreendente era que Melbourne fosse fiel à esposa infiel. Segundo seu biógrafo David Cecil, naquela época um homem casado era tido como excêntrico se não tivesse uma amante "serelepe e de seios fartos". Quanto às mulheres casadas, "a prática era habitual demais para despertar comentários".[10]

Mas muita gente fora do mundo dos *whigs* condenava sua liberalidade sexual. Arriscavam-se ao ridículo e, no caso das mulheres, à desgraça caso seus amores fossem expostos na imprensa ou na corte. A conduta explícita de Caroline chocou a muitos, ainda mais quando escreveu um livro levemente disfarçado sobre seu caso amoroso, *Glenarvon*. Publicado em maio de 1816, foi um campeão de vendas, mas prolongou a vergonha do marido. O livro, segundo o biógrafo L.G. Mitchell, "arremessava obscenidades na cara de todo o mundo *whig*".[11] Melbourne ficou arrasado, mas anos se passaram até que a família conseguisse convencê-lo a se separar. Em janeiro de 1828, estando Caroline à beira da morte, por hidropisia, Melbourne deixou a Irlanda para ficar a seu lado.

Depois da morte da esposa, Melbourne teve duas ligações bombásticas que acabaram no tribunal. Nos dois casos, eram mulheres casadas divertidas e astuciosas, cujos maridos recebiam pródigos favores políticos de Melbourne até que decidiram processá-lo. Os dois julgamentos também pormenorizavam sua predileção pessoal pelo açoitamento e, em ambos, ele preservou as mulheres envolvidas, embora tenha sido absolvido nas duas vezes. A primeira delas era sua amiga irlandesa Lady Branden, a quem pagou uma pensão anual pelo resto da vida.[12] A segunda era a bela escritora Caroline Norton, mulher de grande inteligência vítima das violências de um marido brutal.

Quando a relação abertamente afetiva dela com Melbourne se tornou objeto de mexericos, o sr. Norton levou o caso ao tribunal. Melbourne jurou até o fim da vida que nunca fora amante da sra. Norton, embora muitos, inclusive seu irmão, duvidassem disso. A ação impetrada pelo sr. Norton foi julgada em nove dias, em junho de 1836, e ele perdeu. Embora inocentado, Lord Melbourne passou meses deprimido, sem conseguir comer nem dormir. Tornou-se cruel, dizendo a Caroline Norton que não lutasse pela guarda dos três filhos e a aconselhando a voltar para o marido violento. A sra. Norton passou a lutar por mais direitos para as mães e, em 1839, foi aprovada uma lei permitindo que as mulheres pedissem a guarda de filhos com menos de sete anos. Vitória era simpática à sua causa e, quando Melbourne nem sequer apareceu para votar o projeto de lei, ela lhe passou uma reprimenda. Muito embora, ou talvez exatamente porque ele não tivesse direito algum em sua própria família, ele respondeu: "Não creio que se devam dar direitos demais a uma mulher. Não podem existir dois poderes conflitantes… O direito na família deve caber ao homem".[13]

Como podiam atestar suas amigas, Lord Melbourne era obcecado por disciplina. Chegava a conversar a esse respeito com a rainha Vitória, especialmente quando o assunto era bater em crianças. Ao que parece, isso era resultado de suas experiências em Eton, onde se empregava amplamente a punição física, embora, para sua decepção, ele tenha sido açoitado apenas três vezes em três anos.[14] Essas surras, disse Melbourne à rainha, "sempre tinham um efeito admirável".[15] Defendeu até o final da vida o açoitamento como castigo para crianças ou criadas. Existem indicações de que ele recorreu à prática com a esposa, pelo menos com uma das amantes e com uma jovem órfã chamada Susan Churchill, que morou por algum tempo com a família.*

* Sua esposa Caroline, numa carta à sogra, contou que Melbourne a tinha chamado de puritana, e deu a entender que as práticas bizarras do marido haviam corrompido seus princípios morais: "[Ele] dizia que eu era reprimida e se divertia me instruindo em coisas de que eu nunca tinha ouvido falar nem sabia. A repulsa que senti no começo com a perversidade do mundo da qual

Suas vítimas pareciam se dispor ao tratamento, embora não seja muito plausível supor o consentimento de uma jovem órfã.[16] L. G. Mitchel crê que Melbourne tentava punir todas as mulheres pelos pecados daquela que o traíra. A única mulher que iria adorá-lo incondicionalmente era a rainha.

"Certamente é um sujeito estranho para ser primeiro-ministro", escreveu Greville.[17] Não tinha nenhum programa de reforma, nenhum projeto para um país novo e melhor, nenhuma política que quisesse ver convertida em lei. Sua sagacidade era muitas vezes subestimada, mas a imobilidade era a posição preferida de Lord Melbourne. Sua frase política favorita era: "Por que não deixar como está?".

Nesse sentido, não era um homem para sua época; encarnava governos do passado que tinham como principais preocupações apenas garantir a segurança, evitar guerras e administrar crises.[18] Numa época de energias turbulentas e mudanças profundas na Inglaterra, o parlamentar tinha enorme apreço pelas palavras "adiar" e "protelar". A ironia era que Melbourne era um *whig*. Parlamentares *whigs* anteriores, sobretudo Lord Grey entre 1830 e 1834, haviam implantado leis de bem-estar social, acabaram com a escravidão e ampliaram o direito de voto. Mas Melbourne chegou a dizer certa vez ao arcebispo Whately que não teria feito "absolutamente nada" quanto à escravidão.[19] Não admira que os *whigs* tivessem perdido força em meados dos anos 1830. O governo de Melbourne, durante os sete anos em que foi primeiro-ministro, de julho a novembro de 1834 e de abril de 1835 a agosto de 1841, realizou poucas coisas. Ele simplesmente não entendia as causas profundas de qualquer revolta social. Os debates parlamentares mais importantes de sua época não discutiam quais as políticas capazes de transformar uma nação descontente com a desigualdade, e sim "o grau de repressão que era necessário para manter os trabalhadores descontentes — ou, com mais frequência, os desempregados — em seus devidos lugares".[20]

A onda de ternura que Melbourne sentiu por Vitória lhe causou surpresa e prazer. No ano em que ela subiu ao trono, seu filho único, Augustus, então com dezenove

---

até então eu nunca tinha ouvido falar deu lugar em muito pouco tempo a uma frouxidão geral de princípios que aos poucos sem que nenhum de vocês percebesse foi corroendo as poucas virtudes que tive algum dia" (Lady Caroline a Lady Melbourne, abril de 1810, In: Paul Douglass, *The Whole Disgraceful Truth*, p. 53). Em quarenta cartas a Lady Branden, apenas quatro não fazem menção a açoitamentos (Philip Ziegler, *Melbourne*, pp. 106-7). Melbourne lhe dizia que devia açoitar os filhos com mais frequência e foi a solução que sugeriu no caso de uma criada preguiçosa: "Algumas varas de bétula aplicadas à pele nua de uma jovem produzem com pouco esforço uma sensação muito notável".

anos, morrera. Os médicos diziam que ele tinha a idade mental de uma criança de oito anos. Nada funcionou: as sanguessugas aplicadas com regularidade em seu crânio, os jejuns, a magnetização da cabeça, a queima do crânio com ácido cáustico. Morou com Lord Melbourne após a morte de Caroline, passando horas a fitar o vazio. Melbourne se esforçou em amá-lo, mas, ao perder o único filho, relembrou a mulher que amara no passado, sentiu a perda da pequena família destroçada e viu que estava novamente sozinho.

De repente, Melbourne encontrava em Vitória a filha, a companheira e o afeto que tanto desejara. Ela lhe contava tudo. Em julho, estavam conversando, como escreveu ela no diário, sobre "coisas *muito* importantes e até para *mim* dolorosas".[21] Ele atendia bondosamente a seus explícitos pedidos de consolo. Quando se queixava de que "todos crescem, menos eu", ele respondia: "Penso que está bem crescida". Ela não era tímida ou acanhada, dizia ele, apenas tinha um "temperamento sensível e suscetível".[22] Sabendo que Vitória não gostava da mãe, Melbourne também criticava a duquesa de Kent. Num registro de seu diário, Vitória anotou que havia conversado por um "longo tempo"[23] com Melbourne sobre a mãe. Ele disse: "Nunca vi mulher tão tola". Vitória acrescentou: "O que é muito verdade; e rimos com Stockmar, que dizia 'que mulher mais burra', o que, lamento dizer, também é verdade".[24] A familiaridade entre ambos era impressionante.

Vitória e Lord Melbourne se viam diariamente durante cerca de cinco horas. Era uma relação calma e aconchegante, conversando, fazendo lautas refeições, jogando xadrez, passeando a cavalo pelos parques. Quando Melbourne estava perto dela, escreveu a princesa Lieven com sua perspicácia, "ele parece amoroso, satisfeito, um pouco emproado; respeitoso, à vontade... e alegre e sonhador — tudo ao mesmo tempo".[25] Os dois se arreliavam carinhosamente: Vitória brincava com a pronúncia dele — Melbourne dizia *goold* em vez de *gold*, *Room* em vez de *Rome* — e com sua propensão a cochilar durante as sessões.

A pequena rainha, mais feliz do que nunca, anotava cuidadosamente em seu diário os aforismos e ironias espirituosos de Melbourne. Achava muita graça nele e em sua irreverência. Sobre a reforma: "Melhor não tentar fazer nada de bom, pois assim não se entra em nenhuma enrascada". Sobre os médicos: "Os médicos ingleses matam a gente, os franceses deixam morrer". Sobre as mulheres: "É muito raro que as mulheres sejam gentis umas com as outras". Sobre jardinagem: "Todos os jardins são sem graça, um jardim é uma coisa sem graça". Quando o duque de Richmond disse que era chocante que as pessoas saíssem da prisão piores do que entraram, Melbourne respondeu: "Creio que há muitos lugares de onde a pessoa sai pior do que entrou; muitas vezes se sai pior de um salão de baile do que quando se entrou". Ele fazia Vitória "morrer de rir".[26]

O melhor de tudo era que Melbourne lhe dava uma sensação de segurança. No entanto, estava longe de ser seu parceiro ideal. Ele falhava em três coisas: a primeira, em atenuar as tensões com a mãe (embora dissesse a ela como era importante ser vista como filha obediente); a segunda, em convencê-la de que era rainha de um país inteiro, não só dos *whigs*; a terceira, em incentivar sua incipiente consciência social: ele imprimiu fortemente em Vitória a ideia de que todos os protestos, revoltas ou reivindicações de mudanças eram conduzidos por um pequeno grupo de descontentes. Manteve-a afastada da explosiva realidade ocorrida durante a Revolução Industrial, na qual grandes contingentes foram lançados à miséria urbana, e barracos caindo aos pedaços e abarrotados de gente cresciam rapidamente em torno das cidades grandes, sem nenhuma alternativa e voz no Parlamento.

A falha mais problemática, no longo prazo, era a terceira. Melbourne achava que as crianças deviam trabalhar em vez de passar fome e que seriam infelizes se estudassem. Dizia que "não gostava de nenhum dos pobres, mas aqueles que são pobres por sua própria culpa eu simplesmente detesto".[27] Troçava do interesse de Vitória pelo mundo descrito por Charles Dickens. Quando ela comentou com ele, no Ano-Novo de 1839, o "vício esquálido" e "a fome nos Reformatórios e Escolas" na história de Oliver Twist, Melbourne respondeu: "Não *gosto* dessas coisas: quero evitá-las. Não gosto delas na realidade e, portanto, não gosto de vê-las representadas". Vitória discutiu em vão com ele. Pelo resto da vida, ela se absteria de apoiar tentativas de diminuir a pobreza ou de melhorar as condições básicas de vida e trabalho. O problema de Vitória não era a falta de preocupação pelos problemas sociais, e sim a falta de contato com eles.

Mas, em termos mais imediatos, a falha principal foi a segunda: a falha em instruir a rainha em seu dever constitucional de imparcialidade, como Leopoldo sempre fizera no passado e Albert faria no futuro. Vitória era uma *whig* inabalável como seu pai e amigos, e usava "nós" ao se referir a si mesma e ao governo Melbourne.[28] O que ela não percebia era que Melbourne era conservador por natureza e *whig* mais por formação do que por convicção.[29] De vez em quando, ele tentava convencê-la de que os *tories* não eram más pessoas e que teria que trabalhar com eles no futuro, mas ela dava de ombros, chamando o líder da oposição Robert Peel de "vil patife".[30] Quando os *whigs* venceram por larga margem a primeira eleição geral do reinado de Vitória, o *tory* Benjamin Disraeli escreveu: "O fato é que a pequena rainha bateu palmas".[31] Os *tories* observavam aborrecidos o aprofundamento da relação entre a rainha e seu principal ministro. Charles Arbuthnot, um importante conservador, disse: "Com a rainha jovem e tola contra nós, poucas esperanças podemos ter".[32] Vitória ainda se recusava a conversar sobre política com qualquer outra pessoa além do primeiro-ministro.

No final de 1838, depois de um pouco mais de um ano no trono, Vitória já se sentia entediada com sua nova e deslumbrante vida. O trabalho era incessante, estava cansada dos bailes e banquetes, e as pessoas ao redor dela, na maioria, tinham décadas a mais do que ela. Começou a se perguntar se era tão capaz quanto se julgara. Em dezembro, andava irritadiça, deprimida, ansiosa: "Senti como eu era inadequada à minha posição".[33] As pessoas também se perguntavam como Melbourne conseguia aguentar aquilo, as noites de "uíste a um xelim com a duquesa de Kent [e] seis horas por dia de tête-à-tête com a rainha" e a necessidade de se impor um "controle constante para não praguejar nem falar banalidades". Era um comportamento estranho por parte do homem que devia estar governando o país. Melbourne ficava na defensiva quando questionavam se sua vida de mentor, tutor e bobo da corte paternal não o distraía dos assuntos de Estado. Mas, num momento vulnerável, quando Greville o congratulou pela atenção que dava a Vitória, ele exclamou: "Por Deus, fico nisso de manhã, de tarde e de noite!".[34]

Vitória também se sentia fisicamente esgotada. Melbourne achava que estava "pálida". Exagerava na comida sempre que podia, por puro tédio. Melbourne lhe disse que a solução mais simples era caminhar e só comer quando estivesse com fome. Ela respondeu que, nesse caso, passaria o dia comendo. Andar lhe dava enjoos. Melbourne também sugeriu que ela parasse de tomar cerveja, hábito que adorava. Em dezembro, uma Vitória "ranzinza e abatida" descobriu, para sua tristeza, que estava com 57 quilos — um "peso inacreditável para minha altura".[35] As pessoas começavam a cochichar que agora suas roupas eram feitas em tamanho maior e que, aos dezoito anos, já estava perdendo a beleza. Melbourne lhe garantiu que o vinho lhe faria bem e que, em todo caso, a melhor silhueta para uma mulher era "cheia, com um belo busto".[36] Lord Holland observou polidamente que ela tinha "talvez a aparência de um corpo bem mais cheio do que os bons e vigorosos observadores da saúde aprovariam".[37]

Vitória passou a se exasperar com sua imagem no espelho. Não só estava engordando, mas o cabelo estava escuro e as sobrancelhas eram finas demais (perguntou a Melbourne se ficariam mais grossas se as raspasse; ele desaconselhou). O rosto ainda era jovem, com uma pele sedosa, olhos grandes, expressivos e intensos, nariz reto e boquinha rosada. Na verdade, o problema não era a aparência. Andava preguiçosa; em alguns dias, a rainha de invulgar energia dizia que tinha simplesmente "vadiado". No final de abril, escreveu: "Este ano não estou sentindo prazer em nada... muito diferente do ano passado". Vitória se afundava cada vez mais no desânimo. Parou de tomar banho e de escovar os dentes, e vinha com uma infinidade de desculpas esfarrapadas para evitar exercícios. As criadas tinham que aguentar o tranco de seus maus humores, principalmente as que a vestiam, incumbidas de uma tarefa que agora ela odiava — ajudá-la a se espremer em roupas cada vez mais apertadas.

O mau humor de Vitória passava por cima de qualquer etiqueta e muitas vezes ralhava com a mãe, cuja simples presença lhe causava irritação. Ela escreveu a respeito de uma ocasião dessas: "Contei a Lord Melbourne que me impus a mamãe sobre o fato de aparecer em meu quarto sem pedir licença. Primeiro ela ficou brava. Tive que lembrar--lhe quem eu era".[38] Nem Melbourne escapava a suas ocasionais explosões. Numa noite de verão, estando adoentado demais para falar, ela reclamou que sua companhia era tediosa. Começou a repreendê-lo por roncar durante os sermões e comer demais. Tinha ciúmes dele quando outras mulheres atraíam sua atenção ao jantar e quando passava a noite no animado salão da casa Holland. Certa vez, Vitória chegou a lhe perguntar se achava Lady Holland mais bonita do que ela. E escreveu no diário, rabugenta, que ninguém se importava com ele tanto quanto ela.

A firmeza obstinada que tão bem lhe servira nos confrontos com Conroy agora se enrijecera, com os inebriantes prazeres do poder, assumindo ares de soberba. Stockmar a comparou a seus tios hanoverianos, dizendo que era "irascível como uma criança mimada". Quando se ofendia, jogava "tudo para o ar, sem exceção". Começou a achar que ninguém podia dizer a alguém em sua posição o que fazer ou o que pensar. Stockmar temia que Lehzen a encorajasse nisso, "como a babá que repreende a pedra em que a criança tropeçou".[39]

A jovem rainha estava cercada de caluniadores e confidentes indulgentes. O tio Leopoldo sempre lhe recomendara que fosse inflexível, para mostrar que, depois de tomar uma decisão, "nem uma força sobrenatural a fará mudar".

Uma moça já teimosa não precisaria de muito incentivo para teimar ainda mais, em especial quando já eram tantos os que relutavam em contradizê-la. Isso ficaria dolorosamente evidente nas duas calamidades dos meses seguintes, quando suas duas grandes paixões — o amor por Lord Melbourne e o ódio por Conroy — a levariam a um tremendo erro. Ela aprendera a amar e aprendera a odiar, mas ainda não aprendera a governar. Vitória estava terrivelmente despreparada para o que a aguardava.

9. Um escândalo no palácio

[Melbourne] tem uma menina jovem e inexperiente em suas mãos, cuja conduta integral e cujas opiniões devem necessariamente estar em total subserviência a suas posições. Faço-lhe a justiça de crer que ele tem alguma percepção de sua situação.
LORD ABERDEEN À PRINCESA LIEVEN[1]

Eles queriam me tratar como uma menina, mas vou lhes mostrar que sou a rainha da Inglaterra.
RAINHA VITÓRIA[2]

O céu se abria acima de Lord Melbourne e da rainha Vitória, enquanto seguiam em carruagem aberta pela elegante pista hípica de Ascot em 30 de maio de 1839. Quando apareceram, ouviu-se uma vaia entre os murmúrios em voz baixa. Então, quando a rainha se dirigiu para a sacada real, um grito atravessou o ar: "Sra. Melbourne!".

Entre risadas, a multidão se virou para olhar Vitória, que corava violentamente. Numa reação que lhe era pouco usual, Lord Melbourne parecia incomodado. A vaia vinha de duas *tories*, a duquesa de Montrose e Lady Sarah Ingestre. Vitória se enfureceu. "Aquelas duas mulheres abomináveis deviam ser açoitadas!", disse, sem saber que Melbourne provavelmente sentiria a maior felicidade em executar suas ordens.[3] Ela sabia por que vaiavam. Era por causa de Lady Flora Hastings, amiga de sua mãe e de John Conroy, que emagrecera de maneira assustadora nos últimos meses. Quando Lady Flora entrou em Ascot, foi acolhida com vivas e repetidas aclamações. Vitória ferveu de raiva.

115

Lady Flora, de 32 anos, pertencente a uma poderosa família aristocrática *tory*, fora durante cinco anos uma das damas de companhia da duquesa de Kent. Vitória a considerava uma espiã "odiosa", em larga medida porque era próxima de Conroy, e disse a Lord Melbourne para ficar atento.[4] Mas, numa noite durante o jantar, Vitória e Lehzen perceberam que Lady Flora estava com o ventre inchado. Lady Flora passara o Natal com a mãe na Escócia e voltara em janeiro de 1839 junto com John Conroy numa *post chaise* — carruagem fechada — sem acompanhantes. Logo que voltou, foi se consultar com o dr. James Clark, queixando-se de dores estranhas e problemas no estômago. Ele lhe receitou pílulas de ruibarbo e uma loção para esfregar na barriga. Pareceram ter certo efeito, mas, se o abdômen de Lady Flora não aumentou, tampouco diminuiu. Estava visivelmente arredondado.

A imaginação da corte real, principalmente entre as damas de companhia, começou a se agitar. Seria culpa de Conroy? Em 2 de fevereiro, Vitória comentou sobre o "assunto esquisito" com Melbourne.[5] Ele lhe recomendou que ficasse quieta, acrescentando que erros médicos eram bastante comuns e que não tinha em alto apreço os médicos ingleses. Mas, logo depois que Vitória saiu, Melbourne chamou dr. Clark, o qual disse que, embora não pudesse ter plena certeza sem fazer os devidos exames, havia razões para suspeitas.

Vitória concluiu que isso confirmava que Lady Flora e Conroy eram amantes. Melbourne lhe dissera crer que a proximidade entre Lady Flora e Conroy provocava ciúmes na mãe de Vitória.[6] As duas seriam rivais? Vitória, por fim, anotou em seu diário em 2 de fevereiro: "Não temos dúvidas de que ela está — para usar termos simples — *esperando um filho*! Clark não nega a suspeita; a causa pavorosa de tudo isso é o monstro e demônio encarnado cujo nome me abstenho de citar, mas que é a primeira palavra da segunda linha desta página".

Essa palavra era "J. C." — John Conroy, vinte anos mais velho do que Lady Flora. Vitória ficou enojada e prontamente, a partir de um caso individual, passou a julgar todas as mulheres. Aquilo bastava, escreveu ela, para fazer a pessoa "abominar seu próprio sexo; quando são *más*, como as mulheres são servis e *baixas*, de uma maneira infame e repulsiva! Não me admiro que os homens considerem o sexo desprezível!".[7]

A intriga aumentava a cada nova tolice do dr. Clark. Primeiro, passou uma quinzena espiando Lady Flora, olhando de soslaio seu estômago, tentando imaginar o formato de vários ângulos. Dr. Clark, que fora cirurgião naval durante as Guerras Napoleônicas e depois tido como "talvez o médico real mais incompetente de todos os tempos",[8] parecia desconhecer qualquer outra razão capaz de levar a uma distensão do estômago.[9] Intrigava-o a capacidade de Lady Flora em continuar a trabalhar, andar e funcionar normalmente, coisas que, dizia a si mesmo, não seriam possíveis se ela estivesse doente. Quis examiná-la por baixo das roupas, mas ela não deixou (melindre esse que, mais tarde, outros médicos disseram que serviu apenas para piorar o problema).

Então ele perguntou se estava secretamente casada. Ela negou, indignada. A essa altura, o inchaço já diminuíra em "grau considerável", como escreveu depois a seu tio. Mas isso não impediu que o "rude" dr. Clark lhe dissesse que fora persuadido pela "convicção das damas do palácio de que eu estava casada em caráter reservado".[10] Lady Flora tentou lhe mostrar que o estômago diminuíra. Então ele insistiu que confessasse para salvar sua reputação, mas ela se negou.

> Então ele me disse que, a não ser que eu me submetesse a um exame médico, nada jamais os satisfaria e eliminaria o estigma de meu nome. Descobri que o assunto fora levado à atenção da rainha e que tudo isso fora debatido, combinado e informado a mim sem que se dissesse qualquer palavra à minha própria senhora [a duquesa de Kent], sem que se insinuasse qualquer suspeita ou que se obtivesse sua aprovação para proporem tal coisa a mim... Minha amada senhora, que nunca, nem por um instante, duvidou de mim, disse-lhes que me conhecia bem demais e a meus princípios e à minha família para ouvir tal acusação. Apesar disso, a ordem foi dada.

No dia seguinte, Lady Flora consentiu se submeter a um "exame extremamente rigoroso" e humilhante realizado por outro médico, Sir Charles Clark, além de dr. James Clark, a quem ela chamava de "meu acusador".[11] Lady Portman também estava presente. Segundo Lady Flora, foi um "exame médico completo", rude, longo e doloroso. Deram-lhe o que, em suma, era um atestado de virgindade, declarando que não havia "nenhuma razão para crer que se trate ou tenha alguma vez se tratado de gravidez".[12]

O fato de se ter considerado necessário demonstrar cruamente que Lady Flora ainda era virgem, na corte de uma rainha virgem, constituía uma tremenda ofensa à sua honra e dignidade. Ao saber do acontecido, o marquês de Hastings, irmão de Lady Flora, correu a Londres para verificar quem fora o responsável, insistir numa reparação e defender a honra da família. Esteve com Lord Melbourne e disse frontalmente a Vitória que ela fora mal-aconselhada e precisava descobrir quem dera origem à difamação, para ser punido.

Esse exame forçado fora um erro tremendo. Vitória enviou uma mensagem contrita e visitou Lady Flora, acamada e "extremamente agitada". Era o primeiro encontro entre as duas desde o início da intriga. A rainha prometeu que deixariam tudo para trás, em consideração à sua mãe. Flora aceitou as desculpas, mas disse à rainha: "Devo observar respeitosamente, minha senhora, que sou a primeira e confio que serei a última dos Hastings a ser assim tratada por seu Soberano.[13] Fui tratada como culpada sem julgamento". Vitória garantiu que tudo terminaria por ali.

Vários fatores contribuíram para que esse insulto se convertesse num enorme escândalo que ocupou Londres durante meses: a recusa de Melbourne em acabar com os boatos ou punir dr. Clark (sem dúvida alimentada pelas suspeitas que continuava a manter, fomentadas por dr. Clark, de que Lady Flora ainda podia estar grávida); o fascínio da imprensa com o caso; a animosidade em curso entre Vitória e a mãe, que distorcia qualquer tentativa de comunicação; a vontade dos *tories* de desacreditar o governo Melbourne; a cólera ofendida dos Hastings, decididos a restaurar a honra de Lady Flora e descobrir quem iniciara os boatos.[14] A duquesa, extremamente leal a Lady Flora, demitiu dr. Clark. Vitória se recusou a fazer o mesmo.[15]

Foi um caso extremamente embaraçoso, e Melbourne tinha culpa nisso. Continuou a ventilar irresponsavelmente a boataria, aproveitando-se para reforçar a aversão da rainha por qualquer coisa que tivesse a ver com a mãe. Greville ficou revoltado: "É inconcebível como Melbourne foi capaz de permitir esse escândalo nocivo e infame, que apenas rebaixa a corte aos olhos do mundo, e de uma participação da qual só é possível isentar a rainha com o descrédito de sua juventude e inexperiência".[16]

Greville estava certo. Todo o episódio pôs em relevo a imaturidade de Vitória. A certa altura, Melbourne sugeriu que Lady Flora deveria se casar para pôr fim aos boatos; a rainha escreveu malevolamente: "Isso me fez rir demais, pois eu disse que Lady F. não tinha riqueza, beleza nem coisa alguma!".[17] Melbourne também riu, segundo ela, pois considerava Lady Flora a mulher mais feia que vira em toda a sua vida.[18] Nos retratos, Flora nada tem de feia. Era uma mulher esguia, de ar inteligente, com olhos pensativos, uma boquinha redonda e cabelos castanho-escuros. Com sua parcialidade, os dois formavam um par maledicente e desagradável.

A mãe de Lady Flora resolveu apelar à rainha. Em 7 de março, por intermédio da duquesa de Kent, a marquesa-mãe de Hastings escreveu uma carta enfática a Vitória buscando ajuda. Pedia-lhe que refutasse "as calúnias" com um ato que mostrasse sua indignação e concluía: "Especialmente em se tratando de uma soberana, as mulheres de todos os níveis na Grã-Bretanha confiam encontrar proteção e (a despeito da diferença de níveis) simpatia".[19] Mas Vitória não mostrou nenhuma simpatia; considerou a carta tola e, numa atitude de provocação, mandou-a de volta à mãe sem dizer uma palavra.[20] Esse erro de avaliação daria início a uma campanha pública cáustica e incessante dos Hastings para expor a corte real e lhe exigir que assumisse a responsabilidade final. A viúva, que estava doente e mortificada com o que sucedera à filha, escreveu então a Lord Melbourne, pedindo a remoção de dr. Clark. Melbourne considerou que a solicitação era "tão inédita e questionável" que nem responderia a ela, dignando-se apenas a confirmar o recebimento da carta.[21]

A seguir, a família Hastings recorreu à imprensa. Em 24 de março, o tio de Lady Flora enviou ao *Examiner* uma versão do caso baseada numa carta que lhe fora enviada pela sobrinha; foi publicada na íntegra. Lady Flora culpava as damas de companhia *whigs*, bem como "certa dama estrangeira, cujo ódio à duquesa não é nenhum segredo". Sua carta ao tio traz a data de 8 de março de 1839, e nela Lady Flora elogiou deliberadamente a duquesa de Kent:

Tenho plena certeza de que a rainha não entende ao que foi traiçoeiramente aliciada. Ela se empenhou em mostrar seu pesar com sua cortesia para comigo e o expressou generosamente com lágrimas nos olhos. A duquesa foi impecável. Uma mãe não teria sido mais bondosa, e tomou o insulto como questão pessoal, sendo dirigido a uma pessoa ligada a seu serviço e devotada a ela. Demitiu imediatamente Sir James Clark, negou-se a receber Lady Portman e não reapareceu nem me obrigou a reaparecer à mesa da rainha por muitos dias.

Terminava dizendo: "Enrubesço por lhe enviar uma carta tão revoltante, mas quero que saiba a verdade, toda a verdade e nada mais que a verdade — e esteja à vontade para divulgá-la".[22] A imprensa explodiu. O problema também era político: a rainha e o primeiro-ministro eram *whigs* e Lady Flora era *tory*. Avivava a paranoia dos *tories*, e muitos *whigs* julgaram que o escândalo estava sendo usado como trunfo político para caluniar uma rainha solteira e suas damas, bem como o primeiro-ministro. Enquanto isso, Lady Flora enfraquecia.

Vitória tinha um instinto muito fechado para estender sua mercê à família Hastings. Quando a velha marquesa-mãe entregou toda a sua correspondência com Lord Melbourne ao *Morning Post*, Vitória disse que ela era uma "velha tonta e ruim".[23] Parara de ler jornais e disse que os editores deviam ir para a forca, junto com os Hastings. Não entendia a gravidade de seu erro nem a situação comprometedora em que sua intimidade com Melbourne a colocara. Os *tories*, na esteira do caso Hastings, reuniam forças e Melbourne vinha perdendo sua influência no poder.

Vitória balançou a cabeça. À sua frente estava o parlamentar *tory* Robert Peel, que sempre lhe parecera frio e desagradável. Três dias antes, em 6 de maio, a carreira política de Lord Melbourne sofrera um golpe fatal; seu governo venceu uma votação pela estreita margem de cinco votos num projeto de lei que implantaria a legislação antiescravista no comércio do açúcar jamaicano. (Essa vantagem tão estreita foi suficiente para desgastar sua liderança.) A partir daí, ficou claro que a escolha óbvia para o cargo de primeiro-ministro seria Peel — e que ele não contava com o pleno apoio de sua rainha. Não, disse-lhe ela, não iria afastar nenhuma de suas damas de companhia *whigs* só porque agora ele era primeiro-ministro.

Vitória, arrasada com a perda de Melbourne, passou dias chorando descontroladamente. "É mais fácil imaginar do que descrever o estado de angústia, dor e desespero em que isso me colocou! *Toda, toda* a minha felicidade se foi! Aquela vida pacífica feliz destruída, aquele caríssimo e bondoso Lord Melbourne não mais meu ministro... Solucei e chorei muito; só conseguia ficar de camisola."[24] Em 7 de maio, parou do lado de fora do Salão Azul, onde Melbourne aguardava para lhe dizer que teve que renunciar, tentando se recompor:

> Levou alguns minutos até que eu conseguisse reunir coragem para entrar. Quando entrei, realmente pensei que meu coração se despedaçaria; ele estava de pé junto à janela; tomei aquela querida e bondosa mão dele e solucei alto: "Você não me abandonará". Ele me deu um olhar de grande bondade, piedade e afeição e mal conseguiu dizer entre lágrimas "Ah, não!", numa voz comovente.[25]

Naquela tarde, Melbourne sugeriu que ela chamasse Wellington e Peel, acrescentando que confiasse neles, mas fosse cautelosa. Terminava seu memorando com uma observação crucial: "Seria melhor Vossa Majestade expressar sua esperança de que ninguém da Casa Real de Vossa Majestade, exceto os que estão envolvidos em política, seja removido. Penso que pode pedir isso". Vitória pegou o documento e recomeçou a chorar, soluçando e ofegando dolorosamente. Segurou-lhe a mão por muito tempo, "como se sentisse que assim ele não me deixaria". Melbourne estava ciente da difícil posição de Vitória. Naquele dia, declinou três convites dela para jantar, dizendo que seria impróprio se encontrarem durante negociações tão delicadas com seu adversário político.

Vitória ficou arrasada. Suas palavras de desespero revelavam a chaga aberta de uma adolescente se separando do homem amado. Quando ele saiu, Vitória se sentou para lhe escrever, com os olhos toldados de lágrimas:

> A rainha se arrisca a afirmar uma coisa, que ela pensa *ser possível*: se ela saísse a cavalo amanhã à tarde, poderia ver de relance Lord Melbourne no parque; se ele soubesse por onde passava, ela o encontraria, como encontrou Lord Anglesey e vários outros — e seria um grande consolo; certamente não haveria nenhum mal nisso; pois posso *encontrar qualquer um*; Lord Melbourne pode achar isso infantil, mas a rainha está *realmente* muito *ansiosa* que assim seja; e enfrentaria todas as suas provações muito melhor se pelo menos pudesse ver de vez em quando um rosto amigo.[26]

Naquela noite não conseguiu comer e chorou convulsivamente até as nove. Vitória perdera um pai aos oito meses de idade. Agora, aos dezenove, perdia a figura paterna central de sua vida, o homem que lhe dera apoio contra Conroy e a mãe e a fizera se sentir pela primeira vez amada e encantadora. O irmão e a irmã estavam na Europa e ela não tinha pares. Era uma perda terrível.

Ao acordar, Vitória chorou outra vez. Melbourne lhe recomendara que não mostrasse desdém pelos *tories*, em particular Peel, que era distante e retraído, mas um ótimo político; no entanto, os encontros não correram bem. Ela se queixava: "A rainha não gostou de suas maneiras tão diferentes, tão pavorosamente diferentes daquelas maneiras francas, abertas, naturais, boníssimas e calorosas de Lord Melbourne".[27] Quando Peel lhe pediu inicialmente que afastasse algumas de suas damas de companhia alinhadas com os *whigs*, ela respondeu que mudaria apenas os parlamentares que integravam o palácio. Então fechou a porta e chorou. Lehzen foi consolá-la.

No segundo encontro com Peel, em 9 de maio, Vitória estava mais firme e intransigente. Convencera-se de que a reivindicação de Peel era um ultraje e decidira se manter leal a suas damas, tal como elas haviam sido durante o caso de Lady Flora Hastings. Vitória falou calmamente:

Eu disse que *não* renunciaria a *nenhuma* de minhas damas e que nunca imaginei tal coisa. Ele perguntou se eu pretendia conservar *todas*.

— *Todas* — respondi.

Peel — A roupeira-mor e as damas camaristas?

Respondi:

— Todas.[28]

Vitória declarou que nunca falava de política com suas damas. Além disso, elas tinham inúmeros parentes *tories*.[29] Rejeitou a sugestão de Peel de trocar apenas as damas mais graduadas — a roupeira-mor tinha precedência sobre as demais — alegando que nunca se fizera tal coisa antes. Seria correto lhe arrancarem suas acompanhantes do palácio só porque o governo mudara? Suas damas não eram políticas. (E repetiu que isso nunca acontecera com uma rainha; Peel insistiu que a situação era outra, visto que ela era rainha reinante. Ele tinha razão — desde 1714 não houvera nenhuma soberana mulher —, mas, desde então, nunca se pedira tal coisa a uma rainha.)

Depois que Peel se retirou, pálido e abatido, a rainha escreveu em tom triunfal a Lord Melbourne:

[Peel] se comportou muito mal e insistiu em que eu renunciasse a minhas damas, ao que respondi que nunca consentiria, e nunca vi um homem tão atemorizado... Fui calma, mas muito decidida, e penso que você gostaria de ter visto minha compostura e grande firmeza. *A rainha da Inglaterra não se submeterá a tal artifício.* Mantenha-se de prontidão, pois logo poderá ser necessário.[30]

Peel então disse sem rodeios a Vitória que, se ela não concordasse em afastar algumas de suas damas, casadas com alguns de seus inimigos mais veementes, não poderia formar um governo. Vitória, contente com a perspectiva da volta de Lord Melbourne, disse a Peel que já resolvera e lhe escreveria dali a algumas horas ou na manhã seguinte, para lhe passar sua decisão final. Empolgada, escreveu às pressas a Melbourne contando que Peel admitira sua fraqueza e lhe pediu que viesse imediatamente.

Os ministros do gabinete de Melbourne passaram várias horas debatendo o que fariam. Foi por causa das cartas de Vitória que eles se dispuseram a voltar ao governo, para proteger a honra da rainha: "Não receie, pois estive calma e controlada", escreveu ela.[31] "Eles queriam me privar de minhas damas, e imagino que a seguir me privariam de minhas camareiras e minhas criadas; quiseram me tratar como uma menina, mas vou lhes mostrar que sou rainha da Inglaterra." Tirando a bravura, o comportamento dela não era adequado; a oposição não deveria estar aconselhando uma rainha sobre a melhor maneira de desafiar seu primeiro-ministro.

Em 10 de maio, Peel renunciou. Numa carta gélida, ele assegurou à Sua Majestade que ficara emocionado por até ter sido objeto de consideração para o cargo de primeiro-ministro.[32] O público se sentiu ultrajado. Vitória, porém, ficou em êxtase. Naquela noite, dançou até de madrugada num baile oficial que ofereceu ao tsarévitch Alexander, filho do tsar Nicolau I, a quem descreveu como "um prezado jovem encantador". Depois de rodopiarem pelo salão, ela declarou: "Estou realmente apaixonada pelo grão-duque. Nunca me diverti tanto". Ele lhe apertou a mão ao sair e lhe deu um beijo no rosto "de uma maneira muito calorosa e afetuosa". Disse a Melbourne: "Uma jovem como eu *às vezes* precisa ter jovens para rirem juntos". O duque de Wellington e Peel, ambos *tories*, porém, ficaram "muito desconcertados".[33]

Com Melbourne de volta ao leme, tudo voltara à ordem no mundo de Vitória. Mas descera uma sombra sobre a corte, e ela não conseguia desfazer a sensação de desânimo. Melbourne deveria tê-la ajudado a entender que Peel queria apenas o afastamento das damas casadas com parlamentares *whigs*. Logo ela pediu que Melbourne a ajudasse a encontrar uma dama *tory* para ser discretamente incluída na Casa Real.* Até o final do reinado de Vitória, a única substituição que lhe pediram foi a da roupeira-mor, sua dama de posição mais elevada. Mas a parcialidade da rainha sempre se manteve explícita. Era uma *whig*, como seus pais, e queria que seus primeiros-ministros sempre fossem *whigs*. Quando as multidões diante do palácio vaiaram Melbourne, a rainha se encolerizou: "Os *tories* são capazes de qualquer vilania".[34]

---

* Quando Peel se tornou primeiro-ministro, dois anos depois, o secretário particular de Albert, Anson, contou-lhe que não só havia três importantes damas *whigs* que deixariam a Casa Real, mas que já o teriam feito em 1840. Peel ficou perplexo: "Se a rainha tivesse dito que essas três damas diretamente ligadas ao governo haviam entregado suas renúncias, eu teria ficado plenamente satisfeito e consultaria os sentimentos da rainha para a substituição delas" (Philip Ziegler, *Melbourne*, p. 298). O orgulho, a precipitação, as dores do coração impediram que o assunto fosse resolvido na época.

Nos anos finais de vida, Vitória admitiu que errara durante a chamada Crise da Câmara Real: "Sim, fiquei muito exaltada com isso e minhas damas também, pois assim fora criada sob Lord Melbourne; mas eu era *muito* nova, apenas vinte anos, e nunca agiria assim outra vez. Sim! foi um erro".[35] Era assombroso pensar que uma rainha efetivamente dispensara um primeiro-ministro.

Em abril, Lady Flora Hastings estava muito debilitada. A campanha da família Hastings dera certo; as simpatias do público estavam visivelmente com Lady Flora, a qual continuava aparecendo em público para que ninguém pensasse que estava grávida. A duquesa de Kent, aflita, tinha certeza de que Lady Flora estava para morrer, mas, mesmo em junho, Vitória ainda minimizava a gravidade da situação, dizendo que não passava de um "acesso bilioso".[36]

Sua atitude em relação a Lady Flora se endurecera com os ataques que vinha sofrendo e se indignava, disse ela, por ter "de suportar tanto por causa de uma mulher *dessas*". Os conselhos de Lord Melbourne continuavam a ser imaturos e impiedosos. No começo de abril, quando Vitória concluiu que Flora fora "extremamente rude", Melbourne recomendou apenas que se mantivesse mais distante.[37] No dia seguinte, os dois trocaram os mexericos que tinham ouvido: Lady Flora já dera à luz. A mãe, Lady Hastings, levou a culpa por não ter visto a barriga e ter insistido que ela ficasse na Escócia. Vitória disse a Melbourne que, se era para Lady Flora ir embora, melhor seria que continuasse por lá mesmo. Ele a alertou que isso não colocaria a rainha sob uma luz favorável. Vitória não manifestou nenhum sinal de dúvida no diário, onde citava a impertinência, a insolência e a silhueta ainda rotunda de Lady Flora. Suas anotações revelam uma alarmante falta de remorsos em relação a ela, sem a menor percepção do suplício contínuo que a enferma vinha sofrendo. A duquesa de Kent tentou várias vezes convencer a filha a falar ou pelo menos escrever a Lady Flora, mas Vitória não mudou um milímetro sua posição. Citava a impudência da família Hastings e a afronta ao decidirem levar a questão a público. Lord Melbourne, como de costume, disse à rainha que a família Hastings estava errada, incentivando-a a lhes relembrar que não fossem rudes. Vitória não entendia o que havia feito nem o que continuava a fazer. Lady Flora achava que lhe faltava empatia: "Não lhe ocorre sentir pelo outro".[38]

Mas, quando finalmente foi rever Lady Flora no final de junho, sozinha, Vitória ficou mortificada:

Encontrei a pobre Lady Flora estendida num sofá na maior magreza que é possível a um ser ainda vivo; literalmente esquelética, mas o corpo *muito* inchado como alguém com filho; um olhar esgazeado, como o de uma pessoa à morte; a voz como sempre, e bastante força nas mãos; foi amigável, disse que estava muito confortável e muito grata por tudo o que fiz por ela; e que estava contente em me ver bem. Eu lhe disse que esperava revê-la quando estivesse melhor — ao que ela agarrou minha mão, como que dizendo "Não vou vê-la outra vez".[39]

Vitória se retirou depressa. Começou a rezar para uma súbita recuperação de Lady Flora e logo isso se tornou o único objeto de seus pensamentos e conversas.[40] Passou a ter pesadelos com a aristocrata de traços finos e olhos esgazeados.

Flora Hastings morreu na madrugada de 5 de julho de 1839. Lehzen informou Vitória logo ao acordar. Morrera serenamente, "e apenas ergueu as mãos e arquejou uma só vez".[41] Lady Flora manifestou sua última vontade com a família em lágrimas ao redor dela: desejava que fizessem um exame pós-morte que por fim demonstrasse cabalmente sua inocência. Ainda corriam rumores na corte sobre um natimorto. Mesmo na manhã em que morreu, um manifestante escreveu num cartaz que Lady Flora morrera de um aborto malfeito.[42] Mas o relatório da autópsia, que Vitória aguardou com ansiedade ao longo do dia, mostrou que Lady Flora tinha um fígado tremendamente inchado que pressionava o estômago.[43] O relatório também informava que "o útero e seus apêndices apresentavam as características usuais de um estado virgem sadio".[44] Mesmo na morte, investigou-se sua castidade.

A fúria popular renasceu com as notícias; Vitória e Melbourne foram vaiados em público; muitos mantiveram o chapéu à passagem da carruagem da rainha em gesto de desrespeito; muitos mantiveram silêncio durante o brinde real, e não faltaram murmúrios sobre um assassinato. A mãe de Vitória lhe dizia que ela não conhecia "seu próprio país" e, nessa ocasião, ela estava certa.[45] A rainha não pensara em seus súditos. Pela primeira vez na vida, fechara-se numa camarilha, e poderosa; a onda de escândalos, vinganças e boatos maldosos tinha sido enorme. E especialmente por se tratar da sexualidade de outra mulher, que Vitória considerava inimiga devido à sua amizade com Conroy. (Era um exemplo do que hoje chamaríamos de *slut-shaming*.) E não só ela tinha queda por seu conselheiro como, além do mais, ele era seu primeiro-ministro. Foi uma combinação nefasta de fatores, e Vitória era jovem demais para entender as consequências. Esse episódio seria por muito tempo considerado constrangedor: hoje em dia, não se encontra nenhuma referência à doença ou à morte de Lady Flora no diário de Vitória (volume editado por sua filha, a princesa Beatrice), e as várias cartas de Vitória sobre Lady Flora Hastings foram, em sua maioria, destruídas por ordens de seu filho mais velho, rei Eduardo VII.[46] Ele e o editor ficaram chocados ao descobrir o "conhecimento precoce" de Vitória.[47]

O caixão de Flora Hastings foi retirado do palácio no escuro da noite, numa carruagem, esperando dessa maneira que fossem evitadas manifestações de protesto. A lúgubre cavalgada seguiu devagar até o East End de Londres, até chegar ao cais de Brunswick, Blackwall, ao raiar do dia. O corpo foi colocado no vapor *Royal William*, para ser levado à Escócia, terra de seus ancestrais. Reuniu-se uma multidão para prestar seus respeitos ao ataúde da mulher injustiçada pela corte real. Um homem bradou: "Ah, aí está a vítima, mas onde está o assassino?", enquanto outro brandia a bengala à carruagem da rainha, gritando: "De que servem os ouropéis [de Vitória] depois que a matou?".[48] Alguns apedrejaram a carruagem real, apesar da forte presença policial ao longo do caminho entre o palácio e as docas.

Passeando pelos jardins do palácio no dia seguinte à morte de Lady Flora, Vitória sentiu uma vontade irreprimível de rolar várias vezes na grama verde, até entontecer e conseguir de alguma maneira esquecer sua vergonha.[49] As matérias na imprensa raramente citavam seu nome, mas não raro lhe atribuíam culpa direta pela morte de Lady Flora.[50] Alguns repórteres acusaram sem rodeios a corte de assassinato.[51] Vitória insistia com frequência que não sentia remorsos, mas ficava profundamente perturbada com seu papel: "Não consigo imaginar o que me possuiu". Jurou que nunca mais faria juízos precipitados sobre a aparência das pessoas. Sabia que o brilho de sua coroa se empanara.

Vitória estava errada em sua opinião de Lady Flora, que julgava fingida e dissimulada. Lady Flora era uma mulher de grande orgulho, fé e sensibilidade. Passou seu longo período de tormentos tentando perdoar os que a feriram. Não se afundaria no ódio, disse ela: "Quanto a mim, sinto que essa provação foi enviada por amor, levou-me mais perto de Deus, removeu alguns sentimentos mundanos e promoveu uma profunda análise interior".[52] Em 20 de junho, quando recebeu a extrema-unção no leito, o bispo de Londres lhe perguntou se perdoara seus inimigos. Ela respondeu que sim, e que não guardara nenhum ressentimento em relação a eles. A duquesa de Kent, que estava ajoelhada a seu lado, chorou. Ao sair do quarto, tomou a mão de Sophia, irmã de Lady Flora, e perguntou: "Perdoa minha pobre filha?".[53]

Alguns disseram que Lady Flora morreu de tristeza. Em 20 de julho de 1839, o corpo foi sepultado sob a abóbada de uma antiga igreja em Ayrshire, cercada pelas montanhas escarpadas do sul da Escócia. "Toda a cerimônia", escreveu um repórter de *The Times*, "foi muito imponente."[54] Milhares e milhares de pessoas compareceram ao funeral; tornara-se mártir, principalmente para os *tories*. "Sua memória está embalsamada pela solidariedade e afeição de um nobre povo", escreveu *The Corsair*, acrescentando que, se a corte inglesa não mudasse, "não haverá segurança para a vida, a felicidade ou a reputação da rainha da Inglaterra".[55]

Foi um verão melancólico para Vitória. Andava mal-humorada, irritadiça, solitária e se sentia gorda. Depois de ter suas decisões questionadas tão publicamente, tornara-se suscetível a questionamentos de sua autoridade. Se desconfiasse que algum ministro não a consultara sobre algum assunto, escrevia discursos coléricos e enfaticamente sublinhados, exigindo explicações. Harriet Martineau escreveu que a infelicidade de Vitória era patente a todos. A autora acusava Melbourne:

> Em sua ascensão ao trono, fiquei agradavelmente surpresa com sua aparência. A parte de cima do rosto era realmente bonita e havia um ar sereno e sincero que parecia repleto de promessas. No final do ano, a mudança foi melancólica. A expressão de seu rosto estava totalmente alterada. Agora se tornara atrevida e descontente. Hoje se supõe que foi a parte menos feliz de sua vida. Liberada das salutares restrições da juventude, adulada e mimada pelos jubilosos *whigs* que a mantinham só para si, mal orientada por Lord Melbourne e não tendo ainda encontrado seu lar, não era a mesma jovem de antes.[56]

A saga se arrastou por meses, com o irmão de Lady Flora publicando uma correspondência condenatória e dr. Clark lançando um resumo de seu exame invasivo. Aquele período sombrio para a rainha, porém, de súbito cessou por completo, um dia depois que dr. Clark publicou sua defesa. Vitória acordou abatida, com uma tremenda dor de cabeça e dos olhos, e viu que haviam apedrejado as janelas do quarto de se vestir, estilhaçando as vidraças. Era um sinal misterioso, mas adequado, do que vinha pela frente. Naquela manhã, enquanto ela contornava os cacos nas pontas dos pés, o príncipe Albert, irritadiço, desembarcava em solo britânico e iniciava a jornada por terra para ir vê-la. No instante em que ele desceu da carruagem no Castelo de Windsor, tudo mudou. Vitória sempre recordaria a data de 10 de outubro de 1839. Foi o dia em que seu coração se fez em pedacinhos.

PARTE III

Albert: o homem que alguns chamavam de rei

10. A virago apaixonada

Contei a Albert que ele viera como um anjo luminoso para me salvar...
pois eu sozinha não conseguiria. Eu era jovem e voluntariosa.
RAINHA VITÓRIA[1]

A rainha Vitória, mesmo quando estava perdidamente apaixonada pelo príncipe Albert,
sempre o tratava como se fosse um garotinho de três anos de idade e ela sua governanta.
GEORGE BERNARD SHAW[2]

Vitória estava no alto das escadarias atapetadas de vermelho, no Castelo de Windsor, fitando o primo Albert. Ele subia os degraus de pedra com o irmão Ernest, passando por uma estátua de Jorge IV e várias armaduras, para ir cumprimentar a jovem rainha. Começava a cair a noite de 10 de outubro de 1839, e os dois jovens tinham acabado de chegar de um dia de viagem de barco sob chuva, vindo do continente a Dover. À luz bruxuleante, Vitória olhava embevecida o primo: embora cansado e ainda mareado, era magnífico. Ganhara corpo desde a última vez em que o vira, três anos antes; tinha o peito largo, as coxas musculosas e um rosto de proporções perfeitas. A rainha, subitamente encabulada, estendeu-lhe a mão.

Vitória ficou fascinada. Naquela noite, escreveu no diário: "Foi com alguma emoção que fitei Albert — que *é lindo*". No dia seguinte, ela entrou em mais detalhes sobre seus encantos físicos: era "extremamente bem-apessoado", com "olhos lindos, um nariz primoroso e uma boca muito bonita, com bigodes delicados e umas leves suíças, bem leves; uma bela figura, de ombros largos e cintura fina". Era um entusiasmo ardente que não conseguia conter. Ao fitá-lo, sentia as entranhas palpitarem: "Preciso segurar firme meu coração". Quatro dias depois, perderia totalmente o domínio de si.

Albert passara a viagem se preparando para uma conversa difícil. O altivo príncipe alemão resolvera dizer à "prima Vitória" que não ia passar anos à sua disposição enquanto ela ficava cogitando se iam se casar ou não. Estava farto de ser deixado em suspenso e não queria receber ordens a esse respeito. Vitória pretendia que os dois irmãos chegassem vários dias antes, mas Albert disse a Ernest para deixá-la esperar. Estava ciente das reservas dela. O pai de Albert lhe dissera que Vitória era uma "rainha virago" — de gênio forte e dominadora — e o palácio estava um tumulto.[3] Albert a tinha na conta de hedonista, adorando festas e indo dormir tarde. Era um par curioso. O garoto que passeava feliz entre as matas que cercavam sua residência de verão, o Rosenau, procurando pedras, conchas e folhas para sua coleção de ciência natural. A menina que reclamava que detestava caminhar, pois as pedras entravam nas botas delicadas, mas que dançaria alegremente até as solas dos sapatos se gastarem e ficarem finas como uma folha de papel.

Enquanto as ondas cinzentas rolavam e batiam na proa do barco atravessando o canal, Albert ensaiava as frases da conversa que temia. Como dizer a uma jovem rainha que não se está disposto a esperar por seus favores?

Vitória era extremamente cautelosa em relação ao casamento. Depois de uma infância sufocante, agora era finalmente livre e capaz de fazer o que quisesse. Não tinha lembranças de seus pais juntos e nunca conhecera um casamento sólido e feliz — exceto o de seu tio Leopoldo e a segunda esposa, Louise, que tinha sido como uma irmã para ela. Sabia que os tios, em sua maioria, tinham sido infiéis e rudes com as esposas; por que iria se apressar para correr esse risco? As moças de vinte anos geralmente já estavam casadas ou comprometidas, mas Vitória, como escreveu no ano em que subiu ao trono, queria "aproveitar mais dois ou três anos" de sua "vida atual de mocinha" antes de assumir "os deveres e preocupações de uma esposa".[4] Além disso, seu povo a amava como ela era, uma jovem rainha solteira. Todo aquele assunto, declarou Vitória, era "odioso".

Quanto a Albert, bem, era jovem e de saúde frágil, tinha um inglês muito estropiado e lhe faltava sofisticação. A última visita, em 1836, não fora muito alentadora; Ernest saiu de lá achando que era o preferido de Vitória. Mesmo assim, mantiveram contato. Albert lhe enviou suas congratulações quando se tornou "rainha da terra mais poderosa da Europa". Na carta, ele pedia: "Rogo-lhe que às vezes pense igualmente em seus primos em Bonn e mantenha para com eles aquela gentileza com a qual os agraciou até agora. Tenha certeza de que nossos pensamentos estão sempre com você".[5] Vitória também determinou que Stockmar acompanhasse Albert numa viagem pela Itália, para ampliar sua educação. Foi um grande sucesso. Albert, sempre tão racional, ficou enlevado de êxtase perante a "inesgotável fonte de conhecimento", embora não tenha apreciado o clima e a paisagem (nesse aspecto, tinha gostos contrários aos de Vitória; ela preferia mil vezes desenhar paisagens a percorrer museus).

Além do mais, Vitória era uma romântica e não queria um amor planejado ou calculado; queria que irrompesse nela com enorme força irresistível. Como iria acontecer uma coisa dessas com seu primo pálido e circunspecto? Em julho de 1839, poucos meses antes do encontro em outubro, Vitória tentou impedir a visita de Albert. Pediu a Leopoldo que não deixasse o primo alimentar muitas esperanças: "pois, afora minha juventude e minha *grande* aversão a mudar minha situação atual, não há *nenhuma ansiedade* manifesta *neste país* em relação a tal evento". Se se apressasse em casar, isso "poderia gerar descontentamento". O primo parecia maravilhoso no papel, mas Vitória comentou sensatamente que "talvez não tenha o *sentimento* por ele que é necessário para assegurar a felicidade".[6] Pediu a Leopoldo que cancelasse a visita e deixasse claro a Albert que não havia "*nenhum compromisso*". Todos os sinais indicavam um desengano. Ela chegou a sugerir, numa carta a Albert cada vez mais frustrado, que sentia uma queda por outro cavalheiro do continente: "Tivemos aqui o grão-duque da Rússia durante algum tempo. Gostei extremamente dele".

Não faltavam pretendentes a Vitória. Era jovem, vivaz e poderosa. Os jornais dos Estados Unidos divulgaram os rumores de que o presidente Martin van Buren, viúvo de 54 anos, "pensa seriamente em pedi-la em casamento".[7] O *Daily Advertiser* não via "nenhuma razão para não fazer o *pedido* ou não ter as mesmas chances dos insípidos príncipes e reis da Europa". Haviam sido sugeridos inúmeros homens do Velho e do Novo Mundo como possíveis maridos da "rosa da Inglaterra", mas ela não estava interessada em nenhum deles.

E, como já vinha se tornando hábito, Vitória estava sob a forte influência de uma opinião em particular: a de Lord Melbourne. Ele desaconselhara o casamento com Albert por três fatores: era alemão, era primo e era um Coburgo. Já que a mãe de Vitória e tia dele se tornaria então sua sogra, não haveria a possibilidade de que Albert tomasse o lado dela? Vitória, convicta da lealdade de Albert, assegurou a Melbourne que "não precisa ter nenhum receio nesse aspecto".[8] O argumento mais convincente de Melbourne foi pura e simplesmente que esse casamento "*não era necessário*".[9] Nisso concordavam. Havia uma ponta de interesse próprio de Melbourne por trás de seu argumento, pois não queria que a aconchegante intimidade entre eles fosse perturbada. Vitória também falou a Lord Melbourne que esperava que não se casasse outra vez, como insistia a irmã dele.[10]

Acima de tudo, a grande preocupação da voluntariosa Vitória era que, casando-se, deixaria de estar no comando; como esposa, não poderia ser o tipo de rainha decidida e controladora que lhe agradava. Em abril de 1839, em plena crise do caso de Lady Flora Hastings, Vitória e Lord Melbourne haviam debatido como conseguiriam expulsar a mãe dos palácios que a rainha ocupava. Uma possibilidade era o casamento, mas Vitória a considerou uma "alternativa choccante [sic]" à sua vida atual. Disse que estava "tão acostumada a agir à minha maneira que pensei que havia uma probabilidade de 90% de não concordar com ninguém". Melbourne respondeu, talvez de modo um tanto imprudente: "Ah! Mas continuaria assim [à sua maneira]".[11] Foi esse o modelo matrimonial implantado no espírito de Vitória. Manteria o poder intacto e o futuro marido é que seria uma espécie de esposa tradicional. Ela comandaria e ele seguiria atrás.

Albert estava cansado daquilo. O tio Leopoldo o avisou sobre as hesitações de Vitória e aumentou o prazo de espera de dois para quatro anos. Albert tomou isso como uma recusa e se preparou para dizer a ela que não ia ficar parado esperando.[12] E, de todo modo, de início ela não lhe causara mesmo nenhuma grande impressão. "A prima Vitória é sempre simpática conosco", escreveu ele na primeira vez em que se viram, quando adolescentes.[13] "Está longe de ser bonita, mas é extremamente gentil e animada." Sua parente famosa sempre lhe fora apresentada como o destino de sua vida, mas agora, estando ambos com vinte anos, ele achava que ia fazer papel de bobo: "Se, depois de esperar durante uns três anos, eu descobrisse que a rainha não queria mais o casamento, isso me deixaria numa posição ridícula e, em certa medida, prejudicaria todas as minhas perspectivas futuras".[14] Seu futuro dependia dos caprichos de uma jovem rainha. Ele entrou no Castelo de Windsor, exausto e nauseado, e ergueu os olhos para a pequena figura no alto das escadas, a mulher mais poderosa do mundo.

Em 13 de outubro, Vitória disse a Lord Melbourne que mudara de opinião sobre o casamento. Tinha passado os três últimos dias agitada, com anotações apressadas no diário enquanto ouvia as sinfonias de Haydn, olhando Albert de soslaio enquanto o *greyhound* dele roubava comida do garfo dela.[15] Albert era muito "simpático e bem-humorado", disse Vitória a Lord Melbourne, admitindo seu próprio mau gênio e confessando que agora reconhecia "a vantagem da beleza". Ao ouvir suas intenções, o primeiro-ministro recomendou que ela pensasse no assunto durante uma semana. Mas, no dia seguinte, Vitória respondeu que se decidira. Melbourne, gentil, mudou de tom e lhe garantiu que ela ficaria em situação muito mais confortável, "pois uma mulher não pode ficar sozinha em momento algum, em qualquer posição que esteja".[16] Esse conselho seria repetido a Vitória ao longo de toda a vida: mulheres não podem nem devem comandar sozinhas. "Obrigada", disse Vitória entusiasmada, "por ser *tão paternal.*"

Agora vinha a parte dolorosa. Como rainha reinante, o protocolo ditava que Vitória é que deveria fazer o pedido de casamento. Na prática, isso significava apenas informá-lo de sua decisão, mas, para uma jovem protegida, que não tinha pai e não confiava na mãe, a perspectiva era extremamente enervante. Vitória e Albert nunca tinham conversado sobre coisas como amor ou casamento; ela sentia câimbras no estômago só de pensar nisso. Naquela noite, para seu grande prazer, Albert lhe apertou a mão ao se despedir. Era algo encorajador.

Por fim, na terça-feira, 15 de outubro, ao meio-dia e meia, Vitória enviou uma convocação a Albert, que estava fora, caçando. Quando ele voltou a seus aposentos, viu a mensagem na penteadeira. Meia hora depois, foi vê-la. Vitória o fez sentar e então trocaram algumas amenidades. Ela tremia um pouco e então falou bem depressa:

> Disse-lhe imaginar que ele sabia *por que* eu quis que viesse e que ficaria muito *feliz* se ele concordasse com o que eu queria (isto é, casar-se comigo); abraçamo-nos várias vezes e ele foi muito gentil, muito afetuoso; Ah! *Sentir* que eu era e sou amada por *aquele* Anjo que era Albert foi *um prazer enorme demais para descrever!* Ele é a *perfeição*, a perfeição em todos os aspectos, em beleza, em tudo!

Albert aceitou na hora. Vitória disse que não o merecia, pegou sua "querida mão" e a beijou várias vezes e então chamou Ernest, o irmão dele. A seguir, numa atitude significativa, Albert foi prestar seus respeitos a Lehzen, a quem Vitória realmente considerava como mãe. As anotações daquele dia e de vários dias subsequentes em seu diário impressionam pela alegria transbordante. Era como se tivesse topado inesperadamente com a perspectiva de felicidade, com sincera surpresa: uma cega que tropeça numa estátua de mármore e então passa a afagá-la incansavelmente. Depois, naquele mesmo dia, Vitória escreveu ao tio Leopoldo:

> Ele parece a *perfeição* e penso que tenho a perspectiva de uma imensa felicidade diante de mim. Amo-o *mais* do que consigo dizer e farei tudo o que puder para tornar esse sacrifício (pois, em minha opinião, é isso o que é) o menor possível. Ele parece ter grande tato, coisa muito necessária em sua posição. Esses últimos dias passaram como um sonho para mim, e estou tão aturdida com tudo isso que quase nem consigo escrever; mas realmente me sinto muito feliz.[17]

Vitória manteve o fato em segredo da mãe durante quase um mês. Em sua polêmica biografia da rainha, publicada em 1840, Agnes Strickland afirmou que o compromisso foi "sancionado" pela duquesa de Kent. Vitória anotou à margem, com firmeza: "Nunca. A duquesa de Kent nunca soube de nada, até o momento em que a rainha lhe contou alguns dias antes da partida do príncipe".[18] Não confiava na mãe e convencera Albert de que ela iria espalhar a notícia e provocar estragos. A duquesa, sem dúvida, desconfiava

133

de algo em andamento; duas vezes entrou de supetão nos aposentos da filha, sem bater à porta, quando sabia que ela estava com Albert, coisa que Vitória considerou uma enorme indiscrição. Finalmente, em 9 de novembro, a rainha convocou a mãe a seus aposentos. A duquesa de Kent se atirou abraçando Vitória e chorou; sabia que a filha não lhe pedira a bênção, mas disse que a daria assim mesmo. Então Albert entrou, abraçou Vitória e ficou de pé, de mãos dadas com ela. A duquesa, emocionada, comentou que ambos eram muito jovens — Vitória replicou que Albert tinha um caráter muito sólido — e prometeu que nunca se intrometeria no casamento deles. Também desandou a falar, de modo bastante inconveniente, sobre outros pretendentes que queriam desposar Vitória.

A alegria da duquesa arrefeceu um tanto ao voltar para seus aposentos. Não conseguia dormir, sabendo que Vitória esperara todo aquele tempo antes de lhe contar. Ficou se roendo por dentro, imaginando quem já sabia antes dela; perguntando-se se a decisão do casal não fora rápida demais; preocupando-se onde ia morar. Escreveu-lhe várias cartas sobre a questão da moradia, mas Vitória deu de ombros, considerando aquilo uma amolação. A mãe, disse ela, era uma "grande peste".[19]

Mas o ninho dos pombinhos era só luz. Albert ficou encantado com o eufórico pedido e a franqueza da rainha. Escreveu à avó:

Uns dias atrás, a rainha me chamou sozinho a seus aposentos e me declarou, numa efusão genuína de amor e afeto, que eu ganhara todo o seu coração e que ficaria extremamente feliz se eu lhe fizesse o sacrifício de dividir a vida com ela, pois falou que via aquilo como um sacrifício; a única coisa que a preocupava era que não se considerava digna de mim. A alegre franqueza com que me disse isso me deixou absolutamente encantado e fiquei totalmente arrebatado. Ela é de fato muito boa e simpática, e tenho plena certeza de que o céu não me entregou em más mãos e de que seremos felizes juntos.[20]

Foi a paixão de Vitória que deu impulso ao casal, mas a devoção mais lenta, porém sólida, de Albert viria logo a seguir. Comportavam-se como namorados ébrios de amor. Ele lhe pegava as mãos, acarinhava-as, admirava o delicado tamanho delas. Sentava-se a seu lado enquanto Vitória trabalhava, secando a tinta com mata-borrão quando ela lhe pedia. Ela se esgueirava por trás dele e lhe beijava a testa; corria atrás de Albert ao sair, para um último beijo. Albert tinha um espírito analítico e pragmático e sentia dificuldade em acompanhar as declarações apaixonadas de Vitória, reagindo com rodeios: "*Liebe Kleine, Ich habe dich so lieb, ich kann nicht sagen wie*" [Queridinha, te amo tanto que nem consigo dizer].[21] Estava realmente surpreso e encantado com a magnitude do amor dela, que brotara tão depressa. Em questão de semanas, Vitória deixara de ser aquela mulher que adorava estar e comandar sozinha e ficara totalmente consumida de paixão por seu bem-amado. Às vezes, Vitória o cumulava com um desejo quase indisfarçado: "Falei a Albert que devíamos ser muito muito íntimos juntos e que ele podia entrar e sair quando quisesse... Ah! Como ficarei feliz em ser muito íntima com ele!".[22]

Albert se sentia perplexo, dizendo a Stockmar que ficava "muitas vezes atônito em crer que seria o caso de me mostrar tal afeição".[23] Mas sua felicidade tinha alguns poréns; perturbava-o a ideia de deixar a Alemanha. Mesmo quando a rainha, sua *Vortrefflichste* [a incomparável], descrevia durante horas o futuro glorioso que teriam, ele se preocupava com o que estaria perdendo. Escreveu à avó: "Ah, o futuro! Não traz consigo o momento em que terei que me despedir de meu querido, querido lar e de vocês? Não consigo pensar nele sem que uma profunda melancolia se aposse de mim".[24] Albert sabia que estava não só se casando, mas também aceitando um emprego e que seu trabalho seria "decisivo para o bem-estar de muitos".[25] Passara anos pensando na possibilidade de ingressar na alta esfera do poder por meio do casamento. Poucos meses antes, em seu aniversário de vinte anos, escreveu ao irmão dizendo que deviam se empenhar numa educação geral e "elasticidade mental", que julgava ser o que conferia "aos grandes homens o poder de comandar os outros".[26] Albert almejava a grandeza.

Vitória concebeu um casamento ortodoxo para a época, com muitas crianças, e foi fotografada erguendo os olhos para o marido em ar de adoração ou com as mãos em seus ombros enquanto ele lia, e por isso é fácil esquecer como a relação entre ambos fugia ao convencional. Ela era a mulher mais renomada da Grã-Bretanha, com palácios, um grande corpo de auxiliares e uma enorme responsabilidade. Ele era relativamente desconhecido, proveniente de um ducado pequeno e pobre da Alemanha.[27] O primeiro-ministro de Vitória lhe recomendara que escolhesse um consorte que ela pudesse controlar e que se curvasse em obediência a seus desígnios. Albert percebia como a noiva era resoluta e obstinada. Ele observou que, naqueles três anos que passara sem se ver, Vitória mal chegara a crescer três centímetros, se tanto, mas "adquiriu uma firmeza muito maior".[28] Em muitos aspectos, Vitória desempenhava o papel do homem: foi ela quem fez o pedido de casamento e foi quem primeiro deu um anel a Albert e lhe pediu um cacho de cabelo. Não era obrigada a adotar o sobrenome dele, assim como as mulheres que se casavam com reis podiam manter os seus. As palavras carinhosas que empregava para descrevê-lo eram geralmente femininas: ele era seu "anjo" lindo e querido.

No sentido mais convencional possível, Vitória arranjara uma esposa. Seu companheiro intelectual era Melbourne, e Albert era seu objeto de desejo. Nos dias que se seguiram ao pedido de casamento, ela continuou a anotar suas longas conversas com Melbourne, enquanto o "querido" Albert aparecia rapidamente entre as cenas como primor de beleza, ótimo dançarino, companhia ao jantar. Suas ideias e palavras não recebiam o mesmo peso das de Melbourne, embora ela mencionasse rapidamente a

135

grande aversão dele a russos, a franceses e — coisa alarmante — a judeus.[29] Lord Melbourne minimizou esse antissemitismo — com que Vitória não concordava — como traço tipicamente alemão. Vitória não se deteve no assunto. Admitiu duas vezes a Lord Melbourne que, ao se apaixonar, tinha virado uma verdadeira pateta.[30] Mas, ainda que a jovem rainha admirasse o físico atlético de Albert — principalmente quando usava calças justas brancas "sem nada por baixo" —, era seu intelecto polímata sempre ativo que conquistaria a estima de muitas gerações por aquele circunspecto príncipe alemão que gostava de se deitar cedo.[31]

Albert era um menino curioso: depois de soltar seus primeiros berros ao nascer, "olhou em volta de si, como um esquilo".[32] Quando criança, tinha opiniões claras e seguras; na adolescência, conheceu o papa Gregório XVI e conversaram em italiano sobre artes. Montou um museu de história natural com o irmão, escrevia poemas, compunha música e certa vez angariou doações para uma família pobre de seu povoado, que perdera a casa num incêndio. Aos onze anos, escreveu em seu diário: "Pretendo me formar para ser um homem bom e prestativo". Desde cedo, adotava instintivamente um código de honra: quando menino, brincando com os amigos de soldados da cavalaria, seu grupo atacou uma velha torre em ruínas, onde os garotos do outro grupo estavam escondidos. Um amigo propôs que se esgueirassem por trás, o que lhes traria uma fácil vitória; Albert foi contra, dizendo que não seria correto e era algo "muito impróprio num cavaleiro saxão".[33]

Embora brincalhão e com talento para a mímica, Albert também era delicado, ainda aos quatro anos pedindo que o carregassem no colo para subir as escadas. O menino loiro com traços de querubim se cansava com facilidade, e às vezes, adormecendo à mesa, escorregava e caía da cadeira. A mãe, princesa Louise, tinha adoração por ele, e considerava o filho "magnífico, uma beleza extraordinária, com grandes olhos azuis... e sempre alegre".[34] Albert herdou a jovialidade, a sensatez e a sabedoria da mãe, mas nunca a conheceu realmente. Seu pai, o duque Ernst de Saxe-Coburgo-Gota, era um mulherengo notório, descaradamente infiel à alegre esposa — que o chamava de "senhor".[35] Então, quando a princesa passou a ter seus próprios flertes, e começou a dedicar muito tempo a um cavalariço quatro anos mais novo do que ela, o duque a acusou de conduta igualmente imoral. Expulsou-a num acesso de raiva e conservou a guarda integral dos filhos.

Louise, que então tinha apenas 23 anos, ficou destroçada. Os filhos, com cinco e seis anos, estavam com tosse na noite em que a mãe partiu; pensaram que ela estava chorando por estarem doentes.[36] Louise ansiava por vê-los e certa vez se disfarçou de camponesa, passando despercebida numa festa local comemorando as colheitas, para poder contemplá-los à distância.[37] O duque Ernst nunca lhe enviou nenhuma notícia dos meninos, apesar de seus reiterados pedidos, e interceptou cruelmente as cartas que ela enviava.[38]

Albert se parecia muito com a mãe, não com o pai nem com o irmão, fato esse que levou alguns a sugerirem que não era filho do duque Ernst — boatos esses infundados.[39] De vez em quando, a imprensa ventilava boatos alimentados por antissemitas, alegando que o verdadeiro pai de Albert era um barão judeu, o camarista-mor da corte. Já as suspeitas do duque Ernst recaíam sobre um amigo de infância, Alexander Graf zu Solms. Como castigo, ele mandou Louise de volta para a casa da família por algum tempo, exilou Solms e conduziu um inquérito oficial espúrio que se arrastou por anos. Num claro exemplo de uso flagrante de dois pesos e duas medidas, Louise foi acusada de muitos casos escandalosos inventados e foi chamada de meretriz e "pecadorazinha sem vergonha".[40] O biógrafo Hector Bolitho examinou os papéis de divórcio nos arquivos do duque de Saxe-Coburgo e descobriu que "não havia nos documentos nem sequer um indício de que a duquesa tivesse sido infiel, fosse com judeus ou cristãos, pelo menos por quatro anos após o nascimento do príncipe Albert; ele já estava na escola quando a mãe se divorciou, em 1826. Sete meses depois, ela se casou com Alexander von Hanstein, citado nas atas como corréu".[41] Louise foi tratada com extrema injustiça, em vista da própria conduta do marido. Foi a mulher que foi banida, não o homem, e foram os filhos que sofreram.

Em 1831, a mãe de Albert morreu de câncer de útero em Paris, poucos meses antes das revoltas antimonarquistas descritas por Victor Hugo em *Os miseráveis*. Tinha apenas trinta anos de idade. Seu desejo foi o de ser sepultada com o segundo marido, o homem que a amara apesar de sua reputação manchada. Albert e Ernest não aceitaram; depois que o pai morreu, em 1846, desenterraram o caixão da mãe, em St. Wendel na Alemanha Ocidental, e o reenterraram na tumba ducal em Coburgo, ao lado do pai.[42] Transferiram novamente os caixões em 1860 para um mausoléu grandioso que construíram especialmente para os pais em Coburgo. Ainda que talvez fosse errado passar por cima dos desejos maternos, os irmãos tentavam alcançar aquilo que lhes escapara quando os pais estavam vivos — uma família unida. Até o final da vida, Albert teve horror visceral à infidelidade, conduta essa que dilacerara sua família e lhe tirara a mãe. Albert sempre falou de Louise "com ternura e pesar" e sentia-se torturado com os relatos da dolorosa doença materna.[43] Num gesto de reveladora doçura, um dos primeiros presentes que ele deu a Vitória foi um pequeno alfinete de turquesa que pertencera à mãe. A determinação de Albert em ser fiel era tão entranhada que nunca se mostrou difícil para ele; criou um casulo em que Vitória sempre se sentiu em segurança. Ambos tinham

137

perdido um dos genitores em tenra idade e, embora Albert não tivesse conflitos com o pai como Vitória tinha com a mãe, os dois ansiavam por uma vida doméstica idílica com que haviam sonhado na infância.

Vitória se sentou diante do Conselho Privado em 23 de novembro de 1839, usando um vestido matinal simples. Trazia no pulso um bracelete do qual pendia uma minúscula efígie de Albert. Oitenta e três pares do reino estavam num salão no andar térreo do Palácio de Buckingham, fitando-a com expectativa. Vitória se sentia levemente adoentada. Abaixou a cabeça, tentou controlar o tremor das mãos e leu em voz alta uma declaração que Melbourne redigira na noite anterior:

> Fiz com que fossem convocados neste momento para poder lhes dar a conhecer minha resolução num assunto que afeta profundamente o bem-estar de meu povo e a felicidade de minha vida futura. Tenho a intenção de contrair casamento com o príncipe Albert de Saxe-Coburgo-Gota. Grandemente impressionada com a solenidade do compromisso que estou prestes a assumir, cheguei a essa decisão não sem madura consideração e não sem sentir grande segurança de que, com a bênção de Deus Todo-Poderoso, ela trará minha felicidade doméstica e, ao mesmo tempo, servirá aos interesses de meu país. Julguei adequado dar-lhes ciência dessa resolução o mais cedo possível, para que fiquem plenamente informados de um assunto de tão alta importância para mim e para meu reino, e que creio será muito bem-vinda por todos os meus afetuosos súditos.

Então Vitória se retirou tão logo a polidez permitia, deixando atrás de si um Lord Melbourne lacrimejante. No dia seguinte, ela ainda continuava a tremer. Numa carta a Albert, que voltara à Alemanha duas semanas antes, comentou que ter que anunciar a estranhos essa notícia tão íntima foi "um momento terrível".[44]

Terminada a reunião, a duquesa de Gloucester — antes princesa Mary — perguntou-lhe se ficara nervosa. "Fiquei", respondeu Vitória. "Mas pouco tempo atrás fiz uma coisa que me deixou muito mais nervosa."[45]

"O que foi?", perguntou a duquesa.

"Pedi o príncipe Albert em casamento."

A notícia foi recebida com entusiasmo moderado. Albert foi tido como escolha razoável. Os críticos frisavam que ele era jovem, inexperiente e pobre, enquanto outros falavam bem de suas habilidades poéticas e musicais. O público tinha muitas perguntas sobre o noivo da rainha. Além da curiosidade superficial, muitos queriam saber o grau de poder que lhe caberia, quanto receberia e o que se poderia fazer para garantir que um príncipe estrangeiro não exercesse demasiada influência sobre a rainha.

The Spectator foi depreciativo. O marido de uma grande rainha britânica, escreveu o articulista, certamente não teria virilidade alguma:

Um fantoche dourado, que não pode realizar nenhuma ação condizente com o nascimento elevado e a alta posição; que não pode empreender nenhuma atividade digna de um guerreiro ou de um estadista; cuja importância inteira é um reflexo; e que não pode professar nenhuma opinião (exceto, talvez, sobre uma peça de roupa, um móvel ou um cavalo), mesmo que o destino e o caráter da esposa estejam em jogo, sem violar a Constituição do país que o adotou![46]

Historicamente, maridos de rainhas nunca foram muito amados na Inglaterra. E fracassaram estrondosamente em procriar com as esposas. Filipe II da Espanha não tinha nenhum afeto especial pela rainha Maria I, a filha católica de Henrique VIII, de cabelo ruivo-alaranjado, que executou mais de 280 protestantes e ficou conhecida com Maria Sanguinária [*Bloody Mary*]. Foi um casamento por conveniência política e reinaram juntos, embora Filipe não pudesse tomar decisões sem o consentimento da esposa e seu reinado tenha terminado com a morte da rainha. Maria, que tinha 38 anos ao se casarem, não teve filhos e morreu aos 42.

A rainha protestante Maria II, quando soube que teria que se casar com seu primo holandês Guilherme III, chorou durante dois dias. Veio a gostar dele, mas também não tiveram filhos. Após a invasão da Inglaterra, os dois pediram a regência conjunta por motivos práticos: as pretensões de Maria ao trono eram mais sólidas, mas Guilherme III tinha força por causa de seu protestantismo, após a Revolução Gloriosa e a derrubada do pai católico de Maria, Jaime II. Reinaram juntos de 1689 a 1694; Guilherme III reinou sozinho após a morte prematura da esposa, aos 32 anos. Anne, a irmã mais nova de Maria II, que foi rainha da Grã-Bretanha de 1702 a 1714, era devotada ao marido, príncipe George da Dinamarca, mas foi um tormento tentar criar os filhos. Obesa e manca devido à gota, ficou grávida dezessete vezes, tendo sofrido doze abortos espontâneos. Quatro dos cinco filhos restantes morreram antes de completar dois anos de idade, e o último deles morreu aos onze. No caso de Vitória, não havia nenhuma razão evidente para uma monarquia dual — ela era estimada e tinha idade suficiente para reinar sozinha —, sobretudo sendo Albert um príncipe estrangeiro.

Por trás de grande parte da insatisfação com Albert havia certos preconceitos latentes: contra os alemães e contra casamentos entre primos. Esse hábito era comum na época entre os círculos burgueses e muitas vezes era incentivado nas famílias aristocráticas, para manter a família unida.[47] Em 1874, George Darwin escreveu a seu pai, Charles, citando estatísticas do cartório de registros gerais que mostravam que os casamentos entre primos eram "pelo menos três vezes mais frequentes em nosso nível do que nos mais baixos!".[48] Era especialmente frequente entre os grandes clãs familiares, como os

Darwin-Wedgwood, com cerca de 10% de casamentos entre primos de primeiro ou segundo grau.[49] Primos casados estavam em seleta companhia, incluindo a escritora Margaret Oliphant, as filhas de Thackeray, Elizabeth Gaskell, o poeta laureado Robert Southey, a tia de Anthony Trollope, os pais de Lewis Carroll e John Ruskin. Havia casamentos entre primos nos romances de Dickens, Emily Brontë, Thomas Hardy, Thackeray e Trollope. Mesmo personagens de livros infantis se apaixonavam por primos ou primas: "Quando Benjamin Bunny cresceu", escrevia Beatrix Potter, "casou-se com a prima Flopsy.[50] Tiveram muitos filhos e foram muito alegres e felizes."

No livro *Fertilisation of Orchids* [A fertilização das orquídeas], publicado em 1862, Charles Darwin criticou a "autofertilização contínua" e sugeriu que o casamento entre parentes próximos era "de certa maneira igualmente prejudicial".[51] Durante quatro décadas, ele tivera problemas com uma série de enfermidades misteriosas que lhe provocavam tonturas, náuseas, inchaços, exaustão, nervosismo, fraqueza e depressão. Darwin passou muitos desses sintomas para os filhos e se preocupava com a hereditariedade; até que ponto tudo isso derivava do fato de seus pais serem primos e ele mesmo ter se casado com uma prima?[52] Após um debate cada vez mais acalorado nos meados do século, seu filho George resolveu investigar se a endogamia era prejudicial e começou a reunir dados com o auxílio do pai. (Florence Nightingale levantara preocupações semelhantes; escreveu em 1852 que "o casamento entre parentes é uma contravenção aberta das leis da natureza para o bem-estar da espécie; prova disso são os quacres, os nobres espanhóis, as estirpes reais, os vales isolados de países montanhosos, onde a loucura, a degeneração da espécie, os defeitos físicos e o cretinismo florescem e se multiplicam".)[53]

Os Darwin não encontraram provas que corroborassem a crença de que a consanguinidade provocava cegueira ou surdez; apenas um baixo percentual dos ocupantes de manicômios era de filhos de primos (3% a 4%). A única descoberta inquietante foi que uma pequena porcentagem das equipes de remo de Oxford e Cambridge era de filhos de primos. Todavia, refletindo o preconceito da época, George Darwin concluiu que o casamento entre primos na aristocracia e na burguesia apresentava poucos riscos, ao passo que, entre os pobres, os riscos eram maiores. Mas, no final da época vitoriana, a despeito do feliz casamento entre Vitória e Albert, a maioria das pessoas condenava a prática. A essa altura, a medicina era unanimemente contrária.[54] Os estudos modernos demonstraram que os filhos de casais de primos têm maior risco de apresentarem defeitos cognitivos e incapacidades físicas e intelectuais, bem como maior índice de natimortos.

Mas a questão mais séria era, talvez, a herança germânica de Albert. As objeções mais fortes de Lord Melbourne se referiam ao casamento com alemães — os quais, dizia ele, nunca lavavam o rosto e fumavam demais —, mais do que ao casamento entre primos. Na metade do século XIX, a Alemanha era desdenhada como terra selvagem e atrasada, mesmo sendo um concorrido destino turístico. O autor Henry Mayhew disse em 1864 que os alemães eram um povo pouco civilizado, "esfomeado, bajulador, gabola", que vivia "num estado repugnante de desleixo e sujeira".[55] Naquela época, a Alemanha consistia num grupo de estados reunidos numa federação bastante frouxa, formada após as Guerras Napoleônicas, sob a pressão de reformadores que queriam um país unificado, com eleições populares e um único imperador. Muito longe de serem campônios imundos, os intelectuais, compositores e poetas alemães mais refinados e sofisticados da época vitoriana começavam a se infiltrar nos círculos intelectuais britânicos. No século XIX, embora persistisse a hostilidade em relação à França, a grande inimiga das Guerras Napoleônicas, houve um forte ressurgimento do interesse pela filosofia, pela literatura e pelo pensamento alemães, liderado por madame de Staël, e, mais tarde, por escritores como Thomas e Matthew Arnold, Dickens, Goethe, Carlyle, Coleridge e George Eliot.[56] O sentimento antigermânico decorria, em parte, da ideia de que cônjuges e consortes alemães tinham uma influência insidiosa na monarquia: entre 1714 e 1901, todos os monarcas britânicos se casaram com alemães. Vitória, que era meio-alemã, seguiu alegremente a tradição.

O maior problema para Vitória, porém, não era o país de Albert e sim o Deus a quem rezava. A rainha da Inglaterra podia se casar com quem quisesse, *mas não com um católico*. Depois que o rei pró-católico Jaime II foi expulso do trono na Revolução Gloriosa de 1688 e substituído pelo protestante Guilherme III, foi aprovada uma lei proibindo os monarcas ingleses de seguirem o catolicismo ou de se casarem com católicos. Ainda hoje é assim. Albert era luterano estrito com profunda fé pessoal, mas na família predominavam os católicos. O discurso de Vitória ao Conselho Privado, que não trazia a palavra "protestante", despertou suspeitas. Melbourne recomendara excluí-la, o que foi uma tolice, em vista do intenso anticatolicismo no país e da posição crucial de Vitória como Defensora da Fé. Depois que o duque de Wellington levantou o tema no Parlamento e a imprensa *tory* fez comentários mordazes, o termo foi reinserido na versão oficial. De volta à Alemanha para se preparar para o casamento, Albert redigiu uma genealogia detalhada, provando suas irrepreensíveis credenciais religiosas. Martinho Lutero, afinal, compusera salmos em Coburgo.

Seguiram-se outras dificuldades enquanto Vitória tentava obter posição e dinheiro para o bem-amado. A votação sobre o rendimento anual de Albert foi humilhante. Melbourne propusera 50 mil libras anuais, o mesmo dos consortes anteriores. Os *tories* deram voto enfaticamente contrário e sua renda foi estabelecida em 30 mil libras. Albert, aborrecido e embaraçado, censurou Vitória por não lhe dizer sequer uma palavra em solidariedade, "pois aqueles amáveis *tories* cortaram minha renda pela metade (o que era de se esperar), e isso me deixa numa posição não muito agradável.[57] Seria difícil imaginar que alguém pudesse se comportar de maneira tão mesquinha e infame como eles se conduziram em relação a você e a mim. Isso não vai lhes valer grande coisa, pois ficará difícil manter por mais tempo qualquer respeito por eles". Vitória prometeu: "Enquanto eu viver, nunca perdoarei aqueles salafrários infernais com Peel — vil patife — à frente".[58]

A seguir, vinha a questão da precedência. Vitória queria que Albert ficasse logo depois dela na hierarquia oficial do país, o que significava que ele a acompanharia logo atrás nas procissões oficiais, mas os tios de Vitória e os líderes *tories* protestaram. Vitória ficou furiosa, mais uma vez: "Pobre Albert querido, como estão destratando cruelmente aquele caríssimo anjo! Monstros! Vocês *tories* serão punidos.[59] Vingança, vingança!". Pôs a culpa no duque de Wellington, que esbravejara contra a religião de Albert no Parlamento e não dera apoio à proposta de um rendimento maior. Melbourne teve que empregar uma dose considerável de persuasão para lhe conseguir um convite para o casamento. Mesmo assim, Vitória permitiu que ele comparecesse apenas à cerimônia, e não ao banquete nupcial.

Albert era introvertido e não tinha costume de expressar suas emoções. Mais tarde, naquele mesmo ano, reconheceu a Vitória: "Que pena. Sou normalmente de natureza bastante fria, e é preciso um apelo muito forte para me emocionar".[60]

Mas escreveu muitas cartas à noiva com declarações de amor, tentando bravamente corresponder ao ardor dela.[61] Em 30 de novembro, escreveu de Coburgo uma carta especialmente longa e cheia de devaneios:

Vitória bem-amada, anseio em falar com você; de outra forma, a separação é penosa demais. Sua querida imagem está em minha mesa, à minha frente, e quase nem consigo tirar os olhos dela... Que delícia que será percorrer toda a minha vida, com suas alegrias e tristezas, com você a meu lado!... Meu amor por você enche todo o meu coração... De vez em quando pense com amor em seu Albert, cujo coração bate sincera e honestamente por você, e cujo mais caro desejo é que seu amor possa continuar... Mil beijos. Deus a abençoe![62]

Albert se afligia quando as cartas de Vitória levavam nove dias para chegar, devido aos serviços irregulares do correio. Seu amor era genuíno.

Mas às vezes, depois dessas doces efusões, vinham palavras secas e sucintas. Quando se tratava de assuntos da corte, Albert procurava afirmar sua vontade, sobretudo em relação aos homens que formariam sua Casa Real.[63] Tinha a disposição ferrenha de que não fossem simplesmente *whigs*, o partido a que se aliava a futura esposa, e sim homens de respeito, posição e inteligência. "Se é para eu me manter realmente independente de todos os partidos", escreveu ele, "meu pessoal não pode pertencer apenas a um lado... acima de tudo, o que quero é que sejam homens de boa educação e caráter elevado." Não lhe agradou a sugestão de tomar o secretário particular de Lord Melbourne como seu administrador financeiro: "Pessoalmente nada sei a respeito do sr. George Anson, afora a vez em que o vi dançar uma quadrilha".[64] Albert fez uma campanha durante semanas insistindo que Vitória permitisse a ele, que afinal estava deixando seu lar e sua terra natal, escolher pelo menos os homens que constituiriam seu círculo mais próximo.[65] Certamente era mais importante agradar a Albert do que ao sr. Anson, ou não?[66] Albert foi categórico:

> Esgotei todos os meus argumentos sobre esse ponto e escrevi até ficar quase cego para fazê-la entender como tudo isso é desagradável para mim. Foi o primeiro e único pedido em que apelei ao seu amor, e não quero fazer um segundo; mas declaro com toda a serenidade que não aceitarei por ora o sr. Anson nem ninguém mais.

Mas Vitória e Melbourne acabaram se impondo. O sr. Anson foi nomeado. A única concessão foi que Anson teve que deixar a equipe de Melbourne. Não demoraria muito, Anson e Albert iriam rir desse episódio, pois se tornaram bons amigos. Foi um dos poucos episódios, ou talvez o único, em que Albert mais tarde ficou contente em não prevalecer. Mas seus instintos originais estavam corretos e ele tinha razão em insistir que a Coroa se colocasse acima da política. Guilherme IV fora *tory*, Vitória era *whig* declarada, mas Albert teve pulso firme e acabou por conduzi-la à posição de que o apartidarismo era essencial para um soberano. Esse seu êxito ajudou a preservar a Coroa da revolução.

As cartas iniciais de Albert mostram que estava confiante e decidido a se fazer ouvir e respeitar. Manifestava calmamente seu desagrado em receber ordens ou ser desatendido, e então soprava mil beijinhos para Vitória. Ao discutir com a noiva a sugestão de ter alguém para cuidar de suas finanças, ele foi claro sobre a perspectiva da dependência financeira. "Como marido da rainha", escreveu no começo de janeiro de 1840, "estarei numa posição dependente, mais dependente do que a de qualquer outro marido, em minhas condições domésticas. Minha fortuna pessoal é a única coisa que me resta da qual posso dispor. Assim, não estou sendo injusto ao solicitar que o que me pertence desde que atingi a maioridade quase um ano atrás (e que de fato cabe a qualquer homem adulto) fique sob meu controle." Concluía essa carta muito firme dizendo: "Com um ardoroso amor por você, seu fiel Albert".[67] Disse a Vitória que não confundisse negócios e assuntos pessoais, e que divergências não significavam "uma diminuição de meu amor por você, o qual nada pode abalar".

Uma das grandes certezas de Vitória era que Albert não podia passar a impressão de exercer qualquer influência indevida sobre ela nem de ter qualquer poder independente. Leopoldo incentivara Albert a solicitar assento na Câmara dos Lordes, mas Vitória recusou. O que ela queria para o marido era o nível de realeza: perguntou a Melbourne se havia alguma possibilidade de Albert se tornar rei. O primeiro-ministro disse que não, que a monarca era ela e ele era consorte, para "apoio e assistência" em tempos difíceis. Assim, o problema de Vitória era como reconciliar o papel de esposa e o de rainha poderosa. Resistir ao papel tradicional de esposa submissa pelo menos nas aparências seria algo inédito e penoso.

Um mês e meio antes do casamento, em 29 de dezembro de 1839, Melbourne escreveu uma carta a Albert, por sugestão de Vitória, dando as diretrizes. Primeiro, era fundamental que Albert e Vitória mostrassem concordância em todos os assuntos. Segundo, ele não devia se envolver em política: "Será absolutamente necessário que Vossa Alteza seja considerado apoiador e defensor da política adotada pelo governo atual da rainha". Terceiro, devia escolher para seu palácio homens geralmente simpáticos ao governo. Albert ficou irritado. Escreveu a Vitória: "Espero que Lord Melbourne não pense que queremos levar uma vida de atritos e dissensões em vez de amor e unidade; não se podem ditar as opiniões de uma pessoa, pois uma opinião é fruto de reflexão e convicção, e você não respeitaria um marido que nunca formasse uma opinião enquanto você não formasse a sua, e cujas opiniões fossem sempre iguais às suas".[68] Albert não ia ser um marido decorativo. Vitória sempre o adorou, e tiveram um casamento feliz. Mas o que ela não comentava, a não ser com a filha mais velha após a morte de Albert, eram os conflitos e dificuldades do casamento, o preço que custou, quanto ela teve que se empenhar para dar certo. O nó do problema era que ambos amavam o poder: Vitória, pela liberdade que lhe trazia, como mulher vivendo num século em que a maioria das mulheres não a tinha; Albert, pela possibilidade que lhe dava de liderar, influenciar e realizar mudanças.

Enquanto tentava ficar imóvel numa sessão de provas e ajustes em seu vestido branco de noiva, todo rendado, Vitória percorria mentalmente as listas de tarefas a cumprir para o casamento. Não podia se esquecer de dizer a Albert — pensou enquanto a costureira ajustava as barbatanas de marfim em seu corpo agora esguio — que não barbeasse o rosto para a cerimônia. Se havia alguma coisa em que ela insistiria, seria que ele mantivesse o bigode fino que usava quando se encontraram. Ficou tão impressionada com ele que comentou com Lord Melbourne que toda a cavalaria devia deixar crescer um bigode igual, ao que Melbourne "não viu nenhuma objeção".[69] Vitória queria que fizesse parte do uniforme oficial. A imagem é engraçada: filas de homens em uniforme a cavalo, todos com bigodes finos idênticos, por causa de uma jovem rainha apaixonada. Só de pensar em Albert, Vitória quase saía do sério; sentia vertigens à ideia de toda aquela pompa, alvoroço e escrutínio do dia de seu casamento.

Nos dias que antecederam as bodas, Vitória estava preocupada com a luta que teria para que o Parlamento e principalmente os *tories* entendessem que Albert, como seu marido, devia ser reconhecido como o homem mais importante em seu reino — muito respeitado e bem remunerado. Sua prece no Ano-Novo de 1840 foi simples: "Livrai--nos dos *tories*, Senhor amado".[70] O antagonismo de Vitória contra os *tories* também afetaria Albert. O noivo estava decidido a esvaziar a influência de Melbourne: faria o primeiro-ministro sofrer pelos tolos erros de Vitória em seu primeiro ano como rainha. Albert não queria ser apenas bom; queria ser grande.

11. A noiva: "Nunca, nunca passei uma noite assim"

Se eu fosse rainha,
O que faria?
De você faria rei
E o esperaria.
CHRISTINA ROSSETI

Você esquece, meu queridíssimo amor, que sou a soberana e que o
serviço não pode parar e esperar em hipótese alguma.
RAINHA VITÓRIA[1]

À medida que o casamento se aproximava nas primeiras semanas de 1840, Vitória se sentia cada vez mais agitada. O tempo estava frio, úmido e ventoso. Estava ficando pálida e magra, não conseguia comer nem dormir, tinha febre, o corpo inteiro doía, e estava com uma gripe terrível. Até escrever cartas a deixava exausta. Dr. Clark a examinou e, em mais um caso de diagnóstico errado, disse que estava com sarampo. Deitada na cama, vendo a chuva abrir sulcos entre o encardido das janelas no Palácio de Kensington, tentando não se apavorar, sentia as dúvidas se infiltrarem no espírito. Esses dois últimos anos como mulher independente não tinham sido os melhores de sua vida? Essa pura liberdade estava para acabar. Vitória fechou os olhos e pensou nos preparativos que se ouviam por toda a cidade: assavam-se bolos, engraxavam-se sapatos, ajustavam-se casacas, aparavam-se jardins, lavavam-se carruagens, rolavam

146

pelas ruas carroças atopetadas de grandes barris de uísque escocês e vitualhas para a festa de casamento.

A moça de vinte anos sentia as perguntas martelarem sem cessar. Como seria a vida de casada? Morria de medo de ter filhos. O que um homem e a esposa faziam quando estavam a sós era um mistério. Ela servia para Albert? Dali a alguns anos, ele olharia para outras mulheres, mais graciosas, como sugerira Lord Melbourne com tanta indelicadeza?[2] Por que tanta gente achava que Albert iria interferir politicamente, quando estava claro que era ela a dirigente, era ela que estava no comando? Ele tentaria controlá-la ou criticá-la? Seria um sacrifício excessivo para ele? Às vezes sentia-se indigna: ele tão bonito, ela tão sem graça. Vitória tinha o orgulho entranhado dentro de si e a força se tornara algo habitual, mas o amor estava sendo uma lição de humildade. Num poema publicado cinco dias após as bodas, Elizabeth Barrett (futura Browning) escreveu: "Se dizes: 'Preserva a rainha!'/ sussurra-o apenas para ti./ Ela é uma mulher, e amada!/ E isso é o que basta".[3] Vitória aprendera em poucos anos a ser rainha, mas como se aprendia a ser esposa?

A única tarefa de Lord Melbourne foi animar o espírito de Vitória nos dias antes do casamento. Garantiu-lhe que era normal sentir ansiedade. Quando ela lhe lembrou que antes estava decidida a continuar solteira, ele falou que se casar era natural; seu trabalho como monarca é que era "muito pouco natural". O homem que tivera um casamento tão atormentado e humilhante lhe ofereceu um conselho realista: "É uma grande *mudança*. Tem seus inconvenientes; todos se empenham ao máximo, e depende se você se empenhou bem; disso podem surgir dificuldades".

Vitória anotou cuidadosamente as palavras dele, acrescentando: "Tudo isso é verdade". Também havia uma necessidade latente de brilhar e se sentir bonita. Comentou com certa timidez ao primeiro-ministro que perdera peso e devia estar com uma aparência muito abatida. Ele insistiu que ela estava "muito bem". E acrescentou que lera um artigo num jornal escocês em que o repórter dizia que Vitória tinha "grandes olhos penetrantes, narinas abertas ansiosas e uma boca firme". Lord Melbourne repetiu esse elogio várias vezes, com lágrimas correndo pelo rosto. Disse em tom de aprovação que era "uma descrição muito verídica, não pode existir fisionomia mais fina". Hoje em dia, poucas mulheres se sentiriam lisonjeadas ao ouvir que têm narinas abertas e ansiosas, mas a rainha sorriu e respondeu: "Tenho certeza de que nenhum amigo seu gosta de você tanto quanto eu".[4] Ele respondeu: "Creio que não". Com suas palavras gentis e encorajadoras, parecia um pai falando.

No fim, o sarampo de Vitória era nervosismo, que passou no instante em que viu Albert. Quando ele chegou ao Palácio de Buckingham, ela o aguardava impaciente na porta da frente: "ver o *querido* rosto dele me acalmou em tudo".[5] Albert, embora tão mareado pela travessia que se comparou a uma vela de cera, de pálido que estava, mostrou-se tranquilo e resoluto. A única nota destoante foi uma carta bastante formal de Vitória, que ele recebera ao sair de casa em Coburgo. Ela não concordava que tivessem duas semanas de lua de mel, apesar da vontade de Albert de passarem pelo menos quinze dias a sós. Vitória disse, num leve tom de superioridade, que estava ocupada demais:

> Querido Albert, você simplesmente não entendeu a questão. Você esquece, meu queridíssimo amor, que sou a soberana e que o serviço não pode parar e esperar em hipótese alguma. O Parlamento está em sessão e quase todos os dias acontece alguma coisa para a qual minha presença pode ser necessária, e é absolutamente impossível eu me ausentar de Londres; portanto, dois ou três dias já são muito tempo de ausência. Não sossego um instante se não estou no local, vendo e ouvindo o que se passa... E, de todo modo, é isso mesmo o que eu quero.[6]

Tinha um profundo amor pelo marido, mas também pelo trabalho, e um profundo senso de dever. É isso o que se costuma esquecer nas descrições do ardente relacionamento de Vitória: quando se apaixonou por Albert, ela não tinha a menor intenção de se afastar de suas tarefas epistolares, da leitura dos documentos ministeriais e das consultas ao primeiro-ministro. Achava que, com Albert ao lado, conseguiria trabalhar *mais*, e não menos. Mas sabia que precisava ter cuidado para não castrar o marido, cuja renda, em sua maior parte, provinha do simples fato de ser casado com a mulher mais famosa do mundo.

Quando o arcebispo perguntou à rainha se queria retirar a palavra "obedecer" do voto matrimonial, ela insistiu que permanecesse.[7] Para Vitória, não era um voto de subserviência, e sim um lembrete de que não poderia ou, talvez, não gostaria de dominar o homem que desposava, ao contrário do que fazia com sua Casa Real, seu gabinete ministerial e seus milhões de súditos. Na época do casamento, ela já era complicada e contraditória como viria a ser até o final da vida: jurando em público obedecer ao marido no mesmo exato momento em que, na vida privada, passava por cima das vontades dele.

Vitória queria um casamento singelo: um vestido simples, um pequeno número de convidados, uma cerimônia discreta. Claro que, em se tratando de uma rainha, era uma vontade difícil de se atender. Melbourne conseguiu persuadi-la a realizar uma cerimônia mais elaborada, que considerava adequada a um monarca. Recomendou que ela tentasse vencer sua timidez em público e seu desconforto em ser observada. Melbourne a convencera a convidar não só o duque de Wellington, mas também Lord Liverpool, apesar da firme decisão da rainha de não ter nenhum *tory* durante as bodas. Ele também convenceu a rainha a realizar a cerimônia na Capela Real do Palácio de St.

James, embora ela achasse a capela horrorosa. Vitória suspirou: "Sempre se faz tudo tão desconfortável para reis e rainhas".[8]

Em algumas coisas ela insistiu. Albert queria que as acompanhantes da noiva fossem filhas apenas de mães que ele considerasse virtuosas, mas Melbourne disse a ela, com a gloriosa hipocrisia dos privilegiados, que esse tipo de questão moral só era problema para as classes mais baixas. Vitória decidiu ignorar os desejos de Albert e escolheu suas doze damas de honra de acordo com a posição social. Num gesto ousado, chegou a incluir a filha da notória Lady Jersey, que fora amante de Jorge IV. Também quis que Albert dormisse no palácio na véspera do casamento, e descartou as objeções da mãe e do primeiro-ministro como "tolices absurdas".[9] Sabia que dormiria melhor se ele estivesse por perto e gracejou com Lord Melbourne: "Falei rindo que ia mostrar que *às vezes* eu podia ter vontade própria, embora raramente me fosse permitido tê-la — o que fez Lord M. rir".[10] O primeiro-ministro e a rainha trocavam risos enquanto Albert aguardava instruções, esperando sua vez.

O céu estava escuro e soturno na manhã de 10 de fevereiro de 1840. Vitória dormiu fundo, até tarde, acordando às 8h45. Era a última vez em que estaria sozinha na cama, pensou feliz. Espiou pela janela a escuridão lá fora e se sentou para escrever uma carta ao noivo:

Querido, como está você, dormiu bem? Descansei muito bem e hoje me sinto muito confortável. Que tempo! Mas acho que a chuva vai parar. Mande uma palavrinha quando estiver pronto, meu queridíssimo e amado noivo. Sua sempre fiel, VITÓRIA R.[11]

Vitória se manteve imóvel enquanto abotoavam cuidadosamente seu vestido de cetim branco, com folhos de renda e uma cauda de seis metros de comprimento com a orla enfeitada de flores de laranjeira. Suas mãos tremiam levemente enquanto colocava os brincos de diamantes turcos e punha um colar no pescoço, depois prendendo no peito um broche de safira que ganhara de Albert. Ficou com os pés estendidos para que as atendentes amarrassem em seus tornozelos as fitas dos delicados sapatinhos de cetim branco. O vestido era caído nos ombros, deixando à mostra a pele ebúrnea e macia do peito, e o cabelo, rigorosamente repartido ao meio, estava enrolado cobrindo as orelhas.

As roupas de Vitória tinham sido escolhidas com todo o cuidado para mostrar seu patriotismo. O tecido vinha dos Spitalfields, centro histórico da indústria de seda em Londres, e duzentos rendeiros de Devon trabalharam meses nele. O molde foi destruído a seguir, para que ninguém o copiasse. As luvas foram feitas em Londres, com pelica inglesa. Vitória encomendara um rolo enorme de renda de Honiton feita à mão, na tentativa de reavivar o setor em declínio (as imitações feitas à máquina andaram prejudicando o ofício). Pôs-se diante do espelho e olhou o reflexo um tanto descrente. Na cabeça trazia uma grinalda simples de murta e flores de laranjeira. Nos retratos, ela aparece pálida e juvenil, entre ansiosa e sonhadora.

A rainha pedira que, afora as damas de honra, ninguém mais usasse branco na cerimônia. Alguns interpretaram erroneamente a escolha da cor, como sinal de pureza virginal — como disse mais tarde Agnes numa efusão sentimental, ela escolhera se vestir "não como rainha em trajes deslumbrantes, mas de branco imaculado, como uma virgem pura, para ir ao encontro do noivo".[12] Vitória escolhera usar branco basicamente porque era a cor ideal para ressaltar a delicadeza do rendado — na época, não era uma cor convencional para as noivas. Antes de se dominarem as técnicas de alvejamento, o branco era uma cor rara e cara, mais símbolo de riqueza do que de pureza. Vitória não era a primeira a usá-lo, mas seu exemplo deu popularidade à cor. Tecelões rendeiros de toda a Inglaterra ficaram entusiasmados com o súbito aumento na procura de seus trabalhos artesanais.

Enquanto Vitória se encaminhava à sua carruagem dourada, a multidão irrompeu em aclamações. Ela conservou os olhos baixos e "o sinal de reconhecimento se resumiu a um rápido olhar em torno e uma leve inclinação da cabeça".[13]

As chuvas torrenciais e os ventos fortes dissuadiram "um grande número" de pessoas a irem lhe desejar seus bons votos, mas a expectativa pública não se deixou abater.[14] Poucas coisas são capazes de unir os corações britânicos como um casamento real, e Londres passara semanas vibrando de emoção. *The Satirist* reclamou: "Estamos virando todos uns loucos de pedra.[15] Não se fala e não se pensa em outra coisa a não ser em pombinhos e cupidos, em arcos triunfais e lembrancinhas brancas, e por fim, mas não em último lugar, em lâmpadas coloridas e iluminações generalizadas". O historiador Thomas Carlyle, impertinente e enfarado, se perguntava por que tanto alvoroço: "Coitadinha".[16] (Mesmo de longe, disse ele, dava para ver que a mulher odiada pelos *tories* tinha "obstinação em abundância".)

Todavia, depois de um ano de vaias, impropérios e ataques brutais pela imprensa, parecia que Londres se apaixonara novamente por sua rainha. Alguns estavam obcecados. Vitória tinha um bando de perseguidores maníacos e grotescos, alguns dos quais ficaram muito transtornados com a aproximação das bodas. Vários eram totalmente dedicados. Havia um que se postava ao lado dos portões do Palácio de Kensington e, quando aparecia sua carruagem, seguia-a diariamente. Outro, Ned Hayward, mandou uma enxurrada de cartas ao Ministério do Interior, querendo loucamente pedir a mão de Vitória. Afinal, um dia ele tentou deter sua montaria para lhe entregar pessoalmente uma carta, mas foi preso. Outro, crendo que era o legítimo rei e que Vitória daria uma excelente governanta, trepou no portão do Castelo de Windsor e declarou: "Exijo entrada no castelo como o rei da Inglaterra".[17]

Era tão generalizado o entusiasmo com o casamento que Charles Dickens brincou com os amigos, dizendo que ele também era vítima. Escreveu numa carta ao excêntrico poeta Walter Savage Landor: "A sociedade aqui anda desvairada com o casamento de Sua Majestade, e lamento acrescentar que me apaixonei irremediavelmente pela rainha".[18] Três dias depois das bodas, Dickens escreveu a um amigo, fingindo ter sido um dos perseguidores de Vitória:

> Na terça, demos um pulo até Windsor, rondamos o castelo, vimos o corredor e os aposentos privados — até o próprio dormitório... iluminado com um brilho tão vivo, rubro e aconchegante — indicando tanta alegria e felicidade — que eu, seu humilde criado, deitei-me na lama no alto da longa trilha, abstendo-me de qualquer conforto.[19]

Continuando o gracejo, Dickens dizia ter voltado com os "bolsos cheios de retratos" sobre os quais "chorei em segredo".

A multidão ensopada de chuva, aguardando para ver a noiva, exibia orgulhosamente medalhas nupciais de lembrança. A polícia montou cordões de isolamento ao longo do trajeto enlameado entre o palácio e a capela, contendo os espectadores mais turbulentos. Os larápios começaram a se esgueirar pelos becos e vielas de Londres, aproveitando que os policiais estavam ocupados em outra coisa naquele dia. Enquanto isso, no percurso do palácio à capela, despencavam galhos de árvore com o peso do pessoal agarrado neles.

Chegando à Capela Real de St. James, carmim e dourada, Vitória foi até as damas que segurariam a cauda, todas com vestidos brancos desenhados por ela. Deu a cada uma um pequeno broche turquesa em formato de águia, como símbolo de força e coragem. Albert aguardava no altar, muito elegante num uniforme justo vermelho-vivo, com a corrente e a estrela da Ordem da Jarreteira, ordem mais alta da cavalaria na Grã-Bretanha, com os olhos azuis pousados em sua solene noivinha que se aproximava. Segundo registrou Florence Nightingale, que, como a maioria das pessoas, achava Albert um "jovem de aparência admiravelmente agradável",[20] uma sra. Lefevre, a qual ficara perto de Vitória durante a cerimônia, disse que ela estava:

> com toda a compostura e falava bem, com clareza, mas cada flor de laranjeira da grinalda tremulava e ela estava muito pálida, com os olhos vermelhos como se não tivesse dormido. Mas assinou o nome com muita firmeza e estava tão ansiosa para que o PA [príncipe Albert]

se destacasse que tocava seu cotovelo toda vez que ele estava para fazer algo errado, mostrou-lhe onde devia assinar o nome e corrigiu quando ele pôs a aliança no dedo errado. Depois do casamento, ela relaxou e parecia plenamente feliz.[21]

No dia seguinte, a única notícia que Vitória quis corrigir foi que teria chorado: "Não derramei uma única lágrima o tempo inteiro".[22] Fora educada na arte da compostura e não pretendia ser vista como uma rainha instável.

Após a cerimônia, os recém-casados roubaram meia horinha no quarto de Vitória, antes de enfrentar as multidões no banquete nupcial. Vitória pôs um anel no dedo de Albert, enquanto ele dizia que não devia jamais existir nenhum segredo entre ambos. Vinte e três anos depois, ela escreveu no diário: "Nunca houve".[23]

Vitória trocou de roupa, colocando um vestido também branco, ornado com plumagem de cisne, e um chapéu com uma aba enorme, dentro do qual daria para ela se esconder.

A festa foi um frenesi de mesuras, acenos de cabeça, sorrisos radiantes e apertos de mão. O casal finalmente saiu às quatro da tarde, partindo de maneira simples enquanto os raios de sol começavam a atravessar as nuvens, com três coches de acompanhamento e o povo saudando e correndo ao lado. Greville reclamou que eles "saíram em estilo muito pobre e desleixado" num velho coche de viagem, mas a rainha nem percebeu; enquanto o sol coloria as nuvens antes de se precipitar no horizonte, a única coisa era "Eu e Albert a sós, o que era *tão delicioso*".[24] Este seria um refrão constante no casamento: o que ela mais queria, sempre, era ficar a sós com Albert.

Depois de três horas de viagem, o casal exausto chegou ao Castelo de Windsor. Vitória estava com dor de cabeça; trocou de roupa e se deitou no sofá, repassando mentalmente as imagens daquele dia caótico. Albert tocava piano enquanto ela descansava. Lá era muito mais tranquilo do que Londres: que alívio. Vitória relembrou as últimas horas: a expressão no rosto do caro Melbourne, tentando conter as lágrimas. A felicidade do instante em que Albert lhe colocou a aliança no dedo, e pronto. O denso oceano de rostos ao longo do percurso até a capela; no palácio, a calorosa atmosfera de benevolência, os aplausos ensurdecedores, a visão de Albert elegante em seu uniforme. A tremenda aclamação dos garotos em Eton quando entravam em Windsor. A profundidade do sacramento. "A cerimônia foi muito imponente, elegante e simples", escreveu ela no diário, "e penso que *deve* causar uma impressão indelével em quem promete diante do altar *cumprir* o prometido."[25]

O que mais lhe agradou, porém, foi que, parados diante do arcebispo, eram tratados apenas como Vitória e Albert. E pensou com uma alegria crescente que, pelo resto da vida, ela seria apenas Vitória para Albert. Não era uma rainha ou uma dirigente; era uma esposa e amante. Virou-se de lado e olhou o marido com os dedos deslizando pelas teclas do piano, tocando uma de suas composições pessoais. Albert ergueu os olhos e foi até ela, dando-lhe um beijo. Às 22h20 foram para o quarto, "*claro, na mesma cama*", como disse Vitória.[26] Deitou-se ao lado dele, aninhada em seus braços e peito, sorrindo no escuro enquanto ele lhe sussurrava.

Vitória acordou no dia seguinte após poucas horas de sono. Ficou deitada imóvel, olhando o rosto de Albert à luz matinal, admirando sua garganta pálida, que até então vira apenas de relance. Era "lindo, angelical". Estava satisfeita e emocionada com uma intimidade que tanto se esforçara em imaginar. Para a sorte dela, a mortificante tradição de virem membros da corte observar o casal real ao partilharem o leito pela primeira vez saíra de moda desde Jorge III. E também para sua sorte, Albert, ao que parece, era um amante terno e competente. A noite de núpcias de Vitória foi a coisa mais próxima do êxtase que ela já conhecera. Seu júbilo ficou evidente no diário:

NUNCA, NUNCA passei uma noite assim! MEU QUERIDO, QUERIDÍSSIMO Albert se sentou num tamborete a meu lado, e seu extremo amor e afeto me proporcionaram sentimentos de amor e felicidade celestial que antes eu jamais esperara sentir. Tomou-me em seus braços e nos beijamos vezes e mais vezes! Sua beleza, doçura e delicadeza — de fato, como poderei algum dia agradecer o suficiente por ter tal *marido*! Ah! Este foi o dia mais feliz de minha vida![27]

Era uma espécie de fascínio sensual. Durante o desjejum, Vitória o contemplava, notando outra vez que estava sem camisa por baixo do casaco de veludo negro, "mais lindo do que consigo dizer". No dia seguinte, ela arrulhava extasiada: "Já é o segundo dia desde nosso casamento; *seu* amor e delicadeza ultrapassam tudo, e beijar aquela querida face macia, pressionar meus lábios nos dele é um êxtase celestial. *Sinto* uma sensação mais pura, mais sublime do que jamais senti. Ah! Terá algum dia existido mulher tão abençoada quanto eu!". O que mais amava eram os pequenos gestos íntimos: quando Albert lhe calçava as meias, quando ela o observava se barbear. Ele se deitava a seu lado, beijando-a inúmeras vezes; adormeciam entrelaçados. Quando Lord Melbourne comentou que ela parecia estar "muito bem", Vitória respondeu que a "gentileza e afeição" de Albert "ultrapassam tudo". Nesses dias, suas anotações falavam do toque e da beleza de Albert, ao mesmo tempo continuando a registrar fielmente o assunto e a natureza de todas as conversas com seu Lord M.

Há muito tempo os historiadores reconhecem que Vitória tinha uma libido fogosa. Alguns sugeriram que ela era uma espécie de predadora sexual que devorava o marido tolerante, porém exausto. Era, sem dúvida, extremamente ardorosa, fato esse que colide com as fortes associações com a velhice rígida e a condenação puritana que muitas vezes vêm vinculadas a Vitória. Considerando como o sexo era uma questão complicada para as mulheres naquela época — com pouco acesso à contracepção e aborto e sem nada para aliviar as dores do parto —, a franca e desenfreada fruição física de Vitória com o marido é admirável.

No século XIX, julgava-se que as mulheres com libido forte eram casos patológicos: o desejo feminino era considerado perigoso e potencialmente explosivo; pensava-se que a natureza animal da mulher venceria sua vontade frágil e ela perderia o controle.[28] Eram chamadas de "ninfomaníacas" por sonhar, pensar ou ter o que se julgava ser uma quantidade excessiva de relações sexuais. Algumas passavam pela remoção do clitóris ou aplicavam-se sanguessugas no períneo. Outras deviam se abster de carne e conhaque, e recomendava-se que usassem travesseiros de crina, tomassem duchas de bórax, recebessem lavagens intestinais geladas ou adotassem dietas vegetarianas estritas. Em 1886, um médico declarou que as candidatas mais prováveis à ninfomania eram virgens, viúvas ou loiras entre dezesseis e 25 anos.[29] Essa projeção predominava na medicina vitoriana.

Pensava-se que a maioria das doenças femininas derivava de problemas nos órgãos pélvicos. Supunha-se que as maiores fontes de conhecimento sobre os órgãos femininos eram ginecologistas do sexo masculino, e assim o corpo feminino era um segredo até mesmo, ou talvez principalmente, para as mulheres. (A Lei de Registro Médico de 1858 proibia que as mulheres se formassem em medicina.)[30]

A educação sexual para meninas era algo inconcebível. O médico britânico William Acton, autor de livros sobre masturbação, chegou a afirmar que alguns casais eram tão mal informados que nunca consumavam o casamento.[31] Em vista de uma declaração sua de 1857, é impossível deixar de sentir alguma compaixão por sua esposa: "A maioria das mulheres (felizmente para elas) não é incomodada por espécie alguma de sensação sexual".[32] Muitas procuravam evitar o orgasmo pois diziam que o orgasmo engravidava.[33] Em 1877, Robert Tait escreveu:

A maioria das mulheres ingressa no casamento apenas com uma noção muito vaga das funções do casamento... há entranhado em nossa vida inglesa um falso pudor nesses assuntos que tem de ser pago com muito sofrimento entre as mulheres.[34]

Para muitas esposas, o sexo era uma obrigação, não um prazer.[35] Dada a ignorância sobre o corpo feminino, o gosto de Vitória pelo prazer sexual era um exemplo de genuína contracultura. Albert não registrou suas opiniões sobre o sexo, mas é evidente que ele satisfazia a esposa. E certamente a admirava, escrevendo ao irmão sobre seu busto tão elogiado. Poucos meses depois do casamento, Albert disse a Ernest, um tanto na defensiva, que Vitória "mudou muito e para melhor" e que estava encantadora no jantar da noite anterior: "Estava com uma roupa muito decotada, com um buquê de rosas entre os seios que saltavam do vestido".[36]

Apesar da intensidade e da evidente carnalidade da relação entre Albert e Vitória, a qual tinha certeza de ser a única mulher com quem ele fizera amor na vida, existem algumas especulações de que ele seria homossexual. O que chamava a atenção de seus contemporâneos era que Albert parecia imune aos encantos das grandes beldades londrinas, volta e meia esquecendo os nomes delas; não flertava e não se impressionava com a aparência. Quando fez dezoito anos, Albert prometeu de brincadeira a Stockmar que iria "dar mais atenção às damas".[37] Stockmar disse que Albert era apenas "indiferente e reservado demais" em companhia do sexo oposto, acrescentando: "Ele sempre terá mais sucesso entre os homens". Em parte era verdade.[38] Albert amava a esposa, mas, em termos sociais e intelectuais, preferia a companhia masculina.[39] Essa preferência ficou evidente, entre outros, para Lady Clarendon, esposa de um político que tentou entabular conversa com ele num jantar e notou que as únicas mulheres com quem ele falava eram da realeza.[40] Embora Albert não gostasse de ficar bebendo Porto com os outros homens após o jantar nem dos gracejos masculinos, como era o costume na época — geralmente saindo para jogar xadrez sozinho ou cantar duetos com Vitória —, suas amizades mais próximas eram masculinas.

Não existem provas de que ele tenha mantido relações carnais com outro homem, mas muitos desconfiavam que sim. Lytton Strachey declarou que Albert não puxou ao pai infiel por duas possíveis razões: sua "criação peculiar" ou por "uma idiossincrasia mais fundamental", a saber, "uma acentuada aversão pelo sexo oposto".[41] Outros apontam as amizades masculinas que travou na Universidade de Bonn e sua proximidade com Johann Christoph Florschütz, um intelectual talentoso que dividiu uma pequena mansarda com Albert e Ernest durante quinze anos.[42] Albert tributa a Florschütz, não ao pai, os anos mais felizes de sua vida. Seu grande apego ao preceptor não é de surpreender, em vista da ausência da mãe.[43] Outros também assinalaram a forte cultura homoerótica presente no século XIX em muitas faculdades masculinas, como as de Oxford e Cambridge, e escolas públicas como Eton, e não há razão para pensar que Bonn estaria isenta. Comportamentos íntimos — apaixonadas declarações de amor, beijos e compartilhamento da mesma cama — que hoje seriam chamados de homossexuais não recebiam esse rótulo.

É extremamente improvável que a discussão sobre a sexualidade de Albert avance algum dia para além da mera especulação. Teve com Vitória um casamento íntimo e satisfatório, e foi ela a principal protetora e criadora da memória de Albert. Ninguém realmente bisbilhotava a esse respeito enquanto ele estava vivo, sendo uma época em que a homossexualidade não era vista como uma identidade e sim como algo que de vez em quando as pessoas faziam, geralmente meninas e garotos na fase da adolescência. Segundo Michel Foucault, o início do entendimento da homossexualidade como identidade só se deu a partir de 1870.[44]

E, no final das contas, o fato de Albert não ficar admirando ou namoriscando outras mulheres era uma das coisas que Vitória mais amava no marido. Isso lhe dava sensação de segurança e proteção. Era também uma ótima revanche sobre as mulheres de sociedade pretensiosas e afamadas que rodeavam a corte real. Comentou satisfeita com Melbourne sobre o fato "de Albert não dar muita importância à beleza e detestar aquelas beldades que são tão festejadas, disposto sempre a desdenhá-las".[45] Vitória ficou furiosa quando Melbourne sugeriu que esse tipo de interesse por mulheres podia surgir mais tarde. Era uma bobagem dizer tal coisa e Vitória ficou irritada: "Nunca o perdoarei por isso".[46] Mas, claro, já no dia seguinte o perdoou. Melbourne se desculpou e disse que estava se referindo apenas à timidez de Albert.

O casamento entre Vitória e Albert é um dos maiores romances da história moderna. Foi genuíno, devotado e fecundo. Juntos, foram os arautos de uma era em que a monarquia passou do poder direto para a influência indireta, de fruto da aristocracia para símbolo da classe média. Eles restauraram e elevaram a estatura da monarquia, preservando-a das revoluções que derrubaram as famílias reais e aristocráticas na Europa nos mesmos anos em que Vitória e Albert eram amplamente festejados na Grã-Bretanha. A figura de Albert viria a crescer e, por breve tempo, ultrapassar a da esposa em termos de influência, mas não em longevidade, energia ou força de vontade. Albert alcançou grande altura; Vitória permaneceu.

Ao dar a Albert plena liberdade para trabalhar a seu lado durante suas nove gestações, Vitória logo descobriu que o marido, com sua inteligência e vivacidade intelectual, era de enorme valia. Ela passou cerca de oitenta meses grávida nos anos 1840 e 1850 — mais de seis anos ao todo — e ainda mais tempo recuperando-se dos partos. Nesses períodos, ela podia transferir o trabalho para alguém de grande inteligência e de toda a confiança. Mas o marido não tinha a menor intenção de ser um parceiro num papel subordinado, e isso desencadeou os conflitos mais acirrados do casamento. Mesmo quando menino, Albert mostrara "grande desagrado em estar a cargo de mulheres".[47] Casara-se então com uma mulher que tinha um Império a seu cargo. Quando ingressaram na vida de casados, cada qual tentou afirmar sua vontade no relacionamento que, tradicionalmente, era o mais desigual de todos: marido e mulher, monarca e consorte. Nesse caso, quem tinha o trunfo era o consorte: nunca precisaria gerar filhos.

12. Apenas o marido, e não o senhor

[Reconhecer] uma verdade importante [garantirá o sucesso do casamento]: é a superioridade de seu marido pura e simplesmente enquanto homem. É muito possível que você tenha mais talento, realize coisas mais importantes... mas isso não tem nada a ver com sua posição como mulher, a qual é e deve ser inferior à dele como homem.
SARAH ELLIS, *THE WIVES OF ENGLAND*[1]

Estou muito feliz e satisfeito em minha vida doméstica; mas a dificuldade em ocupar meu lugar com a devida dignidade é que em casa sou apenas o marido, e não o senhor.
PRÍNCIPE ALBERT, CARTA AO PRÍNCIPE WILLIAM DE LÖWENSTEIN, MAIO DE 1840[2]

A pistola disparou. Todos se viraram e os cavalos puxando a carruagem se assustaram e pararam. Na trilha de pedestres estava um adolescente baixo e franzino com uma arma em cada mão, encarando fixamente a rainha. Era uma tarde de domingo, 10 de junho de 1840, quente e nublada. As pessoas passeavam pelo parque a pé ou a cavalo, e tinham olhado com curiosidade a carruagem real, que muitas vezes passava por ali naquele horário, nos finais de semana, seguindo a estrada que ia do Palácio de Buckingham até Hyde Park Corner. Albert, que notara "um homenzinho de aparência insignificante" cruzando os braços no peito logo antes de disparar, pegou a mão da esposa, exclamando: "Meu Deus! Não se assuste!".

Vitória se limitou a rir. Pensou que era alguém atirando nos passarinhos do parque. "Garanti a ele que não estava com o menor medo, o que de fato era verdade. Depois do

157

primeiro tiro, nunca me passou pela cabeça, nem pela dele, que era destinado a mim."[3] Era, sim. O rapaz se chamava Edward Oxford, e era um garçom de bar desempregado de Birmingham, com vagos sonhos revolucionários. Trajava-se respeitavelmente com um fraque marrom, calças claras e um colete de seda. Estava imóvel, fitando o casal real com olhos escuros intensos.

Um segundo tiro atravessou o ar. Vitória se abaixou e dessa vez a bala passou assobiando por cima de sua cabeça, cravando-se num muro mais adiante. Albert mandou que o condutor prosseguisse, enquanto os transeuntes agarravam Oxford e o arrastavam até a polícia. Vitória, desafiadora, continuou a subir pelo Constitution Hill, detendo-se na casa da mãe em Belgrave Square, para lhe contar o acontecido. O jovem casal, agora com quatro meses de casados, atravessou o parque em marcha lenta na volta para o palácio, para Vitória tomar "um pouco de ar" e "mostrar às pessoas do público que não havíamos perdido toda a confiança nelas por causa do ocorrido", como escreveu Albert à avó.[4] A calma de Vitória foi objeto de admiração nas notícias dos jornais do dia seguinte.

Na volta ao Palácio de Buckingham em carruagem aberta, havia uma multidão crescente de londrinos que tinham tirado o chapéu e bradavam seu apoio. Um grupo de cavalheiros e damas a cavalo, que estivera passeando pelo parque, reuniu-se em torno da carruagem da rainha, escoltando-a até o palácio. Foi, escreveu ela em seu diário, como um "desfile triunfal".[5] Mas, finalmente chegando ao quarto, Vitória se sentou na cama, pálida e abalada, pela primeira vez mostrando vulnerabilidade. Albert a abraçou e a beijou, elogiando sua coragem. Vitória sabia que escapara por um fio à morte, e escreveu: "Escapamos *realmente* por obra providencial". Mais tarde, Albert lhe mostrou as pistolas que "poderiam ter acabado comigo". Ela terminou as anotações do dia em seu diário com uma oração de graças e então se aninhou em Albert, procurando não pensar no que poderia ter acontecido. Mas Deus salvara a rainha, e a onda crescente de simpatia popular afogou qualquer resquício dos escândalos do ano anterior envolvendo Lady Flora Hastings e a Crise da Câmara Real.

Vitória continuou a aparecer em público naquele verão após o atentado, andando em carruagem aberta, sem ceder. Ela entendera rapidamente que mostrar coragem em público, numa "ótica" ampla, como dizem os líderes modernos, despertaria em seus súditos uma reação poderosa. Começava a entender como se comportar, não só como mulher e rainha, mas como símbolo do país: como Britânia, que sabia como liderar e governar. O rei Leopoldo, escrevendo de Laeken tão logo soube do episódio, disse a Vitória: "Que você mostrou *grande fortaleza*, não há dúvida, e causará enorme e ótima impressão". Agora ela entendia a importância da força simbólica.[6]

No miserável burgo de Southwark, a polícia se pôs a revistar o quarto de Edward Oxford, procurando um motivo. Apreenderam uma espada, um invólucro com arcos vermelhos, balas, pólvora e documentos pertencentes a uma associação chamada "Nova

Inglaterra". A pista vital parecia ser um documento sugerindo que fora instigado a agir por "alguns comunicados de natureza importante vindos de Hanôver".[7] Isso desencadeou um certo pânico público: o temidíssimo tio de Vitória — o duque de Cumberland, com sua cicatriz no rosto, tão malfalado e que agora era o rei de Hanôver — estaria tentando matar a rainha antes que ela gerasse um herdeiro que tomaria seu lugar como o próximo na linha sucessória? As pistolas de prata usadas por Oxford traziam o monograma ER, que alguns aventaram representar Ernestus Rex, rei de Hanôver.[8] Todavia, todos os documentos parecem ter sido escritos pelo próprio Oxford: eram apenas artimanhas.[9]

Na delegacia de polícia, o indivíduo que Lord Melbourne chamava de "vermezinho" estava "desfrutando imensamente a atenção". Ao ser interrogado, Oxford mostrava desdém, autocontrole e arrogância. De vez em quando, ria. Queria saber como a rainha e o príncipe Albert tinham reagido ao ataque. Ao lhe dizerem que nenhum dos dois se assustou nem se alarmou, deu de ombros: "Ah, sei que foi o contrário; pois, quando disparei a primeira pistola, Albert estava para sair da carruagem, mas, quando me viu apresentar a segunda pistola, recuou imediatamente".[10]

Leopoldo ficou surpreso com o ataque; não só Vitória era uma monarca liberal, mas também "seria de se pensar que, sendo você uma dama, isso por si só impediria uma conduta tão covarde".[11] Na verdade, Oxford deu a entender que quis matá-la justamente porque era mulher. Falou aos policiais que seu verdadeiro motivo era pensar que um grande país como a Inglaterra não devia ser governado por uma mulher.[12] Oxford foi acusado de alta traição e enviado para a prisão de Newgate e depois para um hospício, onde passou 27 anos até emigrar para a Austrália.[13]

Entre 1840 e 1882, sete homens tentaram matar Vitória: jovens desempregados, um marceneiro, um ajudante de bar, o assistente de um químico, um trabalhador rural e um ex-oficial do Exército. Todos gozaram de uma efêmera celebridade na imprensa e depois desapareceram. Todos eram esquisitos, alguns insanos e outros plenamente lúcidos, e a maioria foi deportada para a Austrália, que na época funcionava como prisão à distância para os criminosos da Inglaterra. Houve quem atribuísse a súbita sucessão de ataques contra uma jovem poderosa a uma estranha "erotomania" contagiosa, pela qual os homens que tinham alimentado fantasias de ser amantes da rainha passaram "aos ciúmes após contínua decepção".[14] Depois de um segundo atentado em 1842, a poeta Elizabeth Barrett (depois Browning) escreveu uma carta intrigada com "essa estranha mania popular de atirar na rainha".

Estou muito zangada... Quem atirou em Jorge IV? Não eu, diz o pardal. Pobre Vitória! A despeito da frieza, há uma corrente oculta — ela é um ser humano e uma mulher! Além do

159

mais, sabe muito bem que, mesmo entre seus maiores críticos, ninguém alega que ela não queira beneficiar seu povo de acordo com seu entendimento. E o resumo da história é que ela está marcada como alvo por esses garotinhos em seus domínios que gostam de brincar com pistolas! Isso é péssimo. Ouço dizer que agora as pessoas vão ver a pobre rainha sair do palácio para seu passeio na expectativa de emoções, com a ideia de vê-la *alvejada*: todos os dias há uma multidão junto aos portões![15]

A reação de Vitória a cada atentado era a mesma: desafiava a situação e mostrava bravura, mas por dentro ficava abalada. Por que tantos homens, com seus transtornos mentais, queriam desposá-la, submetê-la ou matá-la? Nem mesmo a rainha poderosa e privilegiada estava a salvo da violência.

Naquela tarde de junho, a primeira coisa em que Albert pensou foi no filho ainda no ventre. Quando Edward Oxford atirou em Vitória, ela estava quase no quarto mês de gravidez, o que torna sua bravura ainda mais surpreendente. Na época, havia a crença supersticiosa na impressão materna — isto é, a crença de que os acontecimentos que perturbassem o espírito ou a mente de uma grávida iriam prejudicar, deformar ou causar distúrbios mentais na criança. (A biografia de Joseph Merrick, conhecido como o Homem-Elefante — uma das "aberrações" vitorianas mais confrangedoras — apresenta tal teoria como explicação de sua deformidade: a mãe fora surpreendida e pisoteada por um elefante quando o carregava no ventre. A doença genética que afetava Merrick, ainda misteriosa — pensa-se que era neurofibromatose ou síndrome de Proteu — não tinha nada a ver com o útero materno, mas essa ideia definiu a triste vida do Homem--Elefante. Todos os anos, Vitória lhe enviava um bilhete escrito de próprio punho.)[16]

A preocupação real e mais prática de Vitória, porém, não era a impressão materna, e sim a mortandade materna. Cálculos conservadores indicam que, nos anos 1840, na Inglaterra, de quatro a cinco mulheres entre mil morriam ao dar à luz.[17] Alguns meses antes, ela tinha escrito que "a *única* coisa que me *apavora*" era engravidar e ter muitos filhos. As mulheres em parto morriam principalmente por febre puerperal, para a qual não havia cura, apesar das generosas doses de ópio e conhaque ministradas pelos médicos. Quando a Sociedade Médica Feminina recomendou que os médicos não fizessem o parto com as mãos sujas e contaminadas nas salas de dissecação, *The Lancet* escarneceu. Os médicos diziam que o problema não era contaminação e sim excesso de "emoção mental" das mulheres que morriam.[18] Vitória também era perseguida pela lembrança da morte de sua querida prima Charlotte, outrora herdeira do trono que morrera ao dar à luz. As mulheres das classes altas não estavam isentas dos riscos do parto. Em 1839, a princesa Marie de Württemberg, esposa de seu primo, morrera depois de parir um menino.

Vitória ficou furiosa quando descobriu que seu maior medo se concretizara poucas semanas depois do casamento. Confidenciou à avó, a duquesa mãe de Saxe-Coburgo-

-Gota: "Está estragando minha felicidade; sempre abominei a ideia e rezava a Deus dia e noite para me manter livre disso pelo menos durante seis meses, mas minhas orações não foram atendidas e me sinto mesmo profundamente infeliz". Se fosse uma "menina feia", disse ela, iria afogá-la.[19]

Vitória adorava estar casada e queria passar todos os minutos com o marido. A gravidez interromperia a paz recém-encontrada. Sem a gravidez, a vida conjugal era uma "felicidade sem fim — se a pessoa tem um marido que adora! É um antegozo do paraíso", escreveu mais tarde à sua filha mais velha.[20] Uma vez, conversando com Vitória sobre outra pessoa, Lady Lyttelton usou a expressão "feliz como uma rainha", antes de se dar conta do que dizia. "Não se corrija", respondeu Vitória, "uma rainha é mesmo uma mulher muito feliz."[21] Era uma rainha que entrava correndo de camisola no quarto de Lady Lyttelton, para arrastá-la e lhe mostrar "o arco-íris mais lindo do mundo!". Era uma rainha que se inclinava atentamente sobre tulipas, gerânios e abelhas rainhas enquanto Albert explicava suas curiosas características. Vitória logo declarou no diário que agora gostava mais do campo do que de Londres.[22]

Vitória não permitiu que a barriga mudasse drasticamente sua vida nem que fosse sinal de fragilidade. Com a gravidez já visível, ela chocou os circunstantes num baile, dançando mais do que "uma enfermeira ou parteiro" aprovaria, segundo Lord Holland.[23] Não se sentava nas festas nem ficava dentro de casa em dias de mau tempo. Gabava-se de sua boa saúde para a irmã Feodora: "Estou maravilhosamente bem. Todos os dias faço longas caminhadas, algumas com a maior ventania, e assim me mantenho ativa, mas grandona, como infelizmente devo reconhecer". Poucas semanas antes do parto, Lady Lyttelton comentou que ela estava "muito ativa; hoje saindo antes das dez da manhã, e parecendo decidida a aguentar e não se queixar de nada".[24] Albert tentava mantê-la parada, lendo ou cantando para ela, deitada no sofá.

Charles Locock, seu obstetra, ficou espantado com a franqueza de Vitória em relação à gravidez: "Ela não tinha a menor reserva e estava sempre pronta a se expressar nos termos mais diretos possíveis sobre sua atual situação". Locock tomou grande aversão pela rainha, sugerindo que lhe faltava delicadeza por conversar abertamente com ele sobre seu corpo. De maneira imprópria e maliciosa, ele confidenciou a algumas amigas que o corpo de Vitória parecia uma barrica: "Ela vai ficar muito feia e enorme de gorda... Não usa espartilho nem nada que segure suas formas; parece mais uma barrica do que qualquer outra coisa". Fazia pouco tempo que a ideia de que todas as grávidas deviam usar espartilhos começava a se dissolver, e ainda davam à luz com saias, camisolas e camisões.[25]

Albert procurou tranquilizar a esposa sobre o parto que se aproximava. Solícito, atencioso e inteligente: os pontos fortes de Albert se faziam cada vez mais evidentes. As mulheres do palácio se derretiam com seus olhos azuis, seus "gostos e prazeres simples, seu gênio alegre e ativo".[26] Reconheciam-lhe o mérito de elevar a qualidade das conversas na corte acima do nível habitual dos mexericos palacianos, passando a incluir ciências, artes e botânica. Era sério e incentivava Vitória a ler à noite, junto com ele, as histórias das constituições, mas também a fazia rir. Recomendando à esposa que ela devia apenas sorrir em público, como faziam as dançarinas, Albert deu um salto e fez uma pirueta no ar para ilustrar o que dizia.

Albert, porém, não era tão feliz quanto sua amada rainha. Em parte, isso se devia à atmosfera sufocante da Casa Real. Sentia saudades da família. As conversas lhe davam tédio e geralmente preferia jogar xadrez sozinho. Muitas vezes cabeceava de sono durante concertos e jantares. Parecia-lhe um desperdício de tempo. Albert queria usar o brilho da corte para convidar e atrair grandes intelectos literários e científicos. A rainha, porém, relutava; essas pessoas a deixavam insegura. Temia que lhe faltasse instrução, como Albert lhe havia dito, e como Melbourne dissera a Anson: "Ela é de natureza franca e aberta demais para fingir que tem um grão a mais de conhecimento do que realmente possui sobre tais assuntos".[27] Gostava que o marido não ficasse passando o tempo à toa com os homens depois do jantar, mas parecia não notar que ele se sentia simplesmente entediado.

O príncipe passava por longos períodos de melancolia dos quais a esposa não conseguia arrancá-lo. Quinze dias depois do casamento, quando o pai de Albert voltou para a Alemanha, Vitória o encontrou soluçando no corredor; ele passou rápido por ela sem lhe dizer uma palavra. Vitória entrou de mansinho no quarto dele, preocupada. Albert se virou para a esposa, com os olhos vermelhos, e murmurou que ela não sabia como era abandonar uma família afetuosa. Tinha razão. Vitória, ao se casar, ficara contente em largar o passado, deixando para trás a mãe, Conroy e outras pessoas molestas. Perturbada, Vitória escreveu depois: "Deus sabe como é grande minha vontade de fazer esse Ser amado feliz e contente".[28]

Mas o verdadeiro empecilho à felicidade de Albert era considerável. Sentia-se impaciente em se tornar efetivamente rei. Ele era ambicioso, de grande vivacidade intelectual, apavorado à ideia de ser visto como cônjuge decorativo enquanto a esposa percorria os corredores atapetados do poder. Também queria ajudar Vitória a evitar os vários tipos de lapsos que cometera ao assumir o trono. Queria ocupar o mesmo pódio exclusivo de soberania em que estava Vitória. Os próximos a Albert logo viram o desequilíbrio. Seu irmão Ernest notou que Vitória lhe assegurara "uma vida tranquila, feliz, mas insípida e inglória", ao passo que, "como rainha, ela se move em outro nível".[29]

Vitória estava satisfeita com o arranjo. Sabia que Albert queria ser o chefe da casa e concordava que esse era seu lugar de direito. Chegara a tentar lhe obter o título de rei consorte em fevereiro de 1845, cinco anos depois do casamento, mas sem sucesso.[30] A questão, porém, era: o que significava ser o chefe da casa? Certamente não significava que ela abandonasse suas funções. Vitória protegia a coroa pela qual lutara e pretendia manter casamento e trabalho separados, continuando a se reunir sozinha com Melbourne e seus ministros. Mas Albert não aceitava ser excluído ou relegado a segundo plano. A seu ver, o marido devia controlar todos os assuntos da esposa. Como um homem estabeleceria sua autoridade natural num contexto desses?, perguntava-se ele. Escreveu a seu amigo, o príncipe William de Löwenstein, em maio: "Em minha vida doméstica, estou muito contente e feliz; mas a dificuldade em ocupar meu lugar com a devida dignidade é que em casa sou apenas o marido, e não o senhor".[31]

A convicção fundamental de Albert era que as mulheres não deviam governar, muito menos sozinhas. Em sua terra natal, Coburgo, vigorava a lei sálica, que estabelecia que os soberanos deviam ser do sexo masculino; por isso, quando Vitória subiu ao trono, a coroa de Hanôver passou para o sucessor seguinte, o duque de Cumberland. Assim, Vitória se tornou o primeiro membro da casa hanoveriana a ser monarca apenas da Inglaterra. O barão Stockmar, o rei Leopoldo e Ernest também eram da mesma posição de Albert. Em 1850, Albert disse ao duque de Wellington que acreditava ser seu dever:

preencher todas as lacunas que, como mulher, a rainha naturalmente deixaria no exercício de suas funções reais — observar atenta e continuamente todos os aspectos dos assuntos públicos, a fim de poder aconselhá-la e assisti-la a qualquer momento em qualquer das questões difíceis e multifacetadas que lhe são apresentadas, políticas, sociais ou pessoais... colocar todo o seu tempo e suas capacidades ao dispor dela como o chefe natural de sua família, superintendente de sua casa, administrador de seus assuntos particulares, seu único conselheiro de confiança na política e o único assistente em suas comunicações com os membros do governo, seu secretário particular e seu ministro permanente.[32]

Era um leque de deveres extremamente amplo e abrangente. Mas os tempos condiziam com as aspirações de Albert. No século XIX, apenas uma fração infinitesimal das mulheres da aristocracia tinha mais fortuna e mais poder do que o marido. Em sua maioria, elas eram propriedade pessoal, sem direito ao corpo, a bens móveis e imóveis e aos filhos. Surgiram várias teorias para justificar tal posição: as mulheres pertenciam por natureza à esfera doméstica, e podiam alcançar algum prestígio ou posição tendo filhos e não dormindo com outros homens. Em outras palavras, sendo guardiãs morais do lar.

Isso significava que as pretensões de Albert encontravam um apoio cultural considerável, visto que grandes intelectuais da época concordavam com a inferioridade inata das mulheres. John Ruskin afirmou em 1864 que o estado natural das mulheres era "a verdadeira sujeição conjugal". As mulheres não tinham capacidade para a batalha, dizia ele, "e seu intelecto não se presta à invenção ou criação, mas à doce organização, arranjo e decisão".[33] Charles Darwin concordava, escrevendo em 1871 que a seleção natural significava que as mulheres eram inferiores aos homens. Concedia que elas eram mais ternas, mais intuitivas, mais perceptivas e menos egoístas, mas acrescentava: "Pelo menos algumas dessas faculdades são características das raças inferiores e, portanto, de um estágio anterior e inferior de civilização".[34] Quando as esposas prometiam obedecer aos maridos, era por boas razões. Como escrevera a autora Sarah Stickney Ellis em 1843, de uma coisa as mulheres precisavam ter clareza antes de se casar: "a superioridade do marido pura e simplesmente como homem". Ela dedicou seu famoso livro *The Wives of England* à rainha. "É plenamente possível", prosseguia Ellis, "que você tenha mais talento, com realizações mais elevadas, e também pode ser mais admirada de modo geral; mas isso não tem nada a ver com sua posição como mulher, que é, e deve ser, inferior à dele como homem."[35] A falta de lógica dessa posição alimentou a insatisfação de gerações e gerações de mulheres.

Mas Vitória fora ensinada a acreditar em tudo isso, e Albert a incentivava a crer que sua instrução e suas capacidades eram menores do que as dele. O paradoxo do casamento entre ambos é que, enquanto o amor e o contentamento dela aumentavam, sua confiança em si mesma decrescia. Como recomendavam seus conselheiros do sexo masculino, ela que se contentasse com a vida doméstica.[36]

Em maio, com três meses de casados, Albert decidiu abordar diretamente a questão de seu papel com a esposa. Depois de seu aniversário de 21 anos, que Vitória disse ser o mais feliz de sua vida, Albert se queixou de que ela não falava de política nem mesmo de "assuntos triviais" com ele. Vitória contou a Lord Melbourne, confidenciando-lhe que, embora Albert se sentisse desgostoso com a "falta de confiança", ela não queria fazer nada a respeito. Lord Melbourne descreveu o diálogo numa conversa registrada pelo secretário particular de Albert, o sr. Anson:

> Ela disse que isso derivava totalmente da indolência; sabia que era errado, mas, quando estava com o príncipe, preferia falar de outros assuntos. Minha impressão é que o principal obstáculo na mente de Sua Majestade é o medo à diferença de opinião, e ela pensa que é mais possível ter harmonia doméstica evitando assuntos que possam criar divergências. Minha experiência pessoal me leva a pensar que, entre marido e mulher, é muito melhor discutir do que evitar os assuntos, mesmo certamente trazendo divergências, pois essa segunda linha de ação com certeza gerará desconfiança.[37]

Todos os homens na vida de Vitória apoiavam as pretensões de Albert a mais poder. Diziam à rainha para acreditar nele, amparar-se nele, confiar nele. Mesmo seu querido tio Leopoldo concordava que "não devia haver ocultamento de nenhum assunto". O perspicaz barão Stockmar foi o único a recomendar a Albert que não tivesse demasiada pressa em tentar obter as chaves do poder. Disse a Anson que, embora fosse verdade que a rainha deveria "partilhar tudo gradualmente" com o marido, era "arriscado da parte dele querer que isso ocorresse de uma vez só". O risco era que Albert errasse ou exagerasse, e sua ajuda não seria solicitada outra vez. Stockmar também sugeriu que o problema da jovem Vitória não era tanto indolência, e sim ignorância, e que ela simplesmente não entendia grande parte do que lhe informavam sobre os planos e projetos de lei de seus ministros.[38]

Vitória ignorou essas pressões e continuou a se reunir sozinha com seus ministros, embora eles começassem a ficar com pena do marido. Albert ainda não tinha autorização para ver os documentos oficiais nem para se sentar na sala durante as conversas entre a rainha e Lord Melbourne. Ela se ofendia quando ele tentava orientá-la ou aconselhá-la. Certa vez, quando Vitória recebeu uma caixa de documentos oficiais com uma nota dizendo para "assinar imediatamente", Albert se sentiu atingido em lugar da esposa e lhe recomendou que levasse um ou dois dias para responder, para que eles não achassem que a rainha era uma mera funcionária.[39] Vitória então pegou a pena e assinou no mesmo instante. Tendo passado a infância a fortalecer sua firmeza, Vitória não se curvava facilmente à vontade dos outros. Mesmo assim, agora seus aliados de infância vinham falando os mesmos tipos de coisas que os inimigos antes falavam: que ela não era capaz de entender plenamente a política e que devia abrir mão do controle. Vitória podia dar de ombros quando tal tipo de comentário vinha de Conroy, mas era muito mais complicado quando vinha do marido.

A única pessoa que não achava que Vitória devia se submeter a Albert era a baronesa Lehzen, ela também uma mulher com grande experiência em oferecer resistência. Lehzen dissera à sua protegida que Albert devia desempenhar o mesmo papel dela: influente, mas invisível, posição admirável para uma mulher cujo papel oficial fora o de governanta. Mas, logo depois do casamento, Albert decidira que Lehzen devia ir embora. A esfera de influência da baronesa se ampliara: agora administrava as finanças de Vitória e atuava como sua secretária, controlando os diários e preparando ordens de pagamento. Para Albert, a mulher que se mantivera inabalável ao lado de Vitória durante sua difícil adolescência agora a controlava em um grau pouco saudável. Certa vez, andando pelo terraço com a rainha, Lady Lyttelton notou "o rosto pálido de madame Lehzen (o único rosto que sempre vejo que parece entender o que *realmente* se passa) com seu habitual olhar meio ansioso, sorridente, fixo, seguindo a rainha de uma das janelas do castelo".[40] Lehzen via tudo. Para Vitória, era tranquilizador. Para Albert, era sinistro.

Albert, com sua habilidade, veio a intuir que não ganharia poder à força ou à base de exigências, e sim com uma ternura atenta. Enquanto a cintura da esposa crescia e diminuía, numa ciranda de gestações, ele a incentivava a aceitar seu apoio. Albert tentou uma espécie de paciência estratégica. Conseguiria as coisas por meio da vontade, da inteligência e, acima de tudo, de sua dedicação e solicitude para com a esposa. Ela resolveu lhe dar o que ele queria e precisava. Foi uma espécie de meiga rendição.

Nove dias antes que Edward Oxford apontasse sua arma contra a rainha grávida, Albert fez um discurso na Sociedade contra a Escravidão, que lhe dera bastante trabalho para preparar, embora tivesse apenas 165 palavras. As 5 mil ou 6 mil pessoas na plateia aplaudiram sonoramente, o que, disse ele, "é recompensa suficiente para o medo e o nervosismo que tive que vencer antes de começar meu discurso".[41] Albert queria respeito. Levava suas obrigações a sério e vinha rapidamente encantando a corte. Lord Holland escreveu a Lord Granville comentando que "agora [era] moda elogiar o príncipe Albert".[42] Uma mulher, sentada a seu lado durante um jantar, escreveu afoitamente sobre a "conversa profundamente interessante sobre os mais importantes temas":[43] "sobre o princípio religioso, sua influência nos soberanos e sua importância na educação dos filhos; e sobre as formas de culto, nossas posições a respeito delas... também sobre a formação das crianças de modo geral; sobre a guerra e a paz; sobre as prisões e as punições". O príncipe consorte era um polímata por natureza.

A deliberada execução de Albert de seu projeto de governar a Inglaterra não significava que seu amor por Vitória tivesse diminuído. A posição de marido da rainha da Inglaterra fazia parte de um caminho que haviam escolhido para ele desde a mais tenra infância, o que significava que seu casamento também era sua carreira e ele sempre fora ponderado a esse respeito. Sabia que seria difícil e "profusamente semeado de espinhos", mas decidiu que seria melhor que servisse "a algum objetivo digno e importante do que a fins triviais e insignificantes".[44] Nas semanas subsequentes ao casamento, Ernest, o irmão de Albert, manteve o tio Leopoldo informado sobre os progressos do irmão. Em cartas inéditas que se encontram nos arquivos alemães, Ernest contava que "Albert fizera o certo ao não hesitar em dar sua opinião a respeito de tudo. Isso fez com que todas as ordens dentro do palácio e nas cavalariças passassem por ele e assim se tornara 'o grande canal pelo qual a vontade da rainha' se expressava".[45] Quanto mais vulnerável e presa à terra se tornava a esposa grávida, mais se elevava a posição oficial de Albert.

Nos meses que se seguiram ao atentado, os homens em torno de Vitória começaram a se preparar discretamente para a possibilidade de sua morte — fosse por um disparo, durante o parto ou por qualquer outra causa imprevista. Em 2 de julho, três semanas após os tiros, Melbourne disse a Vitória que queria tratar de um assunto de "grande importância e de grande urgência" — Vitória sabia a que ele se referia? Não, não sabia. "É sobre uma Lei para uma Regência", respondeu ele. Em julho de 1840, quando foi concedido a Albert o direito legal de governar no lugar da esposa em caso de morte, ele escreveu triunfante ao irmão Ernest: "Serei regente — *sozinho* — regente, sem um Conselho. Você há de entender a importância desse assunto e que isso confere à minha posição aqui no país um novo significado".[46] Melbourne disse a Vitória que o motivo da decisão do Parlamento foi exclusivamente o bom caráter de Albert, muito embora isso significasse que, se a rainha inglesa viesse a morrer, um príncipe alemão ocuparia a função.

Em agosto, o príncipe se encarapitou orgulhosamente num trono ao lado do de Vitória no encerramento do ano parlamentar, depois que Melbourne descobrira precedentes autorizando isso. Em setembro, Albert foi nomeado membro do Conselho Privado, e se gabou a Stockmar que agora recebia uma enxurrada de "documentos interessantes". Ficara "extremamente satisfeito" com Vitória nos últimos meses, escrevendo num tom de leve condescendência: "Ela ficou de mau humor apenas duas vezes... no geral, a cada dia ela deposita mais confiança em mim".[47] Em novembro, logo antes de dar à luz o primeiro filho, Vitória pediu e conseguiu que o nome de Albert fosse incluído na liturgia, como o do filho.

Mas a rainha não diminuiu o ritmo — trabalhou com afinco ao longo de todas as gestações. Estava preocupada com a Questão Oriental, como se dizia então: o impacto da decadência do enorme Império Otomano. Fundado em 1299, com seu centro na Turquia, veio a cobrir na época de sua maior extensão, nos séculos XVI e XVII, vastos territórios na Europa meridional, Oriente Médio, África do Norte, Corno da África e Ásia Ocidental. Mas, depois de décadas de baixo desenvolvimento econômico e de incompetência administrativa, o Império que ligava os mares Mediterrâneo, Egeu e Negro se enfraquecera: era o "homem doente da Europa", como dizia o tsar Nicolau. A Inglaterra e a França pretendiam apoiar a Turquia e manter a Rússia fora do Mediterrâneo. Mas, quando o sultão otomano morreu e seu filho adolescente ocupou o poder em 1839, o vice-rei turco no Egito quis separar o país da Turquia. A Inglaterra, a Rússia, a Prússia e a Áustria estavam apoiando a Turquia, mas a França deu apoio ao Egito. Conseguiram evitar a guerra por pouco, e em 1840 foi assinado um acordo de paz em Londres. Vitória disse ao tio Leopoldo que dava "a esses assuntos minha mais séria atenção" e gracejou: "Creio que nosso filho, além de seus outros nomes, devia ter os de Turco Egypt, pois não pensamos em outra coisa... Espero que eu tenha agido bem".[48]

Não demorou muito e Albert providenciou que as duas escrivaninhas de madeira maciça, a dele e a de Vitória, ficassem juntas, para poderem trabalhar lado a lado. Logo antes do nascimento da criança, ele escreveu ao irmão: "Gostaria que você pudesse nos ver aqui e visse em nós um casal unido no amor e na concordância. Agora Vitória também está disposta a ceder alguma coisa em meu favor, e eu tudo em favor dela... Não pense que levo uma vida submissa. Pelo contrário, aqui, em que é essa a posição do homem por lei, conquistei uma vida de valor por mim mesmo".[49]

* * *

O parto de Vitória se adiantou em três semanas, em 21 de novembro de 1840, à tarde. As contrações haviam começado na noite anterior, ao despertar com o barulho da chuva batendo nas janelas. Ela acordou Albert e passou as horas seguintes sofrendo muitas dores. (Como de hábito, mais tarde ela alegou que, iniciado o trabalho de parto, não sentiu a mais leve ponta de nervosismo.)

Numa iniciativa incomum na época, Albert esteve com ela durante todo o parto, junto com o médico e a enfermeira. Na sala ao lado, estavam políticos do Estado, um bispo, um arcebispo e Lord Melbourne, todos aguçando os ouvidos enquanto a rainha arquejava e tentava não gritar. (Lord Erroll, o lorde administrador da Casa Real, alardeou mais tarde que a porta ficara aberta e assim ele teve visão completa da rainha.) Terminado o suplício, uma menininha vermelhusca, remexendo-se, foi conduzida ao outro aposento para inspeção. Estava em perfeita saúde, mas os pais (e muitos súditos) ficaram decepcionados com o sexo. Quando o médico anunciou à rainha: "Ah, senhora, é uma princesa", Vitória respondeu: "Não faz mal, o próximo será um príncipe".[50]

Vitória se reclinou nos travesseiros da cama de mogno com dossel, declarou se sentir muito melhor e olhou orgulhosa para o marido, que sorriu e lhe apertou a mão: "O querido Albert praticamente não me deixou um instante e foi o maior conforto e apoio".[51] Logo, porém, ele engoliu às pressas um almoço rápido, antes de disparar escadas abaixo para, pela primeira vez, representar a rainha no Conselho Privado. Ela estava aliviada: sobrevivera. Lá fora, estrugiram canhões. Albert estava em êxtase. Tornara-se pai e representante da rainha no mesmo dia.

Vitória ficou de resguardo na cama por duas semanas, como era costume. Levavam-lhe a bebê duas vezes por dia, quando estava em seu quarto de vestir, e assistia ao banho que lhe davam a cada duas ou três semanas. Chamava-a de "a Criança" até ser batizada como Victoria Adelaide Mary Louisa, quase três meses depois. Em anos futuros, Vitória revelou que não achava os bebezinhos bonitinhos, especialmente os recém-nascidos, com seus membros magros e sarapintados e os reflexos assustados. (Criticam-na por dizer que os bebês "pareciam rãs", mas isso não era depreciativo; qualquer pessoa que tenha alimentado, banhado ou soprado o estômago de um bebê de poucos dias sabe muito bem que os membros se mexem como se levassem um susto, no chamado reflexo de Moro. Parecem mesmo umas rãs deitadas de costas.) Por causa disso, em quase todas as principais biografias aparece o mito persistente e entranhado de que a rainha não tinha nenhum instinto materno.

Como demonstrou Yvonne Ward, da Universidade La Trobe, a seleção das cartas de Vitória para publicação foi feita por dois homens, que deixaram de lado a correspondência da rainha com outras mulheres sobre temas como bebês, dentição e gravidez, por

168

considerá-la mais amena e de menor importância.[52] Isso significa que os comentários francamente rebeldes e heterodoxos de Vitória à filha Vicky — sobre os problemas e dificuldades do nascimento, escritos depois que quase todos os nove filhos já eram crescidos — são tomados como prova de que ela desprezava a prole. Nessas cartas vibra a aversão ao sofrimento físico de dar à luz — e, no caso de Vitória, de dar à luz um número tão grande de filhos. Nessas cartas, ela não comentava o efeito dos partos sobre o corpo, mas falava várias vezes da dor; não deve ter sido pequena para a constituição miúda de uma mulher que não chegava a um metro e meio de altura. É provável que tenha sofrido prolapso do útero nesses anos, e existem evidências que ela tenha sofrido problemas ginecológicos persistentes e dolorosos. Mas o que ela escreveu no diário, na época em que teve os filhos, revela uma ternura e um otimismo que têm sido esquecidos.

Vitória era, em muitos aspectos, uma mãe coruja. Os diários mostram seu afeto e amor pelos filhos e quanto adorava brincar com eles. Quando Vicky estava com três semanas de vida, Vitória escreveu que "nossa querida filhinha" ficava "a cada dia mais bonita": "Tem olhos azuis grandes e brilhantes e um lindo narizinho e boquinha, uma aparência muito boa com um leve colorido nas bochechas, muito incomum para um bebê tão novo".[53] Quatro semanas depois do nascimento, ela escreveu: "Parece um sonho, ter filho".[54] O diário no começo de 1841 é um registro de alegrias: exibir a linda menininha, brincar com Vicky enquanto Albert toca piano ao lado, olhar Albert empurrando Vicky num carrinho lá fora. Ria às tentativas da filha de se pôr sentada, brincava de upa-upa nos joelhos. Escrevia que era uma "querida", "uma gracinha".[55] Enquanto escrevia em seu diário, segurava-a no colo com um dos braços, deixando-a brincar com uns berloques.

No Natal de 1840, comentou maravilhada sua grande sorte: "Neste dia, no ano passado, eu era solteira, e neste ano tenho um marido que é um anjo e uma querida menininha com cinco semanas de idade".[56] Quando Vicky estava com um ano e meio, Vitória escreveu que ela se tornara "uma verdadeira bonequinha para nós e uma grande diversão, sempre sorrindo com muita doçura quando brincamos com ela".[57] A rainha passava com Pussy, o apelido que dera à filha, mais tempo do que se esperava. Lady Lyttelton, que passou a ser a governanta das crianças em 1842, escreveu que Vitória estava "constantemente" com a menina e se preocupava com seu desenvolvimento: "A rainha é, como todas as mães jovens, *exigente* e nunca considera que o bebê está crescendo o suficiente ou está suficientemente bem.[58] Fica sempre com ela e pensa sem cessar nela, e também parece cada vez mais amorosa e devotada ao príncipe".

A maternidade foi uma surpresa para Vitória. A mocinha que invejara a vida doméstica aconchegante dos ciganos agora estava surpresa ao se ver no centro de uma família amorosa. Albert era sempre gentil, atencioso e bondoso. Anos depois, relembrando essa época, a rainha não conteve seus arroubos, escrevendo em terceira pessoa:

Os cuidados e a devoção do príncipe eram indescritíveis... Ficava contente em se sentar a seu lado [da rainha] num quarto sombreado, para lhe ler ou escrever por ela. Era o único, sempre, a erguê-la da cama e levá-la para o sofá, e sempre ajudava a transportá-la em sua cama ou sofá ao aposento contíguo. Quando era chamado para tal finalidade, vinha imediatamente de qualquer parte da casa para atendê-la. Com o passar dos anos, e estando ele sobrecarregado de trabalho, muitas vezes isso lhe trazia grandes inconvenientes; mas sempre vinha com um sorriso meigo na face. Em suma, ele cuidava dela como uma mãe e não poderia existir pajem mais meigo, sábio e judicioso.[59]

Em muitos aspectos, era Albert que assumia o papel tradicionalmente feminino enquanto Vitória recuperava a saúde. Era a pajem terna e a mãe vigilante. Pussy corria para ele, e era ele que a erguia no ar, rodopiando pelo aposento, para fazê-la rir. Vitória não sentia o menor ciúme; também adorava Albert e, naquela época, o instinto materno não era glorificado nem elevado acima do paterno. Simplesmente ele era o genitor mais natural. Vitória contou a Leopoldo: "Nossa jovem senhorita floresce exuberante... Creio que você se divertiria em ver Albert dançando com ela nos braços; ele dá uma pajem maravilhosa (o que não sou, e ela está pesada demais para eu conseguir carregá--la), e já parece feliz em ficar com ele".[60] O que Vitória mais queria era que os filhos se parecessem com o pai.

As crianças fascinavam o intelecto inquisitivo de Albert. Quando Pussy estava com dois anos e meio, ele escreveu à madrasta comentando seu prazer em ser pai:

Há certamente um grande encanto, além de um profundo interesse, em observar o desen-volvimento dos sentimentos e faculdades numa criança pequena, e não existe nada mais instrutivo para o conhecimento de nossa própria natureza do que observar numa criaturinha os estágios de desenvolvimento que, quando nós mesmos passávamos por eles, mal pareciam existir para nós. Sinto isso todos os dias ao observar nossa jovem prole, de personalidades totalmente distintas e ambas mostrando muitas qualidades adoráveis.[61]

Albert encomendou ao pintor favorito da família real, Edwin Henry Landseer, um retrato seu em pastel, em seu aniversário de 23 anos, para dar a Vitória. Ele aparece embalando a princesinha no berço, fitando-a com ar de adoração. A dedicação de Albert era uma maneira de curar a fragmentação do lar de sua infância. Escreveu ao irmão: "A vida de casado é a única coisa capaz de compensar as relações perdidas de nossa meninice".[62]

Como grande parte do trabalho físico de cuidar das crianças ficava a cargo de suas criadas, em um mês Vitória já estava de pé, planejando uma viagem a Windsor. Nas cartas ao tio Leopoldo, no começo de 1841, ela começou a passar dos assuntos de bebês para os de política externa: "Sua sobrinha-neta cresce maravilhosamente; a cada dia ganha saúde, força e, diria eu, beleza; terei orgulho em apresentá-la a você. O desfecho da Questão Oriental foi muito infeliz, não é?".[63] Quando Leopoldo respondeu encantado com votos de uma família numerosa e feliz, ela retrucou ríspida, dizendo-lhe para não alimentar ilusões.[64] Ainda se via, em primeiro lugar e acima de tudo, como a dirigente do país e nisso consistia sua responsabilidade:

> Penso, caríssimo tio, que você não pode *realmente* desejar que eu seja a "mamãe *d'une nombreuse famille*", pois creio que concordará comigo quanto ao grande inconveniente que uma *grande* família seria para todos nós, em especial para o país, independentemente do sofrimento e inconveniente para mim mesma; os homens nunca ou, pelo menos, raramente pensam como é duro para nós mulheres passarmos por isso *com grande frequência*.[65]

Assim, quando se viu grávida outra vez, passados apenas três meses após o parto, Vitória chorou e rangeu os dentes. Não teve o auxílio contraceptivo natural — ainda que imperfeito — da amamentação ao peito, pois se recusava a amamentar os filhos como fizera sua mãe, e o controle contraceptivo era, de modo geral, visto como pecado. Algumas mulheres tentavam revestir a vagina com óleo de cedro, oliva, grafite ou olíbano, na crença de que isso impediria que a "semente" se implantasse.[66] Em 1838, muitas aristocratas usavam uma esponja "do tamanho que se pudesse introduzir com facilidade, tendo antes amarrado um barbante ou uma fita estreita para retirá-la".[67] Mas não existem indicações de que Vitória sequer tivesse ouvido falar disso. Aconselhava-se também que as mulheres, se quisessem evitar a gravidez, mantivessem relações sexuais na época da ovulação, que agora sabemos ser justamente a fase em que a maioria engravida. A rainha ficou tristíssima, e mais tarde disse a Vicky, já adulta, que os dois primeiros anos da vida de casada foram "totalmente estragados" pela gravidez.[68] Tinha que desgrudar do marido, e mais tarde se queixou de que não aproveitou nada naquela época. Já Albert estava adorando sua nova vida.

No final de 1840, Albert recebeu as chaves de bronze das caixas retangulares vermelhas, em que vinham materiais confidenciais para serem despachados. Dentro delas, estavam os documentos revelando as ideias do primeiro-ministro, do gabinete ministerial e dos outros homens que discutiam as grandes questões sociais, econômicas e geopolíticas da década. Albert, enfiando a chave na fechadura pela primeira vez sem estar sob os olhos da esposa, vibrou. Ele sabia que grande parte de seu sucesso se devia ao resguardo da esposa, precisando ser erguida do sofá para a cama, mas também fora por mérito próprio. Seu secretário e paladino, Anson, observou:

Isso sucedera porque o príncipe havia recebido e feito anotações sobre todas as questões do gabinete durante o confinamento da rainha, fato esse que evidenciara à rainha sua competência no assunto e sua capacidade de ajudar no exame e nas explicações... [Agora ele era] de fato, embora não de nome, o secretário particular de Sua Majestade.[69]

Bastaram apenas dois dias desde o parto para o príncipe persuadir a esposa a ser ele a receber as caixas de documentos. Em 24 de novembro, alardeou ao irmão, que estava a cargo de um pequeno ducado alemão: "Estou com as mãos muito ocupadas, pois também cuido dos assuntos políticos de Vitória".[70]

Por esforço, mérito e encanto, Albert conquistara sua nova posição como chefe da casa e monarca em exercício.[71] Em julho de 1841, quando Vicky estava com oito meses de idade, Anson registrou a satisfação dele:

Ontem o príncipe passou em revista os vários passos que deu para chegar à sua posição atual, tudo em dezoito meses de casamento. Os que pretendiam impedi-lo de ser útil à rainha, por medo de que ele tocasse nas prerrogativas dela, viram-se totalmente frustrados... A corte, do mais alto ao mais baixo escalão, tem agora o devido senso da posição do marido da rainha. O país demonstrou confiança em seu caráter aprovando a Lei da Regência *nem. con.* [por unanimidade; *nemine contradicente*]. A rainha vê o valor de um braço direito ativo e de um cérebro capaz que lhe dão apoio e conselho em caso de necessidade. Os ministros do gabinete o tratam com deferência e respeito.[72]

No aniversário do primeiro ano de casamento, em 1841, Albert deu à esposa um broche em formato de berço com um bebê: "a coisa mais estranha que eu já vi e muito bonita", escreveu Vitória. Esse ano, declarou ela, fora de "felicidade perfeita".[73] Albert era responsável por isso, mas suas perspectivas se estendiam muito além das paredes do berçário. Gostava de música, artes, ciências, medidas de saneamento e simetria, e queria aumentar a presença delas na Grã-Bretanha. Agora que lhe fora concedido entrar nas discussões políticas do mais alto nível, Albert iria trabalhar muito por um país que ainda o via como estrangeiro. Restavam apenas dois consideráveis empecilhos a seu poder: Lord Melbourne e a baronesa Lehzen, as duas pessoas de quem Vitória era mais próxima. Para conseguir o que realmente queria, ele precisava que fossem embora.

13. Os intrusos do palácio

Quando uma mulher está apaixonada, seu desejo de poder público diminui cada vez mais.

HECTOR BOLITHO[1]

Na madrugada de 3 de dezembro de 1840, um rapazinho baixote e feio estava debaixo de um sofá de chintz florido na sala de estar da rainha, no Palácio de Buckingham. Edward Jones, garoto de recados desempregado, estava escondido ali fazia horas, na esperança de ver a rainha. Estava desperto, ouvindo os sons do palácio — os choros intermitentes da princesinha; os passos da pajem noturna no quarto da bebê, cantando cantigas de ninar em tom suave; os roncos e os passos ocasionais dos vigias noturnos. Três horas antes, a rainha estivera sentada naquele mesmo sofá sob o qual ele agora se escondia; era o pensamento que o acalentava. A princesinha real estava dormindo logo ali, no quarto vizinho! Enquanto as folhas das árvores farfalhavam ao vento lá fora, ele ficou pensando se deveria se arriscar e ir até a cozinha, para pegar mais alimentos, antes do amanhecer. Haveria mais batatas deliciosas na despensa? Queijo? Fazia alguns dias que Jones vinha se escondendo no palácio e sabia que a melhor maneira de passar a noite era procurando comida, explorando e buscando novos esconderijos.

Na antecâmara ao lado, a sra. Lilly, a pajem mensalista encarregada de cuidar da princesinha, estava acordada, ouvindo os leves grunhidos que vinham do berço ornamentado ao lado de sua cama. De repente, ouviu um rangido sonoro na porta da sala de estar da rainha. A sra. Lilly perguntou quem era, mas ninguém respondeu. Sentou-se e gritou alto enquanto a porta se abria mais: "Quem está aí?". De repente, alguém fechou a porta.

A sra. Lilly saiu correndo do quarto, acordou Lehzen e mandou chamar Kinnaird, o escudeiro de vigia. Kinnaird examinou a sala de estar e espiou debaixo de um canto do sofá densamente estofado, no qual Vitória fora transportada para o quarto, horas antes. Pôs-se de pé num salto e recuou devagar. Lehzen o encarou, foi até o sofá e o afastou da parede. Cobriu o nariz com a mão e arregalou os olhos; o rapazote escondido ali embaixo estava imundo e cheirava mal. Agarraram-no e o levaram para baixo, enquanto ele dizia que não agira por mal, só viera ver a rainha. Albert e Vitória dormiam profundamente, enquanto a cinquenta metros dali as mulheres lutavam para segurar o intruso.

A notícia pegou fogo em Londres. Tal como Edward Oxford, o pretendente a assassino, esse invasor do palácio gostou de passar pelos severos interrogatórios das autoridades. Gabou-se de ter "sentado no trono" e que "viu a rainha e ouviu os choros da princesa real". Tinha escalado o muro do jardim e então trepou pela parede e atravessou uma janela, passando três dias no palácio, escondido dentro de armários e debaixo de camas. Jones era o tipo de rapaz que poderia ter sucesso em Fleet Street; sonhava em escrever um livro escandaloso sobre o casal real e insistiu que esta era a única razão pela qual tinha invadido o local — queria "saber como viviam no palácio" e ouvir as conversas entre a rainha e o marido.[2] O pai de Jones alegou que ele sofria de distúrbios mentais, e os médicos declararam que sua cabeça tinha "uma formação muito peculiar", o que parecia confirmar as palavras do pai.[3] Mas como o rapaz não estava armado e não roubara nada, o Conselho Privado o condenou apenas a três meses de trabalhos forçados.[4]

A segurança no palácio era notoriamente fraca naqueles tempos.[5] Era frequente encontrar vagabundos e soldados bêbados, desacordados nos gramados do palácio, depois de pular pelos muros baixos, que ficavam ocultos sob a ramagem baixa e pesada das árvores. Muitos dos vigias eram de idade, tendo sido promovidos como reconhecimento pelo longo tempo de serviço, e costumavam dormir durante seus turnos. O Moleque Jones, como passou a ser chamado pela imprensa londrina, já tinha invadido o palácio antes, em dezembro de 1838. Foi capturado pela polícia na St. James's Street, numa perseguição, e estava usando duas calças e dois sobretudos. Quando tiraram a calça de cima, muito estufada, caíram várias peças íntimas femininas. Ele estivera no quarto de dormir e no quarto de vestir da rainha e roubou uma carta que ali estava, junto com um retrato e as roupas de baixo. Consideraram sua ação uma "tolice de juventude" e ele foi absolvido.[6]

Três meses depois que Lehzen flagrou o Moleque Jones, ele invadiu o palácio pela terceira vez. Foi descoberto à uma e meia da madrugada, com carne e batatas furtadas da copa e escondidas no lenço. Essa tríplice ocorrência lhe valeu o estatuto de celebridade. Charles Dickens escreveu ao pai do garoto logo a seguir, pedindo um encontro com a "vítima do palácio", mais por curiosidade do que por admiração. Ele duvidava da opinião popular de que o Moleque Jones fosse esperto, mas infelizmente não deixou nada escrito sobre o encontro.[7] O romancista americano James Fenimore Cooper, autor de *O último dos moicanos*, foi visitar o pai de Jones quando esteve em Londres e se ofereceu para levar o filho para os Estados Unidos, onde achava que um garoto esperto como ele iria prosperar. Combinaram um encontro, mas Cooper ficou surpreso ao ver "um baixinho raquítico e obtuso, que se sobressaía apenas pelo ar taciturno e turrão".[8]

O príncipe Albert utilizou a questão das repetidas invasões do Moleque Jones como pretexto para examinar a onerosa administração do palácio, complicada e ineficiente. Estava decidido a livrar o palácio de todos os intrusos, inclusive a baronesa Lehzen, que assumira maior responsabilidade pelas crianças e pelas finanças da rainha, durante os períodos de repouso de Vitória antes e depois do parto. O príncipe, que gostava de estruturas sólidas, desprezava a visível incompetência na administração da Casa Real. Resolveu implementar uma nova ordem para Vitória, instilando disciplina em tudo, desde sua agenda diária até suas finanças e palácios destrambelhados.

Primeiro, Albert forneceu a Vitória uma rotina diária. Tomavam o desjejum às nove, saíam para caminhar, então escreviam e desenhavam juntos e almoçavam às duas. Vitória recebia Lord Melbourne por algumas horas à tarde, e depois saía para um passeio em coche aberto com Albert ou com a mãe e damas de companhia. O jantar era às oito. Albert tomou providências para que essa agenda fosse seguida da forma mais estrita possível, assim vencendo o gosto de Vitória pelas altas horas da noite.

Segundo, o príncipe tentou controlar os gastos. Ficou boquiaberto ao ver que, em 1839, a rainha gastara 34 mil libras, cerca de 2,6 milhões de libras em valores atuais, somente em obras de caridade e pagamento de pensões.[9] Dedicou especial atenção aos registros financeiros do ducado da Cornualha, que rendeu valores substanciais para Vitória em 1840, provenientes sobretudo de suas minas de estanho — 36 mil libras, das quais um terço se evaporou na custosa administração. Enxugou, reestruturou e organizou o orçamento com sucesso. Em poucos anos, havia dinheiro suficiente para comprar uma casa particular para a família na Ilha de Wight. (Albert negava sistematicamente os pedidos de dinheiro que lhe fazia a família em Coburgo.)

Terceiro, o príncipe examinou o estado precário das Casas Reais de Vitória, em especial o Palácio de Buckingham, onde passavam vários meses por ano. O palácio era espaçoso, grandioso, situado na área imobiliária mais elegante de Londres, mas a ventilação era ruim, o aquecimento era irregular e os frequentes vazamentos de gás de vez em quando levavam a explosões na cozinha. Os alojamentos da criadagem estavam abarrotados e o quarto das crianças era inadequado para a prole crescente. O palácio fedia a emanações fecais: o piso de tijolos da cozinha servia de teto do esgoto que gorgolejava sob a despensa e os fornos. O banheiro no andar acima do quarto de vestir da rainha volta e meia transbordava na frente da janela. Depois de se descobrirem dezenas de cloacas transbordando de dejetos sob os pavimentos do Castelo de Windsor, em 1844, Albert substituiu todas as velhas retretes hanoverianas por privadas modernas com sistema de descarga.

No primeiro ano do reinado de Vitória, depois de reclamações sobre os maus cheiros, um encarregado do setor de madeiras e obras inspecionou o Palácio de Buckingham e declarou que os pavimentos inferiores estavam em condições sórdidas e eram inabitáveis. Na cozinha, ele encontrou "restos de vegetais da horta e outras coisas no estado mais fétido e imundo".[10] Havia vazamentos nos telhados e os drenos estavam esburacados, mas pouco se fez a respeito. Três anos depois, Albert pediu a Stockmar que o ajudasse a conduzir outra inspeção, mais completa. Encontraram uma estrutura arcaica e extremamente ineficiente, com a responsabilidade dividida entre o Lord Camareiro e o Lord Mordomo, com alguma contribuição do Mestre dos Cavalos e do setor de madeiras e obras. As lâmpadas no Palácio de Buckingham eram fornecidas pelo setor do Lord Camareiro, limpadas pelo setor do Lorde Mordomo e, em geral, acendidas pelo Mestre dos Cavalos.

As janelas viviam sujas, pois a parte de dentro e a parte de fora nunca eram limpadas ao mesmo tempo: o setor do Lord Camareiro era responsável pelo interior do palácio, enquanto o setor de madeiras e obras cuidava do exterior. A equipe do Lord Mordomo preparava e montava as lareiras, e era a equipe do Lord Camareiro que as acendia. Vidraças e guarda-louças quebrados ficavam meses nesse estado, pois, para consertá-los, o cozinheiro chefe tinha que preparar e assinar uma requisição, que então precisava ser assinada pelo Mestre da Casa Real, autorizada pelo setor do Lord Camareiro e entregue ao Encarregado das Obras, pertencente ao setor de madeiras e florestas. Albert nomeou um funcionário que moraria no palácio e representaria os três departamentos.

A seguir, havia a criadagem. Cerca de dois terços dos criados do palácio não tinham supervisão alguma, e assim faziam o que bem entendiam, sumindo à vontade. O pessoal era conhecido por sua grosseria. Raramente havia alguém disponível para conduzir os convidados a seus aposentos; muitos visitantes se perdiam pelos corredores labirínticos. Albert identificou uma série de fraudes e abusos praticados durante décadas pela criadagem: muitas vezes, pessoas externas ao palácio falsificavam a assinatura das damas de companhia da rainha para chamar uma carruagem, pondo o custo da viagem na conta da Casa Real; diariamente colocavam velas novas e os lacaios embolsavam as velas do dia anterior, muitas nem sequer usadas; ofereciam-se dispendiosos jantares da equipe a pessoas com remotíssimas ligações com a corte real. Albert reduziu os salários, em alguns casos em dois terços, visto que muitos criados trabalhavam apenas metade do ano no palácio.

No programa de Albert, vinha por último o que ele chamava de "dignidade moral da corte".[11] As mesas de jogos de apostas desapareceram de Windsor. Ninguém tinha autorização de se sentar em presença da rainha — ou de Albert. (A esposa de Lord John Russell — que mais tarde foi primeiro-ministro — teve permissão de descansar numa cadeira depois de dar à luz, "mas a rainha, quando o príncipe se reuniu ao grupo, teve o cuidado de colocar uma dama de companhia bem gorda de pé na frente [dela]".)[12] Os ministros em visita à rainha tinham que sair da sala andando para trás, pois dar as costas a um monarca feria a etiqueta. Os trajes da corte eram obrigatórios. (Se uma mulher não quisesse usar o estilo adequado, precisaria obter um atestado médico explicando por que isso prejudicaria sua saúde e então pedir permissão ao departamento do Lord Camareiro.)[13] Punia-se o "comportamento desonesto e sexualmente frouxo".

Passou a vigorar um novo e rigoroso código de conduta, que era cuidadosamente emoldurado e pendurado nos dormitórios das damas de honra.[14] Faz muito tempo que o nome de Vitória vem associado ao puritanismo preconizado por Albert na corte, mas foi ele, não ela, o verdadeiro defensor desses padrões.[15] Melbourne logo percebeu que Vitória "não se importava muito com tais sutilezas da escolha moral", ao passo que Albert era "extremamente rígido".[16] O príncipe insistia num "caráter imaculado", enquanto a rainha não se importava "nem um pingo a respeito".[17] Ninguém escapava aos padrões de Albert. Mesmo seu próprio irmão lhe provocara um acesso de fúria, devido à sua licenciosidade sexual que havia resultado em graves "visitações" de doenças venéreas. Apesar de tudo, Vitória pouco fez para conter o fervor do marido; iniciara-se a era Albert, pelo menos dentro do palácio.

Enquanto isso, a esfera política fervilhava especulando quando o governo whig cada vez mais impopular de Lord Melbourne seria substituído pelos tories de Sir Robert Peel. Sempre preparado, Albert iniciara negociações secretas com Peel, enviando seu secretário, Anson, para tentarem criar um acordo que evitasse os constrangimentos da Crise da Câmara Real, em que Vitória vetara Robert Peel por causa de seu apreço por Melbourne. Albert também se pôs em conversações com Melbourne, comunicando ao primeiro-ministro que, a seu ver, Vitória (esperando o segundo filho) não conseguiria enfrentar ou "atravessar dificuldades" sozinha. Assim, ele queria ser incluído em qualquer conversa que Melbourne tivesse com a rainha sobre os assuntos de Estado.[18]

Em 9 de maio de 1841, Anson se reuniu com Peel para debater a questão das damas na Casa Real. Em nome de Albert, Anson ofereceu a renúncia de três damas de companhia mais graduadas, casadas com whigs de alta importância e, portanto, aliados de Melbourne, o qual estava prestes a sair: a duquesa de Sutherland, a duquesa de Bedford e Lady Normanby. Peel, depois de assegurar várias vezes que seu principal objetivo era proteger a dignidade e os sentimentos da rainha, aceitou. Também pediu que Vitória o notificasse formalmente que aqueles três cargos estavam vagos. A mudança devia vir da parte dela, para não ser vista como condição de Peel para formar um governo.[19]

Depois do fiasco anterior, Peel se sentiu extremamente grato pela intervenção diplomática de Albert. Num memorando de 27 páginas, conservado nos arquivos da British Library, o entusiasmo, o indisfarçado sentimento de vitória e a gratidão de Peel ficam evidentes, bem como sua preocupação de que nada fosse interpretado como uma desfeita à rainha.[20] Anson e Peel reconheciam explicitamente a superioridade intelectual de Albert em relação a ela; Anson citou o príncipe, que disse que a rainha tinha uma "modéstia natural em relação a suas posições constitucionais" e provavelmente aceitaria os argumentos de homens mais experientes do que ela.[21] Havia aí alguma verdade — Melbourne recomendou ao sucessor que escrevesse detalhadamente à jovem rainha, e "*em forma elementar*, pois Sua Majestade sempre gostava de ter pleno conhecimento de tudo o que se passava".[22]

Muitos historiadores supõem que Vitória, então no segundo trimestre da segunda gravidez, teria aceitado muito bem o arranjo que o marido fizera sem a consultar. Mas a troca de primeiro-ministro — facilitada pelo marido por trás de suas costas — foi um período muito difícil para ela. Na primeira semana de maio, Vitória e Melbourne debateram a necessidade de resolver a questão de suas damas antes de mandar chamar Peel. Enquanto ainda discutiam a questão, Albert agiu sem lhe dizer nada, oferecendo a Peel a renúncia das três damas *whigs*. Vitória ficou surpresa e, em 9 de maio, escreveu: "Meu caro e excelente Lord Melbourne me contou que Anson esteve com Peel (coisa de que eu não fazia ideia, mas que, claro, Albert devia saber)". A ressalva é significativa — por que seu marido não lhe contara? No final do dia, escreveu que se "sentia muito abatida". Naquela noite, ela teve pesadelos com a perda de Melbourne e acordou exausta e deprimida, escrevendo: "Ah! Se fosse apenas um sonho!".[23] Toda vez que pensava na perspectiva de perder seu estimado Lord Melbourne, Vitória sentia vontade de chorar. Disse a Leopoldo que era "muito, muito doloroso", mas estava decidida a se manter serena, principalmente agora que tinha Albert. Depois de ler com atenção os memorandos Anson-Peel de maio de 1841, ela acrescentou uma condição: Peel devia entender que era a rainha, e não ele, quem nomeava as damas. Insistiu nesse ponto como um "princípio", sublinhando enfaticamente a palavra.[24] Peel concordou.

Vitória se sentia dividida entre a conveniência política e a lealdade. Poucas semanas depois, começou a se preocupar achando que capitulara a Peel com excessiva facilidade. Albert falou que ela estava sendo influenciada por suas damas; Vitória chorou por algum tempo e admitiu que a família da duquesa de Bedford — que não queria sair — deixara uma carta para ela. Anson escreveu: "A rainha passou o dia todo muito abatida e disse que sentia um grande peso no espírito e achava que o marido e Lord Melbourne a haviam apressado e levado a transigir".[25] Ela sabia que agora não tinha escolha a não ser fazer o que o marido sugeria.

Muitas vezes, Vitória ficava incomodada com o que lhe parecia ser uma renúncia a seu papel, transferindo-o para o marido. Quando Lord Melbourne lhe contou que Albert tivera uma acolhida triunfal num evento, ela respondeu: "Não gosto disso — em primeiro lugar, porque não gosto que ele esteja longe de mim, e depois porque não gosto que ele tome meu lugar na política ou nos assuntos gerais do país".[26] Mas Albert tinha habilidade política. Ele e Anson estavam contatando os dois primeiros-ministros, o atual e o futuro, e combinando encontros por trás de Vitória. Em 15 de maio, Albert estava na sala quando Melbourne chegou para sua reunião com Vitória; dessa vez, ele permaneceu na sala.

Em junho, quando o governo de Melbourne perdeu um debate sobre a tributação do açúcar estrangeiro, Peel forçou um voto de desconfiança e o Parlamento foi dissolvido. Vitória ficou deprimida, mas Melbourne, agora mais velho, contemporizou: "Ora, ninguém *gosta* de sair, mas não estou bem. Ando muito abatido e será um grande descanso para mim".[27] Vitória mostrou claramente suas preferências visitando a residência de *whigs* importantes durante as eleições, mas sem grandes efeitos. Os conservadores obtiveram ampla maioria em 19 de agosto. Pela primeira vez, a rainha não compareceu à sessão de abertura.

Nove dias depois, Melbourne finalmente foi obrigado a renunciar. Despediu-se de sua rainha poucas horas depois de sua última audiência oficial, "à luz das estrelas" no terraço de Windsor. A rainha chorou. Melbourne lhe disse com ternura: "Durante quatro anos, eu a vi diariamente e a cada dia gostava mais e mais". Quando trocaram a despedida final em Claremont, quatro dias depois, ela soluçou. Vitória estava muito mais acessível a Peel do que dois anos antes. Ainda assim, disse a Melbourne que se sentia "horrivelmente afetada" com a separação.[28] No diário, ela repete várias vezes quanto se sentia "infeliz", de "coração pesado" e com "pressentimentos melancólicos".[29] Estava acostumada a vê-lo todos os dias; antes disso, o máximo de tempo que passara sem o ver tinha sido por onze dias. Um mês depois, ainda relutava com a mudança, passando muito menos tempo com o novo primeiro-ministro do que fazia com Lord Melbourne. A correspondência com Peel era mais fria e mais pragmática; a afeição sumira da relação.[30]

Albert estava pronto para o trabalho. Tinha muito em comum com Peel: a reserva, a propensão para conversas intelectuais, o amor pela arte e pela literatura — em especial por autores alemães e pintores holandeses — e o empenho em reformas sociais (mas não na ampliação do direito de voto, pois Peel se opusera ao Projeto de Reforma de 1832). Albert chegou a persuadir Peel a aceitar seu veto a nomeações oficiais por conduta moral duvidosa, inclusive a do duque de Beaufort, que ficou muito surpreso (quando sua esposa morreu, ele se casara com sua meia-irmã, o que era proibido pelo direito canônico da Igreja da Inglaterra). O curioso é que Peel concordou.

O novo dirigente da Inglaterra era um indivíduo brilhante, que se destacara nos estudos clássicos e matemática na Christ Church, Oxford, ingressara no Parlamento com apenas 21 anos e fora nomeado ministro do Interior treze anos mais tarde. Quando estava no Ministério do Interior, Peel criara a Força Policial Metropolitana, cujos policiais foram desde então alcunhados de *bobbies*, em referência a seu nome. Estava seriamente empenhado em garantir a proteção dos trabalhadores e durante muitos anos fez campanha para revogar as Leis do Trigo, que consistiam numa tributação sobre o trigo importado, a qual protegia os latifundiários locais e encarecia o preço do pão, gerando muita miséria entre os trabalhadores e os desempregados. Peel foi o primeiro premiê a enfrentar a sério os problemas urgentes do crescimento populacional, da Revolução Industrial e da recessão. Mas nunca foi muito benquisto, em parte porque era canhestro e reservado. Segundo Lord Ashley, Peel parecia "um iceberg com um leve degelo na superfície".[31] Segundo Greville, ele era "vulgar", "mais um comerciantezinho janota do que um primeiro-ministro", que usava faca para cortar gelatina.[32] Vitória gostava de receber agrados, e Peel era incapaz disso. Já haviam comparado seu sorriso ao reluzir da placa prateada na tampa de um caixão.[33] Os dois não tinham muito o que conversar, e ela se irritava com o jeito dele, que parecia "um professor de dança dando aula".[34] Vitória o apreciaria mais, disse Greville, "se ele conseguisse parar de mexer as pernas".

Foi um verão muito quente. Grávida, Vitória tinha constantes dores de cabeça. Perdera seu amado primeiro-ministro, brigara com o marido e se preocupava com a saúde da filhinha irrequieta. Sentia-se bastante deprimida e disse a Leopoldo que a "grande provação atual, a maior que já precisei suportar", de perder o contato diário com Melbourne era "um triste desgosto".[35] No final de agosto, Melbourne lhe escreveu insistindo para "erguer o ânimo".[36]

Albert, geralmente mais propenso à melancolia do que sua esposa, andava muito contente e animado. Tudo caminhava de acordo com suas esperanças. Ficou satisfeito com a saída de Melbourne num momento oportuno, que lhe permitia se tornar o único confidente da rainha. Disse a Anson para relembrar a Melbourne que "sempre fora do parecer de que, a partir desse momento, assumiria uma nova posição e a rainha, não podendo mais recorrer a Lord Melbourne em caso de necessidade, deveria a partir de agora se consultar e se aconselhar com [ele]". Albert também teve a prudência de persuadir os aliados de maior confiança de Vitória a falarem em seu favor. Pediu a Anson que dissesse a Melbourne para "insistir com a rainha em não ter escrúpulos em utilizar o príncipe".

Melbourne concordava que Albert deveria ocupar naturalmente seu lugar, mas recomendou que ele não alarmasse Vitória a fazendo pensar que "o príncipe estava em tratativas com Peel sem seu conhecimento".[37] Então, conscienciosamente, Melbourne escreveu uma carta à rainha, elogiando e indicando Albert — e não Peel — como seu verdadeiro substituto, louvando seu "julgamento, temperamento e discrição".[38]

Enquanto Melbourne perdia seu papel dominante e Albert vinha a ocupar o primeiro plano, Vitória começou a reconhecer uma nova fonte de bem-estar na vida. Agora conhecia o amor: um amor que era seguro, profundo e permanente. Revendo o passado, agora como esposa e mãe, sentia-se constrangida com seu comportamento quando estava apaixonada por Lord Melbourne. Anotou no diário em 1º de outubro de 1842: "Revi e corrigi um de meus antigos diários, que agora não despertam sentimentos muito agradáveis. A vida que levava então era muito artificial e superficial. No entanto, eu pensava que era feliz. Graças a Deus, agora sei o que significa a verdadeira felicidade!".[39]

Essa percepção a acompanhou durante meses: "a verdadeira felicidade" foi um marco fundamental durante seu amadurecimento e florescimento no matrimônio. Em dezembro de 1842, Vitória conversou com Albert sobre o que fora sua "ilimitada afeição e admiração por Lord Melbourne". Disse que não sabia bem de onde aquilo vinha, "exceto pelo fato de que me agarrei a alguém e tinha sentimentos muito calorosos". Albert comentou que ela "se convencera de algo que realmente acabou por ser uma grande tolice".[40] Albert provavelmente era sensato demais para algum dia se convencer de qualquer tolice, mas descartou os sentimentos da esposa com excessiva rapidez. Melbourne dera uma sensação de segurança a Vitória nos primeiros anos mais vulneráveis de seu reinado, e a afeição dela por ele era genuína e correspondida. A despedida era dolorosa.

Lord Melbourne, em seu declínio, tornou-se uma figura um tanto patética e solitária. Fitava o palácio com ar melancólico ao passar por ali e, nos anos após a renúncia, ficava aguardando cartas de Vitória. Tinha a esperança de ser chamado de volta ao Parlamento em 1846, mas a rainha lhe disse que se abstivera por causa da saúde dele. Ao saber que ela estava com depressão pós-parto, Melbourne lhe escreveu dizendo que ele também andara deprimido: "Sei como é difícil lutar contra isso".[41] Seu biógrafo David Cecil diz que Melbourne sentia saudades da rainha. Os dias que passara com Vitória tinham sido os mais felizes e plenos de sua vida.[42] Ela o adorava e tinha necessidade dele. Quando mencionavam o nome da rainha, seus olhos se enchiam de lágrimas.[43]

Vitória continuava a enviar cartas e presentes a Melbourne, e lhe fazia empréstimos em dinheiro, mas agora sua atenção estava dividida: num baile em abril de 1842, havia uma fila tão comprida de gente esperando para se despedir da rainha que Melbourne saiu discretamente e embarcou desalentado em sua carruagem. Escreveu-lhe no dia seguinte, contando que passara pela frente do palácio e pôde ver seus aposentos, "a ponto de distinguir os quadros, as mesas etc., as velas sendo acesas e as cortinas abertas.

Vossa Majestade estava saindo naquele instante para a Ópera".[44] Pouco depois sofreu um derrame e morreu em 1848.[45]

A baronesa Lehzen e Albert tinham atritos constantes enquanto ela tentava proteger seu território e ele procurava expandir o dele. Stockmar disse a Lord Granville que Lehzen era "tola" em contestar a influência de Albert e não reconhecer que sua posição mudara, agora que Vitória estava casada. Mesmo Leopoldo, antes amigo, dizia que Lehzen era um "grande perigo futuro" para Albert.[46]

Os homens da corte começaram a observá-la e cercá-la. Em dezembro de 1840, voltando de dez dias de viagem, Anson ficou furioso com Lehzen, que "se intrometeu e causou estragos sempre que teve oportunidade, desde o momento em que parti".[47] Embora Melbourne lhe assegurasse que a interferência de Lehzen não conseguiria diminuir o amor de Vitória por Albert, Anson não tinha tanta certeza: "Ela estava sempre no caminho da rainha, apontando e exagerando qualquer pequena falha do príncipe, distorcendo-o constantemente, tentando enfraquecê-lo nas afeições da rainha".[48] Não existem muitas indicações de que Lehzen realmente agisse assim — antes elogiara Albert, como "pessoa muito boa e de espírito humilde" —, mas está claro que ela fortaleceu a decisão de Vitória de preservar suas prerrogativas.[49] John Conroy tinha sido uma lição para Lehzen e ela procurava instintivamente proteger a rainha. Era importante, dizia ela, que Albert reconhecesse que "a rainha não admitiria nenhuma interferência no exercício de seus poderes, dos quais ela era *extremamente ciosa*".[50] Este era o cerne da disputa: a luta sobre os poderes da rainha.

A hostilidade logo vazou para o público. Quando Albert disse a Lehzen para deixar o palácio em 1842 — coisa que ele não tinha o direito de fazer, retrucou ela —, a baronesa deixou de falar com o príncipe. Lehzen se sentia ofendida que Albert tentasse mudar coisas com que ela e Vitória haviam concordado. Albert achava que ela era grosseira, desrespeitosa, ambicionando o poder — e que fora promovida acima de seu nível. Ele ficou furioso quando viu Lehzen, plebeia e integrante da criadagem, sentada no chão com Pussy no colo, no quarto das crianças (mesmo as amas de leite tinham a recomendação de amamentar de pé, por respeito ao bebê real a seus cuidados).[51] Quando ela deixou de contar a Albert que o capitão Childers, um dos cortesãos da rainha, se apaixonara por Vitória, ele a acusou de incompetência. Lehzen replicou que havia contado ao Lord Camareiro e não a ele pela simples razão de que Albert tinha sido tão grosso com ela que era impossível falar com ele.

Quando uma mulher como Lehzen ameaçava a autoridade de Albert, ele ficava excepcionalmente malévolo. Ela era vista de modo geral como uma "duende solteirona".[52] Em cartas ao irmão, Albert se referia a ela como *die Blaste* — a bruxa. Quando

Lehzen pegou icterícia naquele Natal, ele a apelidou de "a dama amarela".[53] Albert a responsabilizava pelas falhas de Vitória: sua educação, que ele considerava abaixo do padrão — muito embora fosse melhor em línguas, fluente em inglês, alemão e francês e um pouco de italiano —, e seu nervosismo nas conversas com estudiosos e políticos muito mais velhos do que ela. Albert criticava muito a esposa nos meses anteriores à partida de Lehzen, mas, depois que ela foi embora, ele declarou ao irmão que Vitória "era a companheira mais perfeita que um homem poderia desejar".

Lehzen tinha ciúmes de Albert, mas não era o duende de sua imaginação. Lord Holland louvava sua "sensatez e informação, grande capacidade de julgamento e força de espírito ainda maior".[54] Greville, usualmente azedo, dizia que Lehzen era uma "mulher inteligente e agradável", "muito amada pelas mulheres e muito estimada e apreciada por todos os frequentadores da corte".[55] A dama de companhia Georgiana Bloomfield dizia que ela era uma figura "bondosa e maternal" para as mulheres da corte, sobretudo as mais jovens.[56] Da mesma forma, Lady Lyttelton a considerava bondosa, prestativa e devotada. Mas Albert não admitiria nenhum rival nas afeições de Vitória e, em vez de ceder a suas ambições, Lehzen as combateu tal como, anos antes, combatera Conroy e a mãe de Vitória. Foi castigada por defender sua rainha.

Durante a segunda gravidez de Vitória, suas damas ficaram maravilhadas com sua saúde robusta. Mas, na verdade, a jovem mãe se sentia indisposta, "infeliz", "desanimada e deprimida".[57] Não queria outro filho tão rápido e se ressentia muito com as restrições de sua vida — como se suas "asas estivessem cortadas". Foi perdendo o interesse pelo trabalho e muitas vezes explodia em acessos de mau humor.[58]

Em 9 de novembro de 1841, nasceu um bebê gordo e sadio. Vitória ficou entusiasmada que fosse um menino, mas estava abatida após um parto torturante.[59] Escreveu no diário:

Não direi muita coisa, mas meus sofrimentos foram realmente muito grandes e desconfio que teria morrido se não fosse o grande reconforto e apoio de meu amado Albert... Finalmente, faltando doze minutos para as onze, dei à luz um belo menininho! Ah, como me senti feliz e grata que a Providência Onipotente me tivesse abençoado tanto e me preservado tão misericordiosamente ao longo de tantos dias e provações. Embora cansada, senti-me muito bem depois que a criança nasceu.

Albert lhe deu um broche com o timbre do filho; então ela caiu num sono profundo pelo resto do dia, mais uma vez aliviada por não ter morrido. Mas Vitória não sentia nada pelo bebê quando o tinha nos braços, nem amor ou afeto. Passou um ano com depressão pós-parto. Durante todo o mês de novembro, Albert continuou a carregá-la da cama para a poltrona. Sentia-se fraca, deprimida, e tinha problemas para dormir. Os membros do palácio a observavam nervosos, na suspeita de que a loucura de seu avô ressurgiria e se apoderaria dela.

Vitória levou muitos meses para afastar a tristeza, que lhe parecia inexplicável, visto que Albert a fazia muito feliz. Estava com os nervos "tão esfrangalhados", disse a Leopoldo em abril de 1843, que "sofri um *ano inteiro* com isso".[60] Mais tarde, comentou com a filha mais velha que o problema fora ter dois filhos em seguida, numa sequência tão rápida: "Bertie e eu sofremos e ele sempre sofrerá por ter vindo tão logo depois de você".[61] Como primeiro filho, Albert Edward — futuro Eduardo VII — nasceu para ser rei, mas a irmã mais velha sempre seria mais inteligente, mais bonita e mais amada.

Em 16 de janeiro de 1842, Albert e Vitória voltaram o mais rápido possível de Claremont para Windsor. Haviam passado uma curta temporada na propriedade inglesa de Leopoldo, na tentativa de sanar a melancolia de Vitória, mas tinham sido chamados porque Pussy, cuja saúde estivera ruim durante meses, estava piorando. Por muito tempo, Albert culpara Lehzen por problemas no quarto das crianças, mas, quando a filhinha adoeceu, ele ficou bravo e nervoso. Pussy ficara fraca e inquieta com poucos meses de idade, e Lehzen e a ama de leite não conseguiam acalmá-la nem fazê-la ganhar peso. A rainha escreveu: "Até o final de agosto, ela era uma criança tão gorda, forte, magnífica, que é um grande pesar vê-la tão magra, pálida e alterada".[62] Dr. Clark receitou leite de jumenta e caldo de galinha com creme, que ela não conseguia digerir, bem como calomelano com mercúrio e láudano, que tirava o apetite. O nascimento de um irmãozinho, o menino que os pais tanto queriam, apenas fez piorar o estado da pequena Pussy. No dia seguinte ao nascimento, Vitória escreveu: "Vi os dois, Pussy aterrorizada e nada satisfeita com o irmãozinho".

Os dois mantiveram silêncio durante grande parte da viagem: muitas crianças morriam antes mesmo de aprender a andar.[63] Quando o coche parou no pátio retangular de Windsor, subiram correndo até o quarto das crianças. Lá, ficaram espantados ao ver Pussy magrinha e de olhos fundos, mas balbuciando e sorrindo radiante para eles. Encolerizado, Albert disse alguma coisa que despertou uma reação agressiva da pajem. Ele se virou para Vitória e murmurou: "Isso realmente é maligno". Vitória explodiu, nervosa: ele queria que ela, a mãe, saísse do quarto dos filhos?[64]

Os dois perderam a calma: Albert disse a Vitória que ela tinha uma paixão irracional por Lehzen e que as duas haviam descuidado da criança — queriam matá-la? Vitória, por sua vez, acusou-o de querer controlar tudo, inclusive o quarto das crianças, de invejar sua posição, de ter ciúmes de sua preciosa amizade com Lehzen, de pensar o pior sobre ela, de não deixar que ela tomasse suas próprias decisões. Depois de se apoderar de grande parte de seu papel cerimonial, agora Albert queria controlar também a criação dos filhos, o que deixava Vitória furibunda. Finalmente afloravam os meses de tensão subterrânea. E Vitória gritou que lamentava ter se casado com ele.

Albert ficou furioso e estarrecido com essa cena pública. Murmurando "Preciso ter paciência", foi para seus aposentos e se recusou a falar com Vitória durante vários dias. Stockmar fazia as vezes de intermediário. Vitória lhe escreveu no mesmo dia, contrita, dizendo que a discussão parecia um pesadelo. Queria que ele dissesse a Lehzen que fora um "pequeno desentendimento", acalmasse Albert e lhe dissesse que a rainha estava transtornada demais para ver qualquer pessoa. Ainda se recuperando do parto difícil de Bertie, poucas semanas antes, Vitória não parava de chorar. "Sinto-me tão perdida e estou com uma *enorme* dor de cabeça! É como se eu tivesse tido um sonho pavoroso. Espero que você consiga aplacar Albert. Ele ainda parece estar muito zangado. Eu *não* estou".[65]

Ele estava, sim. Albert não iria mais moderar suas palavras. Obrigaria a rainha a escolher entre marido e governanta. Escreveu a Stockmar:

> Lehzen é uma intrigante louca, vulgar, estúpida, obcecada com a ânsia de poder, agora se vê como uma semideusa e quem não a reconhece como tal, como um criminoso... Eu, por outro lado, considero que Vitória tem por natureza um bom caráter, mas desvirtuado por uma criação errada... Não haverá nenhuma melhoria enquanto Vitória não enxergar Lehzen como ela realmente é, e rezo para que esse dia chegue.[66]

Os surtos emocionais de Vitória iam e vinham, mas a cólera de Albert era gélida e duradoura. Queria infligir dor à esposa. Escreveu-lhe alguns dias depois, num tom gelado: "Dr. Clark cuidou mal da criança e a envenenou com calomelano e você a fez passar fome. Não terei mais nada a ver com isso; leve embora a criança e faça o que quiser, e se ela morrer você ficará com isso em sua consciência". Vitória disse a Albert que lhe perdoava as "palavras irrefletidas" e pediu que lhe dissesse se estava preocupado com alguma coisa. Mas Albert declarou raivoso numa carta a Stockmar: "Vitória é precipitada e acalorada demais para que eu consiga falar mais sobre minhas dificuldades. Ela não me ouve, mas fica furiosa e me cobre de críticas, acusando-me de suspeitas, falta de confiança, ambição, inveja etc. etc.".

Os dois homens estavam de acordo: a rainha devia se render. Stockmar escreveu uma mensagem confidencial a Vitória, ameaçando renunciar caso tais cenas se repetissem. A rainha respondeu depressa: "Albert precisa me dizer o que lhe desagrada, e eu vou corrigir, mas ele também precisa *prometer* me ouvir e acreditar em mim; quando (pelo contrário) fico com uma raiva que, espero, já não me acomete muito, ele não deve acreditar nas coisas estúpidas que digo, como me sentir infeliz por ter me casado e assim por diante, que saem quando não estou bem".[67]

Vitória reconhecia que tinha defeitos. Passava por tais explosões — que Albert chamava de "incendiárias" — desde que era criança. Mas Albert parecia incapaz de aceitar que, de vez em quando, ela precisava desabafar ou surtar. Em vez disso, ele ralhava e mandava que controlasse suas emoções: um trabalho de Sísifo.

Vitória continuou a defender Lehzen. Sensatamente, declarou que queria reconhecer a bondade e a lealdade de sua ex-governanta e mantê-la na casa como recompensa pelos serviços de toda uma vida. Reconhecia, porém, que a posição de ambos era "muito diferente da de qualquer outro casal" porque "Albert está em minha casa e não eu na dele", mas, ao fim e ao cabo, ela se submeteria a ele porque o amava.[68] Prometeu que tentaria controlar seu temperamento, escrevendo em 20 de janeiro de 1842:

> Muitas vezes há em mim uma irritabilidade que (como no domingo passado, que deu início a toda essa desgraça) me faz dizer coisas ruins e odiosas nas quais não acredito que vão ferir Albert, e nas quais ele não deve acreditar. Eu me esforçarei em dominá-la, embora eu soubesse *antes* de me casar que isso seria um problema; por isso *não* queria me casar, como nos dois anos e meio em que eu era tão plenamente dona de mim mesma que ficava difícil me controlar e me curvar à vontade de outra pessoa, mas confio que serei capaz de vencer isso.[69]

Três meses depois, Lady Lyttelton foi nomeada governanta. Era a escolha ideal: meiga, competente, tradicional, de maneiras brandas. As crianças a adoravam e ela agradava tanto ao príncipe, por quem tinha profunda admiração, quanto à rainha, cuja "índole de ferro" ela notou imediatamente.[70] Acabaram por concordar que a agitação em torno de Pussy fora excessiva e que os médicos não ajudaram muito.

Em 25 de julho, sem consultar a esposa, Albert demitiu Lehzen. Então mentiu para Vitória, dizendo que Lehzen quis voltar para a Alemanha por causa da saúde. Ficaria fora dois meses. Albert acrescentou que concordara. Naquela noite, Vitória escreveu no diário: "Naturalmente fiquei bastante transtornada, embora tenha certeza de que é para nosso bem e para o bem dela".[71]

Sempre empenhada em proteger Vitória, Lehzen se mostrou alegre quando a rainha entrou agitada em seu quarto, e procurou tranquilizá-la. Repetiu o refrão de Albert, "dizendo que julgava necessário partir por causa de sua saúde, pois, claro, agora eu não precisava tanto dela e encontraria outras pessoas para me ajudarem". Vitória saiu do quarto, momentaneamente aliviada. Mais tarde, sentada ao lado do marido, tocando um dueto ao piano, ela comentou que controlara sua vontade de chorar. Estava resolvido.

Albert quisera assim. A rainha escreveu no diário: "Fiquei bastante desconcertada e abatida com o acontecido e naturalmente a ideia da separação próxima de minha querida Lehzen, que tanto amo, me deixou muito triste".

Na noite de 29 de setembro de 1842, Vitória sonhou com Lehzen. Era a mulher que lhe sorrira na Abadia de Westminster quando puseram a pesada coroa da Inglaterra em sua cabeça, que lhe dera forças quando John Conroy tentara lhe usurpar o poder, que lhe colocara compressas frias na testa para diminuir a febre que quase lhe tirou a vida aos quinze anos de idade. A mulher que lhe fora mais próxima do que sua própria mãe. Ela sonhou que Lehzen entrava no quarto para se despedir, abraçando-a com sua habitual ternura. Vitória acordou engasgada de dor: "Foi muito doloroso para mim... Já tinha ouvido falar disso — essa sensação esquisita ao acordar —, mas nunca me acontecera. É muito desagradável".[72]

No andar térreo, a baronesa abotoava o casaco. Inclinou-se para pegar e levar sua última mala até a carruagem que esperava no pátio do Castelo de Windsor. O céu começava a clarear; desceu depressa pelas escadas. Não queria perturbar Vitória, pois sabia que ambas tentariam manter a compostura. No desjejum daquela manhã, Vitória recebeu uma carta de Lehzen, "em que pedia licença para me escrever, julgando que seria menos doloroso do que me ver. Isso naturalmente me transtornou e lamento muito não poder abraçá-la mais uma vez... Nunca vou esquecer que, por muitos anos, ela foi *tudo* para mim".[73]

Com grande dignidade, a baronesa voltou para a Alemanha, indo morar com a irmã, que morreu poucos meses depois. Lehzen viveu sozinha até o final da vida, recebendo a generosa pensão anual que Vitória providenciou. Sua devoção à rainha nunca arrefeceu. Em 1858, ficou horas de pé na plataforma da estação de Bückeburg, esperando o trem com Vitória e Albert, que iam visitar Vicky, que acabara de se casar.[74] Enquanto os vagões percorriam a estação sem se deter, Lehzen ficou ali, acenando um lenço, tentando vislumbrar Vitória.

Lehzen fora o esteio que fortalecera a firmeza de Vitória ao crescer; sentia um enorme orgulho por ela. Vitória lhe fez uma última visita em 1866, depois da morte de Albert, em Reinhardsbrunn. Abraçaram-se e choraram; Vitória sabia que Lehzen, agora frágil, ainda assim entenderia a magnitude de sua dor. Lehzen falava constantemente de sua rainha nos meses finais de vida, quando a mente começou a vaguear e estava retida no leito com uma fratura no quadril. Morreu em 1870, aos 85 anos. Vitória continuou a reinar por mais três décadas.

No final de 1842, Albert já não tinha mais rivais. Melbourne renunciara e Lehzen estava exilada na Alemanha. Agora ele tinha as chaves das caixas de Vitória, o controle de suas finanças (tanto da Casa Real com seu corpo de servidores quanto das propriedades particulares) e acesso a seus ministros. Agora não estava apenas representando e sim eclipsando a rainha. Em seu papel de secretário particular — cargo que fora cobiçado por John Conroy —, ele redigia as cartas, lia os documentos de Estado, aconselhava a rainha em todos os assuntos e dominava as reuniões. Com Peel, preparou-se para fazer o trabalho de um rei: um rei excepcionalmente ativo, disciplinado e competente. Estava pronto para iniciar o verdadeiro trabalho nas "coisas mais graves e mais elevadas".

Havia muito a fazer. As questões que mais preocupavam Albert eram a reforma do Exército, a educação (principalmente ciências e geologia), a escravidão, as condições de trabalho e as relações externas, especialmente com a Alemanha e a França. Interessava-se por música, artes, habitação e arquitetura. Assumiu papel oficial em grupos como a Real Sociedade Agrícola, a Sociedade Filarmônica, a Associação Britânica, a Sociedade para a Melhoria das Condições das Classes Trabalhadoras, a Conferência Mundial do Congresso de Estatística, a Conferência Nacional da Educação, a Exposição de Dublin, a Exposição Universal, a Sociedade das Artes, a Sociedade para a Extinção da Escravidão e a Real Comissão de Belas Artes (esta em função da construção das novas câmaras parlamentares). Trabalhava até tarde da noite e acordava cedo, para ter tempo de se dedicar a seus projetos especiais. Albert era muito dinâmico, mas de forma um tanto desordenada; felizmente para a Grã-Bretanha, seu trabalho logo teria aplicações de grande impacto transformador.

Albert também assegurou que o Natal de 1841 fosse muito agradável. Importou pinheiros de Coburgo — popularizando a tradição da árvore de Natal, embora, além de ser montada no chão como hoje, também ficasse pendurada no teto — e esquiaram, fizeram bonecos de neve, andaram de trenó pela neve estralejante.[75] Vitória mal conseguia acreditar que tinha dois filhos, uma menina de um ano e um menino de dois meses e uma vida doméstica tão *gemütlich*, isto é, aconchegante. Em 26 de dezembro, Anson, no Castelo de Windsor, registrou satisfeito que a rainha "se interessa cada vez menos por política" e estava "muito ocupada com a princesinha real".[76]

Albert, por sua vez, ocupava-se cada vez mais com a política. No continente, a Europa fervia de ardor revolucionário. De momento, a realeza britânica parecia notavelmente imune à ameaça da guilhotina, mas não se sabia como e quando os ventos poderiam virar. O príncipe lutara para ter seu lugar como homem da casa, providenciara que as sebes fossem devidamente aparadas e o palácio se mantivesse asseado, afastara ou demitira os amigos mais próximos da rainha. Agora voltava sua atenção para a situação da Inglaterra e a sobrevivência da monarquia britânica. Estava decidido a inaugurar uma nova era: a de uma monarquia nobre, apartidária, imparcial. Também estava decidido a não cometer os mesmos erros da esposa. Governaria sem favorecimentos. E não seria mais objeto de troça como consorte dócil e submisso; haveriam de reconhecer e respeitar seu domínio sobre a esposa. Começara a era Albert.

14. Rei para todos os fins: "Como um abutre em sua presa"

Ele veio a se identificar tanto com ela que formam uma pessoa só e, como ele gosta e ela não gosta da atividade, é evidente que, embora tenha ela o título, é ele quem realmente desempenha as funções de soberano. Ele é rei para todos os fins e propósitos.
CHARLES GREVILLE, 16 DE DEZEMBRO DE 1845[1]

Nos meados do século XIX, o mês de janeiro costumava ser o pior para os que dependiam das ruas de Londres para sobreviver. O fedor estival de esterco, tabaco, peixe podre, pessoas que não se lavavam, curtumes, oficinas químicas, fogueiras de carvão e cloacas sob as casas era substituído por um frio enregelante. O ar ficava cortante quando o sol desaparecia no horizonte pálido. Gatos esqueléticos procuravam comida e os "coletores-caçadores" faziam um arrastão nos canos de esgoto procurando pregos, moedas ou pedaços de corda no escuro, muitas vezes tendo que afugentar as ratazanas. O frio enregelava os membros dos cadáveres frequentemente largados nas sarjetas e becos estreitos, por falta de túmulos: moças que morriam durante o parto, homens que congelavam enquanto dormiam, bebês esqueléticos com doenças misteriosas. O frio também entrava pelas fendas das janelas em quartinhos minúsculos, onde famílias inteiras se amontoavam para se aquecer. E no enorme Palácio de Buckingham, com pouco aquecimento, o mesmo frio obrigava o príncipe Albert a usar ceroulas para dormir e chinó ao desjejum. Em Londres, a fuligem caía em flocos como se fosse neve, encardindo com uma pátina preta chapéus, telhados e o rosto de quem olhasse para cima. O príncipe alemão sentia falta do ar puro e fresco de sua terra natal.

Em 27 de janeiro de 1846, à tarde, quando a carruagem real se deteve diante do

Palácio de Westminster, o sol era uma mancha rosa-pálido por trás de uma floresta de chaminés. Uma grande multidão facilmente excitável se reunira para ver os parlamentares passarem com suas cartolas e fraques sob medida. As pessoas gritavam os nomes dos que reconheciam. Um homem vendia tortas de vitela e enguia; outro assava castanhas na esquina. Uma mulher anunciando linguiça de porco se encarapitou no lixo empilhado na sarjeta. Um garoto de uns doze anos, vestido de vermelho, corria atrás das carruagens para recolher o estrume dos cavalos, colocando-o num balde ao lado da rua, que depois seria vendido a hortas e sítios nos arredores de Londres. Um bando de crianças sujas e maltrapilhas perseguia pela rua um cachorro sarnento.

O príncipe Albert ia naquele dia ao Parlamento para dar apoio a seu amigo, o primeiro-ministro, Sir Robert Peel, durante o debate político que definiria a carreira de Peel. Filho de industrial, ele viera a acreditar que as tarifas impostas a uma série de produtos estrangeiros obstruíam o livre-comércio e o crescimento econômico e elevavam injustamente os preços para os cidadãos britânicos comuns. Os proprietários rurais, que tinham grande apoio de inúmeros *tories*, alegavam que a eliminação das tarifas — ou das "Leis do Trigo" — iria arruiná-los. Ao defender a suspensão completa dessas tarifas pelos próximos três anos, Peel estava pisoteando nos desejos de seu partido. Era coragem política, mas também suicídio da carreira. Vitória e Albert admiravam sua posição e tinham decidido apoiá-lo depois que Peel enviara a Albert uma série de memorandos sobre as Leis do Trigo. Vitória, muito trabalhadora, sentia o mesmo desdém de Peel pelos lordes ociosos e privilegiados, e em 1846 anotou no diário:

[Peel] acrescentou que era irritante ver "cavalheiros que não faziam nada além de caçar o dia todo e tomar clarete e vinho do Porto à noite e nunca estudavam nem liam nada sobre essas questões, passarem a pontificar e interferir com os ministros". Isso é mais do que irritante e quando se pensa como Peel sacrifica saúde, conforto, tempo e mesmo ligações partidárias, exclusivamente pelo bem do país, para então ser recompensado apenas com insultos e vergonhosa ingratidão, realmente faz ferver o sangue.[2]

Eram quase quatro e meia da tarde. A polícia havia montado um cordão de isolamento desde a uma hora, contendo a densa multidão, que aclamava qualquer parlamentar que fosse contrário às Leis do Trigo. Dentro de Westminster, Peel entrou na Câmara dos Comuns, fez uma graciosa vênia ao presidente da casa e avançou até o centro da primeira fila à direita, onde ficavam os ministros e líderes dos partidos. Tinha um porte confiante e altaneiro: era um homem alto, bem-apessoado, com cabelo claro e traços finos, um nariz longo e afilado, testa alta e olhos escuros e graves.[3] Houve quem descrevesse sua atitude como a de um banqueiro ou de um "comerciantezinho janota". Os presentes o fitavam friamente, quatrocentos aristocratas ao todo, com as botas enlameadas pela caçada do dia.

Caiu o silêncio quando o príncipe Albert entrou na Galeria dos Visitantes. Lord George Bentinck, um *tory* apaixonado por corridas de cavalo, revirou os olhos: esse príncipe alemão achava mesmo que podia introduzir no debate o favorecimento real? Primeiro era a rainha com Melbourne; agora, Albert com Peel? Essa interferência da monarquia parecia extremamente irregular e errada. Mesmo "homens moderados", disse Disraeli mais tarde, ficaram incomodados com sua presença.

Às 4h48, Peel se levantou, ajeitou os punhos (maneirismo que deixava Vitória especialmente irritada), relanceou o olhar por toda a Câmara e começou a falar. Prosseguiu por três horas a fio. Então Albert voltou às pressas para o palácio, enquanto Vitória se encaminhava para o jantar, e informou que o discurso tinha sido "muito abrangente e excelente".[4] O debate se prolongou por várias noites até horas avançadas. No final de fevereiro, Lord George Bentinck, primo do escrevente do Conselho Privado Charles Greville, autor de diários, se pôs de pé e despejou escárnios sobre o príncipe, num discurso eletrizante. (Sua cólera lhe valeu a liderança do partido conservador, protecionista, na Câmara dos Comuns. Esse partido se formou com a cisão do partido *tory* por causa das Leis do Trigo — os peelistas defensores do livre-comércio permaneceram com o primeiro-ministro, enquanto os demais se reagruparam como conservadores.) Lord George Bentinck era uma figura marcante, com uma barba tingida de vermelho, usando fraque longo, colete de veludo e uma enorme turquesa que se salientava na corrente de ouro ao pescoço. Peel, disse ele, abandonara a honra dos aristocratas. E a Albert cabia a culpa de "ouvir maus conselhos" e se deixar ser "seduzido" por Peel a "vir a esta casa para anunciar, conferir brilho e, por assim dizer, por reflexo da rainha, dar a aparência de uma sanção pessoal de Sua Majestade a uma medida que, bem ou mal, uma grande maioria pelo menos da aristocracia fundiária da Inglaterra, da Escócia e da Irlanda imagina vir carregada de grande dano, se não de ruína, para eles".[5]

A presença no debate foi a única ação explicitamente partidária do príncipe, e foi um erro. Os *tories* nutriam suspeitas sobre o trono desde a coroação de Vitória, e Albert, que queria ser influente, mas neutro, comprometera-se a não dar mostras de parcialidade. Na biografia de Albert, encomendada por Vitória a Theodore Martin, a rainha defendeu o marido: "O príncipe, tal como o príncipe de Gales e os outros filhos da rainha fazem, simplesmente apenas foi uma vez ouvir um refinado debate, o que é muito útil para todos os príncipes. Mas isso, naturalmente, ele se sentiu incapaz de fazer outra vez".[6]

Na época da votação no Parlamento, em março, a família real estava de férias na Ilha de Wight, de ar puro e sem poluição. Vitória estava saindo da praia quando um criado esbaforido apareceu correndo, com uma caixa de Peel: a Câmara dos Comuns revogara

Edward, o duque de Kent, era um militar orgulhoso. Adorava a filha pequena e alardeava que, mesmo tendo poucas chances, ela seria rainha.

Victoire, a mãe alemã de Vitória, seria para sempre uma estrangeira na Inglaterra, apesar de ter ambição de mais poder para si mesma.

Criança robusta, Vitória parecia um rei de saias; a jovem princesa adorava bonecas e era muito birrenta.

Quando Vitória, com apenas dezoito anos, foi informada da morte do rei, já estava pronta para se tornar rainha. Sua governanta, no entanto, se encontrava atrás da porta, segurando sais aromáticos.

Em 1851, as vestes do casório tinham ficado mais apertadas — embora, mesmo onze anos mais tarde, Vitória ainda gostasse de reviver o momento, como que para lembrar aos súditos que continuava noiva de seu belo esposo.

O pintor americano Thomas Sully estava ansioso por capturar a "voz suave" e os "modos delicados" de Vitória no ano de sua coroação. A atitude de Vitória recebeu elogios, pois manteve a compostura enquanto os homens ao seu redor se atrapalhavam em seus discursos e tropeçavam nos degraus.

Albert era "extremamente bonito", escreveu a apaixonada Vitória em seu diário. Ficou tão encantada pelos "delicados bigodinhos" que sugeriu que todos os oficiais britânicos fossem orientados a cultivar o mesmo estilo.

Em 1859, aos quarenta anos, Vitória estava no auge: tinha nove filhos, uma nação que evitara a revolução e um adorado esposo. Considerava magnífico este retrato — de autoria de Franz Xaver Winterhalter, um dos pintores prediletos da corte.

Filhos de Vitória

Vicky, a filha mais velha de Vitória e Albert, era uma criança precoce e inteligente. Casou-se na adolescência e foi viver na Prússia, onde teve que lidar com súditos hostis e um filho cruel, o futuro Kaiser Guilherme II.

Vitória (aqui com Bertie, Vicky, Alice e Alfred) era uma educadora severa e profundamente interessada na vida dos filhos.

A Casa Osborne, na exuberante e tranquila Ilha de Wight, foi a primeira residência privada da família real. Vitória, que sonhava com atmosferas puras e tranquilas, sentia-se em êxtase: "Tudo só *nosso*".

Bertie era um rapaz sociável cujo charme excedia o intelecto; os pais, temendo que tivesse alguma deficiência, pediram que seu crânio fosse examinado. Muito consciente do desapontamento que era para eles, o futuro rei Eduardo VII se tornou rebelde e lascivo.

Beatrice

Jant.
1859.

Vitória e Albert adoravam Beatrice, a caçula (aqui desenhada por Vitória). Na noite em que Albert morreu, Vitória dormiu segurando a mão dela e, posteriormente, manteve um firme controle sobre toda a sua vida.

O mais brilhante evento do reinado de Vitória foi a Exposição Universal de 1851, graças à iniciativa e aos esforços de Albert. "Somos capazes", escreveu Vitória, "de fazer praticamente qualquer coisa."

A baronesa Lehzen, governanta de Vitória, ensinou a pupila a ser uma rainha forte e determinada. Albert considerava excessiva sua influência sobre a esposa e decidiu que ela deveria ir embora.

O rei Leopoldo I, tio de Vitória, era conselheiro fiel e preocupado com a princesa órfã de pai. Apoiou a união dela com Albert, tendo com isso elevado um parente Coburgo ao topo do Império Britânico.

Vitória teve uma leve queda por seu espirituoso primeiro-ministro Lord Melbourne, e o sentimento era em parte mútuo. Depois, tanto Vitória quanto os editores de sua correspondência viriam a se envergonhar pelo efusivo afeto que ela sentira por esse homem mais velho.

John Conroy, antigo oficial do Exército, cobiçava o poder e tentou forçar Vitória a ceder o controle da Coroa à mãe dela e a ele. Vitória o desprezava.

Os poemas de Lord Tennyson foram fonte de conforto para Vitória em sua inconsolável viuvez. Foi um dos poucos a reconhecer quanto ela estava sozinha "naquela terrível altura".

Vitória considerava Peel inflexível e reservado; pouco depois de ascender ao trono, ela impediu sua posse como primeiro-ministro, para manter Lord Melbourne no cargo. Albert, porém, admirava-o e mais tarde Vitória também passou a ter admiração por ele.

Residências reais

Logo após se tornar rainha, Vitória quis morar no claro e espaçoso Palácio de Buckingham. Mas o sistema de esgotos e a ventilação eram precários, tornando o local um ambiente opressivo.

Vitória nunca se sentiu plenamente confortável no Castelo de Windsor, mas, após a morte de Albert no local em 1861, ela tomou o cuidado de deixá-lo exatamente igual ao que era quando o marido estava vivo.

Albert trabalhou em parceria com o renomado arquiteto Thomas Cubitt para que a Casa Osborne fosse feita em estilo italiano, o perfeito refúgio de verão para sua família.

as Leis do Trigo com larga maioria. Vitória ficou olhando a carta, aliviada. Albert considerava Peel como espírito afim e, mais tarde, como um segundo pai. Ele escreveu a Stockmar dizendo que o líder *tory* "mostra imensa coragem e está com ótima disposição; todas as suas faculdades estão despertas [*er fühlt sich*] pela consciência de que, neste momento, ele está desempenhando um dos papéis mais importantes na história de seu país".[7] (Cabe notar que a revogação não foi uma conquista individual. A Liga contra a Lei do Trigo, que provinha basicamente da classe média, era um grupo político muito unido e refinado, com boa sustentação financeira. Seus líderes eram oradores hábeis e eficientes em colocar os aristocratas na defensiva, denunciando-os como latifundiários ricos, políticos inertes e líderes moralmente falidos. Arregimentaram a opinião da classe média e os aristocratas foram criticados de uma maneira que nunca ocorrera antes; foi uma guinada política significativa.)

Robert Peel, que herdara uma situação um tanto caótica, formava agudo contraste com Lord Melbourne, o último dos primeiros-ministros jorgianos, com sua filosofia do laissez-faire e sua notável impermeabilidade à energia dinâmica e construtiva da época. Melbourne não se deixara abalar pelos problemas que assolavam o país nos primeiros anos do reinado de Vitória: a depressão econômica, o alto desemprego, a criminalidade desenfreada, a miséria. Depois da inércia de Lord Melbourne, Peel comandou o que se chamava de "verdadeiro governo operante". Em dois anos, converteu o déficit em superávit, apesar de cortar mais da metade das tarifas em seu primeiro orçamento, em 1842. Depois de 1845, o trigo era o único produto primário ainda maciçamente protegido. Ele implantou um imposto de renda de sete pênis por libra para os que ganhavam mais de 150 libras anuais — o equivalente a uma alíquota de 3%. (Quando Peel anunciou que a rainha concordara em pagar imposto sobre suas rendas, foi uma "enorme sensação" na Câmara.)[8] Ele reformou o sistema bancário, regulamentou as empresas, enfrentou questões complexas que proliferavam na esteira da industrialização e da rápida urbanização. Sabia da urgência em aplacar a insatisfação social que fermentava. O analista político e econômico Walter Bagehot disse que Peel tinha "medo de pegar uma revolução tal como as velhas têm medo de pegar um resfriado".[9]

A Inglaterra nos meados dos anos 1840 estava tomada por debates sobre dois produtos agrícolas: a batata e o trigo. O desastre da colheita da batata irlandesa em 1845, depois de um verão muito úmido e uma praga proveniente dos Estados Unidos, finalmente imprimiu um caráter de urgência no debate sobre a Lei do Trigo. Os preços elevados, resultantes dos impostos, tornavam o cereal proibitivo para os irlandeses pobres, e a maior parte era exportada para a Inglaterra, assim acabando com a alternativa de uma fonte alimentar fundamental para o país devastado. Peel sustentava que "a eliminação dos obstáculos à importação é o único remédio eficaz".[10] Vitória tinha uma preocupação crescente com as notícias sobre a "extrema desgraça" dos irlandeses, aos quais faltava dignidade até mesmo na hora da morte, sendo os cadáveres lançados à terra sem ritos nem caixões.[11] Ela decidiu restringir o consumo de pão no palácio a uma libra diária por pessoa.

A reação do governo britânico à tragédia na Irlanda foi de uma impropriedade estarrecedora. Na primeira fase da fome, em 1845 e 1846, os britânicos se mobilizaram montando uma entidade assistencial, investindo em obras públicas e criando refeitórios públicos gratuitos. Deram 7 milhões de libras aos irlandeses, o que era apenas um décimo dos fundos que, poucos anos depois, seriam destinados à Guerra da Crimeia.[12] Mas em 1847, com o agravamento da fome, tais medidas apenas pioraram a situação: com o Decreto de Extensão da Lei dos Pobres aos Irlandeses, os pobres deixaram de receber roupas e alimentos gratuitos e passaram a trabalhar em asilos superlotados, sob condições pavorosas. Quem ocupava mais do que um quarto de acre de terra [cerca de mil metros quadrados de área] não tinha direito a assistência e muitos foram obrigados a renunciar aos terrenos arrendados. Não houve nenhuma tentativa séria de acabar com a dependência em relação à batata, de melhorar a agricultura ou de mudar o sistema de arrendamento. O espantoso foi que as exportações de alimentos da Irlanda para a Inglaterra prosseguiram durante esses anos da grande fome. Infelizmente, a revogação das tarifas sobre os cereais pouco ajudaria os irlandeses.

Os ingleses eram firmes e convictos defensores da importância do laissez-faire. O governo era avesso a intervenções, supostamente porque os desfavorecidos deviam ser capazes de se livrar da miséria e da desgraça por conta própria. O temor era que se corromperiam caso recebessem auxílio. Além disso, havia na Inglaterra um preconceito entranhado contra os irlandeses. Como escreveu o irônico clérigo anglicano Sidney Smith: "No momento em que simplesmente se menciona o nome da Irlanda, os ingleses parecem se despedir da solidariedade, da prudência e do bom senso e agir com a barbárie dos tiranos e a fatuidade dos idiotas".[13] A jovem rainha não era imune a tais sentimentos. Ela oscilava entre a raiva contra os proprietários rurais que tomavam para si as rações de trigo e o asco pelos irlandeses que matavam esses senhores de terras.[14] Quando soube do assassinato de um homem voltando para casa em sua carruagem, ela escreveu: "Realmente eles são um povo terrível e não existe em parte nenhuma um país civilizado que esteja em condição tão pavorosa e onde se cometam tais crimes! É uma fonte constante de ansiedade e contrariedade".[15] Só foi visitar a Irlanda em 1849, quando já estava no trono fazia doze anos.[16]

Nos anos 1840, a atenção política se voltava, de modo geral, para as condições de vida e trabalho das classes trabalhadoras. Em maio de 1842, o primeiro relatório parlamentar sobre o trabalho infantil apresentava ilustrações chocantes de crianças de

194

seis anos de idade acorrentadas a carrinhos carregados de carvão. Segundo o relatório, as crianças menores eram empregadas para ventilar as minas, manter as portinholas fechadas e, quando um carrinho de carvão precisasse passar, deviam abri-las e voltá--las a fechar corretamente. Essas crianças, chamadas de *trappers*, tinham entre quatro e dez anos de idade. *The Examiner* noticiou que o que elas mais detestavam era a escuridão nas passarelas fundas das minas: costumavam pedir aos mineiros tocos de velas. As mulheres e as crianças de mais idade eram usadas para empurrar os carrinhos de carvão pelas passagens estreitas demais para os homens adultos. Rastejavam pelo chão como animais, entre poças e pilhas de pedras.[17] As meninas às vezes trabalhavam de peito nu, como os meninos; os homens muitas vezes trabalhavam nus no calor intenso, e os estupros e ataques sexuais eram comuns nas minas e poços de minas. Uma das preocupações era que as mulheres que trabalhavam nas minas não poderiam mais se casar.[18]

Esses relatos atiçavam a imaginação do público e incentivavam as demandas de mudanças, que só ocorriam gradualmente, enfrentando grande resistência.[19] O Decreto das Minas de Carvão de 1842 proibiu a utilização de mulheres de qualquer idade e de meninos com menos de dez anos em trabalhos subterrâneos e determinou a presença de inspetores para garantir a aplicação da lei. O Decreto Fabril de 1844 limitou a jornada de trabalho nas indústrias têxteis a seis horas e meia para crianças entre oito e treze anos e a doze horas para as mulheres. Em 1847, foi aprovado um projeto de lei estipulando uma jornada de dez horas diárias. Até o final da década, foram drásticas as mudanças. Em 1851, apenas 2% das crianças entre cinco e nove anos e apenas 25% das crianças de dez a catorze anos compunham a força de trabalho.[20] Ao longo do reinado de Vitória, houve uma melhoria considerável nas condições de vida da maioria de seus súditos; mais gente votava, mais gente tinha proteções básicas no trabalho. Iniciara-se a verdadeira modernização do país.

Enquanto isso, naquela primavera de 1842, o Palácio de Buckingham se dedicava aos preparativos para um baile. Em 12 de maio, as personalidades mais elegantes, mais ricas e condecoradas do reino se reuniriam vestindo trajes de seda inglesa, como manifestação de apoio aos tecelões de seda empobrecidos dos Spitalfields. Tinha sido ideia de Albert, e Vitória vibrou com ela. Costureiras de Spitalfields passaram semanas mourejando para fazer os trajes; Vitória desenhou o seu no diário, em aquarela.

O baile foi um sucesso retumbante. Esgotaram-se os diamantes dos joalheiros londrinos. A rainha estava com um vestido deslumbrante debruado de peles brancas, por cima um manto prateado bordado com flores de fio de ouro, mangas de veludo bufantes e abertas, uma semicauda de veludo orlada de peles e braceletes cravejados de pedras preciosas. Na cabeça trazia uma coroa de ouro incrustada de joias. Albert usava um manto de veludo escarlate debruado de arminho e ornado com 1200 pérolas e rendas de ouro. O manto era fechado por um broche faiscante de diamantes, esmeraldas, rubis, topázios e outras pedras preciosas. Sob o manto, ele vestia um traje de brocado azul e dourado, com listras de veludo azul-real enfeitado de diamantes. A coroa de Vitória ficava escorregando sem parar e os saltos altos atrapalhavam na hora de dançar, mas ela declarou que a noite não podia ter sido melhor. Nunca a Inglaterra mostrara sua "supremacia em beleza feminina" de maneira tão cabal quanto naquela noite, dizia *The Illustrated London News*. A rainha dançou até as 2h45 da madrugada.

O contraste não podia ser maior: os aristocratas cobertos de joias cintilando sob os candelabros e as crianças trabalhando o dia inteiro na escuridão, implorando tocos de vela. Naquela época, a opulência da corte real era tida como objeto de orgulho, símbolo do poderio e da riqueza da Inglaterra. A reação a esse baile, porém, revelou o aumento da indignação contra os ricaços. Um jornal operário satírico, *Odd Fellow*, escreveu: "Vários benévolos homens e mulheres da nobreza resolveram se fantasiar de tecelões famintos, para dar à sua Majestade uma leve ideia da ampla miséria agora existente. Quando esse grupo entrar, sua Majestade se sentirá profundamente comovida e os jornais comentarão na manhã seguinte que ela verteu lágrimas".[21]

O escárnio era evidente. O *Northern Star* comparou Vitória a Nero, tocando lira enquanto as chamas consumiam a cidade. Utilizando o dinheiro extorquido aos pobres com o monopólio do mercado, os aristocratas alugavam diamantes e se regalavam em festins numa "exibição infantil da ruína de milhares".[22] A intenção de Vitória com o baile de Spitalfields era boa e logo os tecelões ficaram lotados de trabalho, mas foi algo efêmero. O declínio do setor era inevitável.

Numa época em que a maioria dos trabalhadores vivia na miséria, Vitória se sentia mais afetada pela compaixão diante dos indivíduos que conhecia do que pelos movimentos de reforma. Preocupava-se se as viúvas tinham dinheiro suficiente para viver e se os anões que se exibiam em espetáculos para ela estavam sendo bem tratados. Preocupava-se com o bem-estar de órfãos, de veteranos militares feridos, de vítimas de ataques sexuais. Quando viu como os delinquentes infantis "isolados", presos na Ilha de Wight, passavam meses confinados em solitárias, sentiu-se afligida pela triste existência deles. Sempre sensível a questões estéticas, também ficou espantada com a aparência pouco atraente deles, "realmente medonhos" de ver.

Pediu que "o menino mais merecedor" de cada ala fosse indultado.[23] Mas, quando Lord Shaftesbury, político aristocrata com vinte anos de campanha pelos direitos dos trabalhadores pobres, apresentou uma emenda a um projeto para reduzir a jornada a dez horas de trabalho por dia, Vitória se opôs, concordando com Peel que isso prejudicaria a produtividade econômica.[24] Enquanto Albert se debruçava sobre projetos para tirar as pessoas da miséria e melhorar as condições habitacionais dos trabalhadores, Vitória precisava de uma motivação mais visual, imediata e individual.

Apesar de sua evidente boa vontade, Albert ainda tinha dificuldades em ser aceito na Inglaterra. Vitória ficava furiosa com a persistente hostilidade da família em relação a seu marido. Os tios viviam disputando a precedência, insistindo que deviam vir antes do príncipe alemão, o que levava a situações grotescas em que Vitória e Albert tinham que retirá-los fisicamente do caminho em cerimônias formais. Num casamento em julho de 1843, Albert, que acabava de se recuperar de uma gripe, deu um empurrão no rei de Hanôver (o duque de Cumberland) para obrigá-lo a descer dos degraus do altar e Vitória saltou de um lado para o outro do altar, para poder passar a pena a Albert depois de assinar o livro de registros do casamento.[25]

Vitória temia que Albert ficasse com o orgulho ferido. Ficou irada quando, na Alemanha, o rei da Prússia destratou Albert ao colocar um arquiduque austríaco no assento ao lado de Vitória, assim demonstrando sua precedência. (Levou anos até ela aceitar novamente qualquer hospitalidade dos austríacos.) Em junho de 1842, a rainha falou com Peel sobre "a posição *canhestra* e penosa do querido Albert, e a grande estranheza de que não se tenha estabelecido *nenhum* dispositivo para a posição do consorte da rainha, o que eu gostaria que ficasse definido para a posteridade". Sua preocupação, escreveu ela, era "que a posição de príncipe consorte deve ser penosa e humilhante para qualquer homem", a tal ponto "que às vezes eu quase tinha a impressão de que teria sido mais justo para ele não o desposar. Mas ele era muito bom e generoso e me amara por mim mesma".[26] Tentou, mas não conseguiu, que ele fosse reconhecido como rei consorte. Finalmente, em 1857, Vitória utilizou sua prerrogativa para torná-lo príncipe consorte com uma carta patente real.

O isolamento de Albert se acentuou com a morte de seu pai, em janeiro de 1844. Passara quatro anos sem o ver. Enquanto pranteava o pai em caráter privado, queixou-se a Stockmar que havia "uma grande frieza do público em nosso redor, insensível como pedra".[27] O duque Ernst não fora um pai irrepreensível: traíra a mãe de Albert, infernizara-o pedindo dinheiro, tentara seduzir as damas da corte real e se zangara quando não deram seu nome ao primeiro filho menino de Albert. Mas Albert o amava e ficou desolado. Vitória também se entristeceu e escreveu no diário: "Não reveremos sua figura". Albert estava "arrasado e desolado, embora feliz e reconfortado no amor íntimo que temos um pelo outro".[28] A cada vez que fitava o marido, seus olhos se enchiam de lágrimas.[29]

Para Albert, a morte do pai foi um sinal de que agora devia se dedicar à segunda parte de sua vida, à esposa e à família que aumentava. Mais do que nunca, seu lar era a Inglaterra. Não tinha mais um lar paterno ao qual pudesse voltar, e escreveu ao irmão Ernest: "Nossos filhinhos não sabem por que choramos e perguntam por que estamos de preto; Vitória chora comigo, por mim e por todos vocês. Cuidemos, amemos e protejamos [nossas esposas], pois nelas reencontraremos a felicidade".[30] A dor aproximou ainda mais Albert e Vitória: "[Vitória] é o tesouro em que se funda toda a minha existência", escreveu ele. "A relação que mantemos entre nós não deixa nada a desejar. É uma união de coração e alma e, portanto, é nobre, e nela as pobres crianças encontrarão seu berço, para serem capazes um dia de garantir tal felicidade para si mesmas."

Sempre pragmático, Albert declarou a si próprio, passada apenas uma semana, que se recuperara do falecimento do pai. Estava pronto para se "fortalecer com a atividade constante" e para se dedicar à família.[31] O príncipe foi à Alemanha para consolar o irmão e pôr ordem nos assuntos paternos. Era a primeira vez que deixava Vitória desde o casamento, e as cartas que escreveu à sua "querida mulherzinha" transbordavam de amor e de doces palavras tranquilizadoras.

Quando Albert voltou, após duas semanas de ausência, Vitória, ao ouvir o som de sua carruagem, desceu as escadas correndo. Estava tão entusiasmada que passou grande parte daquela noite acordada a seu lado, observando-lhe o sono, "vibrando de alegria e gratidão".[32]

Havia muito a agradecer. Passara os anos 1840 numa vida maravilhosa com o marido: os filhos cresciam belos e viçosos, tinham encontrado descanso na Escócia e na Ilha de Wight e ela se sentia encantada com o aconchego e o calor da vida doméstica. Escrevia feliz em seu diário sobre os filhos brincando no chão enquanto Albert e ela ficavam sentados juntos, lendo à luz de um lampião. Saíam para longas caminhadas, jogavam pino e tomavam chá de prímulas silvestres. Em final de 1843, ela manifestou seu pesar em trocar o Palácio de Buckingham por outra residência, mas sabia que não tinha do que reclamar: "Lá fui tão feliz — mas *onde* não sou feliz *agora*?".[33]

Vitória deu à luz o terceiro filho em abril de 1843. A menina se chamava princesa Alice Maud Mary, mas ganhou o apelido de Fatima, pois era muito bochechudinha. Vitória estava aliviada por ter sobrevivido a mais um parto. Dois dias depois, veio o tédio: "É muito sem graça ficar deitada imóvel, sem fazer nada, principalmente nos momentos em que se está só".[34] Era conduzida na cama até a sala de estar e depois numa poltrona para a sala de jantar.[35] Examinava as joias que lhe tinham sido presenteadas por príncipes indianos e esperava Albert voltar a seu lado.

No entanto, Albert estava ocupado aumentando sua lista de responsabilidades e recebendo visitas oficiais em nome da rainha. Já com a gravidez de Alice muito adiantada, Vitória aceitara ver o duque de Wellington, mas Albert recebia vários outros ministros por ela, quando estava cansada. Reuniu-se com Peel para decidirem quais dos títulos usados pelo duque de Sussex, o tio "bastante peculiar" de Vitória, o qual morrera poucos dias antes que ela desse à luz o terceiro filho, deveriam agora passar para Albert: o cargo de Cavaleiro Grão-Mestre da Ordem do Banho e de Comandante da Torre Redonda.

Logo Vitória engravidou pela quarta vez. Em 6 de agosto de 1844, deu à luz um menino que recebeu o nome de Alfred Ernest Albert. Era muito bonito, com um tufo de cabelo comprido escuro, olhos azuis e nariz grande. O parto foi trabalhoso e o sofrimento de Vitória foi "severo", mas a alegria de seu "menino enorme e sadio" apagou a lembrança das dores. Mais uma vez, Albert acompanhou todo o nascimento. Ampliando-se a família, Albert começou a planejar o futuro.

No batizado do menino, que apelidariam de "Affie", Albert já tramava o casamento de Vicky, com quatro anos, e o filho do rei da Prússia, com doze. O plano de Albert era que Bertie fosse o futuro rei, Affie o duque de Coburgo — se seu irmão não tivesse herdeiros — e Vicky um engate fundamental na Europa, como esposa do rei prussiano. Claro que Vitória e Albert não poderiam prever as mudanças cataclísmicas na Europa no século seguinte, mas algumas das alianças que estabeleceram para os filhos iriam se demonstrar extremamente difíceis para a Inglaterra e penosas para eles.

Enquanto Vitória gerava quatro bebês nos cinco primeiros anos de casamento, Albert assumia responsabilidades sempre maiores. Peel o nomeou presidente da Comissão de Artes para a reconstrução do Parlamento, a qual supervisionava as obras de arte a serem instaladas no novo edifício do Congresso após o incêndio do Palácio de Westminster em 1834. Foi oferecida a ele também a reitoria da Universidade de Cambridge, onde ele deu contribuições marcantes e duradouras, com a ampliação e a modernização do currículo. As reformas da Casa Osborne, a residência familiar na Ilha de Wight, e do Palácio de Buckingham durante os anos 1840 também lhe tomavam muito tempo. Ele acrescentou uma área de cultivo, canis e um estabelecimento de laticínios ao Castelo de Windsor e desenhou projetos para a moradia dos trabalhadores. Stockmar atribuía o rápido e incansável progresso de Albert a "um talento prático graças ao qual ele percebe num átimo o que realmente importa em qualquer assunto e lhe lança suas garras, como um abutre em sua presa, e sai voando com ela para seu ninho".[36]

A curiosidade de Albert parecia mesmo a de uma ave de rapina. Estudava seu novo país como se se preparasse sofregamente para um exame, avaliando projetos arquitetônicos, visitando galerias de arte, enfiando o pescoço dentro das máquinas das fábricas que visitava. Arquivava tudo o que podia, inclusive manuscritos preciosos conservados em Windsor, como a coleção Leonardo da Vinci. Estava na feliz posição de conseguir que implementassem muitas de suas ideias arrojadas; influiu com sucesso na votação proibindo os duelos e desenhou capacetes para o Exército, berços para os quartos infantis e fazendas-modelo para os filhos. Seus porcos ganharam os principais prêmios em feiras agrícolas.[37] Seu maior triunfo foi, talvez, calar "todas as zombarias impertinentes" sobre suas habilidades equestres, mostrando aos britânicos que sabia cavalgar "com coragem e firmeza".[38] Vitória estava desgostosa de que, para começo de conversa, o tivessem criticado.

A capacidade de trabalho, a frugalidade, o recato, a devoção religiosa e a vontade de Albert de canalizar as energias produtivas do século sintetizaram a Era Vitoriana, em muitos aspectos, melhor do que a própria Vitória. Também o tornaram forte candidato ao que hoje chamaríamos de esgotamento. Albert era dinâmico, mas de saúde delicada. Quando o casal andou de trem pela primeira vez, um curto trajeto de Slough a Londres em 1843, Albert passou mal com o movimento e teve vertigens com a velocidade de setenta quilômetros por hora. Vitória adorou: "Acho o movimento muito cômodo, muito mais do que uma carruagem, e não consigo entender como alguém pode passar mal".[39] Albert era cercado de luxo e conforto, mas se negava descanso e deixou que o excesso de trabalho desgastasse sua saúde. Não tivesse sido assim, o século talvez ficasse conhecido como era albertiana.

Em 1845, Albert era rei de fato. Em dezembro, Lord Lansdowne e Lord John Russell visitaram Windsor e ficaram impressionados com seu firme controle da Coroa:

Antigamente a rainha recebia sozinha seus ministros; comunicavam-se apenas com ela, embora, claro, o príncipe Albert estivesse a par de tudo; mas agora a rainha e o príncipe estavam juntos, receberam juntos Lord L. e J. R., e ambos sempre diziam *Nós*... É evidente que, embora ela tenha o título, é ele quem realmente desempenha as funções do soberano. Ele é rei para todos os fins e propósitos.[40]

Vitória estava então em sua quinta gravidez. Dizia que o marido era um representante mais inteligente do que ela; às vezes ficava assombrada com sua capacidade. Os editores das cartas de Vitória, Arthur Benson e Lord Esher, atestaram o afinco com que Albert trabalhava e como era visível o auxílio que dava à esposa. Organizava e anotava os documentos da rainha e escrevia "inúmeros" memorandos. Mas Vitória continuava a ser rainha. Ainda que muitos rascunhos das respostas da rainha estivessem na letra de Albert, ela corrigia e reescrevia algumas partes e redigia pessoalmente boa parte de sua correspondência. Benson e Esher escrevem:

Uma quantidade considerável dos rascunhos é do próprio punho dela, com correções e acréscimos interlineares do príncipe, e são num estilo tão semelhante ao dos rascunhos na letra do príncipe que fica claro que a rainha não se limitava a aceitar sugestões, mas que tinha opinião própria muito firme sobre assuntos importantes e essa opinião vinha devidamente expressa.[41]

Seria um erro supor, como fazem alguns, que as iniciativas e opiniões de Albert obliteraram as de Vitória. Quando se tratava de questões como a tolerância religiosa, por exemplo, Vitória tinha posições firmes desde cedo. Quando Robert Peel quis aprimorar o ensino terciário para os católicos e aumentar as verbas para a faculdade católica de Maynooth para a formação de sacerdotes, Vitória lhe deu apoio, a despeito da onda de protestos na Inglaterra. Ela tinha posições admiravelmente progressistas sobre a religião: "Enrubesço pela forma de religião que professamos, tão vazia de todos os sentimentos corretos e tão carente em caridade. Levaremos esses 700 mil católicos, que têm educação sofrível, ao desespero e à violência?".[42] Vitória louvou Peel por se levantar contra a "onda de intolerância e fanatismo cego".[43]

O triunfo de Peel na Lei do Trigo lhe custou a carreira. Em 25 de junho, o primeiro-ministro perdeu uma votação importante na Câmara dos Comuns, em parte porque os protecionistas haviam se unido para votar contra ele. Ele renunciou e se retirou da vida pública, e os *whigs* voltaram ao poder. A rainha, que passara a gostar muito de Peel, disse-lhe que ela e o príncipe o consideravam "um bom e verdadeiro amigo".[44] Peel pediu um retrato de Vitória e Albert junto com o príncipe de Gales — que nascera logo depois que Peel se tornara o premiê — com as "roupas simples" em que tantas vezes os vira.[45] A maior qualidade de Peel era sua determinação unívoca de fazer o melhor pelo país, e seu maior defeito era a incapacidade de convencer seu partido de que aquilo *era* o melhor.[46] Até hoje é lembrado como traidor do partido.

Vitória soube da queda política de Peel quando se restabelecia do difícil nascimento do quinto filho, uma menina forte e roliça, a princesa Helena Augusta Victoria, em maio de 1846. Embora se entristecesse, sua alegria doméstica a tornara mais ponderada. Foi um absoluto contraste com sua reação à perda de Melbourne, cinco anos antes. "Realmente, quando a pessoa é tão feliz e abençoada em sua vida do lar, como eu sou, a política (desde que meu país esteja em segurança) deve ocupar apenas um segundo lugar."[47] Essas palavras são citadas com grande frequência para assinalar a suposta aversão da rainha à política. Mas, passados apenas quinze dias desde seu quinto parto, vendo o tratamento brutal que pérfidos adversários políticos davam a um verdadeiro líder que ela viera a admirar, Vitória estava apenas enunciando uma verdade que muitos políticos abrigam em seus pensamentos em épocas de crise: a família é o que mais importa. A ressalva que ela acrescentou também é importante: *desde que o país estivesse em segurança.*

Lord Melbourne se fora, e agora Robert Peel também. Mas o casal real não precisava mais de mentores. Na altura em que ambos completavam os trinta anos, em 1849, a rainha e o príncipe já trabalhavam como uma tremenda força conjunta. O primeiro-ministro, o importante *whig* Lord John Russell, foi incumbido não só de aplacar e ajudar os irlandeses, que morriam aos milhares, mas também de controlar seu arrogante ministro das Relações Exteriores, Lord Palmerston, que Vitória e Albert tinham vindo a detestar. A batalha que travaram contra ele iria moldar a fase seguinte da política externa britânica e demonstrar a força da rainha e do príncipe, quando concordavam e lutavam juntos.

15. Prosperidade plena, imensa, perfeita

Os dois jovens passaram anos se desmanchando com seus bebês, mais do que o habitual mesmo entre os casais mais afetuosos, e, apesar das demandas públicas que exigiam o tempo deles, passavam grande parte do dia brincando com seus bonequinhos em forma de gente.
CLARE JERROLD[1]

Havia tranquilidade, recolhimento, simplicidade, liberdade e solidão.
RAINHA VITÓRIA SOBRE A ESCÓCIA[2]

O General Pequeno Polegar tinha apenas sessenta centímetros de altura e pesava não mais que sete quilos, mas estava absolutamente calmo no dia em que foi conhecer a rainha Vitória. O garoto americano tinha seis anos de idade, embora as propagandas normalmente anunciassem doze ou catorze anos. Charles Sherwood Stratton, que parara de crescer aos sete meses, parecia um homenzinho em miniatura. Tinha cabelo claro, olhos negros, faces rosadas e roupas sob medida.[3] O artista americano de teatro de variedades irrompeu confiante pelas portas que levavam à galeria de quadros da rainha, onde era aguardado por Vitória e Albert, percorrendo em passos firmes o extenso tapete.

A multidão ali presente prendeu o fôlego de surpresa. Seu empresário, P. T. Barnum, que o "arrendara" de seus pais, escreveu depois que o garoto parecia "um boneco de cera dotado de poderes de locomoção". O Pequeno Polegar passou pisando duro por algumas das maiores obras-primas do mundo — quadros de Rubens, Van Dyck, Rembrandt e Vermeer, na maioria colecionados pelo rei Carlos I — e parou na frente da rainhazinha. Pelo menos uma vez, ela olhou para baixo para fitar alguém. Ele então fez uma profunda reverência: "Boa noite, *senhoras e senhores!*". A corte caiu na gargalhada com a quebra da etiqueta: ele não tratara a rainha como Vossa Majestade. A rainha pegou a mão do Pequeno Polegar e juntos percorreram a galeria, enquanto ela lhe fazia perguntas. O garoto falou que a galeria de quadros era "coisa fina" e os membros da corte riram. Pelos sessenta minutos seguintes, o Pequeno Polegar cantou, fez uma imitação de Napoleão e deu um espetáculo ininterrupto.

Como ocorria a todos os visitantes, Barnum recebera instruções de sair da sala fazendo vênias e sem dar as costas para a rainha. A galeria era de extensão considerável — cerca de cinquenta metros de comprimento — e, conta Barnum, as perninhas do Pequeno Polegar não conseguiam acompanhar o passo do empresário; quando descompassava, virava-se, dava uma corridinha, punha-se às arrecuas outra vez e depois dava outra corridinha. Manteve esse procedimento enquanto os presentes na galeria se esbaldavam de rir. Aquela agitação atiçou o *poodle* de Vitória; o cão começou a latir e o Pequeno Polegar precisou afastá-lo com a bengala, o que fez as pessoas rirem ainda mais.

Vitória ficou preocupada com Barnum, achando que ele não tratava o Pequeno Polegar com gentileza suficiente; escreveu depois que era "a maior curiosidade que eu ou qualquer pessoa já viu na vida":

Não existe descrição capaz de dar uma ideia dessa criaturinha, cujo verdadeiro nome era Charles Stratton... É americano e nos deu seu cartão, que dizia General Pequeno Polegar. Fez a mais engraçada das vênias, estendendo a mão e dizendo: "muito obrigado, madame". É impossível deixar de sentir grande pena pelo pobrezinho e desejar que o tratem com o devido cuidado, pois seus exibidores troçam muito dele, creio eu.[4]

Estava-se em 1844, e aquela foi a primeira das três visitas do Pequeno Polegar ao Palácio de Buckingham, sempre cercadas de sucesso, durante uma turnê de três anos pela Grã-Bretanha e Europa.[5] Vitória lhe deu dinheiro e presentes, mas a maior dádiva foi sua atenção, o que o cercou de prestígio e publicidade.[6] O General Pequeno Polegar se tornou o suprassumo da moda; as carruagens faziam fila na frente das salas de espetáculo onde ele se apresentava em Piccadilly. O Pequeno Polegar percorria as ruas de Londres numa pequenina carruagem elegante, branca, vermelha e azul, puxada por belos cavalinhos.[7] Logo adotou os trajes da corte: casaca de veludo castanho ricamente bordada e calções curtos, colete de cetim branco com estampas coloridas, meias e sapatos de seda branca, peruca, tricórnio e uma espada de mentira. Ele e seu famoso empresário Barnum sabiam entreter o público. Barnum dizia que seu jovem protegido era "um favorito de grande estimação" do primeiro-ministro Robert Peel e do duque de Wellington. A rainha o convidou para uma nova apresentação em 1856.

Vitória sentia enorme interesse pelas "curiosidades", como então se dizia: animais exóticos, homens e mulheres incomuns, desde encantadores de cavalos a anões e bobos da corte. Pouco tempo depois de se casar com Albert, ela conheceu a "Dama dos Leões", a primeira mulher de que se tinha notícia a entrar em grandes jaulas de tigres e leões e sair sem um arranhão. A Dama dos Leões se apresentou no pátio do Castelo de Windsor, enquanto a rainha assistia pela janela. Depois mandou chamá-la e elogiou sua coragem. "Pobre moça", disse Vitória. "Rogo e espero que você nunca se machuque. Deus a abençoe!"[8]

Vitória conservou a bondade para com os vulneráveis e a curiosidade pelo extraordinário durante toda a vida. Quando surgiu um cartaz anunciando o casal de noivos mais alto do mundo, ela os convidou para uma visita ao Palácio de Buckingham e deu à noiva um vestido de casamento e um anel de diamantes.[9] Já com setenta e tantos anos, a rainha solicitou frequentes apresentações do belo fisiculturista Eugen Sandow. Quando um elefante chamado Charlie, a que ela assistira uma vez, matou um homem que estava a provocá-lo, Vitória escreveu uma carta de pêsames ao tratador.[10]

Foram anos felizes. Vitória se preocupava com as sucessivas gestações e a prole que se multiplicava rapidamente, afligia-se com a instabilidade na Europa, mas, nesse mesmo período, afirmou seus direitos, deu amplo espaço ao marido para executar seus projetos e adorava a vida em família. Cantava em dueto com Albert enquanto Felix Mendelssohn tocava concertos particulares para eles; construiu um teatro para encenar peças em casa; regalava-se com bons vinhos e boa comida. Às vezes talvez exagerasse um pouco: "Uma rainha não toma uma garrafa de vinho inteira numa refeição", disse-lhe severamente Stockmar num bilhete.[11] O que ela realmente queria era privacidade, solidão e casas menores na costa e nas Highlands.[12] Duas de suas palavras favoritas eram "aconchegante" e "abrigado" — ambas contidas no termo alemão *gemütlich*.

Foi na Ilha de Wight, com seus campos luxuriantes e os penhascos calcários junto ao mar cinzento, que Vitória e Albert criaram pela primeira vez seu próprio lar. A ilha tinha uma atmosfera encantada; as trilhas de passeio eram repletas de arbustos floridos e ramagens pendentes; os coelhos saltitavam pelos promontórios, os rouxinóis cantavam nas árvores. Na casa clara e arejada, chamada Osborne, quase todos os aposentos tinham vista para o mar. Vitória passara temporadas na ilha na época de menina; quando Peel os avisou que havia uma propriedade à venda, Albert conseguiu negociar um preço razoável, que pagou graças à sua prudente gestão orçamentária. Adorou a oportunidade de projetar e remodelar uma casa sem os empecilhos da intervenção de um departamento oficial. Contratou o famoso projetista e construtor Thomas Cubitt e se envolveu em tudo: a fachada e o andar térreo em estilo italiano, a disposição das porcelanas e objetos de arte, os jardins, a praia, o solo, o sistema de esgotos, o plantio das árvores. Albert construiu um depósito de gelo, uma lagoa para ser usada em caso de incêndios, uma casinha de praia decorada com mosaicos para Vitória e uma piscina flutuante ancorada no mar para as crianças (Vitória usava uma cabina rolante de madeira, da qual saía discretamente no mar).

Ele também desenhou os berços de grades altas do quarto das crianças, as lâmpadas sobre a mesa de bilhar de ardósia, que giravam para fora na hora de limpar; as portas de correr na sala de estar, espelhadas para refletir as luzes dos candelabros à noite; e o Chalé Suíço, onde as crianças cultivavam plantas, colecionavam pedras e brincavam na fortaleza de brinquedo com suas armas de brinquedo. No Natal, ele compunha hinos para a família cantar ao acompanhamento de instrumentos de sopro.

Essa casa, para Vitória, era um "pequeno paraíso perfeito".[13] Deliciava-se com a fonte, os carneirinhos, os rouxinóis, a folhagem ("as árvores parecem cobertas de plumas").[14] Albert florescia ali. Em maio de 1845, Vitória escreveu: "Faz bem ao meu coração ver como meu amado Albert gosta de tudo, cheio de admiração pelo lugar e todos os projetos e melhorias que pretende realizar. Mal para em casa por um instante".[15] Como observou três anos depois, era uma forma de terapia para ele.[16] Albert adorava trabalhar no jardim; fez experiências para converter as águas de esgoto em fertilizantes e ficou muito desapontado ao não conseguir que seguissem seu exemplo, principalmente em vista das condições dos esgotos em Londres. Também ganhou fama de bom patrão, que tratava bem os empregados.

A Vitória da Casa Osborne é uma mulher alegre, amorosa, no auge e frescor do jovem casamento. As escrivaninhas eram decoradas com retratos emoldurados da família e moldes de pezinhos e mãozinhas de bebês: mãos rechonchudas com a palma vincada, cotovelos com covinhas, rostos lisos e macios — os pais registravam os momentos de juventude que passam voando despercebidos se não forem capturados. Um quadro na ampla sala de estar amarela mostra o sutil espírito divertido e galhofeiro do casal naquela época. A pintura apresenta três mulheres sentadas sob a folhagem verdejante das árvores, tocadas aqui e ali pelo sol da tarde. Uma delas, com um sorriso misterioso, apoia-se no colo de outra. À primeira vista, parece um agradável piquenique inocente de verão. A um exame mais próximo, vê-se o formato das costas de um homem sob as saias da mulher sorridente reclinada, e da barra das saias despontam dois pés adicionais. Consta que essa pintura, *La Siesta*, de Franz Xaver Winterhalter, foi o primeiro quadro que a rainha comprou. É divertido pensar numa maliciosa Vitória rindo com

Albert diante da cena, travessamente mostrando o quadro aos visitantes sem indicar a presença do homem ali escondido.[*]

No final do verão ou começo do outono, a família foi para a região montanhosa costeira da Escócia, pouco povoada. Vitória esteve lá pela primeira vez em 1842, quando enfrentava a depressão após o nascimento de Bertie.[17] Ela e o marido ficaram fascinados com a paz e a beleza das Highlands selvagens. A família passeava pelos montes agrestes e solitários; Albert caçava ou perseguia veados enquanto Vitória desenhava ou conversava com os *ghillies* — os moradores locais que trabalhavam como ajudantes, principalmente na caça, na pesca e nas caminhadas — e as crianças brincavam. Albert admirava o "caráter sóbrio e grandioso" e o ar "admiravelmente puro e claro", bem como as pessoas que eram "mais naturais, marcadas por aquela honestidade e simpatia que sempre caracterizam os habitantes de regiões montanhosas, que vivem longe das cidades".[18] Recordavam-lhe seu lar de infância na Alemanha.

Vitória e Albert fizeram a primeira viagem até o "belo castelinho" de Balmoral em setembro de 1848. Andavam quilômetros subindo as montanhas, com panoramas cada vez mais esplendorosos, em absoluto silêncio: "Era maravilhoso não ver um ser humano, não ouvir um som, a não ser o do vento ou o chamado do galo silvestre ou do tetraz. Enchia-me de especiais sentimentos de admiração e solenidade", escreveu Vitória.[19]

Albert, introvertido, amava a "total solidão da montanha, onde raramente se vê um rosto humano", e o que mais queria era caçar: "Eu, homem malvado, também estive me esgueirando sorrateiro atrás dos inofensivos cervos e hoje matei dois gamos vermelhos".[20] Ele levava a caça muito a sério, e Vitória aguardava ansiosa para saber quantos couros conseguira: uma vez em que não trouxe nada, ela quase chorou. Passavam as tardes trabalhando, respondendo a inúmeros relatórios e informes do mundo exterior, sobre a Irlanda, a instabilidade na Europa, a inquietação na Índia; mas as manhãs eram calmas e tranquilas.

A rainha abandonou suas inibições em Balmoral e fez amizade com os locais. Dava saias novas às inquilinas de seus chalés, passava horas conversando com as mulheres, às vezes ia tomar chá com elas.[21] Pareciam-lhe simples, diretas, de uma despretensão revigorante: "Nunca são vulgares, nunca tomam liberdades, são muito inteligentes, modestas e bem-criadas".[22] O casal real estava apaixonado pela vida nas Highlands: usavam os tecidos de lã xadrez, Albert estudava gaélico, a rainha e as crianças tinham aulas de danças escocesas. Charles Greville ficou impressionado com a vida simples

---

[*] Vale notar que Michael Hunter, curador da Casa Osborne, embora dizendo que "o arranjo da composição é bastante sugestivo", também assinala que a pintura foi restaurada no passado; "seria interessante verificar — com exames de raio X — até que ponto o restaurador retocou a obra". Correspondência com a autora, 12 fev. 2015.

que levavam: "Vivem lá sem nenhuma pompa; vivem não só como fidalgos comuns, mas como pequenos fidalgos, e bem pequenos; casa pequena, aposentos pequenos, renda pequena".[23]

A Escócia continuaria a ser o lugar onde Vitória se sentia mais feliz e mais autêntica até o final da vida. Sentava-se nas casas de barro e conversava interminavelmente sobre qualquer coisa. Podia dançar com os montanheses sem que nenhum aristocrata esnobe erguesse as sobrancelhas de reprovação, e trocava risadinhas com suas damas enquanto desciam com dificuldade as encostas escorregadias na área mais bela e remota. Em seu diário, Vitória escreveu em 11 de setembro de 1849 sobre um homem que a atendera numa de suas estadas e que viria a ser tão importante para ela em anos futuros: o bonitão "J. Brown".

Mas nem todos se contagiavam com seu entusiasmo: depois de suportar um jantar cheio de longos silêncios constrangedores na Casa Osborne, Lady Lyttelton observava com certa inveja os homens a jogarem bilhar enquanto a rainha falava sobre "sua vida agreste nas Highlands, e com muito gosto — que o ar escocês, o povo escocês, as montanhas escocesas, os rios escoceses, as matas escocesas são muito melhores do que os de qualquer outra nação deste ou do outro mundo". "O principal esteio de meu ânimo", acrescentou Lady Lyttelton, "é que nunca verei, ouvirei ou presenciarei esses vários encantos."[24] Mas era esta a grande magia do novo lar escocês do casal: Vitória e Albert o amavam como ninguém.

Durante esses anos, Vitória de vez em quando se afligia à ideia de que sua felicidade talvez não durasse. Queria parar o tempo. Sentada sozinha em seu quarto na passagem do ano de 1847 para 1848, ela escreveu:

Quando a pessoa é feliz como somos, sente-se tristeza com o rápido passar dos anos, e sempre tenho vontade de que o Tempo pudesse se deter por um tanto. Este ano nos trouxe muitos motivos de gratidão; as crianças estão muito bem, e os dois mais velhos realmente avançaram muito. Tenho pensado sobre meus defeitos — o que devo evitar, o que devo corrigir, e com o auxílio de Deus e perseverança de minha parte espero vencer minhas falhas.[25]

Vitória dava à luz um filho após o outro sem nunca interromper seu trabalho.[26] Prometeu que tentaria ser uma pessoa melhor para o marido. Mas oscilava nas atitudes em relação ao trabalho e aos filhos, devido ao massacre físico imposto pela maternidade. Era robusta, mas vivia constantemente esgotada, adorando Albert, mas sentindo-se ressentida com ele, orgulhosa da família que vinha criando, mas cada vez mais afetada pelos sacrifícios exigidos. O poder e o triunfo de Vitória como monarca se baseavam na vida comum de mãe e na evidente satisfação como esposa. Era a "rainha doméstica", e por isso a veneravam. Mas, enquanto isso, em seu coração se enraizou e cresceu a percepção de como era injusto o quinhão que cabia às mulheres — que só veio a expressar em palavras quando já era avó.

A pior parte era o preço físico. O estrago no corpo de Vitória fica evidente em sua crescente aversão pessoal à parte física da gestação; no diário, não falava de dor, desconforto ou desgaste, mas estar grávida, ela disse, a fazia sentir-se como um animal.

Vitória tinha uma "aversão absolutamente insuperável" pelo aleitamento materno.[27] Zangou-se quando, mais tarde, sua filha Alice decidiu amamentar pessoalmente seus bebês, e uma novilha nos currais de Balmoral logo ganhou o apelido de Princesa Alice.[28] Vitória considerava a amamentação vulgar e inapropriada para as mulheres das classes altas.[29] Também a julgava incompatível com o desempenho dos deveres públicos, argumento talvez persuasivo numa época em que não existiam bombas de sucção de leite.[30] Antes da generalização dos alimentos infantis comerciais nos anos 1860, a maioria das vitorianas de classe média e mesmo da aristocracia combinava o aleitamento materno com leite animal ou papinhas até o bebê alcançar alguns meses de vida. As amas de leite eram caras, e frequentemente suspeitas de corromper sua função com uma moral duvidosa.[31] Mas Vitória não hesitava em empregá-las, acreditando que era melhor para as crianças serem amamentadas por uma mulher menos refinada e "mais como um animal".[32] Mandou chamar a ama de leite do seu filho mais velho, Mary Ann Brough, da Ilha de Wight, para aleitar o príncipe de Gales quando ainda estava em trabalho de parto.[*]

Apesar de sua posição privilegiada, a rainha, tal como as outras mulheres, não tinha o menor controle sobre o processo complexo geralmente debilitante da gestação. Oito em dez mulheres davam à luz antes de completarem um ano de casadas, tal como Vitória. A maioria das inglesas da época passava uma média de doze anos em gestação ou amamentação; Vitória passou, ao todo, dezesseis anos.[33] Mas deu à luz quase o dobro da média de então, de 5,5 filhos.[34] Muitos historiadores comentam essa proeza, ignorando seu custo físico e emocional, o desamparo que isso gerava. Disse à filha que a gravidez era "uma violência total a todos os sentimentos de decoro (que, sabe Deus, já recebem um grande choque com o casamento)".[35]

---

[*] Treze anos depois, a sra. Brough degolou seus seis filhos na cama e tentou se matar depois, sem conseguir. Foi considerada insana. As matérias alardearam que ela fora a ama de leite do príncipe de Gales; para Vitória e Albert, que já então estavam preocupados com a capacidade mental e o espírito taciturno de Bertie, a leitura dessas matérias foi motivo de grande nervosismo. ("The Murders at Esher Coroner's Inquest, Esher, Monday Night", *The Times*, 12, Coluna C, 13 jun. 1854.)

* * *

O maior reconforto de Vitória nos primeiros anos das gestações era Albert. Ele se envolvia muito mais na vida dos filhos e sofrimentos da esposa do que o homem médio vitoriano.[36] Sentia-se inteiramente à vontade no quarto das crianças. Também "supervisionava os princípios" da criação dos filhos, que, escreveu ele em 1846, eram "difíceis de sustentar diante de tantas mulheres".[37] O príncipe consorte ficava com Vitória durante os partos, transportava-a nos períodos de resguardo e, numa atitude humanitária, pôs fim ao costume de se reunir uma dúzia de homens de Estado no aposento ao lado, durante o trabalho de parto da rainha. Tinha a mesma ternura com os filhos. Lady Lyttelton narrou um episódio quando uma babá tentava calçar uma luva na mãozinha do príncipe de Gales, então com dois anos e meio de idade; não conseguindo, jogou a luva, frustrada.

Foi bonito ver [Albert] chamar o menino ao colo e calçá-la num instante, com sua grande habilidade e maneiras gentis; o principezinho, com uma evidente satisfação em ser ajudado, olhava com grande suavidade o belo rosto do pai. Parecia um quadro num quarto de crianças. Não me contive: "Não é todo papai que teria essa paciência e bondade" e recebi um olhar de gratidão tão refulgente da rainha![38]

Na criação dos filhos, Albert era uma figura de diversão, ensino e assistência na vida deles: punha ordem no quarto das crianças, mostrava orgulhoso os bebês às visitas, organizava os batizados, planejava suas aulas, construía chalés e fortes para brincarem, levava-os ao teatro, ao zoológico e ao museu de cera de Madame Tussaud. Alegre e barulhento, conta Vitória, ele empinava papagaio com os dois meninos mais velhos, brincava de esconde-esconde com Vicky e Bertie, ensinava Bertie a virar cambalhota no feno. A rainha se encantava ao vê-lo brincando de cavalinho com os filhos nas costas e puxando-os pelo chão num grande cesto.[39] Ela escreveu: "[Albert] é tão bom com eles, brinca com tanto prazer e lida com eles de uma maneira muito bonita e firme".[40] Punha uma criança em cada joelho e ficava fazendo upa-upa enquanto tocava musiquinhas bobas no órgão.

Em 1859, Vitória comentou com Vicky, sua primogênita, então com dezoito anos, que Albert levava muito a sério o cuidado com a família: "Papai diz que os homens que deixam todos os assuntos domésticos e a educação dos filhos a cargo da esposa esquecem seus primeiros e principais deveres".[41] Vitória atribuía a vida dissipada dos tios à má criação que tiveram: "Parece que Jorge III cuidava muito pouco dos filhos".[42] Durante muitos anos, Albert ministrou pessoalmente uma hora de aula aos filhos. Também monitorava a segurança deles, desde que recebeu cartas ameaçadoras da "mais horrenda espécie" dirigidas às crianças, nos anos dos constantes atentados contra Vitória. Sempre levava no bolso uma chave dos aposentos dos filhos e se certificava de que ficassem muito bem protegidos, com "voltas complicadas, cadeados e quartos de vigias, e várias precauções cerradas".[43]

Para Vitória, estar presente era um componente importante da criação.[44] Visitava o quarto das crianças todos os dias e exibia orgulhosamente sua prole.[45] Mesmo as damas de companhia comentavam o número de horas que ela passava com os bebês.[46] Num memorando sobre a educação, de 1844, Vitória declarou que as crianças deviam ficar "o máximo de tempo possível com os pais e aprender a depositar sua máxima confiança neles em todas as coisas".[47] Lia e rezava com os filhos e as filhas e lhes ensinava a Bíblia: queria que aprendessem uma religião de amor, bondade e tolerância, e não de "temor e tremor".[48] O diário de Vitória trazia notícias quase diárias sobre os filhos: colhendo prímulas, violetas e anêmonas nos bosques em torno da Casa Osborne, procurando ovos de Páscoa, vendo os carneiros durante o banho na herdade, rindo com os palhaços no circo, entrando em seu vestiário quando se despiam, visitando os ursos no zoológico, desenterrando batatas na horta. No aniversário de casamento de 1852, Vitória escreveu com gratidão que os filhos, mesmo sendo "muitas vezes fonte de preocupações e dificuldades", eram "uma grande bênção e alegram e iluminam a vida".[49]

Já nos primeiros anos de vida do filho mais velho, o príncipe de Gales, Vitória e Albert começaram a se concentrar em sua educação, tarefa importante para um futuro rei. Era um menino voluntarioso que tinha verdadeiros acessos de fúria, como a mãe. Esses surtos o esgotavam tanto que, depois, ficava estendido no chão, como se estivesse dormindo de olhos abertos.[50]

Era inevitável que se desapontassem com Bertie, que detestava aprender, nunca seria um estudioso e seus avanços eram sempre menores do que os de sua irmã mais velha, a precoce Vicky. A rainha o descreveu, aos cinco anos, como "uma criança muito boa a quem não falta inteligência".[51] Um ano depois, Vitória disse que ele estava "mais atrasado" do que a irmã (Greville disse sem rodeios que a rainha o achava burro).[52] Aos oito anos, teve seu cérebro examinado por um frenólogo, a pedido dos pais. Os resultados confirmaram seus receios: "inaptidão para o trabalho mental e aversão a ele em determinados momentos; e... os órgãos da Combatividade, Destrutividade e Firmeza [eram] todos grandes. Os órgãos intelectuais são apenas moderadamente desenvolvidos".[53] A natureza afetuosa e sociável de Bertie, infelizmente, era de pouca serventia para os objetivos de uma cultura acadêmica. Jamais seria fácil ser filho de alguém como Albert.

No final dos anos 1840, estrangeiros em visita a Londres ficaram impressionados com o fervoroso amor do povo por Vitória. O reverendo D. Newell aguardava a chegada da rainha numa consagração pública da Lincoln's Inn, que abrigava a ordem dos advogados, e comentou a "onda de gente afluindo de todos os lados" para ver a rainha. Era impossível obter sequer uma vista de relance, disse ele, mas "a ocasião não foi desperdiçada, pois, no meio dessa poderosa confluência de britânicos, pudemos, em certo sentido, ver e perceber as fortes pulsações do coração de uma nação".[54] Vitória atribuía esse mérito à família. Em outubro de 1844, escreveu a Leopoldo: "Dizem que nenhum soberano jamais foi tão amado quanto eu (tomo a liberdade de dizer), e isso por causa de nosso lar doméstico, do bom exemplo que ele dá".[55]

A rainha tinha clara percepção de seu poder simbólico e compreendia seu povo com grande perspicácia.[56] Vitória representava uma vida caseira simples e agradável em vez das extravagâncias do ócio, e isso ajudaria a vacinar a monarquia inglesa contra as revoluções que dominariam a Europa nos anos seguintes, quando outros países se ergueram contra os excessos de suas monarquias.

Enquanto Vitória e Albert se entretinham na Casa Osborne e trilhavam os montes verdejantes da Escócia, sobre o continente se adensavam as nuvens da divergência. Num aposento em Bruxelas, em 1848, Karl Marx e Friedrich Engels redigiam *O manifesto comunista*, convocando o proletariado: "Famintos, despertai do torpor". Enquanto o Palácio de Buckingham passava por obras de reforma e ampliação, a realeza europeia era derrubada do trono. Enquanto Albert supervisionava com prazer suas residências tranquilas, hordas raivosas enxameavam os palácios de Paris, Berlim, Viena, Praga e Budapeste. Em maio de 1848, no Palácio de Buckingham, ufanou-se a Stockmar: "Conosco está tudo bem e o trono nunca esteve numa posição tão alta na Inglaterra".[57]

16. *Annus mirabilis*:
O ano revolucionário

A incerteza por todas as partes, bem como em relação ao futuro de nossos filhos,
me venceu e cedi inteiramente à minha tristeza... Eu me sinto vinte anos mais velha
e como se não fosse mais possível pensar em qualquer diversão. Tremo à ideia do
que pode nos aguardar aqui, embora eu saiba quanto o povo em geral é leal.
RAINHA VITÓRIA, 3 DE ABRIL DE 1848[1]

O homem conhecido como o Rei Cidadão da França se fitava no espelho enquanto passava a navalha devagar pelas faces. A esposa, sentada atrás dele, sorriu pela primeira vez em dias ao ver o rosto barbeado do marido, emergindo das suíças ruivas que por tantos anos o haviam emoldurado. De repente, parecia tímido e vulnerável, como um menino. Luís Filipe perdera a coroa poucos dias antes, aos 74 anos de idade. Depois de dezoito anos no trono, foi obrigado a abdicar em favor do neto de nove anos, durante uma revolução sangrenta quando as ruas de Paris foram tomadas pelas chamas. Fugira com a esposa, Marie-Amélie, por motivos de segurança. Tinham passado muitas noites insones. Luís Filipe apalpou o bolso, certificando-se pela centésima vez de que os documentos falsos em nome do "sr. e sra. William Smith" estavam a salvo. Deixaram a casa de Paris, foram de barco até Le Havre na costa e, no meio da noite, embarcaram num vapor que os aguardava. Para a viagem até a Inglaterra, levavam apenas uma mala pequena e as roupas do corpo. Escaparam por pouco: duas horas depois, a polícia chegou à casa onde estiveram escondidos, para prender o rei.[2]

Nos anos anteriores, ampliara-se a distância entre os ricos e os pobres na França; as condições de trabalho do operariado eram intoleráveis e o custo de vida disparara

213

numa espiral. Antes amado pelo povo, o rei Luís Filipe era cada vez mais impopular. Quando o governo proibiu uma série de banquetes organizados para arrecadar fundos para a oposição, milhares de pessoas saíram às ruas para protestar.[3] Em 22 de fevereiro de 1848, 52 pessoas foram mortas em tumultos violentos. Enquanto o populacho raivoso afluía ao palácio, o rei, rodeado por conselheiros em pânico, resolveu abdicar. Dezenas de parentes reais, em grupos de dois ou três, partiram em carruagens, trens, barcos e a pé, com pajens, criadas e cortesãos, para a Inglaterra; na França, os revolucionários bebiam e dançavam no palácio, atacando as despensas reais.[4] Entre os filhos do rei que foram para a Inglaterra, estavam Augustus, primo de Albert, com sua esposa, Clementine (terceira filha sobrevivente de Luís Filipe), e Victoire de Saxe-Coburgo-Kohary, prima próxima de Vitória, casada com o filho sobrevivente mais velho do rei e da rainha depostos da França. Luís Filipe, ao sair do vapor e pisar na costa britânica em segurança, usando o sobretudo do capitão e escondendo os olhos por trás de lentes enormes, quase chorou de alívio.[5]

Vitória acolheu seus amigos reais, mas não aprovava a capitulação. Achava que o rei devia ter ficado e lutado. Além de ser um gesto covarde, pensava ela, era desnecessário. Vitória, aos 28 anos, com o sexto filho no ventre, tinha nervos de ferro. Nos meses seguintes, escreveu várias vezes em seu diário que o rei da França, a seu ver, cometera um erro.

Outro ponto sensível era que Luís Filipe ludibriara Vitória apenas dois anos antes. De início, as relações entre o rei francês e a rainha britânica eram cordiais, em parte porque Louise, a filha mais velha dele, desposara Leopoldo, tio de Vitória, e sempre fora gentil com a rainha britânica, mais nova do que ela. Em 1843, Vitória foi a primeira monarca britânica a visitar seu equivalente francês em mais de trezentos anos. Ficou fascinada com a beleza do castelo d'Eu e a naturalidade do casal. A rainha Marie-Amélie lhe disse que a considerava como uma filha. Mas houve um assunto que não abordaram durante a visita: a delicada questão da Espanha. Fazia muito tempo que Luís Filipe sonhava em criar uma aliança da França com a Espanha e discretamente arranjara o casamento de um dos filhos com a infanta Luisa, irmã mais nova da rainha Isabel, de treze anos, que governava a Espanha por intermédio da mãe na regência. Luís Filipe montara um plano complicado. Queria que a rainha Isabel se casasse com o duque de Cádis, primo dela, tido como homossexual ou estéril, e não deixasse herdeiros, e assim a infanta Luisa poderia se casar com o filho dele, o duque de Montpensier, e gerar um herdeiro.

Vitória, porém, queria que a rainha Isabel se casasse com um primo Coburgo. Depois de longas intrigas, durante a segunda visita de Vitória e Albert, em 1845, os respectivos ministros das Relações Exteriores da França e da Grã-Bretanha concordaram que só apresentariam um pretendente à infanta depois que a irmã mais velha tivesse filhos.[6] Esse acordo se evaporou em 1846, quando Lord Palmerston tolamente mostrou ao embaixador francês um despacho dizendo que um primo de Vitória era pretendente à mão da rainha Isabel. Num estalar de dedos, as duas jovens noivaram com o duque de Cádis e o duque de Montpensier. Vitória, "extremamente indignada", disse à rainha Marie-Amélie que seu marido descumprira o prometido. As tensões persistiram por quase dois anos, quando se iniciaram os protestos em Paris.

Vitória se esqueceu prontamente de suas queixas. Ficou realmente assustada com as revoltas e, apesar das intrigas recentes, ainda amava seus parentes franceses.[7] "Pareciam uns pobres humilhados", escreveu em 7 de março, no dia seguinte à acolhida de Luís Filipe e Marie-Amélie no Palácio de Buckingham.[8] Vitória, então com a gravidez avançada, enviou roupas aos refugiados e lhes cedeu a grande propriedade do tio Leopoldo, Claremont, para ficarem pelo tempo que fosse necessário. Augustus, Clementine e filhos viviam com ela no Palácio de Buckingham. Clem, na quarta gravidez, era da mesma idade de Vitória e, tentando entender os acontecimentos do mês anterior, as duas se tornaram bastante próximas. Vitória ficou mortificada ao saber que Hélène, nora de Luís Filipe e mãe do próximo rei, tivera o filho arrancado dos braços em meio ao tumulto: "Pode haver coisa mais pavorosa?".[9]

A ansiedade e a tristeza tomaram conta do palácio. "A pobre Clem", escreveu Vitória no diário, "diz que não consegue dormir, sempre vendo diante de si aqueles rostos horríveis e ouvindo aqueles gritos e guinchos medonhos."[10] Passou meses aflita com seus hóspedes. Ficou preocupada quando emagreceram demais e comentou que a prima Victoire parecia "uma rosa pisoteada".[11]

As revoluções europeias de 1848, alcunhadas de "Primavera dos Povos", começaram na Sicília em janeiro, alastraram-se para a França em fevereiro e se espalharam rapidamente pela Europa. As revoltas mais violentas ocorreram na Polônia, no Império austríaco, na Alemanha e na Itália, bem como na França. As razões eram variadas e, de modo geral, não estavam interligadas, mas em muitos países foi a irrupção das classes médias e trabalhadoras — unidas em alianças temporárias e pouco usuais — depois de décadas de sucessivas mudanças. Tinham suportado o aumento do custo de vida, a quebra de safras, a superlotação das cidades, a condução parlamentar nas mãos dos ricos ociosos e apáticos, o reinado de monarcas repressores. As vozes dissidentes aumentavam cada vez mais ao debaterem as formas ideais de democracia, socialismo, liberalismo gradual e republicanismo.

Com o alastramento da rebelião, o medo de Vitória se transformou em horror. Tal caos era um anátema para os monarcas. No diário, ela se referia aos revolucionários como uma "turba de rufiões sedentos de sangue", "a ralé medonha", "gente [que] procede de maneira repulsiva".[12] A rainha não gostava de hordas nem de franceses. Isso ficava claro em sua correspondência. Arthur Benson e Lord Esher, ao editarem as cartas de Vitória para publicação póstuma, censuraram suas opiniões antifrancesas mais duras para evitar constrangimentos ao filho dela, o rei Eduardo VII, que mantinha aliança com a França.[13] As cartas originais, nos Arquivos Reais, revelam seu desejo secreto de que os cidadãos franceses fossem punidos pela rebeldia. Ela escreveu numa carta a Leopoldo em abril de 1848: "Na França, coisas importantes vão *pessimamente* e, por uma questão de moral, *deveria* haver alguma *grande* catástrofe em *Paris*, pois *lá* é a sementeira da Iniquidade de onde provêm todos os males".[14] Embora pessoalmente acreditasse que Luís Filipe não devia ter abdicado, ela escreveu: "A lembrança de Luís XVI *e a perversidade e selvageria da turba francesa* são suficientes para justificar tudo e isso todos admitirão".[15] (As palavras grifadas foram posteriormente eliminadas por Benson e Esher.)

A Inglaterra foi, em larga medida, poupada ao ardor revolucionário que varria o continente. Em março, passada apenas uma quinzena desde a revolta em Paris, um comício muito alardeado em Trafalgar Square resultou apenas na destruição da pista de boliche do príncipe Albert e na prisão do jovem líder, que desandou a chorar.[16] Vitória, irritada, escreveu que os "tolos" protestos estavam assustando seus parentes franceses.[17] No dia seguinte, Albert lhe contou que alguns integrantes da "turba" haviam quebrado as vidraças da casa da mãe de Vitória em Londres e tinham pensado em atacar o Palácio de Buckingham, mas desistiram ao ver o grande número de guardas. De fato não havia perigo, escreveu ela no diário, mas, "depois dos horrores de Paris, é impossível deixar de sentir um maior nervosismo".[18]

A rainha passava seus dias examinando despachos da Europa e acalmando seus hóspedes franceses. Albert, para quem os príncipes estavam em melhor posição do que os políticos para dar conselhos sobre a política externa, ficara arrasado ao saber do turbilhão em sua querida Alemanha.[19] Sensatamente, recomendou a seu irmão, o duque de Coburgo e Gotha,[20] que não usasse nem aumentasse as forças militares para reprimir os distúrbios locais.[21] Albert também se preocupava com a segurança crescente dos cartistas na Inglaterra, cuja força aumentara nos últimos anos com a libertação de muitos líderes presos. Os irlandeses também estavam em situação desesperadora, depois de vários invernos rigorosos com muita fome, e a especulação financeira criara pânico e instabilidade. Os cartistas, quando souberam que a França se tornara república, removendo o rei do trono, dançaram pelas ruas de Londres até o amanhecer.

Em 18 de março, no auge do furacão, Vitória deu à luz sua quarta filha, Louise Caroline Alberta. Tinha quase esquecido que estava grávida, quando começou o dolorosíssimo parto.* Quando a bebê estava com poucos dias, Vitória e Albert foram obrigados a sair de Londres, temendo pela vida. Os cartistas haviam anunciado uma enorme manifestação com meio milhão de pessoas para 10 de abril em Londres, e muitos imaginavam que a situação ficaria feia, quando não explosiva.

Vitória, ainda se recuperando do parto difícil, estava na cama, a soluçar:

> O pesar com a situação da Alemanha — com a miséria e a ruína rondando tudo, vindo a se somar às péssimas notícias da Irlanda e ao alarme no espírito das pessoas com a grande manifestação que deve ocorrer em Londres no dia 10 estão afligindo muito meu pobre Albert... Sim, eu me sinto vinte anos mais velha e como se não fosse mais possível pensar em qualquer diversão. Tremo à ideia do que pode nos aguardar aqui, embora eu saiba *quanto* o povo em geral é leal. Estou muito calma e plenamente preparada para receber o que Deus nos enviar, se ao menos formos poupados de partilhar tudo.[22]

A família real se retirou para as matas de Osborne, onde ficou aguardando notícias de Londres com alguma ansiedade. Vitória logo retomou a compostura, gabando-se numa carta a Leopoldo: "Grandes eventos me deixam calma e tranquila; são apenas as ninharias que me irritam os nervos".[23] O cavalariço-mor de Albert, coronel Phipps, ficou em Londres, percorrendo as ruas, entreouvindo conversas ao acaso, tentando avaliar a reação à saída da rainha. Ele escreveu: "Sua fama de bravura pessoal é tão grande que não ouvi em momento algum ninguém dizer que a partida dela se devia a um alarme pessoal".[24]

Em Londres, estavam em curso os preparativos de tipo militar para a manifestação de 10 de abril. Uma quantidade enorme de voluntários ocupava as delegacias e foi espantoso o número de homens — 85 mil — que se inscreveram para trabalhar como guardas especiais no dia do comício.[25] Entre os voluntários estava o príncipe Luís Napoleão Bonaparte, que depois se tornaria o imperador dos franceses. O idoso duque de Wellington, cultuado como herói, foi novamente posto no comando das Forças Armadas, pela última vez. O governo assumiu o controle dos telégrafos, para garantir que os revolucionários não difundissem falsas informações, e um Decreto de Remoção de Estrangeiros foi aprovado às pressas pelo Parlamento, dando ao ministro do Interior poderes para transferir qualquer cidadão estrangeiro contra o qual houvesse alguma alegação.[26] Os cartistas alardearam dispor de uma petição com 5 milhões de assinaturas, tão gigantesca que precisou ser enrolada como uma grande meda de feno e puxada

---

* A menina roliça e graciosa se tornou em idade adulta uma escultora de opiniões firmes, com simpatia muito maior do que a mãe pelos movimentos sociais, como o direito de voto. No primeiro aniversário da "boa filhinha", Vitória escreveu: "Ela nasceu nos tempos mais agitados e, portanto, há de ser algo peculiar". *Queen Victoria's Journal*, domingo, 18 de março de 1848.

por quatro cavalos. Torciam pela revolução, mas, no mínimo dos mínimos, pretendiam arrancar algumas concessões do Congresso.

Em 10 de abril, sob o céu azul brilhante, os cartistas se dirigiram a quatro pontos de concentração em Londres, portando bandeiras que diziam *LIVE AND LET LIVE* ["Viva e deixe viver"]. Havia uma falange de 4 mil membros da Polícia Metropolitana em torno do Kennington Common, área comunal outrora usada para execuções públicas e partidas de críquete, e mais 8 mil soldados regulares estavam escondidos em vários pontos da cidade.[27]

Havia quatro baterias de artilharia instaladas ao longo de pontes, e navios armados ancorados em pontos estratégicos ao longo do Tâmisa. Havia um cordão de homens armados no Mall, para impedir o acesso ao Palácio de Buckingham. O primeiro-ministro Lord John Russell forrou suas janelas com documentos parlamentares e se retirou com a esposa grávida para a segurança da Downing Street, temendo que o som dos tiros de canhão antecipasse o trabalho de parto.[28] Nos edifícios vazios do governo, protegidos com barricadas de caixas de papéis, havia homens armados atrás de pilares e cortinas, volta e meia espiando lá fora para ver se o tumulto começara. Os soldados receberam instrução de abrir fogo, caso necessário.[29]

As notícias do forte esquema de segurança tinham desorientado Feargus O'Connor, líder dos cartistas e representante parlamentar de Nottingham. Passara vários dias sem conseguir dormir. Revirando-se na cama na noite anterior, decidiu que conduziria a manifestação num espírito conciliador. Poderia mandar que os cartistas atacassem, na esperança de desbaratar e derrotar soldados e policiais, como acontecera em vários países europeus, mas sua intuição lhe disse que seria inútil. No dia do protesto, seus temores se confirmaram: apareceram somente 23 mil manifestantes, apenas um décimo do número esperado.

O'Connor se postou no palanque montado em Kennington, cercado de bandeiras dizendo *NO SURRENDER!* [Não nos renderemos!"], e orientou os seguidores a não enfrentarem a polícia. A maioria obedeceu, e houve apenas uma ou outra escaramuça. Os líderes concordaram em entregar a petição — que, descobriu-se mais tarde, trazia uma infinidade de nomes falsos, inclusive "rainha Vitória" — às duas casas do Congresso em três charretes. Lord Palmerston disse que foi "o Waterloo da paz e da ordem". Vitória vibrou com o triunfo da legalidade britânica:

Que bênção!... A lealdade de todas as classes, a excelente organização das Tropas e da Polícia, a eficiência das Guardas Especiais, classes altas e baixas, Lords, Comerciantes — e a determinação de pôr termo aos procedimentos — se necessário, à força — sem dúvida foram a causa do fracasso do Comício. É motivo de orgulho para este país e confio fervorosamente que terá efeito benéfico em outros países.[30]

Albert também se sentiu aliviado, embora continuasse a monitorar as brigas de rua e os comícios cartistas — alguns chegando a 50 mil participantes. Comentou com Stockmar sobre a organização sofisticada do movimento, com códigos secretos e pombos-correio. Também escreveu ao primeiro-ministro Russell, dizendo-lhe que suas pesquisas pessoais indicavam uma quantidade desalentadora de desempregados em Londres, sobretudo porque o governo cortara as verbas para obras básicas. Sugeriu que o governo procurasse maneiras de gerar empregos e de retomar projetos de assistência aos desempregados. Também relembrou ao premiê que era obrigação do governo ajudar o operariado em tempos de crise.[31]

O príncipe consorte não conseguiu se livrar de um sentimento melancólico em relação à Europa em 1848. A morte recente da avó o entristecera muito e ele entrara numa forte depressão. O trabalho era incessante: "Não me lembro de ter passado tanto tempo preso na labuta como estou agora. A mera leitura dos jornais ingleses, franceses e alemães absorve quase todas as horas vagas do dia; e não se pode deixar passar nada sem que se percam os elos e assim se chegue a conclusões erradas".[32] Em março de 1848, ele pedira a Stockmar que o acompanhasse nas viagens e dividisse o fardo: "Sinto um peso no coração. Diariamente perco peso e força. A guerra europeia está a nossas portas... Preciso de amigos. Venha, se tem amor por mim".

Vitória procurava dissuadi-lo de uma visão tão sombria do futuro, mas Albert vivia tão "sobrecarregado de atividades" que era acometido de insônia. Acordava todos os dias de madrugada e não conseguia adormecer outra vez. Volta e meia Vitória despertava e via o marido de olhos fitos nas colunas da cama, remoendo mentalmente os problemas. Levantava-se às sete, ia até a escrivaninha e acendia a lâmpada verde, enquanto a esposa dormia. "Minha gratidão não cobre nem metade de tudo o que ele faz para me ajudar", escreveu Vitória com leve sentimento de culpa.[33]

A gravidade da violência na Europa teve efeito duradouro sobre a rainha. Continuava assustada com a ameaça constante, ainda que latente, de um ataque. A maldição dos cartistas parecia quase bíblica: em junho de 1848, durante uma chuva torrencial em Osborne, milhares de sapos pululavam pelo terraço e pelas encostas, "como uma praga".[34] Três dias depois, veio a falsa notícia de que os cartistas iam invadir o lar da família; os serviçais se postaram nas aleias armados de bastões.[35]

Quatro dias depois, voltando à noite do teatro, Vitória ficou realmente amedrontada; recebera o aviso de que os cartistas estavam de emboscada, para atacá-la no escuro. Enquanto a carruagem rumava para o palácio, um homem se aproximou correndo até a janela aberta do lado de Albert, murmurando várias vezes "um assassino de verdade".[36] Foi prontamente detido — e descobriram que era louco —, mas Vitória passou horas sentindo medo.

Todos os dias, Vitória e Albert recebiam um enorme lote de despachos urgentes da Europa, que um repassava ao outro nas escrivaninhas de madeira, encostadas entre si. A carga de trabalho era extraordinária. Em 1848, somente o Departamento das Relações Exteriores lhes enviou 28 mil despachos, sobre os mais variados assuntos, desde os cartistas e as revoluções europeias ao impacto devastador do aumento das tarifas sobre o açúcar nas Índias Ocidentais (onde também se enfrentava o impacto econômico da abolição da escravatura) e o ambicioso rei da Sardenha. Vitória e Albert escreviam cartas em conjunto, corrigiam as minutas enviadas pelo premiê e pelo ministro das Relações Exteriores, enviavam cartas a inúmeros políticos nacionais e estrangeiros e preparavam memorandos sobre eventos oficiais. Envolviam-se intensamente em toda a correspondência com outros países. Ajudavam o governo a formular de maneira nuançada suas manifestações de apoio a governos legítimos e, sempre que podiam, auxiliavam parentes e aliados. O tio Leopoldo e seu reino relativamente tranquilo da Bélgica continuavam a ser para eles um farol de paz na Europa.

O ministro das Relações Exteriores nessa época era Lord Palmerston, homem com uma convicção inabalável sobre seus próprios talentos diplomáticos. Conhecido como Lord Cupido por ter sido um grande galanteador quando solteiro, em 1848 ainda era uma bela figura, com 54 anos, agora casado com Emily, a inteligente irmã de Lord Melbourne. Quando a rainha era mocinha, Palmerston lhe parecera uma pessoa agradável, mas agora Albert e ela desconfiavam dele. Numa noite de inverno de 1839, foi flagrado no quarto de uma das damas de companhia, onde estaria alegadamente tentando abusar dela até que seus gritos soaram pelos corredores e ele fugiu do aposento. Palmerston insistiu que estava apenas perdido; na verdade, entrara no quarto achando que ali estaria Lady Emily Lamb, que na época era sua noiva.[37] Mas Albert ficou em dúvida e, uma década depois, recorreu a esse caso para se pronunciar contra Palmerston.[38]

Lord Palmerston era um intervencionista liberal unilateral, com tendência a apoiar os movimentos de independência e os rebeldes europeus. Ministro whig que começara a carreira como tory, seu tratamento da política externa era muito diferente do de Vitória e Albert. O casal tinha suas próprias preferências, querendo manter uma aliança próxima entre a França e a Inglaterra e apoiando o domínio territorial austríaco na Itália (Palmerston queria a independência e a unificação da Itália, e secretamente encaminhava armas aos rebeldes italianos). Albert queria uma Prússia forte comandando uma Alemanha unificada. Mas os atritos do casal com o ministro das Relações Exteriores se referiam não só à sua linha política, mas também à sua conduta. Desagradava-lhes que Palmerston não os consultasse nem seguisse seus conselhos, além de enviar despachos sem os submeter à leitura prévia do casal. Já em 1841, Vitória o repreendera por desrespeitar os procedimentos. Palmerston redigiu uma resposta tipicamente polida e afável, assegurando à rainha que iria providenciar que isso nunca mais acontecesse, ao mesmo tempo continuando placidamente a ignorá-la na prática. Vitória e Albert o consideravam perigoso.

Para Vitória, a política externa era parte central do papel de um monarca, pois envolvia questões de guerra e paz. Acreditava que um dos aspectos mais importantes de seu cargo era defender "a dignidade, o poder e o prestígio" da Grã-Bretanha. Enquanto Palmerston era voluntarioso e impulsivo, ela se considerava acima das intrigas políticas, mais apta a "manter em todas as circunstâncias uma cortesia digna e sincera em relação a outros soberanos e seus governos".[39] A seu ver, Palmerston tinha a obrigação ministerial de mantê-la plenamente informada, de obter seu consentimento, adotar seus conselhos e não alterar posteriormente os documentos e as linhas de ação que ela já tivesse aprovado.

Em 20 de agosto de 1848, Vitória redigiu uma nota de advertência a Palmerston depois de descobrir que uma "carta particular" dirigida a ela fora "aberta no Ministério das Relações Exteriores". Poucos dias depois, repreendeu-o novamente por não a ter atualizado sobre o conflito entre a Áustria e a Sardenha.[40] A rainha também se enfureceu com uma série de despachos arrogantes e ditatoriais de Palmerston à Espanha e depois a Portugal — ignorando as recomendações do primeiro-ministro, que era seu superior. Palmerston queria ajudar a livrar a Itália do domínio austríaco e converter Veneza numa república, o que Vitória considerava abominável: por que ajudar esses rebeldes estrangeiros quando estavam enfrentando problemas com seus próprios rebeldes na Irlanda?[41]

Vitória e Albert, em reservado, chamavam Palmerston de "Pilgerstein", ou o filho do diabo. (Isso foi depois eliminado pelos editores na correspondência oficial de ambos.)[42] Vitória falou ao primeiro-ministro Lord John Russell que não suportaria mais ver Palmerston em ocasiões sociais, pois não conseguiria tratá-lo com respeito. Avaliou com Russell as maneiras de se verem livres dele — talvez um cargo no exterior, na Irlanda, por exemplo. Vitória achava que Russell demonstrava "lamentável fraqueza" por não enfrentar Palmerston, mas o premiê temia pôr em risco o apoio dos radicais e liberais comandados por Palmerston. Houve um vaivém constante de cartas irritadas entre a rainha e seu ministro do Exterior, principalmente entre 1848 e 1851. Vitória anotou em seu diário, muitas vezes durante dias seguidos, o desprezo que sentia por Palmerston.[43]

Mas, fora do palácio, a popularidade de Palmerston era enorme, sendo o único ministro do governo a ter seguidores entre o público. Era visto por amplos setores como herói democrático e gostava de gestos teatrais e grandiosos. Em 1850, meteu-se numa embrulhada quando a casa de um português, dom Pacífico, em Atenas foi saqueada. Pacífico tentou obter uma enorme indenização do governo grego, mas não conseguiu. Como era natural de Gibraltar, ele recorreu ao governo britânico como súdito da Coroa. Numa iniciativa inacreditável, Palmerston determinou que se enviasse uma frota ao

Pireu para lhe mostrar o apoio oficial do governo. Vitória e Albert ficaram coléricos e a Câmara dos Lordes condenou as ações do ministro, mas, depois de um longo e inspirado discurso de Palmerston, sua conduta imprópria foi saudada na Câmara dos Comuns como um ato de heroísmo. Aclamaram sua ideia de que todo cidadão britânico devia ser obrigatoriamente defendido, em qualquer hipótese. Incentivado por esse amplo apoio, Palmerston ignorou as sugestões de Vitória e Albert na minuta de um despacho a ser enviado ao ministro britânico na Grécia. A rainha disse que não admitiria "que um servidor da Coroa e seu ministro aja contra suas ordens, e isso sem seu conhecimento".[44] Tal conduta prosseguiu por anos a fio — o unilateralismo de Palmerston, as objeções de Vitória, a intervenção relutante de Lord John Russell, as desculpas fingidas de Palmerston. Quando as exageradíssimas reivindicações de dom Pacífico finalmente foram atendidas, anos depois, ele recebeu apenas uma pequena fração do que pleiteara de início. Por esse valor insignificante, pensou Vitória, a Inglaterra quase entrara em guerra, despertara a ira da Grécia e a antipatia da França.[45]

Em agosto de 1850, após o fiasco grego, Vitória escreveu ao primeiro-ministro Russell, expondo com firmeza suas reclamações contra Palmerston e frisando suas expectativas de que seus ministros a mantivessem plenamente informada, de maneira imediata e respeitosa. Do contrário, disse a rainha, ela iria utilizar seus poderes constitucionais para demiti-lo.[46] Palmerston foi ver Albert com lágrimas nos olhos, dizendo ter pensado que sua única divergência com a rainha era de linha política. Sua contrição foi apenas passageira e logo depois recomeçaram as escaramuças.

Em 1850, o general austríaco Julius Jacob von Haynau, um sádico despótico que tratara os rebeldes na Áustria com grande brutalidade, esteve em visita na Inglaterra. Alguns operários o reconheceram; atiraram-lhe projéteis na cabeça e o arrastaram pela rua puxando-o pelo longo bigode grisalho. Vitória ficou horrorizada que atacassem um estadista estrangeiro em seu país; mas o liberal Palmerston achou que "o carniceiro austríaco" merecia. Por outro lado, quando o líder rebelde húngaro Lajos Kossuth percorreu a Inglaterra discursando contra os imperadores da Áustria e da Rússia, Palmerston quis logo recebê-lo. Mas teve de cancelar o convite depois das objeções do gabinete ministerial e das ameaças de Vitória de demiti-lo. No entanto, dez dias depois, Palmerston recebeu uma delegação de radicais que se referiram aos imperadores da Áustria e da Rússia como déspotas e tiranos. Greville declarou que essa provocação constituía "uma ofensa sem precedentes".[47]

O erro mais caro e derradeiro de Lord Palmerston foi sua declaração unilateral de apoio a Luís Napoleão, quando o rei francês mandou prender os líderes da Assembleia Nacional em Paris, em dezembro de 1851, e num golpe de Estado proclamou-se imperador vitalício. O governo britânico decidira se manter neutro, instruindo o embaixador a não apoiar nenhum dos lados. Palmerston, porém, congratulou o embaixador francês e manifestou seu apoio ao golpe, o que foi extremamente constrangedor para o governo britânico. Lord John Russell finalmente o dispensou, e Vitória ficou muito contente.

Ninguém conseguiria persuadir a rainha de que uma revolução podia ser boa coisa. Em agosto de 1848, ela afirmou: "Sustento que revoluções são sempre ruins para o país e causa de miséria indescritível para o povo. A obediência às leis e ao soberano é a obediência a um poder superior, divinamente instituído para o bem do *povo*, não do soberano, que tem tanto deveres quanto obrigações".[48] Para Vitória, a hierarquia era divina: homens são chefes da casa, soberanos são chefes do Estado. A seu ver, a paz no casamento e no país requeria obediência — muito embora sua própria obediência raramente se manifestasse. Surgira uma forte corrente de simpatias liberais na Europa, mas, por ora, a Inglaterra continuava em segurança e poucas coisas haviam mudado.

Na Irlanda, a safra de batatas de 1848 falhara outra vez e o povo nas ruas de Dublin clamava por alimentos.[49] O Parlamento britânico ficou tão preocupado com a possibilidade de uma rebelião que suspendeu o habeas corpus, e assim as pessoas na Irlanda podiam ser presas sem mandado.[50] A ira latente no país empobrecido ameaçava apenas piorar. Em 1848, apreensiva com os acontecimentos na Europa, Vitória estava plenamente convicta de que qualquer irlandês descontente devia ser "esmagado" e receber uma lição. Mesmo na época, suas posições foram consideradas excessivas.[51]

A Grande Fome da Batata, uma das maiores calamidades do século, semeara o ódio na Irlanda contra os britânicos e desencadeara a emigração em massa. A população irlandesa tinha disparado no começo do século XIX, mas entre 1846 e 1851 despencou de 8 para 6,5 milhões de pessoas. Cerca de 1 milhão de habitantes morreram de fome, e outros de disenteria e cólera. Entre os restantes, 3 milhões dependiam de assistência do governo para sobreviver. A inércia dos ingleses em estancar a enorme mortandade criou um mal-estar permanente entre os dois países. Entre 1801 e 1841, houve 175 comissões e comitês sobre a situação da Irlanda — todos previram a calamidade e nenhum forneceu aos irlandeses condições para transporem o crescente abismo de miséria em que o país se despenhava. Muitos viviam apenas de água e batatas.

Há historiadores que qualificam de genocídio a morte de mais de 1 milhão de pessoas à fome — mas ela foi causada basicamente por fanatismo e negligência cega, e não por um assassinato em massa deliberado. Muitos políticos britânicos estavam mais empenhados em reformar a economia irlandesa e implantar seus ideais de livre--comércio do que em prevenir a mortandade. Grande parte da relutância em tomar qualquer medida se devia aos preconceitos contra os irlandeses e à crença de que eram fracos, propensos ao crime, acomodados vivendo à custa alheia; muitos tomavam a fome não só como prova dos defeitos do caráter irlandês, mas também como sinal do descontentamento de Deus. A culpa recaiu, um tanto injustamente, sobre os ombros de Vitória. Chamavam-na de "a rainha da fome" e foi acusada de negligência e falta de compaixão. Ela fez uma doação de 2 mil libras (cerca de 200 mil libras nos valores de hoje), a maior doação individual de auxílio à Irlanda, a qual, porém, foi criticada e considerada insuficiente; publicou duas cartas conclamando o público a fazer doações para a Irlanda; racionou o consumo de pão no palácio; encomendou peças de popelina irlandesa; concordou em impor a observação dos dias de jejum em apoio aos pobres. Doou mais quinhentas libras em 1849.

É muito forçado responsabilizar Vitória pela fome irlandesa, embora ela pudesse ter feito muito mais em prol de uma causa que se tornara impopular, e só tomou várias de suas iniciativas públicas por insistência do primeiro-ministro, Lord John Russell. De início, ela tinha críticas aos latifundiários tirânicos, mas, quando alguns dos que conhecia pessoalmente foram assassinados, sua simpatia pelos arrendatários se dissipou.[52]

Albert se preocupava tanto com as causas quanto com os resultados das revoltas. Simpatizava muito mais com os trabalhadores do que com os aristocratas, dizendo que eram os que "tinham a maioria do trabalho e a minoria dos prazeres deste mundo".[53] Numa reunião a que presidiu em maio de 1848 na Sociedade para a Melhoria da Condição das Classes Trabalhadoras, Albert afirmou que, embora os conjuntos habitacionais, as linhas de crédito e os loteamentos que o governo criara fossem importantes, qualquer melhoria nas condições "deve resultar do esforço dos próprios trabalhadores", sem ser ditada por capitalistas. Apresentou quatro princípios essenciais para a melhoria da condição do operariado: educação para os filhos com formação prática na indústria, melhoria habitacional, concessão de terrenos com casas e criação de caixas econômicas.[54] Recebeu elogios nas matérias da imprensa.

Os políticos de extrema direita se irritavam com o ativismo político de Albert. Comentou com o irmão, em maio de 1849, que os "ultra-*tories*" detestavam que ele trabalhasse "energicamente... contra seus projetos". Seu desagrado pela aristocracia era notório e Albert era claro sobre os objetivos de seu trabalho: "A divisão desigual da propriedade e os resultantes perigos da pobreza e inveja constituem o grande mal. É absolutamente necessário encontrar meios não para *diminuir as riquezas* (como querem os comunistas), e sim para criar facilidades para os pobres. Mas aí é que reside o problema".[55] Tais observações mostram que Albert estava lidando com as questões levantadas pelas revoluções europeias — e esperando, ao tratar delas, conter a insatisfação local. Ao contrário da esposa, decidida a aniquilar a dissidência, ele queria preveni-la. Eram ideias raras em sua posição social.

Albert tinha o cuidado de tratar bem seu pessoal e era aplaudido por tentar melhorar a vida dos que viviam presos em estruturas desiguais. Por exemplo, quando foi mestre da Trinity House, os lastradores de navios lhe deram o título de Albert, o Bom, pois ele descobrira que os lastradores só recebiam trabalho por intermédio de taberneiros, os quais insistiam que bebessem antes de trabalhar, deixando-os num estado lastimável, e o príncipe ajudou a corrigir esse problema.[56]

Também organizou um sistema de aposentadoria para criados, depois de ler um informe sobre albergues e perceber o número desproporcional de ex-criados entre os albergados. Uma referência negativa de um único patrão podia lançá-los na miséria. Setenta por cento dos criados na Inglaterra ou em Gales — quase 700 mil — terminavam em albergues ou asilos de caridade. Tais são as iniciativas que revelam os clarões de gênio de Albert, bem como sua estatura e seu potencial como monarca em exercício.

No final das contas, a Irlanda não se revoltou, em larga medida porque o povo estava faminto demais. A Grã-Bretanha escapou ilesa à turbulência de 1848. Os aristocratas *whigs* continuavam a comandar o Parlamento, Vitória ainda usava a coroa, a Grã-Bretanha prosseguia em seu avanço pelo globo, anexando terras e dominando os mares. No fim do ano, Luís Napoleão Bonaparte foi eleito presidente da França. Houve vários tumultos na Prússia e na Áustria, mas a Europa, de modo geral, readquirira a estabilidade. As principais mudanças democráticas reivindicadas pelos dissidentes em 1848 só vieram a se concretizar, na maioria dos países, no final dos anos 1860. Como afirma o historiador Miles Taylor: "Tanto para os contemporâneos quanto para os pósteros, 1848 foi o ano em que a peculiaridade britânica pareceu se ressaltar uma vez mais".[57] A Grã-Bretanha evitou a revolução por várias razões: uma classe média leal que amava a rainha, um governo que empregava impiedosamente a força quando necessário, políticos perspicazes como Peel que criaram leis reduzindo o custo dos alimentos. Além disso, ao transferir os dissidentes mais radicais para colônias distantes como a Austrália, o governo pôde remover alguns dos principais líderes políticos da independência irlandesa e dos movimentos cartistas.[58] E por último, naquela época, a Grã-Bretanha simplesmente não era a terra dos revolucionários. Vitória sentia imenso orgulho disso.[59]

Em 29 de junho de 1850, o ex-premiê Robert Peel foi arremessado da sela e pisoteado por seu cavalo, que lhe quebrou clavícula, a parte de trás do ombro e uma costela que perfurou seus pulmões. Sua casa em Londres ficou cercada por multidões durante horas a fio, esperando os policiais lerem uma série de preocupantes boletins médicos e escrutando a expressão no rosto dos visitantes que entravam e saíam. Peel morreu três dias depois. Vitória comentou que Albert sentiu profundamente e "perdeu um segundo pai" — o homem que fora seu aliado para subir ao poder.[60] Albert escreveu à duquesa de Kent: "Golpes e mais golpes têm recaído sobre nós... E agora a morte nos levou Peel, o melhor dos homens, nosso mais leal amigo, o baluarte mais sólido do trono, o maior estadista de sua época". A popularidade de Peel à morte era enorme.[61] Quase 500 mil pessoas doaram um pêni cada uma para um fundo criado em seu nome, destinado a comprar livros para associações e bibliotecas de trabalhadores.

Foram anos duros para Vitória e Albert. "Cada dia", escreveu o príncipe em julho de 1850, "traz uma nova dor." No final dos anos 1840, vários amigos próximos morreram numa sucessão de espantosa rapidez; cada perda era um grande golpe e o príncipe ficou ainda mais solitário. Em novembro de 1849, George Anson, secretário particular e grande amigo do príncipe, morreu aos 37 anos de idade. Albert o pranteou como a um irmão, escreveu Vitória.[62] A majestosa rainha Adelaide, viúva do rei Guilherme IV e tia de Vitória, faleceu em dezembro de 1849. Em julho de 1850, foi a vez do duque de Cambridge, tio de Vitória. Então, em agosto de 1850, Luís Filipe, antigo rei da França, morreu no exílio em Claremont. Em outubro, o tio Leopoldo perdeu sua segunda esposa, a amada Louise.[63] Vitória ficou inconsolável.

O único que restou para aconselhar o príncipe foi Stockmar, o leal conselheiro da família que agora morava na Alemanha; Albert lhe escrevia assiduamente, rogando que viesse para a Inglaterra. Albert se levantava uma hora antes de Vitória para responder às cartas e trabalhava até a meia-noite. Começou a ficar com aparência "pálida e exausta", como disse Vitória, ganhando peso e acordando muito cedo, ainda torturado pela insônia.

Apesar da melancolia, a determinação de Albert não fraquejou. Prestes a completar trinta anos em 1849, finalmente estava pronto para governar sozinho. A Inglaterra estava em paz, Vitória se sentia contente e Albert agora atuava como monarca, com a permissão da esposa. Se era para haver uma era albertina, com suas características de prudência, zelo religioso, operosidade, energia e determinação, seria a década seguinte. Nos anos 1850, o príncipe consorte — prematuramente envelhecido, preocupado, mas muito capaz — iria alcançar seus plenos poderes.

17. O que Albert fez:
A Grande Exposição de 1851

Somos capazes de fazer praticamente qualquer coisa.
RAINHA VITÓRIA, 29 DE ABRIL DE 1851[1]

Enquanto se dissipavam as nuvens escuras no céu de Londres, as ruas eram tomadas por uma imensa multidão. As pessoas subiam em telhados, escadas e caixas; comprimiam-se nas margens do rio Serpentine. No Palácio de Buckingham, o príncipe Albert abotoava o uniforme de marechal de campo. Bertie, com nove anos, estava pondo um kilt xadrez. Vicky, com dez anos, aguardava com paciência que lhe prendessem uma guirlanda de rosas silvestres no cabelo. Mas o que a multidão mais queria ver era a rainha. Vitória reluzia de diamantes: havia centenas deles costurados no vestido de seda cor-de-rosa, outros em um colar, outros cuidadosamente distribuídos pela cabeça. A Ordem da Jarreteira, uma estrela numa faixa azul larga, lhe atravessava o peito. Ela fitou o espelho e sorriu: o Primeiro de Maio de 1851 ia ser uma das maiores ocasiões de sua vida e da história de seu país.

Lá fora, enquanto aguardavam as carruagens reais, magotes de gente ficaram observando um sujeito com perna de pau, muito decidido, que subia a duras penas num grande olmo. O que levaria cinco minutos para um garoto lhe tomou cinquenta minutos; quando finalmente chegou a um galho desocupado, com o rosto coberto de suor, ele abriu um largo sorriso triunfal aos aplausos sonoros da multidão. Alguns momentos depois, o som das aclamações distantes anunciou que a rainha já estava à vista.

Como num anúncio, o sol apareceu quando a carruagem fechada de Vitória, revestida de aço, iniciou seu trote rápido pelas ruas. A polícia calculou 700 mil pessoas apinhadas nas ruas, esticando o pescoço para enxergar a figurinha minúscula. Ela resplandecia de autêntico orgulho pelo que Albert criara. Parecia uma cena de sonho; o calor no solo úmido criava um vapor que conferia um ar de irrealidade ao espetáculo.[2] Finalmente, pensou ela enquanto observava as multidões abarrotando as ruas e ondulando em barquinhos ao longo do rio, seu marido teria o devido reconhecimento da Inglaterra por sua grande inteligência.

Entre o leve nevoeiro que se desfazia, o Palácio de Cristal cintilava ao sol, com bandeiras esvoaçando em todos os cantos do enorme edifício, construído com quase 93 mil metros quadrados de vidro. O *Morning Post* descreveu o edifício como um "estupendo rochedo de cristal, de uma beleza que as palavras não são capazes de descrever".[3] Quando Vitória entrou na enorme estrutura com Albert, as duas crianças mais velhas e a corte real, soaram cornetas, troaram canhões e o órgão tocou "God Save the Queen". Vitória subiu ao trono provisório, uma poltrona indiana forrada com um rico tecido escarlate cercada de estátuas, um repuxo e tapetes de cores vivas. Ela se sentou muito ereta, juntou as mãos e fitou o marido com indisfarçada adoração.

A Grande Exposição de 1851 era o momento mais brilhante de seu reinado até aquele momento. Ao redor de Vitória, dezenas de milhares de pessoas lotavam os corredores da estrutura maravilhosa que fora construída em apenas sete meses por 2 mil operários. E tudo isso se devia a seu Albert, de pé, empertigado em seu uniforme vermelho e negro. Estava esgotado, mas ainda era lindo de se ver. Ela acordara naquela manhã e vira que ele estava deitado a seu lado, sem dormir, alerta e ansioso. O dia transcorreu sem nenhum deslize (exceto o entusiástico mandarim chinês que, depois de se prostrar diante da rainha, foi erroneamente tomado por diplomata e se juntou à comitiva oficial). Ficou para sempre na memória de Vitória como um conto de fadas:

A enorme aclamação, a alegria expressa em todas as faces, a imensidão do edifício, com todas as suas decorações e objetos em exposição, o som do órgão (com duzentos instrumentos e seiscentas vozes, que pareciam nada) e meu amado marido, o criador desse grande "Festival da Paz", convidando a indústria e a arte de *todas* as nações da Terra, *tudo* isso foi realmente emocionante, um dia inesquecível.[4]

Para Vitória, agora Albert era mais do que um marido; era um "criador", como uma divindade a ser reverenciada. Naquela tarde, o casal apareceu na sacada real do Palácio de Buckingham pela primeira vez. Inebriada com a atenção, Vitória sentia até dificuldade em expressar adequadamente o júbilo, o assombro maravilhado e a emoção do momento. "O caríssimo nome de Albert se imortalizou com essa grande concepção", escreveu ela. "Foi o dia mais feliz, mais orgulhoso de minha vida, e não consigo pensar em mais nada."[5] Num sóbrio contraste, Albert declarou que a inauguração fora "muito satisfatória".[6] Era o ponto culminante de meses de trabalho. A estrutura inteira era um símbolo do progresso: um local de grande beleza onde a ciência e a criatividade se encontravam com a indústria. Talvez acima de tudo, era uma demonstração de unidade global, da glória do Império e da superioridade moral da Grã-Bretanha. Metade do espaço da exposição coube a países estrangeiros, para lhe dar um sabor internacional. Era a primeira vez que muitos cidadãos tomavam conhecimento das riquezas daqueles países distantes, da extensão e abundância do Império Britânico. Havia dezenas de globos expostos, mostrando as formas dos continentes e os céus por cima.[7] Um engenho mostrava o globo como um animal enrodilhado dentro de sua casca, cujo coração, ao bater, fazia as marés dos oceanos avançarem e recuarem.[8]

Levaria pelo menos vinte dias ininterruptos para ver toda a exposição.[9] Havia quatro setores: matérias-primas; máquinas; manufaturas; e escultura e belas-artes. Os objetos expostos eram extraordinários: dentes de cachalote, presas de elefante, esculturas de nus, equipamentos a gás, camisas sem botões para homens solteiros, colmeias de três andares, joias enormes, mobílias, fertilizantes, navalhas com trezentas lâminas, fontes jorrando perfume, meias xadrez incrustadas de diamantes, um piano dobrável, um piano duplo (Vitória achou "muito engraçado" ver duas pessoas tocando, cada uma num dos lados do piano),[10] flores feitas de cabelos humanos, champanhe de ruibarbo, um bolo que se esfarelava e se transformava em cerveja, bancos de jardim feitos de carvão, cadeiras flutuantes, uma charrete puxada por pipas de empinar (o *charvolant*), um púlpito com tubos que iam até bancos especiais da igreja, destinados a pessoas com problemas auditivos, e uma bengala oca para médicos, contendo clisteres. Os artigos americanos de maior sucesso foram uma colheitadeira, um revólver Colt, cadeiras reclináveis, uma cama dobrável que virava mala, um caixão fechado a vácuo para conservar o cadáver até a chegada dos parentes que morassem longe.

Foram usados os préstimos de policiais voluntários para a demonstração de um dos objetos de maior sucesso: um dispositivo, montado como um despertador, que inclinava a cama e derrubava o sujeito adormecido, de preferência na água gelada, segundo a sugestão do inventor. Havia um manequim de metal que mudava de tamanho para experimentar roupas. Havia também réplicas da rainha em zinco, cabelo e até sabonete, o que levou o economista Walter Bagehot a gracejar: "Deve ser divertido se lavar consigo mesmo".[11]

Seis milhões de pessoas visitaram a exposição durante os cinco meses e meio em que esteve aberta. Muitas figuras ilustres de Londres estiveram lá. Nas palavras de Charlotte Brontë, era "imensa, estranha, inédita e impossível de descrever". Parecia-lhe pura magia e era como se as multidões estivessem "subjugadas por uma influência invisível". Entre a multidão de 30 mil pessoas, "não se ouvia nenhum barulho alto, não se via nenhum movimento irregular; a onda viva rolava silenciosamente, com um zumbido surdo como o som do mar à distância".[12] A esposa do romancista Anthony Trollope, Rose, expôs um biombo dobrável feito de tapeçaria e ficou encantada ao ganhar uma medalha de bronze em sua categoria. Os visitantes provinham de todas as classes e faziam piqueniques entre as colunas ou em volta das fontes. Para a felicidade de todos, pela primeira vez havia à disposição, a um pêni por pessoa, algo similar a um banheiro dispondo de vaso sanitário com descarga — os "*monkey closets*" ou "reservados".

Desde menino, quando conhecera as feiras de Frankfurt, que existiam desde o século XVI, Albert pensava de vez em quando numa grande exposição.[13] A mesma ideia ocorrera a Henry Cole, um servidor público cheio de iniciativa, conhecido por ter criado o primeiro cartão de Natal e ter ajudado a inventar o selo postal.[14] Cole voltou de uma exposição em Paris em 1849 e trocou ideias com Albert, que era seu colega na Real Sociedade das Artes (a qual presidia na época).[15] Albert sugeriu que a feira fosse internacional, e assim ela teve início.

Para Albert, a exposição era um evento com firmes bases morais e patrióticas.[16] Em setembro de 1847, ele escrevera ao primeiro-ministro Lord John Russell: "A missão, o dever e o interesse da Inglaterra são se pôr à frente da difusão da civilização e da realização da liberdade".[17] Reconhecia o nascimento de uma nova era e via a Inglaterra como o farol moral do mundo. Num discurso para conquistar o apoio público, durante um banquete na Mansion House em março de 1850, ele resumiu suas posições:

> Estamos vivendo um período de extraordinária transição, que tende rapidamente a alcançar aquele grande fim a que se dirige toda a história — *a concretização da unidade da humanidade...* Senhores, a Exposição de 1851 nos servirá como verdadeiro teste e quadro vivo do grau de desenvolvimento a que toda a humanidade chegou nessa grande tarefa, bem como um novo ponto a partir do qual todas as nações poderão direcionar seus esforços subsequentes.[18]

Albert foi nomeado presidente da comissão real que supervisionava a exposição. O projeto da estrutura foi elaborado por um inesperado candidato: um jardineiro chamado Joseph Paxton. Ele havia feito o esboço de um grande palácio arqueado em vidro — baseando-se numa estufa que construíra na Chatsworth House em 1837, em parte inspirado em nenúfares — durante uma reunião do conselho ferroviário. Ao publicar o esboço em *The Illustrated London News* em 6 de julho, as reações foram entusiásticas (embora o crítico de arte John Ruskin dissesse que tinha "a forma de um pepino entre duas chaminés").[19] Foi rapidamente aceito: faltavam apenas dez meses para a abertura da exposição. Alguns levantaram objeções ao projeto ambicioso e inusitado.

Teriam que cortar as árvores? Não se quebraria durante os temporais? Contrataram-se centenas de homens para ficar pisoteando com força o alto da estrutura; a conclusão foi que ela era sólida e segura. Por sugestão do duque de Wellington, levaram falcões para lá, a fim de afugentar os pardais do parque que poderiam emporcalhar o vidro; surpreendentemente, deu certo. A criação concluída, declarou Albert, era "realmente uma obra de arte maravilhosa".[20]

A oposição pública foi intensa. Os críticos vituperavam invocando aglomerações, crimes, barulheiras, pestilências, assassinatos, motins e revoluções. Os políticos diziam que o Palácio de Cristal atrairia e juntaria no parque socialistas, ladrões, batedores de carteira, vagabundos, prostitutas e estrangeiros de higiene duvidosa que poderiam deflagrar uma epidemia. Um parlamentar da ala mais dura dos *tories* falou que era "o maior rebotalho, a maior fraude e a maior imposição que já se tentou impingir ao povo deste país".[21] Outros diziam que o abastecimento de alimentos ficaria comprometido, o parque circundante se estragaria e as pratarias das casas adjacentes seriam roubadas. Havia o receio de que os católicos aproveitassem a ocasião para fazer proselitismo e as mulheres descuidassem de seus afazeres domésticos.* Um parlamentar fez votos de que "caísse do céu um raio ou uma chuva de granizo" para impedir a realização do evento.[22]

Albert trabalhou como um possesso para obter verba, o apoio do governo e a aprovação pública de seu projeto, refutando tudo o que lhe parecia falta de imaginação e forma de alimentar o medo. Começou a perder o sono e os acessos de reumatismo voltaram. Duas semanas antes da inauguração, escreveu à madrasta: "No momento, estou mais morto do que vivo por excesso de trabalho. Os adversários da exposição fazem de tudo para criar pânico entre todas as mulheres e me deixar louco".[23] Mas persistiu, conseguindo apoio de avalistas. Em menos de dois anos, a estrutura estava pronta. O vice-presidente da Real Comissão escreveu que, sem Albert, "a coisa toda se desmancharia".[24]

Os corredores do edifício da exposição vibravam com os sons de bombas de pistão, os silvos de vapor saindo dos tubos, o barulho geral das máquinas. Havia máquinas para limpar sapatos, fiar algodão, dobrar papel, refinar açúcar, fazer envelopes, mexer chocolate, mandar telegramas, cortar pedras, fabricar medalhas, pregos e velas, moer trigo, extrair óleo de linhaça, enrolar e embrulhar cigarros, pesar ouro, gaseificar soda

* O *Punch* publicou uma charge em que um homem ouve horrorizado a criada explicar que a esposa dele está no Palácio de Cristal e ficará lá até a hora do chá. O título era "O Terrível Resultado de Dar um Bilhete de Temporada para Sua Esposa". (Em outra charge, "mamãe" sumiu — escapando disfarçadamente para um local afastado, junto com um bonitão.)

e até tirar sangue (com uma sanguessuga mecânica). Era um panorama grandioso e miraculoso, um prenúncio da Era da Máquina que se aproximava. Entre os milhões de pessoas que fitavam embasbacadas essas criações, pouquíssimas percebiam quanto esses mecanismos iriam transformar suas vidas nas décadas seguintes.[25]

A rainha era uma das observadoras mais entusiásticas, visitando várias vezes o setor de máquinas e passando horas com guias que lhe mostravam como funcionavam os aparelhos. Era, escreveu ela, "extremamente interessante e instrutivo, e a pessoa se enche de admiração com a grandiosidade da mente humana".[26] Sentiu-se especialmente encantada com as limpadoras de algodão.

Em 9 de julho, um guia lhe mostrou o telégrafo elétrico, que lhe pareceu "realmente maravilhoso". A aplicação prática da ciência, que lhe parecia abstrata e pouco inspiradora antes de conhecer Albert, agora era fascinante. Ele lhe despertara um entusiasmo inédito e genuíno sobre as potencialidades técnicas do conhecimento. A confiante capacidade de Albert de aplicar a teoria ao cotidiano e de conceber um futuro inacreditável nunca deixava de impressioná-la. Por trás do assobio das máquinas era possível ouvir as batidas suaves em staccato e o repique intermitente de centenas de relógios — de madeira, à prova d'água, de cronometragem — marcando a aceleração do tempo que se iniciara com a Revolução Industrial, um século antes. A Inglaterra ingressara na segunda metade do século XIX, e a exposição era o que melhor definia a energia crescente, a criatividade e a inventividade da Era Vitoriana. Em cinco meses e meio, a rainha Vitória esteve quarenta vezes na exposição.

Nem tudo era tão fantástico. Comerciantes e atores locais se queixavam amargamente de que o movimento tinha caído muito. Charles Dickens achou tudo aquilo uma tremenda confusão. Ele participara por curto tempo do Comitê Central das Classes Trabalhadoras para a Grande Exposição, encarregado de incluir e atender às necessidades dos trabalhadores, mas depois de quatro meses — por instâncias de Dickens — o comitê se desfez. Pareceu-lhe uma tarefa impossível. Irritara-se com a ideia de que aquele ano se consagrasse como um período de imenso sucesso e esplendor, quando tanta gente vivia na miséria. No começo de 1851, Dickens sugeriu em *Household Words* que se montasse uma segunda exposição, com os "pecados e omissões da Inglaterra".[27] Quando finalmente esteve no Palácio de Cristal, falou que era um "enorme engodo". Escreveu em julho de 1851:

> Acho que a exposição "acabou" comigo. Não digo que "lá não tem nada" — tem demais. Fui apenas duas vezes. Muitas coisas me espantaram. Tenho um horror inato a espetáculos, o qual não diminuiu com a fusão de tantos espetáculos num só. Fico com a impressão de que

232

a única coisa que vi foi o repuxo e talvez o Amazonas. É horrível ser obrigado a ser falso, mas, quando alguém pergunta "Você viu?", respondo "Vi", pois do contrário a pessoa vai explicar — e isso não daria para aguentar.[28]

Thomas Carlyle também torceu o nariz. A única coisa que lhe agradou foi a estrutura em si, referindo-se a ela como uma "Gaiola Gigantesca",[29] uma "grande Bolha de Sabão de Vidro"[30] e "a *casa* mais bonita, imagino eu, já construída no mundo".[31] O resto ele desdenhou, dizendo que era a "Exhibition of *Wind*dustry", uma exposição de meras coisas à toa.[32]

Apesar das boas intenções de Albert, seu ar distante, o trabalho incessante e as ideias elevadas incomodavam muitos aristocratas. Lady Lyttelton comentou incisiva que a exposição só iria "aumentar o desprezo de toda a sociedade fina pelo príncipe". Segundo Llewellyn Woodward, ele tinha "algo de pedante".[33] A simpatia e o humor de Albert não transpareciam em público e ele podia parecer canhestro e sem tato. Por isso tantos se surpreendiam ao conhecê-lo pessoalmente. Quando Carlyle encontrou Albert no Castelo de Windsor em 1854, impressionou-se na hora, descrevendo-o como um "jovem cavalheiro bem-apessoado, muito alegre... Era a própria cortesia encarnada, e com uma simplicidade elegante: e sensato, além disso". Conversaram longamente sobre arte, Martinho Lutero e genealogia saxã. Albert ficava extremamente à vontade na companhia de pessoas como Carlyle: intelectuais, cientistas e artistas, que visitava regularmente em seus estúdios e gabinetes — quase à vontade demais, murmuravam alguns aristocratas.

Ainda no começo dos trinta anos, o poderoso casal confiava na melhoria de sua imagem pública em 1851.[34] Na semana inaugural da exposição, os jornais enalteceram a superioridade da Grã-Bretanha, que ficava evidente no bom comportamento das multidões, na devoção à monarca e nas invenções nacionais. Os superlativos abundavam: a exposição era maior do que as pirâmides, declarou o *Bristol Mercury*. Albert se demonstrara "não um estrangeiro" e sim um verdadeiro britânico, "nativo e de berço".[35] Vitória tinha certeza de que a exposição lançara uma espécie de sortilégio sobre Londres e exultou quando Lord Aberdeen lhe disse que até no Parlamento as coisas corriam bem por causa disso. Ela passou o resto da vida preservando e afagando esse momento.

Enquanto o mastodonte de vidro no Hyde Park mostrava a maravilhosa vastidão do globo, uma mulher chamada Florence Nightingale se sentia oprimida com a estreiteza de seu mundo. Ao contrário de Vitória, ela se via limitada pelas expectativas de classe média em relação às mulheres e, apesar de sua viva inteligência, não podia fazer o que queria. Nightingale, que sonhava em ser enfermeira, estava presa em conflitos agudos com a família, que queria que ela ficasse em casa. A irmã mais velha tinha acessos histéricos sempre que Nightingale viajava para outro país, a fim de visitar conventos e hospitais. A mãe desdenhava seus sonhos, que considerava tolices e loucas ambições. Nightingale se sentia amarrada pela convenção e pela insensibilidade social e rogava à família que a deixasse "seguir os ditames daquele espírito interior".[36] Entrou em depressão, ficando longos dias na cama, negando-se a comer, pensando em suicídio. Passava os dias sonhando com uma vida em que pudesse usar sua inteligência e as noites desejando a morte: deitar-se após passar o dia em casa, escreveu ela, era como ir para o túmulo.

Em 1852, Nightingale escreveu um ensaio de notável antevisão, inicialmente concebido como romance, chamado *Cassandra*. O título provinha do nome da bela deusa grega de cabelos ruivos, que tinha o dom da profecia mas foi amaldiçoada por Apolo após rechaçar suas investidas. Assim, embora anunciasse a verdade, ninguém acreditava em seus avisos. Quando moça, Cassandra queria se dedicar a ajudar os outros e usar sua inteligência, como faziam os homens. Cassandra, evidentemente, era Florence Nightingale. Ela escreveu:

> Por que as mulheres têm paixão, intelecto, atividade moral e um lugar na sociedade em que não podem exercer nenhum dos três?... Ora, por que tecer lã e sair todo dia de carruagem é mais ridículo para um homem do que uma mulher? Por que riríamos se víssemos de manhã um grupo de homens sentado em volta de uma mesa na sala de estar, e acharíamos normal se fossem mulheres? O tempo do homem é mais valioso do que o da mulher?... As próprias mulheres aceitam essa situação, escrevem livros dando apoio a isso e aprenderam a considerar qualquer atividade que façam *desprovida* desse valor para o mundo ou para os outros.[37]

Esse ensaio, escrito durante a exposição, é um enérgico lembrete de que as ambições de Vitória haviam desaparecido por trás das visões muito mais luminosas e elevadas do marido. Nightingale escreveu: "Por trás do destino *dele*, a mulher precisa se anular, ser apenas seu complemento. Uma mulher se dedica à vocação do marido... Mas, se ela tem algum destino, alguma vocação própria, precisa renunciar a tal em nove entre dez casos".[38] "Despertem", exclamava, "vocês mulheres, todas vocês despertem desse sono!"[39] Tais palavras poderiam se aplicar diretamente a Vitória. Mas a natureza da própria função de rainha significava que, em larga medida, ela estava dispensada das preocupações domésticas; ela sonhava não com uma vida pública, como Florence Nightingale, e sim com a vida privada. Seu diário mostra como a política se entrelaçava intimamente com seu cotidiano, quão consciente estava de seu trabalho, a meticulosidade com que procurava se informar. Preocupava-se desesperadamente com o país. Suas ambições políticas pessoais estavam sendo sepultadas aos poucos sob o peso da devoção conjugal e do esgotamento materno, mas sua grande paixão continuava intacta.

A paixão de Florence Nightingale era usar sua inteligência e cuidar dos doentes. A da rainha Vitória era Albert.[40]

Porém, o casamento com Albert a levara a pensar que a função de governar era para os homens, que o poder era, talvez, intrinsecamente masculino. Para adotar tal concepção, ela teve que sufocar seus próprios instintos. Mas, quanto mais se dedicava a Albert, mais temia uma incompatibilidade fundamental entre ser boa esposa e ser boa dirigente. As "mulheres de bem" da época nem sequer trabalhavam, que dirá possuírem imenso poder. Quando Vitória se entediava com seu trabalho ou quando Albert demonstrava maior habilidade natural, ela atribuía isso a seu sexo — que outra explicação poderia haver? Como disse ao tio Leopoldo em 3 de fevereiro de 1852, Albert "gosta cada dia mais de política e de negócios e é tão maravilhosamente *talhado* para ambos — tanta perspicácia e tanta *coragem* — e eu cada dia gosto menos e menos deles".[41] Não era apenas ela: "Nós, mulheres, não somos *feitas* para governar. E se somos boas mulheres, devemos *desgostar* dessas atividades masculinas; mas há momentos que nos forçam a ter interesse por elas *mal gre bon gre* [sic; "queiramos ou não"], e eu também, claro, *intensamente*". Levaria décadas até que Vitória parasse de fingir que, para ser boa mulher, era preciso desdenhar o poder. Ela não cedia com facilidade a ninguém, mas só se sentiu plenamente à vontade reinando sobre um Império quando não tinha marido.

Em 27 de junho de 1850, Vitória foi agredida por um súdito. Estava a caminho de visitar o duque de Cambridge quando um homenzinho pálido, chamado Robert Pate, saiu da multidão que rodeava a carruagem, e Vitória se sentiu "violentamente empurrada por um golpe para a esquerda da carruagem". Ele lhe batera no rosto com uma bengala revestida de cobre. Seu toucado se afundou e a ponteira de metal lhe feriu a testa e deixou um vergão vermelho (a marca permaneceu por muitos anos). Vitória ficou furiosa:

> Certamente é muito duro e horrível que eu, uma mulher — uma jovem indefesa e rodeada por meus filhos, esteja exposta a insultos de tal espécie e não possa sair em paz para um passeio. Esta é, de longe, a coisa mais sórdida e covarde que já foi praticada; pois um homem bater em *qualquer mulher* é extremamente brutal e eu, bem como todas as pessoas, penso que isso é *muito* pior do que um atentado a tiros, o que, por malévolo que seja, pelo menos é mais compreensível e mais corajoso. As Crianças ficaram muito chocadas, e o pobre Bertie ficou muito vermelho na hora. Foi a segunda vez que Alice e Affie presenciaram tal fato.[42]

Era "como um sonho horrendo". Pate, ex-oficial do Exército britânico, cujos advogados alegaram que ele havia perdido a razão por um instante, foi degredado para a Tasmânia, mas Vitória nunca esqueceu o episódio. Meio século depois, em 1899, quando uma casa de leilões tentou vender a famosa bengala de metal, receberam de Osborne uma carta peremptória e retiraram a bengala do leilão.[43]

Em abril de 1853, quando Vitória deu à luz mais um filho, uma criança frágil a quem deu o nome de Leopoldo, durante o parto ela usou clorofórmio pela primeira vez. (Ela não tivera tanta sorte quando Arthur nasceu, três anos antes.) Dr. Simpson, um anestesista, foi chamado de Edimburgo para vir ministrá-lo. Embebeu um lenço num pouco de clorofórmio e o inseriu num funil por onde a rainha podia inalar os vapores. Vitória anotou no diário: "O efeito foi tranquilizador, calmante e indescritivelmente prazeroso".[44] O exemplo de Vitória incentivou uma geração de mulheres a experimentar durante o parto o primeiro analgésico disponível na época. Com isso, deixavam de lado as objeções de médicos que sugeriam que o clorofórmio podia despertar a excitação sexual das mulheres, que então tentariam seduzi-los durante o parto, e de sacerdotes que insistiam na perversidade de tentar escapar às consequências do pecado original. Era um pequeno passo na longa marcha das mulheres durante o século seguinte para tentar obter o controle sobre o próprio corpo. Milhares de mães aliviadas em toda a Inglaterra seguiram o exemplo da rainha. A primeira paciente do dr. Simpson, em 1847, ficou emocionada: o bebê ganhou o apelido de Anestesia.

Antes que a exposição se encerrasse, em outubro de 1851, e fosse transferida do Hyde Park para Sydenham, onde permaneceu até 1936, quando foi destruída por um incêndio, ela rendera um lucro de quase 200 mil libras.[45] Albert planejava investir o dinheiro em quatro instituições para abrigar matérias-primas, máquinas, manufaturas e artes num terreno perto do Palácio de Cristal. Foi desse projeto que nasceu o conjunto de museus em South Kensington, incluindo o Victoria and Albert Museum, o Albert Hall, o Museu de História Natural, o Imperial College e o Royal College of Music. Albert terminou o ano de 1851 com um raro sentimento de realização e pleno êxito, escrevendo ao irmão: "Não posso me queixar do ano passado. A Grande Exposição, que me deu tanto trabalho e preocupação, terminou de modo espantosamente satisfatório".

O príncipe consorte estava contente, mas perigosamente extenuado com a tensão de cuidar da exposição, e também com as disputas com Palmerston. As fotos mostram um homem com as faces caídas, a cintura maior e um olhar mortiço, longe do jovem esbelto e vivaz de dez anos antes, quando se casara com Vitória. Nunca deixara de trabalhar e a família lhe demandava tempo e lhe causava preocupações. Vitória e Albert se inquietavam constantemente com o primogênito, Bertie. Procuravam impor uma educação rigorosa, compatível com as expectativas para um futuro rei, mas Bertie tinha acessos de raiva — "surtos de fúria primitiva", como disse o bibliotecário de Albert. Vitória também se afligia com o bebê Leopoldo, que era magrinho e não crescia. Levou algum tempo até perceberem que ele tinha hemofilia (nesse caso, hemofilia B, transmitida por homens afetados ou por mulheres assintomáticas). Três filhas de Vitória iriam transmitir o gene, com consequências calamitosas para as Casas Reais da Europa, especialmente para a Rússia no começo do século XX.

Passados dez anos, os atritos no casamento de Vitória e Albert começaram a transparecer. As diferenças de temperamento ficam óbvias nas cartas ponderadas que Albert redigia após as divergências entre ambos, insistindo que Vitória se mostrasse racional. Com seu gênio explosivo, Vitória começava a se irritar com o preço que os partos lhe custavam — em 1853, já dera à luz oito filhos — e com o fato de Albert estar isento desse fardo. Esbravejava e se enfurecia, exigindo ser ouvida, seguindo-o se ele deixasse o aposento. Albert lhe recomendava que se controlasse e conversasse com Deus. Em maio de 1853, não muito tempo depois do nascimento de Leopoldo, ele iniciou uma longa carta com "Querida Criança", insistindo com a esposa para "considerar calmamente os fatos em questão". Ela tinha explodido por causa de uma pequena divergência e Albert lhe relembrou que não fora ele o causador de sua infelicidade, tendo apenas servido de faísca, pois ela vinha "amontoando com imprudência uma pilha de lenha".[46] Não podia ajudá-la pois, se analisasse as reclamações da esposa, ela se zangava; se as ignorasse, sentia-se ofendida; se saísse do aposento, ela seguia em seu encalço.

Albert, trabalhador analítico incansável, tinha dificuldade em entender as ondas hormonais liberadas pelo parto, e ficava desconcertado com o que lhe parecia ser um comportamento irracional da esposa (como disse a ela certa vez, "uma longa cadeia de raciocínio solidamente concatenada é como uma bela composição musical").[47] Não conseguia entender quando o nervosismo dela brotava de algo mais profundo. Vitória, que registrava no diário sua gratidão pelo "incansável amor, ternura e atenção" de Albert, às vezes chorava de frustração ao ler as austeras recomendações do marido.[48] Suas necessidades eram muito mais simples do que ele reconhecia e Vitória se ressentia das admoestações.

Encontra-se um sinal do grande problema na comunicação entre ambos numa carta que Albert lhe escreveu em fevereiro de 1855: "O que faço eu exceto, no máximo, não a ouvir por tempo suficiente quando tenho assuntos a tratar em outro lugar?".[49] Vitória só queria ser ouvida e abraçada. Mas ainda era, de modo geral, um casamento feliz e de mútuo apoio. Comiam juntos, caminhavam juntos, falavam durante horas, dividiam tudo. Nas estadas na Escócia, enquanto Albert caçava veados, Vitória desenhava com giz ou nanquim, Seus diários estão cheios de descrições exuberantes de dias alegres, lindos céus, paisagens montanhosas indescritivelmente belas: picos, bosques, crepúsculos. Era lá que eram mais felizes. A cada vez que iam embora, a sentimental Vitória imitava a esposa de Lot, olhando tristemente para trás.

18. A Crimeia:
"Essa guerra insatisfatória"[1]

Estamos e, na verdade, o país inteiro está totalmente absorvido por uma única ideia, um único pensamento ansioso: a Crimeia... Estou muito orgulhosa de meus caros nobres Soldados, que, dizem eles, suportam suas privações e a triste enfermidade que ainda os persegue com grande coragem e bom humor.
RAINHA VITÓRIA AO REI LEOPOLDO DA BÉLGICA[2]

Muitos, tenho certeza, morreram por mera falta de assistência.
Visitei o campo e os gemidos dos feridos me atravessaram.
JOVEM OFICIAL NAVAL, 1854

Em 28 de fevereiro de 1854, de manhã cedo, Vitória se postou à janela da sala de estar no Palácio de Buckingham, perante a aclamação da multidão acenando lenços amarrados em varas. Quando o relógio bateu as sete horas, Vitória, que se vestira às pressas ao alvorecer com um vestido de lã verde-escuro, de toucado e xale combinando, inspirou fundo. Empurrou a porta e avançou até a sacada, para o alarido da multidão. Com seu pequeno binóculo de teatro, fitou orgulhosa os soldados à frente — o último batalhão das Guardas embarcando para a Crimeia. Ficou surpresa: dessa vez, nenhum soldado parecia bêbado!

Um regimento escocês de infantaria — a Guarda de Fuzileiros Escoceses — perfilava--se em túnicas vermelhas, calças pretas e quepes altos de couro de urso, com os rifles cintilando ao sol. O soldado britânico se sentia confiante e inconteste após a brilhante vitória que pôs fim às Guerras Napoleônicas. A própria Vitória queria ser um deles. "Numa ocasião" como a guerra, escreveu a rainha de 34 anos, "a pessoa se sente infeliz de ser mulher."[3]

As Guardas, famosas pela altura e pela coragem, tiraram o quepe e soltaram três grandes vivas — que, escreveu Vitória, "foram direto ao meu coração". Observava os quepes girando no ar, arremessados ao balcão, aos gritos de "Deus salve a rainha!". Os soldados então deram meia-volta e se puseram em marcha, sumindo de vista pelo Pall Mall, ao longo da Strand e atravessando a Ponte de Waterloo, até o terminal da South Western Railway. Dezenas de mulheres acompanhavam os maridos à guerra, caminhando ao lado das tropas. Preferiam se juntar ao destino incerto deles à preocupação de ficarem para trás.[4]

No Palácio de Buckingham, os jovens príncipes Bertie e Arthur brincavam com um leão de pelúcia à corda que abria a bocarra e engolia soldadinhos russos de um bocado só. Vitória saiu para caminhar, recebeu visitas e assistiu a uma peça. Sentada vendo os atores se debatendo com suas falas, a mente se distraiu e começou a pensar nos soldados. Mais tarde escreveu: "*Nunca* vou esquecer a cena comovente, linda, que presenciei hoje de manhã".[5]

A Guerra da Crimeia foi, em muitos aspectos, desnecessária. "Deus queira que não!", exclamou Vitória ao mencionar pela primeira vez a possibilidade do conflito.[6] Poucos conseguiriam imaginar por que os britânicos haveriam de acorrer em defesa da Turquia contra a Rússia. Tinham pouco em comum com os dois países, e a paz reinava na Europa fazia quarenta anos, desde o final das Guerras Napoleônicas, em 1815. Mas o tsar russo Nicolau I — déspota que reinava num país atrasado, com uma população de mais de 22 milhões de servos — agora estava de olho no debilitado Império Otomano ao sul. Nas últimas décadas, o Império Otomano – ou turco — vivera uma estagnação econômica, fora lento na modernização e sofrera uma sequência de governos incompetentes que não hesitavam em capitular rapidamente às exigências dos países europeus. O tsar Nicolau se referia ao Império como o "homem doente da Europa", queria retalhá-lo em áreas menores e distribuir os despojos. Era uma região de importância geográfica crucial: Constantinopla ligava a Europa e a Ásia por terra e por mar; era ali que o mar Negro encontrava o Mediterrâneo. Se a Rússia entrasse ao sul na Turquia, teria a capacidade de bloquear cadeias vitais de abastecimento — em especial, a rota britânica até a Índia — e de expandir seu poderio marítimo através de sua base naval em Sebastopol. Em 1853, quando a Rússia deslocou suas tropas ao sul, entrando no Danúbio inferior (na atual Romênia), o resto da Europa — sobretudo a França, a Grã-Bretanha, a Áustria e a Prússia — observava a situação no leste com nervosismo.

A guerra, para todos os efeitos, começou com uma discussão sobre o acesso aos santuários na Palestina. Mas o verdadeiro cerne da disputa era outro: a quem caberia o papel de protetor dos cristãos na Turquia muçulmana, a França católica ou a Rússia ortodoxa. O Império Otomano, que em seu apogeu ocupou amplas faixas da África, Europa, Ásia e Oriente Médio, era de maioria islâmica, mas tinha 13 milhões de cristãos ortodoxos numa população aproximada de 35 milhões.[7] A Rússia era a sede da Igreja Ortodoxa Oriental desde a queda do Império Bizantino, em 1453. O tsar Nicolau queria ser o guardião desses cristãos sob o domínio islâmico no Império Otomano e protegê-los contra perseguições. Tal alegação foi sua maneira de penetrar ainda mais numa região instável. Quando os líderes otomanos resolveram conceder o protetorado à França, a Rússia invadiu os territórios otomanos agora correspondentes à Romênia e à Moldávia.

Luís Napoleão Bonaparte, que fora eleito pelo voto popular para a presidência em 1848 e se declarou imperador Napoleão III em 1852, estava ansioso por recuperar a posição da França na Europa (e ampliar sua popularidade no país atuando como paladino dos católicos). A Grã-Bretanha — a maior potência naval do mundo — precisava, por sua vez, proteger as rotas comerciais até a Índia, que passavam pelo Egito e pelo Mediterrâneo oriental, as quais estariam em risco se a Rússia tomasse o controle do mar Negro. Lord Palmerston defendia a necessidade da guerra e conquistou o apoio do público britânico. Depois de semanas de um prolongado fogo cruzado diplomático um tanto canhestro, vários mal-entendidos foram tomados como sinal de desdém por parte dos russos e, com a ajuda de políticos e veículos de imprensa beligerantes, o país se viu gradualmente conduzido à guerra.

Vitória estava preocupada em sair de Londres e ir para a Escócia no final do verão de 1853, enquanto fervilhavam as conversas sobre a guerra, mas Lord Aberdeen — que se tornara primeiro-ministro em 1852 — lhe garantiu que não ficaria excluída das decisões essenciais. Assim, ela ficou uma fera quando descobriu em outubro que Lord Palmerston convencera o primeiro-ministro a enviar tropas para o mar Negro, em posição defensiva, sem pedir seu consentimento.[8] Albert também estava muito preocupado com a propensão para o conflito. Queria que as quatro potências neutras — Grã-Bretanha, França, Prússia e Áustria — agissem em conjunto para evitar a guerra. Também estava preocupado com a precariedade de uma aliança exclusiva com a França.[9] O casal saiu imediatamente de Balmoral e voltou a Windsor, para exigir explicações de Lord Aberdeen.

Vitória estava cada vez mais inquieta que a Inglaterra estivesse assumindo os riscos de uma guerra europeia ao oferecer apoio à Turquia sem estipular nenhuma condição para tal.[10] Tentou freneticamente o apoio de seus ministros, mas não conseguiu diminuir o ímpeto de lutar.[11] Em 23 de outubro, a Turquia declarou guerra à Rússia. Em 30 de novembro, o massacre de quatrocentos turcos em Sinope catalisou o apoio britânico. A Rússia não ia transformar o mar Negro num "lago russo", declarou The Times.

O inverno de 1853 foi rigoroso, escuro e gelado. O sol sumia por dias a fio e, com ele, as esperanças de paz de Vitória. Cinco dias antes do Natal, ela anotou: "Está uma situação de ansiedade".[12] No primeiro dia do novo ano, passeando conduzida numa cadeira pela superfície congelada do lago em Windsor, acompanhada por outras damas da corte, Vitória tentava não pensar no conflito que se aproximava. Vicky e Alice, agora com treze e dez anos respectivamente, estavam aprendendo a esquiar; Vitória assistia com curiosidade e decidiu tentar, cambaleando apoiada no braço de outra pessoa. As crianças faziam bonecos de neve e cervos vagueavam por ali.

Em 25 de fevereiro de 1854, o gabinete ministerial determinou que a Inglaterra enviaria à Rússia uma intimação para evacuar o Danúbio. Se a Rússia negasse ou não respondesse, a Inglaterra entraria em ação. Lord Aberdeen, o primeiro-ministro, foi ver Vitória logo a seguir e reclamou que tinha "enorme repugnância" a todas as formas de guerra. Finalmente convencida daquilo que então se tornara inevitável, ela se empertigou: "Falei a ele que nunca daria certo, que o necessário era evitar mais derramamento de sangue e uma guerra mais pavorosa, e isso devia ser feito *agora*, pois uma *escalada* seria muito perigosa".[13] Resignou-se. Era hora de manter a calma e rezar por uma guerra curta e relativamente incruenta.[14] E a Inglaterra tinha um aliado fundamental: ao longo do inverno, a França e a Inglaterra tinham se aproximado mais e mais, vencendo uma entranhada inimizade para lutarem juntas pela primeira vez em duzentos anos.

A Rússia se negou a recuar e a Grã-Bretanha se preparou para entrar em guerra. Tinha sido um avanço peculiar, inexorável, composto de ultimatos, atitudes temerárias e um populacho imaginando insultos de bárbaros distantes, tudo isso inflamado por jornais e políticos intervencionistas. Com uma diplomacia mais hábil, teria sido fácil evitar o envolvimento da Grã-Bretanha e da França. Mas a opinião pública fora atiçada e estava frenética. O poeta Arthur Hugh Clough escreveu ao autor americano Charles Eliot Norton, em Boston: "Bom, aqui estamos entrando em guerra e as pessoas, depois de seu longo e árido período mercantil, parecem muito contentes; o sentimento de que a guerra é justa, claro, é uma grande coisa".[15] Thomas Carlyle achava que era uma "coisa doida", mas, na primavera de 1854, anotou no diário: "Nunca se viu tal entusiasmo entre a população".[16] Houve alguma resistência, de Lord Aberdeen e outros, mas o ânimo de Vitória refletia o de seus súditos. Em 28 de março começou a guerra.

Seis meses depois, cães e gatos mortos boiavam na superfície das águas do porto de Scutari na Turquia, grotescos à luz do sol. Dali a algumas horas chegaria o navio *Colombo*, com montes de cadáveres e soldados feridos na Batalha de Alma, em 20 de setembro, com vermes fervilhando nas chagas abertas. Era a primeira batalha da guerra e, embora fosse saudada como uma vitória para a Grã-Bretanha e a França, as perdas foram grandes. O fedor era tão forte que o capitão passou mal durante cinco dias. Todos os cobertores foram atirados ao mar antes que o navio lançasse âncora entre os destroços boiando no porto.

A ineficiência das Forças Armadas foi fatídica. Tinham levado quatro dias para transportar os feridos do campo de batalha até o navio, e vários homens morreram de cólera antes da partida, em 24 de setembro. Não se providenciou ninguém para carregar as macas dos feridos: um oficial comentou que um homem transportava seus camaradas como "um grande filho vigoroso de Netuno segurando um pobre soldado ferido como uma enfermeira cuidadosa seguraria um bebezinho".[17] Lá do alto dos penhascos, mulheres russas fitavam os inimigos feridos. Um jovem oficial naval descreveu o desfecho da batalha:

Você não pode fazer ideia dos sofrimentos deles; homens que tinham sofrido amputação sendo carregados nos ombros de outros homens por mais de dez quilômetros... Nunca vi tal falta de organização. Os militares não tinham providenciado quase nada. Encontrei oficiais que me disseram que, até receberem um pouco de conhaque com água de alguns médicos navais, não tinham posto absolutamente nada na boca durante dois dias, e haviam passado 36 horas em campo sem sequer ver um oficial médico. Muitos, tenho certeza, morreram por mera falta de assistência. Visitei o campo e os gemidos dos feridos me cortaram o coração.[18]

Entre os 27 oficiais feridos, os 422 soldados feridos e os 104 prisioneiros russos no navio *Colombo*, apenas metade passara por exame médico antes de embarcar. Havia somente quatro médicos a bordo e a maioria dos feridos só foi tratada quase uma semana após a batalha. O correspondente de *The Times* descreveu o tombadilho como "uma massa de podridão".[19] Eram tantos os corpos jazendo imóveis nos conveses que os oficiais não conseguiam descer até os sextantes de navegação e tiveram de seguir a rota até Scutari por intuição. Isso atrasou a viagem por mais doze horas; trinta homens morreram no percurso. Os afortunados foram arrastados devagar pela colina, puxados pelos pensionistas de idade que tinham sido convocados para trabalhar como equipe de socorro e eram, como escreveu o correspondente do jornal, "totalmente inúteis".[20]

A falta de preparativos básicos foi absurda. As Forças Armadas britânicas tinham enviado tropas para a batalha sem praticamente nenhum planejamento prévio para o atendimento médico. No hospital em Scutari, não havia assistentes nem enfermeiras. Não havia sequer material para fazer as bandagens dos ferimentos. Entre os 23 mil britânicos que morreram nos dois anos e meio da Guerra da Crimeia, apenas 4 mil foram mortos em ação; os demais sucumbiram às doenças, enfermidades e negligência (o que ficou pior ainda porque a caserna que os turcos tinham emprestado aos britânicos para usar como hospital era construída sobre a tubulação de esgoto e fossas transbordantes, com pouca ventilação).[21] Logo ficou óbvio — principalmente para a mulher que se tornaria um símbolo da Guerra da Crimeia, Florence Nightingale — que teria sido fácil evitar muitas das baixas.

Na Inglaterra, *The Times* começou uma campanha para melhor atendimento aos feridos e publicou versões que diferiam dramaticamente das notícias oficiais. Os soldados, dizia o jornal, estavam sendo tratados como selvagens. O correspondente em Constantinopla e futuro editor de *The Times*, Thomas Chenery, torpedeou:

> O que se dirá quando se souber que não há sequer pano para fazer bandagens para os feridos? Há enorme piedade pelos sofrimentos dos infelizes internos de Scutari e todas as famílias estão doando lençóis e roupas velhas para atender a suas necessidades. Mas por que não se atendeu a essa necessidade claramente prevista? A expedição à Crimeia não foi objeto de conversa dos últimos quatro meses?[22]

Em outubro de 1854, um áspero editorial em *The Times* convocou os cidadãos a doarem dinheiro para providenciar suprimentos básicos para a campanha da Crimeia. Naquele inverno, a campanha de *The Times* angariou mais de 20 mil libras. Todas as pessoas contratadas pela Grande Exposição doaram um dia de salário e o Victoria Theatre doou a bilheteria de uma noite.[23] E Florence Nightingale, na casa de veraneio da família em Derbyshire, devorava os relatos da guerra. Como Vitória, Florence tinha grande vontade de participar do tema em pauta. No caso, de impor ordem e eficiência naquela tremenda confusão armada por homens sem preparo suficiente. Ela odiava a guerra, mas considerava-a como parte da vida. O que realmente abominava era a ineficiência, a incompetência e a estupidez.[24] Em 10 de outubro de 1854, uma terça-feira, Florence foi até Londres. Na quinta, conversou com Lord Palmerston, então ministro dos assuntos internos e amigo da família Nightingale, dizendo que gostaria de ir para a Turquia, com uma outra enfermeira, a suas próprias expensas. Na sexta, recebeu cartas de autorização e apresentação do dr. Andrew Smith, do Departamento Médico das Forças Armadas. A viagem foi rapidamente organizada.[25] Em 21 de outubro, Florence Nightingale embarcou para Scutari, com um variado grupo de enfermeiras muito dispostas, agora quarenta ao todo. Numa curta semana, a história da assistência médica na Grã-Bretanha — e no mundo — se transformara para sempre.

Vitória estava decidida a ser uma monarca participante e falou ao tio Leopoldo: "Estou com todo o meu coração e alma na Crimeia".[26] Vivia em ansiedade constante, aguardando notícias das batalhas. A guerra fora imediatamente infestada por problemas maciços de doenças e enfermidades, que se alastravam com grande rapidez no verão úmido do Mediterrâneo. Milhares morreram de disenteria, diarreia e cólera antes mesmo de empunhar uma arma contra o inimigo.[27] William Howard Russell, o correspondente de *The Times*, viu cadáveres flutuando no porto de Scutari.[28]

Vitória ficou furiosa com as matérias de *The Times* — o tratamento dos homens era pavoroso, mas também era constrangedor que a incompetência dos militares fosse revelada a aliados e inimigos.[29] Por que deixar os russos saberem onde tinham falhado? Em maio de 1855, depois de um ano de guerra, um certo tenente-coronel Jeffreys lhe disse que as notícias sobre "a miséria, o sofrimento, a falta completa de tudo, a doença etc."[30] não tinham sido exageradas. Vitória lhe falou que as matérias da imprensa apenas encorajaram os russos, e escreveu no diário:

> Ele admitiu que era um grande infortúnio, mas que, por outro lado, eles achavam que certas coisas *deviam* ser conhecidas, do contrário não seriam remediadas, e o país *precisava* entender o que andava acontecendo... As trincheiras, mal drenadas, estavam cheias de água e o soldado tinha que ficar ali com água pela cintura. Era o caso até mesmo com os Oficiais, que mal tinham tempo de trocar as botas, sendo constantemente obrigados a aparecer à noite. O que devia ter sido, então, com os pobres sujeitos? Tinham que se deitar com as roupas molhadas, muitas vezes sem poder trocá-las por uma ou duas noites. Congelavam de frio e quando de fato tiravam as botas, nacos dos pés saíam junto com elas! Esse coronel Jeffreys tinha visto pessoalmente e, portanto, podia declarar que não houve nenhum exagero dos jornais.

Vitória fez tudo o que podia: repreendeu o ministro sobre a evidente desorganização e desleixo, defendeu o envio de mais soldados, pressionou pela rápida confecção de medalhas para serem entregues aos que retornavam, tentou encontrar ocupação para os veteranos incapacitados, visitou no hospital os soldados feridos de regresso, insistiu em hospitais militares melhores. Falou a Lord Panmure, o ministro da Guerra, que pensava constantemente em suas "queridas" tropas.[31]

Onde mais se evidencia a empatia natural de Vitória é em seus relatos detalhados e cuidadosos dos encontros com soldados feridos. O diário para o ano de 1854 está repleto de casos de ferimentos à bala e rostos destruídos, pés desfigurados pelo frio gélido, bocas desdentadas por causa do escorbuto, mangas de camisa e pernas de calça pendendo tristemente vazias. Visitava frequentemente os soldados nos hospitais e ficava sempre angustiada à vista desses homens "valentes e nobres". Procurava encontrar razões de otimismo: estavam com o couro cabeludo destroçado por disparos, mas as feições do rosto estavam bem; sobreviveriam, alguns até voltariam para a guerra. Gostaria de poder visitá-los diariamente.

Algumas poucas coisas a animavam: as notícias de que suas mensagens às tropas encorajavam os soldados; os êxitos militares dos britânicos contra os russos; as declarações de que seus homens não se queixavam e se conduziam com grande nobreza nas mais terríveis circunstâncias. Grande parte disso era propaganda dos generais que não queriam deixá-la transtornada. O diário de Vitória durante a guerra mostra com que frequência seu círculo próximo transformava mesmo as piores notícias em coisas positivas, a ânsia com que os generais queriam lhe assegurar que os soldados não se importavam em sofrer pelo seu país. Sir John McNeill, que fora enviado para inspecionar os hospitais da Crimeia como inspetor sanitário, apresentou a Vitória "relatórios extremamente interessantes, animadores e reconfortantes sobre o estado do bravo Exército" e minimizou as notícias da imprensa.[32] Ele descreveu o acampamento militar como uma espécie de Jardim do Éden: "O Acampamento era um dos mais felizes que se podiam imaginar; havia cantorias, danças, jogos, e havia uma incrível despreocupação com o perigo: 'os soldados se preocupavam com tiros e balas tanto quanto se fossem maçãs e peras'... Não existe 'um único homem naquele Exército que não daria alegremente sua vida para provar sua devoção a V. Majestade".[33]

Vitória se agarrava a tais afirmativas, bem como a qualquer relato de heroísmo. Em 9 de outubro de 1854, por exemplo, ela recebeu o despacho "satisfatório" de Lord Raglan — o comandante das tropas britânicas na Crimeia — sobre a Batalha de Alma: "Também lemos com profundo interesse a lista de baixas tristemente extensa. A batalha foi extremamente brilhante e decisiva, mas muito sangrenta. Nunca uma bateria tão forte, tão bem defendida, foi derrotada em tão curto tempo, com tanto denodo e bravura".

Naquela noite, Vitória foi dançar a quadrilha com os filhos em Balmoral.

A Batalha de Alma, logo ao norte de Sebastopol, em 20 de setembro de 1854 fora a primeira vitória decisiva para os aliados. A ela se seguiu a caótica Batalha de Balaclava em 25 de outubro, em que a cavalaria ligeira britânica e francesa, armada apenas com lances e sabres, enfrentou fileiras de russos armados de fuzis. Só da Brigada Ligeira britânica, 240 de seus 660 soldados foram mortos ou feridos pelos disparos (ao todo, 737 soldados das forças aliadas foram mortos ou feridos ou desapareceram na batalha).[34] O triste refrão de Tennyson foi publicado poucas semanas depois da carga: "Não lhes cabia contestar,/ Não lhes cabia questionar,/ Cabia-lhes apenas fazer e morrer./ Para o vale da Morte/ Seguiram os seiscentos". A carga da Brigada Ligeira ficou para a posteridade como um momento de sacrifício glorioso, como tantas vezes ocorre com massacres desnecessários ordenados por generais sem visão.

Vitória tremia ao ouvir o despacho de Lord Raglan sobre o terrível desfecho em Balaclava; naquela noite, passou horas insone na cama.[35] Quando desceu na manhã seguinte para o desjejum, recebeu outro despacho, ainda pior. Passou o dia tremendo, durante a caminhada matinal, o almoço e o jantar. Os militares tentaram lhe assegurar que a batalha tinha sido uma grande vitória, mesmo sem nenhum avanço das tropas. Vitória, que não conhecera nenhuma guerra na vida, ficou assombrada: "Que tempos pavorosos! Nunca pensei que viveria para ver e sentir tudo isso!". Oscilava entre a dor e o orgulho: com sua empatia e imaginação, sentia-se destroçada.[36] Amofinava-se pensando nos homens e nas viúvas. Seu sono era intermitente e repetiu dezenas de vezes a palavra "ansiosa" no diário.

A guerra finalmente culminou no pequeno porto de Sebastopol sob controle russo, no mar Negro. Lá ficava o forte que as forças aliadas da Grã-Bretanha, França, Sardenha e Império Otomano pretendiam capturar tão logo chegassem à Crimeia. Mas somente na Batalha de Inkerman, em 5 de novembro de 1854, que rompera a resistência russa, é que conseguiram cercar e sitiar o porto. O sítio se arrastou por todo o inverno de 1854; o forte fora planejado por excelentes engenheiros russos no começo dos anos 1800 e se demonstrara inexpugnável. A rainha e os ministros aguardavam notícias dia após dia. No Natal de 1854, o ânimo dos britânicos era soturno; o povo devorava os relatos diários de Russell sobre a miséria, a falta de alimentos, o insucesso em capturar o bastião russo. Lady Lyttelton escreveu a um amigo: "O peso e a tristeza oprimem o ânimo de forma medonha; tenho a impressão de que nunca guerra alguma foi tão horrível".[37]

Vitória era ativa como comandante suprema e participava de todos os debates sobre a guerra, ainda que não se considerasse muito competente em assuntos militares. Escreveu ao duque de Newcastle: "A rainha crê ser uma de suas mais altas prerrogativas e mais caros deveres se preocupar pelo bem-estar e *sucesso* de seu exército".[38] Albert trabalhava a seu lado, escrevendo memorandos que resumiam as várias disputas e divergências políticas. Em janeiro de 1855, quando uma ampla maioria encaminhou uma moção para se realizar um inquérito sobre a condução da guerra, Lord Aberdeen renunciou ao cargo de primeiro-ministro. Em seu lugar entrou Lord Palmerston, para a satisfação de Vitória e Albert, que achavam que ele se sairia muito melhor como primeiro-ministro do que como ministro das Relações Exteriores.

Mas, junto com a guerra, veio algo estranho: uma onda de hostilidade contra Albert. Como apontou Stockmar, a desconfiança em relação ao príncipe derivava do fato de ser estrangeiro; não se vestia, não montava nem dava um aperto de mão à "verdadeira maneira inglesa ortodoxa".[39] Sua reserva e sua "moral severa" se evidenciavam na recusa em rogar pragas, apostar e ter amantes.[40] Os protecionistas tinham ficado indignados com sua apresentação da indústria estrangeira na Grande Exposição. E havia o fato inescapável de que era alemão.

As suspeitas de uma influência estrangeira eram profundas na Grã-Bretanha. Muitos reclamavam da presença do príncipe aconselhando a rainha em qualquer função que fosse; outros argumentavam que era inconstitucional que ele aconselhasse a soberana em assuntos do Estado, que os debatesse com os ministros ou que sequer ficasse informado a respeito deles. Durante treze anos, o fato de ficar junto ao trono não merecera maiores comentários. Agora, quando fazia campanha explícita contra a desorganização e má gestão da guerra e defendia o envio de mais soldados, tornou-se vítima da xenofobia dos tempos de guerra. Foi acusado de intervenção excessiva, de influência quase sinistra sobre a rainha e de desejo em ganhar poder pessoal após a guerra. Culparam-no de ter bloqueado as investidas de Palmerston em favor da guerra contra os russos, bem como pelo breve afastamento de Palmerston do gabinete ministerial, após uma discussão sobre um projeto de reforma.[41] Alastraram-se os falsos boatos de que Albert fora acusado de traição.

Para Vitória, esses ataques eram "abomináveis", "insustentáveis", "horrendos", "infames e *agora* quase ridículos".[42] Magoado, Albert reagiu se retirando de alguns de seus compromissos até que o assunto fosse resolvido no Parlamento. Vitória discordou dessa sua retirada, achando que isso indicava sinal de culpa e criticou Albert por "temer fazer o que considero correto".[43] Pressionou os ministros que jantavam à sua mesa para apoiarem uma moção parlamentar de repúdio público dos boatos. Gladstone lhe garantiu que os críticos estavam apenas agitados sobre "a Questão Oriental e seu desejo de guerra".[44] Para Lord Aberdeen, os boatos não passavam de propaganda antigovernamental sem maiores consequências. Quando o Parlamento retomou as sessões em 31 de janeiro de 1854, Russell presidiu ao debate na Câmara defendendo o papel de Albert como conselheiro de importância fundamental.[45] Isso acalmou os críticos e, três semanas depois, Vitória anotou que o escárnio da multidão cessara.[46]

Muitos dos boatos, porém, eram verdadeiros: Albert tinha intenso envolvimento no trabalho da rainha e usurpara seu papel em muitos aspectos. Agora, apenas ele se reunia regularmente com o primeiro-ministro e conquistara o respeito do gabinete e de chefes de Estado estrangeiros; o imperador francês Napoleão III, que se encontrou com ele em setembro de 1854, declarou que "nunca conhecera uma pessoa com conhecimentos tão profundos e variados".[47] Em seu diário, Vitória mencionava esses encontros em tom casual, embora continuasse ativamente envolvida em assuntos políticos durante as gestações e os períodos de resguardo. Para Albert, era uma relação adequada segundo o modelo bíblico tradicional, em que o homem é o senhor da mulher.

Lendo a correspondência deles nessa época, Lord Esher observou que "eram os verdadeiros ministros da Coroa, e mesmo Palmerston, de vez em quando, tinha que ocupar assento ao fundo".[48]

Mas, ao mesmo tempo que era suspeito de exercer demasiado poder, Albert era também motivo de chacota por lhe faltar poder. A perspectiva de uma mulher com função mais poderosa do que a do marido foi alimento constante dos cartunistas daquelas décadas e inspirou uma infinidade de anedotas apócrifas. Numa delas, atribuída ao pintor E. M. Ward, Albert está jantando com o Conselho da Real Academia quando chega um mensageiro da corte e lhe diz que a rainha precisa dele com urgência. Albert assente e volta ao jantar. Depois de mandar embora mais dois mensageiros, finalmente entra na carruagem e diz ao condutor para se desviar do palácio e seguir diretamente para Claremont, a casa de campo do tio Leopoldo.[49]

A anedota talvez mais conhecida é a do biógrafo eduardiano Lytton Strachey. Albert entra e tranca a porta de seu quarto; vem Vitória, batendo com força:

> Vitória: "Abra a porta!"
> Albert: "Quem é?"
> Vitória: "A rainha da Inglaterra!"
> *Silêncio. Uma torrente de pancadas na porta.*
> Vitória: "Abra a porta!"
> Albert: "Quem é?"
> Vitória: "A rainha da Inglaterra!"
> *Silêncio. Mais pancadas.*
> Vitória: "Sua esposa, Albert."
> Imediatamente a porta se escancara.[50]

Mas, para todos os que conheciam o casal, era óbvio que a figura dominante era Albert; criara-se entre ambos o entendimento de que Albert tinha dotes superiores. Uma carta inédita que ele escreveu ao irmão em março de 1841, não muito depois de se casar, permite vislumbrar suas ideias sobre a inferioridade intelectual das mulheres. Dizia ele:

> É agradável saber que você tem frequentado a sociedade com artistas excelentes. Mas não posso concordar que você só ganhe em conversas com damas/ mulheres inteligentes/ espertas. Perderá em virilidade e clareza de suas percepções do mundo; pois, quanto mais inteligentes são essas damas, mais confusas são em princípios e ideias gerais. Preferiria vê-lo em contato próximo e íntimo com homens de mais idade, que têm experiência de vida, realizaram algo e alcançaram um equilíbrio entre eles mesmos e a humanidade em geral.[51]

Albert não se interessava especialmente por mulheres, inteligentes ou não. Ao contrário de muitos outros políticos e aristocratas, não crescera cercado por mulheres intelectuais — como a escritora reformadora Elizabeth Montagu ou a mãe de Lord Melbourne, Elizabeth Lamb, que mantinham *salons* e estavam no centro da vida cultural sofisticada na Inglaterra oitocentista. Desde pequeno, Albert crescera sem mãe; tinha um preceptor, um advogado e todo um corpo de assistentes domésticos do sexo masculino. Em vez de incentivar a esposa a confiar em suas capacidades próprias, ele insistia que ela precisava de "aprimoramento".

Para Vitória, agora Albert era seu "Senhor e Mestre".[52] Em 1854, no aniversário de catorze anos de casamento, ela suspirava encantada: "Poucas mulheres são tão abençoadas com um marido *assim*".[53] Ela revirou sua mesa para encontrar a baixela do casamento: "Sinto-me muito marcada pela promessa que fiz de 'amar, cuidar, honrar, *servir e obedecer*' a meu marido. Possa ela ficar para sempre devidamente impressa em meu espírito e no de todas as mulheres". Ela zombava das mulheres que dominavam o marido, em particular de Lady John Russell, esposa do primeiro-ministro.[54] Quando a rainha de Portugal morreu, Vitória lamentou a perda de "uma esposa extremamente devotada e amorosa, mãe exemplar e verdadeira amiga estimada".[55] Não mencionou o fato de que a amiga também era monarca.

Quanto mais elevava Albert, mais Vitória caía em sua própria estima. Vinha dando sinais cada vez mais frequentes de falta de confiança em suas capacidades pessoais, numa grande mudança em relação à sua determinação na adolescência. Isso pouco admira, pois o marido lhe dizia que sua filha mais velha tinha mais capacidade intelectual do que ela.[56] Dezoito anos após subir ao trono, Vitória escreveu: "Acredito que tenho tentado cumprir meu dever, embora sinta como sou incompetente, como mulher, em relação ao que deveria ser. Muitas vezes penso como seria bom que o querido Albert fosse rei, e não eu!".[57] Vitória tinha boa educação e curiosidade intelectual; conversava sobre astronomia com Lord Rosse, inclusive temas como o peso das estrelas e planetas distantes como Júpiter. Mas era frequente que se sentisse intimidada e cada vez mais insegura. Em outubro de 1854, depois de vários meses de despachos vindos do fronte da Guerra da Crimeia, hesitou antes de escrever sobre a guerra no diário: "Sou tão pouco versada em assuntos militares que não conseguirei descrever adequadamente em que consistem as dificuldades, mas tentarei pôr em poucas palavras o que quero dizer".[58]

As qualidades que haviam permitido à rainha lutar pela coroa eram as mesmas que agora Albert dizia destruírem seu caráter e sua capacidade de governar: teimosia, obstinação, força, crença em si mesma. Ela queria agradá-lo. Quando ele fez 35 anos, em 1854, ela se arrumou cuidadosamente com um vestido de musselina branca e cor--de-rosa, ficou observando o rosto dele enquanto abria os presentes e refletiu como se sentia indigna. (Ela iria transmitir esse receio a Vicky, que era uma criança precoce de inteligência prodigiosa e mais tarde parceira intelectual em pé de igualdade com o marido, Fritz; naquela época, tal era o destino de uma mulher ligada a um homem inteligente e dominador.) Certamente "*nenhuma* esposa jamais amou e venerou o marido tanto quanto eu", escreveu ela.[59] Vitória se sentiu transbordar de alegria quando todos os militares receberam instruções para deixarem crescer o bigode, exatamente como Albert. Em 4 de agosto de 1854, disseram-lhe que os bigodes eram "muito populares" entre as Guardas.[60] Ela queria que os filhos fossem parecidos com Albert, que os soldados espelhassem Albert, que seus ministros consultassem Albert, que seus súditos respeitassem Albert.

As ambições do príncipe eram grandes e impacientes, e ele realmente queria dar assistência à esposa. Quando o duque de Wellington lhe ofereceu o cargo de comandante supremo em 1850, ele declinou porque Vitória precisava de sua ajuda:

A rainha, como uma senhora, nem sempre tinha condições de desempenhar os vários deveres que lhe eram impostos; além disso, não tinha nenhum secretário particular que trabalhasse para ela, ao contrário de soberanos anteriores. A única pessoa que a ajudava e podia assisti-la, na multiplicidade de trabalho que deve ser realizado pelo soberano, era eu mesmo. Lamentaria muito assumir qualquer obrigação que absorvesse meu tempo e atenção num *único* departamento a ponto de interferir em minha utilidade geral para a rainha.[61]

Sentado em seus aposentos no Castelo de Windsor em 6 de abril de 1850, à luz da lâmpada verde que trouxera da Alemanha, Albert escreveu um memorando expondo como entendia seu papel pouco usual:

Essa posição é muito peculiar e delicada. Requer que o marido deva mergulhar totalmente sua *própria existência individual* na da esposa — que não almeje nenhum poder por si ou para si — evite qualquer divergência — não assuma nenhuma responsabilidade exclusiva perante o público, mas torne sua posição uma parte totalmente integrante da dela — preencha todas as lacunas que, como mulher, naturalmente deixaria no exercício de suas funções majestáticas — observe atenta e continuamente todos os aspectos dos assuntos públicos, a fim de poder aconselhá-la e assisti-la a qualquer momento em qualquer das múltiplas e difíceis questões ou obrigações apresentadas a ela.[62]

Em 1857, finalmente Albert se tornou príncipe consorte, para a grande satisfação de Vitória.[63] A essa altura, escreveu Greville, a rainha perdera em envergadura perante o domínio impressionante do marido sobre a política do governo em todos os seus detalhes e "age em tudo por inspiração dele".[64] Albert assumiu seu comando sem reforçar o dela. Em vez de contar com um amplo leque de conselheiros, Vitória contava apenas com ele; dependia totalmente dele e sua autoconfiança saiu prejudicada. Mas Albert subestimava a inteligência, bem como a energia e força da esposa.

Enquanto a guerra prosseguia ao longo de 1855 e 1856, Vitória sentia inveja da mulher a quem se referia como "a célebre Florence Nightingale". Procurava nos jornais menções à "Dama da Lâmpada", e discorria longamente no diário sobre o apreço dos soldados pela fantástica enfermeira. Ela também tinha vontade de cuidar de seus soldados feridos.[65] Vitória falava de seus soldados em tom maternal; quando lhes entregou pessoalmente suas medalhas da Guerra da Crimeia, em março de 1855, ficou emocionada, escrevendo como era extraordinário que "a mão áspera do bravo e honesto soldado" entrasse em contato com a mãozinha miúda e macia da rainha. Agradou-lhe saber que muitos choraram naquele dia.[66]

A rainha, em 20 de janeiro de 1856, deu a Nightingale um broche com a inscrição "Abençoados sejam os Misericordiosos". Mais tarde, no mesmo ano, convidou a enfermeira agora amplamente renomada a visitá-la em Balmoral. Vitória lhe escreveu em janeiro de 1856: "Será para mim uma enorme satisfação, quando finalmente voltar a estas plagas, conhecer alguém que tem dado um exemplo tão brilhante para nosso sexo".[67] Nightingale aceitou prontamente o convite, esperando ter a oportunidade de conseguir um encargo real.[68]

No encontro em Balmoral, Vitória achou Nightingale magra, miúda, consumida de preocupações — tinha contraído durante a guerra a chamada "febre da Crimeia" (julga-se que era tifo). Viajando incógnita como "Sra. Smith", junto com a tia, ela voltara à Inglaterra sofrendo de brucelose crônica, uma infecção bacteriana feroz que a atormentou pelo resto da vida. Vitória ficou surpresa: esperava uma mulher fria e austera e encontrou uma pessoa "gentil, agradável e envolvente, extremamente refinada e muito inteligente, clara e abrangente em suas concepções sobre tudo".[69] Mas o que a rainha mais admirou foi a firmeza de intenções de Nightingale:

Sua mente está única e exclusivamente tomada pelo *único* objetivo ao qual sacrifica sua saúde e ao qual se dedica como uma santa. Mas é isenta de entusiasmos absurdos... realmente simples, serena, piedosa nas ações e concepções, mas sem a menor mostra de religião ou qualquer partícula de fingimento. E, junto com isso, um desejo sincero de nunca aparecer — viajando sob nome fictício para não ser reconhecida e recusando todas as manifestações públicas.[70]

Nightingale falou principalmente sobre a falta de "método e organização" na assistência médica militar, que levara a tanto sofrimento na Crimeia, e sobre a importância de melhorá-la. Vitória se emocionou quando Nightingale lhe agradeceu pelo "apoio e solidariedade dizendo que *todos* os soldados, sem exceção, tinham se comovido e apreciado o auxílio e o interesse".[71] Albert debateu longamente o assunto com Nightingale, concordando que os problemas poderiam ficar ainda piores antes que a guerra terminasse. Nightingale tomava cuidado com as palavras, ansiosa em despertar solidariedade e apoio à sua causa. Seus êxitos vinham se tornando amplamente conhecidos; poucos anos depois, o governo dos Estados Unidos lhe pediu conselhos sobre a assistência médica aos feridos na Guerra Civil americana.[72] Ela passou o mês seguinte na casa de Sir James Clark, perto de Balmoral, causando grande surpresa a Vitória quando cortou todo o cabelo, na tentativa de se livrar de uma infestação de piolhos que contraíra no hospital. Ao final de sua estada e para sua grande satisfação, concordaram que se criaria uma comissão real para a saúde nas Forças Armadas.

A primeira impressão de Nightingale foi que Vitória podia ser curiosa, mas era "tola — a pessoa mais insegura que já tinha conhecido na vida"; quando queria conversar, procurava Albert. Mas Nightingale mudou radicalmente de opinião depois de passar mais tempo com a rainha. Quanto a Albert, concluiu que ele "parecia oprimido com sua situação, muito inteligente, conhecedor de todos os assuntos", mas capaz de grandes equívocos. "Ele pensava que o mundo poderia ser administrado à base de prêmios, exposições e boas intenções." Concluiu de maneira premonitória que ele parecia "alguém querendo morrer".[73] O significado dessas palavras não é claro, e foi uma observação que ela fez retrospectivamente em 1879. A impressão pode ter sido causada pelo esgotamento ou pela saúde frágil dele, mas era deprimente, vindo de uma mulher cuja especialidade consistia em tentar ajudar os outros a ficarem vivos.

Um elemento inevitável de ser rainha em época de crise nacional é a incongruência. Enquanto a violência e o derramamento de sangue prosseguiam na Crimeia, Vitória escrevia sobre o reflexo da lua nas águas do mar, sobre a neve, as flores, o azul do céu e o "peculiar efeito tranquilizante" de uma semana de sol em Osborne.[74] Enquanto os soldados embarcavam para o Oriente e tremiam nas encostas sem tendas nem agasalhos, Vitória procurava ovos de Páscoa com os filhos,[75] brincava com ratinhos de pelúcia e se aninhava calmamente junto à lareira enquanto Albert caçava veados.[76]

Os filhos espichavam em altura. Vicky, a primogênita, de repente já era uma moça. Em 1855, durante a guerra, enquanto a família real veraneava em Balmoral, Frederico Guilherme, filho único do imperador Guilherme I da Prússia, pediu a Vitória e Albert a mão da filha inteligente e dotada, então com quase quinze anos. Os pais concordaram felizes, mediante a promessa dele — e dos homens de Estado em quem confiavam — de não dizer nada a Vicky até ser crismada no ano seguinte, com dezesseis anos. Vitória vibrou, dizendo a Leopoldo: "É um querido jovem, excelente, encantador, a quem teremos toda a confiança em conceder nossa amada filha. O que nos agrada muito é ver que ele é realmente encantado por Vicky".[77] Vitória receava que a filha não fosse de beleza suficiente para seu pretendente. Mas também sentia o coração apertado; logo perderia a amada filha para a Prússia.

A mãe de Vitória, a duquesa de Kent, agora era uma avó muito amorosa e tinha presença fundamental na família, as malquerenças esquecidas havia muito tempo.

Mãe e filha agora viam com pesar o conflito causado por Conroy. A duquesa escreveu a Vitória comentando que a morte de Conroy em 1854 lhe doía: "[Ele] foi de grande utilidade para mim, mas infelizmente também causou sérios danos".[78] Pediu que a filha não se detivesse no passado, quando "paixões daqueles que se interpunham entre nós" tinham gerado desconfiança. Vitória, agora mais sensata, assegurou à mãe que aquele passado estava muito longe.

Vitória se afligia constantemente com a possibilidade de perder toda a sua felicidade, conquistada a tão duras penas. Em seu aniversário de 34 anos, em 1853, ela escreveu: "*Quantas* bênçãos não desfruto! muitas vezes fico surpresa em ser *tão* amada, e estremeço à minha grande felicidade, temendo que eu seja feliz *demais*!".[79] Osborne era um "paraíso", com seus rouxinóis, rosas e flores de laranjeira. Era de fato uma felicidade robusta, a despeito das inquietações.

A Guerra da Crimeia foi a única guerra envolvendo mais de duas potências europeias entre 1815 e 1914. Marcou uma interrupção do longo período de paz que se estendeu do final das Guerras Napoleônicas à Primeira Guerra Mundial. A Grã-Bretanha não demorou muito para perceber que tinha pouco em comum com seus aliados turcos, que comandavam um império despótico e amplamente corrupto; logo abandonou também a incômoda aliança com os franceses. A Guerra da Crimeia, com seus dois anos e meio de duração, estaria associada para sempre à cegueira oficial e expôs a incompetência não só das Forças Armadas, mas também da elite parlamentar britânica. A tarefa de Florence Nightingale foi gigantesca: foi preciso uma enfermeira, pioneira na utilização de gráficos e diagramas circulares, para demonstrar a obtusidade dos generais.

No outono de 1855, chegou a notícia tão esperada: após 349 dias de sítio, Sebastopol foi tomada pelas tropas aliadas.[80] Vitória e Albert, depois do jantar, subiram a colina de Craig Gowan e acenderam uma fogueira (fora montada no ano anterior, após uma falsa notícia de rendição do forte). Os cavalheiros do vilarejo escocês, com botas e casacos por cima das roupas de dormir, apareceram com seus criados, peões e guardas-florestais. Enquanto observava do alto as figuras dançando ao redor do fogo, disparando salvas de tiros na escuridão, bebendo e tocando gaitas de fole, a rainha voltava a pensar, como sempre, nos soldados. Muitos tinham morrido, outros voltaram mutilados. O pacto estabelecido ao final da guerra não trazia nenhuma concessão importante para a Grã-Bretanha, mas os combates agora estavam encerrados. Depois de meses de negociação de um tratado que serviu apenas para conter a Rússia por alguns anos, o tremendo ônus da guerra deixava de pesar nos ombros de Vitória; Albert voltou da festança ao redor da fogueira e contou que tinha sido "a coisa mais frenética e empolgante".[81]

19. Pais reais e o Dragão da Insatisfação

Uma família no trono é uma ideia interessante. Traz o
orgulho da soberania ao nível da vida comum.
WALTER BAGEHOT, 1867[1]

Continuo labutando na minha roda de moinho, como me parece ser a vida.
PRÍNCIPE ALBERT, 6 DE AGOSTO DE 1861

Durante séculos, o Tâmisa com sua cor de jade correra pelo centro de Londres, encimado por grandes bandos de cisnes e povoado de peixes; fervilhava de barcaças e dava sustento a milhões de pessoas. Os restos fétidos dos esgotos que se acumularam nas margens do rio no começo do século XIX também forneciam um sustento razoável para os que conseguiam aguentar o cheiro. As chamadas *mudlarks*, geralmente crianças de sete ou oito anos, catavam na lama e tiravam refugos do rio, vagueando pelas margens e pelas saídas das tubulações com tachos e cestos no braço, procurando pedaços de carvão ou de lenha, pregos de cobre ou qualquer descarte que fosse vendável. Pelos esgotos rastejavam homens tentando encontrar qualquer coisa útil: pregos, corda, moedas, parafusos, facas, botões, objetos de metal em geral.[2] A descrição definitiva dos pobres de Londres, feita por Henry Mayhew em meados do século, traz "muitos casos incríveis" de homens que se perdiam nos labirintos por onde corria o esgoto ou "coletores de sarjeta cercados por uma infinidade de ratazanas enormes".[3] Era um trabalho imundo, mas surpreendentemente lucrativo.[4]

Um século antes, o rio a que César chamara de Tamesis era limpo. Mas, quando a privada com descarga substituiu a fossa nos meados dos anos 1800, com canos largos e escuros levando o esgoto da cidade até o rio,[5] as águas fluviais enegreceram em menos de cinquenta anos.[6] Ao mesmo tempo, a população da capital disparou. Em 1801, havia 136 mil casas em Londres. Em 1851, eram 306 mil.[7] Os moradores próximos ao rio notaram o aumento crescente da acidez e turbidez das águas.[8]

Nos meados dos anos 1850, eram despejados anualmente no Tâmisa 80 milhões de galões de esgoto de mais de 3 milhões de habitantes londrinos. O problema parecia intransponível. Em 1852, morreu o engenheiro-chefe da Comissão de Esgotos Metropolitanos, Frank Forster, e sua morte foi atribuída aos "constantes problemas e preocupações dos deveres oficiais".[9] No ano seguinte, uma epidemia de cólera se alastrou pela cidade, matando quase 12 mil pessoas. Os cientistas finalmente se convenceram de que a doença era transmitida não pelo ar poluído, e sim pela água. Mas o governo, paralisado pela inércia, pela falta de vontade e de percepção da urgência, não agiu.

A família real estava isolada, mas não isenta. O Palácio de Buckingham vivia com problemas de vazamento de excrementos e de infestação de roedores.[10] Vitória assistia enquanto seus cães caçavam as ratazanas em volta de seu dormitório em Windsor, tecendo elogios à "valente" vitória de um deles: "o rato fez um barulho medonho, embora tivesse sido morto bem depressa".[11] Vitória empregava um apanhador de ratos pessoal, Jack Black, que andava a passos largos pelos corredores com culotes, colete e uma sobrecasaca vermelha reluzente, usando um cinto do qual pendiam ratos fundidos em ferro.[12] Quando Vitória e Albert percorriam o Tâmisa de barcaça, passavam mal com "o cheiro pavoroso!".[13]

Em junho de 1858, o cheiro já era tão fétido que espalhavam cal no rio no trecho em frente às câmaras parlamentares e, dentro delas, penduravam nos tetos lençóis ensopados de lixívia para que os cavalheiros pudessem falar sem ter que ficar tapando o nariz com lenço.[14] No começo do verão, uma longa estiagem havia reduzido o suprimento de água fresca vinda das áreas mais altas e a temperatura da água estava batendo recordes de quentura.[15] Uma grossa camada de esgoto negro se estendia por trinta quilômetros. A crise resultante veio a ser conhecida como o Grande Fedor. Boa parte do comércio da cidade suspendeu as atividades; os tribunais se apressavam a fim de evitar a exposição prolongada aos miasmas.[16] Charles Dickens escreveu que o "horribilíssimo" Tâmisa tinha uma "natureza extremamente perturbadora da cabeça e do estômago".[17] Alguns londrinos tinham acessos involuntários de vômito ao súbito contato com os miasmas. A fetidez não respeitava classes sociais; todos eram afetados.[18] O país governado por Vitória tinha dificuldade em acompanhar o ritmo da rápida modernização oitocentista; a indústria florescia, o comércio se expandia e o Tâmisa se tornara uma das rotas por água mais movimentadas do Império. Mas o governo tinha sérios problemas em assegurar os mais básicos direitos a seus súditos: água limpa, ar puro e serviços sanitários.

Vitória andava mais preocupada com o mundo dentro de seus palácios. A nona filha, sua amada Beatrice, nascera em 14 de abril de 1857. Albert e o médico novamente lhe deram clorofórmio para atenuar a dor, o que ela considerou um "grande alívio". Dr. Clark lhe recomendou que, devido ao desgaste que lhe causava fisicamente, bem como pelo fato de já estar com quase 38 anos, aquele fosse seu último bebê. Temendo que isso pudesse afetar sua intimidade com Albert, Vitória perguntou ao médico: "Não posso mais me divertir na cama?".[19] Durante a nona e última gravidez, ela enfrentara uma tosse grave e esgotamento, ao mesmo tempo pranteando a morte de seu meio-irmão, Charles, soldado e político bávaro. Pelo final da gravidez, Albert disse ao irmão que Vitória "mal consegue fazer o que se espera dela".[20] Mas a robusta rainha logo se recuperou animadamente do penoso parto. Dois meses depois, Vitória já tinha forças suficientes para passar a noite inteira dançando. "Desta vez tenho me sentido melhor e mais forte do que jamais me aconteceu antes", escreveu feliz.[21] "E como também agradeço a Deus por nos conceder uma menina tão linda e querida, que eu tanto desejei!"[22] Deu-lhe o nome de Beatrice, disse ela, porque significava "abençoada". A minininha seria um enorme reconforto para a mãe. Depois de ficar observando Beatrice no banho, enquanto brincava e gorgolejava, Vitória escreveu: "É um patinho, quem diria, e um mimo do Papai, batendo suas queridas mãozinhas no rosto dele".[23] Mãe e pai estavam apaixonados por ela. Albert disse que era "o bebê mais divertido que tivemos".[24]

Beatrice se desenvolveu rápido; era uma dádiva dos céus, uma graça divina. Vitória era doida por bebês com mais de quatro meses, principalmente os gorduchinhos. Escreveu no primeiro aniversário de Beatrice: "Ela é tão encantadora e uma delícia de beijar e acarinhar. Que bom seria se pudesse continuar assim como está".[25]

Menos de um mês após o nascimento de Beatrice, a Índia explodiu num motim espontâneo brutal. Era uma guerra pela independência travada por razões políticas — os indianos se rebelando contra o domínio britânico — e religiosas, hinduístas e muçulmanos contra os cristãos. A revolta vinha na esteira de uma ampliação da influência britânica na Índia. De 1848 a 1856, Lord Dalhousie, o governador-geral da Índia, introduzira reformas de uma maneira muito controvertida, recorrendo à "doutrina da extinção do direito", pela qual ele anexava terras quando o governante indiano era "manifestamente incompetente" ou morria sem herdeiro indiano incontesto, na tentativa de colocar todo

256

o país sob controle britânico. Também fizera obras de infraestrutura — ferroviais, canais de irrigação, linhas de telégrafo, serviços postais, pontes e estradas — e aumentara em mais de um terço as terras pertencentes à Índia Britânica, inclusive o extenso Punjab ao norte. Centralizou e ocidentalizou o funcionalismo público e os setores administrativos do governo, e tentou acabar com costumes locais horrendos como os infanticídios femininos e os sacrifícios humanos. Algumas mudanças — como a legalização de segundas núpcias de viúvas hinduístas em 1856 — foram demasiado rápidas e vistas como um ataque contra a religião e o modo de vida dos indianos. Estes sabiam que tinham um número de soldados superior ao dos britânicos; a média geral era de cinco soldados indianos para um soldado britânico.[26]

A causa imediata da revolta foi a introdução do rifle-mosquete Enfield em 1853. Os cartuchos usados nesse mosquete eram engraxados com gordura de porco e vaca, e projetados para ser abertos com os dentes, o que constituía uma ofensa para os soldados tanto muçulmanos quanto hinduístas (as duas religiões proíbem ou desaconselham o consumo de suínos e bovinos). O medo deles era que seus governantes britânicos os obrigassem a se converter à força ao cristianismo. Os cartuchos acabaram sendo substituídos, com a garantia de que a religião seria respeitada e a autorização para que os soldados abrissem os cartuchos com os dedos — embora persistissem os boatos de que continuavam a trazer a gordura ofensiva. O catalisador veio em 9 de maio de 1857, quando 85 indianos da guarnição de Meerut foram condenados a dez anos de prisão por se recusarem a carregar suas armas. No dia seguinte, veio a reação: três regimentos indianos mataram oficiais britânicos e respectivas esposas. Então marcharam até Nova Delhi, ao sul, e mataram todos os europeus que conseguiram (cerca de cinquenta, na contagem mais aproximada).

Alastrando-se o motim, Vitória tentou incentivar o gabinete a tomar alguma providência.[27] Havia soldados britânicos a caminho da Ásia, para lutar por maior reconhecimento do comércio e da diplomacia britânicos na Segunda Guerra do Ópio na China. Foram desviados para a Índia, postergando a guerra chinesa por um ano.[28] Foi um conflito brutal; os dois lados cometeram atrocidades. Em Cawnpore, 350 ingleses ficaram sitiados por 3 mil amotinados indianos durante três semanas. Um príncipe local, aliado aos rebeldes, ofereceu aos britânicos salvo-conduto pelo Ganges se abandonassem o entrincheiramento em Cawnpore. Os britânicos concordaram e se amontoaram em barcos a remo, ancorados na beira do rio. De repente soaram clarins, os remadores indianos saltaram e mergulharam no rio e os indianos dispararam canhões contra o grupo de ingleses, matando quase todos eles. Soldados indianos portando sabres entraram na água para passar no fio da espada quem tivesse escapado aos canhonaços. As 125 mulheres e crianças que sobreviveram ficaram prisioneiras numa *villa* ali perto e foram mortas um mês depois. Os britânicos chegaram no dia seguinte ao massacre, passando por poços

257

lotados de cadáveres mutilados. Havia marcas vermelhas de mãozinhas e pezinhos nas paredes das choupanas e sapatos infantis ainda contendo os pés das crianças.[29] As represálias foram rápidas e ferozes. Antes de serem conduzidos à forca, os amotinados tiveram de lamber o sangue do chão.

Vitória passou mal, sem conseguir dormir, perseguida pela ideia dos pequeninos presos na *villa*. Sentiu "o sangue gelar". Pediu à sua ex-dama de companhia Lady Canning, agora esposa do governador da Índia, que fizesse chegar ao conhecimento dos "que *perderam* seus entes queridos de maneira tão pavorosa que *eles têm minha solidariedade*. Uma mulher, e especialmente uma esposa e mãe, consegue entender até *bem demais* as agonias sofridas com os massacres".[30]

O público britânico clamava por vingança. Os rebeldes foram mutilados, mortos, desnudados e torturados por esporte. Uma unidade britânica ficou bebendo e ouvindo uma banda enquanto assistia ao enforcamento de centenas de rebeldes.[31] Quando o culto Lord Canning, governador da Índia, puniu seus soldados por essa conduta, a imprensa chiou e exigiu represálias sangrentas.[32] Vitória deu apoio a Lord Canning, dizendo que os gritos por vingança eram "vergonhosos". Os responsáveis pela carnificina deviam ser punidos, disse-lhe ela, "à nação em geral — aos habitantes pacíficos, aos muitos nativos gentis e amistosos que nos auxiliam... a estes se deve mostrar a máxima bondade. Precisam saber que não há nenhum ódio à pele parda — nada a não ser o máximo desejo por parte de sua rainha em vê-los felizes, contentes e prósperos".[33]

Em julho de 1858, foi assinado um tratado de paz. O Parlamento aboliu a Companhia das Índias Orientais, que governara a maior parte da Índia desde 1601, e assumiu responsabilidade direta pela governança do país.[34] Vitória prometeu proteção legal à religião e ao culto de seus súditos indianos e insistiu que todos deviam ter empregos de acordo com sua instrução e capacidade, e não por credo ou classe social.[35] Eram ideias esclarecidas em comparação aos relatos que recebia de funcionários britânicos voltando da Índia, os quais se queixavam de que os indianos se comportavam "como animais".[36]

Em janeiro de 1858, nos últimos meses do motim, Vicky desposou seu príncipe prussiano, Fritz. Albert aprovara a união; Fritz não só era de um país que, esperava ele, lideraria uma Alemanha unificada, como também tinha convicções liberais, apesar de sua rigorosa criação militarista. Como Vicky tinha as mesmas concepções, o casal iria ter divergências incômodas com a família real prussiana, que era conservadora. A aliança não teve os efeitos que Albert esperava.

Vitória estava mais nervosa com o casamento da filha mais velha do que ficara no próprio casamento; no seu, disse ela, pelo menos sabia que estava indo para casa com

Albert. Tremia tanto na manhã gelada antes da cerimônia que sua imagem saiu borrada no daguerreótipo em que posava ao lado de Vicky e Albert; estes estavam absolutamente imóveis. Vicky, com dezessete anos, estava com um elegante vestido de seda amassada branca orlado de rendas e grinalda de mirto e flores de laranjeira. O casamento foi realizado na Capela Real no St. James's Palace em 25 de janeiro de 1858 — o mesmo local onde Vitória e Albert haviam se casado dezoito anos antes. (Vitória escrevera ao conde de Clarendon, rejeitando qualquer hipótese de que o casamento se realizasse em Berlim: "Não é *todo* dia que alguém desposa a filha mais velha da rainha da Inglaterra".)[37] A caminho da capela, Vitória, com um vestido de veludo malva, esforçava-se para não chorar: "Mal consegui me controlar".[38] Estava orgulhosa da compostura da filha, mas soluçou na despedida, alguns dias depois: "Meu coração apertado cedeu... Que momento terrível, que verdadeira dor no coração pensar que nossa querida Filha se foi e não saber por quanto tempo não voltaremos a vê-la!".[39]

Em 2 de fevereiro, num dia de neve, Albert atravessou o milhar de pessoas que se aglomeravam em Gravesend, conduzindo a filha adolescente até o iate que a levaria a uma nova vida na Alemanha. Havia por ali menininhas espalhando pétalas de flores pelo caminho. Albert receara aquele momento: amava muito a filha inteligente e talentosa que tanto se parecia com ele — era sua favorita, com grandes afinidades de espírito. A ideia da separação era "especialmente dolorosa".[40] Quando os dois entraram na cabine, Vicky afundou o rosto no peito de Albert, molhando-o de lágrimas. Sentia que devia ao pai mais do que a qualquer outra pessoa.[41] Albert ficou olhando fixo em frente, com a filha nos braços. Escreveu-lhe no dia seguinte, assegurando-lhe seu amor, apesar de sua rigidez: "Não sou de natureza expansiva e, assim, você dificilmente faz ideia de quanto sempre me foi muito querida e do vazio que deixou em meu coração".[42]

Nos dias que se seguiram ao casamento, Vitória ficou muito inquieta. Como havia dito a Leopoldo: "Ela melhorou muito em seu autocontrole e é tão inteligente (eu diria, assombrosamente inteligente) e tão sensata que podemos falar de qualquer coisa com ela. Assim, sentiremos muito sua falta".[43] Seu consolo era que o príncipe Frederico Guilherme da Prússia, de 26 anos, era gentil e bondoso e estava visivelmente apaixonado. E logo se evidenciou que a distância aproximou ainda mais mãe e filha. Naquele ano, Vitória e Vicky iniciaram uma caudalosa correspondência, às vezes em cartas diárias, que em quatro décadas chegou a um total de quase 4 mil missivas.

No entanto, em 1858, o que mais preocupava Vitória e Albert, depois que a filha se instalara em seu novo palácio prussiano, era a ameaça de guerra na Europa. A Itália, naquela época, era dividida em vários estados, com a Áustria governando o norte, incorporando a Lombardia, o Vêneto e a Toscana (e suas respectivas capitais, Milão,

Veneza e Florença), e o impulso de unificação ganhara força.[44] Houve três guerras de independência italiana entre 1848 e 1866, que terminaram com a unificação da península itálica. O domínio austríaco permanecera intacto após a primeira guerra, em 1848; uma década depois, iniciou-se nova guerra na qual a França entrou apoiando os nacionalistas italianos (Napoleão III queria que a Itália se unificasse sob um rei sardo). Os britânicos desconfiavam das intenções francesas. Vitória acreditava que a Itália seria um mero trampolim da França para o Reno, e Vitória e Albert estavam preocupados que a ambição de Napoleão III — amigo próximo do qual começavam a desacreditar — desencadeasse uma grande guerra europeia.[45]

Em março de 1859, depois que Napoleão III deu seu apoio, o líder do poderoso estado democrático de Piemonte-Sardenha, no norte da Itália, iniciou a mobilização. Em abril, a Áustria enviou um ultimato exigindo que entregassem as armas. Quando se recusaram, a Áustria declarou guerra. A Inglaterra manteve inabalável neutralidade, apesar do apoio público à Sardenha. Albert e Vitória tiveram papel importante em pressionar o gabinete a manter essa posição neutra, enviando uma enxurrada de cartas aos belicosos Lord Palmerston e Lord John Russell. Os ministros intervencionistas queriam ajudar a França, mas Vitória e Albert os refrearam várias vezes. Entravam em constantes atritos com Palmerston, devido à sua simpatia pelos nacionalistas italianos durante seus anos como premiê, de 1855 até sua morte, em 1865 (exceto um interlúdio em 1858-9, quando Lord Derby ocupou o cargo de primeiro-ministro). Em 11 de julho de 1859, mesmo dia em que soou a primeira badalada do relógio da torre do Big Ben em Londres, houve um inesperado acordo entre a França e a Áustria num tratado de paz preliminar (que foi confirmado por um tratado assinado pelas três partes em novembro, e a Lombardia acabou sendo cedida à Sardenha). Evitara-se uma guerra geral, e o casal real desempenhara um papel essencial para sustentar a posição britânica.[46]

Vitória e Albert agora estavam no auge de suas capacidades.[47] Como observou mais tarde um dos editores da correspondência da rainha, Lord Esher, o trabalho de Vitória, junto com o dos primeiros-ministros Peel, Aberdeen, Palmerston e Derby, "foi de imenso valor... [Em] várias ocasiões muito decisivas, ela dera apoio à ação de um ministro, quando tal ação envolvia riscos e perigos que ele e seus colegas, mediante reflexão, julgavam que seria injustificável enfrentar". Sem "a tenacidade da Coroa", escreveu ele, a Inglaterra teria sido arrastada para a Guerra Austro-Italiana de 1859.

Mas permanecia a questão se Albert não estava começando a interferir nos assuntos do governo mais do que seria apropriado. Em 1859, quase vinte anos depois de desposar a rainha da Grã-Bretanha, ele estava dando sinais de uma crescente estridência. Muitas vezes brigava com os ministros do governo para que mudassem o curso. Em 1905, ao ler a correspondência, Lord Esher notou que essa tendência só podia ter aumentado com o tempo:

O príncipe consorte estava tomando o leme do Estado com pulso cada vez mais forte e havia batalhas constantes entre ele e os ministros, ele agindo em nome da rainha... Que havia atritos, é indubitável. Se tivesse continuado em vida, sua tenacidade poderia ter se convertido em obstinação e as relações entre ele e um governo fundado — como é o nosso — em instituições democráticas teriam ficado muito tensas.[48]

O papel da monarquia sob a liderança de Albert, portanto, era de grande e enérgica influência, insistindo num refreamento na política externa e na democratização, para desgastar a autoridade da aristocracia e exercer influência por meio de um leque de ligações monárquicas que se expandia pela Europa numa rede de ações diplomáticas de bastidores, delicadas e cuidadosamente planejadas. Vitória e Albert estavam entre os diplomatas mais habilidosos da época, reunindo-se com reis e rainhas, escrevendo a imperadores e imperatrizes, procurando influenciá-los por meio da amizade ou da argumentação. Albert pretendia semear a linhagem de sangue real britânico nas cortes da Europa, com seus filhos. O primeiro passo foi colocar Vicky na corte real da Prússia, o que foi um triunfo estratégico, embora sua vida lá tenha sido muito infeliz.

Em 27 de janeiro de 1859, Vitória se tornou avó. Saiu em disparada pelos corredores do castelo para contar a Albert que Vicky dera à luz o primeiro filho, Frederick William Victor Albert, o futuro Kaiser Guilherme II. Vitória então despachou uma série de telegramas enquanto as luzes se acendiam e os sinos repicavam na cidade que se estendia em torno do Castelo de Windsor. De início, ela ficara horrorizada ao saber que a filha tinha engravidado tão depressa; disse que era uma "notícia horrível".[49] Vicky, como autêntica filha do pai que tinha, respondeu que estava orgulhosa em gerar uma alma imortal. Vitória revirou os olhos à ideia de que a gestação pudesse ser alguma espécie de esforço espiritual: "Nesses momentos, penso em nós muito mais como uma vaca ou uma cadela, quando nossa pobre natureza se torna muito animal e nada estática".[50] Depois que a criança nasceu a salvo, Vitória se sentiu "aliviada de um grande peso", em vista da periculosidade de um parto naquela época.[51] Mas, dois dias depois, ela soube que o parto tinha sido "muito difícil"; o bebê estava em posição invertida e quase morrera.[52] Albert recomendou repouso, banhos gelados e ar do mar.[53] Vicky enviou à mãe um cacho de cabelos do neto.

Vitória tinha repreendido a filha por "escolher" dar à luz numa data em que não poderia estar junto com ela e mandou em seu lugar uma garrafa de clorofórmio, o médico dr. Clark e uma parteira com o curioso nome de sra. Innocent. Vitória anotou ciosamente todos os detalhes da recuperação de Vicky: quando se deitou pela primeira vez num sofá, quando conseguiu se sentar na poltrona, quando pôde se levantar, quando conseguiu andar. Somente quando Vicky foi visitá-la em maio de 1859 é que Vitória soube que o braço esquerdo do neto sofrera uma lesão durante o parto e pendia da articulação frouxo e paralisado.[54] Quando Vitória finalmente conheceu o pequeno Willy em 1860, numa viagem à Alemanha, disse que era uma "bela criança robusta, com uma linda pele branca e macia".[55] Vitória era uma avó extremosa, que achava que os filhos de seus filhos eram "as melhores crianças que vi na vida".[56]

No final dos anos 1850, aproximando-se dos quarenta anos, a rainha estava esbelta e contente.[57] Finalmente se liberara do ciclo reprodutivo e aproveitava a privacidade da Ilha de Wight e a liberdade da Escócia. Frequentemente ficava com Albert num pequeno chalé de granito e madeira perto do Loch Muick; passavam horas de barco pescando trutas no lago e iam se deitar cedo, "muito pacíficos e felizes nesse pequeno chalé, longe de todas as habitações humanas".[58] Os trabalhadores pobres que moravam nos chalés perto do Castelo de Balmoral continuavam a ser surpreendidos por visitas inesperadas da rainha. Vitória e Albert faziam longas excursões em locais remotos das Highlands, por onde viajavam incógnitos e se hospedavam em estalagens. Adoravam o jogo do anonimato, evitando perguntas de passantes curiosos e, quando eram reconhecidos, tentando adivinhar como tinham sido descobertos. Uma vez, o que os entregou foi a coroa no cabriolé, e os monogramas nos lençóis que tinham levado na viagem, além dos vários anéis que Vitória usava, despertaram a suspeita dos moradores locais de que seriam visitantes ricos vindos de Balmoral. Certa manhã, perceberam que haviam sido descobertos ao despertarem aos sons de pífanos e tambores e verem que a idosa estalajadeira estava com um elegante vestido de cetim negro com fitas brancas e flores de laranjeira.[59] Numa das excursões de 1859, tendo chegado ao topo da segunda montanha mais alta da Grã-Bretanha, Ben Muich Dhui, Albert comentou que a rainha estava "especialmente bem, animada e cheia de energia".[60] Os passeios eram alegres; riam quando deslizavam pelas escarpas e escorregavam nas pedras, e se divertiam com os excêntricos ajudantes de caça. Vitória criou especial afeição por seu "inestimável criado montanhês" John Brown, que mais tarde diria ser seu melhor amigo, o qual conduzia seu cavalo, levava seus xales e a erguia nos braços para atravessar os trechos de terreno íngreme e pedregoso. Várias vezes, Vitória mencionou as inúmeras risadas que davam. Uma frase que repetia muito na época era "Ah, se pelo menos o tempo não voasse tão rápido!".[61] O último registro de Albert em seu diário, naquele ano, foi "Dançamos no Ano-Novo".[62] Vitória, naqueles dias felizes, vivia dançando: valsas, trotes e principalmente quadrilhas. Raramente Albert conseguia acompanhar seu entusiasmo num salão de baile, mas não tinha importância. Quando voltava a andar após o período de resguardo dos partos, ela sabia que, na hora em que conseguisse dançar, estava pronta para encarar o mundo outra vez.

* * *

Percorrendo os jardins do Palácio de Buckingham em 1º de junho de 1859, ao longo da margem lamacenta do lago, onde flamingos rosados enfiavam o bico na água, Vitória se deliciava com a nova intimidade que florescera entre ela e a filha mais velha. Conversavam sobre tudo: "Nós nos entendemos totalmente. É uma menina querida, boa, inteligente, amorosa e somos como duas irmãs!".[63] Quando Vicky se tornou adulta, a relação com a mãe se pôs num plano de mais igualdade: as duas eram casadas e tinham filhos.[64]

Mas Albert continuava a ser seu adorado instrutor, alimentando a filha em termos morais e intelectuais. Disse-lhe que ganharia o coração das pessoas pensando nos outros, incentivava-a a ser pontual e a manter a serenidade diante dos humores volúveis do público. Dava-lhe tarefas complicadas de tradução e se ofereceu para examinar o orçamento prussiano e ajudá-la a entender melhor. Albert também obteve sua promessa de que lhe contaria "honestamente os progressos de sua vida interior", gesto de impressionante consideração de um pai intenso para uma filha intensa. Em troca, ele lhe prometeu que cumpriria seu "dever sagrado" de alimentar essa sua vida interior.[65]

As cartas do príncipe Albert a Vicky ilustram a natureza abstrata e filosófica de seu intelecto. Quando ela comentava que sentia saudades de casa, por exemplo, a mãe respondia amorosamente que também sentia sua falta. Mas o pai redigia uma análise da condição da saudade. Garantindo-lhe que era uma condição natural, ele explicava que consistia num "anelo doloroso, que pode existir com total independência e em simultâneo com uma plena satisfação e uma plena felicidade". Era um dualismo, dizia ele, em que "o novo eu" não consegue se dissociar do "eu anterior": "Daí a luta penosa e, eu até poderia dizer, o espasmo da alma".[66]

Vitória queria saber tudo e pedia detalhes em um grau aflitivo sobre a nova vida de Vicky — a acolhida que teve, a moradia, a saúde, as roupas, os aposentos, a rotina diária. Comentou com Leopoldo que, nunca tendo ficado longe da filha por muito tempo, se sentia "numa inquietação e impaciência constantes em saber tudo sobre tudo. Para uma mãe que zelou ansiosamente pela filha dia após dia, é uma grande, enorme provação vê-la distante — dependendo de si mesma!".[67] Logo após o casamento, Vitória escreveu a Vicky dizendo para deixar "as descrições das grandes coisas" aos outros, "mas a mim conte seus sentimentos — e suas impressões sobre as pessoas e as coisas, e pequenos detalhes interiores. 1º: Que vestido e que chapéu você estava usando ao desembarcar? E que chapéu usou nos dois dias seguintes? 2º: Que tipo de aposentos você tinha em Colônia e Magdeburg? 3º: Você jantou com o seu pessoal em Colônia e ceou em Magdeburg no dia 12? 4º: Que manto você usou na viagem, e tem desenhado? 5º: Você gosta da alimentação alemã, e como suas pobres damas têm enfrentado essa correria?".[68]

Vitória muitas vezes tinha o problema de fiscalizar minuciosamente a vida dos filhos, mostrando preocupação, mas também excesso de zelo e um controle opressivo.[69] Dando várias instruções a Vicky, Vitória escreveu: "Então você vê, querida, que embora infelizmente distante (coisa da qual nunca me consolarei) — cuido de você como se eu estivesse aí".[70] Também criticava com muita frequência. Repreendia Vicky por não comer o suficiente durante o dia, por exagerar no uso de maiúsculas nas palavras, por não numerar corretamente as páginas, por confundir a data em que a mãe subira ao trono. Dizia-lhe para não rir alto demais nem se inclinar para escrever, para manter a higiene bucal — "pouca gente tem dentes bons no estrangeiro" —, estar sempre asseada e arrumada para o marido, não manter familiaridade com ninguém na corte, exceto com os sogros e cunhados.[71] "Realmente espero", escreveu ela, "que você não esteja engordando de novo. Evite comer coisas macias e tenras ou beber muito — você sabe como isso engorda."[72] Também alertava a filha para não negligenciar o marido ou as obrigações por causa de excessivo amor pelos bebês. "Nenhuma dama e menos ainda uma princesa", disse ela, estaria se conduzindo de maneira adequada em relação ao marido ou à sua posição se "exagerasse a paixão pelas crianças".[73] Vitória frisava que via seus filhos mais novos receberem banho e serem postos para dormir somente umas quatro vezes por ano.[74]

Vicky ficou um tanto surpresa com esse súbito afeto avassalador da mãe, tendo sido tão rigorosa em anos anteriores.[75] Mas as duas concordavam que Albert era um semideus.[76] Era com Vicky que Vitória confidenciava coisas de sua infância infeliz, contando como se sentia sufocar sem ter vazão para seus "fortíssimos sentimentos de afeto".[77] Era por isso que devia tudo a Albert, disse ela: "Além de marido, ele era meu pai, meu protetor, meu guia e conselheiro em tudo e (quase posso dizer) minha mãe. Creio que nunca ninguém mudou e se transformou tão completamente em todos os aspectos como eu pela abençoada influência do querido Papai. A posição do Papai em relação a mim é, portanto, de uma natureza muito especial e quando ele está longe me sinto totalmente paralisada".[78] A rainha não sabia a que ponto essa total dependência viria a deixá-la vulnerável.

Bertie era um tema sobre o qual as duas divergiam. Vitória sempre reclamava do segundo filho, enquanto Vicky raramente respondia. Em março de 1858, Vitória disse à filha que estava "agoniada" com Bertie, então com dezesseis anos, que se preparava para a crisma no mês seguinte lendo sermões para a mãe. Dali a poucos meses, ele iria a Roma e iniciaria seus estudos em Oxford, mas Vitória se desesperava com sua eterna preguiça. Chamava-o de ignorante, obtuso, longe de ter qualquer beleza, "com aquela cabeça dolorosamente pequena e estreita, aqueles traços fisionômicos enormes e falta total de queixo".[79] Menosprezava seu "nariz de Coburgo" encurvado — exatamente como o da própria mãe —, o excesso de peso, a boca grande e o novo corte de cabelo.[80]

A moda agora era cortar o cabelo curto e reparti-lo exatamente no meio, e assim, dizia Vitória, "ele fica parecendo não ter cabeça, só rosto".[81]

Vitória descrevia os filhos da mesma maneira com que descrevia a maioria das pessoas: brusca e muitas vezes ríspida. Sobre o filho Leopoldo, por exemplo, disse: "Ele é alto, mas seu porte anda pior do que nunca, e é um menino de aparência muito comum, rosto muito simples, inteligente, mas esquisito — e, embora divertido, não é um menino simpático".[82] O problema de Helena eram os traços do rosto, "tão grandes e compridos que estragam sua aparência".[83] Arthur, Alice e Louise, atraentes, eram elogiados e apresentados como espécimes de beleza. Quando Vicky contou à mãe que Bertie, em visita na Alemanha, foi encantador, Vitória deu uma réplica escarninha: "Considero-o muito enfadonho; seus três outros irmãos são, todos eles, muito divertidos e expansivos".[84] Vicky desanimou; era inútil tentar defender Bertie.[85]

Agora Vitória era a mãe com dupla jornada mais famosa do mundo. A imagem de uma mãe que era rainha converteu uma monarca que antes parecia distante numa figura comum de carne e osso. Walter Bagehot escreveu em 1867 que ter uma família no trono "traz o orgulho da soberania ao nível da vida comum".[86] Vitória reinava sobre a Inglaterra aparentando, ao mesmo tempo, dedicar-se exclusivamente à vida doméstica. Na Inglaterra da época, mulheres que tinham emprego despertavam pena, mas o recenseamento de 1851 mostrou que 25% das esposas e 66,66% das viúvas trabalhavam.[87] Na segunda metade do século XIX, o número de trabalhadoras aumentou rapidamente e se tornou considerável.[88] Porém ainda se acreditava que o trabalho dignificava os homens, mas enfraquecia as mulheres. Todavia, a rainha trabalhava sem nenhum sentimento de culpa.

No entanto, é apenas nessa fase, quando Vitória estava imersa na alegria da maternidade, que começamos a ver a raiva sub-reptícia que ela sentia diante das exigências impostas pela gravidez. Dizia que era o *Schattenseite*, lado sombrio, do casamento: questão pouco debatida ou nem sequer devidamente entendida, exceto pelas mulheres que estavam grávidas. Quando Vicky comentou que uma mulher casada tinha mais liberdade em sociedade do que uma solteira, a rainha retrucou que, em certo sentido, era verdade, mas não em outro sentido, o físico:

Dores — e sofrimentos, desgraças, incômodos — contra os quais você precisa lutar — e renunciar a diversões etc. — precauções constantes a tomar, você sentirá o jugo de uma mulher casada... Por nove vezes tive que lidar durante oito meses com esses inimigos acima citados e reconheço que isso me aborrecia amargamente; a pessoa se sente muito presa — as asas cortadas — de fato, na melhor das hipóteses... apenas metade de si mesma — principalmente na primeira e segunda vez. É o que chamo de "lado sombrio" tanto quanto ser arrancada do lar que se ama, dos pais, irmãos e irmãs. E assim penso que nosso sexo é muito pouco invejável.

O mundo oculto da maternidade oitocentista — da ignorância média e da falta de analgésicos — causava arrepios em Vitória, quando pensava no que suas filhas iriam atravessar.[89] Examinando pretendentes para a princesa Alice em 1860, Vitória estava melancólica: "Todo casamento é uma grande loteria. A felicidade é sempre uma troca, embora possa ser muito feliz. Mesmo assim, a pobre mulher é física e moralmente a escrava do marido. Isso sempre fica entalado na minha garganta".[90]

Mesmo o angelical Albert não conseguia entender o destino das mulheres. Vitória escreveu zangada a Vicky, em 1859, dizendo que Albert às vezes "escarnecia" dela e de outras mulheres com as provações físicas que tinham que enfrentar. Vicky andara reclamando que um dos primos de seu marido desprezava as mulheres e achava que só serviam como objeto decorativo. Vitória respondeu:

Esse desprezo pelo nosso pobre e degradado sexo está sempre um pouco presente na natureza de todos os homens inteligentes; o querido Papai não está totalmente isento, embora não o admita — mas ele ri e escarnece constantemente de muitas mulheres e de nossos inevitáveis incômodos etc.; embora odeie a necessidade de afeição, de devida atenção e proteção delas, ele diz que os homens que deixam todos os assuntos domésticos — e a educação dos filhos — à esposa estão esquecendo seus principais deveres.[91]

O príncipe consorte veio a se cansar das queixas de Vitória sobre o efeito debilitante da gravidez. Quando ela entrava no quarto mês de sua última gravidez no outono de 1856, Albert a acusou numa carta de ser exigente e egoísta. Ao escrever, ele pretendia acalmá-la, mas também se mostrou irritado com suas reclamações sobre as restrições físicas que a exasperavam:

Eu, como todas as outras pessoas na casa, faço as mais amplas concessões ao seu estado... Infelizmente, não podemos carregar seus sofrimentos físicos em seu lugar — você precisa enfrentá-los sozinha — os morais provavelmente são causados por eles, mas, se você se ocupasse menos de si mesma e de seus sentimentos e se interessasse mais pelo mundo exterior, veria que este é o maior auxílio de todos.[92]

Albert insistiu com a esposa que confiasse na bondade de Deus para o alívio da dor, "degradação [e] indignação" que ela lhe descrevia. O que nenhum historiador mencionou, como fator na atitude ambivalente de Vitória frente à gravidez, é o custo da sua saúde física — e mental —, que ela manteve escondido pelo resto de sua vida.

Sob muitos aspectos, Vitória não era naturalmente maternal. Albert lhe disse que ela não gostava de crianças porque pensava, erroneamente, que a tarefa de uma mãe era disciplinar: "A raiz do problema está na ideia equivocada de que a função da mãe é estar sempre corrigindo, repreendendo, dando ordens e organizando as atividades dos filhos. Não é possível estar em termos amigáveis e contentes com pessoas que você acaba de repreender".[93] Quando Bertie ainda era menino, seu preceptor — então Lord Clarendon — caracterizou "a severidade da rainha em tratar seus filhos" como atitude "muito pouco judiciosa", principalmente com Bertie, muito voluntarioso e categórico.[94]

Em junho de 1856, Vicky queimou o braço quando uma vela que usava para derreter cera e selar uma carta pôs fogo na manga da roupa. Vitória ficou diariamente ao lado da filha, enquanto faziam os curativos da queimadura.

Vitória ficava às vezes enfastiada, às vezes encantada, com os filhos. Escrevia amorosamente sobre a meiga e graciosa "Lenchen" (Helena), a cordial e altruísta Alice e o hemofílico Leopoldo, que sofria de muitos achaques, mas era "um menino inteligente, honesto e bem-intencionado".[95] Seus favoritos eram visivelmente Beatrice, Vicky e Affie, este último descrito como um "raio de sol na casa" e "muito parecido com seu querido pai".[96] Falando de Arthur, disse ela: "Os filhos às vezes são um grande reconforto para mim, pois a feliz e inocente inconsciência deles anima e revigora o coração".[97] Quando Albert não deixou que ela levasse os filhos mais novos para visitar Vicky na Prússia, em 1858, Vitória disse que ele era "um grande tirano de coração empedernido".[98] Não muito tempo depois, quando Affie foi enviado para passar vários meses no HMS *Euryalus*, uma fragata a vapor que se dirigia ao Mediterrâneo via Gibraltar, Vitória falou a Vicky que "Papai é muito cruel a esse respeito. Garanto-lhe que é muito melhor não ter filhos do que tê-los apenas para renunciar a eles! É muita desgraça".[99] Ela e os filhos observavam cometas e eclipses pelo telescópio, contemplavam as feiosas cegonhas bico-de-sapato no zoológico, certa vez se assombraram com uma apresentação notável do "encantador de cavalos" americano, que conseguia domar e amansar cavalos selvagens quase instantaneamente.[100] Era uma vida de grande estabilidade; Vitória e Albert, muito unidos, formavam o eixo em torno do qual giravam a família e a nação. Os filhos cresceram sob observação e controle, mas tinham suas próprias alianças e rebeliões, como Alice e Bertie, que saíam às escondidas para fumar.

Vitória consultava obsessivamente os calendários. Marcava no diário as datas e aniversários importantes — não só os aniversários de nascimento e casamento, mas também o dia em que Albert chegou à Inglaterra antes do noivado, o dia em que Albert chegou à Inglaterra para o casamento, o dia em que Fritz apresentou suas intenções de desposar Vicky, o dia em que Vicky e Fritz ficaram oficialmente noivos, o dia em que se casaram.[101] Ela anotava os aniversários de batalhas, da queda da família Orléans francesa, da inauguração da Grande Exposição, o dia em que Vicky teve as graves queimaduras no braço, a vez em que Albert saltou da carruagem em Coburgo, arranhando o rosto. Vitória se agarrava ao tempo como uma mulher pouco acostumada à felicidade e aterrorizada com a perspectiva de que terminasse. Não gostava de mudanças.

O ano de 1860 terminou com uma nota de ansiedade. Vitória estava preocupada com a guerra. Disse a Vicky que estava farta da "horrenda" política e do continente europeu em geral, e tinha vontade de fugir algum dia com os filhos para a Austrália.[102] Albert lhe beijou a testa e disse para confiar em Deus; ele os protegeria como já tinha feito antes.[103] Vitória também estava preocupada com a saúde da mãe. Quando a duquesa de Kent se recuperou de uma enfermidade em 1859, Vitória escreveu a Leopoldo dizendo que nunca sofrera tanto como naquelas quatro horas que passara aguardando a notícia se a mãe ia sobreviver ou não: "Nem eu mesma sabia direito quanto a amava ou como toda a minha existência parece ligada a ela, até que vi avançar na distância a terrível possibilidade que não vou mencionar".[104] Sentia remorsos de sua obstinação na adolescência. Seu maior medo era a perda.

Em 16 de março de 1861, após vários meses de fraqueza, infecção e dor nas costas, a duquesa de Kent morreu.[105] Vitória estava sentada num tamborete segurando sua mão quando percebeu que ela parara de respirar. Enquanto Albert, em lágrimas, se inclinou para levantá-la e levá-la ao aposento ao lado, Vitória se mostrou arrasada: "Minha infância, tudo parece se precipitar sobre mim".[106] Escreveu ao irmão da mãe, seu tio Leopoldo: "Neste, que é o dia mais terrível de minha vida, sua pobre menina de coração partido escreve somente uma linha de amor e devoção. *Ela* se foi!".[107]

Vitória passou semanas chorando, deitada na cama e o quarto com as cortinas fechadas. Dormia mal e comia pouco, pensando na tolice de seu afastamento da mãe duas décadas antes e na falta que ela lhe fazia. Adotou o terrier escocês da mãe, encomendou um busto, esquadrinhou suas cartas e começou a dispor de seus bens. Vicky veio da Alemanha para ficar com ela, e a filha caçula, Beatrice, às vezes a reanimava com sua "doce vozinha inocente".[108]

Mas Vitória, então com 41 anos, entrara em depressão, que descrevia como uma nuvem opressora e cansativa. Não conseguia suportar multidões e conversas em voz alta.[109] Quinze dias após a morte da mãe, sentia apenas um grande vácuo, um "vazio ou desolação", "*Sehnsucht e Wehmut*" (saudade e nostalgia). Seu único alívio era um acesso diário de pranto incontrolável. Tinha fortes e frequentes enxaquecas; sentia-se grata que as rodas de borracha de sua carruagem eram silenciosas. O mero som da voz de Bertie lhe causava enorme irritação.

Logo começaram a murmurar que ela estaria enlouquecendo; tais rumores nunca desapareciam totalmente, em vista do destino do rei Jorge III, avô de Vitória. Albert disse ao irmão: "Vitória está muito bem e não entendo como podem ter surgido esses rumores sórdidos e horrendos sobre sua condição mental. Aborrecem-me tremenda-mente, pois sei quais podem ser as consequências".[110]

Mas Albert, ciente das tendências nostálgicas de Vitória, também lhe recomendava não se entregar à dor. Ela tinha como grande tarefa na vida, disse ele, "controlar seus sentimentos".[111] Albert lhe escreveu uma carta em outubro de 1861, vários meses após a morte da duquesa de Kent:

> Meu conselho para que você se ocupe menos de si mesma e de seus próprios sentimentos é realmente o mais benévolo que posso dar, pois se sente dor principalmente quando a pessoa se detém sobre ela e assim pode ser intensificada a um *grau insuportável*... Se você tomar mais interesse por coisas desvinculadas de sentimentos pessoais, verá se aliviar muito a tarefa de controlar esses sentimentos em geral que você afirma serem sua grande dificuldade na vida.[112]

Vitória era uma pessoa sentimental por natureza, às vezes muito agarrada, que se apegava intensamente às pessoas e aos lugares; detestava sair de Osborne, depois de Balmoral, e, quando Albert saía para atender a algum assunto, ela ficava ansiosa até ele voltar. Anotava ciosamente no diário as idas e vindas de toda a família e lamentava sempre a ausência de qualquer um deles. Era especialmente propensa a profundos pesares, e havia uma parte do processo de luto com que se sentia gratificada, como se estivesse apertando um machucado. Em abril, disse a Vicky que não queria ser "ar-rancada" de sua dor. Era isso que prejudicava a campanha de Albert contra a absorção em si mesma.

Ao fazer 42 anos, em 1861, Vitória pediu que não houvesse música sob sua janela. Queria apenas gozar o "terno amor e afeição" de Albert, o que já se tornara um ritual íntimo de aniversário. Seu querido marido era "tudo" para ela e "a quem, tenho certeza, Deus sempre abençoará pelos anos futuros e nunca me deixará sobreviver a ele!".[113] À medida que a idade avançava, ela ficava mais aflita com a perspectiva de perder qual-quer pessoa próxima a ela. Quando Feodora fez cinquenta anos de idade, Vitória, que acabara de perder seu meio-irmão Charles, escreveu: "Que Deus preserve por muito tempo essa querida e *única* irmã! Agora tremo tanto por todos os que me são caros!".[114]

Albert tinha saúde frágil; sofria de problemas estomacais crônicos, com câimbras violentas; era sensível ao frio e tinha frequentes enxaquecas, febres, dores de dente e principalmente catarro. Disse a Stockmar em maio de 1859 que o excesso de trabalho e de agitação deixava suas "membranas mucosas num estado de irritação constante".[115] Às vezes, o estresse lhe causava acessos de vômito. Vitória atribuía à sobrecarga de trabalho e ficava sempre impaciente para que se recuperasse logo.[116] Pessoalmente, ela acreditava que ele fazia alarde demais, como se fosse uma espécie vitoriana de "dengo masculino". Enquanto Albert repreendia a esposa pela fragilidade emocional, ela o repreendia pela debilidade física. Afinal, era a mulher que não se deixava abalar pelos vários atentados que sofria. Ela se queixou numa carta a Vicky, em 1861:

O querido Papai nunca reconhece que está melhor nem tenta superar, mas faz uma cara tão infeliz que as pessoas sempre pensam que ele está muito doente. Comigo é sempre o contrário; posso fazer qualquer coisa na frente dos outros e nunca mostrar, e assim as pessoas nunca acreditam que estou doente ou sequer com dor. Seu sistema nervoso se agita e se irrita com facilidade e ele fica totalmente dominado por tudo.[117]

As mulheres, dizia ela, "nasceram para sofrer".[118]

O príncipe consorte estava profundamente esgotado. Em setembro de 1860, numa viagem a Coburgo para visitar seu irmão (agora duque de Saxe-Coburgo-Gota), Albert foi arremessado para fora do veículo em movimento quando os cavalos da carruagem dispararam num tranco. Ele se arranhou e se machucou. Stockmar, olhando os pequenos cortes de Albert, disse baixinho a Ernest: "Deus tenha piedade de nós! Se algum dia acontecer algo sério com ele, vai morrer".[119] Ernest também notou sinais de morbidez em Albert, que estava muito sentimental. Quando saíram para dar o último passeio juntos em Coburgo, em outubro, Ernest disse que "Albert parou e, de repente, se pôs a procurar seu lenço de bolso... Fui até ele e vi que lhe corriam lágrimas pelo rosto... continuou dizendo que sabia que aquela era a última vez na vida que estaria aqui".[120] Albert estava deprimido e "o dragão da insatisfação" o consumia.

O pai de nove filhos era incapaz de parar de trabalhar. A vida, para ele, era uma labuta interminável.[121] Via-se como uma espécie de animal de carga, como escreveu ao irmão: "O homem é uma besta de carga e só é feliz se tiver de arrastar seu fardo e não possuir muito livre-arbítrio. Minha experiência me ensina diariamente a entender cada vez mais a verdade disso".[122] Suas infindáveis escapadas solitárias para caçar cervos pareciam incapazes de diminuir seu cansaço. Vitória havia criado uma profunda dependência dele e se incomodava com suas ausências de uma maneira que se tornara opressiva. Quando Albert esteve fora por uma noite, indo a Aberdeen para fazer um discurso, ela disse a Leopoldo: "Sinto-me muito perdida sem ele".[123] Esquecera sua tremenda força pessoal, que ficou dormente por anos, enquanto venerava e se apoiava no marido dinâmico, porém enfermiço.

Num sábado de junho de 1861, houve um grande incêndio em Londres. Vitória e Albert, que estavam nos jardins do Palácio de Buckingham, viram o céu se iluminar de uma maneira estranha e subiram ao alto do palácio para observar o fogo.

A visão era assustadora, o céu totalmente claro e as chamas subindo furiosamente... iluminando toda a cidade e apresentando um aspecto aterrorizante de destruição... A cena toda foi estranha e impressionante, as torres brancas de Westminster se erguendo à direita da conflagração, a lua brilhando lindamente, a noite quente e ainda interrompida pelas badaladas do "Big Ben" na Torre de Westminster e pelo toque de recolher do Quartel.[124]

O incêndio da Tooley Street teria começado por combustão espontânea entre os depósitos abarrotados de juta, cânhamo, algodão e especiarias. O fogo logo se alastrou por quatrocentos metros ao longo da margem sul do Tâmisa, criando uma muralha de chamas de trinta metros de altura. Os espectadores subiam e desciam remando pelo rio, que cintilava dourado entre a luz das labaredas. O fogo prosseguiu por mais dois dias, e só se extinguiria totalmente duas semanas depois; morreram seis pessoas, inclusive o chefe da equipe de bombeiros, quando um depósito caiu em cima dele.

Vitória ficou no alto do palácio durante horas, olhando os rolos de fumaça e as explosões de chamas vermelhas. O que ela não sabia, quando finalmente deu as costas ao incêndio e se recolheu para dormir, era que, antes do final daquele ano, sua própria felicidade seria destruída também.

PARTE IV

A viúva de Windsor

20. "Não há ninguém para me chamar de Vitória agora"

Temo pela rainha.
CHARLES GREVILLE, 14 DE DEZEMBRO DE 1861[1]

Bertie pôs a cabeça pela janela e observou a área do acampamento militar de Curragh. O último toque de recolher soara horas antes, à sua hora habitual, às nove e meia da noite. Saiu de seus alojamentos na caserna, passou depressa por duas pequenas barracas e pelas sentinelas, que não o viram. Andando na escuridão, encontrou a barraca que procurava e enfiou a cabeça pela porta. Lá dentro estava a voluptuosa atriz irlandesa Nellie Clifden, aguardando. Tinha sido introduzida sorrateiramente no acampamento pelos amigos de Bertie, como presente pelo aniversário de dezenove anos do príncipe de Gales.

As "mulheres despachadas" se tornavam cada vez mais comuns nos anos 1860, década de decidido avanço, embora agora esquecido, na emancipação feminina. Grande número de mulheres solteiras começava a se rebelar, fumando, flertando, relacionando-se livremente com homens solteiros.[2] Os livros da época vêm repletos de reclamações sobre a permissividade das gerações mais jovens. Algumas moças até adotavam o termo "despachadas", o que era um espanto para a sociedade elegante. Um romancista escreveu: "Ah, que uma jovem britânica não corasse, muito pelo contrário, sem o menor sentimento de vergonha até se jactasse de tal título! Mas assim é, no ano de 1861".[3] Mesmo em 1868, viajando pela Suíça, Vitória notou entre a multidão reunida para vê-la "jovens damas inglesas independentes, espécimes da atual e tão criticável 'jovem despachada'". E acrescentou: "Algumas eram, sem dúvida, americanas".[4]

A bela Nellie Clifden geralmente é descrita como mulher de "virtude fácil". Bertie tinha se encantado com seu mundo do teatro, tão diferente da corte real de costumes rígidos. Adorava a emoção das coisas proibidas quando estava com ela e com a diversão nos cabarés, onde sua condição de herdeiro não tinha igual. Bertie bebia, fumava, derramava uísque na cabeça dos sicofantas, flertava com as mulheres. Riam de suas piadas, atendiam a seus desejos e — o melhor de tudo — seus pais não estavam lá. Fumando seu cachimbo preto, escrevia sobre Nellie em sua agenda de compromissos, em código.

6 set. Curragh — N.C. 1ª vez
9 set. Curragh — N.C. 2ª vez
10 set. Curragh — N.C. 3ª vez[5]

O primogênito do devoto e brilhante Albert crescera com a lembrança diária de que, de alguma maneira, decepcionava os pais e nunca preencheria suas expectativas. A disciplina teutônica, a agenda regulamentada e as rigorosas instruções morais de Albert não conseguiram mudar o filho. Embora fosse um rapaz gentil e divertido, o caso do "pobre Bertie", como o chamava Vitória, era sempre desapontador. Seguia uma estafante programação de ensino de sete dias por semana, que não conseguia lhe incutir gosto pelo aprendizado. O pai concluiu que lhe faltava capacidade de concentração, com um intelecto "de tanta utilidade quanto uma pistola guardada no fundo de um baú" — inútil.[6]

Mesmo as farras secretas de Bertie em Curragh, no verão de 1861, se davam sob a égide do fracasso. Albert determinara que Bertie "seria submetido a um curso de treinamento de dez semanas na infantaria, sob a disciplina mais rigorosa que fosse possível conceber, no Acampamento Curragh perto de Dublin", para que criasse um pouco de fibra e disciplina.[7] Bertie não se saiu bem, e o oficial que era seu superior disse aos pais, no final do curso, que ele não seria capaz de comandar um batalhão. Vitória e Albert foram visitar o acampamento irlandês, observando o filho enquanto fazia os exercícios de treino e desempenhava mediocremente um papel secundário (embora Vitória tenha considerado que ele ficava muito bonito de uniforme). A visita deixou Albert abatido. Seu filho algum dia serviria para alguma coisa? Que espécie de rei se tornaria? A ironia era inegável: Bertie teria o título que Albert sempre ambicionara, mas sem o merecer. O casal lamentava que o primogênito tivesse saído mais à mãe do que ao pai. Bertie era a "caricatura" de Vitória, o que, deplorava ela, num homem ficava muito pior.[8] Vitória, quando menina, talvez tivesse tido mais interesse do que Bertie em ler e aprender, mas ambos tinham a mesma volatilidade, o mesmo gênio estourado e o mesmo gosto pela diversão.

O que Albert e Vitória não percebiam era que o filho poderia representar o trono não pelo intelecto, e sim pelo ânimo bem-disposto. A viagem de Bertie ao Canadá e à América em 1860, a primeira de um herdeiro da Coroa britânica, foi um tremendo sucesso. No Canadá, o rapaz de dezoito anos inaugurou pontes, dançou com grande energia e até concordou em conduzir um acrobata francês num carrinho de mão pelas Cataratas do Niágara, no que, porém, foi impedido por seus guarda-costas. Tinha imensa popularidade nos Estados Unidos, para onde ia incógnito entre seus compromissos. Em Nova York, foi ovacionado de pé, e o piso de um salão de baile cedeu sob o peso da multidão que se reunira para vê-lo. Os jornais americanos também noticiaram seus flertes explícitos com as moças, "sussurrando ninharias melosas".[9] A rainha aprovou por curto tempo e Bertie, ao voltar, lhe pareceu muito conversador. Ela atribuiu a acolhida entusiástica na América como resultado "principalmente do apreço (para mim incrível) que sentem por meu indigno ser".[10] O próximo rei da Inglaterra estava destinado a ser um rebelde durante décadas.

O príncipe Albert ficou sabendo dos rumores sobre a relação do filho com a atriz Nellie Clifden inicialmente por intermédio do barão Stockmar, então na Alemanha, que vira o caso nos jornais europeus. O falatório circulava fazia semanas pelos clubes e cabarés londrinos. O veio hanoveriano subterrâneo que Albert temia no filho agora aflorava em público; parecia provável a repetição do constrangimento que os tios de Vitória tinham criado para a monarquia. Albert passou mal fisicamente e o estômago ardia de dor. A permissividade sexual era o calcanhar de aquiles psicológico de Albert: sua família fora destruída pela infidelidade conjugal, e seu único irmão contraíra sífilis. Albert era incapaz de ver os encontros amorosos como coisas casuais, inevitáveis ou sem importância; para ele, traziam necessariamente os germes da destruição. No século XIX, esse tipo de relação podia significar não apenas escândalo, mas também doença, gravidez, ações judiciais e ruína financeira.

Em 16 de novembro, quatro dias depois de ser informado por Stockmar sobre os boatos, Albert se sentou para escrever ao filho. Foi uma carta especialmente ríspida, ainda mais porque não era raro que os aristocratas se envolvessem com mulheres antes de se casarem. A carta começava: "Escrevo-lhe com o coração pesado sobre um assunto que me causou a maior dor que já senti na vida", a descoberta de que seu filho, um príncipe, "se afundou no vício e na devassidão".[11] Bertie sempre parecera ignorante e fraco, escreveu ele, mas "depravado" era uma nova sordidez. O pai o advertiu sobre as terríveis perspectivas: essa "mulher da cidade" podia engravidar — e levá-lo às barras do tribunal, se ele não reconhecesse a criança. Ela poderia apresentar "detalhes repugnantes de sua depravação" e o próprio Bertie poderia ser interrogado, atacado e humilhado. Bertie, com sentimento de culpa e vergonha, pediu perdão. Albert lhe disse que nada poderia restaurar sua inocência. Vitória sentia a mesma repulsa do marido: "Ah, aquele menino! Por mais pena que eu sinta por ele, nunca conseguirei olhá-lo sem estremecer".

Estava decidido: Bertie tinha que se casar. Vicky passara meses folheando o almanaque de princesas europeias disponíveis e aceitáveis, procurando uma noiva apropriada para o irmão mais jovem. Detivera-se na princesa Alexandra da Dinamarca, que faria dezessete anos em dezembro de 1861, por causa de sua beleza, das maneiras aristocráticas, mas não afetadas, e pelo gênio bondoso. Ficou combinado que se encontrariam casualmente numa catedral alemã em 1861, numa visita turística. Vicky se encantara com Alexandra — ou Alix — e achava que, se Bertie não se apaixonasse por ela, não se apaixonaria por ninguém. Bertie gostou dela, mas não tinha nenhuma pressa em se casar. Vitória, frustrada, se perguntava se ele era "capaz de se entusiasmar com qualquer coisa neste mundo".[12] O único contratempo sério era o país natal de Alix. Uma das principais disputas políticas dos anos 1860 se dera entre a Alemanha — ou Prússia — e a Dinamarca por causa dos ducados de Schleswig-Holstein. Os alemães queriam obter o controle dos ducados majoritariamente dinamarqueses, a fim de ganhar acesso ao mar do Norte; Holstein fazia parte da Alemanha e Schleswig era de maioria dinamarquesa, mas alinhada com Holstein. Assim, era difícil uma aliança do herdeiro do trono britânico com o inimigo da Prússia; o príncipe Albert, porém, declarou que Bertie ia se casar com *a princesa* — não com o país. A união não seria uma "vitória da Dinamarca".[13] O tempo era curto, pois a bela Alexandra tinha outros pretendentes.

Albert estava doente e andava insone, perseguido pelas visões de um futuro devasso para o filho. Resolveu visitar Bertie em novembro, em Cambridge, onde estava estudando, e saíram para uma longa caminhada sob a chuva. Os remorsos de Bertie eram genuínos e Albert, no final, encharcado até os ossos, perdoou-o pelo escândalo com Nellie Clifden. Enquanto Vitória passeava pela floresta, rezava para que o marido fatigado conseguisse dormir naquela noite.

Não seria justo culpar Bertie pela insônia de Albert. O príncipe consorte estava com 42 anos, mas tinha a saúde frágil de um homem muito mais idoso. Trabalhava furiosamente e, à medida que mergulhava cada vez mais fundo em suas tarefas de Sísifo — comitês, compromissos, assuntos de Estado —, ficava mais e mais irritadiço, perdendo a paciência com Vitória com frequência sempre maior. Ela reclamou com Vicky que ele era "muito exasperante com enorme frequência — em sua pressa e amor excessivo pelos negócios".[14] Era seu papel, como sempre, animá-lo. Vitória sempre foi muito mais alegre do que Albert, mas se sentia cada vez mais frustrada com ele. Não conseguia penetrar na nuvem negra que agora o cercava.

O príncipe consorte, mais do que qualquer outra coisa, estava solitário. Sentia-se isolado na corte e não tinha amigos íntimos com os quais pudesse se abrir. Perdera Anson e Robert Peel, e o velho Stockmar se mudara para a Alemanha. Ficou profundamente mortificado quando soube que seu primo, o jovem rei Pedro de Portugal, morrera de febre tifoide aos 24 anos de idade. Tinha o bom e diligente Pedro na conta de um filho — o filho que gostaria que Bertie fosse. Também estava solitário no casamento. Como disse a Stockmar, "muitas tempestades" haviam "varrido" sua relação com Vitória.[15] Por mais que ela tentasse, não conseguia conversar demoradamente sobre os assuntos que mais o afligiam. Espiritualmente, combinavam; intelectualmente, não. Vitória sabia disso, e mais tarde escreveu que muitas vezes rezara "para ser uma companhia mais adequada para ele". Stockmar era a única pessoa com quem podia falar sem reservas.[16]

A constituição de Albert sempre fora frágil. Quando menino, segundo seu velho tutor Florschütz, ele "nunca [foi] muito robusto".[17] Seu irmão Ernest comentou que seu "crescimento físico não acompanhava o rápido desenvolvimento de suas admiráveis capacidades mentais; ele precisava de proteção".[18] Nunca foi um adulto muito saudável, como se esperava, e seus problemas de estômago eram fonte constante de queixas. E nenhum de seus palácios era especialmente confortável. Vivia tremendo, em parte devido à insistência de Vitória em manter o ambiente frio; ela achava que o ar quente causava resfriados e estragava a pele da pessoa. Os dois acreditavam que duchas geladas e banhos fortificantes eram bons para o sistema de imunidade do corpo. (Albert brincava com Vicky, dizendo que a mãe dela ficaria muito aborrecida se acordasse e descobrisse que ele tinha acendido a lareira naquela hora matinal que reservava para si, para trabalhar, escrever e se aquecer.)[19]

Logo a depressão de Albert se transformou em passividade e, depois, em fatalismo. Entretinha-se com a ideia de morrer. Homem de sólida fé cristã, no final de 1861 disse a Vitória que não lutaria contra a morte, quando ela chegasse. Se fosse acometido por uma doença grave, iria se submeter a ela: "Não me prendo à vida. Você, sim; mas eu não dou valor a ela. Se eu soubesse que meus entes amados estão bem atendidos, estaria plenamente pronto para morrer amanhã".[20]

Quando voltou de Cambridge para Windsor, Albert estava doente, com nevralgia nas costas e nas pernas. Vitória pôs a culpa em Bertie e deu a entender a Vicky que estava com "um grande pesar e preocupação", que "transtornou muito a nós dois — mas principalmente a ele — e o deixou muito abalado". Nunca o vira "tão abatido".[21] Albert também comentou com Vicky que estava numa "maré muito baixa". Quando foi assistir às manobras dos voluntários de Eton, era um dia quente, mas Albert tremia em seu casaco forrado de peles; tinha a sensação de água gelada lhe correndo pela espinha.[22]

Naquele final de semana de 30 de novembro de 1861, Albert redigiu o documento mais importante de sua carreira. Havia estourado a Guerra Civil americana, logo após a posse de Abraham Lincoln como presidente. Em 19 de abril de 1861, a União decretou um bloqueio naval para impedir a entrada e a saída de qualquer produto ou equipamento — especialmente armas — nos Estados Confederados do Sul. Em 13 de maio, a rainha Vitória emitiu uma declaração de neutralidade, proibindo que os súditos britânicos se juntassem a qualquer dos lados. Então, em 8 de novembro — quando Albert se preparava para sair na chuva em Sandhurst —, um navio britânico chamado *Trent*, transportando malas postais, foi interceptado pelo USS *San Jacinto* no canal das Bahamas, perto de Cuba. Dois homens a bordo, diplomatas confederados com destino à Europa, foram capturados e retirados do *Trent*.

Os ianques estavam furiosos que o *Trent*, de propriedade britânica, estivesse transportando confederados, embora Lincoln não quisesse correr o risco de uma guerra por causa desse episódio. O público britânico também se enfureceu com o insulto à sua neutralidade e liberdade de movimento. "Tolere-se isso, tolera-se tudo!",* bradavam; esse ato de provocação certamente teria de levar à guerra. Vitória escreveu a Vicky: "O grande acontecimento do dia, que absorve a todos, é a ofensa americana! Que bandidos!".[23] O gabinete deliberou que era uma violação brutal do direito internacional. O ministro de Relações Exteriores redigiu o rascunho de um ofício ao embaixador britânico em Washington, com uma série de exigências em termos duros. Foi enviado ao Castelo de Windsor em 29 de novembro.

Albert, debilitado, levantou-se às sete da manhã de 30 de novembro, depois de uma noite insone, para redigir uma resposta. Sua preocupação era que o tom curto e grosso da mensagem do ministro ofendesse a União, na prática obrigando a Grã-Bretanha a entrar em guerra com os Estados Unidos. Vitória era da mesma opinião.[24] Embrulhando--se no robe de veludo e pondo um chinó na cabeça para se aquecer, Albert atenuou as exigências, empregando uma linguagem muito mais diplomática, e ofereceu ao governo Lincoln uma saída sugerindo que os britânicos supunham que o *San Jacinto* devia ter agido sem o conhecimento e aprovação da União:

> O governo dos Estados Unidos certamente tem plena consciência de que o governo britânico não permitiria que se insultasse sua bandeira nem que se pusesse em risco a segurança de suas comunicações postais, e o governo de Sua Majestade reluta em acreditar que o governo dos Estados Unidos pretendesse deliberadamente insultar este país e aumentar seus vários problemas penosos impondo-nos uma questão contenciosa, e assim contentamo-nos em crer que, após uma plena avaliação das circunstâncias e da incontestável transgressão do direito internacional cometida, oferecerão espontaneamente a única reparação que satisfaria a este país, a saber, a entrega dos desventurados passageiros e um pedido de desculpas adequado.[25]

Albert, muito cansado, levou o texto a Vitória, dizendo: "Mal conseguia segurar a pena". Foi o último memorando que ele redigiu.

---

* Shakespeare, em *As you like it*. (N. T.)

Depois de fazer algumas correções, Vitória o enviou aos ministros. As emendas foram unanimemente aprovadas e a versão final seguiu de perto as sugestões de Albert. (Lord Palmerston, que estava por vários dias perambulando pelos corredores do Castelo de Windsor, apoiado em sua bengala, insistindo que Albert precisava ter um tratamento médico melhor, ficou especialmente satisfeito com a resposta.) Os confederados foram libertados. Embora o governo de Lincoln não tenha apresentado nenhum pedido formal de desculpas, veio a condenar as ações do *San Jacinto*. Assim se evitou a guerra com a América.

Na segunda-feira, dia 2 de dezembro, somente o uso de opiáceos conseguia dar algum alívio a Albert, que estava letárgico. Vitória nunca o vira tão doente e ficou "terrivelmente nervosa e aflita".[26] Em 4 de dezembro, enquanto Albert ia e vinha entre o quarto de dormir e o de se vestir, tentando descansar, o público recebia a primeira notícia de sua doença, descrita como um "resfriado com febre". A rainha ficava feliz quando Albert conseguia dormir mesmo que fosse apenas por uma hora. Há quem suponha que dr. James Clark decidiu ocultar a gravidade da situação à família real, para poupar preocupações, mas ele também era claramente incompetente. Não solicitou ajuda de outros médicos, e tinha a infeliz tendência de anunciar uma recuperação iminente logo antes de uma grave piora. Mais tarde, Lord Clarendon comentou que os médicos de lá "não [eram] capazes de cuidar de um gato doente".[27]

Em 6 de dezembro, Vitória acordou às três da manhã para ver como estava Albert, que não sorriu nem a reconheceu quando ela se aproximou. Depois, observando-o enquanto tomava chá e comia duas torradas, Vitória não conseguiu afastar a sensação de que o marido estava em outro lugar: "Às vezes, ele tem um estranho olhar desvairado".[28] Mais tarde ele pareceu se recuperar, conseguindo se sentar e falar, ainda fraco, mas com o pulso mais forte. Inclusive pediu para ver as plantas da casa em que Alice ia morar com o noivo, Louis, o futuro grão-duque de Hesse. Vitória estava ficando tão ansiosa que muitas vezes pedia ao dr. Jenner que a examinasse depois de atender a Albert. Alice, de dezoito anos, que demonstrou força, paciência e notável maturidade durante esse período, passava horas lendo para o pai, sentada a seu lado.

Em 7 de dezembro, Albert se mostrava desconexo, repetindo frases como "Sou tão tolo".[29] Vitória ficava sentada imóvel na cama, em seu próprio quarto, sentindo como "se meu coração fosse se partir". Continuou num "suspense angustiante" até que os médicos chegaram e lhe disseram que enfim tinham diagnosticado o problema: era febre gástrica e intestinal, que normalmente levava um mês para passar. Vitória estava consumida por suas próprias necessidades e pensava sem parar no horror que seria se ver privada do marido.[30] Alice tentava reanimá-la e levava a mãe para passear. Já se passara uma quinzena, dizia a ela. Quando Vitória se sentava ao lado de um silencioso Albert, suas lágrimas escorriam constantes, pingando nos lençóis. Era como se "vivesse um sonho pavoroso". Ele teria que parar de trabalhar tanto, pensava ela. Mal conseguia pensar na perspectiva de mais uma quinzena sem o marido.

No dia seguinte, Albert pediu que o levassem ao Salão do Rei — agora conhecido como Salão Azul —, mais alegre e iluminado de sol. Tinham transportado um piano para o aposento contíguo, para que ele pudesse ouvir hinos. Ficou com os olhos marejados enquanto Alice tocava para ele.[31] Tomava chá a cada três horas, com um pouco de vinho. Vitória foi tristonha para a igreja, onde não conseguiu se concentrar numa única palavra do sermão. Quando voltou para Albert, ele lhe deu uma pancadinha na mão enquanto ela tentava explicar algo ao doutor. Mas depois sorriu e tocou em seu rosto — "*liebes Frauchen*" — e adormeceu enquanto ela lia para ele. Os médicos disseram que estavam muito satisfeitos com sua melhora, numa maneira condescendente de falsear a situação. Todos no palácio tinham sido instruídos a andar na ponta dos pés em torno da rainha sensível e com os nervos à flor da pele, mas apenas contribuíam para o choque e o trauma que viriam depois.

Enquanto perdia as forças, Albert oscilava entre a lucidez e a confusão mental, entre a obstinação e a ternura. Em 11 de dezembro, tomou o desjejum descansando a cabeça no ombro de Vitória. Ela chorou quando ele disse ternamente: "Assim é muito confortável, Menina querida". Então falou, como que alarmado: "Oremos ao Todo-Poderoso!". Vitória olhou o rosto ruborizado do marido e lhe assegurou que ele sempre rezava, e muito. "Mas não juntos", respondeu Albert, pegando-lhe as mãos entre as suas e se curvando para rezar.[32] O último sermão que Albert ouvira em Balmoral, antes de voltar para Windsor, foi sobre Amós 4:12, "Prepara-te para encontrar Teu Deus, ó Israel!".[33] Depois que Vitória saiu da sala, ele disse à filha Alice que estava morrendo.[34]

Enquanto isso, os médicos diziam a Vitória que ela não tinha absolutamente nenhum motivo para se preocupar e previram que Albert estaria melhor dentro de uma semana. Mas ela se atormentava com a respiração rasa e arfante dele. Em 13 de dezembro, Vitória acordou às quatro da manhã e pediu notícias, mas lhe disseram que Albert estava dormindo. Ele não percebeu sua presença quando ela foi vê-lo, às oito da manhã. Ao ser conduzido numa cadeira de rodas ao aposento vizinho, nem sequer olhou para a sublime Madona de Rafael que, como dissera antes, o ajudava a viver. Ficou ali arquejando, olhando as nuvens pela janela, tentando ouvir o som dos rouxinóis que lhe relembravam Rosenau. Vitória se mantinha a seu lado, saindo apenas por breves intervalos para andar a pé ou de carruagem. Tentava manter a calma quando estava com Albert, mas perdia o controle quando saía, rezando e chorando "como se estivesse enlouquecendo!".[35]

Os médicos vertiam conhaque pela garganta de Albert a cada meia hora, numa vã tentativa de fortalecer seu pulso. Continuavam a dizer à rainha que tinham visto a recuperação de casos muito piores. Foi, como escreveu Vitória, "uma época de ansiedade pavorosa, mas ainda assim *totalmente* repleta de esperança. Era uma crise, uma luta de forças". A última frase — o último registro em seu diário durante alguns dias — trazia as palavras dos médicos, dizendo que "não havia nenhuma razão para esperar qualquer piora".[36] Recolheu-se na noite de 13 de dezembro profundamente infeliz, pedindo que a despertassem de hora em hora, com notícias do marido. Enrodilhada, uma figurinha minúscula sozinha no grande leito que normalmente dividia com Albert, pensou como eram recentes os dias em que Albert estivera caçando cervos em Balmoral. Queria que estivessem ainda lá, e não no imenso e cavernoso Castelo de Windsor. Até pouco tempo antes, o público podia passear pelos parques ao redor do castelo, e muitas vezes os meninos de Eton corriam pelas trilhas em declive ou se aventuravam clandestinamente pelo bosque. Vitória nunca tinha gostado do Castelo de Windsor, tão espraiado, e logo passaria a odiá-lo.

No dia 14 de dezembro, às seis da manhã, chegou uma notícia maravilhosa. O sr. Brown, que era médico real desde o ano da coroação de Vitória, foi lhe dizer que havia "razões para esperar que a crise chegou ao fim". Ela ouviu lá fora o som distante dos cães uivando nos canis e dos pássaros grasnindo no aviário. O sol se erguia no azul brilhante do céu. Foi ver Albert uma hora depois, seguindo pelo corredor de chinelos, o cabelo comprido descendo pelas costas, mas se espantou ao chegar: "O aposento tinha o ar tristonho da vigília noturna, as velas queimadas até o castiçal, os médicos com ar ansioso. Entrei e nunca esquecerei como meu amado estava belo, jazendo ali com o rosto iluminado pelo sol nascente, os olhos invulgarmente brilhantes, fitando como que objetos invisíveis e sem se aperceber de mim".[37] Parecia um santo.

Bertie, até aquele momento, fora mantido na ignorância da condição em que estava o pai. Vitória continuava zangada com o filho e não quis que ele viesse, na preocupação de que pudesse transtornar Albert. Nos últimos dias, em algumas divagações desconexas de Albert discernia-se apenas uma palavra: "Bertie". Alice, que sempre adorou Bertie e tinha sido sua companheira em várias travessuras rebeldes, finalmente resolveu que devia lhe contar que Papai "não [estava] muito bem" e dizer que viesse o mais rápido possível. Bertie recebeu o telegrama em 13 de dezembro à noite, quando dava um jantar em Cambridge; tomou o trem para Windsor duas horas depois. Chegou às três da manhã e ficou chocado com o estado em que se encontrava o pai. Albert não reconheceu o rosto do filho, ao lado da cama.[38]

Às dez da manhã, os médicos disseram a Vitória que ainda estavam "muito, muito ansiosos", mas que Albert havia melhorado. Quando ela perguntou se podia sair para tomar um pouco de ar, pediram-lhe que voltasse em quinze minutos. Saiu atordoada para o terraço, junto com Alice, começou a chorar e não conseguia parar. Alice a abraçou e ficaram olhando o parque, em silêncio, enquanto uma banda militar tocava à distância.

Vitória estava explodindo de dor. O homem que deixara a terra natal para ficar com ela, mais de vinte anos antes, agora estava ali na cama, pálido, empapado de suor, sem reconhecer ninguém. O rosto e as mãos tinham um "tom escuro". Albert dobrou os braços e levou as mãos à cabeça, para ajeitar o cabelo: "Estranho! Como se estivesse se preparando para outra viagem, agora maior". Naquela tarde, por duas vezes Albert chamou Vitória de *Frauchen* e a beijou com ternura. Finalmente, à noite, ela entrou na antessala e caiu no chão, soluçando. Quando seu conselheiro espiritual, o deão de Windsor, recomendou que se preparasse para uma grande provação, seus soluços se intensificaram: "Por quê? Por que devo sofrer assim? Minha mãe? O que era *aquilo*? Pensei que era dor. Mas não era *nada* em comparação a isso".[39]

Dali a alguns minutos, dr. Clark pediu a Alice que fosse buscar a mãe. Vitória enxugou os olhos e se dirigiu depressa para a Sala Azul. Quando Alice disse que as esperanças tinham se extinguido, "ela saltou como uma leoa sob ataque e se lançou sobre o leito, implorando-lhe que ele falasse e desse um beijo em sua mulherzinha".[40] Albert abriu os olhos, mas não se mexeu; ela se inclinou e cobriu seu rosto de beijos. Então se ajoelhou ao lado e tomou sua mão. Já estava fria e a respiração era fraca. "Ah, não", gemeu Vitória, fitando seu rosto. "Já vi isso antes. É a morte."

Alice se postara no outro lado da cama, com as mãos dobradas, e Bertie e Helena estavam no pé da cama.* Atrás deles estava o sobrinho de Vitória, o príncipe Ernest Leiningen, com sua esposa, Marie, os quatro médicos da corte e o valete e os principais camaristas de Albert. No grandioso corredor revestido com tapete vermelho, do lado de fora do quarto, reunia-se com gravidade um grupo de homens da residência real.

Albert respirou suavemente três longas vezes e finou-se. Vitória se ergueu, beijou-lhe a testa e comprimiu a mão dele em seu rosto. Então soltou um grande grito de angústia que gelou o coração dos filhos e ressoou pelos corredores de grossas pedras do castelo: "Ah, meu querido amado!". Caiu de joelhos, entorpecida e com o espírito

---

* Arthur, com onze anos, e Louise, com quinze, tinham se despedido do pai no começo da noite e receberam ordens de se deitar. Estavam ausentes quatro filhos: Vicky estava grávida, sem poder sair de Berlim, Affie estava no México com a Marinha e Beatrice, de quatro anos, não tinha autorização de entrar no quarto do enfermo. O frágil Leopoldo, agora com oito anos, acabara de ser diagnosticado com hemofilia e estava numa viagem de recuperação — depois de uma hemorragia grave — no sul da França. Outros presentes no aposento, naquele dia, eram o general Robert Bruce (preceptor de Bertie); o deão de Windsor, Gerald Wellesley; Sir Charles Phipps (secretário particular de Albert) e o general Charles Grey.

ausente, enquanto o relógio batia as 10h45 da noite; o castelo estava envolto no negrume da noite. A família ficou ali de pé, aflita, olhando a mulher que comandava milhões, mas amara apenas um. O que seria dela agora?

Antes de se recolher à cama, Vitória foi ao quarto das crianças. Tirou Beatrice do berço, quentinha e sonolenta, pôs no colo e ficou a embalá-la em silêncio, no escuro. Ainda com a filha de quatro anos no colo, foi para seu quarto, colocou-a em seu leito vazio e se enrodilhou a seu lado. Passando da profunda dor para o torpor, sedada com ópio, Vitória chorou a noite inteira. As roupas de dormir de Albert estavam estendidas perto dela. Alice dormia numa cama pequena ao pé do leito materno, e acordou para chorar junto com a mãe. A ternura das crianças era admirável. A pequena Beatrice, quando Vitória finalmente acordou, afagou seu rosto dizendo ternamente: "Não chore. Papai foi visitar a vovó".[41]

Os médicos vitorianos divergiram por muito tempo sobre as causas da morte do príncipe Albert. Vitória não autorizara a autópsia. Muitos julgavam que ele morreu da febre tifoide fatídica à qual facilmente teria se exposto, devido à precariedade do sistema de esgoto de Windsor, ou talvez de uma perfuração intestinal. Desde então, outros têm aventado câncer no estômago, úlcera péptica ou gastrinoma. A teoria mais recente e plausível, proposta por Helen Rappaport, é que se tratava da doença de Crohn, uma doença inflamatória do trato gastrointestinal, exacerbada pelo estresse, cujos sintomas correspondem aos de Albert. (Essa síndrome só foi identificada pela comunidade médica em 1913.) Os sinais de febre de Albert podiam corresponder à deterioração de uma inflamação gastrointestinal crônica, que explicaria seus problemas estomacais e dores de cabeça.[42]

Na manhã seguinte, os sinos dobraram em toda a Inglaterra. Os sacerdotes, às pressas, reescreveram sermões sobre a morte. Londres inteira foi tomada por panos pretos, em casacas, vestidos, mangas, espadas, fivelas, leques, bandeiras e casas. O país não se enlutava tanto desde a morte da princesa Charlotte, quase meio século antes. As dúvidas sobre o príncipe estrangeiro se dissiparam quando os britânicos começaram a perceber o que tinham perdido. Os jornais alardeavam as virtudes do alemão agora tratado como "o homem mais importante do país".[43] Os políticos se indagavam nervosamente sobre as consequências de sua morte. Lord Clarendon, que admirava desde longa data os "motivos, sagacidade e tato" de Albert,[44] considerou que era uma "calamidade nacional, de importância muito maior do que o público podia imaginar".[45] Também se preocupava, como todos, com Vitória:

Nenhuma outra mulher tem a mesma responsabilidade pública ou o mesmo motivo para ser inteiramente guiada pelo intelecto superior do marido. Esse hábito ou, melhor, necessidade, junto com seu intenso amor por ele, que aumentou em vez de enfraquecer com os anos, vinculou-a tanto a ele que perdê-lo será como se separar de sua própria alma e coração.[46]

Era verdade. A orgulhosa rainha se tornou uma mulher infeliz que sempre seria definida pela perda sofrida. Depois de ser levada do Salão do Rei, ela disse em voz baixa: "Não há ninguém para me chamar de Vitória agora". Pediu que os integrantes do palácio não a abandonassem. Enquanto chegavam notícias de todo o país, ela via a grande solidariedade de seus súditos: "Mesmo os pobres das aldeolas, que não me conhecem", escreveu ela, "estão chorando por mim, como se fosse a dor pessoal deles".[47] Seus súditos sofriam por ela. "Os camponeses em suas cabanas", escreveu Richard Monckton Milnes, "falam como se a rainha fosse uma deles".[48]

Os filhos ficaram arrasados com a morte do pai. Vicky, grávida e sem poder sair do continente, estava desesperada com a dor da separação. Bertie, horrorizado, lançou-se aos braços da mãe e prometeu que dedicaria sua vida a consolá-la. Alice ficou arrasada, mas se manteve estoica, cuidando da mãe com carinho e altruísmo, como fizera com o pai em seus últimos dias. Alfred soube da notícia quando ainda estava no mar, perto do México, e só pôde voltar para casa em fevereiro. O príncipe Leopoldo, com oito anos de idade, estava longe, na França, e só exclamou: "Ah! Quero minha mãe!".[49] A pequena Beatrice, quase miraculosamente, continuava a reanimar a mãe. Os nove órfãos agora vestiam o luto da corte abatida: usando roupas de crepe escuro, rígido e pesado, estavam proibidos de rir ou de mostrar qualquer tipo de entusiasmo pela vida. Era um fardo pesado para os filhos que precisavam de consolo.

Vitória não compareceu ao funeral do marido. Com presença triste e discreta, Arthur e Bertie tentavam conter os soluços perante as filas de senhores idosos e solenes. Vitória, porém, determinara uma alteração no ofício fúnebre. Depois de ler o esboço da declaração em que se rogava a Deus para "abençoar e preservar" a rainha "com longa vida, saúde e felicidade", com sua pena de tinta negra ela riscou a palavra "felicidade". Substituiu por "honra": não conseguia imaginar uma vida que agora pudesse trazer felicidade.[50]

O Natal de 1861 foi uma ocasião melancólica. Segundo Lady Augusta Bruce, foi uma agonia,[51] como se uma "nuvem impenetrável" pesasse sobre todos: "A casa inteira parece Pompeia".[52] Todos os ocupantes da Casa Real foram presenteados com lembranças de Albert. Vitória ficou sentada em silêncio na sala de estar, enquanto as pessoas falavam em voz baixa ao redor dela. Vez ou outra, colocava a mão no bolso e apalpava o lenço vermelho e o relógio de ouro de Albert, triste, pensando que não parecia justo que o relógio ainda funcionasse, agora que ele partira. Certa vez lamentara a rápida passagem do tempo; agora, cada hora parecia interminável. Determinou que dessem corda diariamente em todos os relógios do marido e que os visitantes continuassem a assinar o livro de visitas dele, ao lado do dela. As pessoas precisavam entender: Albert podia ter morrido, mas não tinha ido embora.

Mergulhada em sua dor, Vitória odiava estar sob os olhos atentos do público: os binóculos de teatro voltados em sua direção, as filas de políticos ou plebeus esticando o pescoço para espiá-la nas trilhas em que andava a pé ou dentro da carruagem. Por toda parte, era objeto constante de olhares. Não conseguia suportar. Vitória sonhava com amplas paisagens vazias, com a vista do mar, com a solidão. E o que mais a consolava era sua própria dor: uma dor excessiva, indulgente, intensa, desabrida, exigente, escandalosa. Para uma mulher que não conseguia e não queria recompor o coração sangrando despedaçado, o consolo da poesia, por ora, deixava a política na sombra. Alguém entenderia quando ela exclamava que perder do marido era como "arrancarem a carne de meus ossos"? Já não se dizia a rainha, e se assinava como a "Viúva de Coração Partido".

21. "A casa inteira parece Pompeia"

Tenho, desde que ele me deixou, a coragem de uma leoa.
RAINHA VITÓRIA[1]

Ao saber que a rainha da Inglaterra queria uma audiência reservada, Alfred Tennyson ficou carrancudo. Reclamou com o amigo duque de Argyll: "Sou um bicho arredio e gosto de ficar na minha toca". O poeta fez duas perguntas: como devia cumprimentar a rainha ao entrar, e se teria de sair da sala andando de costas, como era de praxe. O duque, o nobre escocês cujo filho viria a se casar com a princesa Louise, orientou Tennyson: devia se ajoelhar ou fazer uma profunda vênia respeitosa, e lhe estender a mão se lhe parecesse natural agir assim, e que a rainha sairia quando o encontro terminasse. Isso foi em abril de 1862, apenas quatro meses após a morte de Albert. O duque disse a Tennyson: "Fale com ela como faria com uma pobre mulher em aflição — é o que ela prefere". E recomendou também que não se referisse ao príncipe consorte como "finado" e lembrasse a "sólida realidade" da "crença [da rainha] na *presença Viva* dos Mortos".[2]

O poeta, com 53 anos de idade, pôs um terno e meias pretas para a ida até a Casa Osborne, num dia de frio rigoroso. Ele morava perto, a alguns quilômetros da residência da rainha na Ilha de Wight. Chegando lá, conduziram-no à sala de visitas de Vitória, e ele ficou ali de pé, com as costas voltadas para a lareira, enquanto esperava a rainha. Quando ela entrou, estava pálida, mas controlada. Fitou-o em silêncio: era o poeta que capturara à perfeição a dor que sentia. Tennyson havia escrito "In memoriam" após a morte de um amigo próximo, e Vitória relera centenas de vezes o poema, acrescentando suas anotações pessoais e sublinhando as palavras com seu nanquim espesso:

But I remain'd, whose hopes were dim,
Whose life, whose thoughts were little worth,
To wander on a darken'd earth
Where all things round me breathed of him.

[Mas fiquei eu, de parcas esperanças,/ De vida e pensamentos de pouco valor,/ A vaguear numa terra escurecida/ Onde tudo em torno ressumava a ele.][3]

Ele parecia um tanto estranho, pensou Vitória, mas viu que não havia "nenhuma afetação nele". Tennyson se ajoelhou para lhe beijar a mão. Vitória se sentou e falou que o poema dele lhe fora de grande conforto, bem como sua recente dedicatória de *Idylls of the King* a Albert. Tennyson, com os olhos transbordando de lágrimas, disse-lhe que a morte de Albert era uma grande perda para o país.[4] Vitória lhe pareceu muito graciosa, como uma estátua triste e meiga. Quando Vitória lhe perguntou se queria que ela fizesse algo por ele, Tennyson respondeu apenas que poderia apertar a mão de seus dois filhos. Vitória convidou os meninos, Hallam e Lionel Tennyson, para uma visita a Osborne em maio do ano seguinte, junto com os pais.

Os Tennyson — Alfred, esposa e filhos — ficaram encantados com a rainha, considerando-a "muito bonita, nada parecida com seus retratos", e totalmente despretensiosa. Até Hallam, de dez anos de idade, escreveu: "A rainha não é corpulenta. Sua Majestade tem uma mente ampla contida num corpo pequeno".[5] Emily, a mulher de Tennyson, comentou a simplicidade de Vitória, sem constrangimento entre ambas. "A pessoa", escreveu Emily, "sente que a rainha é uma mulher pela qual vale a pena viver e morrer."[6]

Tennyson, com suas firmes convicções sobre a imortalidade da alma e sua capacidade de despertar na rainha a sensação de ser entendida, foi de imenso reconforto para ela. Vitória escreveu no diário:

Tive uma conversa interessante com [Tennyson] e fiquei impressionada com a grandeza e amplidão de seu intelecto, por trás de um exterior certamente rude. Falando da imortalidade da alma e de todas as descobertas científicas que não interferem de maneira nenhuma nisso, disse ele: "Se não existe a imortalidade da alma, não se entende por que haveria algum Deus", e "Não se pode amar um Pai que nos estrangula" etc.[7]

Doze anos antes, em 1850, Albert insistira que Tennyson fosse nomeado como poeta laureado.[8] Em 1862, Alice enviou uma mensagem ao poeta, perguntando se poderia escrever algo para marcar a morte de seu pai. Tennyson escreveu uma dedicatória dos *Idylls*, declarando-o "Albert, o Bom". Nela, instava com Vitória que resistisse, em versos que ela recitava consigo mesma nas horas mais sombrias:

Break not, O woman's-heart, but still endure;
Break not, for thou art Royal, but endure;
Remembering all the beauty of that star
Which shone so close beside Thee that ye made
One light together, but has past and leaves
The Crown a lonely splendor.

[Não te partas, ó coração de mulher, mas resiste; Não te partas, pois és régio, mas resiste;/ Lembrando toda a beleza daquele astro/ Que brilhou tão perto de Ti que juntos/ formáveis uma só luz, mas passou e deixa/ A Coroa em solitário esplendor.]

Os primeiros meses sem Albert foram horrendos. Vitória tinha dificuldade em dormir, acordava se sentindo destroçada, sentia dores violentas no rosto e enxaquecas constantes. Tudo parecia um "sonho pavoroso".[9] Sentia falta da ajuda de Albert nas mais variadas ocasiões: arrumar os papéis, escolher obras de arte, colocar quadros nas paredes, conversar sobre política ou sobre as Forças Armadas, reunir-se com as pessoas, pôr desenhos nos álbuns de viagens, supervisionar a poda dos arbustos, conversar com os médicos dos filhos, providenciar aposentos para as visitas, esconder os ovos de Páscoa, coisas que nunca tinha feito antes.

Tudo redespertava lembranças de Albert. Ficava transtornada diante de plantas e árvores, pois ele conhecia todos os seus nomes.[10] O mesmo com as melodias das aves canoras, principalmente os rouxinóis. Examinava seus pertences, folheava seus papéis, olhava suas obras de arte favoritas — em especial os quadros de Rafael — e suas armas. O que mais a afligia eram as datas que relembravam a ausência dele: Natal, Páscoa, datas de aniversário. Ela passou a véspera de seu aniversário de 44 anos, em 1863, estendida no sofá, com enxaqueca. No dia seguinte, nem os graciosos presentes dos filhos conseguiram reanimá-la: "O que senti terrivelmente foi que não havia *nada* de meu bem-amado".[11] No ano seguinte, o dia de seu aniversário foi "vazio" e ela passou mal. Jantou sozinha no quarto.

Alguns começaram a observar atentamente Vitória, procurando sinais de loucura. O palácio conhecia bem a aguda suscetibilidade e as tendências depressivas da rainha. Havia também a crença vitoriana generalizada de que as mulheres não tinham resistência, frequentemente eram maníacas ou histéricas, incapazes de lidar com as vicissitudes da vida. Lord Clarendon disse que todos tinham visto seu "equilíbrio [mental] vacilar" quando perdeu a mãe. Com a morte de Albert, o risco parecia ainda maior. "Perder a razão", disse ele, causaria uma "calamidade nacional".[12]

Outros notaram a calma e o estoicismo de Vitória nas fases iniciais do luto.[13] Quatro dias após a morte de Albert, Florence Nightingale se disse espantada ao ver "essa mulher nervosa, ansiosa, inquieta, comportando-se com uma firmeza que engrandeceria um herói".[14] Lord Clarendon imaginou que ela estaria seguindo as instruções de Albert de não ceder à dor.[15] Na verdade, ela se encontrava em estado de choque, que depois deu lugar à dor. Quando a mostrava abertamente, julgavam-na de modo injusto e apressado. A reação foi de censura quando ela disse à rainha Augusta da Prússia: "Sou capaz de enlouquecer de desejo e saudade".[16] E Clarendon, quando foi convocado a Osborne poucas semanas após a morte de Albert, lamentou: "A rainha mostrou uma emoção embaraçosa".[17]

Vitória decretou o luto geral de toda a corte por um período oficial de dois anos, sem precedentes. (Terminado o período, suas damas de companhia e filhas puderam renunciar ao preto e passaram a usar luto leve, em cinzento, branco ou roxo-claro.) Muitos súditos decidiram aderir ao luto. Suas damas de companhia usavam joias de azeviche e crepe negro, um tecido de seda farfalhante, enrugado para parecer fosco. Vitória já usara preto durante boa parte da década anterior à morte de seu "anjo", em homenagem à morte de vários parentes e dignitários.[18] O ritual grave e rigoroso do luto sempre exercera atração sobre ela.[19] Agora, Vitória passaria a usar seus trajes pretos (ou "fumos de viuvez") pelo resto da vida. Quem se importaria com sua aparência? Deixou de lado os espartilhos, adotou roupas de baixo brancas com acabamento em fita preta e se assentou numa impávida meia-idade. Não havia necessidade de espartilhos no céu.

Os pertences e aposentos de Albert foram preservados exatamente como eram em vida. Vitória colocou o retrato dele por cima do lado que ocupava na cama de casal. Todos os dias, os criados estendiam cuidadosamente suas camisas e calças passadas na Sala Azul e providenciavam toalhas limpas e água quente para fazer a barba, a qual esfriava enquanto o relógio dele tiquetaqueava e o mata-borrão continuava intacto. Seus restos mortais foram sepultados num cemitério nas terras de Windsor e Vitória providenciou que um escultor, barão Carlo Marochetti, fizesse as efígies de Albert e dela própria, ambos com a mesma idade, para serem colocadas em seus túmulos. Era como se ela também tivesse morrido aos 42 anos. Em Windsor, Vitória ia diariamente ao mausoléu para rezar e contemplar sua estátua, e todas as noites visitava a Sala Azul.

A criadagem se acostumou a andar na ponta dos pés ao redor da rainha e a falar sussurrando nos corredores. Por mais melancólica que pudesse ser sua companhia, Vitória ainda insistia em reunir os filhos em torno de si e mantê-los próximos. De certa forma, queria compensar a perda do pai, declarando a Elphinstone, o preceptor de Arthur e Leopoldo, que "está ansiosa em *não se separar deles mais do que o absolutamente necessário*, pois agora que Deus levou o adorado pai deles que unia *tudo*, requisito necessário para ligá-los ao lar..., a rainha quer que seus meninos, especialmente os pequenos, fiquem muito íntimos dela e *absorvam* as noções e hábitos que nós dois mantemos".[20] Vitória queria que respirassem o ar que Albert tinha respirado, embora a atmosfera se tornasse sufocante.

A casa toda girava em torno do sensível estado mental de Vitória. Quem voltava após uma ausência, como o menino Leopoldo, era avisado de que ela não suportava "barulho, agitação etc.".[21] A Bertie, advertiram que não fosse frívolo, fofoqueiro e superficial.[22] Vitória se recusava a oferecer aos filhos qualquer alternativa ou pausa no luto. Em vez de protegê-los da dor, insistia em que se espojassem nela. Irritava-se quando os filhos riam ou falavam alto, tomando como sinal de insensibilidade à morte do pai. Juntava os filhos em pequenos grupos trajados de negro para várias fotografias soturnas, em que posavam fitando ao alto os bustos brancos e frios de Albert, e distribuía as imagens ao público. Na base de uma dessas imagens, escreveu: "O dia se transformou em noite".[23]

A rainha queria que o público visse como Albert era extraordinário. Canonizava-o melhor do que faria qualquer papa com um santo, encomendando uma biografia e livros com seus discursos, além de uma infinidade de retratos e monumentos públicos. Ele aparecia nas pinturas com armadura dourada, de pé entre as nuvens. Albert, o Bondoso, o Belo, o Brioso, o Ser Celestial vinha envolto numa "coroa de virtude".[24] Vitória queria consolidar sua fama de homem que inspirava o melhor das pessoas, um homem que fizera Luís Napoleão se sentir "mais disposto a fazer o bem".[25]

Vitória também enlanguescia de saudades físicas do marido. Escolhera um retrato provocante de si mesma, aos 24 anos, para pôr entre as mãos dele no caixão. Ela aparecia com a cabeça reclinada num sofá vermelho, com seus grandes olhos azuis olhando por sobre o ombro esquerdo. O decote mostrava seu colo pálido e o cabelo caía ao lado do pescoço nu. Era uma mulher que apenas um homem conhecera. Mesmo na morte, Vitória continuava a desejá-lo. Mandou fazer uma réplica de mármore do rosto e das mãos de Albert, e mantinha as mãos perto da cama. Às vezes as trazia para perto e fazia de conta que o mármore frio era uma pele cálida. Dizia que era horrível se deitar sozinha: "Que contraste com o amor daquele meigo amante! Totalmente sozinha!".[26] Deslizando sob os lençóis, fechava os olhos, passava um braço pela roupa de dormir de Albert e puxava seu casaco por cima de si.

A rainha desejava explicitamente morrer de dor. Escreveu a Herr Florschütz, que fora o preceptor de Albert na infância: "Meu único desejo é acompanhá-lo logo! Viver sem ele não é vida". Consolava-se pensando que Albert estava próximo e que iria encontrá-lo no "lar real e eterno" de ambos. Sem tal pensamento, dizia ela, "sucumbiria".[27] Refez seu testamento, nomeou tutores para os filhos e rezava para morrer.

Vitória conseguiu realizar uma reunião do conselho em 6 de janeiro, poucos dias após a morte de Albert. Pediu aos membros do gabinete que organizassem seus assuntos levando em conta a angústia dela e disse que não teria força ou energia para atendê-los num período de caos. Lamentou-se com Lord Clarendon que "estava com a mente levada a seu limite extremo — que antes nunca precisara pensar, porque o príncipe lia e organizava tudo para ela, poupando-lhe todos os problemas, explicando-lhe as coisas que devia assinar etc.".[28] Declarou que uma mudança de ministério iria matá-la — "e ficaria imensamente *grata* com isso" — de puro e simples enlouquecimento.[29] Certa vez, bateu dramaticamente na testa e exclamou "Minha razão, minha razão", sabendo o impacto que isso teria.[30]

Vitória também recorreu ao líder da oposição, Lord Derby, pedindo calma. Em 16 de junho de 1862, seis meses após a morte de Albert, a rainha pediu a Lord Clarendon que dissesse a Lord Derby "que, se a Oposição conseguisse retirar os ministros do cargo, seria ao risco de lhe sacrificarem a vida ou a razão". Vitória falou que isso se aplicava apenas ao ano parlamentar em curso, que ia até o fim de agosto.[31] Alguns interpretaram o fato como apoio ao primeiro-ministro, Lord Palmer, seu antigo adversário, e não como o que realmente era: desejo de paz e estabilidade. Depois que sua mensagem chegou a Lord Derby, naquele ano parlamentar não houve mais ataques ao governo, poupando a Vitória uma carga de trabalho potencialmente enorme.

Ela estava cercada daqueles que, como Albert, acreditavam que não era capaz de governar sozinha. O idoso Palmerston, que desmaiara várias vezes ao ouvir a notícia da morte de Albert, falou: "A rainha seria uma perda nacional menor".[32] Benjamin Disraeli também disse: "Enterramos nosso soberano".[33] Ela mesma acreditava nisso. A robusta rainha que mandara soldados para a guerra e dera à luz nove filhos estava reduzida a uma solitária viúva em prantos. Em 1864, passados mais de dois anos após a morte de Albert, as pessoas perguntavam abertamente se ela não abdicaria.[34] Mas Bertie não era respeitado nem estimado, e muitos sabiam que ele fora responsabilizado pela morte do pai.[35] As relações entre Bertie e a mãe estavam num perigoso limite. Vitória não deixou que Bertie assumisse função alguma de Albert nem que tivesse qualquer atividade remunerada, apesar das pressões em contrário. A presença dele a incomodava e até reclamava das pernas "feias" do filho.[36] Rezava para sobreviver a ele.[37] O primeiro-ministro estava cada vez mais preocupado com a "aversão invencível" de Vitória por Bertie.[38] O príncipe de Gales vivia num estado beirando a "ociosidade forçada".[39] Em fevereiro de 1862, poucas semanas após a morte do pai, ele foi enviado para o Oriente Médio, numa viagem programada por Albert. Vitória se sentiu aliviada.

Albert, na morte, não só era hábil, inteligente e dominante, mas onipotente e onisciente. Vitória começou a construir um mito que seria implausível em vida de Albert: o de que ela era absolutamente incapaz, inútil e imprestável. Ficava furiosa se alguém sugeria que algum dia havia feito qualquer coisa que fosse, em se tratando dos assuntos de Estado ou dos filhos: "Eles deviam saber que era tudo *ele*, que ele era a vida e a alma da família e, na verdade, de todos os conselhos dela".[40] Ao explicar por que não quis abrir o Parlamento em 1864, ela se definiu como uma pobre lebrezinha que por infelicidade saltara dentro do mundo da política, "trêmula e *sozinha*".[41] Construir essa ficção lhe dava uma desculpa para se delongar e engrandecer sua perda. Encolher-se e inflar Albert era uma maneira de explicar sua dor e também sua relutância de reingressar no mundo: se ele tinha sido tudo, o que ela poderia fazer sem ele? Se o homem que ela pranteava era como uma divindade, todos deviam prante á-lo também, ou pelo menos respeitar sua dor, pois a perda era de todos.

Vitória agora carregava as tarefas de duas pessoas, uma das quais tinha sido um tremendo trabalhador incansável. Ela perdera totalmente a confiança em si. Mesmo a mera leitura em voz alta de uma declaração pelo casamento de Bertie a um pequeno grupo foi "uma provação"; os filhos ficaram aflitos com a palidez do rosto da mãe.[42] Nas conversas, ela vacilava em suas convicções e as velhas inseguranças voltavam. Falando com um convidado aristocrata sobre os turbilhões na Itália e na Polônia em abril de 1863, gostaria de ter tido "mais certeza sobre meus fatos para poder falar mais".[43] Voltou aos calhamaços reunindo as opiniões de Albert, que estudou meticulosamente. Era, sem dúvida, a melhor maneira de defender as políticas que Albert gostaria que ela promovesse.[44]

Quando Florence Nightingale visitara Vitória e Albert em Balmoral, durante a Guerra da Crimeia, ficara impressionada pela diferença entre os membros da corte frívolos e entediados e o casal, tomado pelas preocupações com a guerra, a política exterior e "todas as coisas de importância". Mesmo antes da morte de Albert, ela achava Vitória conscienciosa, "mas tão pouco confiante em si mesma, tão temerosa de não estar dando o melhor de si, que sua disposição fica muito abatida". Com a morte de Albert, "agora ela até duvida se está certa ou errada pelo hábito de consultá-lo". Para Nightingale, aquilo parecia comovente, um sinal de que Vitória "não foi estragada pelo poder". Criara uma profunda estima pela rainha, tímida e modesta em "seu vestidinho surrado de seda preta". Via que ela tinha profundidade, que não podia "agora passar pela vã exibição de uma sala de visitas".[45]

Vitória nunca mais deu nem foi a nenhum outro baile público. O casamento de Alice, realizado na Casa Osborne em julho de 1862, mais parecia um funeral. Vitória, com ar solene, ficou sentada numa cadeira, os quatros filhos protetores ocultando-a à vista de todos. Tentou conter as lágrimas durante toda a cerimônia e não conseguia parar de pensar que planejara aquele casamento junto com Albert. O "alvoroço" lhe parecia insuportável e faltou à recepção, jantando apenas com Alice e Louis num aposento separado. Estava gostando do novo genro, o príncipe Louis de Hesse-Darmstadt na Alemanha, mas repreendeu Alice por não passar tempo suficiente na Inglaterra. Mais uma filha que perdia. Vitória decidiu que uma filha casada teria que morar com ela e resolveu encontrar um "príncipe jovem e sensato" para Helena.[46]

Os filhos estavam passando pela puberdade, crescendo em altura, explorando outras terras, se apaixonando, tendo seus próprios filhos, tentando refazer a vida em torno do grande vazio criado pela morte do pai e pela dor da mãe. Em abril de 1863, Alice deu à luz uma menina, em Windsor. Alfred, com dezoito anos, andava aprontando com as mulheres em Malta. A cada ocasião que marcava o crescimento dos filhos — as crismas, os casamentos, os batizados —, Vitória se sentia cada vez mais desesperada. Não era apenas a falta de Albert; ela também se ressentia de ficar sozinha. Escondia-se pelos cantos, atrás dos filhos ou nos reservados da igreja, tentando se retrair e se reduzir a nada.

Vitória parecia tomar por certo que suas residências estavam cheias de companhias agradáveis. Sua depressão significava que se sentia mais perturbada com as partidas do que animada com as chegadas. Mesmo quando se sentia sozinha, sempre havia muita gente ao redor dela: os vários filhos amorosos, as damas de companhia, parentes, amigos, políticos, sacerdotes, poetas, criados e guardas-florestais. Chegou a encontrar sua governanta da infância, Lehzen, numa viagem à Alemanha em 1862, e ambas ficaram "muito comovidas".[47] Não era de afeição que a rainha sentia falta; era de iguais.[48] Enquanto ficava sozinha naquela "terrível altura", escrutando saudosamente os céus, tinha por trás de si uma multidão a observá-la atentamente.[49] Ela não queria uma multidão; queria apenas Albert.

Quando Bertie se casou com a bela Alix da Dinamarca, em 10 de março de 1863, Vitória ficou num aposento reservado, acima do altar da St. George's Chapel, no Castelo de Windsor. (Usara uma passagem interna pela residência do deão, para não ser vista.) Quando Benjamin Disraeli pôs o monóculo para enxergá-la melhor, recebeu um olhar gélido e não se atreveu a fitar outra vez. Os convidados tinham autorização de usar roupas coloridas, mas as damas da corte e as filhas da rainha estavam de meio-luto, usando principalmente branco e lilás. Vitória estava com um vestido de seda e crepe negro, com um longo véu no toucado, sentindo-se agitada. Ao ver os filhos entrarem na capela, sentiu vontade de chorar.[50] Bertie lhe fez uma vênia enquanto esperava Alix e continuou olhando com expressão ansiosa para a mãe no alto. Quando soaram os clarins, ela relembrou seu próprio casamento e quase desfaleceu.

Havia 38 pessoas apinhadas na sala de jantar, para um almoço em família, mas Vitória almoçou em silêncio com Beatrice, agora com quase seis anos, na sala ao lado. Naquela noite, recolheu-se ao leito em profunda infelicidade. Os filhos continuavam a deixá-la. Vicky, Alice e agora Bertie estavam com seus entes queridos, mas ela só podia se agarrar às roupas de dormir de Albert: "Aqui fico eu sozinha e desolada, eu que tanto preciso de amor e ternura, enquanto nossas duas filhas têm maridos amorosos e Bertie levou sua noiva linda pura meiga para Osborne — que joia de fato ele teve a sorte de conseguir... Ah! Como sofri na capela!".[51]

Ela sabia que não devia ter ciúme nem inveja dos filhos, mas mal conseguia suportar. O consolo era que o pobre Bertie finalmente se assentara, parecia contente e Alix era uma "joia". Acordou no dia seguinte com dor de cabeça e um resfriado forte, sentindo-se podre.

Lord Palmerston certa vez disse gracejando que apenas três pessoas entendiam o conflito Schleswig-Holstein: o príncipe consorte, agora finado, um professor alemão que enlouquecera, e ele mesmo, que agora se esquecera. Quanto a Vitória, se a política era complicada, suas lealdades eram muito simples. A Dinamarca governava os dois ducados já fazia décadas, mas os alemães — liderados pelos prussianos dominantes e beligerantes — continuavam a cobiçá-los. Vitória era favorável à neutralidade britânica e queria evitar uma guerra geral após o desastre na Crimeia, mas suas simpatias estavam com a Prússia. Quando o rei da Dinamarca morreu, em novembro de 1863, e a ele se sucedeu o pai de Alexandra, Cristiano IX, os prussianos se prepararam para atacar, com o respaldo da Áustria.

A batalha dividiu a família. Alix, que naturalmente apoiava seu país natal, a Dinamarca, teve um parto prematuro em janeiro de 1864 e deu à luz um filho, Albert Victor. No mês seguinte, a Prússia e a Áustria invadiram Schleswig. Quando Bertie, leal à esposa, sustentou que os britânicos deviam intervir e apoiar a Dinamarca, Vitória pediu a Clarendon que lhe dissesse para moderar suas posições. Afinal, seu cunhado Fritz, marido de Vicky, estava combatendo no Exército prussiano. O tema se tornou tabu nos jantares da família.[52]

A correspondência acalorada de Vitória sobre o assunto contradiz a imagem que dava de si naqueles anos, a de uma "pobre lebre perseguida". Enviava inúmeras cartas e memorandos cheios de grande convicção, insistindo na neutralidade. Ficou tão absorvida que mal percebia que estava trabalhando. A rainha Sofia dos Países Baixos disse a uma das damas: "Ela tem o *hábito* do poder e, uma vez adotado, é praticamente impossível viver sem ele".[53] Vitória continuava a se ver no centro da política externa do governo, orientando Palmerston a garantir que, quando ela fosse a Coburgo, "não se dê *nenhum passo* nos assuntos exteriores *sem* obter sua *aprovação prévia*".[54] Pressionou o gabinete deixando claro que não queria ser contrariada. Ao escrever a Vicky sobre os atritos na Europa, em 1863, Vitória lamentou não ter a ajuda de Albert, mas acrescentou que, apesar de sua dor, ainda tinha os múltiplos "olhos de Argos": "Tenho, desde que ele me deixou, a coragem de uma leoa se vejo perigo, e nunca deixarei de dar ao meu povo minha decidida opinião e mais do que ela! Sim, enquanto houver vida nesta carcaça alquebrada, meu dever será cumprido com destemor!".[55]

Nem todos gostavam dos rugidos da leoa. Em 10 de maio de 1864, um "impertinente" Palmerston a informou que as pessoas estavam achando que suas "opiniões pessoais" sobre a questão Schleswig-Holstein eram muito fortes. Alguns pensavam que ela havia influenciado o governo para não ir em ajuda da Dinamarca, rompendo seu dever constitucional de imparcialidade. Em 26 de maio, Lord Ellenborough insinuou que Vitória não tinha sido tão neutra quanto monarcas anteriores como Jorge III. Havia, disse ele, uma "forte impressão no continente, especialmente na Alemanha", de que em assuntos referentes à Alemanha, os ministros de Sua Majestade tinham dificuldade em "executar uma política puramente inglesa", o que havia desgastado a autoridade e a influência deles.[56] Vitória se entregou nos diários a uma caudalosa compaixão por si mesma:

Que acusação cruel, contra uma pobre viúva desprotegida, que não é mais amparada pelo amor e sabedoria de seu amado marido, sendo que continuo a viver apenas para labutar e trabalhar pelo bem de meu país e estou semidestroçada de ansiedade, dor e responsabilidade, vendo este país se degradar e entrar em mais e mais dificuldades — e, acima de tudo, sempre procurei ser tão imparcial! Tais calúnias monstruosas fazem que me sinta muito mal. Ah, estar sozinha e não ter ninguém para me proteger é terrível demais![57]

Ela disse a Lord Granville que era seu "dever com Deus e meu país" impedir que entrassem em guerra na Europa, a despeito do grande apoio público. Muito diplomático, Granville lhe assegurou que ela salvara o país de "muitos passos em falso".[58] Em junho, a Dinamarca foi derrotada. Em outubro, Holstein e as áreas de língua alemã de Schleswig foram cedidas à Prússia e à Áustria.[59]

Este se tornou o novo padrão de Vitória: chorar com as mulheres e mandar nos homens, ao mesmo tempo se protegendo com uma dor profunda e dramática. Mas, enquanto Vitória se retirava totalmente das vistas públicas, recolhendo-se em seus castelos e mansões distantes, a imensa simpatia pública por ela começou a declinar. Alguém afixou um cartaz nos portões do Palácio de Buckingham: "Esta imponente área deverá ser desocupada ou posta à venda, devido ao declínio das atividades da última ocupante". O cartaz foi retirado e a presença policial foi duplicada, mas ele reapareceu poucos dias depois.[60]

Em 7 de outubro de 1863, nevava levemente nas Highlands escocesas, e Vitória passou o dia passeando a cavalo com Alice e Helena, parando para tomar um chá antes de voltarem para casa. Estava escuro e o guia não enxergava direito o caminho; o criado de Vitória, John Brown, descia constantemente da boleia para ajudá-lo. Vinte minutos depois, a carruagem começou a se inclinar — Alice disse devagar: "Estamos virando" — e as mulheres foram arremessadas ao chão. Aquele momento foi um marco para Vitória. Mais tarde, anotou no diário que teve apenas um instante para pensar "se morreríamos ou não", mas concluiu que "ainda havia coisas que eu não tinha resolvido e queria resolver".

> Bati o rosto com muita violência no chão, mas, com uma força da qual eu não me julgaria capaz, logo consegui me erguer, vi Alice e Lenchen caídas no chão, perto da carruagem, os dois cavalos no chão e Brown gritando em desespero: "Senhor Todo-Poderoso, tende piedade de nós! Quem já viu uma coisa dessas antes — pensei que todas tinham *morrido*!".[61]

Vitória passou os dias seguintes na cama, com um pedaço de carne crua no olho preto, cuidando do pescoço dolorido e de um polegar deslocado, que ficaria torto para o resto da vida.[62] Seu "desamparo" era muito penoso, lamentou-se Vitória, mas mostrara que sua vontade de morrer, alimentada pela dor, tinha sido superada por uma vontade de viver mais forte e subliminar.[63]

Aos poucos, com visitas regulares ao corpo de Albert no mausoléu em Frogmore, idas a Osborne, longas horas de preces,[64] passeios por Balmoral e o terno afeto dos filhos, Vitória foi se acalmando.[65] No aniversário de três anos da morte de Albert, com milhares de visitantes percorrendo o mausoléu para ver sua tumba, ela parecia mais resignada. Comentou com sua amiga também viúva, a condessa Blücher:

> Triste e solitária como era minha vida agora, ainda assim percebi e senti mais e mais quanto eu era necessária para meus filhos e país e para a realização dos desejos e planos do caríssimo Albert. Por tudo isso preciso me esforçar e continuar a viver por mais um tempo! Meu sofrimento continua grande como sempre, mas há resignação e submissão, o que no começo era muito difícil para mim.[66]

Vitória, a despeito de si mesma, aos poucos ficou mais serena. Alice insistiu com a mãe para voltar a se apresentar ao público em carruagem e a cavalo. De início, depois que Albert morreu, Vitória relutava até em caminhar. As pessoas comentavam como emagrecera; mas ela queria se encolher e envelhecer para mostrar o peso do sofrimento e dar sinais visíveis das dores no coração. Verificava ansiosamente se lhe vinham cabelos brancos. Mas as faces que logo recuperaram a cor e os ocasionais períodos de animação traíam sua constituição ainda robusta. Vitória viveria por mais 37 anos.

22. Ressuscitando a viúva de Windsor

Todas as que me fazem companhia usam trajes de luto, o que penso que mais condiz com nossa triste irmandade.
RAINHA VITÓRIA A LADY WATERPARK, SETEMBRO DE 1864[1]

Uma dama inglesa de luto é um espetáculo impressionante e majestoso.
GEORGE BERNARD SHAW[2]

Em 16 de janeiro de 1862, apenas um mês após a morte de Albert, mais de duzentos homens e meninos ficaram presos no poço mais fundo da mina de New Hartley. A haste de ferro da máquina de bombeamento se quebrara e caíra na única entrada, sepultando os mineiros lá embaixo.[3] Quando encontraram seus corpos, seis dias depois, era como se tivessem adormecido no chão. O menino mais novo tinha dez anos de idade. Vitória ficou transtornada, declarando que "seu coração sangrava por eles".[4] Onze meses depois, tendo retornado de uma cerimônia de consagração dos restos mortais de Albert, ela recebeu uma elegante Bíblia, assinada no interior por muitas "Viúvas inglesas leais", inclusive oitenta mulheres que haviam perdido o marido na calamidade de Hartley.[5] Vitória se sentou à escrivaninha e escreveu para suas "gentis viúvas irmãs", dizendo-lhes que o que a reconfortava na perda de Albert era "a sensação constante de sua presença invisível" e a ideia de se unir a ele no futuro.[6]

Em sua ardente adoção da viuvez, a rainha converteu o que geralmente era um sinal de perda de identidade em algo nobre e significativo. A perda do ente querido transpunha todas as divisões. "Eu não hesitaria em abraçar junto ao coração a viúva mais pobre da Terra", escreveu Vitória, "se ela tivesse amado realmente o marido e se compadecesse de mim, sendo eu rainha ou qualquer outra em posição elevada."[7] Convidou Lady Eliza Jane Waterpark, depois de ter enviuvado, para ser sua dama dizendo: "Penso que entendemos uma à outra e sinto que a *Vida* terminou para nós, exceto no sentido do dever".[8] Era uma vida melancólica. A rainha prometeu que pediria a Lady Waterpark que fizesse somente coisas em sintonia com seus sentimentos e acrescentou: "Todas as que *me* fazem companhia usam trajes de luto, o que penso que melhor condiz com *nossa triste irmandade*". Essa irmandade fornecia a Vitória uma sucessão constante de conselheiras emocionais, mulheres com quem conversava e chorava junto. (Lady Geraldine Somerset, dama de companhia da duquesa de Cambridge, lamentava: "O lúgubre efeito doloroso de toda essa massa negra ao redor da pessoa [era] também indizivelmente triste e pesado a um grau extremo".)[9] Quando Abraham Lincoln foi assassinado, em 1865, Vitória enviou suas condolências à viúva Mary. Ninguém poderia avaliar melhor, escreveu Vitória, o que ela estava passando do que essa rainha "de coração totalmente destroçado".[10] Mary Lincoln respondeu que sabia que Vitória podia compreender.

Na Era Vitoriana, as mulheres pranteavam a morte por mais tempo e de forma mais sonora do que os homens. Os viúvos tinham probabilidade muito maior de se casar outra vez e voltar ao trabalho, geralmente se isolando por poucas semanas e logo voltando ao mundo. Na segunda metade do século XIX, uma em três mulheres de 55 a 64 anos era viúva, mas apenas um em sete homens era viúvo.[11] Para a maioria delas, escreve Patricia Jalland em seu fascinante estudo *Death in the Victorian Family* [A morte na família vitoriana], "a viuvez era um destino final, um compromisso involuntário com uma forma de exílio social".[12] A rainha, porém, tinha escolha; seu exílio era voluntário e contava com privilégios que outras não possuíam, e havia quem, reservadamente, criticasse sua falta de estoicismo. A autora escocesa Margaret Oliphant, por exemplo, enfrentara a morte do marido em 1859 e a de três filhos ainda na idade de colo. Sustentou a prole restante com seu intelecto, escrevendo dezenas de livros. Quando Vitória encontrou Oliphant em 1868, quatro anos depois que a escritora perdera sua última filha sobrevivente, a rainha comentou em tom aprovador que Oliphant era uma viúva simples. Mas Oliphant não aprovou a conduta da rainha. Escreveu a seu editor:

> Se alguma de nós, pessoas comuns, fosse tratar seus amigos, visitas e a sociedade em geral da mesma maneira [como faz Vitória], iríamos... perder visitas e amigos. Duvido que *nous autres* pobres mulheres que precisamos lutar totalmente sozinhas com o mundo, sem grande solidariedade, poderíamos assumir o caráter "sem precedentes" dos sofrimentos da rainha. Uma mulher é sem dúvida uma coitada se, com uma grande prole feliz e afetuosa em torno de si, não é capaz de ter ânimo para cumprir seu dever, queira ou não.[13]

Mas ninguém conseguiria obrigar a rainha a fazer algo que ela não quisesse. O aço inato que ajudara a levar uma adolescente a tomar a coroa agora levava uma mulher a insistir numa dor clamorosa e impenitente.

Por trás das portas do palácio, Vitória continuava a trabalhar. Agora dividia seu ano entre Windsor, Osborne e Balmoral. Evitava o Palácio de Buckingham ao máximo possível, pois guardava lembranças vivas demais do passado. Continuava a se corresponder intensamente com seus ministros, a se envolver na outorga de honrarias e na aprovação de nomeações e a insistir em seu direito de examinar todas as recomendações ministeriais para cargos, muitas vezes levantando objeções ou fazendo sugestões, principalmente quando se tratava de bispos e arcebispos. Conservava seu poder, mas esse trabalho ficava oculto ao público.

Prosseguia o clamor das vozes insistindo que Vitória se mostrasse em público. Isso a enfurecia. Repreendia quem se atrevesse a pressioná-la, por não entender quanto ela era frágil. Em 1863, o secretário de Vitória, Charles Phipps, disse a Palmerston que os três médicos da rainha eram "categoricamente" da opinião de que seria "muito indesejável" para sua saúde aparecer sozinha em público, vestida a rigor.[14] Os médicos não queriam colocar por escrito, pelo receio de que isso fosse mal interpretado.

Em 1º de abril de 1864, *The Times* protestou oficialmente contra a ausência de Vitória. Em dezembro do mesmo ano, no terceiro aniversário da morte de Albert, *The Times* protestou outra vez. Poucos dias antes, Vitória dissera a Lord Russell que não poderia abrir as sessões do Parlamento, pois isso lhe causaria um "choque moral". Sentira-se segura quando Albert estava a seu lado, mas, agora que ele partira, "nenhuma criança pode se sentir mais retraída e nervosa" do que ela à ideia de aparecer em público. Escreveu a Lord Russell:

> Seus nervos estão *tão* estraçalhados que *qualquer* emoção, *qualquer* discussão, *qualquer* esforço causa muito sofrimento e perturbação a toda a sua constituição. As ansiedades constantes inseparáveis de sua posição difícil e nada invejável como rainha e como mãe de uma grande família (e, aliás, uma *família real*), sem um marido para guiá-la, assisti-la, acalmá-la, confortá-la e animá-la, são tão grandes que seu sistema nervoso não tem nenhum poder de recuperação, mas, pelo contrário, debilita-se cada vez mais.[15]

Fisicamente, Vitória estava mais saudável do que admitia. Mentalmente, estava frágil. Sua grande ansiedade provocava dores de cabeça, desmaios e dores reumáticas no rosto e nas pernas. Em maio de 1866, Vitória disse a Lord Russell que continuava a recear "um colapso completo".[16] Muitas vezes declarava que logo morreria.[17] A ideia de milhares de olhos voltados para sua pessoa lhe despertava um estado de grave nervosismo.[18] Quando estava em público, tremia da cabeça aos pés e muitas vezes tinha dificuldades em se recompor. Fora alvo de disparos, recebera uma bastonada na cabeça, fora agredida e enviuvara; o que queria agora era se sentir em segurança, ter alguém que a protegesse. Seu refúgio logo se materializou numa pessoa altamente improvável.

O ajudante de caça escocês John Brown, homem de sua confiança, foi chamado no inverno de 1864 para conduzir o cavalo de Vitória em Osborne. O médico lhe dera ordens de continuar a montar, e nas Highlands ela havia se acostumado a ter Brown conduzindo à sua frente: "Um desconhecido me deixaria nervosa... Ai de mim! Agora sou tão fraca e nervosa, e muito dependente daqueles a que estou acostumada e nos quais tenho confiança".[19] Alto, bem-apessoado, protetor, Brown animava Vitória com sua autoridade vigorosa e sua força serena. Ele chegou em dezembro; em fevereiro, sua função se tornou permanente, recebendo o título de "criado escocês da rainha". Em novembro, recebeu o título de *Esquire*. Brown começou a ocupar um lugar invulgarmente elevado na residência real, acompanhando Vitória de Londres à Escócia e mesmo à Europa. Vitória se sentia encantada com sua lealdade: "Ele é *tão* devotado a mim — tão simples, tão inteligente, *tão diferente* de um criado comum e tão disposto e solícito".[20] Era exatamente o tônico de que precisava uma rainha solitária e desconsolada.

Finalmente Vitória abriu o Parlamento em fevereiro de 1866, pela primeira vez desde a morte de Albert. Fez questão de que o primeiro-ministro, Lord Russell, ficasse ciente de que era uma "provação muito grande" para ela.[21] Chegado o dia, Vitória estava nervosa e não conseguiu se alimentar. Pôs um vestido de noite simples, com um pequeno diadema de safira e diamante sobre o toucado de viúva. O vento batia no véu enquanto ela seguia em silêncio numa carruagem aberta, passando pelas multidões de curiosos, muitos dos quais estavam anos sem ver sua rainha. No Congresso lotado, por onde ela entrou por outra passagem para evitar a galeria com "pessoas encarando", Vitória achou que ia desfalecer. No dia seguinte, falou ao primeiro-ministro que estava "tremendamente abalada, esgotada e passando mal pelo violento choque nervoso" do esforço que fizera.[22] Disse dramaticamente que só tinha alguma vontade de viver por causa dos filhos e do país.

Mas, aos poucos, ela começou a aparecer mais em público, recebendo no Palácio de Buckingham, passando as tropas em revista em Aldershot, indo ao casamento do primo, inaugurando obras hídricas e desvelando uma estátua. Quando a filha Helena se casou, em 12 de junho de 1866, Vitória chegou a conduzi-la ao altar (embora o arcebispo lhe dissesse que "não [era] usual" que uma mulher fizesse isso).[23] Em 1867, abriu novamente o ano parlamentar, embora insistindo que não lhe pedissem o mesmo no ano seguinte.

Nos últimos 37 anos de seu reinado, Vitória abriu o Parlamento apenas sete vezes, e em nenhuma vez leu seu discurso em voz alta. Quem lia para ela era o lorde chanceler.

Enquanto Vitória prosseguia no luto na década de 1860, um esforço concentrado de luta pela democracia desencadeou uma série de tumultos, passeatas e manifestações públicas. John Bright, o líder radical da Liga pela Reforma que lutava pela ampliação do direito de voto, discursava em comícios de massa por toda a Inglaterra. Em 1867, o Parlamento aprovou o Segundo Projeto de Lei da Reforma — que dobrava o número dos homens que podiam votar na Inglaterra e em Gales, passando de 1 milhão para 2 milhões.[24] Vitória receava a democratização, mas deu firme apoio ao projeto quando ficou evidente que ele contava com a maioria na Câmara dos Comuns. Via-se como a rainha dos pobres, lamentando muitas vezes "a frivolidade das classes altas e o pouco sentimento que tinham pelos que estavam abaixo delas".[25] Mas sua influência nessa legislação foi mínima.

Em termos políticos, porém, Vitória nada perdera de seu ardor. Os primeiros-ministros tinham se acostumado a levar trancos de uma rainha peremptória que insistia em se dizer fraca e enfermiça. Lord Stanley foi repreendido por enviar despachos que não tinham recebido sua aprovação, assim como ocorrera anos[26] antes com Palmerston. Ela descartava a maioria das solicitações oficiais, mesmo aquelas que depois vinha a aceitar. Era frequente que relutasse em receber dignitários estrangeiros e, quando recebia, pedia ao governo britânico que pagasse.[27] Em 1867, por exemplo, o conde de Derby, um *whig* que substituíra Lord Palmerston no cargo de primeiro-ministro, suplicou à rainha que adiasse por três dias uma viagem a Osborne, para poder receber o sultão da Turquia durante dez minutos no Palácio de Buckingham. Sua resposta foi virulenta: "A palavra *desagradável* dificilmente se aplica ao tema; estaria mais próximo da verdade dizer extremamente inconveniente e prejudicial à saúde da rainha".[28] Apesar disso, ela concordou em adiar a viagem por dois dias, pediu ao sultão que viesse um dia antes e mandou que seu médico fosse até Lord Derby, para reiterar como era frágil sua condição nervosa, assim ressaltando novamente o peso daquele fardo. Ameaçou mais uma vez um "colapso completo", dizendo que se recusava a ser incomodada e a receber ordens. Esta era a tática de negociação original e eficiente de Vitória: alegar desamparo numa forma de combate hostil e insistir em sua fragilidade em reiteradas manifestações de força. Seus ministros não estavam preparados para lidar com uma rainha briguenta e teimosa. Somente um percebeu que a rainha solitária queria ser mimada, festejada e adorada.

Benjamin Disraeli entendia o poder do encantamento. Em 1868, assumiu repentinamente o cargo, declarando-se em relação à rainha: "Ele só pode oferecer devoção".[29] Embora Disraeli fosse *tory*, Vitória, quando ele se tornou primeiro-ministro, anunciou o fato como uma vitória para as classes trabalhadoras. Ele não tinha posição nem fortuna e era filho de um judeu, coisa praticamente inédita nos círculos políticos. Tinham-lhe recusado qualquer cargo sob a liderança do primeiro-ministro Peel e fora de grande importância na formação do partido conservador protecionista, quando houve a cisão dos *tories* com a derrota das Leis do Cereal. Era visto como um forasteiro estranho, embora dotado de talento, com pendor para escrever romances populares. Ao se tornar primeiro-ministro, Disraeli declarou com orgulho que tinha "chegado ao alto do pau de sebo".[30]

Disraeli era uma figura curiosa. Passara décadas se vestindo como dândi, com blusas de babados, cachos tingidos e meias coloridas, imitando Lord Byron, o poeta que seduzira a esposa de Lord Melbourne lá em 1812. Aos doze anos, convertera-se do judaísmo ao anglicanismo, depois que o pai teve uma divergência com a sinagoga local; isso lhe permitiu pensar numa carreira política, visto que na época os judeus eram proibidos de ocupar cargos. Adorava a esposa, Mary Anne Lewis, uma viúva rica, inteligente, cativante, doze anos mais velha que ele.

Disraeli também era romancista popular de sucesso, com gosto por sentimentos espalhafatosos. Seu grande talento com as palavras foi muito útil na relação com a rainha. Tinha a esperança, escreveu ele:

> de que, nos grandes assuntos de Estado, Vossa Majestade não condescenderá em lhe retirar o benefício da orientação de Vossa Majestade. A vida de Vossa Majestade se tem passado em comunicação constante com grandes homens e no conhecimento e condução de importantes transações. Mesmo se Vossa Majestade não fosse dotada de tais grandes habilidades, que todos agora reconhecem, essa rara e seleta experiência certamente dá à Vossa Majestade uma vantagem na capacidade de julgamento com a qual poucas pessoas vivas, e provavelmente nenhum príncipe vivo, podem rivalizar.

Na próxima vez em que Vitória viu Disraeli, saudou-o com "um rosto muito radiante".[31]

Não era apenas que Disraeli praticava a bajulação de uma forma artística. Em suas confiantes missivas à rainha, ele lhe tornava a política interessante pela primeira vez, desde Lord Melbourne. Explicava os debates e acontecimentos políticos com clareza, com detalhes e muito estilo. Vitória disse a uma amiga que nunca recebera cartas assim. Disraeli acatava sabiamente seus desejos nas nomeações, principalmente quando se referiam a eclesiásticos, dizendo que ficava encantado em obedecer a suas ordens.[32] Também a tratava com respeito. Quando Vitória publicou *Leaves from the Journal of Our Life in the Highlands*, em 1868, uma seleta a partir de seus diários, a tiragem de 20 mil exemplares se esgotou rapidamente. A partir daí, para lisonjeá-la, Disraeli durante as conversas dizia "nós, autores". Não conseguia convencê-la de tudo, mas tinha tanto êxito em manipulá-la que acabou por converter a rainha antes inequivocamente *whig* à causa do conservadorismo *tory*.

Mas o primeiro mandato de Disraeli como premiê durou apenas dez meses.[33] Foi derrotado por seu maior rival político, o liberal William Gladstone, nas eleições de dezembro. Gladstone era um homem imponente, intelectual, com olhos de águia e sólida fé cristã, que havia contado com a aprovação de Albert; os primogênitos de ambos tinham viajado juntos. Gladstone, muitas vezes chamado de "o William do Povo", era um chanceler popular e frugal decidido a implantar reformas. O que lhe faltava era o tato sutil necessário para lidar com uma soberana irritadiça — o tipo de tato que homens como Melbourne e Disraeli tinham. Sua esposa lhe dissera para "mimar a rainha", mas ele não sabia como.[34] E tampouco conseguia explicar as ações políticas de maneira simples. Muitas vezes deixava Vitória confusa, a qual detestava se sentir obtusa ou tratada de modo paternalista. O deão Wellesley tentou explicar de outra maneira: "Toda a consideração, a gentileza e eu diria até mesmo a ternura que você mostrar em relação a ela nunca serão demais".[35]

Demonstrando ao mesmo tempo ampla visão e coragem política, Gladstone disse que sua grande missão era "pacificar a Irlanda".[36] Em seu primeiro mandato, de dezembro de 1868 ao começo de 1874, Gladstone se preocupou basicamente em desinstalar a Igreja Protestante da Irlanda — como era conhecida, embora fosse uma igreja minoritária ligada à Igreja da Inglaterra —, que era encabeçada por Vitória. Isso significava separar juridicamente a igreja do Estado e liberar os irlandeses — que eram de maioria católica — de pagar o dízimo a ela. Vitória não apoiou o projeto de lei — argumentou que os direitos fundiários deviam ter prioridade e que seria uma provocação aos nacionalistas extremados. Sem dúvida, uma preocupação pessoal maior era a de que a Escócia seguisse o exemplo — e talvez até a Inglaterra — e também a removesse da liderança de sua igreja. Mas a maioria esmagadora na Câmara dos Comuns — que Gladstone declarou ser o "veredito enfático da nação"[37] — obrigou Vitória a reconhecer que a decisão não cabia a ela e que um choque entre as duas câmaras parlamentares seria "perigoso, se não calamitoso".[38] Depois de suas maquinações iniciais contra o projeto, ela auxiliou Gladstone atuando como mediadora e ajudando a obterem uma solução de compromisso com a Câmara dos Lordes. Chegou até mesmo a adiar — com relutância — uma viagem a Osborne para garantir a aprovação do projeto de lei (embora relembrando energicamente a Gladstone que tal arranjo conciliador era algo muito incomum e não devia ser tomado como precedente). O Decreto da Igreja Irlandesa foi aprovado em 1869.

Albert empreendera seu trabalho sob as vistas plenas do público; tornava patente não só a respeitabilidade, mas também a produtividade da monarquia. Sem ele, Vitória se retraiu às vistas, e se espraiou o ressentimento público em relação à monarquia dispendiosa e sempre crescente. A família real incorria em despesas cada vez mais altas a cada casamento e novo nascimento, e Bertie se conduzia como um esbanjador. Entre 1871 e 1874, foram criados 85 Clubes Republicanos na Grã-Bretanha, protestando, entre outras coisas, contra o "alto custo e inutilidade da monarquia" e o "exemplo imoral" de Bertie.[39] Gladstone escreveu a Granville em 1870: "A rainha é invisível e o príncipe de Gales não é respeitado".[40] A economia estava fraca, pagava-se demais à corte real e a França se convertera em república em 1870; por que a Inglaterra não faria o mesmo?*

Uma das maiores ameaças à ordem pública vinha da Irmandade Feniana, que fora criada na América em 1858 com o objetivo de derrubar o domínio britânico na Irlanda e fundar uma república irlandesa. Em 1866, a irmandade tentou invadir o Canadá, sem êxito. Em 1867, seus membros iniciaram uma campanha de terror na Grã-Bretanha, explodindo o muro de uma prisão e matando um policial. Três membros foram executados em represália e se tornaram mártires. O enorme pânico resultante deixou Vitória irritada, e ela aconselhou os ministros a reagir a qualquer ameaça de violência simplesmente suspendendo o habeas corpus, o que significava que as pessoas podiam ser detidas ou presas sem razão, mas eles consideraram a sugestão inapropriada. Em 20 de dezembro de 1867, Vitória foi avisada de que oitenta integrantes da Irmandade Feniana tinham embarcado em dois navios em Nova York e estavam vindo atacar o governo britânico. Cem fuzileiros escoceses se instalaram nos estábulos de Osborne e navios ficaram patrulhando as costas. Vitória se sentia presa numa armadilha, mas ficou ainda mais aborrecida quando nenhuma das ameaças se concretizou.[41]

Três meses depois, numa viagem à Austrália, um feniano atirou no príncipe Alfred, então com 23 anos, em Sydney. Ele se dirigia à Cabbage Tree Beach para "ver os aborígines, estando prontos para um pouco de esporte", quando recebeu um tiro nas costas e caiu de quatro. A bala se alojou no abdômen. Passou três dias sem conseguir respirar, como disse mais tarde à mãe.[42] O agressor irlandês, por volta dos 35 anos, loiro e bem vestido, foi executado posteriormente. *The Sydney Morning Herald* qualificou o ataque como uma "calamidade gigantesca, afetando todas as classes do povo".[43] Como outros movimentos revolucionários britânicos, a Irmandade Feniana se extinguiu depois disso e desapareceu por alguns anos.

Albert queria uma Alemanha unificada e poderosa. Colocara sua filha mais velha, Vicky, na corte prussiana com a esperança de levar seus ideais liberais ao estado que,

* Helena recebera um dote ao se casar em 1866; Louise recebera dote em 1871; Arthur ganhara uma subvenção ao fazer 21 anos em julho de 1871; o príncipe Alfred ganhara renda anual ao fazer 21 anos e mais outra ao se casar em 1873.

em suas esperanças, lideraria uma futura nação alemã. Nos anos 1860, o astuto e oportunista diplomata prussiano Otto von Bismarck estava decidido a unificar todos os estados germânicos sob o comando prussiano. Em 1871, já conseguira em larga medida. A Guerra da Crimeia em 1854 e a Guerra Italiana em 1859 tinham desestabilizado as alianças entre as grandes potências da Europa — a Grã-Bretanha, a França, a Áustria e a Rússia —, deixando um vácuo do qual Bismarck se aproveitou com seu exército bem equipado e bem organizado. "As grandes questões da época", disse ele em 1862, "não serão resolvidas com discursos e decisões majoritárias, mas a ferro e sangue."[44] Em 1866, Bismarck invadiu a Áustria com o apoio da Itália, naquela que veio a ser conhecida como Guerra das Sete Semanas.[45] A Prússia impôs uma derrota decisiva à Áustria e o tratado resultante estipulou a unificação de 22 estados numa Confederação da Alemanha do Norte, tendo Bismarck como líder e chanceler.[46] Mas a Áustria, que comandara a Confederação Germânica desde o final das Guerras Napoleônicas em 1815, ficou excluída.

Na nova federação, Schleswig, Holstein e Hanôver se tornaram estados prussianos. Vitória concordava com Albert, dizendo a Lord Stanley: "Uma Alemanha forte, unida, liberal seria um aliado extremamente útil para a Inglaterra".[47] Mas ela desconfiava de Bismarck e considerava sua conduta agressiva "monstruosa".[48] O marido de Vicky, seu genro Fritz — cujo tio era então rei da Prússia —, também discordava de uma unificação imposta pela violência, como estava fazendo Bismarck. Fritz havia considerado um "fratricídio" entrar em guerra contra a Áustria, mas se demonstrara equivocado diante da vitória prussiana. A rainha Vitória insistiu que o rei da Prússia fizesse concessões aceitáveis para garantir a paz e evitar que se desencadeasse uma guerra maior.

À mesa de jantar, as guerras rendiam conversas um tanto constrangedoras. Vicky era casada com um príncipe prussiano amante da paz que combatia pelos prussianos, Alice com um príncipe alemão que combatia pelos austríacos, Bertie com uma princesa dinamarquesa e Helena com um príncipe alemão nascido na Dinamarca. Quando Vitória começou a planejar o futuro de Louise, no final de 1869, desistiu da insistência de Albert em matrimônios geopolíticos complicados. Escreveu a Bertie: "Os tempos mudaram muito; as grandes alianças externas são vistas como causas de problemas e preocupações e não servem de nada. O que pode haver de mais doloroso do que a posição que nossa família se encontrou durante as guerras com a Dinamarca e entre a Prússia e a Áustria?". Em vez disso, a bela Louise se casou com um súdito, um político liberal amante de poesia chamado John George Edward Henry Douglas Sutherland Campbell, Lord Lorne. O casal vivia separado e não teve filhos; ainda persistem os rumores sobre a sexualidade de Lorne.[49] Louise, escultora de talento, tinha seus próprios segredos; dizem que teria mantido um caso com o escultor Joseph Edgar Boehm, o qual teria morrido enquanto faziam amor. Uma biografia recente afirma que ela teve um filho que foi discretamente entregue para adoção.[50] Mas Helena se casou com o príncipe Christian de Schleswig-Holstein, apesar das objeções políticas maternas.

A progênie real continuava a se multiplicar. A relação de Bertie com a mãe melhorou depois de se casar com Alix, embora Vitória ainda não lhe permitisse desempenhar nenhum papel com responsabilidade oficial. Alice, grande admiradora e amiga de Florence Nightingale, trabalhou como enfermeira na guerra austro-prussiana de 1866 e fez um casamento feliz, embora mais tarde tenha se afastado um pouco da mãe, provocando sua ira ao sugerir que aparecesse mais em público. Quando Vicky perdeu um dos filhos, Sigismund, com apenas 21 meses de idade, que morreu de meningite, Vitória ficou desesperada por não poder ficar ao lado da filha para reconfortá-la. Continuava a se afligir com Leopoldo e sua hemofilia; depois que ele teve uma hemorragia em 1868, Vitória resolveu que ele seria seu "principal objeto de interesse na vida".[51] Todas as noites, religiosamente, despedia-se dele com um beijo.[52] Mesmo quando Leopoldo estava bem, Vitória sentia "ansiedade constante em relação a ele".[53] Atormentava-se continuamente pensando como a perda do pai afetara a vida dos filhos. Tentava compensar a ausência dele, mas não se sentia à altura. Assim, em vez disso, controlava, repreendia, mandava nos filhos e os venerava, num turbilhão de emoções. Parou de desenhar no diário as cenas domésticas aconchegantes que enchiam suas páginas quando Albert estava vivo. A partir de agora, eram basicamente as montanhas distantes da Escócia que ela desenhava nos momentos de calma.

Em 10 de dezembro de 1865, quatro anos após a morte de Albert, Leopoldo, o querido tio de Vitória, morreu. Ela ficou "estupefata e assombrada" com a perda do pai substituto.[54] Aos 46 anos, ser soberana, mãe viúva de nove filhos e matriarca de uma família frequentemente fraturada pelas guerras entre países europeus era um fardo bem pesado de se carregar sem o conselho sábio e a companhia de um parente próximo. Na falta disso, Vitória decidiu que seu norte seria o legado de Albert, e ela repetidas vezes jurou levar a cabo os sonhos dele. Mas, na prática, ela achou mais fácil erguer estátuas do que executar as ideias de Albert.

A dor de Vitória era clamorosa e se prolongava sem fim. O público se perguntava: por que ela não aparece no Parlamento e desempenha seu papel de monarca? Por que não pode deixar seu sofrimento de lado por um instante e fazer o trabalho pelo qual é paga? Mas há pelo menos duas coisas que certamente deveriam atenuar o desdém por uma mulher que deixou de operar devidamente durante anos. Primeiro, Vitória não relutava em trabalhar; relutava em aparecer em público. A aguda ansiedade que sentia após a morte de Albert parecia uma espécie de fobia social, da qual ela tinha consciência, mas não conseguia controlar. Segundo, apenas em anos recentes (desde a metade dos anos 1980) é que os psicólogos começaram a examinar a sério a natureza da dor persistente — uma dor complexa, traumática ou prolongada — para entender por que algumas pessoas sentem um sofrimento mais agudo do que outras.[55] É um tema controverso, pois muitos resistem a patologizar uma dor compreensível, mas agora foi catalogada no apêndice de DSM-5 (*Diagnostic and Statistical Manual of Mental Disorders*, [Manual estatístico e diagnóstico de transtornos mentais], 5ª edição), como Transtorno do Luto Complexo Persistente (PCBD, Persistent Complex Bereavement Disorder). Os estudos desse transtorno, que se estima afetar 10% dos que sofreram uma perda, lançam luz sobre as razões da especial vulnerabilidade de Vitória a um luto profundo e corrosivo.[56]

As mulheres têm mais propensão do que os homens a sentir uma dor prolongada, e são particularmente suscetíveis se perderam um genitor na infância, se foram ameaçadas ou tiveram pais controladores, se perderam um cônjuge que lhes dava apoio e com o qual mantinham uma relação de alta dependência ou se a morte foi súbita e inesperada.[57] Outros fatores que contribuem para esse transtorno incluem um histórico de transtorno dos estados de ânimo e um estilo de apego por insegurança. Vitória era terreno fértil para ele.[58] Embora os vitorianos aceitassem um longo luto, o isolamento de Vitória ultrapassava decididamente o que se considerava apropriado para uma rainha viúva.[59] A simpatia inicial desaparecera nos meados da década, poucos anos após a morte de Albert.

Hoje, além de exercícios regulares e boa alimentação, provavelmente se prescreveriam antidepressivos e psicoterapia. Em lugar disso, a rainha capaz de controlar um Império, mas não o próprio coração, reunia em torno de si outras mulheres tristes e se entregava à infelicidade. Detestava que lhe dissessem que voltaria a ser feliz.[60] A sugestão de que as coisas melhorariam parecia uma grosseira deslealdade à memória de Albert. E a ideia de um substituto era impossível, tornando a perda ainda mais profunda. Quando um alto dignitário religioso lhe disse que, de agora em diante, ela devia se pensar como uma noiva de Cristo, Vitória respondeu: "É o que chamo de palavrório vazio".[61]

O tempo atenuou a angústia. Mas, quando ela passou, Vitória sentiu falta, como escreveu a Lady Waterpark: "A dor *violenta passou* — quase sofro pela falta *dela*, pois mesmo *nela* há doçura, mas o luto constante e a melancolia são sempre permanentes". Apesar disso, disse ela, estava pronta para "continuar a lutar com ânimo". Passara quase três anos dizendo que queria morrer, mas agora dizia que queria viver para a família e os amigos.[62]

À medida que se fortalecia e se reanimava, conseguia reencontrar prazer na natureza. Retomou aos poucos o registro de belas cenas no diário. Em novembro de 1866, às altas horas da noite, Affie pediu à criada de Vitória que fosse acordá-la e lhe dissesse que o céu estava repleto de estrelas cadentes. Vitória saiu do leito estremunhando e se enrolou no roupão. Postando-se à janela, viu um espetáculo extraordinário de grandes estrelas cintilantes e meteoros atravessando o céu como foguetes. Ficou ali durante meia hora e mandou os criados acordarem o maior número possível de pessoas. Não queria que ninguém perdesse o espetáculo.

23. O garanhão da rainha

Brown era um sujeito grosseiro e mal-educado... mas tinha influência desmedida
sobre a rainha, a quem tratava com pouco respeito... Todos na casa diziam que ele era
"o garanhão da rainha". Fisicamente era um belo homem, embora de rude estofo.
WILFRED SCAWEN BLUNT[1]

Deus sabe como preciso que cuidem de mim.
RAINHA VITÓRIA, 1865[2]

John Brown era, acima de tudo, uma presença física. Quando o guarda-caça estava com Vitória, remava para ela, conduzia-a na dança, servia-lhe de guia nas trilhas íngremes das Highlands. Erguia-a até a sela, enfrentava assaltantes, carregava-a quando ela não podia andar, ficava na boleia de suas carruagens. Pouco restou de Brown nos diários de Vitória que sua filha Beatrice editou; ele aparece de repente, como se saísse das sombras, chamado quando necessário, quando os rios eram fundos demais, os cavalos teimosos demais, as trilhas pedregosas demais, os caminhos encharcados demais.[3] Mas, lendo essas menções dispersas, o leitor não perceberia que Brown estava quase sempre por perto. Viajava com a rainha para todas as partes: depois de poucos anos, ela não tinha nenhum pejo em dizer que Brown era seu melhor amigo. Havia insinuações de que ele era mais do que isso: os próprios filhos de Vitória chamavam o robusto escocês de "o garanhão da rainha". De que outra maneira entender a incomum relação entre uma soberana e um servo? Como dirigente, Vitória era firme adepta do protocolo.

311

Mas, como mulher, obedecia a seus instintos. Os fofoqueiros que se danassem. John Brown a fazia feliz.

Sempre atraída por atitudes diretas, sem pretensões nem afetações, Vitória ficara impressionada desde o primeiro momento pelo jovem ajudante de caça que trabalhava em Balmoral. Em 1850, quando estava com 31 anos, ela o descreveu como "um rapaz alto de boa aparência, de 23 anos, com cabelo loiro crespo, muito bem-humorado e disposto".[4] Mais de uma década depois, solicitado a atender a rainha após a morte de Albert, aceitou prontamente com toda a obediência. E viria a se tornar o amigo mais íntimo de toda a vida de Vitória — mais que Lehzen, mais que Melbourne, mais que todos os que chegaram e partiram. Vitória passou dezoito anos na companhia de John Brown, quase o mesmo tempo que viveu com seu amado Albert.

No final dos anos 1860, Vitória ainda continuava um tanto reclusa. Quando apareceu numa festa ao ar livre no Palácio de Buckingham, em 1868, sentiu-se atordoada com a multidão. Tinha passado quase sete anos no isolamento. Seus registros no diário desses anos eram insípidos, triviais e repetitivos, sem aquele seu habitual entusiasmo e curiosidade (com algumas exceções, como sua descrição da visita de uma dupla de mocinhas da Carolina do Sul, filhas de escravos, que cantaram em dueto para ela).[5] O sedimento da dor comprimira seu mundo; mesmo importantes acontecimentos no exterior eram, pelo menos de início, descritos no contexto de seus sentimentos. A morte ainda lhe atormentava os dias. Num único ano, 1870, ela perdeu a condessa Blücher, o general Grey, seu médico James Clark e sua leal governanta Lehzen.[6] Em 1872, teve a perda "irreparável" de sua irmã Feodora.[7] Vitória, triste, mas resistente, estava sobrevivendo a muitas figuras importantes de sua vida. Enquanto seus velhos íntimos e amigos iam desaparecendo aos poucos, a rainha comia demais, mandava alargar as roupas, enfrentava reumatismo, enxaquecas e dores de dente.

Mas, enquanto os súditos aguardavam o aparecimento da rainha, corriam boatos sobre o homem que conquistara seu afeto e monopolizara sua atenção. Aquele escocês alto tinha sumido com ela? Vitória não tinha o menor sentimento de culpa quando era acusada de descuidar de seus deveres monárquicos quando estava na Escócia: considerava-se a única juíza a decidir em que consistiam seus deveres.[8] Não admitia adiar as viagens a Balmoral, mesmo quando era necessário abrir o ano parlamentar ou gerir uma crise ministerial.[9] Sir Thomas Biddulph, o vedor da casa, dizia: "A rainha responderá como se fosse uma dona Maria e pudesse viver onde bem quisesse".[10] Os homens de Estado coçavam a cabeça quando a carruagem da rainha ressoava nas ruas com uma conhecida figura de 1,90 metro de altura na boleia: Brown, com seu kilt, muito protetor, encarando feroz qualquer um que tentasse se aproximar de sua rainha.

312

O que mais chocava as pessoas era a familiaridade de Brown. Era inconcebível que um homem se dirigisse a uma rainha da maneira como ele fazia. O Lord chanceler *tory*, Lord Cairns, ficou boquiaberto ao observá-lo num Baile dos Florestais — quando membros da realeza e da aristocracia dançavam com os servos — em Balmoral: "Eu não imaginava possível que alguém fosse capaz de se comportar com tanta grosseria como ele faz com a rainha".[11] Uma vez, um advogado observava enquanto Brown tentava prender com alfinete um xale xadrez por sobre os ombros da rainha, quando ela se mexeu e o alfinete lhe arranhou o queixo. Então Brown gritou: "Arre, mulé, num consegue dexá tua cabeça parada!".[12] A imperatriz da Rússia comentou que Brown tratava Vitória "como criancinha".[13]

Mas o que os outros viam como impertinência era, para Vitória, uma revigorante franqueza. E essa falta de cerimônia era a marca distintiva da intimidade pela qual ansiava desde que perdera Albert. Uma vez, em passeio com Vitória e suas outras damas de companhia, Jane Churchill enroscou o pé na bainha do vestido e caiu. Brown, ao levantá-la, comentou sem rodeios: "Vossa Senhoria não é tão pesada quanto Sua Majestade!". Vitória deu risada: "Perguntei: 'Você acha que fiquei mais pesada?'; 'Bom, eu acho que sim', foi a resposta sem rebuços".[14]

Para muitos, a flagrante desconsideração da rainha pelo decoro e pelos comentários era exasperante. Indignado, Lord Derby fez uma lista em seu diário de tudo o que a rainha fazia e "criava suspeitas":

Longos passeios solitários a cavalo, em partes isoladas do parque: presença constante no quarto dela: mensagens privadas enviadas por ele a pessoas de nível: escape à observação enquanto ele conduz o cavalo dela ou guia seu pequeno coche: tudo mostra que ela escolheu esse homem para um tipo de amizade que é absurdo e impróprio à sua posição. As princesas — talvez irrefletidamente — brincam com o assunto e falam dele como "amante da mamãe".

Vitória até tolerava e fazia vistas grossas ao alcoolismo de Brown. Certa tarde, quando Brown jazia desacordado de bêbado em seu quarto, incapaz de levar a rainha a passeio, Henry Ponsonby* simplesmente saltou para a boleia no lugar dele. Não trocaram uma palavra (Vitória fazia vista grossa para o consumo alcoólico de seus criados. Ao receber o informe de que um lacaio, que era alcoólatra, derrubara uma lâmpada na

---

* O diplomático Ponsonby tinha sido camareiro de Albert e se tornou secretário particular da rainha em 1870. Como liberal, ele teve grande influência democrática na residência real, junto com a esposa feminista, Mary Bulteel, que a rainha achava de uma inteligência intimidadora. Mas veio a confiar em Ponsonby e agradava-lhe sua tolerância em relação a Brown — a quem ele se referia como "Filho da Natureza".

escada, ela apenas anotou à margem "pobre coitado").[15] Brown atuava cada vez mais como intermediário, o que aborrecia os de alta posição. Em vez de verem a rainha conforme esperavam, encontravam um escocês rude e barbado, que não tinha muito tempo para amenidades. Quando o prefeito de Portsmouth foi vê-la, para perguntar se podia ir passar as tropas em revista, Brown apenas enfiou a cabeça pela porta da sala e falou: "A rainha diz, craro que não".[16] O prefeito se retirou ofendido. O receio de Derby era que ninguém se disporia a dizer à rainha como o resto do mundo via Brown e sua relação com ele.

O que Vitória deixou de perceber foi o impacto que Brown teve em seus filhos, que o desprezavam e dedicaram uma energia considerável a destruir todos os registros da intimidade da mãe com um guarda-caça. Seu hábito de beber, praguejar e ser mandão não era tão simpático ao pessoal mais jovem da casa. Bertie, Alfred, Louise e Leopoldo, em especial, vieram a detestar Brown.[17] Consideravam-no grosseiro e presunçoso, e se irritavam com a afeição que Vitória tinha por ele. Louise, quando noivou e estava planejando sua residência, disse a Ponsonby: "Não vou ter um homem absurdo de kilt me seguindo por toda parte".[18]

Vitória, que acreditava que o finado marido ainda estava presente no mundo físico, era atraída pelo sexto sentido que Brown parecia ter, o que era considerado comum aos escoceses. Quando a família real deixou Balmoral em 1861, Brown lhe falou que se cuidasse e, "mais que tudo, que não tenha nenhuma morte na família". Houve três naquele ano, inclusive a de Albert. As palavras de Brown ficaram girando na cabeça de Vitória, "como se tivessem sido uma espécie de estranho pressentimento".[19] Ela se convenceu dos poderes místicos do guarda-caça. Muitas pessoas ainda creem que ela utilizou Brown como médium durante sessões espíritas para ter contato com Albert; é possível, em vista do interesse de Vitória pelo espiritismo, mas nunca foi provado. Segundo um autor, Brown era um "Raspútin de kilt".[20] (A imperatriz Alexandra Feodorovna, que mais tarde seria cativada pelo verdadeiro Raspútin, conheceu John Brown quando esteve em visita com a mãe, Alice, na casa de sua avó Vitória.)[21]

Vitória dobrou o salário de Brown, deu-lhe uma casa para a aposentadoria em Balmoral, promoveu-o a "criado escocês da rainha" e lhe concedeu várias distinções. Mandou que o administrador da propriedade em Balmoral rastreasse a árvore genealógica de Brown e vibrou quando se encontrou uma ligação de Brown com os clãs de maior prestígio da Escócia. Ela sabia que ele provinha de uma boa linhagem.

A rainha permaneceu oculta ao público por cinco anos desde a morte de Albert. Mas, em 1867, milhares de pessoas afluíram à Exposição de Primavera, evento anual da Royal Academy. Havia à mostra uma tela grande pintada por Sir Edwin Landseer, com o título de *Sua Majestade em Osborne, 1866*. A rainha aparecia montada de lado num cavalo negro lustroso, usando seu luto costumeiro. Estava lendo uma carta tirada do malote oficial no chão, perto de seus cães. Em frente havia uma figura alta de kilt e casaco preto segurando as rédeas do cavalo. Era a *isso* que a rainha vinha dedicando seu tempo desde a morte de Albert?

Foi um escândalo. O crítico de arte da *Saturday Review* escreveu: "Se a pessoa ficar ao lado desse quadro por quinze minutos e ouvir os comentários dos visitantes, verá a grande imprudência que foi cometida".[22] Não demorou muito para que os falatórios se tornassem bastante crus. A rainha e o sr. Brown eram amantes? Estava grávida dele? Tinham se casado em segredo? Em 1868, um visitante americano comentou sua estupefação com as piadas constantes e grosseiras sobre a rainha, tratada como "a sra. Brown". "Disseram-me", escreveu ele, "que a rainha estava insana e John Brown era seu guardião; que a rainha era espírita e John Brown era seu médium."[23]

Vitória adorou a pintura e encomendou uma gravura. Recusou-se a mudar de conduta. Quando lhe sugeriram delicadamente, em 1867, que não levasse Brown em sua companhia para uma revista militar em Hyde Park, pois imaginavam que ele seria motivo de zombaria para a multidão, ela ficou furiosa. Rechaçou a ideia com sua habitual mistura de turronice e compaixão por si mesma, declarando que ficaria nervosa e transtornada e que Brown era um reconforto para ela. O gabinete ministerial, após uma longa discussão sobre a sanidade mental da rainha, resolveu não a pressionar. O médico real dr. Jenner lhes informara que qualquer "estímulo forte (e pouquíssimas coisas a estimulam) lhe causaria vômitos violentos". E que se a "Natureza" não lhe oferecesse tal alívio, "isso poderia ter um efeito perigoso sobre sua mente".[24] Os homens de Estado se entreolharam espantados à mesa ministerial. A rainha teria um acesso de vômito se lhe pedissem que deixasse Brown em casa? E se não vomitasse, ficaria louca? A revista das tropas foi adiada.

Nos momentos de calma, fitando as montanhas das Highlands ou os gramados verdes de Windsor, Vitória se sentia remoer de culpa. O fato de sua dor estar diminuindo significava que estava sendo desleal a Albert? Era errado procurar consolo na companhia de outrem? Confidenciou suas dúvidas ao deão Wellesley, que lhe garantiu que uma "firme resignação à dor" era plenamente apropriada e constituía uma prova mais permanente de amor do que a dor dilacerante inicial. E foi além, dizendo-lhe que devia considerar esse reconforto como uma dádiva divina.[25]

Existem poucos temas de tantas especulações desvairadas e de tão escassa documentação quanto o relacionamento entre a rainha Vitória e John Brown. A maioria dos boatos é infundada. A história de que Vitória saltou de uma carruagem, se enfurnou num chalé para dar à luz um filho de John Brown, então ressurgiu radiante tomando champanhe, por exemplo, é de fazer rir qualquer pessoa que já tenha presenciado ou passado por um parto.[26] Grande parte dos relatos se baseia em casos intrigantes de documentos que desapareceram misteriosamente ao longo dos anos. O autor E. P. Tisdall alega ter recebido uma versão de uma carta supostamente escrita com a letra de Vitória para John Brown, declarando sua adoração por ele, a qual fora recolhida do cesto de lixo em que Brown, depois de rasgá-la, a teria jogado. Mas essa carta se perdeu, e sua veracidade e alegada semelhança com a letra de Vitória nunca se comprovaram.

Uma fofoca muito repetida vinha de uma das notórias amantes de Bertie, Catherine Walters. Quando Bertie contratou o escultor Joseph Edgar Boehm para capturar os belos traços da amante, Boehm disse a ela que vira muitas atividades suspeitas nos três meses que passara em Balmoral, esculpindo uma estátua de Brown por solicitação da rainha. Walters então confidenciou a um amigo:

> Brown era um sujeito grosso e mal-educado... Tinha influência desmedida sobre a rainha, a quem tratava com pouco respeito, aproveitando-se de todas as maneiras de sua posição junto a ela. Todo o palácio dizia que ele era "o garanhão da rainha". Fisicamente era um belo homem, embora de rude estofo, e tinha belos olhos (como os do finado príncipe consorte, dizia-se), e a rainha, que havia amado apaixonadamente o marido, meteu na cabeça que o espírito do príncipe encarnara de alguma maneira em Brown e, quatro anos após a viuvez, estando muito infeliz, concedeu-lhe todos os privilégios... Costumava ir com ele a uma pequena casa nos montes, onde, a pretexto de proteção e "para cuidar dos cães dela", ele tinha um quarto próximo ao dela, ficando as damas de companhia no outro extremo da casa... Boehm viu familiaridades dele para com ela suficientes para não deixar dúvidas de que lhe eram permitidos "todos os privilégios conjugais".[27]

Encontram-se boatos sobre casamento não só nos jornais, mas também nos diários dos importantes e poderosos.[28] Um sacerdote que fora capelão de Vitória, o reverendo Norman Macleod, confessou em seu leito de morte, em 1872, que oficiara o casamento entre a rainha e John Brown — história registrada por alguém muito distante. Em vista da convicção de Vitória de que as viúvas não deviam se recasar e do fato de que Brown quase se casara com outra pessoa em 1870, isso é improvável. Mas é plenamente possível que houvesse algum tipo de promessa, de troca ou ritual, em que Brown deu o anel de casamento de sua mãe para a rainha; de fato, ele renunciara ao casamento para servir e amar apenas a ela.

Outra coisa de que podemos ter certeza, porém, é que a família real tomou todas as providências possíveis para destruir qualquer prova da relação entre Vitória e Brown, tanto em vida quanto após a morte da rainha. O ódio de Bertie ao criado escocês de sua mãe sobreviveu à sua ascensão ao trono como Eduardo VII, e a família se sentiu extremamente constrangida que a matriarca e monarca tivesse se embeiçado por um plebeu que bebia e rogava pragas. Muita coisa se perdeu. E é por isso que o mais tênue pedacinho de um novo dado pode contar a mais expressiva história.

Os arquivos de Sir James Reid, médico de Vitória durante vinte anos, estão guardados numa mansão de pedra numa cidadezinha na ponta do extremo sul das Lowlands escocesas. Dr. Reid era um homem íntegro e respeitado que atendeu e teve a confiança de Vitória desde 1881 até o final da vida; ela morreu em seus braços. A rainha deixara instruções estritas que somente Sir James — conhecido pelo tato e discrição — erguesse e transportasse seu corpo após a morte. Ele mantinha diários impecáveis numa letra clara e miúda, registrando suas atividades e consultas médicas diárias. Um dia, em 1883, ele anotou uma cena muito curiosa. Ao abrir a porta do quarto de Vitória no Castelo de Windsor, ele viu a rainha "andando um pouco" e flertando com John Brown.

Brown, erguendo o kilt, diz: "Ah, achei que estava aqui".

Ela responde rindo e erguendo a saia: "Não, está aqui".[29]

A anotação não esclarece "o que" estaria aqui ou ali.[30] O que fica claro é que Sir James achou aquele diálogo interessante e significativo o suficiente para registrá-lo em seu caderninho preto. Revelava um grau extraordinário de intimidade. Nunca saberemos a natureza exata de tal intimidade, mas esse fragmento, que nunca fora publicado antes, sugere que a proximidade ultrapassava o que seria normal não só entre uma rainha e seu criado, mas entre qualquer homem e mulher apenas amigos. Elizabeth Longford, a primeira a ter pleno acesso aos diários de Vitória, autora de uma biografia de admirável perspicácia publicada em 1964, insiste há muito tempo que a relação entre Vitória e Brown teria sido apenas platônica. Recentemente, Longford escreveu que, se Brown tivesse sido amante de Vitória, "algum de seus numerosos cortesãos, cavalariços, damas de companhia, roupeiras, 'massagistas', leitores ou outros atendentes teria visto por acaso alguma coisa em algum momento".[31] O que Longford não sabia é que Sir James viu.

O episódio que mais dá a pensar, descoberto somente graças à preservação dos cadernos do médico em outro local que não os Arquivos Reais, é talvez a notícia de que Bertie foi chantageado com um lote de cartas entre Vitória e Alexander Profeit, o administrador de Balmoral, o qual, ao que consta, nutria profunda antipatia por Brown. Havia cerca de trezentas cartas ao todo, trocadas entre Vitória e Profeit, cujo filho descobrira o esconderijo delas e sabia da importância e potencial lucratividade de sua descoberta após a morte da rainha. Sir James Reid foi incumbido, em nome de Bertie, de pegar as cartas com o filho de Profeit, o que levou a cabo em 1905, após seis meses de negociações. Não se sabe o montante pago por essas missivas, nem o conteúdo delas. Foram imediatamente queimadas. Reid fez algumas anotações sobre elas num caderno de capa verde, destruído após sua morte. A única coisa que nos restou foi uma referência a essas notas em seu diário. As cartas, escreveu ele, eram "muito comprometedoras".[32]

Apesar de tudo isso, os pesquisadores têm evitado concluir que Vitória estava apaixonada por John Brown. O implícito aí é que isso sugeriria que Vitória e John Brown mantiveram uma relação sexual ardente, envolvente e duradoura. Vitória nunca escondeu seu relacionamento com Brown — se fossem amantes consumados, sem dúvida não teria se comportado de maneira tão desafiadora.[33] Mas era uma relação inegavelmente coquete, intensa e próxima. Passavam longas horas sozinhos nas charnecas, bebendo uísque — ou o que John Brown chamava de "árcol" — e ficavam em alojamentos remotos em quartos pegados. É difícil imaginar que uma mulher tão passional e solitária tivesse ficado imune à atração de um vigoroso escocês. Nunca saberemos o que aconteceu de fato; se ele segurava a mão dela, ou se a abraçava ali sentados, isolados nas montanhas de Balmoral, a quilômetros de qualquer vista humana. Existem mil possibilidades de intimidade no espectro que vai de amigo a amante. Vitória pode ter se aninhado uma ou duas vezes junto a ele, para lembrar como era sentir o calor de outro corpo perto do seu; ela tinha mais de trinta centímetros a menos que ele. Para os que creem que alguns breves momentos de ternura não entrariam em conflito com a moral e o comportamento de uma monarca, pouco importa a forma assumida pela relação física entre ambos.

O que é certo é que a rainha Vitória era apaixonada por John Brown. Este, de fato, é o verdadeiro escândalo. Não era o amor que conhecera com Albert, em que era a devotada subalterna que trabalhava para "se aprimorar", sob a orientação de um homem a quem considerava não como um igual, mas como um deus. Ela nunca conheceu o amor do pai, por muito tempo duvidou do amor da mãe e Lord Melbourne foi mais um mentor do que uma companhia jovial. Seu amor por John Brown era único. Ele tinha sete anos a menos do que ela, e havia um fosso social intransponível entre ambos. Mesmo assim, ele a tratava como mulher, não como rainha. Para Vitória, o casamento era uma relação entre um "senhor" e uma esposa adoradora e claramente subserviente. A ideia de um casamento entre uma mulher que comandava o mundo e um homem que cuidava de seus cavalos era-lhe absurda e violava sua concepção básica do relacionamento matrimonial. Mas ela o amava, como uma mulher que ama o homem que a protege e a venera.

Sendo o relacionamento tão improvável, Vitória podia se permitir tomá-lo como uma profunda amizade ardente. Fica evidente, pelo que Reid vislumbrou no mundo privado de ambos, que havia um grau de intimidade que teria escandalizado a sociedade. A extensão ou a natureza do relacionamento físico entre os dois são algo que nunca saberemos. A relação entre Vitória e Brown era como um segundo casamento, com uma dinâmica de poder muito diferente — e que, por mais que ela se recusasse a admitir, combinava muito bem com a rainha. Aos poucos, sua vida voltou a ganhar cor. Quando Louise se casou no mês seguinte, a mãe, além de diamantes, usou rubis.[34]

Na Europa, Otto von Bismarck sonhava com uma Alemanha unificada que se ergueria como superpotência continental. O apetite de Bismarck aumentara com a guerra austro-prussiana de 1866, depois da qual 22 estados germânicos setentrionais formaram uma confederação, comandada pela Prússia. Agora ele queria aproveitar qualquer oportunidade de aproximá-los ainda mais sob um governo centralizado, abrangendo também os estados do sul da Alemanha que ainda eram independentes, inclusive a Baviera e Hesse-Darmstadt. Uma maneira de chegar a isso, a seu ver, era instigar uma guerra contra a França, a fim de obrigar os estados germânicos do sul a se juntarem aos estados do norte, de grande força militar, para combater o inimigo comum. A França se sentia ameaçada pela ambição explícita de Bismarck e, quando se pensou num príncipe prussiano como possível rei da Espanha, a França foi estrepitosamente contrária. O nome do príncipe prussiano acabou sendo retirado, mas posteriores desfeitas diplomáticas (exageradas pelo manipulador Bismarck, que reescreveu os termos de um despacho crucial) convenceram a França de que devia atacar: ela declarou guerra à Alemanha em julho de 1870.[35] Depois que o sul da Alemanha se juntou ao norte, o número de soldados do Exército prussiano-germânico era praticamente o dobro do número de soldados do Exército francês.

Após os horrores da Guerra da Crimeia, dezesseis anos antes, Vitória queria a todo custo manter a neutralidade britânica. Examinava as listas de feridos nos jornais e insistia reiteradamente com Gladstone na "absoluta necessidade" de aumentar o número de soldados britânicos.[36] Exigia que a mantivessem a par do estado de prontidão para a guerra, os contingentes do Exército e da Marinha, as condições dos estaleiros.

Vitória até podia não ver muito sentido no conflito e ficava aflita com a participação dos genros na guerra. Insistia: "A única maneira é deixar o assunto o mais quieto possível e esperar as pessoas se acalmarem. Para mim, tentar fazer qualquer coisa, além de pregar prudência e neutralidade, seria inútil".[37] Mas seu coração estava com a Alemanha.[38] (Isso, porém, não a impediu de concordar que a Grã-Bretanha continuasse a vender armas e cavalos para a França, o que a Prússia tomou como um ultraje.) Rezava apenas que a guerra acabasse e reconfortava Vicky e Alice, esta com a gravidez muito adiantada; as duas filhas cuidavam dos feridos nos hospitais, enquanto aguardavam notícias dos maridos soldados. Voltando às Highlands, Vitória parou na loja local de Balmoral e comprou gaze para bandagens.

A guerra durou menos de um ano. Após a Batalha de Sedan em setembro de 1870, o líder francês Napoleão III se rendeu e foi capturado com 104 mil de seus homens.[39]

A vitória da Prússia foi decisiva. Seus efetivos eram maiores, em parte graças ao recrutamento obrigatório, às ferrovias, ao uso da artilharia de aço Krupp e à mobilização bem coordenada. Foi o final do equilíbrio de poder na Europa, com a hegemonia da Inglaterra e da França por meio século. Agora ascendia o Império germânico. A Alemanha abocanhara a Alsácia e metade da Lorena, que a França tentaria recuperar na Primeira Guerra Mundial. Agora a Alemanha estava oficialmente unificada sob o rei Guilherme I da Prússia; tornou-se um único país em janeiro de 1871. Na mesma época, a Itália capturou e anexou os Estados Vaticanos, que estavam sob comando direto do papa desde os anos 700 e perderam seu protetor em Napoleão III. A paisagem do poder europeu mudava a cada ano.

No meio da guerra, a França se tornara república com o golpe revolucionário da Comuna de Paris, em 4 de setembro de 1870.[40] A imperatriz francesa Eugénie buscou refúgio na Inglaterra. Vitória, solidária, foi recebê-la, registrando a fuga e os horrores enfrentados por Eugénie em detalhes minuciosos — desde o garoto que a reconheceu por sob o chapéu e a capa e gritou "À la guillotine!" até a viagem infernalmente desconfortável, espremida numa carruagem percorrendo estradas pedregosas.[41] As Ilhas Britânicas foram mais uma vez poupadas à revolução; a robusta rainha não corria nenhum perigo.

Com o passar dos anos, Vitória pendia gradualmente para o conservadorismo. Na juventude, sentira vivo interesse pela vida dos pobres, tal como a descrevia Charles Dickens, mas não viera a se interessar pelas causas da pobreza e muitas vezes criticava os que protestavam contra a miséria. Apoiou o primeiro dos Decretos das Terras irlandesas em 1870, que determinava o ressarcimento dos arrendatários por quaisquer melhorias que fizessem na propriedade, mas se apressou em apontar ao primeiro-ministro a "evidente falta de sensibilidade com os proprietários".[42] Era injusto, escreveu ela, lançar a "culpa toda" dos problemas sobre os proprietários e disse que os arrendatários não deviam achar que podiam se comportar mal..

Isso não significava que a rainha fosse contrária a uma melhoria no destino dos pobres. Quando esteve com Charles Dickens em março de 1870, descreveu-o como pessoa "muito agradável, com voz e maneiras afáveis". Quando Dickens morreu, apenas três meses depois, aos 58 anos de idade, Vitória escreveu: "Ele tinha um intelecto amplo e amoroso e a mais forte simpatia pelas pessoas mais pobres. Acreditava que o tempo traria uma melhor sensibilidade e uma união de classes muito maior. E rezo sinceramente para que isso ocorra".[43] Apesar disso, a rainha não sugeriu nem contemplou providência alguma capaz de aliviar essa pobreza, como seu marido teria feito em vida.

Vitória preferia o escapismo à investigação. Escreveu livros de imenso sucesso sobre as estadas na Escócia — *Leaves from the Journal of Our Life in the Highlands* em 1868 e *More Leaves* em 1884 –, versando sobre a vida doméstica, concentrados ternamente na família, e os livros alimentaram a crença de que vivia na ociosidade. Mas, como assinalou Arthur Ponsonby, Vitória continuava a ter opiniões decididas como sempre:

Não exigiria muita pesquisa pegar uma data qualquer registrando algum episódio insípido e insignificante e encontrar em sua correspondência no mesmo dia alguma carta ao primeiro- -ministro ou ao secretário particular, manifestando em sua linguagem mais veemente o desejo de interferir em altos assuntos de importância nacional. Mas isso ficava excluído dos livros, e o público geral, inclusive radicais e mesmo republicanos por algum tempo, ficava satisfeito por não poder haver mal nenhum numa monarca que passava todos os seus dias com tanta inocência num refúgio escocês.[44]

Como mãe viúva, ela sentia agudamente o peso do bem-estar dos filhos. Continuava a se corresponder com sua adorada Vicky. Vitória também se afeiçoara mais a Bertie desde que se casara com a meiga e elegante Alexandra da Dinamarca e elogiou a popularidade do filho, embora ainda lhe recomendando abandonar a conduta precipitada e temerária. Bertie, que morava na casa Sandringham em Norfolk, continuava a beber, apostar e namoriscar enquanto a esposa enfrentava uma série de enfermidades e gestações. A tentativa da rainha de controlar a vida social de Bertie e Alexandra foi motivo de muitos comentários.[45]

Em 1869, o marido de uma de suas alegadas amantes – Harriet Mordaunt – expôs os pecadilhos de Bertie, criando-se um tremendo escândalo. Sentado para escrever uma carta à mãe, Bertie se sentiu mal, lembrando a decepção que causara ao pai logo antes de morrer, a propósito de Nellie Clifden. Em 10 de fevereiro de 1870, ele escreveu à rainha: "É meu doloroso dever (digo doloroso, pois deve lhe ser penoso saber que seu filho mais velho deve comparecer como testemunha num tribunal de Justiça) informá-la que fui intimado pelo Conselho de Sir C. Mordaunt a comparecer como testemunha no sábado junto ao Tribunal de Lord Penzance".[46] A rainha lhe deu apoio e acreditou em sua inocência. O primeiro-ministro, W. E. Gladstone, também. Depois do depoimento de Bertie em tom muito seguro, o juiz declarou Harriet insana. Bertie continuou feliz da vida farreando e correndo atrás de rabo de saia. Ele pouco se preocupava com as calúnias cometidas contra seu nome, mas era amplamente considerado um devasso.

Agora era com os filhos do meio que Vitória tinha problemas. Aos 26 anos, Affie bebia muito e se envolvera num romance com uma moça em Malta, quando servia lá. A mãe desconfiava do jeito reservado do filho, o qual lhe parecia "melindroso, vago e teimoso".[47] Mas, com Alice, a filha de 27 anos, conseguira uma espécie de reaproximação. Vitória criticava Helena por gerar bebês "simples demais",[48] por ser atarracada e de saúde frágil, por parecer mais velha do que seus 24 anos.[49] O casamento de Louise era tenso e infeliz. Leopoldo, o filho intelectual, não gostava de ficar preso em casa lutando contra várias hemorragias e lesões na perna. Os irmãos protestavam contra a atitude materna em relação a ele, a qual lhes parecia demasiado protetora e sufocante; Vitória insistia enfaticamente que era melhor pensarem não no que Leopoldo estava perdendo, e sim em tudo o que ele ainda podia fazer. Os filhos eram ingratos, pensava ela, e tolos por não aceitarem seu conselho.[50] Era quase impossível dar conta de ser ao mesmo tempo soberana e chefe de família. Uma pena que Bertie fosse tamanha decepção.

Os filhos mais novos ainda eram meigos e adorados. Arthur, que aos vinte anos ainda se parecia muito com o pai, só incomodava a mãe quando repartia o cabelo ao meio.[51] Beatrice, com treze, era a franca favorita e, entre toda a prole, a filha que Vitória estava mais decidida a manter em casa, junto com ela. Tentava retardar seu ingresso na idade adulta, impedindo-a de sair à noite e adiando seu début em sociedade ao máximo que pôde. "É a última que tenho", queixou-se Vitória, "e não poderia viver sem ela."[52] Adorava os netos — principalmente os bonitos —, que riam e corriam pelos palácios, mas ao mesmo tempo reclamava da quantidade deles. Procurou diminuir as vindas dos netos: interessava-se por talvez dois ou três deles, mas "quando vêm numa frequência de três vezes por ano", disse ela a Vicky, que se desculpava maternalmente pelos filhos, "é causa de mera ansiedade para meus próprios filhos e sem nenhum grande interesse".[53]

Na década desde a morte de Albert, Vitória se tornou cada vez mais egoísta. Com a dor e a depressão sem freios, ela passou a enxergar todas as interações através de uma lente centrada nela própria — até mesmo a política internacional era avaliada, de início, conforme o impacto que exercia em seu estado de espírito. Os mais sensíveis a suas necessidades, como John Brown e Beatrice, eram objeto de louvores.[54] Os demais, como Gladstone, eram excluídos. A rainha acusava os filhos de não entenderem seu fardo. Quando a filha Louise noivou, Vitória não ficou feliz por ela; entristeceu-se à ideia de perder mais uma filha.[55] Quando Affie se casou em São Petersburgo, recusou-se a comparecer. Escreveu a Vicky dizendo que era deprimente que os filhos se casassem. Era o primeiro casamento de um deles a que não comparecia, mas comentou com Vicky: "Agora me desagrada assistir a casamentos, e muito, e considero-os tristes e dolorosos, principalmente o casamento de uma filha".[56] Também faltou à cerimônia de crisma do neto Willy, na Prússia. Aos protestos de Vicky, mãe de Willy, ela respondeu: "Estou muito cansada".[57]

A franqueza da rainha também se aplicava aos dignitários que passavam pelo palácio. Quando conheceu o escritor Thomas Carlyle, por exemplo, comentou que era "um velho escocês excêntrico de aparência estranha que, numa voz melancólica arrastada e um forte sotaque escocês, discorre sobre a Escócia e a profunda degeneração de tudo".[58]

(Ele, por seu lado, derramou-se sobre o "pequeno sorriso bondoso" e a aparência "bastante atraente" da rainha. Impossível, disse ele à irmã, "imaginar uma mulherzinha mais gentil".)[59]

Em 1870, Vitória despertava quase pânico no palácio e no governo. Como conseguiriam que ela voltasse a aparecer em público? Filhos e ministros tinham a mesma impressão negativa: a reclusão dela estava prejudicando a monarquia.[60] Quanto mais se recolhia das vistas públicas, mais diminuía o apreço dos súditos. Ponsonby estava desalentado: "Se ela não é a chefe do Executivo, nem a fonte de honra, nem o centro da exposição, a dignidade real irá totalmente por água abaixo".[61] Até Disraeli estava abatido. Seu receio era que a monarquia estivesse em perigo não por qualquer hostilidade ou por algum movimento republicano, mas pela "gradual perda de prestígio": a rainha levara as pessoas a crerem que podiam muito bem passar sem ela.[62] Tinha-se cada vez mais a impressão de que o afeto pela monarca não se renovava sozinho, mas podia se esgotar devido à sua ausência.[63]

No final de 1871, Vitória adoeceu — nunca se sentira tão mal desde a febre tifoide na adolescência. Quando ainda se recuperava, Bertie teve uma febre súbita, com sintomas misteriosamente idênticos aos que Albert sofrera exatamente dez anos antes. A família entrou em pânico. Vitória foi três vezes a Sandrigham, onde Bertie morava com Alix, temendo que iria beijar uma fronte já fria. Apreensiva, punha-se atrás de um biombo no quarto dele e ficava ouvindo sua respiração. Nunca o amara tanto quanto nesses momentos, quando pensava que ia perdê-lo. Houve uma enxurrada de milhares de cartas e telegramas; a dor pública foi extraordinária. A multidão se aglomerava nas gráficas e escritórios dos jornais, aguardando boletins.[64] Os sacerdotes clamavam a Deus nos sermões dominicais, rogando que Bertie se mantivesse em vida. A nação se comovia à visão de uma família oscilando tragicamente à beira do precipício de uma grande perda. Assim como os britânicos só vieram a reconhecer as qualidades de Albert após sua morte, um jornal aventou se não ocorreria a mesma coisa com Bertie. Suas qualidades eram de outra espécie, mais populares do que intelectuais: uma "jovialidade" em cumprir obrigações cerimoniais, um "amor inglês aos esportes" e, por fim, uma característica de grande utilidade numa pessoa da família real: a "visível boa vontade em colocar seus serviços à disposição de quem queira lançar uma pedra fundamental ou inaugurar um bazar beneficente".[65]

Bertie sobreviveu, o que foi tido como um milagre. Vitória escreveu com gratidão: "Todos nós sentimos que, se Deus poupou sua vida, foi para lhe permitir conduzir uma vida nova".[66] Gladstone agarrou a oportunidade de aproveitar o ressurgimento da afeição pela monarquia e propôs que se realizasse uma grandiosa missa de ação de graças em 27 de fevereiro de 1872, na Catedral de St. Paul. Vitória ficou entediada na igreja e achou a catedral "fria, lúgubre e sombria", mas os gritos e aclamações dos milhões de pessoas que estavam lá fora no frio, sob um céu cor de chumbo, deram-lhe uma sensação de triunfo e a rainha apertou a mão de Bertie num teatral floreio dramático.[67] Foi "um grande dia santo" para o povo de Londres, disse The Times, muito solene.[68] O povo quis mostrar à rainha que era amada como sempre. O prazer ao vê-la em pessoa foi causa de comemoração, tanto quanto a recuperação de Bertie.

Esse momento revelou uma coisa que Bertie logo captou, e que a mãe não captara: o público britânico exige pompa e circunstância e a chance de ver o soberano em toda a sua glória. O que os súditos desejavam não era uma república, mas uma rainha visível. Como disse Lord Halifax, o povo queria uma rainha que parecesse rainha, com cetro e coroa: "Querem os dourados em troca do dinheiro que dão".[69] Para Vitória, era uma coisa invasiva, mas o filho entendeu instintivamente a importância desse tipo de apresentação. Levantou-se para acenar e fazer uma vênia ao país que a mãe achava que devia amá-la em qualquer circunstância.

Apenas dois dias depois, Vitória sofreu novo atentado quando a carruagem entrava no Palácio de Buckingham. Brown, com sua "grande presença de espírito e rapidez", como disse a rainha, agarrou o homem pelo pescoço e o obrigou a largar a pistola — "Somente Brown o viu surgir por ali e suspeitou dele".[70] Por causa disso, ela criou uma nova honraria — a "Medalha de Serviço Devotado a Vitória", por um "gesto muito especial de devoção à Soberana", que era de ouro e trazia sua efígie num dos lados. (Ao que parece, Brown foi o único a receber essa medalha.)[71] Também lhe prendeu ao peito largo, com muita satisfação, uma medalha de prata por "longos e fiéis serviços".[72] Enquanto a carruagem percorria a distância até as Highlands, Vitória ficou pensando e repensando que Brown não só lhe devolvera o entusiasmo por viver como também lhe salvara a vida.[73]

Vitória ainda sonhava em se entocar em casas cada vez menores. Tornou-se mais introvertida com a idade, e sua aversão ao barulho aumentou, empatando com sua aversão ao calor. Irritava-se com o barulho de crianças gritando e berrando, e achava que seus nervos — desgastados pelo trabalho, pelas ansiedades e pelos filhos rebeldes — nunca se recuperariam.[74] Escreveu a Vicky:

> Sei que você tem muitas grandes dificuldades — e que sua posição não é fácil, mas a minha também não é, cheia de problemas e dificuldades e uma carga enorme de trabalho — exigindo aquele descanso que não posso ter. A família muito grande, com suas novas famílias e interesses crescentes, é uma imensa dificuldade e tenho que aumentar meu fardo. Sem um marido e pai, o trabalho de satisfazer a todos (o que é impossível) e de ser justa, equânime e bondosa — e ainda manter a tranquilidade, da qual preciso demais — é absolutamente assustador.[75]

O único lugar onde podia ter pleno descanso era no pequeno chalé chamado Glas-salt Shiel, escondido entre os abetos dos montes cobertos de neve, em torno do Loch Muick, o lago de águas negras como tinta nas Highlands.[76]

Aos poucos, suas forças voltaram. Vitória começou a dançar e a viajar outra vez. Até se permitiu olhar novamente suas partituras, reavivando as lembranças de Albert diante dos livros de duetos ao piano. Finalmente as recordações traziam mais alegria do que dor: "O passado pareceu afluir sobre mim de uma maneira estranha e maravilhosa".[77]

Vitória raramente sonhava com Albert. Em vez dele, sonhava com a mãe: "A vida de casada cessou por completo", escreveu ela, "e imagino que é por isso que sinto como se estivesse morando de novo com ela".[78] No aniversário de 52 anos, em 1871, anotou: "Sozinha, sozinha, como sempre será".[79] Não tinha marido e nenhum parceiro oficial em seus deveres de dirigente e mãe. Mas tinha Brown, numa relação que desafiava classificações: melhor amigo, conselheiro, confidente, companhia, íntimo. Vitória lhe dizia frequentemente: "Ninguém ama você mais do que eu".[80] E ele respondia, sério: "Nem você — mais do que eu. Ninguém ama mais você". Era mais próximo dela do que os próprios filhos e era a única pessoa, disse Henry Ponsonby, capaz de "brigar e conseguir que a rainha fizesse o que não queria".[81] Quando adoeceu, não se chamaram os filhos e as filhas: chamou-se Brown. Se a família viesse, advertiu Thomas Biddulph, o administrador financeiro (ou vedor da casa) de Vitória, "isso a mataria na hora".[82] Vitória explicou a Vicky:

Quando o amado marido se foi e os filhos estão casados, sente-se que um amigo ou amiga... que pode se devotar inteiramente a você é a única coisa de que realmente precisa para ajudá-la e para se solidarizar inteiramente com você. Não que você ame menos os filhos, mas sente, quando eles crescem e se casam, que pode não ser muito útil para eles e eles para você (principalmente nas Classes Altas).[83]

Em 1º de janeiro de 1877, Vitória enviou um cartão a Brown com uma figura de camareira na frente. Ela escreveu no alto: "A meu melhor amigo JB/ De sua melhor amiga VRI".[84] Dentro, dizia:

I send my serving maiden
With New Year letter laden,
Its words will prove
My faith and love
To you my heart's best treasure,

Then smile on her and smile on me
And let your answer loving be,
And give me pleasure.

[Envio minha jovem criada/ Com a carta de ano-novo/ Suas palavras mostrarão/ Minha fé e amor/ A você, maior tesouro de meu coração./ Então sorria a ela e sorria a mim/ E que sua resposta seja amorosa./ E me dê prazer.]

Brown respondeu dando sua vida.

24. A fada rainha desperta

"Não sei o que você quer dizer com seu jeito", disse a
rainha; "aqui todos os jeitos pertencem a mim."
LEWIS CARROLL, *DO OUTRO LADO DO ESPELHO*[1]

Que fibra! Que força! Que energia!
BENJAMIN DISRAELI SOBRE A RAINHA VITÓRIA, 26 DE NOVEMBRO DE 1879[2]

Numa manhã de junho de 1875, tomando o desjejum no chalé na área com o nome tão apropriado de Frogmore [Charco das Rãs], de repente Vitória percebeu uma "quantidade imensa de rãzinhas" pululando nos terrenos do Castelo de Windsor.[3] Eram milhares, "saltando e se arrastando por toda a relva e trilhas, que pareciam crescer... dando a impressão de que a relva estava viva!". Horrorizada, mandou que os criados ficassem varrendo os caminhos durante horas, até removerem todos aqueles seres "repulsivos". As rãzinhas lhe deram comichão na pele. Um naturalista lhe falou que as rãs tinham vindo de longe para procriar no lago em Windsor, mas logo se dispersariam, mais ou menos como uma praga de gafanhotos. Vitória, que podia se dar a um grande trabalho para salvar a vida de uma tartaruga velha e chorava à mera ideia de cães sofrendo de dor, continuou a achar "absolutamente pavorosa" a visão das rãs.[4]

Um ano depois, tinham ido embora. Os caminhos em Windsor estavam varridos, os gramados aparados, as sebes podadas. A vida da rainha era organizada e confortável; dobrava a natureza — e o mundo — a seus desejos. Mas a paisagem política ao

327

redor estava mudando rapidamente, com o declínio do Império Turco, a diminuição do controle austríaco na Europa e o aumento da influência da Itália e da Alemanha, agora Estados unificados. A Europa se levantava após as bárbaras ações sangrentas dos mercenários turcos contra os búlgaros em revolta (a Bulgária, na época, fazia parte do Império Otomano). Em julho de 1876, quando estava num trem para São Petersburgo, o poeta russo Ivan Turguêniev escreveu um poema, "Croquê em Windsor", comparando as bolas de croquê em que Vitória batia alegremente com o taco às cabeças cortadas das mulheres e crianças búlgaras rolando aos pés da milícia turca.[5] A bainha do vestido de Vitória estava empapada de sangue. A imprensa russa se negou a publicar o poema, por medo de ofender Vitória; assim, o poema circulou em cópias manuscritas.[6]

As atrocidades turcas foram pavorosas. Transportavam crânios dos búlgaros empilhados em carroças ou fincados em ferros, grávidas tinham o ventre rasgado e filas e filas de fetos brandiam em baionetas, crianças eram vendidas para haréns e como escravas, mulheres eram brutalmente estupradas, trancavam-se pessoas dentro de igrejas, e então eram queimadas vivas.[7] "Cabeças cristãs", escreveu um correspondente, eram "atiradas pela praça, como bolas, de um turco para outro."[8] Mas poucos na Inglaterra se sentiram indignados com aquela que seria uma das maiores atrocidades da Era Vitoriana. Disraeli descartou a questão como "conversa fiada de bar".[9] A rainha tinha certeza de que as histórias eram exageradas. Os turcos, afinal, eram seus aliados. Os britânicos tinham passado anos ajudando a proteger as fronteiras turcas contra os russos bárbaros.

O Parlamento foi indesculpavelmente lento em investigar as ações dos turcos. Minimizando a natureza das atrocidades, mesmo quando a extensão delas era patente, Disraeli subestimou grosseiramente o estado de ânimo do público. Planejava prosseguir na defesa de uma Turquia debilitada contra os avanços da Rússia, sobretudo para proteger a rota comercial britânica até a Índia. Seu instinto estava errado. Coube aos jornais — em especial ao *Daily News*, que publicou uma reportagem em 23 de junho, calculando o número de cristãos mortos entre 18 mil e 30 mil — pressionar os políticos para que fizessem a devida investigação.[10]

Desde que os turcos otomanos tinham tomado posse da vizinha Bulgária — no lado oeste da fronteira turca ao norte —, quinhentos anos antes, os búlgaros se ressentiam com seu domínio (basicamente militar). Quando se revoltaram em 1876, as represálias foram imediatas. Muitas delas foram empreendidas contra cristãos por *bashi-bazouks*, mercenários implacáveis que, às vezes, tinham que ser refreados pelas próprias forças turcas para as quais trabalhavam. Nas palavras de Vitória, eram "mutiladores horrendamente cruéis... com rosto estreito, barba em ponta, sem nenhum uniforme... com muitas adagas enfiadas no cinto". Ela era leal ao obstinado Disraeli, mas começou a perceber que os rumores não eram infundados.

Mais de vinte anos depois da Guerra da Crimeia, a Turquia — o homem doente da Europa — ameaçava ruir outra vez. A Questão Oriental não estava resolvida. Agora havia dois temas rivais de preocupação para a Grã-Bretanha: a estabilidade da Turquia aliada e o destino dos súditos cristãos em terras turcas.[11] Os agitadores sustentavam que os demais países da Europa deviam intervir para proteger os súditos cristãos. O outro lado temia que isso apenas autorizaria a Rússia a entrar em guerra contra a Turquia, em defesa dos cristãos ortodoxos na Bulgária que contavam com a proteção russa. A Rússia ainda estava decidida a fragmentar a Turquia e ganhar acesso ao mar Mediterrâneo via Constantinopla, na mesma medida em que a Grã-Bretanha estava decidida a manter a unidade territorial, a preservar sua autoridade na região e seu acesso à Índia.

Ao ler as atrocidades nos jornais, Gladstone, agora com 69 anos e numa espécie de semiaposentadoria depois de renunciar à liderança do partido liberal, foi tomado de raiva.[12] Não era apenas uma batalha da civilização contra a tirania, a seu ver, mas das trevas contra a fé. Como cristão, que se dedicava a escrever livros de teologia desde sua renúncia, ficou especialmente furioso com a perseguição religiosa a outros cristãos. No leito, redigiu um panfleto tonitruante, exigindo que os turcos deixassem a Bulgária. Sua obra mais famosa, *Bulgarian Horrors and the Question of East* [Os horrores búlgaros e a questão oriental], saiu em 6 de setembro de 1876 e foi um sucesso de vendas instantâneo; No primeiro mês, foram vendidos 200 mil exemplares. Mas Vitória, que preferia a *Realpolitik* aos altos princípios e ao intervencionismo, declarou que ele estava apenas jogando "lenha na fogueira".[13]

Gladstone tinha mais habilidade do que Disraeli para perceber o ânimo popular; agora isso ficava claro. Era um intelectual preparado, que gostava de gravatas-borboleta e costumava manter um ar sério. Estivera na Câmara dos Comuns por 44 anos, ocupando uma série de cargos. Encadeando-se a discussão sobre a Turquia, logo se tornou a figura de mais autoridade na oposição. Ademais, detestava Disraeli: o desprezo mútuo e a concorrência entre ambos contribuíram para gerar a maior rivalidade política do século XIX.

No final de 1876, o país estava galvanizado e aumentavam as pressões para que o governo agisse. A opinião pública pendia cada vez mais para o lado de Gladstone, vendo a necessidade de agir para proteger os búlgaros. Thomas Carlyle, junto com John Ruskin (que chamava Disraeli e Gladstone de "duas velhas gaitas de fole"), liderou alguns dos comícios, que foram organizados às centenas, contra os turcos e sua presença na Bulgária.[14] Charles Darwin contribuiu com cinquenta libras para um fundo de assistência.[15] Victor Hugo satirizou a tendência de indivíduos como Disraeli em descartar os horrores como meros exageros: "A criança que foi atirada da ponta de uma lança para outra foi, na verdade, apenas perfurada com uma baioneta".[16] Oscar Wilde, então com 22 anos, estudando os clássicos em Oxford e ganhando fama como esteta decadente de cabelo comprido que gostava de andar com girassóis, enviou a Gladstone uma cópia de seu poema "Soneto sobre o massacre dos cristãos na Bulgária".[17]

Mas Vitória — que tinha feito uma misteriosa acrobacia mental para culpar a Rússia pelas atrocidades turcas e responsabilizar Gladstone pela instigação do sentimento popular contra os turcos — ficou brava. Gladstone era um mero "encrenqueiro e atiçador".[18] A rainha, cada vez mais conservadora, repreendeu a filha Vicky por mostrar simpatias pela causa liberal. Segundo o raciocínio de Vitória, para preservar o prestígio do Império Britânico, a Grã-Bretanha devia deixar claro para os russos que, caso invadissem Constantinopla, ela iria proteger os interesses da Turquia. O gabinete ministerial estava dividido sobre a questão, mas Disraeli concordou com a rainha; juntos, agiram secretamente para transmitir essa mensagem aos russos em agosto de 1877, numa iniciativa espantosa, ainda mais porque nem mesmo o ministro das Relações Exteriores estava ao par. Nas duas décadas desde o fim da desastrosa Guerra da Crimeia, ela fora minuciosamente analisada e muita gente, dentro e fora do Parlamento, era da opinião de que, se a Grã-Bretanha tivesse sido mais enfática em proteger a Turquia, a Rússia nem a teria invadido. A preocupação central de Vitória e Disraeli era proteger o poder britânico.

Disraeli errou em não condenar inequivocamente as atrocidades em público. Temia que um melhor destino para os eslavos balcânicos poderia trazer problemas internos; pareceria mais lógico que a Irlanda ganhasse autonomia. Mas seus objetivos não eram claros, afora o rompimento da insultuosa Liga dos Três Imperadores — uma aliança entre a Alemanha, a Rússia e a Áustria-Hungria que Bismarck formara em 1873. O propósito da Liga era controlar a Europa Oriental — "o que Disraeli considerava uma afronta ao prestígio britânico".[19] Para Gladstone, a política externa era uma questão de moral. Para Disraeli, era uma questão de poder.

Benjamin Disraeli era um primeiro-ministro bastante diferente. Vestia-se como um dândi, com trajes de veludo chamativos, anéis por cima das luvas e um cacho no meio da testa. Ostentava cavanhaque, ruge nas bochechas e uma expressão levemente enfarada e zombeteira. Abrira caminho até o centro da sociedade britânica usando seu charme, mas Disraeli era um intruso (até hoje, continua a ser o único primeiro-ministro da Grã-Bretanha de origem judaica). Entre os dois períodos em que ocupou o cargo, escreveu seu 16º romance — *Lothair* —, que foi um sucesso. O talento para a literatura popular naquela época, dos meados ao final do século XIX, era considerado um tanto suspeito: em vez de se dedicar, como faziam outros cavalheiros, a "estudos clássicos, históricos ou constitucionais", ele escreveu um "romance sentimental afetado" que, para alguns, "ressuscitava todas as dúvidas anteriores se um literato judeu, dotado de tanta imaginação e com aparência tão pouco convencional, era a pessoa adequada para levar um partido conservador à vitória".[20]

Mas, em 1874, Disraeli desafiou os críticos. Seu partido conservador obteve, pela primeira vez desde 1841, a maioria dos assentos no Parlamento. Vitória, encantada, escreveu em tom conspirador a Vicky: "Você já viu algum dia um resultado tão geral e esmagador de uma Deposição contra um ministro, como há contra o sr. Gladstone? Mostra como confiam pouco nele e como é impopular!".[21] Albert, em vida, gostava de Gladstone, com seu rigor intelectual e devoção religiosa. Mas Vitória desconfiava dele e chegara à conclusão de que era "um grande infortúnio". Julgava-o muito inteligente, mas péssimo estadista, forçando leis simplesmente por princípio, a um alto preço político. Vicky compartilhava do liberalismo paterno e naturalmente se identificava com Gladstone, mas também achava que ele era contraditório e "incompreensível" — um político medíocre. Vitória ficava perplexa com sua popularidade e exultou quando ela se dissipou: "O sr. Gladstone é um ministro muito perigoso — e assombrosamente antipático".[22]

Gladstone, além disso, era insosso e distante. Pior, não tinha a menor graça: não contava nenhuma indecência nem fofocas maliciosas.[23] A poeta e romancista Emily Eden comentou que Gladstone não falava, apenas pontificava: "Se o mergulhassem em água fervendo, enxaguassem e torcessem até o fim, imagino que não sairia uma única gota engraçada". Seus informes eram complicados e enfadonhos. Vitória reclamava que ele falava com ela como se fosse um comício público. Disraeli, todo presunçoso, disse: "Gladstone trata a rainha como um departamento público; eu a trato como uma mulher".[24] Os grandiosos dons retóricos de Gladstone não encontravam ouvidos junto à rainha, e ela veio a detestar o que lhe parecia ser condescendência. A Gladstone faltavam totalmente quaisquer cordialidade e intimidade que Melbourne, Brown e Disraeli lhe haviam proporcionado. Nas palavras de Lady Rosebery, "o sr. Gladstone pode ser um assombro de erudição, mas nunca entenderá um homem e muito menos uma mulher".[25]

Disraeli entendia as mulheres. Depois de se sentar ao lado de Gladstone e conversar com ele, uma mulher declarou: "Julguei-o o homem mais inteligente da Inglaterra. Mas, quando me sentei ao lado de Disraeli, julguei-me eu a mulher mais inteligente".[26] Esta era a grande essência do charme: o foco exclusivo e lisonjeiro. Mesmo quando discordava de Disraeli, Vitória o considerava encantador, dizendo a Lord Rosebery: "Ele tinha uma maneira, quando discordávamos... de dizer 'cara senhora' muito persuasiva e de inclinar a cabeça para um lado".[27] As boas graças de Vitória ainda tinham importância suficiente para fazer diferença para um primeiro-ministro; era uma fonte de apoio para Disraeli e de mágoa para Gladstone.

Vitória vicejava na presença de um homem que a encantasse, confiasse nela e procurasse sua aprovação. Albert fazia as pessoas se sentirem burras — assim como

Gladstone. Disraeli fazia Vitória se sentir de novo segura de si. Quando foi visitá-la em Osborne, ele achou que ela até lhe daria um abraço: "Estava cheia dos sorrisos e, enquanto tagarelava, deslizava pela sala como um pássaro".[28] Em atenção à gota de Disraeli, a rainha até o convidou a se sentar — o primeiro premiê a quem concedia tal honra desde Lord Melbourne. Como Melbourne, Disraeli também estava pranteando a morte da esposa, Mary Anne, com quem estivera casado durante 33 anos. Ele criou uma afeição profunda e genuína por Vitória.[29] "Amo a rainha", disse ele à dama viúva Ely após a morte da esposa, "talvez a única pessoa que me restou neste mundo que realmente amo".[30]

Em muitos aspectos, Disraeli era o oposto de Albert. Segundo seu biógrafo Robert Blake, ele era "arrogante, exibido, de inteligência rápida, generoso, emotivo, briguento, extravagante, teatral, doido por uma conspiração, amante de intrigas de bastidores".[31] Ao contrário de Albert, Disraeli via as mulheres como iguais em termos intelectuais.[32] Ao escrever sobre seu secretário Montagu Corry, ele disse: "Gosto muito mais dele do que de qualquer outro homem, mas, como regra, exceto nos negócios, a companhia masculina não me agrada muito".[33] Mesmo seus romances se dirigiam basicamente a mulheres. Provavelmente era uma pena para ele que as mulheres não votassem; não admira que fosse favorável à ideia do voto feminino.

Suas roupas janotas, o espalhafato, o gosto por banhos turcos, as amizades íntimas com homens e seu amor por mulheres mais velhas levaram alguns historiadores a sugerir que Disraeli era homossexual ou bissexual. Não existem provas conclusivas que apoiem tal hipótese e, de fato, ele teve um casamento longo e feliz. William Kuhn examinou minuciosamente os livros de Disraeli em busca de sinais de homoerotismo e tendências afeminadas, sustentando que as narrativas eram autobiográficas numa época em que era preciso manter o amor homossexual em segredo: fazia pouco tempo, desde 1861, que a sodomia passara a ser crime sujeito à pena de morte.[34] Kuhn conclui que Disraeli "adotou uma espécie de duplicidade, uma ambiguidade deliberada, de forma que amava homens e mulheres tanto sexual quanto romanticamente", e que ele fora "mais do que simples amigo" de Montagu Corry. A seu ver, Disraeli podia ter sido "o que hoje chamaríamos de gay".[35] Seu grande biógrafo, Robert Blake, simplesmente sugeriu que ele era como o ostentoso Oscar Wilde, que mantinha relações sexuais com homens durante seu casamento com uma mulher — e os paralelos são evidentes.

Na primavera de 1877, finalmente a Rússia invadiu a Turquia, numa jogada para apoiar os búlgaros e unificar os cristãos ortodoxos. Vitória tomou o fato como afronta pessoal. A cada mês que se passava em guerra, sua resolução aumentava e seu ódio aos russos se intensificava sob a capa do patriotismo. "Exulto", disse ela, "a cada derrota russa."[36] Ponsonby culpou Disraeli por reduzir a disputa a um jogo de xadrez entre a rainha e o tsar. Disraeli jogou bem suas cartas, refreando a rainha com a divisão de seu gabinete e atiçando seu gabinete com a posição inabalável da rainha.[37] Para Vitória, os que discordavam dela eram tolos ou traidores. Considerava que ela e Disraeli representavam "a política imperial da Inglaterra", enquanto Gladstone não passava de um cruzado "sentimental". Começou a mencionar "o Leão britânico" em sua correspondência, ameaçando que ele iria "morder, agora que o provocaram".[38] A Rússia precisava saber que a Grã-Bretanha, se necessário fosse, estava pronta para lutar.

Em tempos de crise, os pontos fortes e fracos de Vitória se emparelhavam alternados: a lealdade, o patriotismo e o senso de dever, ao lado da incapacidade de enxergar a posição do adversário, a teimosia e a tendência de enquadrar as coisas como batalhas épicas maniqueístas entre o bem e o mal. Julgava fracos e inseguros os que vacilavam, dizendo a Disraeli que gostaria de ir pessoalmente fustigar os russos.[39] Quando não conseguia dobrar o Parlamento à sua vontade, sentia-se uma pobre infeliz. Entre abril de 1877 e fevereiro de 1878, por cinco vezes ameaçou abdicar do trono, preferindo renunciar a ver seu país "beijar os pés dos grandes bárbaros".[40] Vituperava contra os parlamentares, dizendo que lhes faltava patriotismo e decência: "É uma desgraça ser uma rainha constitucional e não poder fazer o que é correto. De bom grado eu jogaria tudo para o alto e me recolheria à paz e tranquilidade".[41]

As cartas saíam dos castelos e residências de Vitória como nuvens de morcegos. Disraeli contou à sua amiga Lady Bradford que "a Fada [como agora gostava de chamá-la] escreve todos os dias e manda telegramas de hora em hora".[42] Disraeli e a rainha agora trabalhavam em parceria, e Vitória se referia à dupla dizendo "nós". Quando Disraeli obteve o apoio de seu partido para chamar o Parlamento, aumentar as forças britânicas e estabelecer uma mediação direta, ela o recompensou com uma demonstração pública de apoio. Pela primeira vez desde sua visita a Lord Melbourne em Brocket, em 1841, ela foi almoçar em Hughenden Manor, a residência do primeiro-ministro.

No verão de 1878, Vitória recebeu 11 mil telegramas nas quatro semanas que passou em Balmoral — a maioria deles sobre a Questão Oriental. Em março daquele ano, os russos tinham imposto o Tratado secreto de San Stefano à Turquia, criando uma Bulgária independente e de extensão territorial alarmante. Mas o Congresso de Berlim, que teve início em 13 de junho, anulou o acordo; Disraeli e Lord Salisbury, ministro das Relações Exteriores, passaram um mês negociando novos termos entre a Rússia e a Turquia, com o auxílio da Prússia e da Áustria, e acabaram com o Tratado de Santo Stefano sem precisar recorrer a guerras. A Bulgária se converteu em estado independente, mas menor e menos ameaçador não só para os estados vizinhos, mas também para a Grã-Bretanha.

Disraeli conseguiu igualmente abocanhar Chipre para os britânicos, sem nenhuma justificativa aparente. Ele atualizava diariamente a rainha, por carta. O premiê de 73 anos, persistente e cheio de energia, passou semanas articulando, manobrando, socializando e fumando charutos com o corpulento Bismarck, apreciador de champanhe, até concluírem um acordo e Disraeli ficar exausto. Esse acordo vigorou até 1918; por ora, a expansão russa no Mediterrâneo fora contida e a Europa preservada. Bismarck louvou seu novo amigo britânico: "*Der alte Jude, das ist der Mann*" ("O velho judeu, este é o homem").[43]

Disraeli retornou à Inglaterra em 16 de julho, acolhido por multidões entusiasmadas e aclamações calorosas: foi seu momento mais alto como primeiro-ministro. Evitara-se a guerra e a Grã-Bretanha obtivera o que queria. Vitória lhe enviou uma carta e um buquê. As flores faziam parte da amizade deles desde muito tempo: ela lhe enviava prímulas e galantos de Osborne, que ele chamava de "presente da fada". Vitória agora era uma *tory* tão ferrenha quanto fora *whig* sob Lord Melbourne. Depois do êxito nas negociações no Congresso de Berlim, ela jurou vingança contra os liberais: "O dano que causaram ao país é irreparável e nunca o esquecerei".[44] Estava mais velha, mas sua força aumentou, as energias voltaram e seguia inadvertidamente o conselho de Albert de se dedicar a algo externo para vencer a infelicidade. Abriu três vezes o Parlamento no mandato de Disraeli como premiê.[45] E nunca perdoou Gladstone.

Rainha. Igreja. Império. Era assim que Disraeli definia a filosofia de seu partido e foi como modelou a retórica *tory* para o século seguinte.[46] Vitória era sua rainha encantada, a quem levava títulos e vastas extensões territoriais, simplesmente para agradar-lhe. Os despojos imperiais eram troféus agradáveis. A primeira coisa que Disraeli conseguiu obter foi quase metade do Canal de Suez, que adquiriu em 1875 de um turco falido, o quediva do Egito, por 4 milhões de libras. As parcelas restantes do Canal eram francesas e, como três quartos dos navios que atravessavam o Canal eram britânicos (rumando, na maioria, para a Índia), Disraeli agarrou a oportunidade para impedir o controle total dos franceses. No dia seguinte, Vitória escreveu em tom aprovador a Theodore Martin, biógrafo de Albert, que Disraeli tinha "ideias muito amplas e uma noção muito elevada da posição que o país deve ocupar. Sua inteligência é muito maior, mais ampla e sua apreensão das coisas grandes e pequenas muito mais rápida do que as do sr. Gladstone".[47]

Benjamin Disraeli modernizou quase sozinho o partido *tory*. A política, em sua concepção, devia se concentrar na justiça social, na reforma e no bem-estar dos britânicos. Seu governo era socialmente progressista, numa guinada radical passando do partido *tory* da aristocracia e da classe média alta para um novo partido da democracia e das massas. Com uma hábil manobra, prevalecera sobre Gladstone em 1867 derrotando-o no Projeto de Reforma, que ampliava o direito de voto a todas as unidades domiciliares — e que daria aos homens de fortuna mais de um voto —, e então apresentando seu próprio projeto, ligeiramente mais progressista. Quando esse projeto não passou, ele o simplificou propondo apenas o sufrágio por unidade domiciliar; ao ser aprovado, recebeu os créditos por toda a reforma. Era uma política de mestre, consolidando sua posição como futuro líder do partido, humilhando Gladstone e preparando uma redefinição de conservadorismo. Como disse um observador, Disraeli vislumbrara a existência de um novo tipo de eleitor *tory* nas classes trabalhadoras, tal como um escultor enxerga "os anjos no mármore".[48] Desde então, o conservadorismo das classes trabalhadoras tem sido um traço definidor da política britânica, para pessoas como Stanley Baldwin, Winston Churchill, Harold Macmillan e Edward Heath — bem como, em data mais recente, Margaret Thatcher e John Major. Mas Disraeli, além de ter seus princípios, era um indivíduo pragmático. Tão logo conseguiu a aprovação do Segundo Decreto de Reforma, trabalhou para garantir proteção aos assentos parlamentares dos conservadores eleitos pelas áreas rurais, contra os eleitores das classes trabalhadoras recém-habilitadas a votar, que poderiam desbancar os *tories*.[49]

Sob a liderança de Disraeli, os cortiços foram derrubados e substituídos por novas unidades habitacionais e se implantaram medidas para incentivar a poupança. Em 1875, ele aprovou uma série de decretos avançados, protegendo os direitos trabalhistas, sustentando que eram tão importantes quanto os direitos de propriedade.[50] Duas dessas leis asseguravam aos trabalhadores a mesma indenização que tinham os patrões com o rompimento dos contratos e reconheciam a legalidade dos piquetes pacíficos, protegendo os sindicatos de acusações de conspiração. O Decreto dos Arrendamentos Agrícolas determinou que os arrendatários poderiam receber pelas melhorias que fizessem na propriedade. O Decreto de Saúde Pública tornou obrigatórios o calçamento e a iluminação das ruas, instituiu autoridades sanitárias locais e determinou que as novas construções tivessem sistema de esgoto e água corrente. O Decreto Fabril de 1878 proibia o emprego de crianças com menos de dez anos, estipulava a jornada máxima de meio período para as crianças de dez a catorze anos e, para as mulheres, a jornada máxima de 56 horas semanais. Outras novas leis dispunham sobre o empréstimo de recursos aos municípios para a construção de habitações para as classes operárias.[51] Gradualmente, Vitória via a Inglaterra se tornar um país mais justo e mais moderno.

Houve também as leis que Disraeli implantou apenas para agradar à rainha. A primeira foi o Decreto de Regulamentação do Culto Público de 1874, para remover as influências católicas da igreja. (Gladstone se opôs.) A segunda foi o Decreto contra a Crueldade aos Animais de 1876, que obrigava os pesquisadores a demonstrar que qualquer experiência dolorosa com animais era absolutamente indispensável e assegurava que, nesse caso, eles seriam anestesiados. Por fim, Disraeli impôs por lei que se concedesse a Vitória o título de imperatriz da Índia, apesar da firme oposição e das acusações de que isso se destinava apenas a garantir a precedência da rainha em relação à nora, a grã-duquesa Marie (filha de Alexandre II da Rússia) — a qual insistia em receber o tratamento de

"Sua Altera Imperial" em vez de "Sua Alteza Real" —, e à sua filha Vicky, que se tornaria imperatriz quando Fritz herdasse o trono prussiano. Outros sugeriram que era uma manobra para conceder aos filhos de Vitória uma posição mais elevada nas cortes germânicas, acusação que Vitória qualificou de "absoluta falsidade".[52] Ela considerava que o título era informalmente seu desde que a Grã-Bretanha assumira o controle da Índia em 1858, e ficou perplexa com a oposição a isso. Afinal, Bertie acabara de fazer uma triunfal viagem à Índia, onde encantou os anfitriões e pôde se exibir entre caças ao tigre e ao elefante. Em 1º de maio de 1876, a rainha foi formalmente anunciada como imperatriz da Índia. Foi um de seus momentos de maior orgulho. Mergulhou a pena no tinteiro e assinou com todo o capricho "Vitória R e I" (*Regina et Imperatrix*).

Mas a tragédia continuava a espreitar nos bastidores da vida de Vitória. Estava envelhecendo, quinquagenária avançada, e a cada ano aumentavam as perdas e tristezas. Em certa manhã de maio de 1873, os dois meninos de Alice, Ernest e Frederick William (que chamavam de Fritz ou "Frittie"), estavam brincando de esconde-esconde. Alice se afastou por um instante, pôs a cabeça pela porta e chamou a pajem, para vir cuidar das crianças. De repente, o pequeno Fritz foi até a janela, subiu no parapeito e perdeu o equilíbrio, caindo no balcão abaixo. O grito da mãe atravessou as paredes; os circunstantes nas ruas olharam para cima. O menino, hemofílico, estava inconsciente. Não quebrara nenhum osso, mas teve hemorragia cerebral e morreu.

Quase exatamente três anos depois, em 1876, o bebê de Helena teve uma série de convulsões e morreu. Distante na Escócia, muito infeliz, Vitória continuava tendo visões do bebê à sua frente, tendo pensado que ele iria se recuperar. A família enterrou mais um caixãozinho, dessa vez na cripta da St. George's Chapel, em Windsor. Vitória passou a usar um medalhão contendo um cacho do menino: por que essa dor interminável?, pensava ela. Pobre Helena. E pobre Alice. Quando o duque de Hesse-Darmstadt morreu, em 1877, Louis, marido de Alice, foi seu sucessor no trono, e a carga de trabalho de Alice triplicou. Precisava providenciar umas férias para a pobre menina, pensou Vitória. Mesmo durante a guerra, estando grávida, Alice percorria os hospitais, fazendo curativos nos soldados e arrumando as enfermarias. No verão de 1878, Vitória pagou as férias de toda a família em Eastbourn, um balneário muito frequentado na costa sul da Inglaterra.

A doença parecia nunca se afastar da crescente progênie real. No final de 1878, a difteria infectou a família de Alice em Hesse-Darmstadt. Alice ficou velando os cinco filhos, com os olhos vermelhos de preocupação. Em 16 de novembro, a filha May, de três anos, morreu. Logo Alice também adoeceu. Ao saber que Alice fora atingida, a rainha chorou, enviou seu médico a Hesse e ficou aguardando nervosa as notícias. Consultou Bertie e Leopoldo e, supersticiosamente, foi rezar na Sala Azul, onde Alice havia cuidado do pai nos dias mais negros de sua vida. Em 14 de dezembro, dia em que morrera Albert, Alice também morreu: exatamente dezessete anos depois. Tinha apenas 35 anos.

John Brown levou os telegramas a Vitória e ficou a seu lado enquanto a rainha soluçava:

> Que essa filha doce, querida, talentosa, notável, de coração terno e espírito nobre, que se conduziu tão admiravelmente durante a doença de seu querido pai e depois me apoiando e me ajudando de todas as maneiras possíveis — fosse chamada de volta junto ao Pai, no próprio dia de aniversário de sua morte, parece quase inacreditável e profundamente misterioso![53]

A dor aproximou a família. Bertie ficou dilacerado com a perda de sua adorada parceira de travessuras na infância e balbuciou a Vitória: "Os bons sempre são levados, os maus ficam".[54] Então, passados apenas três meses, o filho caçula de Vicky, Waldemar, morreu de difteria. Vicky ficou arrasada, mais uma vez. Chorava ao final de suas estadas na Inglaterra; queria estar lá com mais frequência, mas Vitória nem sempre autorizava. A inteligência rigorosa e filosófica de Vicky — que Albert cultivara com tanto cuidado — era de pouca valia em seu novo papel de esposa e mãe. "De modo geral", disse pensativa a Vitória, "pode-se dizer que as mulheres sem inteligência são as mais felizes, como se passar pela vida da maneira mais plácida possível realmente constitua a felicidade."[55] Seu primogênito, Guilherme, o futuro Kaiser, cujo braço estropiado tanto a perturbara, estava crescendo e se tornando rude, antipático e desrespeitoso.[56]

A partir de então, Vitória veio a dedicar especial interesse aos filhos de Alice, seus cinco netos órfãos. O que ela não sabia é que um deles seria responsabilizado por provocar uma revolução. Alexandra, a filha de Alice que se casou com o tsar Nicolau II, transmitiu o gene da hemofilia a seu filho Alexis. Ela viria a cair sob a influência de Rasputín, que se dizia monge, por causa de sua habilidade aparentemente sobrenatural de acalmar o menino e até deter seus sangramentos.

Em 1879, a rainha completou sessenta anos. Finalmente estava criando cabelos brancos. Sentia o peso da idade e a perda de Alice lhe "retirara a elasticidade".[57] Agora estava consideravelmente rotunda e parecia ter diminuído de altura.[58]

Em 17 de março de 1879, Lady Cavendish escreveu em seu diário que, embora a rainha tivesse se apresentado muito bem num casamento, com um vestido amplo e longo em branco e preto, "penso que diminuiu e está mais baixa do que nunca".[59] Vitória insistia em ser pintada com expressão séria condizente com um monarca, mas em reservado criticava sua "cara feia e velha".[60] Aos olhos da neta Sophie, porém, parecia uma bonequinha: "Minha querida vovó é bem pequenininha — uma garotinha muito, muito graciosa".[61] Ela se fortalecera ao calor do afeto de seus dois homens, Brown e Disraeli. Era quase impensável que, em apenas quatro anos, os dois grandes alicerces de sua vida desapareceriam.

PARTE V

Regina imperatrix

25. Suficiente para matar qualquer homem

A rainha por si só é suficiente para matar qualquer homem.
WILLIAM GLADSTONE[1]

É difícil apontar o momento exato em que a antipatia se petrifica em aversão. Mas, para Vitória, o ano de 1880 foi quando, para dizer o mínimo, sua má vontade em relação a Gladstone se transformou em hostilidade quase indisfarçada. Em abril de 1880, chegou a Baden-Baden, na Alemanha, onde a rainha estava de férias, um telegrama informando que Disraeli perdera as eleições parlamentares. Disraeli não estava preparado para esse resultado e tampouco preparara sua fada rainha. "É um telegrama terrível", disse ela a seu secretário particular, Henry Ponsonby, que ficou chocado com a linguagem que ela usou. Disraeli escreveu que estava arrasado: "Suas relações com Vossa Majestade eram sua principal e, poderia quase dizer, sua única felicidade e interesse neste mundo. Elas lhe surgiram quando ele estava sozinho e o inspiraram e o sustentaram em seu isolamento".[2] Vitória escreveu em tom conspirador que esperava poderem trocar correspondência "sobre muitos assuntos *privados* e sem ninguém ficar se espantando ou se ofendendo, e, ainda melhor, sem ninguém ficar sabendo a respeito" (ela já tinha feito isso antes, com Melbourne. Não era propriamente ilegal, mas contrariava a convenção de que os monarcas não se correspondam com membros da oposição, pois isso pode ser visto como enfraquecimento do governo).

Ainda pior do que perder Disraeli era pensar que Gladstone o substituiria. Vitória voltou preocupada à Inglaterra, ainda naquele mês: como poderia impedir que "o William do Povo" se tornasse o primeiro-ministro do povo? Falou a Disraeli que seria impossí-

341

vel chamar Gladstone e lhe pedir para formar um governo, "pois a única coisa que eu poderia dizer é que não consigo confiar nele nem lhe dar minha confiança"[3] (e, a rigor, não era obrigada a isso, pois ele já renunciara antes, como líder dos liberais). Henry Ponsonby lhe disse várias vezes que devia chamar Gladstone, mas, na tentativa de evitar isso, Vitória levou vários dias consultando outros liberais. Em 4 de abril, escreveu: "Ela prefere *abdicar* a chamar ou ter qualquer *comunicação* com aquele *agitador semilouco* que logo arruinaria tudo e seria um *ditador*. Os outros *podem se submeter* a seu comando democrático, mas *não a rainha*".[4] Irrompeu outro acesso de autopiedade: uma viúva "não mais jovem" deve realmente aceitar um homem que tinha sido inimigo de seu governo?[5]

Mas Gladstone era muito mais velho, mais envolvente e com mais autoridade do que os outros dois candidatos possíveis que dividiam a liderança do partido liberal, agora no poder. Ambos tinham direito a recusar: Lord "Harty-Tarty" Hartington — o líder liberal na Câmara dos Comuns — e "Pussy" Granville, o líder liberal na Câmara dos Lordes. Disraeli, que passara dois dias aconselhando Vitória sobre a sucessão após sua renúncia em 21 de abril, disse-lhe para chamar Hartington. Depois que Hartington falou que não poderia formar um governo sem ter Gladstone como ministro, Vitória o instruiu a perguntar a Gladstone se ele estaria no gabinete sob Hartington. Gladstone ficou "assombrado" que até lhe perguntassem isso: claro que era óbvio, após seu eminente desempenho oratório na eleição, que ele tinha a confiança do povo e devia ocupar o cargo de premiê. Relutante (pois ele se opusera à lei que a fazia imperatriz da Índia), Vitória recorreu então a Granville, amigo próximo de Gladstone. Ele lhe disse que Gladstone tinha o apoio do público britânico e lhe garantiu que o GOM — *Grand Old Man*, como o chamavam — dificilmente ocuparia o cargo por mais de um ano.

Sem alternativa, em 23 de abril Vitória, emburrada, convocou Gladstone a Windsor.[6] Mais tarde, ele comentou alusivamente que ela o cumprimentou com a "perfeita cortesia da qual nunca se afasta".[7] Gladstone a informou que queria ser primeiro-ministro e também Chanceler do Tesouro, o que ela considerou excessivo, mas não questionou. Vitória então o repreendeu pela "linguagem muito forte" que usara contra Disraeli durante suas campanhas escocesas, e tentou sem êxito que Hartington fosse nomeado ministro da Guerra.[8] Cinco dias depois, seu secretário particular Ponsonby lhe disse que Gladstone queria nomear o radical Joseph Chamberlain e o republicano Sir Charles Dilke para seu gabinete. Vitória respondeu com firmeza a Ponsonby que teria de ser "tranquilizada sobre as ideias de ambos" antes de consentir que fossem nomeados ministros.[9] Já dera a Ponsonby uma surpreendente lista de instruções para Gladstone — que não modificasse a política externa nem o domínio britânico na Índia, não cortasse gastos previstos nem introduzisse "tendências democráticas".[10] Apesar disso, escreveu Gladstone após o encontro canhestro com a monarca: "Considerando tudo, fiquei muito satisfeito".[11]

Naquela noite fria em que se reuniram em Windsor, as estrelas estavam com um brilho excepcional. Enquanto o vento agitava as árvores lá fora, Vitória fitou o rosto de traços fortes de Gladstone, perguntando-se por quanto tempo ele teria condições de ocupar o cargo. Estava com setenta anos, com dez anos a mais do que Vitória, mas com grande energia e vigor — ao contrário de Disraeli, então com 75 anos, que passara todo o seu primeiro mandato de premiê com problemas de saúde. Mesmo assim, ela garantiu a Disraeli que Gladstone parecia "muito adoentado, muito velho e esgotado, e com a voz fraca", e que ele lhe dissera que não ficaria muito tempo no cargo — promessa que não foi cumprida.[12]

Não havia muito que Disraeli pudesse fazer para evitar a derrota. O clima do país mudara e sua vitória no Tratado de Berlim já estava quase esquecida. Os britânicos tinham conquistado vitórias recentes no Afeganistão e na África do Sul, no intuito de manter e expandir seu enorme Império, mas a um alto preço, com muitas baixas sangrentas nas batalhas. Mais importante, porém, era que a economia reduzira seu ritmo após trinta anos de crescimento ininterrupto. Em 1877, o desemprego era de 4,7%; em 1879, subira para 11,4%.[13] Os agricultores estavam em dificuldades, mas Disraeli se negava a implantar as medidas de proteção que tinham sido reduzidas nos primeiros anos do reinado de Vitória e que haviam sido retomadas pelos países vizinhos. Disraeli escreveu a Lord Lytton: "O aperto financeiro deste país é a causa e a única causa da queda do governo a que eu presidia".[14] Publicamente, ele mostrava energia, mas na esfera privada estava abatido e cansado.

Gladstone também empregara uma estratégia eleitoral inédita e surpreendente. Durante o que veio a ser conhecido como campanha midlothiana, ele inaugurou na Escócia uma campanha eleitoral ao estilo americano, discursando ao vivo para multidões com milhares de pessoas numa série de comícios públicos. Falava numa retórica ardente e tonitruante, atacando Disraeli, concentrando-se especialmente em sua política externa "pestilenta", que consistia, segundo Gladstone, em pisotear os direitos dos pequenos países a determinar seus próprios rumos. Dez mil zulus na África tinham sido mortos, trovejou Gladstone, "pelo único delito de tentarem defender suas casas e lares, suas esposas e famílias contra a artilharia [britânica] com seus corpos nus".[15] Também falou da "santidade da vida nas aldeias montanhosas do Afeganistão". Gladstone defendia a virtude na política externa — significando menor intervenção — e com isso respondia ao clima de cansaço entre o eleitorado.[16]

Gladstone pregava um colonialismo mais brando, defendendo os princípios de autonomia local e governo próprio — a mesma posição que defendia para a Irlanda. Gladstone chegou a prometer que daria a independência ao Transvaal na África do Sul, que fora anexado pela Grã-Bretanha em 1877.[17] Acautelava-se contra expansões na África e no Pacífico e qualificava os novos territórios brutalmente conquistados como "falsos fantasmas de glória". Vitória ficou furiosa: as guerras, a seu ver, eram meios necessários para proteger seu Império.[18] Desqualificou Gladstone como "orador demagogo americano" e se sentiu pessoalmente insultada com seus ataques à política externa, da qual se considerava autora ao lado de Disraeli.[19] Mas acorriam enormes multidões para ouvir Gladstone falar — uma delas, em Edimburgo, contou com 20 mil pessoas — e as notícias de seus discursos se difundiam rapidamente. A sobrinha dela se divertiu ao vê-lo de volta, mostrando-se "um pouco vaidoso *de si mesmo*", o que escapava a seus hábitos.[20] Disraeli — que Vitória, em agosto de 1876, elevara à Câmara dos Lordes como conde de Beaconsfield — se recusou a ler os discursos do adversário.

E assim foi: o GOM voltou a liderar o país. "A queda do beaconsfieldismo", escreveu ele, "é como a desaparição de um grandioso castelo num romance italiano."[21] Derrotara seu grande rival. Mas o que faltava a Gladstone era um plano detalhado. Estivera tão ocupado derrotando Disraeli que deixara de formular os detalhes de um programa legislativo próprio.

A derrota eleitoral sugou as energias de um Disraeli já fatigado. Na primavera de 1881, foi novamente atacado pela bronquite. Enquanto jazia doente na casa em Londres, embrulhado num robe vermelho e atendido por seu homeopata, Vitória enviava médicos e buquês diários de prímulas, as flores favoritas dele. Quando lhe perguntaram se a rainha o visitaria, Disraeli retrucou: "Não, melhor não. Ela só me pediria que leve uma mensagem a Albert".[22]

Benjamin Disraeli morreu pacificamente logo antes do amanhecer. Era 19 de abril, um ano depois de perder a eleição. Quem deu a notícia à rainha foi John Brown, que estava especialmente pesaroso, pois Disraeli sempre o tratara com respeito. Vitória convocou o amado secretário de Disraeli, Montagu Corry, e passou horas indagando sobre os momentos finais de seu "caríssimo e lealíssimo amigo".[23] O próprio Gladstone se pronunciou dizendo que falecera o mais "extraordinário homem" da Inglaterra e talvez da Europa.[24] O ostentoso político não queria funeral oficial; pediu que fosse enterrado discretamente ao lado da esposa, Mary Anne, em sua casa em Hughenden. Para Gladstone, isso era mais uma mostra irritante de afetação, dizendo: "Morreu como viveu. Só exibição, sem conteúdo nem autenticidade".[25] Mas Vitória compreendia. A prímula simples e delicada havia se tornado, a seu ver, símbolo da aversão de ambos ao exagero. Os dois moravam em casas repletas de flores sofisticadas, mas ambos enalteciam a humilde prímula. Vitória enviou braçadas de prímulas ao funeral, com um cartão dizendo "suas flores favoritas de Osborne".[26] Gladstone revirou os olhos. (Insistia que Disraeli preferia os lírios e estivera apenas agradando à rainha.)

Os nomes de ambos virão sempre entrelaçados como os maiores rivais políticos modernos da Inglaterra: Gladstone e Disraeli, o Leão e o Unicórnio. Disraeli fora cáustico com Gladstone até o fim e não perdia ocasião de atacá-lo. Quando foi escrever uma homenagem a seu rival no Parlamento, Gladstone teve um acesso de diarreia. Proferir aquele discurso, disse mais tarde a um amigo, foi uma das piores experiências de sua vida. O problema de Gladstone era seu forte veio de honestidade: o que realmente queria era dizer que um Disraeli fraudulento tinha explorado "o lado fraco" dos súditos de Vitória. Todavia, Vitória abrandou por algum tempo sua atitude em relação a Gladstone, graças a suas palavras afáveis sobre o amigo da rainha.

Quarenta anos após a coroação, finalmente Vitória, aos sessenta anos de idade, estava segura de si. Agora *tory* convicta, escarnecia do que julgava ser brandura e incompetência do gabinete ministerial de Gladstone. Dizia consigo mesma que não era ela que mudara, e sim os partidos: os liberais tinham passado para o socialismo, ao passo que os verdadeiros liberais e verdadeiros defensores do Império eram os conservadores. Disraeli, no ano de seu afastamento, continuara a se corresponder com ela, escrevendo 22 cartas ao todo. A maior parte da correspondência era de caráter pessoal, mas uma vez ele entrou em terreno inconstitucional. Em janeiro de 1881, Vitória fez objeções a algumas palavras em seu Discurso do Trono — que o escritório de Gladstone lhe dera para ler em voz alta — afirmando que os soldados deviam sair de Kandahar. Ela não ia proferir o discurso contendo essas palavras; seus ministros não as retiravam. Depois de uma reunião ministerial acalorada em Osborne, vários ministros ameaçaram renunciar. Vitória, furiosa, disse que nunca fora tratada com "tal falta de respeito" em todos os seus anos no trono.[27] Ficou encarando implacavelmente seu gabinete, anotando que "saíram quase tropeçando uns por cima dos outros".

O tema da disputa era importante — a quem a rainha falava quando abria o Parlamento? Quando Sir William Harcourt, ministro do Interior, lhe disse que o discurso era, na verdade, "o Discurso dos Ministros", a cólera de Vitória cresceu. Disraeli contradisse Harcourt e assegurou a ela — incorretamente — que a posição de Harcourt era "um princípio desconhecido à Constituição britânica" e não passava de "mero falatório parlamentar".[28] Leopoldo, que gostava de intervir na política e a quem Vitória considerava o mais inteligente dos filhos, também respaldou a mãe, argumentando que era, obviamente, o discurso da soberana.[29] Por fim, Vitória concordou em fazer o discurso naqueles termos, embora condenasse o parágrafo sobre o Afeganistão numa carta a Gladstone. Era mais um caso em que afirmava sua autoridade, sem fazer à maneira que gostaria.

Não era façanha pequena conseguir arrancar uma soberana decidida do solene isolamento. Para Disraeli, Vitória tinha obrigação de ressurgir como monarca politicamente ativa, o que, ao final, pode ter sido a maior vingança dele contra Gladstone. Ela havia recuperado as energias e agora estava convicta de seu direito de interferir na política, e parara de falar de seu trabalho como um fardo. Chegou a ameaçar os ministros de ter uma interferência maior do que a Constituição permitia. Disse a Granville em junho de 1881: "Um Soberano Constitucional tem *na melhor das hipóteses* uma tarefa *extremamente difícil, e pode se tornar quase impossível*, se permitir que as coisas prossigam como têm sido nos últimos anos".[30]

Enquanto o papel de monarca na política britânica vinha se reduzindo ao de *consigliere* constitucional com a ampliação do direito de voto e o aumento da influência da Câmara dos Comuns, Vitória continuava a exigir espaço. O fato de ter sido incentivada a respeitar seu próprio julgamento, logo antes de herdar um novo primeiro-ministro com posições em sua maioria opostas às dela, criava a situação ideal para uma batalha. Não admira que o GOM da política britânica achasse que Disraeli havia "exagerado um pouco na educação da [sua] pupila". Gladstone considerava "intolerável" que a rainha insistisse em ter detalhes íntimos das reuniões ministeriais, como Disraeli fazia no passado.

Enquanto a rainha lutava pelo poder e exigia ser ouvida, as mulheres britânicas também estavam se agitando mais e começaram a defender o direito de ter rendimentos próprios, de se divorciar nos mesmos termos dos homens, de ter proteção contra a violência e guarda compartilhada dos filhos, já que, durante grande parte do século, ao se divorciarem ou se separarem da esposa, os homens é que ficavam com a guarda exclusiva dos filhos. Vitória pouco compreendia o tormento, pois não precisava — e tinha pouco interesse ou simpatia pela causa. Suas próprias lutas pessoais e a dos filhos já a esgotavam.[31]

Acabar com a ideia de que as mulheres eram propriedade do marido levou décadas. Até 1870, todo o dinheiro que as mulheres recebiam pertencia ao marido, e até 1882 suas propriedades também, mesmo após divórcio ou separação. Segundo o princípio multissecular da *coverture*, a legislação inglesa via a esposa não como entidade separada, mas como "*femme coverte*", sob a "proteção e influência do marido, seu barão ou senhor". Em outras palavras, o estatuto de uma esposa era o de serva. O Segundo Decreto sobre a Propriedade das Mulheres Casadas de 1882 estabelecia as esposas como entidades distintas — "*femme sole*" — que podiam possuir, herdar e arrendar propriedades e ter representação própria num tribunal. Aos poucos, as mulheres ganharam mais direitos de cuidar dos filhos após o divórcio; a partir de 1886, podia-se levar em conta o bem-estar deles para decidir se as mulheres teriam alguma guarda (limitada) sobre os filhos.

O primeiro projeto de lei pelo voto feminino foi debatido no Parlamento em 1870. Foi fragorosamente derrotado, mas uma pequena vitória houve — mulheres que possuíssem propriedades poderiam concorrer à eleição das diretorias das escolas. (Elizabeth

Garrett Anderson, a primeira mulher a se formar em medicina na Grã-Bretanha — em 1865 —, concorreu e foi eleita para seu conselho local cinco anos depois.) Em 1889, a ativista Emmeline Pankhurst fundou a Liga do Sufrágio das Mulheres, com seu marido advogado Richard, para obter o direito de voto feminino nas eleições locais. (O casamento dos Pankhurst era de um raro igualitarismo, e as três filhas do casal, Christabel, Sylvia e Adela, se tornaram importantes sufragistas.)

Vitória não tinha nenhuma simpatia pelas sufragistas. Escreveu ao biógrafo de Albert, o poeta escocês Theodore Martin: "A rainha tem o grande desejo de convocar todos os capazes de falar ou de escrever a se juntarem para conter essa louca e perversa insensatez dos 'Direitos das Mulheres', com todos os seus horrores concomitantes, a que se inclina seu pobre sexo, esquecendo qualquer senso de decoro e sentimento feminino". Comentou a propósito de uma mulher, Lady Amberley, que comparecera a um evento sufragista, que ela "devia levar umas *boas chicotadas*". "As mulheres devem ser o que Deus determinou", esbravejou a rainha, "colaboradoras do homem — mas com deveres e vocações totalmente diferentes".[32]

A parte enganadora de ser rainha era que o serviço era o mesmo de um rei, mas *soava* como posição feminina e, portanto, parecia apropriada. Vitória defendia a ideia de que as mulheres fossem "educadas com sensatez" e "empregadas sempre que possam ser úteis", mas não que ingressassem nas profissões sérias nem que votassem.[33] Durante toda a sua vida, Vitória foi paradoxal: um modelo de autoridade feminina numa cultura marcada pela domesticidade feminina. E, significativamente, quatro das cinco filhas da rainha se tornaram defensoras dos direitos das mulheres.

Vitória se dizia, de modo muito conveniente, "anômala".[34] Sustentava que as mulheres não deviam ter poder e, ao mesmo tempo, se fazia cada vez mais atenta à proteção de seu próprio poder. De fato, deu uma risadinha quando Lord Dufferin lhe contou que um grupo de mulheres defendera o direito de voto argumentando que "raramente os homens eram adequados para o trabalho".[35] Não faria diferença se Lord Dufferin estivesse falando da atitude de Vitória em relação a Bertie — ela se considerava muito mais capaz de liderança e trabalho político do que seu primogênito, e a ideia de abdicar em favor dele era um anátema.

A ideia de moças na sala de dissecação, diante de partes do corpo "que não podiam ser nomeadas na frente delas", provocava náuseas na rainha. Numa coisa concordava com Gladstone: a ideia de formar mulheres em medicina era "repulsiva"[36] (no entanto, ela foi favorável à formação de mulheres obstetras ou clínicas gerais para trabalhar na Índia com pacientes pobres do sexo feminino, cuja religião as proibia de procurar auxílio médico masculino).

A rainha reservava especial desdém pelas mulheres que eram "despachadas", em especial as que se dedicavam a atividades tradicionalmente masculinas, como caçadas.

Quando Lady Charles Kerr fraturou o crânio durante uma caçada a cavalo, Vitória considerou o fato instrutivo. Escreveu a Vicky em 1872:

> Que sirva de advertência a muitas daquelas jovens despachadas que são realmente assexuadas. E também aos maridos, pais e irmãos que permitem que suas esposas, filhas e irmãs se exponham de maneira tão pouco feminina. Em outros aspectos, essa pobre jovem era muito calada e não muito forte — mas imagine ela indo caçar sozinha, enquanto o marido estava passeando por Londres![37]

As mulheres "despachadas" eram acusadas de muitas coisas na Inglaterra vitoriana: o afrouxamento dos códigos morais, a masculinização das damas e uma epidemia de doenças venéreas que debilitara as forças de defesa da Grã-Bretanha na Crimeia, na Índia e na Inglaterra.[38] Em 1864, quase um terço do total de soldados britânicos deu entrada no hospital por sífilis ou gonorreia.[39] Como a culpa era atribuída não aos soldados, e sim às mulheres com quem se deitavam, a solução a que se chegou foi simples: o Exército e a Marinha precisavam de prostitutas asseadas. Em 1864, o primeiro dos Decretos sobre Doenças Contagiosas criou bordéis oficiais para os militares.

As leis também traziam dispositivos surpreendentes para o controle das mulheres andando em público: a polícia podia prender qualquer mulher suspeita de prostituição, sem provas. As mulheres ficavam sujeitas a exames internos humilhantes de doenças venéreas, fosse num hospital ou no próprio local, e registradas na delegacia local para exames periódicos (ou prisão). Se protestassem, eram contidas com camisa de força e as pernas mantidas abertas à força com braçadeiras. Se se descobrisse que uma mulher tinha uma doença venérea, podia ficar confinada num hospital por três meses. Num "certo clima de caça às prostitutas", como disse Ronald Pearsall, as profissionais do sexo — não seus clientes — eram objeto de difamação no púlpito e no Parlamento.[40] Foi provavelmente o exemplo mais claro e público do duplo critério vitoriano, que punia a conduta sexual das mulheres enquanto os homens escapavam a escrutínio e condenação.[41]

Apesar disso, muitos homens viam as prostitutas como elementos essenciais à estrutura social. Tolstói, por exemplo, não conseguia imaginar Londres sem suas "Madalenas". "O que seria das famílias?", escreveu ele em 1870. "Quantas esposas ou filhas se manteriam castas? O que seria das leis da moral que o povo tanto gosta de observar? Parece-me que essa categoria de mulheres é *essencial* à família nas atuais formas complexas de vida."[42] Os divórcios ainda eram raros e os homens, em princípio, esperariam ter estabilidade financeira antes de se casar. O desemprego criava uma larga faixa de solteiros.

A prostituição foi tema de muitas especulações, mas de poucas pesquisas rigorosas na Inglaterra daquela época. As estimativas do número de mulheres profissionais do sexo em Londres, na metade do século, variavam de 80 mil a 120 mil, numa população total de 2,3 milhões de homens e mulheres.[43] Uma porcentagem significativa sofria de doenças venéreas, principalmente de sífilis,[44] que também infectavam os filhos.[45] Antes da descoberta da penicilina, os tratamentos utilizados não tinham eficácia; o uso generalizado de mercúrio em pastilhas, banhos e cremes levava apenas à queda dos dentes, à falência renal, ao envenenamento e lesões bucais.[46] (Os tratamentos preventivos — óleo, vinagre e álcool — eram igualmente inúteis.) Era quase impossível ter sexo seguro — na metade do século havia preservativos, mas continuavam caros — e, para as mulheres, controle contraceptivo.

Na segunda metade do século, uma mulher chamada Josephine Butler lançou uma campanha maciça e de grande efeito contra o abuso e a exploração sexual das mulheres — procurando desmascarar o que havia de hipócrita, a seu ver, em atribuir vergonha moral apenas às mulheres, não aos homens que as procuravam.* A Comissão Real para os Decretos de Doenças Contagiosas, de 1871, declarou que não havia termo de comparação entre prostitutas e clientes: "Com um sexo, o crime é cometido como questão de ganho; com o outro, como satisfação irregular de um impulso natural".[47] Mas, como disse uma profissional do sexo depois de ser encarcerada: "O duro mesmo, dona, foi que o magistrado no tribunal que deu o voto de desempate para minha prisão tinha me pagado vários xelins um ou dois dias antes, na rua, para ir com ele".[48]

Bracebridge Hemyng declarou que as profissionais do sexo estavam "envenenando o sangue da nação".[49] O "Grande Mal Social" do país se tornou um ímã atraindo os reformadores mais ativos e ardorosos da época: cristãos evangélicos que se empenhavam a sério em reformar e reabilitar prostitutas. O mais famoso de todos era William Gladstone, que se entregou a uma obsessão quase doentia de "salvar" as mais encantadoras meretrizes da Inglaterra. Era o maior defensor das prostitutas que o mundo político conhecia. E ele tinha certeza de que era por causa disso que a rainha o odiava.[50]

Gladstone era um homem íntegro e excêntrico. Alto e magro, chegava a passar quatro meses brandindo um machado nas árvores de uma propriedade rural, pensando nas questões que o consumiam. Era um autocrítico constante, decidido a melhorar seu caráter, realizar sua missão divina e fazer a obra de Cristo na terra. As orações iniciavam e encerravam seus dias. Ia diariamente à igreja e fazia um sermão semanal à

---

* Era frequente afirmar que, depois que uma mulher "caía" na prostituição, seria inevitável uma morte prematura. Um especialista calculou que, depois que uma mulher decidia "pegar cliente" na Inglaterra vitoriana, ela tinha, em média, só mais quatro anos de vida. Segundo os registros de entrada no Lock Hospital em Edimburgo, nove em dez prostitutas "desapareciam aos trinta anos de idade". Para muitas jovens, era apenas uma atividade temporária antes do casamento.

sua criadagem. Lord Salisbury disse a Vitória que era difícil imaginar Gladstone ouvindo um sermão sem "se pôr a replicar".[51] Mesmo o horário das refeições era ocasião de pregar a virtude: ele defendia a ideia de que cada bocado devia ser mastigado 32 vezes — uma para cada dente — antes de engolir. Ele viveu até os 89 anos, proeza significativa na Era Vitoriana.

Não se sabe bem quando teve início o fetiche de Gladstone pelas "mulheres perdidas", mas é visível que o período de maior atividade foi por volta de 1850, quando fazia dezoito anos que estava no Parlamento. Ele começou a trabalhar em 1848 para uma entidade beneficente chamada Associação Penitenciária da Igreja pela Recuperação das Mulheres Perdidas, e depois passou para uma espécie pessoal de vigilantismo. Ficava horas conversando com profissionais do sexo que encontrava nas ruas, tentando convencê-las a escolher outra vida. Lia-lhes Tennyson e Thomas Malory, providenciava que pintassem seus retratos e veio a se apegar profundamente a elas.

O político alto e taciturno era especialmente atraído pelas prostitutas bonitas, coisa que não escapou a comentários. Em 1852, descreveu um de seus grandes interesses como, "em boa parte, uma estátua extremamente encantadora, de desmedida beleza".[52] Seu colega Henry Labouchere comentou: "Gladstone consegue combinar sua interferência missionária com uma arguta apreciação de um rosto bonito".[53] Alguns colegas preocupados tentaram alertá-lo sobre as possíveis ramificações de sua conduta, mas ele não quis parar. As profissionais do sexo o chamavam de "Old Glad-eye". Tentou salvar algo entre oitenta e noventa prostitutas nos cinco anos desde 1849, mas não teve muito sucesso. Admitiu: "Sei apenas de uma que abandonou a vida miserável e que posso atribuir com justiça esse fato a uma influência minha".[54]

Para muitos biógrafos, esses encontros eram castos, movidos por excitação sexual, mas sem consumação. Quando um escocês tentou chantagear Gladstone em 1853, depois de espreitar uma conversa sua com uma prostituta, Gladstone avisou pessoalmente à polícia e aos tribunais, sem nenhuma hesitação — conduta não usual num culpado. Mas, quando seus diários foram publicados, em 1968, lançou-se uma luz mais ambígua. Remoendo-se de vergonha, às vezes ele se flagelava após encontros com prostitutas, desenhando no diário um pequeno chicote em miniatura (que apareceu pela última vez em 1859). Seu biógrafo Roy Jenkins afirma que suas "crises emocionais religioso-sexuais" eram "excepcionais mais pelo tremendo peso da culpa que geravam do que pela força da tentação".[55] Embora seja extremamente improvável que tivesse mantido relações sexuais completas com tais mulheres, o próprio Gladstone reconhecia com sentimento de culpa que suas incursões eram de natureza "carnal", uma espécie de tentação sexual que o atraía para penhascos perigosos. Eram o "principal peso" de sua alma. E se não fossem carnais, escreveu ele, "não deixariam tamanho vazio". Em alguns registros misteriosos do diário, Gladstone qualifica as duas horas que passou com a bela e escultural Elizabeth Collins como "estranhas, questionáveis ou mais", seguindo-se o símbolo de um açoite.[56] Seus pensamentos sobre a cortesã Marion Summerhayes "precisaram ser cortados e expurgados".[57]

Perto do final da vida, Gladstone disse aos filhos que achava que as histórias a seu respeito, "fossem verdadeiras ou falsas", deviam ter chegado até Vitória, gerando sua frieza para com ele.[58] (Mais tarde, assegurou ao filho Stephen, sacerdote, que nunca fora "culpado do ato que é conhecido como infidelidade ao leito conjugal".)* Era improvável que a hostilidade de Vitória se devesse às histórias que ouvia sobre Gladstone e as profissionais do sexo; dizia com frequência que ele era bom homem, mas estadista fraco e "louco". Seu desagrado não era moral e sim visceral; passou anos tentando depor William Gladstone. Não tinha nada a ver com as paixões dele; tinha tudo a ver com o fato de que não sabia como tratar a rainha.

Em 1886, os Decretos sobre Doenças Contagiosas finalmente foram revogados. Tinham sido de uma ineficácia absurda: a incidência de doenças venéreas no Exército continuava exatamente igual à de 1865, sem nenhuma alteração durante os vinte anos de vigência da lei. Agora as mulheres não eram mais responsabilizadas como suas únicas portadoras, e a atenção pública passara para os homens. Houve até algumas sugestões de que as mulheres estavam sendo exploradas. Alguns, como George Bernard Shaw, inclusive ousaram sugerir que era hora de examinar criticamente a questão. Em 1893, Shaw escreveu no prefácio à sua peça sobre as profissionais do sexo, *Mrs. Warren's Profession* [A profissão da sra. Warren], que a prostituição é causada não pela "depravação feminina" ou pela "licenciosidade masculina", mas pela "sub-remuneração, pela subvalorização e pelo excesso de trabalho" das mulheres.[59] As prostitutas continuavam a ser objeto de desprezo, bem como de piedade e desejo, mas a briga contra os duplos critérios insuflara energia numa geração de mulheres que tinham em Vitória uma musa involuntária e geniosa. Iniciava-se a lenta marcha rumo ao voto feminino. Vitória seria a

* Isso foi logo antes da morte de Gladstone, em 1898. O biógrafo H. C. G. Matthew conclui que foi uma "declaração precisa e com óbvias ressalvas", que não foi utilizada mais tarde pelo filho Herbert, quando estava defendendo a reputação do pai no tribunal, em 1927, contra as sugestões caluniosas do capitão Peter E. Wright, segundo o qual Gladstone falava em "linguagem dos mais altos e rigorosos princípios" em público, enquanto na vida privada tinha o costume de "perseguir e possuir mulheres de toda espécie". Os advogados de Herbert consideraram que a ressalva implícita na declaração poderia sugerir ao júri que as relações de Gladstone com as dezenas de profissionais do sexo com as quais se dava não eram, de fato, totalmente inocentes. O tribunal confirmou a integridade moral de Gladstone (H. C. G. Matthew, *Gladstone: 1809-1898*, p. 630).

inspiração mas não apoiaria; ela ficaria como uma musa geniosa, a mulher mais poderosa do mundo, que passava os dias tentando controlar homens.

E homens continuaram tentando atirar nela. Brown estava com a rainha em 2 de março de 1882 quando outro louco atirou na rainha, que descia do trem em Windsor. Foi o sétimo atentado à sua vida; um condutor de trem deteve o homem — Frederick McLean — e dois alunos de Eton o atacaram com guarda-chuvas. A Grã-Bretanha estava enfurecida. Mas a rainha se deleitou com a simpatia que o ataque criou, como sempre fez. "Vale a pena levar um tiro", disse Vitória com satisfação, "para vermos quanto somos amados."[60]

Florence Dixie era uma mulher pouco convencional. Escritora, viajante, feminista e correspondente de guerra, Lady Florence Dixie caçava na Patagônia, escrevia livros de viagem, corrigia Charles Darwin em erros fatuais e teve um papel fundamental para criar o futebol feminino na Grã-Bretanha.[61] Em 1880, foi à África do Sul como a correspondente estrangeira do *Morning Post* durante a Primeira Guerra dos Bôeres, após a anexação britânica do Transvaal em 1877, quando Disraeli ocupava o cargo de primeiro-ministro. Lady Florence Dixie tinha algumas ideias controvertidas — que as filhas primogênitas do rei ou da rainha deviam poder herdar o trono, que o ensino devia ser misto, que as mulheres deviam poder usar calças e que os casamentos deviam ser igualitários.[62] E também, fatidicamente, mais tarde se mudou para uma casa perto do Castelo de Windsor (foi obrigada a colocar seu jaguar de estimação num zoológico, pois ele não parava de matar todos os veados do parque em volta do castelo).

Numa tarde de março de 1883, Lady Florence Dixie, então com 26 anos, estava passeando lá fora quando, disse ela, foi derrubada por dois homens com véus e capas compridas, que tentaram esfaqueá-la. Por fim, Hubert, seu cão são-bernardo, afugentou os homens. De início, o ataque foi atribuído aos fenianos republicanos irlandeses, que se sentiram provocados com o apoio de Lady Florence Dixie à autonomia local da Irlanda, em vez da independência completa, embora tenham surgido dúvidas sobre a veracidade dessas suas alegações.[63]

Inquieta com tal ataque ocorrendo a meros quatro quilômetros do castelo, a rainha enviou uma mensagem gentil a Lady Florence Dixie e tentou descobrir o que acontecera. John Brown ficou horas fazendo uma vistoria minuciosa na área, ao ar livre do inverno, procurando respostas para a rainha. Então passou uma semana carregando de um lado e de outro a rainha, que estava com o joelho muito inchado devido a uma luxação. Enquanto isso, Brown enfrentava uma gripe forte. No fim de semana seguinte, Brown adoeceu de erisipela, uma síndrome dolorosa que provoca o inchamento de todo o rosto, inclusive pálpebras, além das orelhas. Nos dezoito anos e meio em que estava no Castelo de Windsor, nunca havia tirado um único dia de folga, e Vitória ficou "zangada" que ele não pudesse atendê-la.

Brown morreu dois dias depois.

Vitória ficou arrasada. "Ele era o melhor coração, o coração mais sincero que já existiu", escreveu a Jessie McHardy Brown, cunhada de Brown. Sentia uma dor "desmedida, pavorosa e não sei como suportá-la ou julgá-la possível".[64] Ela caíra das escadas em 17 de março de 1883, dez dias antes da morte de Brown, e desde então não conseguia andar sem amparo. A partir daí, para seu constrangimento, tinha de se agarrar ao encosto das cadeiras para percorrer os aposentos e andar mancando apoiada em duas bengalas. Precisava ser carregada para subir as escadas e, para passar da carruagem para o trem, tinha de ser conduzida numa cadeira especial. Alguns súditos sugeriram vários remédios — inclusive uma sra. Cash, que achava que as pernas da rainha melhorariam se usasse um triciclo. Ponsonby, com olho clínico para perceber os absurdos, escreveu à esposa: "Imagine a rainha num triciclo".[65]

A semelhança com 1861 e a morte de Albert era marcada. Vitória sentia o coração outra vez dilacerado, a velha chaga sangrando uma nova dor. A rainha, referindo-se a si na terceira pessoa, escreveu ao conde de Cranbrook em 30 de março, dizendo que perdera não só a "mais sincera e cara" companhia, mas também uma amizade sem igual: "A rainha sente que a vida se tornou pela segunda vez extremamente penosa e triste de suportar, privando-a de tudo de que tanto precisa".[66] Alguns dias após a morte de Brown, ela disse a Ponsonby:

A rainha se esforça vivamente em se ocupar, mas está absolutamente esmagada e sua vida sofreu mais um daqueles choques como em 1861, quando todos os elos foram abalados e arrancados e a cada ocasião e a cada momento a perda do braço forte e do conselho sábio, do coração afetuoso e o modo alegre e original de dizer as coisas e a simpatia em todas as circunstâncias grandes e pequenas — se faz sentir crudelissimamente.

Muitas vezes se supõe que a frase de Tennyson a Vitória — que ela estava "totalmente sozinha numa terrível altura" — fora após a morte de Albert. Na verdade, ele disse tais palavras após a morte de John Brown. Quando Tennyson lhe escreveu para consolá-la da morte de Brown, Vitória ficou tão comovida que lhe pediu que fosse visitá-la. Embora trôpego e semicego, Tennyson lhe disse que podia ver quanto a rainha estava isolada e prometeu fazer tudo o que pudesse para reconfortá-la, no pouco tempo de vida que restava a ele.[67] O velho poeta contou depois ao filho que chorara ao se despedir da rainha, pois ela era "muito feminina e muito solitária".[68]

Vitória escreveu a Tennyson agradecendo-lhe a gentileza e dizendo a respeito de Brown:

Ele não pensava em *nada* a não ser em mim, em meu bem-estar, meu conforto, minha segurança, minha felicidade. Corajoso, generoso, *totalmente* desinteressado, discreto ao mais alto grau, dizendo a verdade sem medo e me falando o que ele achava e considerava ser "justo e correto", sem lisonjas e sem dizer coisas agradáveis se não as julgasse corretas... O consolo da minha vida cotidiana se foi — o vazio é terrível —, a perda é irreparável!

A Circular da Corte trazia 25 linhas sobre Brown e o "doloroso choque" da rainha. Tinham sido apenas cinco linhas quando Disraeli morreu.[69] Os sinos dobraram, os gaiteiros foram proibidos de tocar perto do castelo e Vitória ordenou que o manto xadrez que ela e Brown levavam em suas caminhadas escocesas fosse usado como mortalha sobre o caixão. Empenhou-se em garantir que Brown fosse lembrado não apenas como um criado comum — ou um "doméstico", como lhe escreveu Gladstone com certa grosseria, sem reconhecer o óbvio e imenso afeto da rainha pelo indivíduo. Gladstone expressou seus votos de que ela iria "escolher um bom e eficiente sucessor". Vitória não queria nem conseguiria imaginar um sucessor; as pessoas, para ela, eram insubstituíveis. Albert era insubstituível, e John Brown também. Seu coração podia estar crivado, mas ela não tentava tampar os buracos.

Pelo contrário, Vitória encomendou alfinetes de gravata, bustos, monumentos e estátuas de Brown, pediu versos a Tennyson para colocar em sua lápide, dedicou-lhe marcos miliários e cátedras. Então, ainda motivada pelo recente sucesso do lançamento de seus diários da Escócia, Vitória anunciou que iria escrever uma memória de John Brown, destinada, segundo ela, apenas a uma edição particular. Aqui, seus conselheiros adotaram uma posição de invulgar firmeza. Henry Ponsonby escreveu inquieto, pedindo que Sua Majestade o perdoasse "por expressar uma dúvida se esse registro dos sentimentos mais íntimos e sagrados de Vossa Majestade deve se tornar público ao mundo". Sua preocupação era que as palavras de Vitória fossem mal interpretadas por desconhecidos, atraindo um tipo errado de atenção, que seria "doloroso para a rainha".[70] Ela respondeu: "Certamente *não posso* concordar", e disse-lhe que precisava corrigir a impressão de que Brown era apenas um criado, quando, na verdade, era "muito mais do que isso". Era isso que ela queria que o mundo entendesse.[71]

Então um rascunho da biografia foi encaminhado a Randall Davidson, o novo e jovem deão de Windsor, que era o chefe espiritual dos sacerdotes na St. George's Chapel, no Castelo de Windsor, e que ganhara prontamente o respeito de Vitória. Falaram durante horas após a morte de Brown, numa conversa que, segundo ele, foi "extremamente tocante, solene e interessante, mas terrivelmente difícil". Davidson entrou em pânico quando soube que Vitória havia escrito uma memória de Brown, e descobriu que ela fizera extensas citações do diário de Brown. Vitória já havia dedicado *More Leaves from the Journal of a Life in the Highlands* a Brown, para o grande desagrado da família real. Era repleto de narrativas sentimentais de uma vida mansa nos ermos das Highlands.[72] (Em 1884, uma versão satírica das *Leaves* e *More Leaves* parodiou a relação de Vitória e Brown: "Fazemos questão de tomar o desjejum todas as manhãs de nossa vida... Brown me empurrou (num carreto de mão) até o alto de um morro e então me fez descer correndo outra vez. Fez isso várias vezes e nos divertimos muito... Então ele me pôs num barco no lago e me embalou por uma meia hora. Foi muito divertido".)[73]

O deão disse a Vitória que não devia publicar uma biografia de Brown, com o argumento um tanto incomum de que alguns das "classes mais humildes" não eram "dignos de tais confidências".[74] Quando Vitória insistiu na publicação, ele se propôs a renunciar ao cargo. Ela deu um gelo nele durante duas semanas, e depois retomou as relações. O livro nunca foi publicado. Não admira que Ponsonby tenha adorado a chance de queimar os diários de Brown, embora a perda deles — e da *Vida de Brown* de Vitória — faça uma grande falta. Bertie, quando subiu ao trono, destruiu também os restos mortais de Brown e até mandou converter os aposentos de Brown no Castelo de Windsor — que Vitória havia lacrado após a morte dele — numa sala de bilhar.

Mas Vitória assegurou que Brown não caísse no esquecimento. Permitiu que sua adoração pessoal por ele se tornasse pública porque, para a rainha, a relação entre uma mulher poderosa e um criado nunca poderia ser um casamento, nem mesmo um romance a sério. Ela nunca o chamaria de "senhor"; era ela a senhora dele. No entanto, os dois usavam uma linguagem de um curioso tipo de amor. O autor Tom Cullen declara que encontrou um trecho do diário da rainha, transcrito por Vitória e enviado a Hugh Brown (irmão de John) depois da morte dele. Vitória revelou que Brown jurara cuidar dela até a morte, dizendo: "Você não tem criado mais devotado do que Brown". Vitória prosseguiu: "Depois eu lhe disse muitas vezes que ninguém o amava mais do que eu nem tinha melhor amiga do que eu. E ele respondia: 'Nem você do que eu. Ninguém a ama tanto'".[75]

Em 1884, um ano depois da morte de Brown, Vitória ainda estava abatida, preocupada com os tumultos na Índia, Egito e Irlanda, certa de que a vida "fica cada vez mais triste e mais penosa".[76] Então avisaram-na que seu filho hemofílico Leopoldo havia sofrido uma queda em Cannes e machucara o joelho. Logo depois, teve convulsões e morreu de hemorragia cerebral. A esposa estava grávida, esperando o segundo filho. O que atenuou a dor de Vitória foi saber quanto Leopoldo tinha sido infeliz, após uma "sucessão de provações e sofrimentos", atormentado por "um incessante anseio pelo que não podia ter", que só aumentara com a idade.[77] Intelectual intenso e angustiado, Leopoldo sonhava em levar uma vida normal, mas se sentia sufocado pela atitude protetora da mãe e decepcionado por ser causa de ansiedade constante para ela, devido à doença. Era uma existência infeliz — feria-se com facilidade, era desprezado por alguns membros da corte e até cruelmente arreliado por John Brown e seu irmão. A mãe vigilante considerava o filho "muito feio" e desajeitado. Morreu dez dias antes de completar trinta anos de idade.

Não se entendia muito bem a hemofilia no século XIX, embora fosse objeto de extensas pesquisas, principalmente na Alemanha. Poucos hemofílicos chegavam à idade adulta; a expectativa média de vida era de apenas onze anos. Cair do cavalo, escorregar de uma cadeira, arrancar um dente, tudo isso podia acarretar a morte. O mais leve ferimento podia ser mortal: um barbeiro morreu depois de arranhar o nariz com uma tesoura e, em 1860, um bebê morreu ao cortar o lábio num suporte de charuto. As brincadeiras infantis podiam ser fatais; até uma simples contusão podia matar uma criança.[78] Perante a impotência médica, a vida do genitor de um hemofílico era de constante vigilância, preocupação e sentimento de culpa. "Ninguém sabe o medo constante que sinto por ele", escreveu Vitória, que procurava estar sempre perto do filho.[79]

Em 1868, quando Leopoldo estava com quinze anos, recuperando-se de outra hemorragia, o *British Medical Journal* publicou como matéria principal um artigo afirmando que Leopoldo não devia fazer muito esforço.[80] Pensava-se que ele tinha "veias frágeis" ou algum tipo de menstruação masculina; foi somente em 1891 que os pesquisadores mostraram que o sangue dos hemofílicos demorava mais para coagular.[81] Vitória seguiu os melhores especialistas, que defendiam alimentação saudável, cuidado com a higiene, a abstenção de brincadeiras violentas de meninos, e assim por diante.[82] Assim, Leopoldo devorava montanhas de livros, ganhando o título de "o Príncipe Erudito".* Tinha posições convictamente conservadoras em política, das quais Vitória viria a sentir falta.

---

* O problema de saúde de Leopoldo — que nos anos 1860 já era descrito como "veias frágeis" — despertou um debate importante e mais extenso sobre as causas e o tratamento da hemofilia. A partir dos anos 1870, a família real britânica tinha a clara consciência de que sua linha de sangue estava sendo questionada, e Vitória continuou a insistir que não herdara a doença. Os casos de mutação espontânea — ou casos *de novo* — constituíam um absoluto mistério. (Stephen Pemberton, *The Bleeding Disease: Hemophilia and the Unintended Consequences of Medical Progress* [Baltimore: Johns Hopkins University Press, 2011], p. 35.) A única hipótese com alguma base empírica era o casamento entre parentes, segundo um tratado publicado por John Wickham Legg em 1872. Não existem registros de que isso tenha sido discutido com Vitória e, visto que até o final do século XIX não se entendia direito a genética, é pouco provável que tal conversa tenha ocorrido.

Ao crescer, Leopoldo procurou desesperadamente afirmar sua independência. Em 1878, aos 25 anos, não quis ir com a mãe para Balmoral e foi para a Europa; Gladstone achava que ele queria "viver ou morrer intensamente".[83] Queria encontrar uma esposa e viver como um homem normal. Na época, o casamento para os hemofílicos constituía tabu, e era raríssimo — havia a preocupação não só com a longevidade e a capacidade de trabalhar e ter renda própria, mas também com a progênie.[84] O médico de Leopoldo era da firme convicção de que se devia evitar o casamento por causa da perspectiva de transmitir "a herança de uma doença tão pavorosa".[85]

Vitória sabia que, para o filho frágil, o casamento seria "um grande risco e tentativa", mas autorizou.[86] Em abril de 1882, ele desposou a valente e imponente princesa Helen, do estado germânico de Waldeck. Na véspera do casamento, à noite, ele escorregou numa casca de laranja e teve um sangramento perigoso. No dia das bodas, a mãe o observava atentamente, "ainda manco e trêmulo", "no dia mais importante de sua vida".[87] Pela primeira vez em 42 anos, Vitória usou seu véu nupcial branco sobre os trajes negros. Agora, não tendo decorrido nem dois anos, Leopoldo morria e ela voltava a se vestir apenas de preto.

26. "Dois couraçados colidindo": A rainha e o sr. Gladstone

Mein Gott! Que mulher, *aquela!* Com ela dá para negociar!

OTTO VON BISMARCK[1]

Às vezes os sujeitos mais esquisitos dão os maiores heróis. Homem magro, sempre mal--ajambrado, o general Charles George Gordon era muitas vezes considerado arrogante e presunçoso. Quando menino, gostava de pregar peças nos colegas de escola e sonhava em ser eunuco. Como cadete, batia nos mais novos com escovas ou vassouras. Na época em que era tenente do Exército britânico, era um cristão fanático que desprezava os confortos materiais, insistia em receber um baixo soldo e ansiava pela morte. Dizia que lutara na Guerra da Crimeia na esperança de que o matassem. Como no caso de Napoleão III, os olhos cinza-azulado de Gordon eram tidos como a chave secreta do misterioso controle que exercia sobre grandes contingentes humanos, principalmente, em seu caso, as forças tribais inimigas na China e na África. Quando não estava na guerra, Gordon cuidava dos doentes e pobres nos asilos de Kent e recolhia moleques de rua. Também tinha uma inexplicável predileção, provavelmente duvidosa, pela companhia de garotos.

Essa excentricidade não foi obstáculo para a celebridade de Gordon. Na metade do século, quando Vitória se afligia com a Questão Oriental e a queda do Império Otomano, Gordon desempenhou um papel fundamental no esmagamento da Revolta de Taiping na China, uma guerra civil brutal que se prolongou de 1850 a 1864, na qual morreram pelo menos 20 milhões de pessoas. O homem que conduziu o "Exército Sempre Invicto", composto de soldados chineses, a uma sucessão de vitórias passou a ser conhecido como "Gordon Chinês" e seu nome viria a se converter em lenda imperial.

Em 1882, apesar da relutância de Gladstone, os britânicos ocuparam o Egito, que na época era nominalmente uma província turca. A política britânica era um tanto confusa, mas a intenção inicial era ajudar o trono egípcio a evitar um motim militar e a ruína econômica, bem como proteger o Canal do Suez e os investimentos britânicos feitos no Egito após a inauguração do canal, em 1869. Não muito depois, no vizinho Sudão, surgiu um místico carismático que declarou guerra santa pela independência da nação, libertando-se do domínio turco-egípcio. O místico se dava o nome de Muhammad al--Mahdi, o Messias Islâmico. Em 1883, o governo sudanês tentou esmagá-lo, mas não conseguiu. As tropas egípcias lá presentes não foram suficientes para repelir os rebeldes, e logo ficou claro que os egípcios no Sudão teriam de ser evacuados, junto com todos os cidadãos britânicos. O gabinete ministerial de Gladstone era ambíguo quanto à intervenção. A rainha não. Ela queria esmagar o Mahdi, mas outros, sobretudo liberais como Gladstone, queriam a retirada de todas as tropas.

O general Gordon parecia um candidato improvável para resolver o dilema. Agora com 51 anos, com sua fama já apagada, devia seguir para o Congo, onde suspeitava — ou esperava — que iria morrer. Os políticos que o admiravam em público consideravam em privado que ele não regulava bem. E. W. Hamilton, secretário de Gladstone, chamava-o de "fatalista semidoido". Sir Robert Hart, funcionário consular britânico na China, achava que ele estava "plenamente em si". Mas, depois que Gordon concedeu uma entrevista ao famoso editor W. T. Stead dizendo que trataria a crise do Sudão como havia feito na China — e que não deviam abandonar, e sim fortificar Cartum, a capital do Sudão —, a imprensa londrina mais sensacionalista passou a apregoar "Gordon para o Sudão".

De início, Gladstone resistiu à pressão de encaminhar Gordon a uma missão indefinida. Não queria se envolver com o Egito, preferia abandonar totalmente o Sudão e não queria perder tempo ou recursos garantindo mais territórios. Por que enviar um aventureiro agressivo para organizar uma retirada? Apesar disso, e imaginando que a missão seria breve, ele cedeu aos argumentos de que Gordon poderia aconselhar na estratégia, sem a executar pessoalmente.[2] Vã esperança: Gordon era de gênio independente, com profundo desprezo pela autoridade. Achava que o gabinete ministerial britânico era composto de charlatães e julgava responder a uma autoridade muito mais alta, nos céus. Somos joguetes dos acontecimentos, dizia à irmã: "Somos pianos".[3]

E assim o concerto começou. Gordon enviou um telegrama tipicamente curto e grosso para o governador em Cartum: "Não seja covarde. Vocês são homens, não mulheres, estou chegando. Diga aos moradores".[4] Ele conseguiu evacuar 2500 mulheres, crianças e feridos antes que os mahdistas rebeldes cercassem a cidade, deixando-o preso ali dentro. Gordon se encarniçou na luta. O governo britânico passou o verão de 1884 se perguntando se enviaria tropas para resgatá-lo; ele recebera ordens de deixar o Sudão, não de ocupá-lo. Gordon estava ciente de sua quebra da disciplina, escrevendo no diário em 19 de setembro: "Reconheço ter sido muito insubordinado ao governo de Sua Majestade e seus servidores, mas é de minha natureza e não tenho como evitar".[5] Sua insolência o tornou ainda mais estimado entre o público. Charles Dilke, integrante do gabinete radical que apoiara o envio e o resgate de Gordon, alertara em março, depois de receber uma dúzia de telegramas "extraordinários": "[Estamos] evidentemente lidando com um desvairado sob a influência daquele clima da África Central que age mesmo sobre o mais são dos homens como uma bebida forte".[6]

Passaram-se meses enquanto o governo debatia se enviariam soldados e, em caso afirmativo, de que espécie e em que quantidade, e por qual rota seguiriam. Vitória, colérica, insistia com Gladstone que apoiasse Gordon, a quem tinha na conta de "homem absolutamente extraordinário".[7] Sentindo-se preocupadíssima com a segurança dele, resolveu entrar em contato direto com seus generais. Ao receber uma repreensão do ministro da Guerra, Lord Hartington, ela retrucou: "A rainha sempre telegrafou diretamente para seus generais e sempre procederá assim... A rainha não admitirá ordens. Não será uma máquina". Então contrariou diretamente o conselho do primeiro-ministro, recomendando ao general Wolseley, ao ser enviado para Cartum, que garantisse que os soldados ficassem no Sudão.[8] Ela se queixou a Vicky que sua posição à frente do Império não dava nenhum prazer, pois, "apesar de advertir e escrever, insinuar e falar... não fazem nada enquanto não têm uma pistola apontada para o peito".[9] Disse ao primeiro-ministro em 9 de fevereiro de 1884 que "tremia" pela segurança de Gordon, o qual estava indo do Cairo para Cartum: "Se acontecer alguma coisa a ele, o resultado será terrível".[10]

O cerco de Cartum começou em 13 de março de 1884. Somente em novembro o Exército britânico se pôs em marcha para ajudá-lo.

Depois de um cerco que durara mais de trezentos dias, Gordon foi morto pelos mahdistas. Fincaram barbaramente sua cabeça cortada numa árvore do acampamento. Sua morte se deu em 26 de janeiro de 1885. A expedição britânica de socorro chegou a Cartum após dois dias. A notícia da morte de Gordon chegou a Londres dez dias depois. Vitória rugiu de ódio. Era, para ela, uma humilhação profundamente pessoal.[11] Culpou o governo: "Sobre a cabeça deles", escreveu a Vicky, "pesa o precioso sangue de Gordon e de milhares!". Estava com a consciência limpa: "Adverti, insisti sem cessar, tudo em vão. [Mas] sr. Gladstone... ficará marcado para sempre com o sangue de Gordon, aquele homem heroico".[12]

A rainha concluiu que era hora de dar um passo extremamente irregular. Enviou um telegrama *en clair* — e assim todos poderiam lê-lo, pois não era secreto — a Gladstone, ao ministro das Relações Exteriores, Lord Granville, e ao ministro da Guerra, Lord Hartington. O chefe da estação de trem de Carnforth Junction entregou o telegrama ao primeiro-ministro, quando voltava de Lancashire — onde estivera hospedado com o duque de Devonshire — para Londres, ao saber da notícia da morte de Gordon. Ele abriu o telegrama e leu as palavras ásperas da rainha: "Essas notícias de Cartum são terríveis e é assustador demais pensar que tudo isso poderia ter sido evitado e muitas vidas preciosas estariam salvas se se agisse antes". Furioso, Gladstone jurou que nunca mais pisaria em Windsor e pensou em renunciar.

Naquela noite, a rainha recebeu uma resposta firme e cuidadosamente elaborada. Gladstone escreveu que, embora não "pretenda avaliar os meios de julgamento de que dispõe Vossa Majestade", não se sentia, pelas lembranças e pelas informações de que dispunha, "plenamente capaz de concordar com a conclusão que aprouve a Vossa Majestade anunciar". Em outras palavras, ela estava equivocada. As forças britânicas, comandadas por Lord Wolseley, poderiam ter chegado a Cartum em tempo de salvar Gordon, escreveu ele, se não tivessem sido retardadas por tomar uma rota sinuosa ao longo do rio, "por determinação expressa do general Gordon".[13] Tecnicamente, ele tinha razão, mas a questão não era propriamente essa. Vitória havia insistido na ação dez meses antes de ser empreendida; não era uma questão de dias.

Sofrendo novamente de "hiperatividade dos intestinos", Gladstone adoeceu e ficou com as mãos cheias de urticária.[14] Foi assistir a uma peça em 19 de fevereiro de 1885, o mesmo dia em que chegou a notícia da morte de seu general, e mal mencionou Gordon no Parlamento — e não foi o elaborado lamento que Disraeli teria feito, como bem sabia Vitória. Gladstone tinha razão no sentido de que, estrategicamente, Cartum pouco significava para o Império Britânico, mas estava calamitosamente errado sobre o impacto da perda de um general do porte de Gordon para seu partido. Os *tories* adoraram receber tal munição com tanta facilidade, um símbolo da visível falta de ambição imperial dos liberais. O apelido de GOM (*Grand Old Man*) foi invertido para MOG (*Murderer of Gordon*, assassino de Gordon).

A essa altura, Gladstone mal conseguia ocultar seu desprezo pela rainha voluntariosa. Abria as reuniões do gabinete lendo em voz alta os ditames de Vitória, então enfiava suas cartas de volta no bolso e dizia em tom superior: "E agora, senhores, ao trabalho".[15] Em abril de 1885, declarou que as posições de Vitória eram "totalmente imprestáveis".[16] O que ele não conseguia entender era que, bem ou mal, Vitória tinha um misterioso talento de expressar a opinião de muitos súditos seus. Desenvolvera instintos políticos melhores do que os de muitos ministros seus. E às vezes suas intervenções tinham êxito. Em 1884, por exemplo, o Parlamento estava empacado no Terceiro Projeto de Lei da

Reforma, que estendia o direito de voto aos trabalhadores rurais. Vitória, de modo geral, era favorável à reforma eleitoral, mas não gostava das perturbações que isso causava. Estava otimista quanto ao projeto, mas horrorizada com as propostas de alguns liberais para a abolição da Câmara dos Lordes. Instruiu Gladstone a refrear "alguns de seus colegas e adeptos impulsivos" e declarou que a posição de monarca ficaria "totalmente insustentável" se não restasse nenhum equilíbrio do poder.

Vitória insistia que os liberais se entendessem com os *tories*, os quais mantinham a posição inflexível de que só aprovariam o Projeto de Reforma se, ao mesmo tempo, fosse apresentado um projeto de lei de redistribuição. A negociação resultou na concordância da Câmara dos Lordes em aprovar a reforma, enquanto um projeto de redistribuição recém-negociado dava entrada na Câmara dos Comuns. Lord Granville elogiou a "poderosa influência" da rainha e Henry Ponsonby lhe reconheceu o mérito de "martelar incessantemente os dois lados para serem moderados e insistir no acordo entre eles".[17] Quando Gladstone lhe agradeceu, Vitória deu uma resposta um tanto teatral: "Poder ser útil é a única coisa que agora me importa na vida".[18] Estava com sessenta e poucos anos e se concentrava no trabalho. Com seu êxito na negociação daquele acordo, Vitória se convenceu de duas coisas: a premonitória possibilidade de criar um terceiro partido, de centro, e a eficácia de sua influência pessoal.

Mas a política externa foi uma área em que a influência de Vitória ficou praticamente paralisada durante o mandato de Gladstone. Gladstone tinha uma aversão congênita ao chauvinismo e à expansão como fim em si mesmo, mas o país continuava imperialista. Relutante, teve de ser empurrado para entrar em guerras coloniais na África do Norte e do Sul, bem como na Ásia Central. Como escreveu seu biógrafo Roy Jenkins, Gladstone ficou com "o pior dos dois mundos... Desde o começo, um governo eleito com uma plataforma amplamente anti-imperialista se viu na incômoda posição de chapinhar em inúmeros atoleiros imperiais".[19] A política externa resultante era incoerente — se as forças britânicas se retiraram do Transvaal em 1881, em 1882 ocuparam o Egito; se o gabinete enviou Gordon para resgatar os britânicos no Sudão, negou-se a socorrê-lo quando estava sitiado. No Castelo de Windsor, havia num corredor um busto de mármore do general Gordon como fria lembrança de sua morte.

Por sete penosos meses em 1884, o silêncio em torno da mesa real tinha sido glacial. De maio a novembro, Vitória e Beatrice deixaram de se falar, passando bilhetinhos pela mesa a fim de se comunicarem, enquanto garfos e facas tilintavam na porcelana dos pratos. O grande bloco de gelo que Vitória costumava colocar nas mesas de jantar para refrescar o ar durante o verão se tornou quase dispensável. Era uma situação muito constrangedora, sobretudo em vista da usual proximidade entre elas. Até aquele momento, a filha caçula de Vitória sempre mostrara obediência. Mas agora tinha se apaixonado pelo belo príncipe Henry de Battenberg, bem debaixo do nariz de Vitória.* Quando Beatrice, a filha tímida e respeitosa de 27 anos, confessou que o príncipe Henry lhe cativara o coração, Vitória se mostrou previsivelmente egoísta e melodramática: "O prazer morreu para sempre em minha vida".[20]

Fazia tempo que ela temia esse momento. Tentara impedir que se pronunciasse a palavra "casamento" na frente de Beatrice. Assegurara que a filha nunca ficasse sozinha num aposento com um homem e nunca dançasse com ninguém, a não ser com os irmãos. Postergara sua crisma. Queria proteger sua amada caçula de uma instituição que via com grande ceticismo; afinal, Vitória agora dizia odiar o casamento. Adorara o seu, claro, mas considerava as contínuas gestações traumáticas e dolorosas, a perda de um filho constituía uma dor insuportável e, além do mais, os casamentos eram, em sua maioria, infelizes. Sua própria família era prova disso. Vicky era infeliz na Prússia, submetida aos sogros críticos e controladores; Louise desposara um homem tido como homossexual e se entregara a uma série de amantes; Alice morrera numa terra distante; apenas a introvertida Helena vivia feliz com o marido, ali perto. Vitória falou desconsolada: "Quanto mais eu vivo, mais acredito que raramente os matrimônios trazem verdadeira felicidade. A maioria é de conveniência — não de verdadeira felicidade —, embora, claro, quando o é, seja grandemente valorizado, mas é muito raro que dure".[21]

De um ponto de vista moderno, o controle de Vitória sobre Beatrice parece egoísta e sufocante, e de fato era, em muitos aspectos. Mas, no século XIX, também era prática usual que as filhas mais novas se dedicassem aos pais idosos. Todo o resto devia ser sacrificado a isso. Muitas filhas de classe média se exasperavam com os limites da existência de solteironas; não era o caso, porém, da dócil Beatrice.[22] Mas agora ela tinha uma chance de felicidade com "Liko". Beatrice também podia ser teimosa, contrapondo seu próprio silêncio ao obstinado silêncio materno. Liko era um ótimo partido: gentil, elegante e espirituoso. O silêncio finalmente foi rompido quando três protetores masculinos — Bertie; o grão-duque Louis de Hesse, viúvo de Alice; e seu irmão, o príncipe Louis de Battenberg — saíram em defesa de Beatrice. Vitória apresentou suas condições para aprovar o casamento: o casal teria de morar com ela, sempre, sem ter nenhuma

---

* Aconteceu no casamento de Victoria, a filha mais velha de Alice, com Louis, o irmão mais velho de Henry. Vitória ficara desconcertada ao descobrir que o viúvo de Alice, Louis, duque de Hesse, acabara de se casar com sua amante, uma divorciada russa. A rainha imediatamente providenciou a anulação do casamento e enviou Bertie para avisar a desafortunada. (Ela deu à luz um filho do duque, mas entregou-o para adoção.) "Somos uma família unida quando estamos todos de acordo", disse Bertie. E um tanto brutal.

morada própria. Cansada, Beatrice prontamente concordou — e Liko também, pois afinal nem tinha muitas posses.

As bodas se realizaram em 23 de julho de 1885, um dia quente e ensolarado, numa igreja perto de Osborne. Foi pequeno o número de presentes à cerimônia; Vitória, notadamente, não convidou Gladstone. Beatrice usava renda branca e flores de laranjeira, como usara a mãe, e tomou de empréstimo seu véu de noiva. Vitória, emocionada, comentou que Beatrice estava "muito doce, pura e calma".[23] Na noite anterior, a rainha saíra discretamente com Beatrice de uma movimentada soirée, acompanhando-a até seu quarto, e lhe deu um grande abraço apertado, chorando.[24] Em certo sentido, deixava partir a última filha, depois de mais de quarenta anos de maternidade. Saiu dali com lágrimas nos olhos e foi se deitar, olhando pela janela as decorações iluminadas em volta da casa e dos jardins, rezando e pedindo que Beatrice fosse feliz e nunca a deixasse. Vitória se sentiu "profundamente infeliz" depois do casamento, mas logo foi conquistada pelo genro alegre e afável (inclusive, de modo bastante surpreendente, permitindo-lhe que fumasse com os amigos após o jantar). Beatrice estava aliviada em ter ganhado certa independência da mãe taciturna e controladora.

Beatrice logo engravidou do primeiro dos quatro filhos que teria. E cedo se evidenciou que era portadora da temida hemofilia. Um dos meninos — também chamado Leopoldo — herdou a doença. A única filha, Victoria Eugenie, viria a ser tremendamente impopular quando se casou com o rei Alfonso XIII e transmitiu a doença à família real espanhola.

No dia em que o governo de Gladstone caiu em 1885, quatro meses após a morte de Gordon, Vitória se rejubilou "como uma aluna que acabou de entrar de férias".[25] O governo foi derrotado numa questão secundária — uma proposta de aumentar o imposto sobre a cerveja —, mas vinha tendo problemas de legitimidade desde a morte do general Gordon. O governo também estava profundamente dividido sobre a questão candente da independência irlandesa. O Parlamento foi dissolvido e Lord Salisbury, *tory*, se tornou primeiro-ministro — função que desempenhou por três vezes. No primeiro mandato, encabeçou um governo minoritário em junho de 1885, que durou apenas alguns meses.

Indivíduo alto, com início de calvície e uma barba espessa, Salisbury era um conservador que renunciara em 1867, após a aprovação do projeto de reforma de Disraeli. Sua desconfiança em relação a mudanças condizia perfeitamente com a de Vitória. Mantinham uma relação sem percalços e Vitória veio a sentir grande afeto pelo cavalheiresco Lord Salisbury. Era cortês, intelectual, divertido e, tal como a rainha, contrário à autonomia local.

Salisbury foi também o primeiro premiê de Vitória a ser mais novo do que ela, e o último político aristocrata a liderar o governo britânico a partir da Câmara dos Lordes. O Titã Vitoriano, como o chamou seu biógrafo Andrew Roberts, viria a obter maiorias esmagadoras para os *tories* em 1895 e 1900, consolidando um longo período de governo conservador.

Vitória adorava o tempo que passava com Salisbury e disse a um de seus bispos que ele ocupava "igual lugar entre os mais excelsos de seus ministros, inclusive Disraeli".[26] Sua filha Violet observou certa vez, depois de presenciar uma conversa dos dois na França: "Nunca vi duas pessoas se entenderem tão bem; a polidez das maneiras, o respeito e a estima entre ambos constituíam uma visão muito agradável".[27]

O respeito era mútuo. Salisbury acreditava que a rainha tinha uma misteriosa capacidade de refletir as posições do público; ao conhecer a opinião de Vitória sobre algum assunto, ficava com a impressão de que agora "sabia com bastante certeza quais as posições que os súditos adotariam, especialmente os da classe média".[28] Salisbury e a rainha também tinham a mesma preocupação com as condições de vida dos pobres. Em 1883, ele escrevera um artigo sustentando que os problemas habitacionais levavam não só a problemas de saúde, mas também a problemas morais. Essa relação também tinha espicaçado o interesse de Vitória. Ficava horrorizada com a descrição de cortiços locais que o reverendo Andrew Mearns apresentara em *The Bitter Cry of Outcast London*, publicado em outubro de 1883.[29] O ensaio descrevia as condições infamantes de superlotação e trazia relatos de incestos, e foi divulgado por aquele grande vigilante autonomeado em sua cruzada contra a sujeira, o vício e a exploração em Londres, o editor W. T. Stead.* Vitória, ainda pranteando a morte de Brown, ocorrida poucos meses antes, escreveu a Gladstone dizendo que estava desolada com os relatos da "condição deplorável das casas dos pobres em nossas cidades grandes" e perguntou se não era o caso de implantar um programa de obras públicas e de se abrir uma investigação sobre o tema.[30] Diante da relutância de Gladstone, ela pressionou outros políticos mais sim-

---

* Como editor da *Pall Mall Gazette*, Stead veio a realizar uma grande cobertura pormenorizada do comércio de sexo infantil em Londres – *The Maiden Tribute of Modern Babylon* – em 1885, com a colaboração da reformadora feminista Josephine Butler. Vitória ficou horrorizada com a publicação dos casos pavorosos para consumo público e, quando Stead foi preso por obscenidade, ela se recusou a intervir. Gladstone, que mostrou surpreendente desinteresse pelas histórias, acelerou a reforma no Parlamento, sabendo que Stead podia ter os nomes de alguns parlamentares envolvidos. (Gladstone disse que "não [estava] muito satisfeito com a maneira como essa massa de horrores foi coligida nem com o efeito moral de sua ampla divulgação com a venda nas ruas". 15 de julho de 1885, H.C.G. Matthew, *Gladstone*, pp. 541-2.) Mas a idade de consentimento foi aumentada de treze para dezesseis anos e as penas foram agravadas. Stead, que estava no *Titanic* e morreu no naufrágio nas águas geladas do Atlântico Norte, ganhou fama duradoura.

páticos à causa e membros do clero. Em fevereiro de 1884, foi nomeada uma comissão real para examinar a questão habitacional das classes trabalhadoras; entre os integrantes estavam Salisbury e Bertie.

Em 1885, Salisbury, como primeiro-ministro, apresentou um decreto na Câmara dos Lordes tornando os proprietários responsáveis pelos problemas higiênicos das habitações e conferindo aos conselhos governamentais locais o poder de fechar moradias sem condições sanitárias. Foram leis graduais, mas importantes; incentivaram o público a pensar sobre as soluções possíveis para as condições dos cortiços, e seguiram-se novas investigações e créditos habitacionais.

Em janeiro de 1886, Salisbury renunciou após a derrota na votação de um projeto de lei fundiário. Os 86 nacionalistas irlandeses no Parlamento arregimentaram os votos contra ele, na esperança de que Gladstone — que agora apoiava a autonomia local — voltasse ao poder. Vitória deu início a uma vigorosa campanha organizada para garantir que Gladstone não retornasse ao cargo de primeiro-ministro. Primeiro, ela se negou a aceitar a renúncia de Lord Salisbury. Segundo, tentou criar uma aliança entre conservadores e *whigs* moderados para afastar os liberais. Vitória disse a George Goschen, liberal unionista moderado, que mudar o governo seria "um grande desastre", acrescentando: "Estou apavorada pelo país".[31] Insistiu que ele criasse uma aliança com os *tories* centristas e recuasse do apoio a Gladstone, pois ele apenas "arruinará o país se puder". Disse a Salisbury que recusaria qualquer "pessoa objetável" caso Gladstone entrasse. Terminou um memorando se lamentando: "Que coisa terrível perder um homem como Lord Salisbury para o país, para o mundo, e para *mim*!".[32]

Não houve alternativa que Vitória não explorasse a fim de impedir o retorno de Gladstone ao cargo de primeiro-ministro. Chegou a pedir a Tennyson — o qual acabava de voltar de uma viagem com o amigo Gladstone num cruzeiro marítimo até a Escandinávia — que tentasse dissuadir Gladstone de concorrer na próxima eleição.[33] Tennyson declarou que não tinha muita influência sobre ele.[34]

A intervenção de Vitória se deu em um grau espantoso: não disfarçava sua antipatia por Gladstone, tentou afastá-lo — e mantê-lo afastado — do poder, procurou ativamente formar outras alianças e governos, e esperava ter palavra decisiva quanto aos nomes selecionados para o gabinete ministerial. Não havia simulação alguma de imparcialidade. O secretário e os ministros de Vitória a alertaram várias vezes sobre o fato de que, se o público viesse a saber dessas maquinações, a exporia a críticas e talvez a um escândalo. Goschen, liberal moderado, recusou-se taxativamente a visitá-la por receio de "comprometer" a situação (posição pela qual ela o castigou mais tarde).[35] Ele recomendou a Vitória que mandasse chamar Gladstone, dizendo que os liberais ainda estavam sob o domínio do GOM.

Temendo que a imprensa descobrisse a relutância de Vitória em chamar Gladstone, Ponsonby se pôs em ação, perguntando se podia convocá-lo imediatamente, para "pôr

fim ao inquieto desassossego".[36] O último recurso de Vitória foi uma atitude passivo-
-agressiva. Ponsonby foi correndo encontrar Gladstone tarde da noite, já prestes a
vestir seu camisolão de dormir, para lhe perguntar se formaria um governo; quando
o encontrou ele disse que "Vossa Majestade entendera pela reiterada manifestação
de seu desejo de se retirar da vida pública que ele não aceitaria cargos e, portanto, ao
enviar essa mensagem, ela o deixava livre para aceitar ou não".[37] Não era uma acolhida
propriamente calorosa.

O GOM, agora já habituado à desaprovação da rainha, aceitou e se tornou primeiro-
-ministro mais uma vez. Ponsonby frisou as escolhas da rainha para a seleção do
gabinete: não aceitaria Charles Dilke, que fora mencionado num caso escandaloso de
divórcio e era um franco republicano. Gladstone resmungou, mas concordou. A rainha
também objetava à inclusão de Lord Granville, amigo de Gladstone, com o que ele
também concordou. Depois, concordou igualmente em não nomear Hugh Childers
para o Ministério da Guerra, o que lhe pareceu um "grande sacrifício".[38] (Em vez disso,
Childers foi nomeado ministro do Interior.) Vitória lhe lembrou que suas objeções não
eram de caráter pessoal, e sim "pelo país".[39] O que mais lhe interessava apurar eram
as intenções exatas de Gladstone em relação ao governo autônomo da Irlanda: ele iria
investigar a reivindicação irlandesa de autonomia, como dizia? Ou era apenas um
preparo diplomático do terreno para sua implantação?[40] Era esta a questão decisiva
da política britânica da época: iria se permitir que os irlandeses amotinados tivessem
governo próprio? A ardorosa convicção de Gladstone de que a questão devia ser pelo
menos avaliada seriamente custou-lhe caro. Veio a ser seu projeto de maior fôlego e de
maior visão. No entanto, o mais autodestrutivo.[41]

Na década de 1880, a Questão Irlandesa dominava o Parlamento britânico. A Irlanda vinha sofrendo uma prolongada depressão agrícola, com catastróficos ciclos de
fome e incessantes explosões de violência. Crescia o apoio aos fenianos republicanos
irlandeses. Já nos anos 1840, antes da fome da batata, Gladstone via a Irlanda como
uma "tempestade que se aproximava". Nas décadas seguintes, observou enquanto as
nuvens se enegreciam. Em 1868, quando lhe disseram que ia ser primeiro-ministro,
enquanto derrubava árvores na sua propriedade, ele parou e declarou: "Minha missão
é pacificar a Irlanda".

E tentou. Primeiro, liberou os agricultores católicos de pagarem dízimo depois de
desinstituir a Igreja da Irlanda, em 1869.[42] A seguir, tentou lidar com a cultura dos
senhores latifundiários (na maioria, ausentes) implantando medidas de proteção aos
rendeiros irlandeses. Em 1870, aprovou leis que garantiam aos rendeiros despejados
a indenização por melhorias que tivessem feito nas propriedades durante sua perma-

nência. Em 1881, criou o Segundo Decreto de Terras Irlandesas, que fornecia alguma segurança efetiva ao permitir que os rendeiros requeressem valores justos pelo uso da terra, estabilidade da parceria ou liberdade para transferir seus contratos de arrendamento. (Os agricultores irlandeses, em sua grande maioria, não eram donos da terra e a arrendavam dos proprietários que, em sua maior parte, moravam na Inglaterra. Em 1870, apenas 3% das terras eram ocupadas por agricultores proprietários da área.)[43]

A tarefa mais colossal, porém, era a autonomia local. Constituía um anátema para a imensa maioria da Câmara dos Lordes, para muitos de seus correligionários liberais e para a própria rainha. A incerta economia irlandesa, as consequências da fome e da longa depressão, a estrondosa violência republicana e o descontentamento agrário formavam uma fonte coletiva de embaraços para a Grã-Bretanha. Enquanto o Império Britânico procurava enaltecer as liberdades civis e, de vez em quando, o reconhecimento dos direitos dos povos nativos no cenário mundial, fazia-se mais do que óbvia a acusação de hipocrisia junto de casa. Gladstone julgava que o ciclo de fúria era um câncer que se espalhava pelo corpo político britânico.

A rainha não estava convencida de que a Irlanda merecia ou precisava de autonomia. Achava que Gladstone estava "sempre desculpando os irlandeses"[44] e várias vezes lhe relembrava a oposição a seu "terrível" projeto de lei.[45] De fato, a violência, de certa maneira, acabou sendo culpa dele. Sua insistência em promover o debate, disse ela, provocava desassossego e fazia da Irlanda um "estado de terror total". A rainha defendia a lei marcial e tentou fortalecer sua influência no Parlamento.[46] Incentivou os contrários à autonomia local a se unirem, de qualquer partido que fossem, para proteger o Império e derrotar o projeto de lei.[47] Censurava constantemente Gladstone, já cansado, e pediu que ele redigisse um memorando sobre suas exatas intenções.[48] A carta de Gladstone, expondo seu desejo de simplesmente "examinar" o assunto do governo autônomo, não a acalmou, embora a determinação dele fosse, em parte, motivada pelo reconhecimento da vontade dos irlandeses.[49] Vitória disse a Gladstone que nunca interpretasse seu silêncio sobre o assunto como aprovação por parte dela, que "via apenas perigo para o Império" no curso de ação dele, e que não lhe daria apoio "quando a união do Império corre o risco de desintegração e séria perturbação".[50] Gladstone relembrou à rainha suas responsabilidades legais, declarando que estava "muito humildemente ciente" de seu desejo "de dar um apoio constitucional invariável àqueles que têm a honra de ser os conselheiros de Vossa Majestade".[51] Ele sabia muito bem que o apoio da rainha era extremamente variável, mas, por lei, era obrigada a dá-lo. No entanto, tal como o general Gordon, Vitória julgava responder a um poder mais alto.

A oratória de Gladstone, em seu discurso na Câmara dos Comuns sobre a questão da autonomia local em abril de 1886, foi eletrizante. O projeto de lei apresentado à casa contemplava um governo e um Parlamento próprios em Dublin, os quais controlariam todos os assuntos irlandeses, exceto a política exterior, a defesa e o comércio. (Também removia os parlamentares irlandeses de Westminster, o que despertava objeções em muitos parlamentares liberais, pois perderiam votos com que contavam.) "Este, se bem entendo", disse Gladstone com sua voz forte e de entonação cantadinha no final, "é um daqueles momentos dourados em nossa história, uma daquelas ocasiões que podem chegar e passar, mas que raramente ressurgem."[52]

O momento passou, porém. Em 8 de junho, o projeto foi derrotado, por 341 a 311. Os liberais se dividiram, e 93 votaram contra. Os liberais unionistas se separaram do partido liberal e até 1914 se mantiveram alinhados com os conservadores na oposição à autonomia local. Gladstone tinha mais antevisão do que habilidade política, e não conseguiu arrebanhar número suficiente de correligionários.

Foi uma vitória para Vitória. Ao receber um telegrama de Gladstone em 20 de julho de 1886, informando a renúncia de seu governo, ela escreveu no diário: "Não posso deixar de me sentir muito grata".[53] A dedicação de Gladstone àquela medida não fazia sentido algum para Vitória, para quem ele se tornara "quase fanaticamente" fervoroso "em sua crença de se estar quase sacrificando pela Irlanda".[54] Como sempre, ela tinha a habilidade de sentir os ventos políticos — e ajudar a soprá-los quando podia. Encorajou ativamente políticos importantes contrários ao projeto e continuou a insistir com os liberais moderados para chegarem a um termo comum com os conservadores moderados.

Naquele verão e outono após a votação de 1886, houve dezenas de mortes em tumultos políticos em Belfast e várias centenas de prisões. Gladstone não desistiu, mesmo depois da renúncia. Em 1887, escreveu em seu diário: "Um rogo absorve todos os outros: Irlanda, Irlanda, Irlanda".[55] Voltou a lutar pela autonomia local na eleição de 1892, e em 1893 conseguiu dar entrada a um projeto de lei mais brando: a versão foi prontamente, rotundamente rejeitada pela Câmara dos Lordes. O engajamento de Gladstone na questão do governo autônomo na Irlanda era fascinante: baseado em princípios, era politicamente impossível. A Câmara dos Lordes jamais o apoiaria. Em vez de trazer unidade às Ilhas Britânicas, ele dividira seu partido e viria a ser responsabilizado pela ausência dos liberais no governo durante quase vinte anos. Mas, se a Grã-Bretanha tivesse aprovado o projeto de lei de Gladstone em 1886, teriam sido evitados 35 anos de tumultos e derramamentos de sangue.* Gladstone tinha razão — era uma oportunidade única, e foi perdida.

---

* As duas casas do Congresso só aprovaram a autonomia local em 1914, cuja implantação foi então adiada devido à eclosão da guerra. Somente em 1921, com a assinatura de um tratado após uma guerra de guerrilha dos nacionalistas, a Irlanda ganhou sua independência. A Irlanda do Sul se separou no ano seguinte — chamando-se Estado Irlandês Livre —, enquanto a Irlanda do Norte se manteve sob domínio britânico.

＊ ＊ ＊

Nessas décadas de 1870 e 1880, Vitória estava em seu apogeu político. Demonstrou-se mais hábil com os mecanismos do poder do que a maioria dos homens ao redor dela. Muitos dos contemporâneos tinham dificuldade em entender como — ou se — uma mulher podia exercer tanto poder. Segundo escreveu Arthur Ponsonby, seu pai, Henry Ponsonby, que se tornara secretário particular da rainha Vitória em 1870, teria considerado seu cargo intolerável se se resumisse a "adular uma senhora de meia-idade obstinada que pouco sabia e menos ainda se importava com o que se passava". Mas Ponsonby logo formou "uma elevada opinião sobre as capacidades dela e ficava constantemente surpreso com sua diligência". Considerava-a uma "pensadora clara, sensata, honesta, que em algumas coisas era excelente mulher de negócios".[56] Mas não é fácil discernir claramente nesses relatos o grau de eficiência de Vitória. Muitas vezes, as atitudes de ambos pareciam somente reproduzir a opinião de Samuel Johnson sobre as mulheres pregadoras: o surpreendente era que existissem.[57]

O que hoje é mais surpreendente é descobrir até que ponto Vitória era uma monarca enérgica e intervencionista. Forçava sistematicamente os limites de seu papel. Tentava ao máximo possível garantir que decidiria questões de política externa junto com o ministro das Relações Exteriores, sem que precisassem ser examinadas no gabinete ministerial. Passava por cima do primeiro-ministro para dar suas diretrizes pessoais aos generais. Tentou impedir que Gladstone ganhasse e mantivesse o poder. "A rainha era menos propensa a ceder aos ditames ministeriais do que geralmente se supõe", escreveu Sir Edmund Gosse em 1901.[58] E, no entanto, Vitória cultivava tão ciosamente a imagem de uma rainha dócil, reclusa e cordata que os livros saídos após sua morte, ao darem a entender que ela tinha opiniões próprias, foram considerados radicais. O grau de sua interferência na política — e o arrojo de sua influência — só ficou evidente a partir dos anos 1920 e 1930, quando foram publicadas as cartas dos últimos anos de seu reinado. Até mesmo Lord Salisbury — seu primeiro-ministro por três vezes — escreveu: "Posso dizer com segurança que nenhum ministro em seu longo reinado jamais desconsiderou seu conselho nem a pressionou para desconsiderá-lo sem sentir que incorrera numa perigosa responsabilidade... Ela sabe do que está falando".[59] Como assinalou um dos editores de suas cartas, Lord Esher, a rainha sempre cedia lugar às posições de um gabinete unido, mas "nem sempre cedia prontamente à opinião de um ministro só".[60]

Assim, qual era exatamente o papel constitucional da rainha? A Grã-Bretanha não tem uma Constituição escrita, mas sim pedaços de inúmeros materiais: estatutos, julgamentos, obras de referência, tratados e convenções. Em 1867, durante o período de luto e reclusão da rainha, Walter Bagehot, em sua obra fundamental *The English Constitution*, observou que não havia nenhuma exposição clara, em parte alguma, do papel constitucional do monarca. Porém afirmou que a falta de compreensão do papel da rainha aumentou seu prestígio: "Quando houver um comitê eleito acima da rainha, o encanto da realeza se desfará. O que lhe dá vida é seu mistério. Não podemos deixar a luz iluminar a magia. Não podemos trazer a rainha à arena de combate da política, ou ela deixará de ser reverenciada por todos os combatentes; tornar-se-á uma combatente entre muitos outros".[61]

Bagehot concluiu que o monarca tinha três direitos: "o direito de ser consultado; o direito de incentivar; o direito de advertir".[62] Embora o monarca fosse o "rosto" da democracia, escreveu ele, seu papel era basicamente cerimonial e simbólico. Mas foi apenas depois que Bertie subiu ao trono que essa monarquia de tipo cerimonial e simbólico se tornou norma.[63] Vitória exercia muitos outros direitos além dos enunciados por Bagehot: o direito de repreender, de tirar apoio, de moldar os gabinetes, de maquinar contra os primeiros-ministros e de instruir oficiais militares.

Segundo Bagehot, a primeira função de uma família real era ornamentar a política "com o devido acréscimo de eventos bonitos e agradáveis".[64] Sua segunda função era despertar lealdade entre os incultos ou simplórios: "Ser um símbolo visível de unidade para aqueles de instrução ainda tão insuficiente que precisam de um símbolo".[65] A terceira era receber dignitários e ministros estrangeiros. A quarta era oferecer um exemplo de moral (mas observando que muitos dos antecessores de Vitória falharam nesse quesito). A última era oferecer estabilidade em épocas de transição, que serviria como uma espécie de "disfarce" para mudanças de governo.

Os maiores poderes do monarca eram exercidos durante a queda e a criação de governos. Quando um partido estava dividido e não era capaz de escolher um líder, o monarca, segundo Bagehot, poderia "escolher entre as fileiras do partido dividido seu melhor líder", desde que seu juízo fosse imparcial.[66] Mas quem iria julgar o discernimento do monarca?[67] Bagehot concluiu que, devido à fraqueza precocemente adquirida das dinastias hereditárias, poucos monarcas estariam realmente capacitados para tal tarefa: "Provavelmente, na maioria dos casos, a máxima sabedoria de um rei constitucional se mostraria na *inação deliberada*".[68] Mas, claro, o poder estava ali, e Vitória o usava sempre que podia, mesmo quando não havia divisões nos partidos. Em termos técnicos, só poderia ocorrer uma divisão quando houvesse mais de uma pessoa capaz de comandar uma maioria na Câmara dos Comuns. E isso ocorreu apenas uma vez durante o reinado de Vitória, em 1894. Todavia, ela escolheu também Lord Aberdeen em 1852 e Lord Rosebery em 1894 — ambos foram legítimas escolhas reais. Durante a cisão por causa da autonomia local da Irlanda, Vitória tentou forçar o duque de Argyll a criar um novo partido de moderados para "salvar o país e a Constituição". Também incentivou os liberais contrários à autonomia local a formarem um grupo separado de liberais unionistas.[69]

É evidente que Vitória também acreditava ter o poder de demitir um primeiro-ministro e o ministério, mesmo que nunca o tenha exercido. Quando o rei da Grécia demitiu seu gabinete inteiro em 1892 por "levar o país à bancarrota", Vitória considerou que ele estava em seu pleno direito: "mas se é sábio exercer tal direito é algo que depende das circunstâncias".[70] Ela fazia objeções à nomeação ministerial de certos homens, mas não julgava correto demiti-los depois de nomeados. Seus protestos costumavam ser, pelo menos na aparência, de ordem moral — como no caso de Henry Labouchere, que morara com uma atriz antes de se casar com ela —, e não só de ordem pessoal (Labouchere também criticara a monarquia). Gladstone protestou, mas acatou o veto e, tal como fez com Dilke, deixou ambos de fora.

Apesar de serem os chefes dos executivos, esperava-se que reis e rainhas concordassem com os conselhos dados por seus ministros. Mas, para Vitória, a ideia de simplesmente apor o sinete real a políticas que lhe eram entregues era insultante: ela não era uma "mera máquina". Afinal, Stockmar lhe havia dito que o monarca era o "premiê permanente" e o primeiro-ministro era apenas o "líder temporário do gabinete".[71] Disraeli também a incentivara a ter uma noção bastante altaneira de seu lugar, chamando-a de "Ditadora" e "Árbitra". Henry Ponsonby agia em sentido oposto, passando muitos anos inquietos a tentar garantir que Vitória se baseasse no conselho de seus ministros, e não simplesmente em sua própria opinião.[72] Mas ela nunca vetou propostas ministeriais, ainda que lutasse para derrotá-las. Quando Gladstone apresentou um projeto de lei para desinstituir a Igreja irlandesa, por exemplo, Vitória se manifestou contrária ao projeto e, ao mesmo tempo, ofereceu auxílio para aprová-lo.

No final do reinado de Vitória, a Inglaterra estava mais próxima de se tornar uma democracia — agora dois terços dos homens podiam votar (embora as mulheres ainda não) e os poderes do monarca eram consideravelmente menores. Como rainha, Vitória se empenhou numa contínua redefinição. Trabalhou freneticamente para preservar seus poderes, mas em caráter privado. Era uma analista política inteligente e enérgica, mas se apresentava habilmente aos súditos como simples mãe passeando pela Escócia. Isso dá provas de sua aguda intuição política; ela sabia que os súditos a amavam quando parecia ser um deles, mas, com seus ministros, agarrava-se com tenacidade a seus poderes nada convencionais. Vira Bismarck corroer a influência do imperador germânico, sogro de Vicky, e não tinha a menor intenção de deixar que isso acontecesse com ela. Procurava ignorar que Gladstone era o líder do partido e contava com o apoio popular, mas foi obrigada a reconhecer o fato quando suas maquinações se demonstraram inúteis. O ponto em que ela insistia — ameaçando abdicar se não a ouvissem — era a pertinência de seu papel.

Nos anos 1880, Gladstone já passara a considerar sua rainha como "um tanto descortês".[73] Ela o importunava mais do que importunara qualquer outro primeiro-ministro — e ele revidava quase no mesmo nível, dizendo que suas exigências de se manter informada sobre as disputas ministeriais eram "intoleráveis" e "inadmissíveis". Gladstone queria que ela abdicasse em favor de Bertie e admitia que sua confiança na monarquia estava abalada. Com o tempo, ele passou a se importar menos com as opiniões dela a seu respeito. A antipatia de Vitória por Gladstone era tão cabal e indisfarçada que em 1886, na segunda vez em que ocupou o cargo de primeiro-ministro, ele já estava resignado com as farpas e reprimendas da rainha. Tinha plena consciência de que ela ia adorar a queda de seu governo poucos meses depois, na esteira da cisão irlandesa.

Em 1881, Gladstone anotou sobre uma audiência que teve com a rainha: "Recebido com muita cortesia, tive audiência longa, mas sempre por fora de um círculo de ferro: e sem nenhuma vontade, se eu pudesse, de atravessá-lo".[74] Ele escreveu a Charles Dilke: "Tenho certeza, por uma centena de sinais, de que ela aguarda ansiosamente o dia de minha retirada como um dia, se não de júbilo, pelo menos de alívio".[75] Ele tinha razão, e mesmo assim ambos viveram até idade muito avançada, sempre às turras. Vitória sempre subestimou a potencial longevidade de Gladstone. Toda a vez que o via, dizia que ele estava doente e depauperado. Ela também envelhecia, andando com o auxílio de uma bengala e recebendo massagens diárias para aliviar a dor do ciático e diminuir o reumatismo.

É muito possível que Vitória tivesse inveja de Gladstone, como concluiu o secretário dele, Edward Hamilton, principalmente de sua extraordinária influência sobre os súditos da rainha. Muitas vezes, advertia-o para não discursar como fizera na Campanha Midlothiana. Dizia-lhe para ter cuidado com as palavras, tratando-o como um adolescente precisando de supervisão constante, embora ele tivesse dez anos mais do que ela. Mandava-lhe bilhetes antes de discursos importantes: em 1881, ela recomendou que fosse "muito cauteloso";[76] em 1883, que fosse "muito contido em sua linguagem".[77] Em setembro de 1883, Hamilton escreveu:

Ela se sente, como diz [Gladstone], ofendida pela indevida reverência demonstrada a um homem de idade do qual o público é constantemente relembrado, e que continua a trabalhar pelo povo além do tempo designado, ao passo que S. M., devido à vida que leva, se mantém longe das vistas... Ela não suporta ver as letras em corpo grande que encabeçam as colunas dos jornais com "os movimentos do sr. Gladstone", enquanto abaixo vem em corpo pequeno a circular da corte... Ela se vê com um primeiro-ministro que tem uma posição única neste país e diferente da de qualquer outra pessoa que ela conheça ou, na verdade, que qualquer predecessor seu tenha conhecido.[78]

373

Entre todos os homens de Estado com quem Vitória trabalhou, Gladstone era o mais visionário. Era totalmente diferente de Lord Melbourne, chistoso e indiferente, que preferia a inércia ao esforço. Gladstone lidava com as principais questões de sua época, decidido a avançar, mesmo que sozinho. Não tinha paciência para grupos de debate nem pesquisas de opinião — preferia a persuasão e a liderança. Ele introduziu as primeiras leis de ensino nacional com o Decreto de Ensino de 1870, rompeu a influência política dos latifundiários irlandeses com o Decreto do Voto Secreto de 1872, desinstituiu a Igreja Anglicana na Irlanda, tentou acabar com a compra de votos com o Decreto contra as Práticas de Corrupção, introduziu o exame de mérito para a contratação de servidores públicos e eliminou o costume de se pagar pela patente de oficial nas Forças Armadas.

O fato de Vitória transpor as linhas constitucionais talvez não tenha gerado maiores controvérsias porque raramente alcançava grande êxito; se tivesse conseguido afastar Gladstone do poder ou convencer algum de seus aliados centristas a formar um governo, o público ficaria chocado e ela seria condenada. Os súditos a imaginavam flanando pela Escócia, e não serrando o galho de um primeiro-ministro popularmente eleito. Havia entre eles um grande choque de vontades e personalidades.*[79]

---

* Por ironia, uma das poucas coisas em que Vitória e Gladstone concordavam é que ambos achavam absurdo dar às mulheres o direito de voto ou qualquer poder político. Segundo Gladstone, isso minaria a fonte de poder das mulheres: "a delicadeza, a pureza, o refinamento, a elevação de sua natureza própria". Vitória concordava, ao mesmo tempo disparando um fogo cerrado de cartas e telegramas ao campo do inimigo, seu primeiro-ministro, exigindo sua rendição. Gladstone para Samuel Smith, 11 abr. 1892, cit. in Susan Bell e Karen Offen, *Women, the Family, and Freedom*, v. 2, p. 224.

27. Monarca de touca

O símbolo que une este vasto Império é uma coroa, não uma touca.

LORD ROSEBERY[1]

Queriam que ela usasse uma coroa. Afinal, era o que monarcas usavam. No Jubileu de Ouro, a rainha certamente iria usar um símbolo refulgente dos cinquenta anos de seu reinado, um símbolo de sua estatura, de seu comando, de sua riqueza e singularidade, não? Mas Vitória deu de ombros aos pedidos da família e do primeiro-ministro. Em 1887, em seu Jubileu de Ouro, usou touca e um vestido preto liso. Recusou-se a usar os tradicionais mantos de veludo roxo e a coroa cerimonial, e a carregar o cetro e o orbe que carregara com tanto cuidado em sua coroação cinquenta anos antes. Lá estavam reis, rainhas, princesas e príncipes, grandes homens e grandes mulheres da Europa, deslumbrantes em suas plumas, joias e ornamentos; mas Vitória seguiu atrás deles em sua carruagem, pequena e toda de preto. Tal era seu instinto, sua marca própria, e era totalmente original: era a rainha que usava touca, não coroa.[2] Aparecia no topo do mais poderoso Império do mundo como a mais dócil figura de proa.

Em 21 de junho de 1887, o dia ensolarado do ofício de Ação de Graças na Abadia de Westminster, Vitória ficou sentada em sua carruagem, protegendo o rosto com uma sombrinha. Cinquenta anos antes, era uma adolescente bonita e animada: a "rosa da Inglaterra". Agora era uma viúva envelhecida, que dera à luz nove filhos, perdera dois destes, além de cinco netos e seu mais leal amigo e companheiro. Em vez de correr pelos parques na garupa de um cavalo, como fazia na juventude, agora era conduzida num carrinho puxado a cavalo, manca, muitas vezes exausta. Olhando em torno naquele dia brilhante de primavera, os alaridos ensurdecedores, as aclamações, o oceano de rostos sorridentes inclinados, olhando para cima, encheram-na de emoção. A duquesa de Cambridge, uma de suas damas de companhia, comentou que "as massas e milhões de pessoas aglomeradas nas ruas" pareciam "um formigueiro".[3]

Um grupo de trabalhadores corria ao lado da carruagem de Vitória, aclamando e gritando o mais que podiam: "Isso aí, velhinha! Muito bem! Muito bem!".[4] Ela acenou com a cabeça, rindo, enquanto seus olhos se enchiam de lágrimas. À frente, seguiam em fila os homens da realeza: seus três filhos, cinco genros e nove netos. As espadas da cavalaria indiana faiscavam ao sol. Cavalos de pelagem clara puxavam carruagens oficiais cheias de membros das realezas, principalmente europeias. Vitória tinha 43 parentes na procissão da Abadia de Westminster, inclusive os cônjuges dos filhos e netos. Lá dentro, sentou-se em cima dos mantos escarlates e de arminho, postos na cadeira de sua coroação na abadia — mas, deliberadamente, "de forma nenhuma envolveu sua pessoa neles".[5] Fitou os integrantes da Câmara dos Comuns sentados mais abaixo. Examinou o rosto de todos, sem conseguir ver Gladstone, embora ele estivesse lá.

As damas presentes usavam na maioria cores pálidas, branco e cinza, no traje simples de luto que Vitória prescrevera. Eram os homens que refulgiam pomposos: uniformes escarlates, roupas civis bordadas, vestes episcopais de veludo púrpura que se estendiam pelo chão. Os participantes mais vistosos eram os vindos das colônias distantes, "chefes de climas orientais", que exibiam esmeraldas e diamantes do tamanho de um seixo, em fieiras cruzando o peito e cravejando os turbantes.

A rainha fez uma concessão: pela primeira vez em 25 anos, sua touca estava enfeitada com renda branca e orlada de diamantes. Dali a poucos dias, as mulheres elegantes de Londres estariam usando toucas parecidas, decoradas com diamantes. Um repórter criticou essa moda nova numa festa real ao ar livre no Palácio de Buckingham, em julho, o mês seguinte ao Jubileu: "Sua Majestade e as princesas na Abadia usaram suas toucas ornadas dessa maneira, em vez de diademas. É uma questão totalmente diferente que as damas façam das toucas adereçadas um artigo para usar em festas ao ar livre".[6]

Por toda a Inglaterra, por vários dias prolongaram-se feiras, piqueniques, regatas, torneios esportivos e jantares para jovens, pobres e idosos. Para as crianças, a expectativa era fascinante. Winston Churchill, com doze anos de idade, escreveu da escola à sua mãe: "Não consigo pensar em nada, a não ser no Jubileu". Os dois dias de comemoração se encerraram com uma festa para 30 mil escolares no Hyde Park. Empanzinaram-se de tortas de carne, pães doces, laranjas, além de leite, limonada e gengibirra. Como entretenimento, havia seis bandas militares, vinte encenações de Punch e Judy, cem tonéis "da sorte", oito teatros de marionetes, nove trupes com cães, cavalos e macacos adestrados, mil cordas de pular com "pegadores do Jubileu", 10 mil balõezinhos e outros 42 mil brinquedos.[7] Gigantes e pigmeus andavam por ali, lado a lado.

Do extremo norte da Escócia à ponta sul da Inglaterra, "luzes ardiam na maioria dos montes, e fogueiras acesas queimavam até o amanhecer".[8] Apenas nos 52 condados da Inglaterra e Gales foram acesas mais de mil fogueiras, e mesmo num ponto tão setentrional como as Ilhas Orkney, onde os locais mal conseguiram ver as chamas porque o céu ainda estava claro, devido ao sol da meia-noite do solstício de verão.[9] O fogoso orgulho do Império encandeou as alturas das Ilhas Britânicas. A comemoração não tinha precedentes: houve algumas escassas tentativas de comemorar o Jubileu de Prata de Jorge III em 1785, pelos 25 anos de reinado, mas o comparecimento foi pequeno.

Agora Londres parecia uma cidade encantada, cintilando com iluminação a gás, a querosene, a óxido de cálcio, a eletricidade, com castiçais e fios de luzes decorativas. Havia tantas lâmpadas iluminando a cidade que em alguns lugares a claridade era maior do que a luz do sol. Um certo sr. Breidenbach de Bond Street providenciou repuxos esguichando perfume de violetas que subiam a dezesseis metros de altura e depois ficavam acesos com lâmpadas elétricas.

Ao longo de tudo isso, Albert permanecia como uma presença fantasmagórica, conjurada pelo luto persistente de Vitória. Ao nascer do dia 20 de junho, Vitória, como sempre, sentiu aguda consciência de sua solidão. Escreveu no diário: "Chegou o dia e estou sozinha". Faria 25 anos que o marido morrera. Uma geração inteira crescera sem o conhecer, mas ela ainda continuava ali teimosamente vestida de negro, tentando homenageá-lo, na certeza de que as pessoas, com as aclamações, mostravam entender quanto ela sofrera sem ele. Depois do Jubileu, Vitória redigiu uma carta agradecendo aos súditos pela bondosa acolhida que lhe deram ao ir e voltar da Abadia de Westminster: "Ela mostrou que o trabalho e as preocupações de cinquenta longos anos, 22 dos quais passei numa imperturbada felicidade, animada e compartilhada por meu amado marido, e igual número de anos repletos de dores e provações, enfrentadas sem seu braço protetor e sua sábia ajuda, foram apreciados por meu povo".[10]

Quando 3 milhões de súditos fizeram doações para um "Fundo de Mulheres para o Jubileu", que angariou 75 mil libras, Vitória decidiu encomendar mais uma estátua de Albert (embora tenha destinado a maior parte da arrecadação à criação do Instituto de Enfermagem do Jubileu da Rainha).[11] Graças a Vitória, Albert permaneceu (embora ela tenha alterado algumas de suas regras estritas: permitiu a participação no Jubileu de mulheres consideradas inocentes em casos de divórcio; chegou a pensar em estender esse privilégio a mulheres de outros países, embora Lord Salisbury a tenha desaconselhado, "devido ao risco de admitir mulheres americanas de caráter leviano").[12] Era um período de leniência — prisioneiros de todo o Império foram libertados, exceto os que eram cruéis com animais, pecado que Vitória considerava imperdoável.

Como de costume, Vitória fazia suas reflexões sobre a solidão em meio à numerosa parentela. Queria que os filhos expressassem amor publicamente. Ao ler os discursos dos filhos preparados para o Jubileu, ela escreveu a Ponsonby: "A rainha aprova essas respostas, mas quer que as palavras 'minha querida mãe' sempre venham inseridas. Não só nesta ocasião, mas sempre... a rainha quer que nunca sejam omitidas quando os filhos a representarem".

Seus sete filhos sobreviventes, agora espalhados pelo globo, reuniram-se em Londres para brindar ao longo reinado da mãe. Affie, com 42 anos, estava estacionado em Malta com a família, como comandante-chefe da frota britânica no Mediterrâneo. Arthur, com 37, era comandante-chefe do Exército de Bombaim e vivia feliz com a esposa na Índia — e logo estariam com seus três filhos. Vicky, com 46, morava na Prússia, infeliz e extremamente impopular, perseguida por uma imprensa desconfiada, por um chanceler antibritânico, Bismarck, e pelos próprios filhos, principalmente o primogênito, Guilherme.

Os outros filhos de Vitória ainda estavam na Inglaterra: Beatrice, que acabava de completar trinta anos, estava na segunda gravidez, e alegremente recolhida com seu novo marido, Liko. Quando a filhinha Ena nasceu poucos meses depois, em Balmoral, Liko dizia que era "a netinha do Jubileu". Louise ainda não completara os quarenta anos, e era infeliz no casamento com o marquês de Lorne. Helena estava com 41, intensamente envolvida em suas obras de caridade; no ano do Jubileu, tornou-se presidente da recém-fundada Associação Britânica das Enfermeiras.

Bertie, que Vitória passara a estimar mais nos últimos tempos, agora um quarentão corpulento, estava com 45 anos e tinha cinco filhos, mas sua sucessão ao trono parecia tão distante quanto vinte anos antes. W. T. Stead lhe deu uma alfinetada na *Pall Mall Gazette*: "O príncipe de Gales, 'o homenzinho gordo e careca de vermelho', que parecia tão insignificante ao lado de seu magnífico cunhado alemão de branco, algum dia reinará sobre nós?".[13] Às vezes, era como se Vitória fosse um elemento permanente na paisagem britânica.

Uma semana depois da cerimônia do Jubileu, Fritz, o marido de Vicky, foi operado de um caroço na laringe. Os médicos disseram que não era maligno, e as esperanças de Vicky pela cura do marido aumentaram. O carocinho fora descoberto inicialmente em maio, e fizeram várias tentativas dolorosas e desajeitadas de removê-lo com fio de arame em brasa, mas, depois de removido, sempre ressurgia. Seis médicos alemães diagnosticaram câncer da garganta e recomendaram uma operação arriscada, que resultou na perda de voz de Fritz e poderia ter sido fatal. Um especialista britânico, dr. Morell Mackenzie, correra até a Prússia para examiná-lo, a pedido de Vicky. Dr. Mackenzie removeu um caroço da garganta de Fritz e disse ser benigno. Os médicos alemães insistiram que havia algo errado; dr. Mackenzie retirou outro pedaço e confirmou que, mais uma vez, não era canceroso. Vicky queria muito acreditar no dr. Mackenzie, mas sua confiança num médico inglês desagradou aos locais e também a seu primogênito, Guilherme, que começava a conspirar para eliminar o pai da linha sucessória.

Guilherme era um indivíduo orgulhoso, sem talentos e muitas vezes cruel, que nutria um ódio particular pela mãe. No parto doloroso que Vicky sofrera, ele estava em posição invertida e teve de ser puxado do útero, causando uma paralisia parcial de seu braço esquerdo, por lesão do nervo (hoje conhecido como paralisia de Erb). Com isso, o braço esquerdo de Guilherme ficou quinze centímetros mais curto do que o direito, o que ele passou anos tentando disfarçar, apoiando-o em espadas ou em outros esteios. A medicina não estava preparada para lidar com essa deficiência, que na época era considerada vergonhosa. Os tratamentos empregados para tentar corrigir o braço eram horrendos. Um deles, aplicado pela primeira vez quando ele tinha apenas alguns meses de idade, era o "banho animal". Duas vezes por semana, matava-se e se abria uma lebre; punha-se o braço defeituoso de Guilherme dentro do corpo ainda quente do animal, na esperança de que sua força vital se transmitisse magicamente ao bebê. Também lhe aplicavam choques elétricos e ele tinha que usar um aparelho de metal que o forçava a manter a cabeça erguida. Ele culpava a mãe pela vergonha e pelos anos de tratamentos dolorosos e inúteis: nunca a perdoou.[14]

Como conservador militarista favorável ao controle do Estado, Guilherme se julgava o verdadeiro patriota da família. "Imaginava-se de enorme importância", disse Vicky a Vitória. Pensava ser mais prussiano do que seu pai progressista, Fritz, e era grande admirador de Bismarck e de tudo o que estivesse associado ao "despotismo e Estado policial". Vitória se irritava tanto com a arrogância do neto de 28 anos que nem queria convidá-lo para o Jubileu do Ouro. Vicky teve de intervir em favor do filho, sobretudo porque qualquer sinal de divisão entre a Inglaterra e a Alemanha iria apenas exacerbar seus próprios problemas como mulher britânica liberal na Alemanha conservadora. A ideia de Willy era deixar o pai doente na Prússia e ir a Londres por conta própria. Na Inglaterra, Vitória via com maus olhos as maquinações do neto. O próprio chanceler Bismarck reconhecia que Willy era imaturo demais para governar, impetuoso, "suscetível a lisonjas, e poderia mergulhar a Alemanha na guerra sem querer nem prever".[15] Acabou-se demonstrando que era uma questão de caráter, não de maturidade, pois foi exatamente isso que aconteceu anos depois, quando a impetuosidade de Guilherme para entrar em guerra se mostrou muito superior à sua competência para travá-la.

Em novembro de 1887, determinou-se que Fritz de fato tinha câncer; dr. Mackenzie acabou por concordar. Willy se lançou despudoradamente à tentativa de agarrar o poder, convencendo o imperador prussiano — seu avô e pai de Fritz — a autorizá-lo a assinar todo e qualquer documento em nome de Fritz. Em fevereiro de 1888, Fritz passou por uma traqueotomia. Em 23 de março, Guilherme estava como representante do imperador, trabalhando no Ministério de Relações Exteriores da Alemanha e presidindo a inúmeros comitês parlamentares. Preparou seu discurso de coroação e mantinha na escrivaninha um plano detalhado de sua sucessão no cargo. Fritz sabia que já era tratado como defunto; a mágoa só aumentou quando Charlotte e Henry, irmãos de Guilherme, passaram a apoiá-lo.[16] Vicky se queixou com Vitória: "As pessoas em geral nos consideram como mera sombra passageira a ser logo substituída pela *realidade* na forma de William!". Parecia-lhe uma dolorosa injustiça que seu marido, Fritz, estivesse tão doente no momento em que estava a ponto de herdar o trono; o imperador agora estava com noventa anos e certamente morreria logo. Vicky estava convicta de que o marido seria um grande líder humanitário da Prússia e um vigoroso defensor da democracia parlamentar.

Em março de 1888, Fritz, cada vez mais debilitado, tornou-se o imperador Frederico, após a morte do pai. Vitória ficou exultante que a filha agora fosse imperatriz: "Parece um sonho impossível".[17] Vitória, que a essa altura era uma dirigente com meio século de experiência nas costas, recomendou a ambos que fossem firmes e exigissem respeito, apesar da doença de Fritz.

Fritz não tinha voz. Escrevia as instruções no papel e respirava por uma cânula, enquanto o filho mais velho esperava sua morte com impaciência. Vicky andava com os nervos à flor da pele e às vezes suas nevralgias a deixavam confinada ao leito. Passava os dias fazendo tricô ou crochê ao lado do marido, enquanto ele comprimia um saco de pedras de gelo na garganta, ou se punha junto à porta, do lado de fora, para ouvir como estava sua respiração, ou acompanhava-o em passeios de carruagem enquanto ele se debatia com acessos de tosse. Vicky era isolada e incompreendida; as origens britânicas lhe traziam enorme impopularidade. Suas cartas particulares vazavam para a imprensa e eram publicadas na íntegra. Os três filhos também a atacavam, acusando-a de ser a causadora da doença do marido ou de garantir que não recebesse tratamento médico adequado. Mesmo quando Vicky sorria, isso era tomado como sinal de insensibilidade.

A elite dominante se impacientava e espalhava maledicências sobre Vicky. Para Herbert, filho de Bismarck, a aproximação da morte de Fritz era "uma sorte"; ficaria feliz em se ver livre de um homem casado com uma mulher de "aparência totalmente inglesa" que podia significar uma política externa catastrófica.[18] A nobreza e o chanceler Bismarck temiam que Fritz tentasse dar a regência a Vicky. A mera ideia de Vicky assinando documentos para Fritz encontrava oposição de Bismarck e do próprio filho dela, Henry, que dizia: "A Prússia dos Hohenzollern e o Reich alemão não devem permitir ser comandados por uma mulher".[19] A pobre imperatriz estava sitiada.

Era hora de uma intervenção materna. Vitória resolveu ir à Prússia, ao voltar das férias na Itália em abril de 1888, para ver Fritz e lhe mostrar apoio. Estando lá, confrontaria o velho estadista Bismarck, frente a frente. Ao mesmo tempo, estava em jogo outra delicada operação diplomática. A filha de Vicky, a princesa Victoria, queria se casar com o príncipe Alexander de Battenburg — "Sandro" —, que renunciara ao trono da Bulgária em 1886, após sete anos de reinado. Fritz dera sua permissão à filha. Bismarck, cujo filho estava de olho na bela princesa, levantou fortes objeções, alegando que o casamento provocaria raiva na Rússia, especialmente no novo tsar, Alexandre II, que era primo de Sandro. Sandro era alto, de notável beleza e adorado pela rainha Vitória, embora ela tivesse aconselhado Vicky a esperar até obter plena aprovação (haviam dito a ela também que Sandro estava apaixonado por uma cantora lírica especialmente bonita).

Quando Vitória entrou nos aposentos de Fritz, ele lhe estendeu um buquê; foi a última vez que ela o viu. Então recebeu Bismarck em seus aposentos no Palácio de Charlottenburg. (Lord Salisbury insistiu que ela estivesse com um ministro a seu lado, mas Vitória recusou.) Não se sabe bem o que aconteceu nos 45 minutos que passaram conversando a sós, mas, ao sair dali, Bismarck enxugou a testa com um lenço. Logo depois, declarou: "*Mein Gott!* Que mulher, *aquela*! Com ela dá para negociar!".[20] Homem para quem o conceito de autoridade feminina era um anátema, Bismarck depois alterou seus comentários para lhes dar um ar mais condescendente: "A vovó se comportou com muita sensatez em Charlottenburg".[21] A pobre Vicky soluçava ao se despedir da mãe. Mas a visita de Vitória foi um triunfo, ao relembrar aos alemães o poder que possuía a mãe da imperatriz deles. Willy, invejoso, fungou: era "mais do que hora que a velha morresse".[22]

Fritz ocupou o trono por apenas 99 dias: ele faleceu em 15 de junho de 1888. Àquela altura estava um "verdadeiro esqueleto".[23] Escrevera na véspera um bilhete à esposa: "O que está acontecendo comigo?".[24] Vicky ficou horas sentada ao lado de sua cama, segurando uma esponja embebida em vinho branco para que ele sorvesse. Depois do último suspiro, cerrando os olhos com força, Vicky depôs a espada em seu braço e beijou as mãos e os pés do marido. Guilherme entrou prontamente em ação. Suas forças — dezenas de hussardos com casacas escarlates — cercaram depressa a casa. Pôs um cordão de isolamento na sala do telégrafo, enquanto revistavam o gabinete de Fritz buscando provas de algum complô liberal.

O novo Kaiser foi ao quarto da mãe e vasculhou o aposento, acusando-a de esconder documentos secretos que, segundo ele, seriam enviados à Inglaterra. Vicky ficou ali parada, de pé, olhando-o e chorando. (Ela também previra isso: por ocasião do Jubileu de Ouro, Vicky já levara para a Inglaterra uma caixa com os papéis particulares de Fritz, que escondeu num cofre de ferro no Palácio de Buckingham. Mais tarde, quando Fritz percebeu que estava à morte, conseguiu que um médico levasse secretamente seus diários de guerra para o embaixador britânico em Berlim, a fim de preservar um registro preciso do papel que desempenhara nas guerras franco-prussiana e austro-prussiana e na unificação de sua terra natal.)[25] A seguir, quando Vicky tentou ir até o terraço e cortar algumas rosas para colocar sobre o corpo de Fritz, um guarda a agarrou rudemente pelo braço e a fez voltar.

Sentada sozinha em seu quarto, atônita, Vicky escreveu à mãe, que a entenderia melhor do que ninguém: "Sou uma viúva, não mais a esposa dele. Como vou suportar? Você suportou e eu suportarei".[26] Vitória foi solidária: "Não tive a agonia de ver outro ocupar o lugar de meu marido angelical, o que sempre pensei que *nunca* conseguiria suportar!". E o lugar fora ocupado por um filho que não só mandava, mas também desprezava a mãe. Mesmo Herbert von Bismarck, que era amigo de Fritz, dizia que ele era "frio como uma pedra de gelo. Convencido desde o começo de que as pessoas só existem para ser usadas... e depois podem ser postas de lado".[27] Guilherme enterrou o pai o mais rápido possível, esquecendo-se convenientemente de abrir e ler suas instruções para o funeral.

O novo Kaiser nacionalista tinha uma profunda ambivalência em relação à Grã-Bretanha, o que constituía uma mudança significativa nas relações anglo-germânicas. Usava uniforme britânico quando estava em visita à avó, que ele amava, e disputava entusiasticamente corridas de iate pela Ilha de Wight. Mas também sentia uma grande rivalidade, e se concentrou em montar uma Marinha prussiana que fosse capaz de concorrer com a britânica. Ele acabaria em guerra com a família do lado materno, o que fez com que a família real mudasse seu nome de Saxe-Coburgo-Gota para Windsor durante a Primeira Guerra Mundial, quando a Grã-Bretanha combatia a Alemanha. Guilherme foi de uma grosseria ímpar com Bertie, recusando-se a recebê-lo em Viena não muito depois de se tornar Kaiser, por causa de algo que Bertie dissera no funeral de Fritz. Vitória ficou chocada, julgando-o detestável e pretensioso e a esposa "odiosa". Só com muita relutância permitiu que ele a visitasse em Osborne em 1889, quando então se sentiu desarmada pelo afeto dele e sua alegria em ter permissão de usar um uniforme de almirante britânico. Guilherme exultou: "O mesmo uniforme de St. Vincent e Nelson; é suficiente para dar vertigens".[28]

O que teria acontecido se o câncer não tivesse levado Fritz em idade prematura? A Alemanha teria ficado sob o governo de um imperador liberal e compassivo, um dirigente que desejava melhorar a vida dos trabalhadores e que sentia especial desprezo pelo movimento antissemita. "Como homem civilizado moderno, como cristão e cavalheiro, ele o considerava abominável", escreveu Vicky; sempre que pôde, procurou se contrapor ao antissemitismo.[29] Seu filho Guilherme era o oposto, atiçando e promovendo o antissemitismo e escrevendo em 1927, durante o exílio na Holanda, que "a imprensa, os judeus e os mosquitos... são pragas de que a humanidade precisa se livrar de um ou outro modo. Creio que o melhor seria o gás". O pai certamente teria combatido o que o filho fomentava.[30]

A democracia não fazia sentido, declarou Vitória, quando resultava apenas na reeleição de um homem como William Gladstone. Em 1892, ele voltou a ser primeiro-ministro, a terceira vez em doze anos. Era, escreveu a rainha, "um defeito de nossa tão afamada Constituição: ter que afastar um governo admirável como o de Lord Salisbury sem nenhuma questão de qualquer importância ou nenhuma razão em particular, só por causa do número de votos".[31] Na circular da corte, Vitória, provocadora, anunciou "com pesar" a renúncia de Salisbury. Realmente era demais ter de convocar "um velho incompreensível e desvairado de 82 anos e meio".[32] A idade de Gladstone, dez anos mais velho do que ela, irritava a rainha. Dizia que Gladstone estava "muito envelhecido... o rosto enrugado, mortalmente pálido, com olhar estranho, expressão cansada na boca e voz alterada".[33] Vitória ressaltou que ele estava curvado e andava de bengala. Mas, até aí, ela também.

Quanto mais os dois envelheciam, mais perto Gladstone precisava se sentar ao lado da rainha, por causa da surdez crescente que o acometia. Os dois detestavam seus encontros e mal conseguiam manter uma conversa; aquilo tinha virado "uma farsa", disse a rainha. Para seu desprezo, em 1893 Gladstone tentou mais uma vez introduzir a "gradual autonomia de governo" para os irlandeses, o que resultou em brigas a socos na Câmara dos Comuns. A Câmara dos Lordes lhe impôs uma derrota retumbante de 419 a 41 votos. Gladstone não viveu para ver os irlandeses governarem a si mesmos.

Em 28 de fevereiro de 1894, depois de outros dezoito meses como primeiro-ministro, o idoso Gladstone subiu devagar as escadarias de Windsor. Armou-se para a reação da rainha à sua renúncia. Nos últimos tempos, ele andava politicamente desestabilizado por não ter apoiado o reforço da Marinha, num momento em que a força naval da Alemanha aumentava. Mas Gladstone declarou que sua decisão de se retirar se devia à sua depauperação física; não conseguia mais ver nem ouvir direito. O GOM e sua rainha pouco afável passaram meia hora juntos, num clima de desconforto, tentando engatar alguma conversa amena e por fim comentando o tempo, a chuva e também a iminente viagem de Vitória até a Itália. O alívio da rainha era evidente. "Nunca a vi mais bem-disposta", escreveu Gladstone. "Estava no auge da alegria. Comportou-se com grande gentileza o tempo todo." Em contraste, vários ministros choraram à notícia. Gladstone se referiu a eles como "aquele gabinete chorão". Sua carreira se prolongara por seis décadas; fora primeiro-ministro por doze anos e integrante do Conselho Privado (grupo de políticos que aconselhavam o soberano) por 53 anos.

A resposta da rainha à carta de renúncia de Gladstone foi curta e insípida. Reconheceu que, após "muitos anos de árduo labor e responsabilidade", ele estava "certo em querer, em sua idade, ser aliviado dessas árduas obrigações, e ela confia que [ele] poderá gozar de paz e tranquilidade, com sua excelente e devotada esposa, em saúde e felicidade, e que sua vista melhorará". E continuou, um tanto brusca: "A rainha ficaria contente em oferecer um título de nobreza ao sr. Gladstone, mas sabe que ele não aceitaria".[34] Aquilo foi como um tapa para Gladstone. Depois de tantas décadas, nenhum sinal de cordialidade? Ela não podia ao menos ter feito um rápido elogio ou um mero reconhecimento? A saída dele não a abrandava nem um tiquinho? Gladstone comparou a despedida deles ao final de umas férias que passara na Sicília em 1831. Durante toda a sua permanência, ele tinha usado um jumento. Mas, relembrou Gladstone, mesmo tendo passado "muitas e muitas horas no lombo da besta", que lhe fora de "serviço muito valioso", nunca lhe fazendo mal algum, "eu não conseguia sentir o menor traço de sentimento pelo animal. Não conseguia apreciá-lo nem gostar dele".[35]

Depois de fazer seu vigoroso discurso final na Câmara dos Comuns, Gladstone foi com a esposa, Catherine, no dia seguinte a Windsor, para jantar com a rainha, e pernoitaram lá. Na manhã seguinte, Catherine foi ver Vitória, soluçando durante todo o encontro. Queria tentar remendar a relação, queria assegurar ao marido, estranhamente sensível, que o rancor entre ele e a rainha não supuraria nem era fato amplamente conhecido. Pediu duas vezes que Vitória entendesse que Gladstone lhe era devotado, "quaisquer que fossem seus erros". Então, escreveu Vitória, Catherine "me rogou permissão para dizer a ele que eu acreditava nisso, o que fiz; pois penso que é mesmo esse o caso, embora às vezes suas ações tornassem difícil crer em tal coisa". Catherine foi hábil; relembrou Albert, comentou o longo tempo que se conheciam. Vitória escreveu: "Ao sair, dei-lhe um beijo".[36]

Depois de todas as décadas de conflito, Gladstone ficou mortificado com a rudeza da rainha perante sua renúncia. Não conseguia entender por que ela o despachara com a "mesma brevidade" que se usava para "acertar as contas com um vendedor".[37] Em 10 de março de 1894, ele escreveu no diário que havia em sua relação com a rainha "uma espécie de mistério, que não consegui e provavelmente nunca conseguirei desvendar".[38] Queria que a família "deixasse para trás" sua difícil relação com a rainha nos anos finais. Pelo menos agora estava livre de qualquer obrigação de falar com ela.

Vitória não se incomodara em perguntar a Gladstone quem devia substituí-lo. Ela escolheu Lord Rosebery, um liberal moderado que era tímido, nervoso e imperialista. Rosebery lhe garantira que não defenderia a autonomia local, o que era extremamente

O casal real ficou encantado com o Castelo de Balmoral em diversas ocasiões, desde a primeira vez em que lá estiveram, em 1848. Vitória escreveu que "o lugar parecia respirar liberdade e paz, fazendo com que se esqueça do mundo e sua triste confusão".

Albert adorava o isolamento das Highlands, dizendo à sua madrasta que "é raro ver pessoas lá; onde a neve cobre os cumes das montanhas e os gamos selvagens se aproximam furtivos da casa e eu, muito esperto, também me aproximo sorrateiro dos machos mansos". Vitória aguardava ansiosa as notícias das caçadas do esposo.

A morte de Albert

Pensador progressista e culto com uma rigorosa ética de trabalho, Albert teve papel fundamental no desenvolvimento das monarquias modernas: neutras, constitucionais e respeitáveis. Mesmo tendo acabado de entrar nos quarenta, envelheceu precocemente em razão da carga opressiva de trabalho, da melancolia e da saúde frágil.

O retrato póstumo de Albert o mostrava jovem e como um templário travando o último combate de sua vida. Vitória fez a inscrição: "Lutei uma boa batalha e concluí minha jornada".

Em 1862, poucas semanas após a morte do pai, a princesa Louise, artista talentosa, fez esta pintura de Vitória sonhando com o reencontro com o marido. A data é 10 de fevereiro, aniversário de casamento deles.

No período posterior à morte de Albert, a rainha recriava sóbrias cenas matinais em fotografias, reunindo suas filhas em trajes negros em torno do busto do finado. "A casa inteira", escreveu uma dama de companhia, "parece Pompeia."

Os filhos o apelidaram de "o garanhão da rainha", mas Vitória o considerava seu melhor amigo, dizendo-lhe: "Ninguém ama você mais do que eu". Forte, grandalhão e irreverente, Brown era o único capaz de convencer a rainha a fazer algo que não quisesse.

O extravagante premiê *tory* Benjamin Disraeli fazia do charme pessoal uma forma de arte. Ele divertia e bajulava a rainha, chamando-a de sua "Fada Rainha".

O intelectual William Gladstone foi primeiro-ministro quatro vezes. Era adorado pelo povo, mas incapaz de conquistar a simpatia da rainha. Disse que "a rainha por si só é suficiente para matar qualquer homem".

Vitória morreu nos braços de seu neto, o Kaiser Guilherme II. Apenas catorze anos depois, ele declararia guerra contra a Inglaterra.

Quando a caçula de Vitória, Beatrice, se casou com Henry de Battenberg, a mãe passou sete meses sem lhe dirigir a palavra. Quando o galante Henry morreu num navio na costa da África, as duas mulheres se reconciliaram.

Bertie, futuro rei Eduardo VII, era apreciador de jogos de azar, corridas de cavalo e bordéis. Mesmo na velhice, Vitória relutava em delegar missões oficiais ao filho mais velho.

Abdul Karim, conhecido como *munshi*, conquistou Vitória e ganhou sua afeição, inicialmente como criado à mesa e depois como escriturário. A família dela não gostava nem confiava nele.

Mesmo aos oitenta anos, Vitória exercia vigorosamente suas funções de monarca. Devorava relatos da Guerra dos Bôeres, que eclodiu em 1899.

Há poucos registros fotográficos de Vitória sorrindo, embora ela tivesse um ótimo senso de humor. Esta foto foi tirada no Jubileu de Ouro, em 1887; suas filhas consideravam o sorriso inapropriado na figura de um monarca.

O escocês James Reid foi o atencioso médico de Vitória nas últimas décadas de sua vida. Ela lhe confiou as instruções de seu funeral, entre elas alguns de seus mais íntimos segredos. Seus impecáveis cadernos de anotações contêm revelações significativas sobre a intimidade da rainha.

Quando a rainha Vitória morreu, em 1901, as ruas ficaram apinhadas de multidões em surpreendente silêncio. O escritor Henry James observou que "todos nós nos sentíamos órfãos de mãe".

gratificante. Depois de um atrito inicial sobre sua intenção de apresentar projetos de lei para desinstituir as igrejas de Gales e da Escócia, a relação entre ambos foi amistosa. A clareza e a decisão da rainha surpreenderam o novo primeiro-ministro. Com 46 anos, ele era bem mais jovem do que Vitória, invertendo a dinâmica dos anos anteriores. Seu governo foi em larga medida ineficaz, com um gabinete dividido e uma série de reformas sociais rapidamente descartadas pela Câmara dos Lordes. O governo durou apenas até junho do ano seguinte. Vitória ficou triste com sua saída. Fato incomum, ela chegava a preferir Rosebery, em termos pessoais, a Lord Salisbury, o líder *tory* com quem geralmente tinha mais afinidades políticas. Mas os *tories*, na eleição de 1895, tiveram uma vitória esmagadora. O partido preferido de Vitória estava de volta ao poder.

No centro do mundo da rainha estavam os filhos e os netos, e ela continuava a se ocupar da vida deles. Adorava os netinhos engatinhando pelo chão, entre suas pernas, sorrindo com covinhas nas bochechas; o amor de Vitória por crianças pequenas, escreveu Arthur Ponsonby, era agora "abrangente". Passara a ser conhecida como "a Avó da Europa": seus descendentes lotavam as cortes do continente e continuavam a povoar as Casas Reais da Alemanha, Rússia, Espanha, Grécia, Romênia, Portugal e Noruega.[39] A bela princesa Alix de Hesse, filha de Alice, concordou em se casar com o tsarévitch Nicolau da Rússia. Em 1894, três semanas antes das núpcias, ela ganhou enorme destaque aos olhos do público, com a morte do tsar russo, pai do noivo. Alix, o marido, agora tsar, e os filhos mais tarde morreriam sob a Revolução Russa.[40]

Vitória sempre considerou enorme injustiça ter de enterrar um neto, sobretudo um herdeiro. Mas, em 14 de janeiro de 1892, Bertie perdeu seu primogênito, o príncipe Albert Victor, conhecido como Eddy, que sucumbiu a uma pneumonia. Eddy tinha apenas 27 anos e iria se casar dentro de poucas semanas com a prima princesa Mary de Teck. Ele queria se casar com outra prima, Alix de Hesse, mas ela o recusara.

George, irmão mais novo de Eddy, na dor pela perda, aproximou-se de Mary, e os dois acabaram se casando em junho. (Anos mais tarde, em 1910, ele se tornou rei Jorge v.) Alix e Bertie ficaram arrasados com a perda do filho alegre e bonito; Alix manteve um santuário para ele até o final da vida. Era o segundo filho que ela enterrava, pois o caçula morrera 24 horas depois de nascer. Por mais de um século, a morte de Eddy tem sido objeto de falatórios infundados ou incomprovados. Em vida, diziam os boatos que ele frequentava um bordel homossexual, que tinha um filho bastardo e que, coisa escandalosíssima, seria ele próprio Jack, o Estripador (mais de cem homens foram associados aos sinistros assassinatos de prostitutas em Londres, em 1888, no distrito pobre de Whitechapel, mas o assassino nunca foi identificado. A acusação de que seria Eddy foi desmentida).

* * *

Quando a carruagem de Vitória saiu pelos portões do palácio na comemoração do Jubileu de Ouro, em 1887, um indiano alto e esguio de olhos intensos ficou observando, postado a uma janela. Abdul Karim fora convidado a servir à rainha, agora com 68 anos, durante o ano do Jubileu; logo ele conquistaria a afeição incondicional de Vitória. Karim, então com 24 anos, representava para ela o melhor do Império; falava-lhe das ricas tradições da Índia, a "joia da coroa", discorrendo sobre a interessante cultura e história do país. Também lhe ensinou a língua e lhe preparava deliciosos pratos com caril.

Vitória tinha decidido que uma ótima maneira de marcar seu Jubileu seria empregar alguns criados indianos em seus palácios. Afinal, era imperatriz da Índia fazia mais de uma década e iria precisar de auxílio para receber o grupo de indianos da realeza que chegariam para comemorar o Jubileu. Karim, escriturário de uma prisão de Agra, ficou entusiasmado com o convite e passou meses aprendendo sofregamente a etiqueta da corte. Chegou a Windsor três dias antes do início do Jubileu, junto com o roliço e afável Mohammed Buksh, com as malas repletas de túnicas de seda colorida muito bem dobradas e organizadas. Quando os dois, nervosos, se viram na presença de Vitória, beijaram-lhe os pés. Ela comentou que Karim era "muito mais leve" do que Buksh, "alto e com um belo semblante sério", acrescentando que o pai dele era um "médico nativo em Agra".[41]

Esses súditos polidos e respeitosos correspondiam plenamente ao que Vitória queria em seus auxiliares: discrição, devoção e boa disposição. Ambos progrediram rápido. Poucos dias depois da chegada, Vitória escreveu: "Os indianos agora sempre servem e muito bem e silenciosos".[42] Karim conversava longamente com ela sobre sua exótica terra natal. Vitória se sentia encantada e ampliou as funções de Karim. Ele lhe falou que nunca tivera a intenção de vir apenas para servir à mesa. Era ambicioso e queria mais. Vitória logo se sentiu persuadida a promovê-lo, e em agosto escreveu no diário: "Foi um erro trazê-lo como criado para servir à mesa, coisa que ele nunca havia feito, tendo sido escriturário ou *munshi* em seu país e pertencendo a uma classe bastante diferente da dos outros".[43] Naquele mês, Karim começou a lhe ensinar hindustâni. A rainha escreveu: isso "me interessa e me diverte muito".[44] Em dezembro, já tentava falar um pouco em hindustâni com a realeza indiana que a visitava. (Henry Ponsonby comentou malicioso com a esposa: "Ela me deu um dicionário indiano para estudar".) Quando Karim saiu de licença para ir à Índia, Vitória sentiu sua falta, escrevendo que ele era "muito habilidoso e útil de várias maneiras".[45]

Saltando de uma vez só vários degraus na escala hierárquica da corte, em 1888 o orgulhoso Karim foi nomeado *munshi*, ou escriturário, oficial da rainha. Todas as fotografias em que ele aparecia servindo as refeições à rainha foram destruídas. Fazia apenas cinco anos que Brown morrera, e a rápida ascensão de Karim enfureceu o palácio. Ele não tinha a integridade e o longo histórico de serviços de Brown, e era muito mais hábil em manipular sua senhora, granjeando favores para si e para a família. Vitória lhe concedeu uma grande área em Agra, bem como um bangalô mobiliado em Windsor e chalés em Osborne e Balmoral. Karim também conseguiu promoções e convites para funções de prestígio na Índia para o pai e o irmão. Foi condecorado com a alta honraria de Membro da Ilustríssima Ordem do Império Indiano, geralmente concedida a pessoas que tivessem realizado obras de importância nacional. Inflado com o sucesso, Karim fazia solicitações cada vez mais absurdas.[46] Pediu, por exemplo, "quantidades enormes" de narcóticos, inclusive morfina e láudano, para enviar ao pai. Segundo o médico de Vitória, Sir James Reid, a quantidade de droga era suficiente para matar 15 mil homens.[47] Enviaram um emissário ao *munshi* para informá-lo da recusa de Reid.

Em parte porque seu protegido estava longe do lar, Vitória se preocupava com todos os detalhes da estadia de Karim. O fato de ter se apegado a ele tão depressa e com tanta confiança demonstra claramente a solidão de uma mãe com filhos já crescidos e casados, e cujas companhias masculinas mais próximas — Albert, Brown e Disraeli — não existiam mais. Reid, relutante, ficou incumbido de cuidar dos criados indianos, e Vitória lhe enviava longas missivas sobre as roupas, as atividades e a saúde deles. Receava que o clima frio fosse a causa da escabiose e de um carbúnculo de Karim. Quando este ficou de cama, Vitória o visitava várias vezes ao longo do dia e se sentava ao lado, afagando-lhe a mão. Reid — que foi quem documentou essa relação mais detalhadamente, apesar de certa má vontade — comentou, cada vez mais desconfiado, que Vitória passava horas "no quarto dele recebendo aulas de hindustâni, assinando papéis, examinando o pescoço dele, afofando os travesseiros etc.".[48]

A rainha colocara de forma rápida e unilateral uma equipe muçulmana desconhecida nos escalões superiores da monarquia. O caso de Abdul Karim mostra a lealdade, o horror ao racismo e a bondade de Vitória, e também sua suscetibilidade ao encanto e sua profunda carência de intimidade. Sendo o segundo companheiro íntimo da rainha, oriundo de uma classe inferior, a ter uma ascensão fulminante, Karim logo passou a ser visto como sucessor de John Brown. Mas Vitória tinha 44 anos a mais que Karim e era muito mais maternal com o rapaz. Também acreditava nele e confiava em sua palavra, sendo que devia duvidar dela. Não demorou muito para que, mais uma vez, sua sanidade mental fosse questionada.

28. O "pobre *munshi*"

A rainha parece que perdeu a cabeça.
SIR JAMES REID[1]

*As coisas chegaram a tal ponto que a polícia foi consultada... Mas é inútil, pois a rainha
diz que é "preconceito racial" e que todos nós estamos com ciúme do pobre munshi.*
FRITZ PONSONBY[2]

Num gesto só, Vitória varreu de sua escrivaninha todos os enfeites, fotos, tinteiros e
papéis, que foram ao chão. Endireitou-se e soltou um grande suspiro. Afinal, a rainha
só queria que o *munshi* fosse junto com ela ao sul da França — ele já os acompanhara
antes à Itália —, e agora o palácio armava uma revolta. Os cavalheiros lhe disseram: ou
vai ele, ou vamos nós. Não aceitavam que Karim compartilhasse as refeições com a Casa
Real. Era 1897, dez anos desde que ele ingressara na corte, nas vésperas do Jubileu de
Ouro da rainha; ao longo da década, Vitória se tornara cada vez mais próxima do auxiliar
indiano, e as tensões estavam em ponto de fervura. Dr. Reid conseguira inclusive o apoio
do príncipe de Gales, ao comentar com Bertie "a crise que o tratamento da rainha e suas
relações" com o *munshi* estavam gerando.[3] Aquele tipo específico de lealdade obstinada
de Vitória era algo que ela tinha desde pequena. Não seria agora, septuagenária, que iria
receber ordens. O que ela parecia não perceber era que a ameaça vinha de Karim, não
dos homens do palácio. A rainha vivia na constante preocupação de que ele se sentisse
feliz e não a deixasse. Lord Salisbury atribuía esse seu apego à necessidade de algum

tipo de emoção, coisa raríssima na vida de uma rainha provecta.[4] Ela prevaleceu e Karim foi para a França nas férias de primavera.

No começo dos anos 1890, Karim já se tornara elemento fixo da corte. Em 1893, foi passar os seis meses de licença na Índia e voltou para a Inglaterra com a esposa. Vieram mais duas "esposas", que ele chamava de "tias", junto com outros parentes. (Dr. Reid notou que, a cada vez que ia atender uma "sra. Abdul Karim" doente, examinava uma língua diferente.) A promiscuidade sexual de Karim resultava em surtos recorrentes de doenças venéreas, que dr. Reid parecia sentir certo prazer em informar à rainha. Karim tinha gonorreia, disse solenemente a Sua Majestade pelo menos duas vezes, registrando o espanto que ela mostrou. Albert teria estremecido, mas Vitória tolerava.

O *munshi* não era estimado na corte. Vitória o considerava suscetível e orgulhoso; os demais o consideravam afetado e pretensioso. Para Ponsonby, era um tolo rematado. Bertie o detestava, mas não tinha coragem de enfrentar a mãe e, em vez disso, conferenciava com dr. Reid. Este, por sua vez, desconfiava de Karim e achava que ele estava explorando a bondade da rainha. Em 1894, acompanhando a rainha em suas férias na Itália, dr. Reid se sentou à escrivaninha de seu quarto e fez uma lista das coisas que mais o incomodavam em Karim, o qual também estava no grupo em viagem. A lista incluía as reclamações de Karim sobre o lugar de seu vagão no trem, seu desejo (apoiado pela rainha) de participar dos passeios a cavalo com os cavalheiros da Casa Real, as despesas de sua ida a Roma, o fato de se apropriar de um banheiro destinado às damas da rainha, as queixas de que os jornais italianos "não prestavam quase nenhuma atenção nele", queixas essas que a rainha providenciou que chegassem aos editores dos jornais, para que dessem mais notícias sobre o *munshi*.[5]

Karim lutava o tempo todo para ser reconhecido como membro da Casa Real e incluído entre a pequena nobreza, para o grande horror do círculo de Vitória. John Brown sempre demonstrara profundo desdém pelo status e era mais um igualitarista do que um alpinista social, mas Karim queria subir na hierarquia. Em 1889, quando se viu sentado entre os criados numa apresentação de gala em Sandringham, ergueu-se do assento e saiu. A rainha — fiel a seu costume de acalmá-lo quando Karim ficava nervoso — lhe assegurou que isso não voltaria a acontecer. Ao ver Karim se misturando com a nobreza nas corridas de Braemar, Arthur, filho de Vitória, foi reclamar com Ponsonby. Em 1894, Karim saiu furioso do casamento de dois netos de Vitória em Coburgo, ao perceber que ficara ao lado de alguns lacaios. Escreveu imediatamente uma carta à rainha em termos tão ásperos que ela se pôs a chorar. Vitória se rendeu às exigências dele e, a partir daquele momento, o jovem escriturário de Agra passou a andar pela cidade natal do príncipe Albert numa carruagem real, com um criado de libré na boleia. Também era convidado a todos os concertos oficiais, mas, segundo registrou dr. Reid, "todos o evitavam".[6] O círculo da corte passara a se sentir genuinamente preocupado com o domínio e a manipulação de Karim sobre a rainha e com as concessões que ela podia fazer, em vista de sua necessidade de companhia.

Apesar das tensões internas na corte e do ceticismo sobre o novo e fútil objeto de suas afeições, esses anos trouxeram alguma alegria para a rainha septuagenária. Voltava das viagens animada e conversadora. Soltava gargalhadas às anedotas engraçadas de suas damas de companhia, com as quais agora costumava jantar em reservado (em vez de jantar com toda a Casa Real, incluindo políticos e dignitários). Ao contrário dos anos de luto após a morte de Albert, a beleza do ambiente nunca deixava de animá-la: "As luzes tão encantadoras nas colinas púrpura, as bétulas douradas, intercalando-se com árvores ainda totalmente verdes".[7] Alvoroçava-se entusiasmada entre os *tableaux vivants* encenados para seu entretenimento, quando os membros da Casa Real vestiam trajes de personagens históricos ou teatrais e se postavam em silêncio, enquanto ao fundo das cortinas descerradas estendia-se um cenário imóvel, cheio de detalhes. Os *tableaux* eram preparados em segredo, com muitas horas de ensaios e poses para as fotos. Vitória adorava os quadros vivos, criados às dezenas com personagens representando a rainha Elizabeth e Raleigh, a rainha de Sabá, *Carmen* e *Conto de inverno*.[8] Karim e Mohammed eram ativos participantes dessas encenações altamente elaboradas, fantasiando-se e posando ao lado dos filhos e acompanhantes de Vitória.

A primeira trinca na personalidade assumida pelo *munshi* surgiu em 1894, quando se revelou que ele exagerara sua posição social. Karim havia afirmado que o pai era o cirurgião-geral do Exército britânico na Índia, mas dr. Reid, ao descobrir que ele era um mero assistente hospitalar não qualificado, resolveu desmascará-lo. Em 1894, depois de extensas investigações, quatro homens da Casa Real, inclusive dr. Reid, fizeram um relatório declarando que Karim era de baixa extração e uma fraude social. A reação de Vitória foi se lançar a uma investida contra o que, corretamente, considerava esnobismo de classe: "Mostrar que o bom e pobre *munshi* é tão baixo é realmente ofensivo e num país como a Inglaterra totalmente descabido... Ela conheceu dois arcebispos que eram filhos respectivamente de um açougueiro e um merceeiro".[9] E prosseguiu dizendo que "lamentava muito" pelos "sentimentos suscetíveis do pobre *munshi*". Dr. Reid recebeu ordens de cessar as investigações, e as provas adicionais de que o pai do *munshi* era um simples boticário foram negadas e ignoradas.

Com boas razões, Vitória desconfiava que o horror e as suspeitas com que viam Karim eram, em parte, decorrentes de racismo. (Uma das queixas que dr. Reid repetiu no relatório, por exemplo, referia-se à esposa e à sogra de *munshi*: "Mais degradadas e sujas do que os mais baixos trabalhadores braçais na Inglaterra; cuspindo por todos os tapetes. Fazendo suas necessidades em salas de estar etc.".)[10] Era essencial eliminar o preconceito, concluiu a rainha, que era admiravelmente pouco preconceituosa. Proibiu que se usasse a expressão "homens negros"; até mesmo Lord Salisbury teve problemas por causa disso. Os padres lhe haviam assegurado que os muçulmanos, embora não fossem cristãos, podiam conter o espírito de Cristo, e assim ela instruiu os que a cercavam.[11] Apesar de todo o seu conservadorismo em relação aos direitos das mulheres, Vitória era notavelmente progressista nesses outros aspectos. No entanto, o próprio Karim exibia grande parte do preconceito que ela abominava e do qual o julgava vítima. Ele agia como superior a seus conterrâneos, e na viagem à Itália em 1894 não permitiu a presença de "outros indianos em qualquer parte do mesmo vagão em que estava".[12]

Os ataques ao *munshi* serviam apenas para que a rainha o aproximasse mais de si. Henry Ponsonby, vendo com desespero que Karim subia cada vez mais na estima de Vitória, foi perspicaz: "O avanço da Brigada Negra [Karim] é um sério transtorno. Bem que eu temia que a oposição aumentaria o desejo dela de promovê-lo ainda mais. Progressão por antagonismo".[13] Karim recebeu os antigos aposentos de John Brown e teve seu retrato pintado sobre um fundo de ouro. Em outubro de 1889, Vitória chegou a levá-lo ao distante chalé chamado Glassalt Shiel, em Balmoral, embora tivesse jurado que nunca mais passaria uma noite lá após a morte de Brown.

Em junho de 1889, um dos broches de pedras preciosas de Vitória sumiu e ela acusou sua roupeira de não o ter prendido no xale. A roupeira insistiu que o prendera, mas as buscas não deram em nada. Algumas semanas depois, Mahomet, o outro criado indiano que fora contratado por ocasião do Jubileu, revelou que o broche tinha sido roubado por Hourmet Ali, cunhado de Karim, que o vendera a um joalheiro de Windsor. A rainha ficou furiosa quando uma de suas roupeiras, a sra. Tuck, lhe apresentou as provas. Mas ficou brava não com Ali, e sim com a sra. Tuck e o joalheiro, gritando: "É isso o que vocês ingleses chamam de justiça!". Depois que Karim lhe disse que Ali apenas seguira um costume indiano de pegar e embolsar objetos perdidos sem dizer nada a ninguém, Vitória determinou que todos os envolvidos mantivessem silêncio e insistiu que acreditava na honestidade de Ali. Dr. Reid anotou num suspiro: "Assim o roubo, embora cabalmente provado, foi ignorado e até transformado em virtude certamente em favor de [Karim], por quem a rainha parece que perdeu a cabeça".[14]

Vitória resolveu ignorar todas as provas contra o *munshi* pelo tempo que fosse possível. Em abril de 1897, Henry Ponsonby escreveu:

Estamos tendo muitos problemas ultimamente com o *munshi* aqui e, por mais que tentemos, não conseguimos que a rainha entenda como é perigoso permitir que esse homem veja todos os documentos confidenciais relacionados à Índia. A rainha insiste em promover o *munshi* o máximo que consegue, e, se não fossem nossos protestos, não sei onde Ela iria parar. Felizmente, acontece que ele é um indivíduo totalmente bronco e inculto, e sua única ideia na vida parece ser não fazer nada e comer o máximo que puder.

Esse afã social de Karim era, em larga medida, inofensivo. O mais preocupante para os homens do palácio era que o *munshi* se insinuara gradualmente e agora manuseava — e cada vez mais moldava — a correspondência da rainha referente à Índia. Karim queria convencer a rainha a atender aos apuros das minorias muçulmanas na Índia, inclusive sua representação nos conselhos locais. Vitória começou a passar automaticamente para Karim todas as petições indianas que, a seu ver, requeriam apenas uma recusa de cortesia, permitindo que fosse ele a responder.[15]

O verdadeiro problema, prosseguia Ponsonby, era que Karim podia ser meio obtuso, mas tinha um amigo esperto e inteligente, Rafiuddin Ahmed, que estava envolvido com a Liga Patriótica Muçulmana em Londres. Karim já insistira antes que Vitória ajudasse a promover a carreira de Ahmed na advocacia, o que ela prestimosamente fez. A certa altura, a rainha chegou a sugerir que ele fosse enviado à embaixada em Constantinopla, para assegurar uma presença diplomática dos muçulmanos. Essa solicitação foi negada pelo primeiro-ministro, Lord Salisbury, que lhe disse que aproveitaria a oportunidade se não fosse o preconceito alimentado por outras pessoas. Havia grandes suspeitas de que Ahmed andara vazando segredos de Estado para inimigos britânicos no Afeganistão — então controlado pela Grã-Bretanha — e extraindo informações cruciais do *munshi*, que agora lia "as cartas do vice-rei e todas as cartas importantes que vêm da Índia".[16] Quando o *munshi* acompanhou Vitória em sua viagem à Europa no verão de 1898, contrariando os desejos da corte, fez a tolice de convidar Ahmed também. Ahmed foi prontamente vetado por Arthur Bigge, que, após a morte de Sir Henry Ponsonby, em 1895, sucedera a ele como secretário particular da rainha. Foi então, quando a corte se instalou no Hotel Excelsior Regina, com vista para as águas cintilantes do Mediterrâneo em Nice, que finalmente as tensões explodiram.

O médico de Vitória se preparou para um longo e desagradável confronto com sua rainha. Sabia que não tinha muita escolha; não era apenas o fato de que aquele indiano era irritante e controlador, mas que constituía uma potencial ameaça à segurança da Grã-Bretanha. Armando-se de ousadia, dr. Reid declarou a Vitória, que o ouvia com ar muito solene, que o que agora estava em jogo era a reputação do trono. O chefe de polícia em Londres contara ao dr. Reid que o *munshi* estava envolvido com a Liga Patriótica Muçulmana. Dr. Reid, movido por uma mistura de reclamações legítimas e boatos esnobistas, fez questão de informar à rainha que andavam "perguntando [a ele] sobre sua sanidade mental".[17] Vitória desandou a chorar. Ela sabia o que as pessoas falavam a seu respeito e reconheceu ao dr. Reid que "tinha sido tola em aceder às constantes demandas de promoção [do *munshi*], mas ainda assim tentando protegê-lo". Nos dias subsequentes, Vitória oscilou entre o arrependimento e a raiva.

Finalmente era hora de enfrentar Karim, aquele "vigarista". Enquanto os outros membros da corte passeavam pelas curvas da praia, dr. Reid partiu para cima dele, dizendo que era "um impostor", de classe baixa, sem instrução, sem experiência como secretário, e tinha "duas caras, uma que você mostra para a rainha e outra quando sai do aposento dela". Também acusou Karim de roubar a rainha. Ele dissera que na Índia não se exigia recibo para nenhuma despesa e assim não deviam lhe exigir recibos na Inglaterra; conforme suas despesas aumentavam, as suspeitas cresciam.[18] Quando o grupo deixou a França, semanas depois, Karim se mostrou submisso. Vitória, exausta, disse aos cavalheiros da corte que parassem de falar "desse assunto penoso".[19] Continuou a defender seu "pobre M." e repetia que, se havia indianos que não gostavam dele, era porque eram hinduístas, ao passo que Karim era muçulmano. Vitória continuou a resistir pelos dois anos seguintes, procurando limpar o nome do *munshi* e de seu amigo Ahmed.

O apego de Vitória a seus assistentes indianos nascia, em parte, de sua necessidade pessoal de ser tratada com delicadeza física. Já estava bem entrada na casa dos setenta e, devido às complicações decorrentes das gestações, dos partos e do ganho de peso, era-lhe penosíssimo andar e impossível ficar de pé pelo menor tempo que fosse. Tal como fazia Albert nos períodos de resguardo, ela queria que a carregassem com cuidado e delicadeza da cama para a cadeira, e da cadeira para a carruagem. Os indianos, escreveu ela, eram "muito hábeis" ao erguê-la e "nunca me beliscam".[20] O que a corte via, mas se negava a admitir, era o valor que a ajuda que um homem atencioso e calado tinha para uma rainha idosa.

Em 1895, o luto voltou a se abater sobre a corte. O marido de Beatrice, o amado Liko, perguntou se podia servir na missão ashanti na África, por meio da qual a Grã--Bretanha ganharia o controle da região aurífera agora conhecida como Gana. A relação entre Liko e Beatrice esfriara e ele se tornara íntimo da bela cunhada Louise. Mulher inteligente e artística, Louise era uma escultora talentosa com um marido quase certamente homossexual; ela tinha casos amorosos fora do casamento e mantinha uma ligação de décadas com um preceptor, o escultor Joseph Edgar Boehm. Quando Liko e Beatrice desconfiaram que Louise estava de caso com Arthur Bigge, o novo secretário da rainha, Louise os acusou de difamação. Quando as brigas na família real se intensificaram, Lord Lorne foi obrigado a sair em defesa de Louise. Liko escapou para a guerra, com a relutante permissão de Vitória.

Poucas semanas depois, Liko contraiu malária e morreu num navio de transporte a caminho de Gana em 20 de janeiro de 1896, antes mesmo de presenciar qualquer batalha. Vitória ficou arrasada. Sua filha favorita agora estava curvada sob sua própria dor, e as duas mulheres de negro se igualavam no infortúnio. O sofrimento de Beatrice então aumentou ainda mais quando Louise, despeitada, lhe disse que tinha sido "a confidente de Liko e Beatrice não significava nada para ele, referindo-se a ela com um *dar de ombros!*". A biógrafa Lucinda Hawksley conclui que "era muito alta a probabilidade de que Liko tivesse encontrado em Louise uma confidente (na verdadeira acepção do termo) mais compreensiva do que Beatrice".[21] Esta, conhecida como "a princesa tímida", passou o resto da vida como fizera de início: devotada à mãe e à preservação — e expurgo — das palavras maternas. A obra de sua vida foi reescrever e editar os diários de Vitória, num dos maiores atos de censura da história.

Dr. Reid não desistiu de sua missão de desacreditar Karim, e em 1897 por fim obteve algum sucesso. Em fevereiro daquele ano, dr. Reid comentara com a rainha "sobre uma recaída do *munshi* num problema de doença venérea". Ao saber que a gonorreia de Karim retornara em dezembro, a rainha ficou "muito surpresa".[22] Mas o que finalmente fez a rainha parar para pensar foi o desejo oportunista e inconveniente de Karim de obter publicidade. Numa foto publicada no *Daily Graphic* em 16 de outubro de 1897, a rainha roliça aparecia usando um xale branco e um chapéu preto de plumas, assinando papéis com um imponente Karim postado a seu lado, olhando a câmera com ar muito convencido e petulante. A legenda dizia: "A vida da rainha na Escócia, Sua Majestade recebendo uma aula de hindustâni do *munshi* Hafiz Abdul Karim, Membro da Ordem do Império Indiano". O fotógrafo disse ao dr. Reid que essa foto — uma constrangedora quebra do protocolo palaciano — fora publicada por insistência de Karim. Quando dr. Reid contou à rainha, ela lhe escreveu uma carta de catorze páginas, tomando a si a culpa de ter permitido tal coisa a Karim:

Estou extremamente aborrecida... Não sei o que fazer... Sinto-me constantemente magoada que meus Cavalheiros queiram espionar e interferir com um integrante de meu círculo do qual não tenho nenhuma prova ou razão pessoal de duvidar e fico grandemente desgostosa com o que aconteceu.

Ela pediu ao dr. Reid que pusesse um fim à história e evitasse escândalos: "Minha paz de espírito está terrivelmente transtornada. Receio ter cometido erros crassos nesse assunto... Não consigo ler [a matéria] até o fim e lhe peço que a queime junto com minha carta de hoje de manhã".[23] Mas Karim continuou.

Ao subir ao trono, em 1901, Bertie quis erradicar todos os sinais de amizade entre a mãe e um escrevente indiano, e mandou queimar todos os papéis do *munshi* numa grande fogueira. Vitória determinara que Karim estivesse presente na procissão de seu sepultamento, mas, logo após o funeral, Bertie ordenou que o *munshi* e a esposa partissem imediatamente para a Índia. Enviou detetives para lá, a fim de vigiar Karim, caso tivesse contrabandeado documentos da Inglaterra. O *munshi* voltou a Agra, engordou com a terra que a rainha lhe concedera e morreu em 1909, com apenas 46 anos. Karim nunca falou mal da família real. Seu nome estará sempre associado ao de sua crédula e amorosa rainha.

Numa manhã de 1896, Gladstone despertou num sobressalto de culpa. Sonhara que estava tomando o desjejum com Vitória. Tinham, pelo visto, mantido relações sexuais, o que incluiu desacertos sobre "como e onde aconteciam alguns acessos".[24] Gladstone ficou horrorizado com o sonho. Era inimaginável, claro, que algum dia tivesse existido tal intimidade entre ele e a rainha. Mas, no ano seguinte, haveria um momento de breve reaproximação. Graças a Louise, filha de Vitória, em 1897 Gladstone e a esposa Catherine viram Vitória num hotel em Cannes. Pela primeira vez, Vitória e Gladstone, ambos semicegos, idosos, andando com dificuldade, trocaram um aperto de mãos. A rainha declarou que ambos estavam "muito envelhecidos". Os dois couraçados falaram por alguns minutos, e depois Gladstone concluiu que "a peculiar faculdade e hábito de conversação da rainha desaparecera". Ele estava com 87 anos, lutando com uma nevralgia facial, câncer na face e catarro, o que levara ao afastamento de qualquer atividade política. O último discurso que Gladstone proferiu foi em 24 de setembro de 1896 — sobre as novas atrocidades dos turcos na Bulgária. Embora estivesse se preparando para o Jubileu de Diamante, em 1897, Vitória não convidou Gladstone para participação alguma.

No final da madrugada de 19 de maio de 1898, quatro anos depois de deixar o cargo, Gladstone morreu. Registrou-se como causa do óbito uma "síncope senil"; o coração deixara de bater. Nem mesmo a solenidade da morte impediu que Vitória fosse grosseira. Relutou em escrever a Catherine Gladstone simplesmente porque não gostava do homem: "Como vou dizer que lamento, se não lamento?". Numa carta a Vicky, a rainha explicou seu permanente desrespeito: "Não posso dizer que penso que ele era 'um grande inglês'. Ele era inteligente, muito talentoso, mas nunca procurou manter a honra e o prestígio da Grã-Bretanha. Cedeu o Transvaal e abandonou Gordon, destruiu a igreja irlandesa e tentou separar a Inglaterra da Irlanda e pôs classe contra classe. Não será fácil desfazer o dano que ele causou... Mas era um homem bom e muito religioso". Muito estranhamente, a morte de Gladstone não foi citada na Circular da Corte. Mais tarde, Vitória disse ao primeiro-ministro, Lord Salisbury, que tinha sido "exclusivamente por mero descuido".

Duzentas e cinquenta mil pessoas foram visitar o corpo de Gladstone na câmara-ardente da Abadia de Westminster, antes do funeral em 28 de maio. Bertie, que sempre mantivera relações amistosas com Gladstone, estava entre os que carregaram o caixão no funeral, bem como seu único filho sobrevivente, o futuro rei Jorge V. Vitória, quando soube da intenção de Bertie de carregar o caixão de seu antigo inimigo, telegrafou ao filho para perguntar a razão: procedera assim a conselho de quem, e quais eram os precedentes? O príncipe de Gales respondeu rispidamente que não sabia de nenhum precedente e que não seguira o conselho de ninguém. Num telegrama posterior a Catherine Gladstone, o maior elogio que Vitória conseguiu fazer a Gladstone, o homem agora considerado como o grande colosso da Era Vitoriana, foi que era "um dos mais destacados estadistas de meu reinado". A rainha não saiu encomendando uma sucessão de estátuas do GOM nas cidades da Grã-Bretanha. Primeiros-ministros, filhos, amigos e parentes continuavam a morrer e Vitória seguia em frente: alguns súditos começavam a achar que ela era imortal.

29. O Império de Diamante

*Nunca ninguém, creio eu, recebeu uma ovação como a que recebi... A aclamação foi
realmente ensurdecedora, e todos os rostos pareciam cheios de verdadeiro júbilo.*
RAINHA VITÓRIA, 22 DE JUNHO DE 1897

*Não há ninguém abatido nesta casa; não estamos interessados
nas possibilidades de derrota; elas não existem.*
RAINHA VITÓRIA, 1900[1]

Um reinado que se estendia por seis décadas, declarou Oscar Wilde, devia ser celebrado
em alto estilo.[2] Por ocasião do Jubileu de Diamante de Vitória, o dramaturgo resolveu
dar uma festa magnífica para as crianças do vilarejo local, Berneval-sur-Mer, na França,
para onde fora após sair da prisão na Inglaterra, condenado por indecência. Usando uma
camisa turquesa-vivo, ele distribuiu "morangos com creme, damascos, chocolates, bolos
e geleia de romã... um enorme bolo gelado com *Jubilée de la Reine Victoire* em açúcar
rosado, uma roseta em verde e uma coroa de rosas vermelhas em volta de todo ele".
Wilde presenteou as crianças com instrumentos musicais e tentou organizá-las numa
orquestra tocando o hino nacional britânico. Ficou como maestro enquanto sopravam
as cornetas e tocavam os acordeões.[3]

A importação de champanhe em 1897, o ano do Jubileu de Diamante de Vitória,
superou a de qualquer ano anterior da história britânica.[4] Foi uma celebração do poder
imperial e da contradição central do vitorianismo: grande expansão e enormes trans-

formações, com uma monarca aparentemente inalterada. Celebrava-se Vitória como o centro de rotação do Império, quase como o próprio eixo da Terra. A senhora de 78 anos, vestindo roupas escuras, agora alcançara uma posição quase mítica. Era cultuada por tribos distantes na Papua e Nova Guiné, austeras estátuas suas se erguiam em cidades de todo o planeta, dizia-se enxergar seu perfil nas cordilheiras americanas. Em *Review of Reviews*, o periódico de W. T. Stead, sua imagem foi posta ao lado da de Abraham Lincoln: "O ponto alto do sucesso alcançado na Evolução da Humanidade", dizia a revista, podia ser visto no "surgimento do supremo homem americano na pessoa de Abraham Lincoln e da suprema mulher inglesa na pessoa da rainha Vitória".[5]

Transportada em sua cadeira de rodas à sacada do Palácio de Buckingham, no dia do Jubileu de Diamante, uma voz entre os clamores gritou: "Isso aí, velhinha!".[6] Vitória, com 78 anos, estava entrevada demais para sair da carruagem e assim o ofício religioso foi realizado ao ar livre, na frente da Catedral de St. Paul, para que ela pudesse assistir à missa ali de dentro. Vitória julgou que seus sessenta anos de trabalho lhe davam o direito de pedir para não precisar sair da carruagem, de não ser obrigada a pagar as despesas da celebração e de afirmar que não havia necessidade de uma cerimônia oficial muito pomposa. Não queria receber um bando de gente da realeza pela segunda vez numa década, com grandes despesas e inconvenientes, e assim determinou que não se convidasse nenhum rei ou rainha reinante. Isso incluía seu primeiro neto, o Kaiser Guilherme II, que ficou uma fera. O foco desse Jubileu, em vez de monarcas e aristocratas em visita, foi o Império — um território que agora se estendia por um quarto do globo.

Para muitos súditos, agora a rainha tinha um poder místico de controlar o céu: o sol refulgia brilhante enquanto a carruagem real percorria as ruas no dia do Jubileu. Quando um enorme balão com a inscrição VITÓRIA subiu dentre as árvores, uma menininha parou e exclamou: "Vejam! A rainha Vitória está indo para os Céus!".[7] Vitória estava sentada sob sua sombrinha de renda negra, comovida e lacrimejante. Alix, esposa de Bertie, lhe afagava ternamente a mão. O autor Edmund Gosse declarou que o rugido da multidão, que parecia de um leão, resultava de "um magnetismo latente passando entre a rainha e seu povo, por cima de seus intérpretes oficiais. Era como se a rainha falasse aos súditos diretamente, como se sua mera presença os hipnotizasse".[8] A densa cortina sonora que se erguia das multidões diante de sua carruagem nunca deixava de emocioná-la. O elo entre Vitória e os súditos estava mais forte do que nunca. A expectativa de vida naquela época era de 46 anos, e apenas um em vinte britânicos tinha mais de 65 anos. Para quase todos os presentes, Vitória era a única soberana que conheciam.

Os pares da rainha também estavam envelhecendo. Tennyson falecera cinco anos antes do Jubileu de Diamante, na imponente idade de 83 anos. Charles Dickens morrera após um derrame, em 1870, com 58 anos. O coração de Charles Darwin deixara de bater em 1882, tendo ele 73 anos. George Eliot — ou Mary Ann Evans — publicou

Middlemarch oito anos antes de sua morte, em 1880, aos 61. O General Pequeno Polegar vivera apenas até os 45 anos de idade. Mas a impressionante Florence Nightingale, com 77 anos, que estava acamada fazia trinta anos por causa de uma enfermidade que provavelmente era brucelose crônica, decorrente da febre que contraíra na Crimeia, ainda prosseguia, apoiada nos travesseiros da cama, em seu fantástico trabalho de sanitarismo, de combate à fome e planejamento hospitalar. Nightingale providenciou que colocassem uma iluminação festiva na sacada de sua casa em Londres, por ocasião do Jubileu: um pano de musselina vermelha com luzes formando o acrônimo VR [*Victoria Regina*].[9]

Com a idade, a vista de Vitória estava cada vez mais fraca. Mas a rainha ainda conservava certa elegância. Muitos, ao encontrá-la, se sentiam fascinados com a presença de espírito, os gestos graciosos, o sorriso, a voz argêntea da rainha. O escritor Arthur Benson, ao visitá-la dois anos antes de sua morte, ficou encantado com a voz de Vitória: "Era muito suave e pausada — com uma *simplicidade* extraordinária —, muito mais fina do que eu imaginava e sem nada de estridente ou imperioso ou... vacilante. Parecia a voz de uma mulher muito jovem e serena".[10] São raríssimas as fotos da rainha sorrindo, o que é uma pena: preservaram-se apenas as de perfil severo. A razão disso, em parte, é que durante muito tempo a fotografia exigia um longo tempo de exposição. Como certa vez Vicky lhe escreveu, "o rosto de minha querida mamãe tem um encanto que... nenhuma fotografia é capaz de reproduzir".[11] Mas Vitória realmente lançou uma foto "muito parecida", sorrindo no Jubileu, em que se pode ver como um sorriso lhe transformava o rosto. E fez isso apesar das objeções das filhas Helena e Beatrice, que não julgavam apropriado que a rainha desse um sorriso tão largo.[12]

Mark Twain se sentou num dos palanques provisórios de madeira no Strand, para assistir ao desfile do Jubileu. Soldados da Austrália, Índia, África, Canadá, Nova Zelândia e Índias Ocidentais marcharam pelas ruas de Londres, no circuito do Palácio de Buckingham até a Catedral de St. Paul. Twain, que naquela época estava morando na Europa e ficara incumbido de fazer a cobertura do Jubileu para o *San Francisco Examiner*, ficou deslumbrado. Escreveu: "A história britânica tem 2 mil anos de existência e mesmo assim, em inúmeros aspectos, o mundo avançou mais desde o nascimento da rainha do que a soma de todo o resto dos dois milênios... Ela viu um maior número de invenções do que qualquer outro monarca que já existiu". Como Vitória subiu ao trono em 1837, a vida das pessoas de seu país e do mundo inteiro fora transformada com o surgimento de invenções como as ferrovias, os navios a vapor, o telégrafo, o telefone, a máquina de costura, a luz elétrica, a máquina de escrever, a câmera fotográfica e outras mais.

Vitória reinara por mais tempo do que qualquer outro monarca britânico anterior, e comandava o maior Império da história. O povo aclamava, escreveu Twain, "o poderio do nome britânico", por "sessenta anos de progresso e desenvolvimento moral, material e político". De 1558 a 1603, a rainha Elizabeth governou um território de 260 mil quilômetros quadrados e uma população com pouco mais de 5 milhões de habitantes, mas no final do século XIX Vitória reinava sobre um quarto da parte habitável do planeta, com 400 milhões de habitantes. Ao longo de sua vida, o número de habitantes do globo quintuplicou. Vitória presenciou a ampliação do direito de voto, a criação de jornais baratos e o desenvolvimento do copyright, da anestesia e do sanitarismo moderno. Duzentos crimes antes sujeitos à pena de morte foram eliminados do código civil.[13] Os cidadãos conquistaram o direito de se sindicalizar e tiveram uma redução na jornada de trabalho de doze para oito horas diárias. Houve um enorme avanço rumo à igualdade. Nos anos de seu reinado, escreveu Twain, Vitória viu "a mulher libertada da opressão de muitas leis injustas e pesadas; faculdades criadas para ela"; "em algumas regiões, a concessão de direitos que lhe permitem se elevar quase ao plano de igualdade política com o homem, e o surgimento de uma centena de profissões que lhe permitem ganhar o pão ali onde antes mal existia qualquer possibilidade — entre elas, a medicina, o direito e a enfermagem profissional".

Quando Vitória nasceu, as mulheres eram obrigadas a desempenhar o papel de "anjos do lar": eram vistas como guardiãs da moral, o que, na prática, significava ficarem presas dentro de casa. No final do século XIX, uma nova geração tentava romper os velhos esquemas. Agora muitas mulheres viviam sozinhas ou com outras mulheres, numa mudança que foi alcunhada de "a revolta das filhas". As mulheres casadas também conquistaram gradualmente alguns direitos sobre seus rendimentos, seus filhos e seus corpos. Num processo judicial de importância histórica, *Regina vs. Jackson*, de 1891, um marido — o sr. Jackson — tinha sequestrado a esposa, prendendo-a dentro de casa e mantendo-a sob a vigilância de guardas. Ele ingressou com uma ação contra ela para a "restituição dos direitos conjugais" e perdeu. O juiz sustentou que ele não tinha esse direito. A decisão foi saudada como um marco que colocava um fim ao direito do marido de controlar o corpo da esposa. (Apenas dois anos antes, um juiz na ação *Regina vs. Clarence* sustentara que o homem tinha o direito de estuprar a esposa, mesmo sofrendo de gonorreia. O conceito de "estupro marital" só passou a existir na Inglaterra e no País de Gales em 1991.) *Regina vs. Jackson* se baseou nos Decretos de Propriedade das Mulheres Casadas de 1870 e 1882, que estipulavam que uma esposa podia controlar seus próprios bens e rendimentos (e que uma esposa era uma entidade jurídica separada do marido), e no Decreto de Guarda Infantil, que introduziu a ideia de que o bem-estar dos filhos era um fator a se levar em conta na concessão da guarda.

Aos poucos, as mulheres galgavam degraus na vida pública. Em 1894, a nova aprovação do Decreto do Governo Local tinha como efeito que todas as mulheres com bens próprios podiam votar nas eleições locais, ser guardiãs da lei dos pobres (função que consistia em administrar a assistência pública local para os desempregados, idosos e vulneráveis) e participar das diretorias de escolas. Em 1897, enquanto o país se preparava para mais uma rodada de celebrações do Jubileu e as tropas se reuniam na África, formou-se a União Nacional das Sociedades pelo Voto das Mulheres, reunindo uma infinidade de grupos menores sob a liderança da intrépida Millicent Garrett Fawcett. Pela primeira vez, a Câmara dos Comuns aprovou na segunda leitura um projeto de lei para conceder o direito de voto às mulheres. Cada centímetro nesse progresso era conquistado com muito esforço e a duras penas, mas, na época do Jubileu, esses pequenos avanços das mulheres eram enaltecidos como um triunfo do Império Britânico.

Homens, mulheres, jovens, velhos, britânicos e estrangeiros, o espetáculo inteiro do Jubileu de Diamante era uma exaltação do Império; os jornais louvavam as conquistas britânicas, todas elas encarnadas numa figurinha sólida e atarracada, coberta de negro. A Grã-Bretanha vencera guerras contra a Rússia, na Índia, Afeganistão, Etiópia, Ashanti, Burma, Canadá, Nova Zelândia e Egito. Citavam-se incansavelmente os sinais de progresso: os impostos sobre os cereais tinham sido revogados, as leis dos pobres retificadas, a comida era mais barata, a moradia melhor, os salários mais altos. Os parlamentares não usavam mais a antiga indumentária de calças de malha e meias de seda (como que "para uma festa ao ar livre") e ninguém mais cheirava rapé ao discursar na Câmara dos Comuns.[14] Os congressistas americanos só renunciaram à caixa de rapé coletiva nos meados dos anos 1930.

O custo do Império, porém, era alto. Milhões de chineses morreram nas Guerras do Ópio entre 1839 e 1842, novamente em 1856-60 e mais uma vez na Revolta de Taiping de 1850-64, que o general Gordon ajudara a esmagar. Povos indígenas do Canadá, Argentina, Uruguai, Paraguai, Austrália, Nova Zelândia e Ilhas do Pacífico foram mortos em massa sob o comando de Vitória. Levavam-lhe nativos como espetáculo e troféu. Vitória se maravilhava com o exotismo deles, mas, como a maioria, não pensava no que a ocupação britânica das terras significara para os indígenas. O pressuposto de muitos ingleses era que a colonização significava apenas progresso, não subjugação. Havia ocorrido fomes devastadoras na Índia e guerras sangrentas no Afeganistão; a busca desenfreada de riquezas na África levara ao brutal espezinhamento dos direitos dos povos locais. Os espólios imperiais rebrilhavam nos colares e pulseiras de Vitória, pendiam em suas paredes, perfumavam as cozinhas de seu palácio. A pior das guerras, porém, ainda estava por vir, uma guerra bárbara que marcaria o início do fim da expansão imperial patrocinada por Vitória.

Criados indianos agora carregavam a frágil rainha-imperatriz de sala em sala. Uma vida de adulações e cega obediência significava que todos os seus desejos eram atendidos, e mesmo assim ela ainda desejava algo que não podia comandar: amor e companheirismo. Enquanto avançava trôpega pelas décadas finais da vida, os dias se passavam, em grande parte, marcando o que já pertencia ao passado. Apesar disso, ela também desejava longevidade; a cada Ano-Novo, rezava para que fosse poupada por mais um ano, que suas faculdades continuassem incólumes, principalmente o que lhe restava da visão, e que pudesse continuar a comandar o país.

Na Europa, crescia uma nova geração de líderes enquanto sinistras ondas nacionalistas voltavam a crescer e se avolumar junto às fronteiras nacionais. Os garotos que liam sobre o Jubileu de Diamante da rainha alimentavam fantasias sobre a grandiosidade de suas próprias nações. Adolf Hitler estava com oito anos naquela altura, brincando com a ideia de ser padre. Benito Mussolini estava com treze anos, rebelando-se contra os monges da escola, molestando os colegas, divertindo-se em dar tijolaços na cabeça de seu único amigo.[15] Josef Stálin estava com dezoito anos, estudando com padres ortodoxos russos — e, como Guilherme, tinha um defeito no braço esquerdo que procurava disfarçar nos retratos. Os adversários britânicos e americanos desses futuros líderes megalomaníacos também estavam se formando em guerra e política. Franklin D. Roosevelt, com quinze anos na época do Jubileu da rainha, era um bom aluno de um internato episcopal, preparando-se para estudar em Harvard. Winston Churchill estava com 22, deixando de combater em campo e passando a escrever sobre as batalhas. Neville Chamberlain, aos 28 anos, era um armador de sucesso. Nos Estados Unidos, o reformador progressista Teddy Roosevelt, com 38 anos, acabara de ser nomeado assistente do ministro da Marinha; poucos anos depois, em 1901, o soldado-caubói se tornaria vice-presidente dos Estados Unidos. Mas a única pessoa que todos conheciam e de quem invejavam o poderio, os territórios e as riquezas era a rainha britânica.

É difícil imaginar que Vitória não tivesse nenhuma consciência dos efeitos brutais e nefastos da exploração na África, nas décadas finais do século XIX. Nesses anos, Bélgica, Itália, Portugal, Espanha, Alemanha, Inglaterra e França se apoderavam vorazmente de amplas áreas da África, procurando riquezas minerais. Os europeus haviam chegado ao extremo sul da África em 1488, quando o navegador português Bartolomeu Dias dobrou o cabo da Boa Esperança. Mas foi apenas em 1652 que os colonos huguenotes holandeses, alemães e franceses — os ancestrais dos bôeres ou africâneres — se assentaram na África do Sul em caráter permanente. Os britânicos começaram a chegar em 1795. A primeira grande ruptura com a Grã-Bretanha se deu no começo dos anos 1830, quando os britânicos aboliram a escravidão, a qual os bôeres consideravam importante para sua economia e condizente com seus conceitos de hierarquia racial. Muitos bôeres migraram para o norte, na "Grande Marcha" dos anos 1830 e 1840, para se libertarem do jugo britânico e, após uma série de batalhas sangrentas com os zulus autóctones, estabeleceram-se no Transvaal (também conhecido como República Sul-Africana) e no Estado Livre de Orange. O que agora conhecemos como África do Sul consistia, na época, em quatro entidades: o Estado Livre de Orange e o Transvaal, ambas repúblicas bôeres, e as duas colônias britânicas, a Colônia do Cabo e Natal.

O ouro e as pedras preciosas viriam a romper a frágil paz. Quando houve a descoberta de diamantes em Kimberley, uma cidade no Cabo Norte, em 1869, os britânicos abandonaram a atitude de vaga aceitação do controle bôer nas regiões africanas ricas. Começaram a pressionar por uma federação sul-africana em que teriam predomínio, em vista do número de súditos britânicos que se haviam assentado na região. Houve um grande fluxo migratório para o extremo sul do continente, em busca de ouro, e novos povoados se multiplicaram em planícies distantes.

Com a descoberta de enormes jazidas de ouro no Transvaal em 1873, o presidente Thomas François Burgers incentivou o assentamento de estrangeiros — Uitlanders — em seu Estado quase falido, chegando a lhes destinar dois assentos no Congresso local. Mas, em 1877, os britânicos anexaram o Transvaal, com o apoio de Disraeli (apesar de terem reconhecido formalmente sua independência em 1852). A Grã--Bretanha acabava de anexar extensos territórios em Fiji, Malaia e Costa do Ouro na África Ocidental, alegando que se vira obrigada a isso por causa da incompetência dos governos autóctones. O Transvaal, porém, era o refúgio final dos bôeres. Três anos depois, em 1880, ergueram-se para defendê-lo e tiveram algum êxito. Os britânicos derrotados concordaram em manter a república sob sua suserania, significando que a Grã-Bretanha teria algum controle, mas o Transvaal teria autonomia interna. Para Vitória, isso era uma concessão humilhante e culpou Gladstone pela negligente perda de terra tão lucrativa.[16]

De 1870 a 1914, o controle da Europa sobre a África passou de 10% para 90% de seus territórios. Muitos milhões de africanos morreram nessas décadas de saques e colonizações; um dos agressores mais violentos e ilustres era o primo de Vitória. O rei belga, Leopoldo II, primogênito de seu tio Leopoldo, foi responsável por alguns dos maiores crimes contra os direitos humanos no século XIX. Ele subiu ao trono em 1865, quatro anos após a morte de Albert, e assumiu o controle do Congo como cidadão particular. Explorava o comércio de marfim e borracha, obrigando as populações locais a trabalharem para ele. Os que não cumpriam os prazos eram mortos ou mutilados. O governo belga calculou que metade da população congolesa, de 20 milhões de pessoas, morreu sob seu domínio, antes que Leopoldo II fosse obrigado a transferir seu controle pessoal das terras para o Estado.

O rei Leopoldo II tinha uma cara sinistra e era de uma fealdade assustadora, com nariz especialmente grande. Em 1885, foi citado numa ação judicial pelo pagamento de

800 libras mensais para receber na Bélgica um suprimento regular de virgens inglesas; tinha preferência por meninas de dez a quinze anos (Bertie também fora citado como cliente do bordel inglês que mantinha ligações com o rei Leopoldo II). A rainha Vitória, sua prima, continuou a recebê-lo normalmente — talvez por respeito ao pai dele. Marie Mallet, uma das damas camaristas de Vitória, considerava-o repulsivo. Em 1897, ela recordou uma visita de Leopoldo II a Balmoral: "Ele só consegue dar um aperto de mãos usando dois dedos, pois tem unhas tão compridas que não se atreve a correr o risco de feri-las. É um velho monstro untuoso, muito cruel, creio eu. Imaginamos que ele pensa que uma visita à rainha lhe dá uma nova camada de verniz; do contrário, por que ele viajaria oitocentos quilômetros para participar de um almoço?". Ao visitar Vitória, ele reclamou do Parlamento belga, que agora se mostrava favorável ao voto universal, o que, concordou ela, era "grandemente censurável". Também falou sobre o Congo, mas Vitória não registrou o teor dos comentários.[17]

Leopoldo II fez imensa fortuna com o Congo. A tributação dos habitantes era tão pesada que muitos passavam fome; mercenários canibais da região massacravam os devedores. As chocantes violações dos direitos humanos foram expostas em 1904 pelo cônsul britânico, Sir Roger Casement, e depois satirizadas por Mark Twain.*

Durante o Jubileu de Ouro de Vitória, seu genro Fritz estava com um câncer se alastrando na garganta. Agora, após o Jubileu de Diamante, Vitória descobriu que um câncer provavelmente também se alastrava no peito da viúva de Fritz, sua amada filha Vicky. Vicky passara décadas sofrendo com uma série de problemas diversos: dor nervosa, artrite, cólica, dor nas costas, erupções na pele, febres, inchaço nos olhos. (Alguns continuam a aventar que ela e a mãe sofriam de porfiria, enfermidade amorfamente definida que acometera o rei Jorge III. Esse problema pouco explicado, com sintomas que vão da enxaqueca à loucura, é tão nebuloso que se tornou um diagnóstico geral para qualquer um, sobretudo os de linhagem real ou hanoveriana, que apresentasse uma variedade de moléstias.) Mas, em 1898, Vicky recebeu um diagnóstico muito mais sombrio: câncer do seio. Sobreviveu apenas cinco meses à mãe.

Todos os sete filhos restantes de Vitória haviam comparecido à comemoração de seus sessenta anos de reinado, bem como os cônjuges viúvos de Alice e Leopoldo (o príncipe Louis de Hesse e a princesa Helena de Waldeck e Pyrmont). Havia ocorrido muitas perdas na década desde seu último Jubileu. Bertie, grisalho, aos 55 anos, ainda

---

* Leopoldo II nunca mudou seus hábitos. Aos 67 anos, engravidou uma prostituta adolescente; instalou-a numa mansão e lhe conferiu um título. Casou-se com ela poucos dias antes de morrer, em 1909. Os belgas soltaram vaias durante o desfile fúnebre.

pranteava a perda de Eddy, seu primogênito, e passara pelo constrangimento de outro escândalo em 1891, quando foi chamado para depor no tribunal por causa de um amigo que trapaceara no baralho.[18] Agora com 52 anos, com problemas de saúde, Affie sofria de tédio em Coburgo, procurando se distrair dos problemas conjugais e financeiros na bebida. Helena, a filha que Vitória não incomodava nem favorecia tanto quanto os demais, agora estava com 41 anos, tinha quatro filhos (ela também perdera dois bebês; um nascera morto e outro morreu com poucos dias de vida) e se entregara de corpo e alma a obras de caridade. Seu marido, o príncipe Christian de Schleswig-Holstein--Sonderburg-Augustenburg, tivera a desventura de perder um dos olhos, ao ser atingido por um disparo acidental de seu cunhado Arthur, durante uma caçada. Arthur tinha um casamento feliz e três filhos. Beatrice estava com quarenta anos, viúva e com quatro filhos. A beldade da família, Louise, que se assentara numa relação de afeto e companheirismo com o marido, Lord Lorne, deu um baile à fantasia na Devonshire House na noite do Jubileu; os convidados deviam comparecer com trajes históricos anteriores a 1820 (Vitória nascera em 1819). Bertie foi vestido como o grão-prior da Ordem de São João de Jerusalém, enquanto Alix foi como a bela e poética rainha francesa Marguerite de Valois.

Em fevereiro de 1899, menos de dois anos após o Jubileu de Diamante, o filho único de Alfred, também chamado Alfred, morreu do que anunciaram ser tuberculose. (Alfred filho, louco de raiva numa briga com a mãe por causa de uma plebeia com quem queria se casar, na verdade dera um tiro em si mesmo durante a festa de aniversário de casamento dos pais e sobreviveu apenas por duas semanas.) Para desgosto de Vitória, ele foi enterrado em 10 de fevereiro, data sagrada de seu próprio aniversário de casamento. (Ela nunca abandonou sua mania de datas de aniversários, fossem tristes ou alegres.) Alfred pai — "Affie", então duque de Saxe-Coburgo — morreu de câncer na garganta no ano seguinte, poucos dias antes de completar 56 anos; foi o terceiro filho de Vitória a morrer enquanto ela ainda estava viva. Ao saber da notícia, ela exclamou: "Meu terceiro filho adulto, três caríssimos genros. É duro aos 81 anos!". Ela sabia que Affie se debilitara muito após o tormento de perder o próprio filho. Era como se o ano não trouxesse "nada além de tristeza e horrores de uma e outra espécie".[19]

Enquanto Vitória passeava pelos jardins, empurrada em seu carrinho, sentiu-se penosamente tomada pelas vívidas lembranças de Affie quando jovem, bonito e inteligente. Era muito parecido com Albert, que tanto o amava, mas, ao se mudar para a terra natal do pai, em idade adulta, tornara-se uma pessoa infeliz e sem amor. O tempo recuou e Vitória voltou àquelas horas maravilhosas quando Affie, irmãs e irmãos montavam nas costas do pai, de quatro no chão, brincando de cavalinho, rindo quando escorregavam e caíam, naqueles tantos dias felizes que haviam passado em Osborne e Balmoral. Agora eram só sombras. No dia seguinte ao funeral de Affie, em 1900, os bôeres descarrilaram outro trem e capturaram prisioneiros britânicos. Poucas semanas depois, um dos netos de Vitória morreria lutando na África.

Em 11 de outubro de 1899, eclodiu a Segunda Guerra Anglo-Bôer. Poucas coisas absorviam tanto a mente de Vitória quanto os conflitos militares. Ela se despediu pessoalmente de muitos soldados e registrava no diário detalhes das batalhas com visível ansiedade. Agora estava com oitenta anos, mas conservava profundo interesse por suas Forças Armadas e continuava a pleitear mais homens e mais recursos. Embora não se considerasse pessoalmente uma imperialista por natureza — escrevendo sobre a China, por exemplo, que o mundo não deveria ter a impressão que nós não vamos deixar ninguém além da Inglaterra ter qualquer coisa[20] —, ela por fim foi persuadida a favor da guerra na África. Acreditava que a Grã-Bretanha devia proteger seus súditos e territórios. Impôs como condições que os pobres não fossem desproporcionalmente taxados com os impostos de guerra e que os cavalos enviados a combate fossem bem tratados.

O argumento em defesa da guerra era muito claro. O público foi informado de que precisava proteger os Uitlanders oprimidos no Transvaal, em sua maioria cidadãos britânicos, contra um presidente tirânico, Paul Kruger, e seu governo africâner. Mas vários países também estavam disputando o controle das enormes jazidas auríferas descobertas em 1886 no Witwatersrand do Transvaal. Sir Arthur Conan Doyle, criador de Sherlock Holmes, foi à África do Sul como médico voluntário e afirmou que a guerra era simplesmente uma disputa por "uma das maiores arcas do tesouro do mundo".

Em março de 1899, os Uitlanders sitiados enviaram a Vitória uma petição com mais de 21 mil assinaturas, fazendo um apelo direto por proteção e fazendo um alerta de que os bôeres estavam se preparando para a guerra. Queixaram-se da falta de uma imprensa livre, da expulsão de súditos britânicos ao bel-prazer do presidente e da excessiva tributação; tinham poucos direitos e não dispunham de liberdade de reunião. Arthur Bigge, o substituto de Henry Ponsonby, explicou que as forças policiais "são inteiramente compostas de bôeres e se comportam da maneira mais arbitrária e de fato opressora, e são responsáveis pelo assassinato de um súdito britânico".[21] Arthur Balfour advertiu a rainha que, "sem a ameaça de força, imediata ou distante, com certeza não se fará nada".[22] Em 10 de outubro de 1899, as repúblicas sul-africanas enviaram um ultimato dando 48 horas para que a Grã-Bretanha evacuasse suas tropas de Natal e do Cabo. Como ela não se moveu, os bôeres invadiram colônias britânicas e cercaram Mafeking, Kimberley e Lady Smith, cidades de importância crucial.

Vitória lia avidamente os relatórios que se sucederam durante o outono de 1899, nauseada com os detalhes. As derrotas iniciais foram esmagadoras. Ela anotava o contexto de todas as suas discussões, dissecava os frequentes telegramas que recebia dos comandantes na frente de batalha, visitava os feridos, escrutava a preocupação no rosto das esposas dos soldados e depôs pessoalmente o clarim de um garoto de catorze anos que fora atingido em campo. Defendia com veemência, como fazia em todos os conflitos que apoiava, o envio de mais tropas. O cerco de Lady Smith, entre novembro de 1899 e fevereiro de 1900, ocupou-a por meses. Mas, pelas anotações sobre o que lhe informavam, fica claro que Vitória estava recebendo mentiras e lorotas sobre o esforço de guerra, em parte, sem dúvida, para lhe erguer o ânimo, mas também para enaltecer o estoicismo de seus comandantes. Diziam-lhe sistematicamente que os homens estavam dando tudo de si, enquanto jaziam mortos nos campos; diziam-lhe que os homens não se incomodavam com os problemas da guerra e que estavam muito contentes por lá estarem combatendo.

Mesmo aos oitenta anos, Vitória exigia seus plenos direitos como monarca. Quando o gabinete ministerial resolveu substituir o comandante supremo Lord Wolseley por Lord Roberts, ela se declarou "profundamente ofendida" por não ter sido informada e por não terem procurado seus conselhos.[23] Roberts se revelou um efusivo e frequente missivista com a rainha, a despeito de suas frequentes admoestações sobre o andamento da guerra. Ela anunciava constantemente suas opiniões sobre a condução da guerra. E também tricotava: cachecóis, mantas e gorros, a serem enviados diretamente a seus "caros bravos soldados".[24] Quando esses itens ardorosamente desejáveis foram abocanhados por seus oficiais, ela enviou a seus homens 100 mil latas de chocolate decoradas com um retrato seu, como presente de Ano-Novo. Uma dessas latas, guardada numa mochila, aparou e desviou uma bala, assim salvando a vida de um soldado. Procedeu-se à tentativa de reunir as imagens de todos os homens mortos em combate, para que a rainha montasse um álbum com elas; Vitória escreveu às mães e viúvas dos tombados. Também visitou os feridos; mesmo tendo de ser carregada da carruagem para a cadeira, decidira ir aos hospitais e às revistas das tropas, pois sabia o que sua presença significava para os soldados.

O moral era uma das principais preocupações da rainha. Quando o ministro interino do Ministério de Relações Exteriores, Arthur Balfour, foi vê-la em Windsor com a triste notícia de uma fragorosa derrota em dezembro de 1899, ela foi muito clara: "Por favor, entenda que não há ninguém abatido aqui *nesta* casa; não estamos interessados nas possibilidades de derrota; elas não existem".[25] Foi também por causa do moral que Vitória resistiu ao longo de toda a guerra às constantes solicitações para um inquérito sobre a condução da Guerra dos Bôeres. Ela previu corretamente que tal investigação poderia abater o moral, mas o adiamento teve o efeito colateral muito pior de encobrir — e permitir que prosseguissem — os erros e abusos britânicos que estavam ocorrendo na África do Sul. Ela escreveu:

A rainha deve frisar energicamente ao sr. Balfour a necessidade de resistir a essas críticas injustas e antipatrióticas a nossos generais e à condução da guerra. Se o governo for firme e corajoso, o país o apoiará... Todos vocês devem mostrar uma frente firme e não deixar que se suponha sequer por um instante que vacilamos o mínimo que seja. Será possível realizar uma investigação depois que a guerra acabar, mas não agora. Sem dúvida, o Ministério da Guerra está em grande erro, mas é o sistema todo que precisa ser mudado, e isso não pode ser feito agora.[26]

Vitória receava que os problemas chegassem aos ouvidos dos bôeres e outros, manchando a reputação britânica, quando o necessário era manter a unidade e o ânimo forte. Ficou tão grata com a presença de destacamentos irlandeses combatendo no esforço de guerra que cancelou um período de férias no continente e foi à Irlanda, em sua primeira viagem até lá em 39 anos. Também tinha aguda consciência das relações raciais dentro das Forças Armadas britânicas. Espantava-se e se irritava que os soldados indianos fossem "auxiliares", geralmente operando na retaguarda das outras forças. Em fevereiro de 1900, ela argumentou com Salisbury: "Por que não convoca a força completa? Seria possível... Os bôeres não só invadiram a Zululândia, como empregaram nativos para nos combater. Certamente isso justifica que usemos indianos".[27]

Vitória passava os dias lendo telegramas. Lord Kitchener enviava notícias desalentadoras sobre a oposição aos soldados britânicos na África do Sul, afirmando que as derrotas iniciais sofridas pelos britânicos tinham aumentado significativamente o número de recrutas bôeres. Enquanto aguardavam meses até sobrevir a vitória do distrito sitiado de Lady Smith, Vitória insistia que Salisbury enviasse mais homens, argumentando que o governo não investia no aumento das tropas armadas desde os anos 1870, a despeito de suas recomendações. Estava "horrorizada" com as "terríveis" baixas noticiadas e insistia que não se fizesse nenhum movimento sem um número maior de soldados. E perguntou: "Seria possível recomendar aos jovens oficiais que não se exponham mais do que o absolutamente necessário?".[28] O que ela não sabia na época era que o conflito registrava muitas mortes resultantes de "fogo amigo"; se soubesse, ficaria arrasada. O último registro de 1900 em seu diário, no dia 31 de dezembro, era sombrio: "As notícias da África do Sul não foram muito boas. Uma guarnição de nossas tropas foi tomada de assalto pelo inimigo e um canhão foi capturado. Mas reocupamos a guarnição".[29]

Na Grã-Bretanha, crescia a inquietação com a guerra. Aumentava a raiva na Europa e na Irlanda perante a intervenção britânica, tida como desnecessária. Em 1900, um manifestante italiano de quinze anos de idade tentou matar Bertie e Alix num trem em Bruxelas. (Saíram ilesos.) Então, um dos netos que Vitória mais adorava, o príncipe Christian Victor, o primogênito de Helena e fã de críquete, morreu de febre intestinal enquanto combatia na guerra. Estava com 33 anos e lutara como oficial em várias campanhas na África. Vitória, já abatida pela dor das derrotas, agora se sentiu arrasada. Christian foi enterrado em Pretória, ao lado dos camaradas de armas, como era sua vontade. Na Escócia, a avó rainha perdeu o apetite, não conseguia dormir e passou a se mostrar indiferente a tudo. Quando dr. Reid foi vê-la em 29 de outubro de 1900, Vitória chorava quase sem cessar e se mostrava "abatidíssima".[30] Seu diário estava repleto de mortes de parentes e amigos, além da tragédia daquela guerra pavorosa; tudo se tornara insuportável.

A rainha enfraquecia aos poucos. Durante anos, recomendaram-lhe que comesse menos; o tamanho de sua cintura atestava seu apetite e a incapacidade, às vezes, até de andar para fazer um pouco de exercício. Mas, em 10 de novembro de 1900, já estava "emaciada" e perdera qualquer vontade de comer. Dr. Reid, de quem agora dependia, tentou que dormisse dando-lhe Dover's Powder, à base de ópio. O médico escreveu a Bertie avisando sobre o estado de saúde de sua mãe, e recomendou que não fizesse viagens. No entanto, as pessoas próximas a Vitória, em sua maioria, não sabiam da gravidade da situação, e Bertie não era exceção. O homem que herdaria o trono relembrou ao médico: "A rainha tem uma energia e uma vitalidade extraordinárias".[31] Mas em dezembro, em Osborne, a rainha não saiu do quarto, tomando apenas um pouco de sopa e leite.

Enquanto Vitória estava acamada, enferma e infeliz, a reformadora Emily Hobhouse preparava cuidadosamente fardos com alimentos e remédios para as mulheres e crianças confinadas em campos de concentração britânicos na África do Sul. Em 1900, na tentativa de combater a tática de guerrilha dos bôeres, os britânicos haviam começado a incendiar sistematicamente as casas dos bôeres no Estado Livre de Orange e no Transvaal, na chamada "política de terra queimada". A quantidade de gente nos campos de concentração aumentava sem cessar, com separação entre brancos e negros. Hobhouse — que Kitchener chamava de "aquela mulher danada" — trabalhara como militante defensora da assistência social e estava decidida a levar suprimentos médicos aos campos. Hobhouse, uma mulher notável de quarenta anos e olhos castanhos intensos, tomou um navio para a África do Sul em janeiro de 1901. Ficou horrorizada com a mortandade e a esqualidez nas barracas dos campos, que descreveu como um "túmulo vivo".[32] Havia escassez de alimentos, remédios e higiene, e os campos fervilhavam de tifo e hematúria. Em 1902, 28 mil brancos e 14 mil africanos negros já tinham morrido nessas condições horrendas, quase o dobro de soldados britânicos mortos em combate.

A rainha não tinha a menor ideia das atrocidades que os britânicos praticavam nesses campos; os detalhes só vieram à tona após sua morte, gerando enorme controvérsia. Ela teria se sentido mortificada.[33] Mesmo sua instrução sobre os cavalos fora inútil; centenas de milhares foram chacinados.

Era contrária à ida de mulheres "histéricas" para a África do Sul, "muitas vezes sem razões imperiosas", e julgava que constituíam uma amolação para os soldados e os oficiais de lá.[34] Lord Roberts, para agradar à rainha, proibiu a entrada de mulheres no Estado de Orange, a menos que lá estivesse um filho ou marido ferido.[35] A historiadora Jenny de Rueck afirma que os bárbaros campos de concentração sul-africanos "provavelmente estabeleceram o padrão dos sofrimentos de civis posteriormente impostos aos hereros no sudoeste germânico da África, aos judeus da Europa, aos russos sob Stálin, aos cambojanos sob Pol Pot e, mais recentemente, aos civis de Ruanda e em toda a antiga Iugoslávia".[36] Gladstone morrera um ano antes do início da guerra; sem dúvida, também teria ficado furioso ao descobrir tais excessos.

Pessoas como Conan Doyle alardeavam as glórias da guerra, do combate ao lado de "guarda-caças das florestas de cervos de Sutherland, habitantes das savanas no interior australiano, durões calejados de Ontário, dândis esportistas da Índia e do Ceilão, cavaleiros da Nova Zelândia". Doyle anunciava exultante que, "nas planícies da África do Sul, foi selada a irmandade de sangue do Império".[37] Mas as agruras da guerra também eram noticiadas, e as matérias dos jornalistas correspondentes se intercalavam diariamente com a propaganda do governo. O editor W. T. Stead, numa denúncia de grande alarde, acusou os soldados britânicos de estuprarem mulheres. Lá havia um grupo de nomes ilustres, combatendo ou enviando reportagens. Mahatma Gandhi — que simpatizava com os bôeres, mas apoiava o Império, organizou o Corpo Indiano de Ambulâncias. Lord Baden-Powell comandou uma guarnição durante os 217 dias de sítio em Mafeking. O poeta e escritor britânico Rudyard Kipling, o futuro primeiro-ministro britânico Winston Churchill e o escritor australiano Banjo Paterson trabalharam como correspondentes de guerra. (Segundo Paterson, Churchill era "uma curiosíssima mescla de habilidade e bravata", acrescentando numa estocada: "Pessoas com complexo de inferioridade perceberiam".) Era a primeira guerra que os britânicos travavam contra europeus — ou descendentes de europeus — desde a Guerra da Crimeia, em 1853.

Foi também a última grande guerra imperialista e expansionista, quando o Império forçou os limites em terras que rejeitavam seu domínio. A brutalidade dos soldados deixou uma cicatriz nos sul-africanos que permaneceu por gerações. E, ponto crucial, cortou-se o vínculo entre guerra e glória, entre Império e grandiosidade militar. Mais problemático para a classe política foi, talvez, o desmascaramento da justificativa britânica de que o Império representava o melhor da democracia, que se revelou falsa — como mostrara a Guerra dos Bôeres, os direitos do povo local tinham sido espezinhados pela ganância econômica, mulheres e crianças nos campos haviam perdido a vida por descaso e desumanidade.

No final de 1900, o aspecto moral da guerra já era profundamente questionado. Como escreveu Stanton Coit, editor de *Ethical World*: "Nesta geração, nunca houve entre ingleses de todas as classes tanta dúvida, tanto autoquestionamento, como agora".[38]

Antes que a guerra terminasse, o mundo de Vitória começou a encolher e tremer, e seu robusto símbolo ficou magro e frágil. Passando do século XIX para o século XX, o Império se debilitava, e sua grande rainha também.

Vitória andava enferma fazia algum tempo. Mostrava-se cada vez mais distraída e melancólica. A catarata lhe toldava a visão. Tinha dificuldade em dormir, mas mesmo assim, contrariando seu feitio, mostrava-se muito plácida e não se perturbava com coisas que antes a irritavam. No começo de dezembro de 1900, estava "cheia de ideias mórbidas sobre dores imaginárias".[39] Dr. Reid a acalmou com opiáceos. Em 7 de dezembro, segundo ele, Vitória estava "nervosa, lamurienta e infantil".[40] Foi para Osborne no Natal e tomava leite e gemada, mas saltava a maioria das refeições e se recolhia cedo. No Dia de Natal, Lady Churchill, que estivera por meio século na corte de Vitória, morreu em seu leito em Osborne. A notícia foi contada de forma gentil para uma debilitada Vitória. "O pior para mim", escreveu em seu diário, "é não contarem nada."[41]

Na virada do ano para 1901, quando a Austrália foi oficialmente declarada uma federação, Vitória anotou no diário: "Mais um ano começa e estou me sentindo tão fraca e indisposta que mal ingresso nele". Dr. Reid procurou uma segunda opinião, a qual confirmou que tinham sido muitas semanas de "degeneração cerebral".[42] Em 16 de janeiro, depois de duas décadas de serviços, era a primeira vez que Reid via a rainha na cama. Estava magra e letárgica, enrodilhada sobre seu lado direito. Ficou "impressionado como ela parecia miúda".[43] Ao contrário do habitual, não sentia nenhum incômodo. No dia seguinte, Vitória foi transferida para sua cama menor, protegida por um biombo, para que os homens não a vissem. Quando as princesas chegaram para visitá-la, enfileirando-se solenemente ao lado da cama, Vitória não as reconheceu. Alix e Bertie passaram a noite seguinte em vigília, falando suavemente com ela. Enquanto planejava sua morte, Vitória temia que Bertie talvez passasse por cima de suas instruções, e assim, em 18 de janeiro, disse a Reid que não queria ver o filho.[44] Mas, em seus momentos finais, enterneceu-se e pediu ao primogênito que lhe desse "um beijo no rosto".[45] O médico observava, preocupado, enquanto ela ficava cada vez mais infantil.

Os últimos vinte anos tinham sido uma tortura física para Vitória. Quando ela foi examinada de forma adequada pela primeira vez, em seu leito de morte, seu doutor descobriu que Vitória tinha prolapso uterino e hérnia no ventre — fontes de considerável dor e desconforto —, ambos provavelmente causados pelos partos difíceis e piorados pelo seu ganho de peso subsequente. Talvez alguns considerem impróprio, pessoal demais, revelar os problemas de saúde de uma rainha. Mas tais males também explicam algumas dores crônicas e os problemas de locomoção de Vitória. Desde 1883, desde sua queda e a morte de John Brown, ela tinha dificuldade em andar sem apoio.[46]

Outras dores ela escondeu e suportou em silêncio. Devido a essa vulnerabilidade, Vitória sentia especial gratidão pelos que lhe davam amparo físico — John Brown e, depois, os criados indianos. Mostrou-se extremamente suscetível à questão de quem poderia tocar seu corpo após a morte — estipulou que apenas dr. Reid e auxiliares do sexo feminino estariam autorizados.[47]

Seu médico se incumbiu discretamente da situação. Sabendo que "as princesas desaprovariam", Reid enviou um telegrama sigiloso ao Kaiser Guilherme, que lhe pedira que o mantivesse informado sobre a saúde da rainha. O telegrama dizia: "Surgiram sintomas inquietantes que despertam considerável preocupação. Isso é confidencial.[48] Reid". As princesas — em especial Helena — também não queriam a presença de Bertie e providenciaram que ele recebesse mensagens falsamente otimistas.[49] Por insistência de dr. Reid, Helena se abrandou e Bertie foi chamado em 19 de janeiro. Naquela tarde, foi emitido o primeiro boletim público e oficial: "A rainha está sofrendo de grande prostração física, acompanhada de sintomas que geram preocupação". Arthur iniciou a jornada de Berlim à Inglaterra, na companhia do Kaiser Guilherme. Beatrice e Helena entraram em pânico e prometeram fazer o que fosse preciso para impedir que o controverso sobrinho pisasse em solo inglês, enviando às pressas um telegrama para Arthur. Se dr. Reid mostrava uma intrigante brandura em relação a Guilherme, era porque reconhecia instintivamente a ternura de que mesmo um indivíduo cruel e arrogante era capaz. Belicoso e agressivo, Guilherme não só maltratava a própria mãe, mas contrariava abertamente e enfurecia a temível avó com seu apoio aos bôeres. Mas também nutria grande afeto e profundo respeito por Vitória, amando-a mais do que à própria mãe.[50]

Às seis da tarde de 21 de janeiro, Vitória recobrou um pouco as forças e perguntou a Reid se estava melhor. Então concentrou sua atenção nele, preocupada se não estaria cansado, precisando de ajuda. A seguir, comentou que havia "hoje notícias muito melhores da África do Sul". Deitada no leito, frágil e enferma, pediu a Reid que se pusesse a seu lado e o fitou diretamente nos olhos. Disse-lhe em tom firme que não estava pronta para morrer. "Gostaria de viver um pouco mais, pois ainda tenho algumas coisas para acertar. Arrumei a maioria das coisas, mas ainda sobraram algumas, e quero viver um pouco mais". Tinha grande sede de viver, em acentuado contraste com a passividade do marido, quatro décadas antes. Reid registrou: "Ela apelou a mim dessa maneira tocante, com grande confiança, como se pensasse que eu poderia prolongar sua vida".[51]

No andar de baixo da Casa Osborne, Bertie, Helena e Beatrice ainda tinham esperança de impedir a visita de Guilherme. Bertie decidiu ir a Londres e dizer a Guilherme que de momento não poderia ver a rainha, e que nem ele mesmo ainda a vira, o que era verdade. No andar de cima, Reid e as criadas transferiram Vitória para uma cama menor. As instruções que ela determinara em 1875 estipulavam que "ninguém a não ser John Brown" poderia presenciar sua morte, com suas atendentes. Na ausência de Brown, a tarefa passara para Reid.

A vista de Vitória estava fraca demais para enxergar as pessoas no pequeno aposento verde que dividira com Albert. A pobre Vicky, agora com sessenta anos, estava confinada em seus aposentos na Prússia, enquanto o câncer se espalhava pelos órgãos. Muito infeliz, escreveu à mãe dizendo que às vezes as pessoas na rua podiam ouvir seus gritos de dor. Não conseguia comer nem dormir; a dor era como "muitas navalhas sempre cravadas em minhas costas".[52] Mas três das filhas de Vitória lá ficaram a noite toda — Helena, Louise e Beatrice, bem como Bertie, Alix, Guilherme e dr. Reid, além das enfermeiras e criadas. Dr. Reid ficou com pena de Guilherme e permitiu que visse Vitória por cinco minutos. Um bispo e o vigário local permaneceram ao pé da cama, rezando e recitando versículos da Bíblia. Vitória se agarrava encarniçadamente à vida. Reid escreveu à sua esposa: "Não posso deixar de admirar sua determinação em não desistir da luta enquanto puder".[53] As orações prosseguiram por horas, até os homens ficarem roucos. Pediram-lhes que parassem até se evidenciar que a morte era iminente. Vitória jazia impassível, obstinada, respirando.

Às quatro da tarde de 22 de janeiro de 1901, saiu da Casa Osborne um boletim franco e direto: "A rainha está lentamente declinando".[54] Dr. Reid se postou num dos lados e Guilherme no outro, como duas sentinelas da dor, enquanto os outros entravam e saíam do quarto. Às cinco, os dois se ajoelharam, cada qual num dos lados da cama, e, colocando o braço por trás das costas de Vitória, ampararam-na em posição semierguida. Bertie estava sentado em silêncio na ponta da cama. Louise se ajoelhou ao lado do dr. Reid. Vitória soltou um último suspiro sereno e morreu nos braços do médico e do neto. Guilherme, que dali a catorze anos entraria em guerra com a Inglaterra, apertou silenciosamente a mão de Reid, com emoção e gratidão. Mas foi Bertie quem fechou os olhos da mãe, cerrando-os à luz.[55]

30. O fim da Era Vitoriana: "As ruas apresentavam de fato uma estranha visão"

A rainha da Inglaterra morreu! As palavras ressoam tão pesadas como se dissessem: "O sol não está mais no céu!".
MARIE CORELLI[1]

Uma Inglaterra sem rainha é como pensar numa casa sem telhado.
ARTHUR BENSON[2]

Em 1º de fevereiro de 1901, pairava um lúgubre e profundo silêncio sobre Londres. Uma enorme multidão se aglomerava nas ruas e esquinas, nas janelas e nos telhados, tentando obter pelo menos um relance do ataúde de carvalho polido. O triste silêncio só era rompido pelo barulho da carreta que transportava o caixão da rainha Vitória. O romancista Maurice Baring disse: "Londres parecia uma cidade morta... A gente se sentia como se tivesse trapaceado nas cartas".[3] Quando o trem a vapor, transportando o caixão de Vitória, passara ruidosamente pelos trilhos de Portsmouth a Londres, milhares de pessoas haviam se ajoelhado em silêncio nos campos úmidos, curvando a cabeça. Todos na multidão ao longo dos gradis do Battersea Park tinham erguido o chapéu num suspiro.[4] A maioria, em toda a sua vida, não conhecera outro monarca a não ser aquela pequena rainha de 81 anos de idade, que comandara a Grã-Bretanha por 63 anos, sete meses e dois dias.

O caixão envolto em tecido branco fora posto numa carreta fúnebre e fazia seu percurso da Victoria Station a Paddington, antes de seguir para Windsor. As calçadas estavam apinhadas de pessoas de preto e olhos vermelhos, ali de pé ao ar gelado de fevereiro.

Floristas em trapos de pano preto se acotovelavam entre a multidão.[5] Josephine Butler, a defensora dos direitos das mulheres, sentia como se tivesse perdido uma "querida amiga": "Todos choram e as persianas das casas estão abaixadas. É um luto real, pessoal".[6] Henry James observava pela janela o Portão de Buckingham, admirado com a multidão "incrivelmente, incomensuravelmente grande": "De início, todos nós nos sentíamos órfãos de mãe".[7] Lady Monkswell, autora de diários, que assistia numa loja próxima, chorou e estremeceu à vista do caixão. "As ruas apresentavam de fato uma estranha visão", escreveu ela, "lotadas de pessoas decentes, respeitáveis e de meia-idade, todas de luto... Despedi-me dela em silêncio. As pessoas permaneciam silenciosas e sem chapéu."

Para os britânicos, a morte de Vitória trazia um estranho desalento — como se um edifício tivesse perdido seu alicerce e todos agora andassem sem prumo num novo solo. À dor se mesclava o alarme. Alguns que se mantinham sérios e calados, tentando captar um relance do caixão, murmuravam: "Deus nos ajude". Arthur Benson ficou intrigado com a dor tão peculiarmente pessoal: as pessoas choravam abertamente em público, e mesmo republicanos que queriam o fim da monarquia se sentiam afetados. Florence Nightingale declarou que toda a sua casa estava de luto fechado, querendo fazer algo "para mostrar que se importam".[8] Uma mulher, que foi ao Hyde Park assistir à passagem da procissão fúnebre, escreveu: "Multidão imensa, nunca vi nada parecido, todos em silêncio".[9] O falecimento do monarca anterior, Guilherme IV, em contraste, mal tinha sido notado: ninguém chorou no funeral.

Depois de um alarido inicial em Osborne, onde os repórteres corriam pela estrada gritando "A rainha morreu!", rapidamente caíra o silêncio sobre a Inglaterra.[10] Para Henry James, o estado de espírito que veio a seguir era "estranho e indescritível": as pessoas falavam aos sussurros, como se receassem alguma coisa. Ele ficou surpreso com a reação, pois a morte da rainha não era súbita nem misteriosa: era "um simples esgotamento do velho relógio usado", a morte de uma viúva de idade que "lançara todo o peso de sua gordura na balança da decência geral". Mas, nos dias subsequentes, o autor de origem americana sentiu uma inesperada tristeza. Como tantos, pranteou a "rainha de classe média maternalmente idosa e reconfortante, que mantinha a nação aquecida sob as dobras de seu enorme e horroroso xale xadrez". Vitória se transformara numa espécie de símbolo do decoro e da estabilidade, um escudo contra alarmantes distúrbios. E agora sua apoteose estava completa. The Times publicou que os britânicos haviam perdido não só uma mãe, mas também uma "benfeitora pessoal" que tinham vindo quase a venerar. Para o New York Post, seu poder era uma "glória mítica".

Vitória queria um funeral feito "com respeito — mas de forma simples".[11] Ao ver os funerais militares realizados para o príncipe Leopoldo e, depois, para Liko, o marido de

Beatrice, ela decidira que também queria um funeral assim. Sem pompa, apenas oficiais de uniforme, gaiteiros escoceses de kilt e Beethoven. Insistiu que seu caixão fosse "sempre carregado por soldados ou meus criados, e não por agentes funerários".[12] Também quis que a carreta recebesse amortecimento, para não fazer tanto barulho quanto o habitual. Em meio às salvas de tiros, plumas acenando e uma frota de navios de escolta, jazia o corpo imóvel da rainha. Seu mais recôndito segredo estava cuidadosamente envolto junto de si, oculto por camadas de gaze e flores, e então pelo acondicionamento em carvão e pelo caixão de madeira polida. Apenas quatro pessoas sabiam o que estava ali: o médico e três das damas de companhia de Vitória. Esse segredo continuaria enterrado com ela por um século.

Em 9 de dezembro de 1897, três anos antes de morrer, Vitória ditou as instruções pessoais e confidenciais para seu enterro, as quais deveriam, em qualquer hipótese, ser executadas pela pessoa mais graduada que estivesse com ela, e abertas apenas após sua morte.[13] Essas instruções estão nos arquivos do dr. Reid, conservados por sua família em Treton. Entre elas, há uma longa lista de objetos que Vitória queria que fossem colocados no caixão. Nas mãos, queria cinco anéis de Albert e anéis de Feodora, de sua mãe Victoire, de Louise e de Beatrice. Também queria um "anel de casamento simples, de ouro", que pertencera à mãe de John Brown, a quem descrevia em termos efusivos. Brown usara a aliança por breve tempo, disse ela. Mas Vitória a usara "constantemente" desde a morte dele e queria ser enterrada com o anel na mão. Não disse em que dedo.

A rainha também estabeleceu que colocassem no caixão fotos emolduradas de Albert e de todos os filhos e netos. Queria ainda, como explicou detalhadamente, que uma foto em cores de John Brown, de perfil, fosse posta num estojo de couro com alguns cachos de cabelo dele, junto com outras fotografias de Brown (que costumava levar cuidadosamente no bolso), e colocada em sua mão. Também pediu que pusessem no caixão o molde da mão de Albert, que ela sempre deixara perto dela. Além disso, queria um dos lenços e um dos mantos de Albert e um xale feito por Alice; acrescentou que um lenço de bolso de "meu fiel Brown, aquele amigo que me foi devotado mais do que qualquer outra pessoa, seja estendido *sobre* mim".

A família real, que logo se poria a destruir todos os registros do espadaúdo escocês, foi poupada a tal visão. Dr. Reid tinha instruções de envolver a mão de Vitória em gaze, depois de ter colocado os cachos de Brown ali, e por cima da gaze devia-se distribuir um discreto arranjo de flores.[14] Mesmo na morte, além de Albert e dos filhos, Brown estava com sua rainha: o anel de casamento da mãe em seu dedo, o retrato e os cachos em sua mão, o lenço cobrindo seu corpo.

O gentil e meticuloso dr. Reid, com as damas de companhia, arrumou cuidadosamente o conteúdo do caixão da rainha.[15] O corpo foi medido, preparado e trajado com um vestido longo de seda, com a Ordem da Jarreteira cruzando o peito. O cabelo foi cortado e flores brancas foram colocadas na base do véu que lhe emoldurava o rosto. Susan, a esposa de dr. Reid, comentou que a rainha estava muito bonita, "como uma estátua de mármore".[16] Em 22 de janeiro, Bertie, o Kaiser, dr. Reid e mais alguns depuseram o corpo dentro do ataúde; o interior foi aprovisionado com carvão e a tampa aparafusada. Iniciou-se então a longa viagem a Windsor.

O mundo estremeceu à notícia da morte da rainha. Milhares de telegramas afluíram a Osborne. Em Londres, atores abandonaram o palco no meio da peça. O trânsito parou. Em Nova York, a bolsa de valores interrompeu suas atividades por um dia.[17] Na Nova Guiné, tribos rememoraram a Mãe sagrada e divina que pairara sobre elas. Na África do Sul, na Austrália, no Canadá, na Índia e nos mais remotos extremos do imenso Império Britânico, as pessoas pararam e rezaram. Vitória se transformara numa divindade materna arquetípica, atravessando fronteiras culturais e religiosas. Os muçulmanos em Londres rezaram pela "Soberana do maior número de Verdadeiros Fiéis no mundo".[18] Segundo o vice-rei indiano, Lord Curzon, os indianos a consideravam quase uma santa.[19] Um aristocrata bengali, o marajá Bahadur Sir Jotindra Mohun Tagore, declarou que ela era como "a Grande Mãe Universal, que é venerada como a Adya-Sakti de nossa mitologia [hindu]".[20] Na Pérsia, Vitória era "o anjo bom que nos salvou da destruição".[21]

Vitória, de uma maneira que não previa, mudara tudo para as mulheres. Ela incentivava algo difícil de nomear, uma vontade, um fortalecimento das atitudes; era a manifestação visível de uma mulher que adorava sua família, e ainda assim tinha plenos direitos e renda independente. Para H. G. Wells, no próprio momento em que foi coroada houve um "impulso de emancipação". A mãe de Wells acompanhara a vida de Vitória — cada palavra, cada alegria ou dor — com uma "lealdade fervorosa":

A rainha, mulher também miúda, era, de fato, a personalidade de compensação de minha mãe, seu consolo mental para todas as restrições e sofrimentos que lhe eram impostos por seu sexo, seu tamanho diminuto, sua maternidade e todas as infindáveis dificuldades da vida. A querida rainha podia mandar no marido como súdito e fazer o tremendo sr. Gladstone se encolher de medo. Como seria estar em tal posição? Eu diria isso. Eu faria aquilo. Não tenho a menor dúvida sobre os devaneios de minha mãe. Em seus anos finais, com touca negra e vestido de seda negra, ela lembrava sugestivamente a viúva suprema.[22]

Uma boa rainha abrandava os homens, disse a grande militante Josephine Butler: "Dissolve-lhes uma parte da rudeza e desprezo pelas mulheres".[23] Mesmo as sufragistas, que lutavam por uma causa que não tinha o apoio da rainha, citavam o exemplo e a influência de Vitória. Emily Davison, que se tornou a primeira mártir do movimento sufragista em 1913, ao ser mortalmente ferida sob os cascos do cavalo do rei no Derby, escreveu uma carta a *The Times* sustentando que Vitória era a prova de que o tal "trabalho de mulher" não existia: Vitória lera todos os documentos, tomara suas decisões próprias e não era em absoluto "uma mera figura de proa". Sem nunca ter lido o diário da rainha nem estudado sua correspondência, Davison tinha razão.

E exerceu efeitos nas mulheres de todo o mundo. Uma editora de uma revista japonesa saudou-a por "despertar mesmo nessas plagas remotas a ambição de ser imperatriz sobre si mesma".[24] Ao conhecer a rainha Vitória em 1899 durante uma recepção em Windsor, Susan B. Anthony, líder do movimento americano pelos direitos civis, disse ter sentido um "frêmito... olhando seu magnífico rosto". Amelia Bloomer afirmou: "Se é legítimo que Vitória ocupe o trono na Inglaterra, é legítimo que qualquer mulher americana ocupe o Assento Presidencial em Washington".[25] A posição de Vitória despertava inveja nas mulheres inteligentes. "Pergunto-me", escreveu a autora americana Sara Jane Lippincott — conhecida como Grace Greenwood — em 1883, "se Sua Majestade percebeu alguma vez seu venturoso privilégio de poder conversar livremente com 'os grandes homens da época', de poder expressar seu interesse pela política... sem temer ser rebaixada como 'mulher metida, saindo de sua esfera'".[26] Mas Vitória estava tão ocupada se apequenando para que Albert pudesse se engrandecer que nem percebia como eram pouquíssimas as coisas pelas quais tinha que lutar.

Por tudo isso, o trabalho de Vitória deu um impulso implícito constante à campanha sufragista. Na época de sua morte, o *Reynold's News* escreveu que sua vida "nos mostrou o poder que voluntariamente deixamos que se perca entre as mulheres da nação... existem muitos milhares de potenciais Vitórias no reino. Não se pode mais afirmar... que as mulheres são inadequadas às funções públicas".[27] Ela era um símbolo da força e da inteligência feminina. Mas talvez sua singularidade residisse naquilo que a tornava aceitável numa época de persistente desigualdade. Era uma mulher comandando, uma, apenas; para a maioria das pessoas, isso não significava que se seguiriam outras. Vitória herdara o poder; não teve de lutar por ele nem de arrebatá-lo dos homens. O poder lhe fora gentilmente deposto sobre a fronte, como uma obrigação divina.

Não se pode duvidar, porém, que as mulheres defendidas por Vitória eram, em sua grande maioria, brancas e ocidentais. Enfurecia-se ao saber que alguma mulher fora apalpada num trem na Inglaterra ou que alguém como Lady Florence Dixie fora agredida perto de Windsor. Mas, durante seu reinado, foi incontável o número de mulheres na Índia, Afeganistão e África estupradas, mortas e enviuvadas na sucessão das "pequenas guerras" que estenderam as fronteiras do Império Britânico. Milhões morreram de fome.* A incongruência do Império pesava sobre Vitória — sua principal motivação era a grandeza da Grã-Bretanha, mas ficava abalada ao saber a que preço se alcançara tal grandeza. Enquanto agonizava no leito, as piores atrocidades do século ocorriam nos campos de concentração britânicos na África do Sul.

Em 4 de fevereiro de 1901, o corpo de Vitória foi deposto no mausoléu em Frogmore, ao lado de Albert. Enquanto a família cerrava as portas da cripta de mármore, o granizo que caía lá fora se transformou em neve, trazendo o silêncio, a imobilidade e a brancura que sempre sonhara para seu funeral. O caixão estava envolto em branco, os cavalos que conduziam o ataúde eram brancos, o mármore da tumba era branco. Os panos por toda parte deviam ser brancos e dourados, e ela determinou que não se visse preto em parte alguma.[28] Vitória foi inflexível: a morte devia vir associada não à escuridão, e sim à luz. Fora Tennyson quem lhe dera essa ideia, dizendo que a morte já era por si só bastante assustadora; por que, então, "revesti-la com tudo que a faça pior?".[29]

Vitória não seria a rainha do escarlate, do verde ou do rosa; fazia muito tempo que abandonara as plumagens e as pretensões de beleza pessoal, preferindo se cercar de pessoas bonitas. Sua conduta simples e desadornada levou um pastorzinho a perguntar: "Por que ela não usa roupas para que as pessoas possam saber quem ela é?".[30] Para Vitória, era preto ou branco, sem nuances, e comandava e amava com a mesma ênfase. E na morte a viúva voltou a ser uma noiva. Pediu para ser enterrada em seda e caxemira branca, com capa e véu sobre o rosto. Vitória vivera quase o dobro do tempo do marido, e reinara sozinha pelo dobro do tempo que haviam reinado juntos.

Quando falava de seus maiores desejos, a palavra que Vitória mais repetia ao longo da vida era "simples". Queria uma vida simples. Evitava espartilhos, e sua preocupação maior era o conforto. (Revirara os olhos ao saber da "nova moda de vestidos bem justos" em 1867.) Onde se sentia mais feliz era em Glassalt Shiel, um chalezinho escocês isolado na "encantadora região agreste e evocativa" das Highlands, longe de mansões e castelos, de inúmeros olhos e exigências.[31] Como escreveu G. K. Chesterton não

* Mesmo acamada, Florence Nightingale estava trabalhando na Índia, onde quase 29 milhões de pessoas morreram de fome sob o domínio britânico, em decorrência de um ciclo interminável de fome. Nightingale passou muitos anos tentando obrigar o governo britânico a aliviar a miséria na Índia, com campanhas pela melhoria no sistema de irrigação e pela reforma agrária. (Mark Bostridge, *Florence Nightingale*, p. 473.) Ficou profundamente desapontada quando, mesmo após a fome de 1877, em que morreram 4 milhões de pessoas somente em Bombaim e Madras, não se adotaram os programas que ela defendia.

muito depois de sua morte, a "desafiante humildade" de Vitória se instalara no centro do Império: "Ninguém há de negar que, para os mais humildes, ela representava a mais concisa e indestrutível verdade humana: depois de todos os problemas e criadores de problemas se manifestarem, ainda podemos continuar com nosso trabalho até o pôr do sol, podemos continuar com nossa vida até a morte".[32] Era verdade. Mas, se desafiava com sua humildade, seu desafio nada tinha de humilde.

Vitória não queria morrer. Talvez a maior contradição de sua personalidade fosse acreditar que desejava a morte; na verdade, agarrava-se à vida. Sempre que se via em perigo, instintivamente voltava atrás; quando sua carruagem capotou na Escócia, ou quando a velhice pesava muito, suplicava por mais tempo. Três anos antes de morrer, ainda escrevia no diário: "Minha forte coxeadura etc. me faz sentir quanto a idade avança. 78 anos é uma boa idade, mas rezo para ser poupada por mais um pouco de tempo por causa de meu país e de meus entes queridos".[33]

Ela nunca parou de trabalhar. Nos meses finais de vida, Vitória reclamou que, mesmo gostando de tirar uma soneca depois do almoço para combater a insônia noturna, isso era "perder tempo". Três dias antes de morrer, mesmo com fluido nas juntas e dificuldade para falar, comentava com dr. Reid sobre a África do Sul e se preocupava com a guerra. Uma mulher que passara a maior parte da vida rezando para estar com o seu Albert no céu ainda rogava ao médico mais tempo para ela na terra. Ainda havia mais coisas para decidir, catástrofes a impedir, guerras a travar, soldados a proteger.

Sempre havia mais. Vitória não considerava que sua maior obra — melhorar a si mesma, como Albert lhe havia recomendado — estivesse concluída. Nas instruções a Bertie e Beatrice para seu funeral, escreveu: "Morro em paz com todos, plenamente ciente de meus muitos defeitos".[34] Os que a rodeavam no leito de morte conheciam seus defeitos: a índole caprichosa, o gênio explosivo, a atitude dominadora com os filhos, a mania de reparar em tudo, a tendência a sentir pena de si mesma, o egoísmo ilimitado, a crença de estar sempre com a razão. Mas também conheciam a bondade, a lealdade, o senso de humor, a dedicação ao trabalho, a fé, a despretensão, a falta de preconceitos, a resistência de Vitória. Como escreveu Laurence Housman: "A coisa mais impressionante em relação à rainha Vitória foi sua permanência: na era de transformação a que deu seu nome, ela se manteve estável".[35] Foi por isso que, em vida, passou de adolescente a totem do Império.

O coração de Vitória continuou a bater com vigor até o último suspiro, fato que dr. Reid fez questão de mencionar.[36] Essa é a principal pista para entender a mulher que ajudou a moldar o mundo moderno e para desfazer os mitos sobre sua suposta passividade, sua suposta dependência dos homens e aversão ao poder. Ela pode ter reclamado muito, mas persistiu. Sofreu por décadas, mas, como várias gerações de estadistas viram, nunca desistiu de lutar. Sua presença constante e inflexível, depois de tomar o manto do poder, moldou um século em que as outras mulheres não tinham poder algum. Hoje, sobrevoando Londres e vendo sua figura imponente que avulta sobre a cidade, admira-nos como uma viúva reclusa, mãe de nove filhos, alcançou essa grandeza sem paralelo. A resposta é simples: Vitória resistiu.

Nota da autora

Eu comecei a pensar na rainha Vitória após a campanha da eleição presidencial de 2008, quando trabalhava para a *Newsweek* em Nova York. Nossa equipe editorial tinha debatido com fervor a maneira como falamos sobre mulheres em posição de poder, e eu estivera escrevendo sobre a aparição improvável de Sarah Palin na corrida como a vice de John McCain, assim como a tentativa frustrada de Hillary Clinton de concorrer à presidência. Um dos argumentos mais fortes que tínhamos era como ainda parecemos incapazes de associar mulheres a poder; muitas vezes parece uma conexão estranha, surpreendente, improvável e perturbadora. Após uma dessas conversas, meu editor, Jon Meacham, sugeriu que a rainha Vitória não havia sido abordada de forma adequada fazia um tempo, e os seis meses que eu passei pesquisando a New York Society confirmaram isso; a repetição cansativa dos mesmos pontos de vista sobre Vitória, com quase nenhuma informação inédita, despertou meu interesse.

Desde então eu investiguei material de arquivos em Londres, Oxford, Escócia, Sydney, Alemanha e Estados Unidos, em uma busca para descobrir quem Vitória era: me debruçando sobre documentos antigos, decifrando caligrafias tenebrosas e decodificando símbolos em diários. Eu andei com calma e repetidas vezes nos aposentos em que ela viveu na Casa Osborne, na Ilha de Wight, no Castelo de Windsor, no Palácio de Buckingham e no Castelo de Balmoral na Escócia. A Casa Osborne está parada no tempo e ainda se encontra cheia de lembranças, quase que idêntica ao momento em que Vitória morreu: esculturas de bebês, fragmentos de cabelo de crianças, pinturas encomendadas por um marido jovem e rico, para o deleite dele e da esposa. Em Windsor, que Vitória detestava, pouca evidência sobrou dela. Balmoral é mais revelador não apenas pelos móveis em tartã ou pelos muitos retratos de cachorros queridos, mas pelo seu isolamento tranquilo e selvagem, mesmo no século XXI.

Mas havia um grande obstáculo que parecia impossível de superar: eu não consegui ter acesso à correspondência e aos diários pessoais de Vitória, nos Arquivos Reais no Castelo de Windsor, os registros mais importantes de todos. Eu enviei três solicitações: uma que não foi respondida, e duas que foram negadas com base no fato de esta ser a minha primeira biografia e eu ainda não haver publicado um livro sobre a família real. Continuei a pressionar, mostrando que eu tinha um ph.D. em história, assim como um contrato para escrever um livro, e assegurando que eu abordaria qualquer material de forma cautelosa e acadêmica. Mas foi só em meados de 2013, após Quentin Bryce, a governadora-geral da Austrália, e o seu secretário, Stephen Brady, intercederem a meu favor, atestando sobre meu caráter, que enfim consegui permissão para entrar. Fiquei eufórica, se não desconcertada, pelo fato de que nem meu projeto nem as minhas qualificações haviam mudado; foi apenas o status de meus defensores que abriu as portas.

Finalmente, em 2014, eu subi os quase cem degraus até a Torre Redonda do Castelo de Windsor. Os materiais lá são fartos, lindamente preservados e guardados com cuidado: toda vez que você vai ao banheiro, um acompanhante vai junto, para que você não tenha nenhuma tentativa de contrabandear documentos preciosos. Dias de verão tranquilos e gloriosos passaram rapidamente enquanto eu ficava lendo na fresca torre de pedra. Os membros da equipe eram gentis e solícitos, e os seus conhecimentos do material eram impecáveis.

Antes de começar a trabalhar nos Arquivos Reais, que são dirigidos pela Casa Real, é preciso assinar um acordo que garanta que você esteja ciente de que eles têm controle absoluto de todo material que está prestes a ver. (Esses registros, fechados para o público, não são liberados automaticamente após trinta anos, como acontece com outros registros britânicos governamentais, e estão isentos do Freedom of Information Laws [Leis de Liberdade de Informações].) O acordo declara que: "Todas as requeridas citações dos registros nos Arquivos Reais, e todas as requeridas passagens baseadas em informações obtidas por esses registros, devem ser submetidas para o Assistente Guardião nos Arquivos Reais em Inglês. Qualquer publicação ou disseminação de qualquer tipo de material desse tipo, em qualquer forma de mídia, está sujeita à permissão prévia do Assistente Guardião. Citações devem aparecer dentro de contexto. O texto não deve ser enviado para a editora antes que essa permissão seja concedida". Eu assinei.

Quando terminei o rascunho do livro, a Arquivista Sênior, a srta. Pamela Clark, me lembrou em um e-mail: "Como enunciado em nossos regulamentos, que você assinou, é preciso que você me envie qualquer trecho do seu texto que é baseado no material dos Arquivos Reais, mostrando as passagens importantes dentro do contexto dos parágrafos e dos seus comentários". Como eu havia utilizado muito material do arquivo, enviei meu manuscrito completo.

Vários meses depois, recebi uma resposta da srta. Clark que incluía alguns comentários úteis e pequenas correções. Para a minha surpresa ela também pediu que eu removesse trechos grandes do meu livro baseados em material que eu encontrara não *dentro* mas sim *fora* dos arquivos. A preocupação dela estava nos documentos do médico de Vitória, Sir James Reid, que estão em posse da família dele na Escócia, e em particular "os documentos em que a rainha delegou instruções sobre quem deveria cuidar dela na sua derradeira doença, arranjos para o seu funeral e que itens deveriam ser colocados em seu caixão". A srta. Clark também destacou os registros de Reid de "detalhes da condição médica da rainha".

Essa era uma decisão difícil de ser tomada, já que eu tinha um grande respeito pela família real e estava muito grata pela oportunidade de estudar o material guardado no Castelo de Windsor. Mas, após deliberar muito, eu decidi publicar os trechos baseados nas observações do dr. Reid, seguindo algumas considerações. Primeiro, o acordo que eu assinei *tinha a ver apenas com o material dos Arquivos Reais*, que foram tratados de forma cuidadosa e precisa. Eu cumpri à risca o acordo. Segundo, grande parte desse material já fora publicada por Lady Michaela Reid, em seu livro sobre Sir James e também em um artigo subsequente, apesar de ter sido desde então ignorado ou omitido pela maioria dos biógrafos (por motivos que agora se tornavam claros). Lady Michaela me dera permissão para citar esses documentos. As anotações do avô de seu marido se mantêm em mãos da família Reid. Terceiro, como historiadora é difícil anuir a um pedido — e a retirada desses trechos foi um "pedido" — que significa editar um material, muito do qual já se encontra em domínio público, sobre eventos que aconteceram mais de um século atrás. O pedido de remover todos os trechos baseados em informações de Reid era evidência extra da vontade recorrente da Casa Real de esconder a verdade sobre o relacionamento de Vitória com o seu criado escocês, John Brown.

Os guardiões dos Arquivos Reais, que fazem esse trabalho há mais de dois séculos, desde Jorge III até os dias atuais, são autoritários, meticulosos e preocupados com a exatidão. Mas o sigilo e a falta de transparência em relação a esse material essencial vão contra a própria história: uma análise rigorosa, extenuante de evidências primárias que permitirá um melhor entendimento de como tudo aconteceu e das pessoas que agiram, testemunharam, e estavam no centro dos acontecimentos. Pedir a um historiador que abandone um trabalho com base em documentos mantidos pela família do autor — os quais você tem os direitos de publicar — só pode significar uma tentativa de censurar ou obscurecer um relato verdadeiro da história.

É a minha esperança que aqueles que lerem este livro entendam como eu pesquisei com minúcia e retidão a vida da rainha Vitória, e como seria incompatível com essa forma de trabalhar a remoção de grandes trechos do livro por nenhum motivo concreto. O propósito deste livro foi ver além dos mitos, e não criar mais deles.

Julia Baird
Julho 2016

Agradecimentos

A escrita deste livro se estendeu por anos e por vários continentes, e minhas dívidas de gratidão quase se equiparam aos milhares de quilômetros percorridos. Em primeiro lugar, sou muito agradecida a Sua Majestade, rainha Elizabeth II, por sua graciosa permissão de estudar os Arquivos Reais da Grã-Bretanha sem nenhuma restrição e de citar material protegido por copyright. A arquivista-chefe, Miss Pamela Clark, foi especialmente prestativa em compartilhar uma parte de seu imenso conhecimento desses arquivos. Devo notar que em 9 de setembro de 2015, enquanto eu terminava a revisão final do livro, Sua Majestade finalmente ultrapassou a marca histórica de sua trisavó Vitória como monarca de mais longo tempo no trono britânico.

Trabalhei em dezenas de bibliotecas — e em cafés da vizinhança — enquanto elaborava a biografia de Vitória: a Biblioteca Pública de Nova York, a Biblioteca Social de Nova York, a Biblioteca da Universidade da Pensilvânia, a Biblioteca Pública de Nova Gales do Sul, a Biblioteca Mitchell, a Biblioteca Nacional da Austrália, a Biblioteca Nacional da Escócia, a Biblioteca Britânica, a Biblioteca de Londres e a Biblioteca de Manly. Agradeço em particular a Patrick Fletcher, da Biblioteca Social de Nova York, a Anna Sander, Curadora Lonsdale de Arquivos e Manuscritos do Balliol College, Oxford, ao dr. Ben Arnold, assistente de autorização de consultas na Biblioteca Bodleian, Oxford, e a Michael Hunt, curador da Casa Osborne.

Quentin Bryce, ex-governadora-geral da Austrália, ofereceu especial apoio durante seu mandato, como fez com tantas outras mulheres. Sem o seu auxílio, como também de Stephen Brady, então secretário oficial da sra. Bryce, eu não teria conseguido permissão de estudar nos Arquivos Reais. Serei sempre profundamente grata por isso. Lady Michaela e Lord Alexander Reid, de Lanton Tower, na Escócia, concederam-me generosamente acesso irrestrito aos diários e às anotações do dr. James Reid, bem como aos álbuns de recortes da família, que eram fascinantes.

Minha assistente de pesquisa, Catherine Pope, realizou um excelente trabalho na longa marcha de Vitória, com dedicação, inteligência, paciência e perspicácia, o qual foi crucial e incrivelmente apreciado (em particular a sua ajuda na lista de personagens). Outros auxílios valiosos foram dados por Jo Seto, Libby Effeney, Sam Register, Lucy Kippist, Madeline Laws e Cecilia Mackay. Entre os que leram o manuscrito e ofereceram sugestões importantes estão Joyhn Barrington Paul, Avery Rome e o professor Sean Brawley, da Universidade Macquarie. Evan Camfield foi um gigante em um mar de erros gramaticais, fez algumas correções essenciais, e me apoiou junto do resto da equipe da Random House, com quem tive a sorte de trabalhar. Yvonne Ward, da Universidade La Trobe, emprestou-me generosamente seus arquivos da Alemanha e Windsor. Carolyn Foley e Geoffrey Robertson ofereceram conselhos sábios e oportunos, assim como Robert Newlinds, que também ajudou com a pesquisa nas notas de rodapé.

Também agradeço a meus brilhantes amigos, que ajudaram de inúmeras maneiras: em especial Martha Sear, Jill Davison, Annabel Crabb, Damien Drew, Cathie Forster, Josie Grech, James Hooke, Kerri Ambler, Sarah Macdonald, Ali Benton, Ian Leuchars, John Harwood, Briony Scott, Leigh Sales, Mia Freedman, Lisa Whitby, Emma Alberici, Richard Scruby, Morgan Mellish, Ellie Wainwright, Bernard Zuel, John Clreary, Pete Baker, Jonathan Darman, Sterling Brain, Elizabeth Hawke, Kimberly Lipshus, Lisa Wilkinson, Jacqui Maley, Kendall Hill, Jo Dalton e Sacha Molitorisz. E, claro, meu pessoal de NYC: Katie Maclennan, Kerri Kimball, Lisa Hepner, Mary Morgan, Laura Weinbaum, Bonnie Siegler e Andrew Sherman.

Meus colegas na ABC entenderam e possibilitaram a minha insana vontade de escrever, em especial Tony Hill, Steve Cannane, Gaven Morris e Mark Scott assim como a equipe Bateria (Bonnie Symons Brown, Tanya Nolan, Annie White, e também Emily, Jade, Lily, Mike e Bennett). Muitos outros ajudaram de inúmeras maneiras até difíceis de especificar: Par Irving, Annabel Andrews, Ian Macgill, Norman Swan, Walter Shapiro, Meryl Gordon, Darren Saunders, Naama Carlin, Niall Rangney, Jane e Bob Maclennan e Alex Ellinghausen (por tirar minha foto de autor à meia-noite durante a campanha das eleições). Com minha professora do secundário, Care Vacchini, aprendi que a história não se resume a datas e retratos solenes; inclui também trincheiras e panfletos, propaganda e literatura, blecautes e meias de seda. E que as mãos humanas criaram, ao mesmo tempo, destruição brutal e requintada beleza. Gostaria que toda a garotada tivesse uma professora como ela.

Faço um agradecimento especial a algumas pessoas: o leal Tim Dick, por ler os rascunhos e, com a maravilhosa Cath Keenan, nunca deixar de me causar gargalhadas, junto com o resto do querido pessoal do Yum Cha; Vanessa Whittaker, pela camaradagem e seu infinito estoque de sacações engraçadas; James Woodford, pela compreensão, pela bondade e por uma misteriosa capacidade de separar o joio do trigo; Caitlin McGee, por ser a pessoa mais gentil e bondosa que conheço; Jo Chichester, por ser hilária, tranquila e confiável, ficando ao meu lado como o melhor tipo de cola; a incrível Liza Whitby, por me tirar do marasmo, acreditar em mim e ligar ideias na tomada; Peter Fitzsimons, meu terceiro irmão honorário, a lebre para minha tartaruga, numa corrida em que a lebre nunca dorme, por sempre me incentivar a prosseguir; a inigualável Maureen Dowd, por uma amizade especial e mil aventuras nova-iorquinas; Jonathan Swan, pelo apoio sempre inabalável e inalterável; Jo Fox, por me hospedar tão luxuosamente em Notting Hill por vários meses e garantir que meus surtos redatoriais fossem pontilhados com festivais de música e botas enlameadas; Jacqui Jones, sábia e malandra, pelas risadas, lealdade, brilho e capacidade infinita para conversar sobre tudo, todos os dias, durante a nossa busca de décadas pelas cornetas do Reino Élfico. Você é a melhor.

Há cinco pessoas que foram centrais para a concepção e execução deste livro. A Jon Meacham, meu maravilhoso ex-editor na *Newsweek*, cabe quase toda a culpa por minha decisão de escrever a biografia de Vitória. Sua perspicácia e seu insight foram fundamentais nas fases iniciais. Evan Thomas foi quem me atraiu a Nova York para trabalhar e me ensinou mais do que imagina. Minha inimitável agente, Binky Urban, tem dado um apoio inabalável desde o momento em que mencionei o nome de Vitória. Também tive a extrema sorte de ter Anna Pitoniak e Kate Medina como minhas editoras na Random House. Anna ofereceu uma leitura calma, atenta e encorajamento constante, fazendo muitas sugestões valiosas. Kate sempre foi incisiva, atenciosa e entusiástica, e entendeu na hora em que consistia o livro.

Consistia, em parte, em contar às garotas que conheço — especialmente Ava, Anna, Frances, Evelyn, Sophie, Mary, Grace, Ariel, Rose, Sybilla e minha filha Poppy — que uma jovem de dezoito anos comandou um Império. Todas vocês reinventarão e comandarão o mundo.

Por fim, meus maravilhosos pais, Judy e Bruce, sempre me disseram para fazer o que gosto. O apoio deles foi irrestrito e ilimitado. Bem como o apoio de meus irmãos Mike e Steve, sempre leais e divertidos; de minhas encantadoras cunhadas Kerryn e Annemaree; e de minhas queridas sobrinhas e sobrinhos: Laura, Cate, Luke, Elijah e Oscar. Minha filha Poppy e meu filho Sam são minhas estrelas polares gêmeas. Ensinaram-me o amor e me fizeram rir com gosto. Este livro é para vocês.

Notas

ABREVIATURAS

QVJ: Queen Victoria's Journal [Diário da Rainha Vitória]
RA: Royal Archives [Arquivos Reais]
CL: *The Collected Letters of Thomas and Jane Welsh Carlyle* [Cartas Reunidas de Thomas e Jane Welsh Carlyle]

Nota: Todas os trechos deste livro que expressam o que Vitória estava pensando, sentindo ou vestindo tiveram como base as matérias, as cartas e os materiais de referência abaixo.

EPÍGRAFES [p. 7]

1. Arthur Ponsonby, *Henry Ponsonby*, p. 70.
2. Hugh Wyndham (Org.), *Correspondence of Sarah Spencer*, jul. 1844, p. 348.

INTRODUÇÃO [pp. 33-9]

1. Hope Dyson e Charles Tennyson (Orgs.), *Dear and Honoured Lady*, p. 76.
2. Rev. Archer Clive, citado em Archer Clive, *Mrs. Archer Clive*, p. 87. A frase completa diz: "Acompanhei a multidão e me vi *en face* de um quadro do príncipe Albert muito bem pintado. Se ele for parecido com o retrato, é de boa índole, mas decididamente brando e fraco, e isso não vai dar certo com a tal megerazinha que está para desposar".
3. A Lady of the Court [Uma dama da corte], *Victoria's Golden Reign*, p. 2.
4. Beatrice para Bertie (Jorge VI), 14 maio 1943, Braubridge, Sussex, RA, AEC/GG/012/FF2/13.
5. Morshead para Lascelles, 14 maio 1943, RA, AEC/GG/012/FF2/14.
6. Benson escreveu em seu diário que Esher lhe dissera que Beatrice estava "ocupada em copiar do diário [da rainha] o que ela considerava de interesse *público*" — o que Benson considerava "a parte mais maçante". Diário de Benson, v. 35, 25 jul. 1903, pp. 81-3; Yvonne Ward, *Censoring Queen Victoria*, p. 32.

7. Yvonne Ward, *Censoring Queen Victoria*, p. 188.

8. Ibid., p. 309.

9. Ibid., p. 327. Eles tinham uma tendência particular a favorecer Lord Melbourne, a quem Benson e Esher "adoravam". No primeiro volume, havia trechos de 35 cartas da rainha Vitória para Lord Melbourne, e de 139 réplicas dele. Em 1837, seis das cartas de Melbourne foram publicadas, e apenas quatro de Vitória. Em 1838, três das cartas dela foram incluídas; dele, porém, foram mais vinte. Ibid., p. 191.

10. Giles St. Aubyn escreveu: "Tivesse sido ela uma romancista, suas obras completas ocupariam setecentos volumes, publicados ao ritmo de um por mês!" (*Queen Victoria*, p. 340). Mas essa é uma estimativa conservadora.

11. Em 21 de outubro de 1858, Vitória escreveu a Vicky: "Não sinto afeição por Windsor. Admiro o local e o considero esplêndido e imponente, mas destituído de qualquer traço que me faça amá-lo. Não, não sinto interesse algum por nada, como se não me pertencesse; e isso, obviamente, diminui os prazeres da existência de uma pessoa". Seis dias depois, ela reiterou: "Como você consegue chamar Windsor de 'querido' é algo que não consigo entender. Parece uma prisão, tão grande e soturno. Para mim, é tedioso. Se comparado a Balmoral, é como saltar do dia para a noite. É bem assim!". Roger Fulford (Org.), *Dearest Child*, pp. 140-1.

PARTE I: A PRINCESA VITÓRIA: "POBREZINHA DA VICTORY" [p. 41]

1. Thomas Carlyle para John A. Carlyle, 12 abr. 1838. Disponível em: <carlyleletters.dukeeupress.edu/cgi/content/full/10/1/lt-18380412-TC-JAC-01>. Acesso em: 3 ago 2018.

1. O NASCIMENTO DE "UM PEQUENO HÉRCULES" [pp. 43-9]

1. Christian Stockmar, *Memoirs of Baron Stockmar*, v. 1, p. 77.

2. Entre as autoridades presentes durante o nascimento de Vitória estavam o duque de Wellington, que derrotara Napoleão em Waterloo quatro anos antes, o arcebispo da Cantuária e um homem que Vitória viria a desprezar na adolescência: o capitão John Conroy, cavalariço ou criado irlandês de seu pai, que se tornou confidente de sua mãe.

3. Há quem sugira que, como Vitória era hemofílica e o duque não, ele não seria seu pai. Mas não há provas disso e cerca de um terço dos casos de hemofilia resulta de mutação espontânea. É importante ressaltar também a acentuada semelhança entre Vitória e a família hanoveriana do lado paterno. Stephen Pemberton, *The Bleeding Disease: Hemophilia and Unintended Consequence of Medical Progress*. Baltimore: Johns Hopkins University Press, 2011, p. 45.

4. Lucy Worsley, *Courtiers*, p. 190.

5. Duque de Kent para a duquesa de Coburgo, 24 maio 1819, citado em Cecil Woodham-Smith, *Queen Victoria*, p. 30.

6. Theodore Martin, *The Prince Consort*, v. 1, p. 2.

7. Em 1802, em Gibraltar, Edward quase morreu pelas mãos de sua própria tropa na véspera de Natal. Ele fora enviado para restabelecer a ordem no posto avançado naval britânico no extremo meridional da Espanha. Sua tropa, indisciplinada e frequentemente embriagada, logo passou a detestar seu rigor e sobriedade. Depois do motim — em parte malsucedido porque os amotinados estavam bêbados —, o duque de Kent executou três deles e condenou oito à prisão em colônias penais na Austrália. (Vários condenados

escaparam ao alcançar a baía de Port Philip. Um deles desapareceu se embrenhando nas matas e viveu com os nativos aborígenes por décadas.) O duque foi convocado de volta à Inglaterra, onde deu início a uma longa batalha para se livrar de acusações de conduta brutal. Pouco tempo depois, em 1804, uma epidemia de febre amarela assolou Gibraltar, dizimando quase metade da população. O motim livrou o duque desse provável destino e, de certo modo, também preservou sua filhinha, que nasceria quinze anos depois.

8. Os dois filhos mais novos morreram depois de ser vacinados contra varíola, um quando tinha apenas quatro anos e o outro quase dois. A filha mais nova, Amelia, morreu aos 27 anos, devido a uma infecção cutânea que se seguira ao sarampo.

9. Sir Eardley Holland, escrevendo para o *Journal of Obstetrics and Gynaecology* (dez. 1951), conjeturou: "Parece muito difícil duvidar que Charlotte tenha morrido de hemorragia pós-parto". Descartou os comentários de que ela teria morrido por não ter feito exercícios durante a gravidez ou por não ter se alimentado durante o longo trabalho de parto. Se Sir Richard Croft cometeu algum erro, foi não ter usado o fórceps, por causa do "sistema equivocado... de obstetrícia". Citado em Elizabeth Longford, *Victoria R.I.*, p. 151.

10. Timothy Peters e D. Wilkinson, "King George III and Porphyria", pp. 3-19. Disponível em: <holeousia. wordpress.com/2013/03/07/re-evaluating-the-porphyriadiagnosis-of-king-george-iii-madness/>. Acesso em: 11 dez. 2017. O rei Jorge III foi acometido de severa meningite em 1788, durante a qual falava sem cessar e perdeu temporariamente a capacidade de raciocínio. As veias do rosto incharam tanto que, segundo sua esposa, o rosto parecia "geleia de groselha-preta" (Christopher Hibbert, *George III: A Personal History*, p. 261). Ainda assim, no ano seguinte, o rei inesperadamente se recuperou e permaneceu bem por alguns anos. A recaída veio depois que sua filha mais nova, Amelia, morreu, em 1810, após um ataque de sarampo.

11. Roger Fulford (Org.), *Royal Dukes*, p. 38.

12. O estilo de vida permissivo do marido a repugnava, chegando a alegar que a casa dele parecia um bordel. Ele, por sua vez, tratava-a muito mal e passou décadas procurando humilhá-la e destruí-la. Declarou que ela não era mais virgem ao se casarem, oferecendo como prova sua observação de que ele tinha um pênis grande — o que é bastante egocêntrico, mas também mostra a crescente obsessão dele com o comportamento sexual da esposa. Tentou provar a infidelidade dela no tribunal para obter o divórcio, mas não conseguiu. Os procedimentos foram tão humilhantes e vexatórios que a opinião pública tomou o partido de Caroline. O príncipe regente até mesmo pressionou o Parlamento a aprovar uma lei "para destituir Sua Majestade rainha Caroline Amelia Elizabeth do título, prerrogativas, direitos, privilégios e isenções de rainha consorte e dissolver o casamento de Sua Majestade com a dita Caroline Amelia Elizabeth". O autor de diários Creevey escreveu que essa lei deveria se chamar "Uma lei para declarar a rainha uma prostituta" (Monica Charlot, *Victoria the Young Queen*, p. 27). O príncipe regente subornou testemunhas para depor contra a esposa indignada e, com isso, comprometeu seriamente a reputação da monarquia.

13. QJV, 3 jan. 1840.

14. O sexto filho do rei Jorge III, o popular e gentil Augustus Frederick, duque de Sussex, não estava particularmente interessado em subir ao trono, e o sétimo filho, Adolphus, duque de Cambridge, sujeito loquaz que usava bastas perucas loiras, também estava muito distante na linha sucessória para ser uma efetiva ameaça, apesar de ter sido o primeiro a se casar depois da morte de Charlotte.

15. Das seis filhas, nenhuma tinha filhos e apenas uma era casada. A mais velha, Charlotte, que era extremamente tímida, acabou se casando com o príncipe de Württemberg em 1797. Teve apenas uma criança, uma menina, que nasceu morta. Ficou destroçada com a perda da filha: guardou até o final da vida o enxoval que levara da Inglaterra. Suas cinco irmãs mais novas, Augusta, Elizabeth, Mary, Sophia e Amelia (que faleceu em 1810), foram obrigadas a ficar com a mãe em Windsor, a pretexto de que precisavam ajudá-la a manter o equilíbrio após o enlouquecimento do marido, o rei Jorge III. Passavam os longos dias costurando,

tocando música e desenhando, mas sentiam um tédio mortal. Duas tiveram casos com criados. Não puderam sequer ir à festa decadente que o irmão mais velho, o príncipe de Gales, ofereceu em homenagem a si mesmo quando se tornou regente, com direito a um riacho com peixes no centro de uma enorme mesa de jantar enfeitada de flores e musgo. Uma delas, a princesa Elizabeth, queixou-se: "Continuamos vegetando, como temos feito nos últimos vinte anos de nossa vida". Roger Fulford (Org.), *Royal Dukes*, p. 38; Kate Williams, *Becoming Queen*, p. 47.

16. Terceiro filho na linha, marinheiro e futuro rei Guilherme IV, que teve um filho bastardo com uma atriz com a qual rompera por carta em 1811, também pedira em casamento a digna e gentil princesa Ameliée Adelaide, que aceitou. Mas ela teve uma série de gestações e partos traumáticos. O primeiro bebê nasceu prematuro e morreu em poucos meses, abortou o segundo e o terceiro morreu aos quatro meses. Em 1822, ela deu à luz gêmeos natimortos.

17. Christian Stockmar, *Memoirs of Baron Stockmar*, v. 1, p. 77.

18. Ele também queria que ela engravidasse; a perspectiva de que a coroa coubesse ao irmão seguinte na linha sucessória — Ernst, duque de Cumberland — era intolerável. Edward tinha feições marcadas e pontos de vista muito conservadores; havia boatos constantes, porém não comprovados, de que estuprara uma freira, assassinara o criado e engravidara a irmã. Ele também desposara uma vistosa princesa alemã que enviuvara duas vezes — ao menos uma delas em circunstâncias suspeitas. Frederica engravidou, mas a criança nasceu morta.

2. A MORTE DE UM PAI [pp. 50-7]

1. A duquesa de Kent disse que, embora "todos estejam muito espantados", "eu me desesperaria ao ver minha queridinha ao seio de outra pessoa". O marido mostrava grande interesse pelo intumescimento e esvaziamento dos seios da esposa na atividade que chamava de "nutrimento materno" e "uma função muito interessante em sua essência". Dorothy Stuart, *The Mother of Victoria*, p. 76.

2. Elizabeth Longford, *Queen Victoria*, p. 24.

3. Algumas mortes ocorriam devido a doses excessivas. De acordo com relatórios do Registro Civil, a maioria das mortes por intoxicação com ópio se dava entre crianças, principalmente bebês. Entre 1863 e 1867, 235 bebês com menos de um ano morreram, assim como 56 crianças com idade entre um e quatro anos; 340 crianças e adultos acima de cinco anos também morreram. Virginia Berridge, *Opium and the People*, p. 100. Note-se que, atualmente, o ópio — ou tintura de láudano — é utilizado no tratamento de sintomas de abstinência em bebês com mães dependentes de heroína.

4. "Protected Cradles", p. 108.

5. Cecil Woodham-Smith, *Queen Victoria*, p. 33.

6. Alison Plowden, *The Young Victoria*, p. 35.

7. Christian Stockmar, *Memoirs of Baron Stockmar*, v. 1, p. 78.

8. Em junho, o duque disse a um amigo que seu irmão, o regente, não anunciara o nascimento de Vitória pelas cortes europeias, apesar da alta posição dela na linha sucessória: "A intenção é, evidentemente, *me humilhar*". Três dias após o nascimento de Vitória, a duquesa de Cumberland deu à luz um filho, George, que era o próximo na linha sucessória. Viria a se tornar o rei cego de Hanôver.

9. Kellow Chesney, *The Anti-Society*, p. 14.

10. Sophia, a eleitora de Hanôver, era mãe de Jorge I e pentavó de Vitória. Todos os quatro avós de Vitória eram alemães.

11. Giles St. Aubyn, *Queen Victoria*, p. 11.

12. Cecil Woodham-Smith, *Queen Victoria*, p. 46; Elizabeth Longford, *Victoria R.I.*, p. 20.

13. John Van der Kiste, *George III's Children*, p. 121.

14. A princesa Caroline de Brunswick era mimada, grosseira e rebelde. Repugnava-a o estilo de vida permissivo do príncipe regente e dizia que ele e seus cortesãos viviam bêbados; volta e meia os encontrava roncando desmaiados, de botas, no sofá. A opinião pública concordaria com ela. O príncipe regente se casou porque sua amante insistiu que encontrasse alguém que não a suplantaria e o ajudaria a quitar algumas de suas enormes dívidas. Como o Parlamento normalmente aumentava a renda anual dos filhos da realeza quando estes se casavam oficialmente, isso era causa de muitas desilusões amorosas.

15. Virginia Berridge, *Opium and the People*, p. 31.

16. A Lei da Farmácia de 1868 restringia a venda de fármacos apenas a farmacêuticos profissionais, que eram reconhecidos desde idos de 1840.

17. Virginia Berridge, *Opium and the People*, p. 59.

18. Duff relata que, quando o duque estava em Woolbrook, uma cartomante fora a Sidmouth e lhe disse que "este ano dois membros da família real morrerão" (David Duff, *Edward of Kent*, p. 281). Outros afirmam que foi durante a revista de tropas em Hounslow Heath. Por exemplo: Dorothy Stuart, *The Mother of Victoria*, p. 87.

19. David Duff, *Edward of Kent*, p. 279. Uma boa explicação desse fato se encontra em Christopher Hibbert, *Queen Victoria: A Personal History*, p. 14.

20. Roger Fulford, *Royal Dukes*, p. 203.

21. Cecil Woodham-Smith, *Queen Victoria*, p. 43.

22. Ibid., p. 44.

23. Elizabeth Longford, *Queen Victoria*, p. 25.

24. O duque de Cumberland disse: "Nunca me senti tão abalado" como depois da notícia da morte do irmão mais velho. (Duque de Cumberland para o príncipe regente, 4 fev. 1820, Aspinall e Webster, *Letters of George IV*, v. 2, carta 790). A corte fora surpreendida pela morte do homem a quem Croker se referia como "o mais forte dos fortes": "Nunca antes doente em toda a sua vida, e agora morto por um resfriado quando metade do reino tem resfriados impunemente. Foi um grande azar, de fato. Lembra-me a fábula do carvalho e do cálamo de Esopo". Monica Charlot, *Victoria the Young Queen*, p. 34.

25. Dormer Creston, *Youthful Queen Victoria*, p. 85.

26. Em 4 de fevereiro de 1820, a princesa Augusta, no Castelo de Windsor, escreveu a Lady Harcourt contando como o duque de Clarence ficara angustiado após a morte de Edward, acrescentando: "Em todo o meu sofrimento, ainda é intolerável pensar naquela boa, excelente mulher, a duquesa de Kent, e todas as suas provações; são realmente muito penosas. Ela é a criaturinha mais devotada, bondosa e resignada que se pode imaginar". William pedira à princesa Adelaide que fosse visitá-la todo dia — dissera-lhe que era um grande conforto para ela, já que as duas se davam bem —, e que "com isso se tornam amigas de verdade e servem de mútuo consolo". Era lamentável que a duquesa fosse incapaz de corresponder ou estimular essas relações. Talvez o motivo para tanto fosse o ciúme: quando Adelaide deu à luz uma filha, Elizabeth, em 1820, John Conroy escreveu: "Estamos todos na expectativa. Nossa mulherzinha foi passada para trás e está ressentida". (Monica Charlot, *Victoria the Young Queen*, p. 40.) Elizabeth morreu três anos depois.

27. Até a rainha Vitória, quando leu os diários de sua mãe após a morte dela, ficou surpresa com a devoção que tinha pelo marido: "Quanto, quanto ela e meu querido pai se *amavam*. De tal amor e afeto, eu ignorava *essa* magnitude", escreveu ela. Arthur Benson e Visconde Esther, *Letters of Queen Victoria*, v. 3, p. 560.

28. Christopher Hibbert, *Queen Victoria: A Personal History*, p. 17.

1. Sir Walter Scott, 19 maio 1828, *Journal*, v. 2, p. 184.

2. Christopher Hibbert, *Queen Victoria: A Personal History*, p. 18.

3. Jorge IV concedeu a Lehzen, que havia sido contratada inicialmente como governanta para Feodora, o título de baronesa em 1827.

4. Quatro desses livros ainda permanecem nos Arquivos Reais, conforme descobriu Lynne Vallone, e trazem registros de explosões de raiva completamente ausentes dos diários dela. No primeiro, que data de 31 de outubro de 1831 a 22 de março de 1832, há dezenas de referências a ter sido "deveras malcriada e teimosa", "malcriada com mamãe" e "muito excessivamente malcriada". Ela também era "muito malcomportada e impertinente com Lehzen" e "malcriada e vulgar". Lynne Vallone, *Becoming Victoria*, p. 24.

5. Ibid., p. 22.

6. Ibid.

7. Ibid., p. 43.

8. Elizabeth Longford, *Oxford Book of Royal Anecdotes*, p. 358.

9. A própria Vitória admitiu que fora "excessivamente idolatrada em casa" e "demasiado perdoada por todos e bastante desafiadora". Arthur Christopher Benson e Reginald Esher, *Letters of Queen Victoria*, v. 1, p. 19.

10. Christopher Hibbert, *Queen Victoria: A Personal History*, p. 19.

11. Roger Fulford, *Dearest Child*, pp. 111-2.

12. Monica Charlot, *Victoria the Young Queen*, p. 52.

13. Isso podia ser irritante, mas era bem melhor do que as golas metálicas de outras garotas. A sra. Sherwood, autora de *The Fairchild Family* [A família Farchild], conta que teve que usar uma dessas golas, presa a uma espécie de tábua atada sobre os ombros: "Fui submetida a isso do sexto ao 13º ano. Era colocada de manhã e raramente removida no final da tarde: geralmente eu fazia minhas lições ereta e com o plastrão... Nunca sentava quando minha mãe estava no recinto... Antes mesmo dos doze anos, eu tinha que traduzir cinquenta versos de Virgílio toda manhã, usando esse mesmo plastrão com a gola de metal comprimindo minha garganta". Dormer Creston, *Youthful Queen Victoria*, p. 148.

14. O reverendo Davys tinha uma versão diferente da descoberta de Vitória, em que desempenhava um papel central. Ele lhe dissera, no dia anterior: "Princesa, amanhã eu quero que você me faça uma tabela com todos os reis e rainhas da Inglaterra". Na manhã seguinte, ela lhe deu a tabela, que ele analisou atentamente. E disse: "Está bem-feita, mas incompleta. Você colocou o 'tio rei' como regente e o 'tio William' como herdeiro do trono, mas quem vem em seguida?". Vitória, hesitante, teria respondido: 'Não quis colocar a mim mesma.'". Davys conta que então relatou o ocorrido à duquesa, que escreveu ao bispo de Londres informando que Vitória agora sabia de sua posição. Eva March Tappan, *Days of Queen Victoria*, p. 33.

15. Theodore Martin, *The Prince Consort*, v. 1, p. 13.

16. Duquesa de Kent para os bispos de Londres e Lincoln, 13 mar. 1830, Ibid., v. 1, p. 34.

17. Lynne Vallone, *Becoming Victoria*, p. 45.

18. Gillian Gill, *Nightingales*, p. 90.

19. Eliot era uma aluna de destaque e a melhor pianista na escola. Kathryn Hughes, *George Eliot*, pp. 24-5.

20. Christopher Hibbert, *Queen Victoria: A Personal History*, p. 21, e Lynne Vallone, *Becoming Victoria*, p. 208.

21. Baronesa Lehzen para a duquesa de Kent, 13 jun. 1837, RA M7/48, citado em Katherine Hudson, *A Royal Conflict*, p. 72.

22. Ibid., p. 19. Vitória também não era grande admiradora da rainha Anne. Aos catorze anos, ela censurou o tio Leopoldo por enviar uma passagem sobre a rainha Anne, dizendo: "Devo pedir, já que você me enviou um exemplo do que uma rainha *não deve* ser, que você me envie também daquilo que uma rainha *deve ser*". Leopoldo descreveu essa carta como "muito sagaz e afiada" e respondeu que cumpriria a tarefa na próxima carta, em 2 de dezembro de 1834.

23. Ibid.

24. Monica Charlot, *Victoria the Young Queen*, p. 52.

25. Francis Bamford e duque de Wellington, *The Journal of Mrs. Arburthnot*, v. 2, p. 186, citado em Christopher Hibbert, *Queen Victoria: A Personal History*, p. 29.

26. Hannah Moore, *Works of Hannah More*, v. 2, pp. 376-7.

27. Ibid., v. 2, p. 568.

28. Princesa Vitória para o rei Leopoldo, 26 abr. 1836, Arthur Christopher Benson e Reginald Esher, *Letters of Queen Victoria*, v. 1, p. 60.

29. QVJ, 13 jul. 1833. Três anos mais tarde, em 1836, os outros primos dela, Ferdinand e Augustus, foram visitá-la, em parte para celebrar o casamento de Ferdinand com a rainha de Portugal.

30. Eliza morreu de tuberculose mais tarde, aos vinte anos.

31. Três anos depois, seus outros meios-sobrinhos, os filhos do irmão de Feodora, Charles de Leiningen, se hospedaram lá e ela voltou a ficar animada — o oposto do que era ao descrever suas aulas diárias etc. Quando eram meramente expansivos, ela vibrava: "Edward era acima de tudo engraçado. Ele me chama de Lisettche, além de outros nomes esquisitos. Desconfio que ele não tem *respeito algum* por mim".

32. Citado em Lynne Vallone, *Becoming Victoria*, p. 187.

33. Karoline Bauer, *Caroline Bauer and the Coburgs*, p. 296.

34. Lynne Vallone, *Becoming Victoria*, p. 14.

35. Rei Leopoldo para a rainha Vitória, 22 maio 1832, citado em ibid., p. 102.

36. Rei Leopoldo para a rainha Vitória, 21 maio 1833, Arthur Christopher Benson e Reginald Esher, *Letters of Queen Victoria*, 1:46.

37. Princesa Vitória para o rei Leopoldo, 28 dez. 1834, ibid., v. 1, p. 52.

38. William Makepeace Thackeray, "George the Fourth", p. 108.

39. Kate Williams, *Becoming Queen*, p. 173.

40. Dormer Creston, *Youthful Queen Victoria*, p. 117.

41. Christopher Hibbert, *The Queen Victoria in Her Letters*, p. 10.

42. Roger Fulford, *Royal Dukes*, p. 100.

43. John Conroy também conquistara a confiança de uma tia de Vitória, Sophia, mas anos de papelada sumiram quando ele passou a administrar os assuntos financeiros dessa princesa. Vitória estava convencida de que ele desviara centenas de libras para uso próprio (no comando da casa, Sophia lhe comprara Kensington em 1826 por 4 mil libras).

44. QVJ, 5 nov. 1835.

45. John Gardiner, *The Victorians*, p. 4.

4. UMA ESTRANHA E IMPOSSÍVEL LOUCURA [pp. 69-76]

1. David Cecil, *The Young Melbourne*, p. 385.

2. QVJ, 26 fev. 1838.

3. 31 out. 1835, ibid.

4. Rei Leopoldo para a rainha Vitória, 9 mar. 1854, ray79/35.

5. Elizabeth Longford, *Victoria R.I.*, p. 55.

6. Dizia-se que Cumberland espalhara boatos de que a princesa tinha "problemas nos pés" e não conseguiria crescer normalmente (Vitória pôs a culpa desses boatos na filha de Conroy, Victoire). Quando as memórias de Greville foram publicadas, em 1875, Vitória disse que a alegação de que Conroy estava tentando protegê-la de Cumberland era falsa.

7. Katherine Hudson, *A Royal Conflict*, p. 208.

8. Leslie George Mitchell, *Lord Melbourne*, p. 182.

9. Porém, houve embargos. Os fazendeiros foram indenizados pelo governo com títulos que valiam 20 milhões de libras, cerca de 40% do orçamento nacional, e os escravos foram obrigados a trabalhar de graça durante um período de aprendizado. Não foram oficialmente libertos pelos próximos cinco anos, até 1 ago. 1838.

10. Dormer Creston, *Youthful Queen Victoria*, p. 147.

11. Philip Ziegler, *King William IV*, p. 278.

12. O rei estava furioso. De Greville, 4 jul. 1833: "O rei ficou enojado (não sem razão) com a caravana da duquesa de Kent para exibir a filha pelo reino, da qual faziam parte suas viagens de barco à Ilha de Wight, com direito a disparos contínuos para saudar Sua Alteza Real". Tentaram convencer a duquesa a parar, pois "salvas militares são uma espécie de comando geral, tanto para o Exército quanto para a Marinha". Ela se recusou e posteriormente foi decretado que o estandarte real só deveria ser saudado quando o rei ou a rainha estivessem a bordo. Henry Reeve, *Greville Memoirs*, 3:4.

13. Thomas Creevey, 2 nov. 1833, John Gore, *Creevey*, p. 345.

14. Vitória escreveu no diário um longo e solene registro sobre sua crisma, dizendo que estava arrependida de seu pecado e queria melhorar em obediência e dedicação à sua mãe irritadiça. Escreveu que fora à cerimônia "com a firme determinação de se tornar uma verdadeira cristã, de tentar confortar sua querida mãe de todas as suas dores, provações e angústias e de vir a ser uma filha zelosa e afetuosa. Além disso, ser obediente à querida Lehzen, que tanto tem feito por mim" (QVJ, 30 jul. 1835). A mãe lhe escreveu com sua habitual irascibilidade: "A providência divina a escolheu: — exige-se de você muito mais do que de qualquer outra menina de sua idade. — Ao tecer tais comparações, naturalmente fico ainda mais aflita por você, minha amada Vitória". (Lynne Vallone, *Becoming Victoria*, p. 147). A duquesa avisou à filha que o que lhe traria felicidade não era uma alta posição, mas sim um "espírito bondoso, virtuoso e cultivado".

15. Princesa Vitória para a princesa Feodora, 30 out. 1834, Lynne Vallone, *Becoming Victoria*, p. 221.

16. Elizabeth Longford, *Victoria R.I.*, p. 30.

17. Joan Jacobs Brumberg, *Body Project*, xviii. Lynne Vallone também acreditava que a primeira menstruação ocorreu em torno dos quinze anos. Num relato sobre a juventude da rainha, Vallone registra que, na terceira semana de cada mês, Vitória ficava rabugenta, um pouco tristonha e perdia o apetite. Num registro que foi omitido da edição oficial de seus diários e cartas, ela reclamava, numa viagem pela Europa, da falta de sebes, do excesso de valas e da multidão que parecia meio bêbada. Lynne Vallone, *Becoming Victoria*, p. 157. Ver também Dulcie Ashdown, *Queen Victoria's Mother*.

18. Citado em Elaine Showalter e English Showalter, "Victorian Women and Menstruation", p. 85.

19. Kate Williams, *Becoming Queen*, p. 188.

20. Elizabeth Longford, *Victoria R.I.*, p. 55; Cecil Woodham-Smith, *Queen Victoria*, p. 136.

21. Browning para o sr. e a sra. William Wentworth Story, 21 jun. 1861, citado em Stanley Weintraub, *Victoria*, p. 88.

22. No verbete Elphinstone do *Dictionary of National Biography*, lê-se: "Em 1837, Elphinstone deixou a guarda ao ser indicado por Lord Melbourne ao governo de Madras. Comentou-se na época que a indicação fora feita para abafar os rumores de que a jovem rainha Vitória estaria apaixonada por ele". O episódio da igreja é mencionado por Elizabeth Longford, *Victoria R.I.*, p. 62: "No início de fevereiro, o dr. Clark lhe permitira visitar o Palácio de St. James vestindo a capa de cetim cinza, bordada e rendada com rosas, que sua tia Louise enviara de Paris. Estava tão encantadora que o jovem Lord Elphinstone fez um desenho seu na igreja; a duquesa maquinou seu afastamento para Madras".

23. Recentemente, esses rumores voltaram à tona com o escritor australiano Roland Perry. Num livro intitulado *The Queen, Her Lover and the Most Notorious Spy in History* (Sydney: Allen and Unwin, 2014), ele alega que Vitória teve um caso com Elphinstone quando estava com quinze anos e ele 27. Perry não fundamenta sua afirmação em nenhum registro documental, mas, em correspondência conosco, disse que "chegou à história via KGB", que obtivera cópias não censuradas da correspondência entre Vitória e sua filha mais velha. Para compreender isso, afirmou ele, é "preciso ficar cara a cara com figurões em Moscou e São Petersburgo". Nenhuma prova autêntica sobre a qual historiadores pudessem se debruçar foi detalhada.

24. O rei Guilherme IV tentou impedi-los, sem sucesso. Ele desejava casar Vitória com um dos filhos do príncipe protestante de Orange, ao invés de um católico de Coburgo, mas Vitória não simpatizou com eles.

25. Lynne Vallone, *Becoming Victoria*, p. 179.

26. Princesa Vitória para o rei Leopoldo, 26 maio 1836, Christopher Hibbert, *Queen Victoria in Her Letters*, p. 18.

27. Princesa Vitória para o rei Leopoldo, 7 jun. 1836, ibid.

28. QVJ, 21 jan. 1839.

29. Katherine Hudson, *A Royal Conflict*, p. 20.

30. Conroy Family Collection, Balliol College Archives and Manuscripts, Conroy 2C, John Conroy, 3º Barão, 3D9. Ver ibid, p. 33.

31. Ibid., pp. 33-4. A crença de Conroy de que sua esposa, Elizabeth Fisher, era a filha bastarda do duque foi revelada no diário do neto de Conroy e numa confissão de leito de morte de Edward, filho de John: "Sir J era orgulhoso e considerava uma indelicadeza contar à duquesa sobre o parentesco entre sua esposa e a princesa Vitória. Sir J expressou muitas vezes que seria uma desgraça à honra. Além disso, como Lady Conroy era muito afeiçoada ao general Fisher, nunca diriam a ela que ele não era seu pai — de maneira que o assunto nunca foi discutido, embora possa ser provado". Conroy Family Collection, Conroy 6F papers, confissão no leito de morte de Edward Conroy. Mas as provas não são convincentes.

32. Yvonne M. Ward, "Editing Queen Victoria", p. 202. Em março de 1904, Benson se deparou com um memorando e correspondência da filha de Conroy para Vitória. Vitória havia eliminado tudo do memorando. Benson escreveu em seu diário: "Sir John era realmente um sujeito maldoso, inescrupuloso e intrigante. Ele exerceu tamanha influência sobre a duquesa de Kent que chegou a ser considerado seu amante... a rainha tinha verdadeira ojeriza a ele. Esse pavor dele parece (embora seja bem misterioso) remontar ao período em que o duque de Cumberland, com sua costumeira aspereza, lhe dissera, quando era apenas uma menina, que Conroy era amante de sua mãe".

33. Cecil Woodham-Smith, *Queen Victoria*, p. 55.

34. Katherine Hudson, *A Royal Conflict*, p. 51.

35. Dentre os partidários do sistema Kensington estavam Leopoldo, Lady Flora Hastings, a princesa Sophia, o príncipe Charles de Leiningen e o duque de Sussex. Os poderosos amigos de Conroy ignoravam sua inabilidade em administrar finanças; milhares de libras se perderam sob os cuidados dele e há fortes

indícios de improbidade (Vitória decidiu que ele era um vigarista quando registros financeiros duvidosos de sua mãe e de sua tia Sophia foram liberados).

5. "CENAS PAVOROSAS NA CASA" [pp. 77-83]

1. Kate Williams, *Becoming Queen*, p. 281.
2. John Hollingshead, *Underground London*, p. 71.
3. Ibid., p. 367.
4. Antes de partir, Stockmar disse a Charles para não enxergar "traição, mentiras e fraude como ferramentas para obter sucesso". Disse ainda, franca e cuidadosamente, que, embora quase sempre concordasse com Conroy, seu mau humor e sua falta de tato eram tão exagerados que, ainda que conseguissem fazer dele secretário particular, ele iria pôr tudo a perder a qualquer momento". Cecil Woodham-Smith, *Queen Victoria*, p. 30.
5. Harold A. Albert, *Queen Victoria's Sister*, p. 86.
6. Katherine Hudson, *A Royal Conflict*, p. 102.
7. Kate Williams, *Becoming Queen*, p. 281.
8. No 18º aniversário de Vitória, a duquesa de Kent fez um pronunciamento público sobre seu martírio, dizendo: "Abri mão de meu lar, de meus laços familiares e de minhas outras obrigações para me dedicar ao dever que seria o único de minha vida futura". Atas dos processos da Câmara do Conselho dos Comuns, citado em Katherine Hudson, *A Royal Conflict*, p. 127.
9. QVJ, 19 maio 1837.
10. Primeiramente, ela pediu à mãe que o decano de Chester fosse seu vedor da casa, e o pedido foi negado. Então, Vitória pediu que se reunisse com Lord Melbourne a sós — e mais uma vez seu pedido foi recusado. Sua mãe nem sequer lhe disse que Lord Melbourne, que não fazia ideia dos tormentos de Vitória, propusera um trato segundo o qual eles aceitariam a oferta do rei, mas a duquesa receberia dois terços do dinheiro destinado a Vitória.
11. Kate Williams, *Becoming Queen*, p. 252. Em 6 de junho, Vitória ditou um memorando a Lehzen, no qual esboçava os acontecimentos recentes. Escreveu: "Eu me opus em 19 de maio [quando o rei lhe ofertara 10 mil libras a mais por ano], assim como em todas as ocasiões anteriores, a qualquer interferência da parte de John Conroy em meus assuntos. O que quer que ele tenha feito, foi por ordem de minha mãe, solicitado em *seu* nome, sem responsabilidade de minha parte por quaisquer de suas ações, pois Sir John é secretário *dela* e não *meu* criado, tampouco conselheiro, nem *jamais foi*".
12. *Morning Post*, 25 maio 1837.
13. Michael Paterson, *Voices from Dicken's London*, p. 45.
14. O memorando é guardado nos Arquivos Reais. Ver Elizabeth Longford, *Victoria R.I.*, p. 59.
15. George K. Behlmer, "*The Gypsy Problem*", p. 231.
16. Na década de 1830, havia um longo debate público sobre a pobreza em razão do crescimento demográfico e também do número de sem-teto. Em 1834, o primeiro-ministro Lord Melbourne aprovou a "lei da pobreza", que codificava o outrora desorganizado sistema de redução da pobreza em um sistema formal de reformatórios. Concebidas para baixar os custos com cuidados relegados à população carente durante períodos de recessão — proprietários de terra eram taxados pessoalmente em razão dos assistidos em seus domínios —, as leis também foram idealizadas para reduzir o número de miseráveis e tornar as condições nos reformatórios tão terríveis que ninguém permaneceria lá por muito tempo. Esses lugares pareciam prisões e o propósito

deles era acabar com a pobreza, e não com a criminalidade. Charles Dickens, que vivia perto de um, e cujo próprio pai fora encarcerado por dívidas, escreveu em 1839, em *Oliver Twist*, que os administradores de reformatórios "regulamentaram que os pobres teriam a opção (pois jamais obrigariam ninguém) de morrer de fome lentamente na prisão, ou rapidamente em liberdade... Eles... gentilmente se encarregaram do divórcio dos mais pobres... e, ao invés de encorajar um homem a sustentar sua família, como fizeram antes, separavam-no dela e transformavam-no num solteirão!". Ver também Ruth Richardson, *Dickens and the Workhouse*.

O historiador Philip Ziegler descreveu essa lei como "um bem-intencionado exemplo de legislação que mais contribuiu para a miséria humana que qualquer outra medida do mesmo período" (Philip Ziegler, *Melbourne*, p. 163). Uma série de escândalos envolvendo tratamento desumano e desnutrição conduziu a uma revisão dessa lei uma década mais tarde.

17. QVJ, 19 jan. 1837.

18. 19 jun. 1837, ibid.

19. Stockmar escreveu: "O conflito entre mãe e filha continua. Ela [a duquesa] é pressionada por Conroy ao limite de forçar a filha a fazer sua vontade através de grosseria e severidade". Se a verdade viesse à tona, "a princesa apareceria como *aquilo que é*, uma Pessoa oprimida, e todos *viriam correndo em seu auxílio*". Cecil Woodham-Smith, *Queen Victoria*, p. 137.

20. Kate Williams, *Becoming Queen*, p. 281.

21. Princesa Feodora para a duquesa de Northumberland, 5 mar. 1835. RA, VIC Addl. Mss U/72/15; Lynne Vallone, *Becoming Victoria*, p. 160.

22. Katherine Hudson, *A Royal Conflict*, p. 219.

23. Princesa Vitória para o rei Leopoldo, junho de 1837, Arthur Christopher Benson e Reginald Esher, *Letters of Queen Victoria*, v. 1, p. 95.

6. TORNANDO-SE RAINHA: "SOU MUITO JOVEM" [pp. 87-97]

1. Kate Williams, *Becoming Queen*, p. 288.

2. Arthur Ponsonby, *Queen Victoria*, p. 13.

3. Andrew Tuer e Charles E. Fagan, *First Year*, pp. 6-7.

4. Charles Greville, *The Great World*, p. 113.

5. Kate Williams, *Becoming Queen*, p. 265.

6. Charles Greville, *The Great World*, p. 113; Walter L. Arnstein, *Queen Victoria: A Personal History*, p. 53.

7. Christopher Hibbert, *Queen Victoria: A Personal History*, p. 53.

8. Kate Williams, *Becoming Queen*, p. 292.

9. Ibid., p. 296; Sallie Stevenson para suas irmãs, 12 jul. 1837; Edward Boykin, *Victoria, Albert and Mrs. Stevenson*, p. 74.

10. Cecil Woodham-Smith, *Queen Victoria*, p. 140.

11. Creevey não foi o único a tecer comentários cruéis sobre os dentes da rainha. Ao passo que elogiou a voz, o busto "muito bom" e os grandes olhos azuis, Sallie Stevenson também disse que a boca era o que "ela tinha de pior". Estava "quase sempre um pouco aberta; os dentes eram pequenos e curtos e quando sorria as gengivas se pronunciavam, o que era um tanto desagradável". Edward Boykin, *Victoria, Albert and Mrs. Stevenson*, pp. 107-8. Feodora aconselhou Vitória a fechar a boca quando posasse para retratos, mas a duquesa de Kent retrucou: "Não, minha querida; deixe-a posar naturalmente". Stanley Weintraub, *Victoria*, p. 111.

12. 25 set. 1837, John Gore, *Creevey*, p. 379.

13. Harriet Martineau, *The Collected Letters*, p. 3.

14. Vitória notava muitas vezes as lágrimas de Melbourne. Ele chorava facilmente e em muitas ocasiões, incluindo a coroação, a primeira aparição dela no Parlamento, quando falava sobre o futuro e durante a sessão parlamentar na qual se votaria o aumento da renda anual da duquesa de Kent, as "glórias" da Inglaterra e a honra do duque de Wellington.

15. "A faixa vermelha" era uma referência idiomática a um título de cavalheiro da Honorabilíssima Ordem do Banho. Giles St. Aubyn, *Queen Victoria*, p. 68.

16. Christopher Hibbert, *Queen Victoria: A Personal History*, p. 90.

17. A família alimentou o senso de injustiça cometida contra John Conroy por sucessivas gerações e tornou-se abertamente vingativa. Na capa de um dos álbuns da família, com recortes de Lady Flora Hastings e críticas muito difundidas direcionadas à rainha, alguns versos de Byron estavam rabiscados. Eles diziam:

... e se não fizermos nada exceto ver o tempo passar

Poder humano nunca existirá

Que possa resistir — se imperdoável

À busca paciente e ao longo cuidado

Dele que guarda um injustiçado.

Conroy Family Collection, Balliol College Archives, Conroy Papers, 2C Residue C.

18. Agnes Strickland, *Queen Victoria*, pp. 220-1.

19. John Ashton, *Gossip in the First Decade*, p. 4.

20. Stanley Weintraub, *Victoria*, p. 111.

21. Kate Williams, *Becoming Queen*, p. 291.

22. Rei Leopoldo para a rainha Vitória, 27 jun. 1837, Arthur Christopher Benson e Reginald Esher, *The Letters of Queen Victoria*, v. 1, p. 104.

23. Greville anotou em seu diário, em 30 de agosto de 1837, que a rainha "raramente ou nunca" dava respostas imediatas e culpava Melbourne por isso. Mas Melbourne acreditava se tratar de algo inerente, dizendo a Greville: "É hábito dela até mesmo com ele, e, quando discutem qualquer assunto sobre o qual se espera que ela opine, ela responde que refletirá e dará um veredito apenas no dia seguinte". Lytton Strachey e Roger Fulford, *The Greville Memoirs*, v. 3, p. 394; Charles Greville, *The Great World*, p. 133.

24. Kate Williams, *Becoming Queen*, p. 291.

25. Thomas Creevey escreveu em 29 jul. 1837: "Certo dia, durante um jantar, Lady Georgiana Grey se sentou perto de madame Lützen, uma alemã que era governanta de Vic e de acordo com a qual não havia criatura mais perfeita. Ela disse que agora Vic trabalhava noite adentro; e que, enquanto a criada penteava seu cabelo, estava cercada de caixas de papelada oficial e lendo documentos". Observe-se que ele antecedeu essas observações com o relato de que, ao passo que Vitória era "idolatrada", a duquesa de Sutherland não ficara tão magoada com a rainha depois de ser censurada por seu atraso de meia hora para o jantar. Herbert Maxwell, *The Creevey Papers*, p. 665.

26. Charles Greville, 30 jul. 1837; Lytton Strachey e Roger Fulford, *The Greville Memoirs*, v. 3, p. 390. Ele continuou: "É impossível não suspeitar que, ao ganhar confiança e desenvolver sua personalidade, ela demonstrará muita força de vontade. No que tange aos assuntos mais triviais de sua corte e seu palácio, ela já representa o papel da rainha e da autoridade como se lhe fossem há muito tempo familiares".

27. Stanley Weintraub, *Victoria*, p. 110.

28. Arthur Ponsonby, *Queen Victoria*, p. 10.

29. QVJ, 22 ago. 1837.

30. Yvonne Ward, "Editing Queen Victoria", pp. 269-71.

31. Edna Healey, *The Queen's House*, p. 136.

32. Cecil Woodham-Smit, *Queen Victoria*, p. 144.

33. Charles Greville, *The Great World*, p. 133.

34. Edward Boykin, *Victoria, Albert and Mrs. Stevenson*, p. 76.

35. Kate Williams, *Becoming Queen*, p. 292; Lynne Vallone, *Becoming Victoria*, p. 199.

36. QVJ, 28 set. 1837.

37. Kate Williams, *Becoming Queen*, p. 297.

38. Barão Stockmar para o rei Leopoldo, 24 jun. 1837, RA Add. A 11/26.

39. Elizabeth Longford, *Queen Victoria*, p. 72.

40. QVJ, 15 jan. 1838.

41. QVJ, 16 jan. 1838.

42. De acordo com Yvonne Ward, quando Benson enviou a primeira leva de manuscritos, Murray não resistiu e passou a noite lendo os escritos selecionados. Murray escreveu: "Muitas das missivas são da maior importância. Estou atônito com algumas das enviadas pela rainha à sua mãe. A situação dela era bem delicada tanto antes quanto depois da coroação e essas cartas são uma demonstração de grande firmeza de caráter e senso de justiça" (Murray para Benson, 22 mar. 1904, John Murray Archives). Mas, Ward escreve, "dentro de dois meses, Benson pediu a Murray que devolvesse aqueles manuscritos, pois fora incumbido por Esher da eliminação de 'certos assuntos'" (Benson para Murray, 17 maio 1904, ibid.). As missivas trocadas por Vitória e a duquesa em 1837 não foram mais mencionadas nem publicadas. Yvonne Ward, "Editing Queen Victoria", p. 244.

43. Edward Pearce e Denna Pearce, *The Diaries of Charles Greviller*, p. 162 (28 de julho).

44. Katherine Hudson, *A Royal Conflict*, p. 170.

45. Cecil Woodham-Smith, *Queen Victoria*, p. 149.

46. 13 nov. 1837, Dorothy Wise, *Diary of William Tayler*, p. 57.

7. A COROAÇÃO: "UM SONHO DAS *MIL E UMA NOITES*" [pp. 98-105]

1. QVJ, 28 jun. 1838.

2. Elizabeth Longford, *Victoria R.I.*, p. 83; Giles St. Aubyn, *Queen Victoria*, p. 63.

3. *The Champion and Weekly Herald*, 1 jul. 1838.

4. QVJ, 27 jun. 1838; Kate Williams, *Becoming Queen*, p. 274.

5. No dia da coroação, houve salvas de 21 tiros ao amanhecer, outra quando a rainha deixou o Palácio de Buckingham, mais uma ao chegar à Abadia de Westminster, e uma de 41 tiros ao ser coroada. Depois, mais uma de 21 ao deixar a abadia e outra ao retornar ao Palácio de Buckingham.

6. QVJ, 28 jun. 1838.

7. "The Queen's Coronation", *Examiner*, 1 jul. 1838, p. 403. Atribuído a Charles Dickens pelos editores da Pilgrim, *Letters of Charles Dickens*, v. 1, p. 408.

8. Lytton Strachey e Roger Fulford, *The Greville Memoirs*, 27 jun. 1838, v. 4, p. 69.

9. Thomas Frost, *The Old Showmen*, pp. 327-8.

10. Arthur Christopher Benson e Reginald Esher, *Letters of Queen Victoria*, jun. 1838.

11. Agnes Strickland, *Queen Victoria*, p. 320.

12. Ibid., pp. 320-1.

13. Sebastian Hensel, *The Mendelssohn Family*, v. 2, p. 41. "Uma mulher bêbada de ombros à mostra e cabelos soltos tentava dançar e, quando a polícia fazia menção de detê-la, apenas gritava 'coroação'; alguém da multidão conseguiu pará-la dando-lhe um tapa no ouvido. Aqui os bêbados são mais mulheres do que homens: é incrível a quantidade de uísque que conseguem emborcar."

14. Charles Dickens, "The Queen's Coronation", *Examiner*, 1 jul. 1838, p. 403.

15. Sebastian Hensel, *The Mendelssohn Family*, v. 2, p. 42.

16. Harriet Martineau, *Harriet Martineau's Autobiography*, p. 421.

17. Ibid., p. 421.

18. QVJ, 28 jun. 1838.

19. Disraeli para Sarah Disraeli, 28 jun. 1838, M. G. Wiebe et al. (Org.), *Letters of Benjamin Disraeli 1860-1864*, v. 7, p. 466.

20. *The Illustrated London News*, Illustrated London News and Sketch Limited, 1887, v. 90, p. 704.

21. Charles Greville, *The Greville Memoirs*, 29 jun. 1838, v. 4, p. 111.

22. QVJ, 28 jun. 1838.

23. Harriet Martineau, *Harriet Martineau's Autobiography*, p. 125.

24. A coroa era cravejada com uma enorme espinela em forma de coração que fora usada por Eduardo de Woodstock, o Príncipe Negro, antes de ser colocada no elmo de Henrique V na Batalha de Agincourt, em 1415. Também tinha uma safira encontrada no cadáver de Eduardo, o Confessor, quando sua tumba foi violada, em 1163 (acredita-se que essa seja a joia mais antiga da família real). Além disso, outras dezesseis safiras, onze esmeraldas, quatro rubis, 1363 brilhantes, 1273 diamantes-rosa, 147 diamantes retangulares, quatro pérolas em forma de gota e 273 pérolas esféricas completavam a coroa. Pesava quase um quilo.

25. John Rusk, *Reign of Queen Victoria*, p. 105.

26. *The Times*, 29 jun. 1838, p. 8.

27. *Morning Chronicle*, citado em John Ashton, *Gossip in the First Decade*, p. 59.

28. Thomas Frost, *The Old Showmen*, p. 328.

29. George Sanger, *Seventy Years a Showman*, p. 74.

30. Charles Dickens, "The Queen's Coronation", *Examiner*, 1 jul. 1838, p. 403.

31. Edward Pearce e Denna Pearce, *The Diaries of Charles Greville*, 29 jun. 1838, p. 174.

32. QVJ, 28 jun. 1838.

33. 4 jul. 1838, ibid.

34. Stanley Weintraub, *Victoria*, p. 114.

35. *The Champion and Weekly Herald*, 1 jul. 1838.

8. APRENDENDO A GOVERNAR [pp. 106-14]

1. David Cecil, *Young Melbourne*, p. 469.

2. QVJ, 4 set. 1838.

3. *The Diaries of Charles Greville*, v. 4, p. 93. Em setembro, a princesa Lieven escreveu para Lord Grey que "Lord Melbourne é tão assíduo no acompanhamento da rainha. Parece estar constantemente com ela. Não consigo evitar imaginar que devam se casar. No entanto, tudo ocorre de modo protocolar e creio que é adequado e de interesse dele que mantenha domínio absoluto da situação. Ele será visto pelo novo Par-

lamento como alguém que goza de grande prestígio na corte; mas será o bastante para mantê-lo no cargo?". Guy Le Strange, *Correspondence of Princess Lieven*, v. 3, p. 244.

4. Condessa Grey para Creevey, 10 out. 1837, Herbert Maxwell, *The Creevey Papers*, p. 327. Disponível em: <lordbyron.cath.lib.vt.edu/monograph.php?doc=ThCreev.1903&select=vol2.toc>. Acesso em: 2 ago. 2018.

5. Na opinião de Melbourne, a promulgação de uma lei por ano era suficiente: a Lei Municipal Inglesa em 1835, o dízimo irlandês em 1837 e a Lei do Irlandês Pobre. Ver Leslie George Mitchell, *Lord Melbourne*, p. 162.

6. Isabel C. Clarke, *Shelley and Byron*, p. 51.

7. Caroline não aceitou o rompimento e foi à casa de Byron sem avisar, disfarçada de pajem e envolta num enorme casaco. Ela se esgueirava pelos aposentos para flagrá-lo com outra pessoa ou simplesmente escrevia "Lembre-se de mim" em algum livro que ele tivesse deixado aberto. O livro era *Vathek*, de Beckford. Ele escreveu uma réplica:

Lembra-te de ti! Lembra-te de ti!

Até o Lete apagar o fogo juvenil

Remorso e vergonha se unirão a ti

E assombrar-te-ão como sonho febril

Lembra-te! E não duvides

Teu esposo também pensará em ti

És inesquecível, acredita

Pérfida para ele, vil para mim!

Byron então passara a detestá-la e a declarar que era um caso perdido. Ela era, segundo a dramática descrição dele, uma "víbora em meu caminho". O último incidente dramático ocorreu em um baile dado por Lady Heathcote em julho de 1813. Enciumada ao ver Byron conversar com outra mulher, Caroline promoveu um escarcéu: depois de empunhar uma faca, houve grande alvoroço até ela se cortar com vidro e ser arrastada para fora.

8. Philip Ziegler, *Melbourne*, p. 16.

9. Leslie George Mitchell, *Lord Melbourne*, p. 5.

10. David Cecil, *The Young Melbourne*, p. 9.

11. Leslie George Mitchell , *Lord Melbourne*, p. 74.

12. Depois da morte de Melbourne, o pagamento ficou a cargo de seu estado, segundo Leslie George Mitchell, *Lord Melbourne*, p. 217. O marido de Lady Branden alegou que Melbourne seduzira sua esposa, embora as provas fossem fracas e o caso tenha sido rejeitado; aparentemente, Lord Melbourne cedeu uma quantia decente de dinheiro a Lord Branden. Depois disso esfriaram seus sentimentos por Lady Branden, que perdera o marido, a honra, o amante poderoso e estava reduzida ao apelo e à lembrança das cartas para Lord Melbourne, que disse friamente que nunca se casaria com ela. Os homens continuavam gozando do convívio social depois de escândalos envolvendo adultério e conduta imoral; as mulheres eram banidas e impedidas de ver seus filhos.

13. QVJ, 19 jul. 1839.

14. Melbourne disse a Vitória: "Não acho que ele me açoitou o bastante, teria sido melhor se tivesse me açoitado mais". Reginald Esher, *Girlhood of Queen Victoria*, v. 2, p. 30.

15. QVJ, 15 out. 1838.

16. Quando teve seus próprios filhos, Churchill escreveu para Lord Melbourne jocosamente sobre o que ele tinha feito a ela, dizendo como a fizera rir e perguntando se seu bebê de dez meses era novo demais para o chicote. Ela escreveu: "E por falar em crianças, não esqueci de suas aulas *práticas* sobre açoite e aplico os ensinamentos com êxito somente em Caroline, pois William ainda é pequeno demais, concorda? Só tem dez meses. Parece que foi ontem a *execução* seguida de um empurrão no canto de um sofá que você usava em Brocket, daí você saía e me lembro de um dia quando voltou, dizendo 'e então, mocinha, ainda se acha muito esperta?', ao que, é óbvio, eu respondi morrendo de rir ao invés de chorar. Eu adoraria saber se a rainha açoita a princesa". Do manuscrito de Pachanger, citado em Leslie George Mitchell, *Lord Melbourne*, p. 214.

17. Edward Pearce e Denna Pearce, *The Diaries of Lord Greville*, p. 131.

18. Philip Ziegler, *Melbourne*, p. 203: Melbourne disse a Vitória que "tudo o que o governo precisa fazer é prevenir e punir crimes e garantir os contratos". Ziegler escreve: "A ideia segundo a qual cada governo chegaria ao posto brandindo e impondo uma porção de novas leis foi se delineando aos poucos ao longo do século XIX. No século anterior, o conceito de governo era mais atrelado a defesa, política externa e administração da nação. Novas leis só eram elaboradas para solucionar problemas específicos. Ao aderir a essa visão, Melbourne era porta-voz da maioria dos líderes políticos, fossem *whigs* ou *tories*. Russell e Peel seriam os homens do futuro; Melbourne, Holland, Lansdowne, Palmerston, para os *whigs*; Wellington, Aberdeen, Lyndhurst para os *Tories*; refletiam a sabedoria do passado".

19. David Cecil, *The Young Melbourne*, p. 216.

20. Philip Ziegler, *Melbourne*, p. 72.

21. QVJ, 18 jul. 1837. De maneira semelhante, em 8 de agosto: "Conversamos sobre muitas coisas de grande e doloroso interesse para mim; coisas findas e passadas, digo. Lord Melbourne é tão gentil, tão sensível e compreensivo". Em 17 de julho, ela escrevera que ele era seu amigo: "Sinto isso".

22. Elizabeth Longford, *Victoria R.I.*, p. 66.

23. QVJ, 6 fev. 1839.

24. David Cecil, *The Young Melbourne*, p. 413.

25. Citado em ibid., p. 394.

26. QVJ, 23 dez. 1837.

27. Lord Melbourne para John Russell, 24 out. 1837, de Leslie George Mitchell, *Lord Melbourne*, p. 282n.

28. QVJ, 25 maio 1838.

29. Muitas das opiniões de Melbourne eram conservadoras e ele muitas vezes estava do lado dos *tories*. Vitória era ferozmente leal ao partido *whig*, sem perceber quem os *whigs* realmente eram. A ortodoxia *whig* de então se resumia a liberdade, redução de impostos, anexação de terras, antidespotismo e democracia. David Cecil, *The Young Melbourne*, p. 7.

30. QVJ, 27 jan. 1840; David Cecil, *The Young Melbourne*, p. 336.

31. Elizabeth Longford, *Victoria R.I.*, p. 70.

32. Leslie George Mitchell, *Lord Melbourne*, p. 240.

33. QVJ, 15 dez. 1838.

34. 19 fev. 1840, Charles Greville, *The Great World*, 180.

35. Cecil Woodham-Smith, *Queen Victoria*, p. 163.

36. Elizabeth Longford, *Queen Victoria*, p. 88.

37. Cecil Woodham-Smith, *Queen Victoria*, p. 162.

38. David Cecil, *The Young Melbourne*, p. 424.

39. Robert Rhodes James, *Albert, Prince Consort*, p. 64.

1. 16 set. 1838, Parry, *Correspondence of Lord Aberdeen*, v. 1, p. 113.

2. 10 maio 1839, Edward Pearce e Denna Pearce, *The Diaries of Charles Greville*, p. 181.

3. QVJ, 21 jun. 1839.

4. 5 abr. 1838, ibid.

5. 2 fev. 1839, ibid.

6. 18 jan. 1839, ibid.

7. 2 fev. 1839, ibid.

8. Ronald Pearsall, *The Worm in Bud*, p. 5.

9. Em *The Court Doctor Dissected*, de 1839, John Fisher, doutor em medicina, condenou vigorosamente a falta de percepção de James Clark, listando uma dúzia de outras condições que produziriam sintomas similares aos da gravidez, como tumores abdominais, doenças hepáticas, problemas digestivos, alterações no baço, aneurisma da artéria mesentérica abdominal, retenção de líquido ou hérnia umbilical.

10. Em 13 de março, Lady Flora disse à mãe que James Clark ficara irritado com sua recusa e "tornou-se violento e rude e até tentou me intimidar". *The Times*, 16 set. 1839, p. 3.

11. Ibid.

12. Ibid.

13. Robert Bernard Martin, *Enter Rumour*, p. 41.

14. Vitória escreveu para a mãe: "Sir C. Clark dissera que, embora ela ainda seja virgem, ainda existe essa possibilidade e não dá para saber como isso ocorre. Que havia um crescimento do ventre como se houvesse uma criança", Elizabeth Longford, *Victoria R.I.*, p. 99.

15. Robert Bernard Martin, *Enter Rumours*, pp. 48-9: Lady Sophia escreveu para a família que pelo menos um dos nobres pacientes dele o demitira em razão de sua conduta e que "muitos médicos se recusaram a encontrá-lo em consultas, dentre eles Sir Henry Halford, por ter ele alimentado um ódio contra a profissão". Em QVJ, 8 abr. 1839, Vitória registrou que Clark sofrera um bocado com todo o caso, perdera muitos pacientes "e fora difamado pelos jornais do país".

16. Cecil Woodham-Smith, *Queen Victoria*, p. 167.

17. QVJ, 18 mar. 1839.

18. 14 jan. 1839, ibid.

19. *The Times*, 16 set. 1839, p. 3.

20. Melbourne respondeu à carta e foi bastante ríspido. Criticava o "tom e conteúdo" da missiva, mas assegurou à rainha que faria o possível para "acalmar" Lady Flora e a família dela.

21. *The Times*, 16 set. 1839, p. 3. Em junho, o marquês de Hastings escreveu para Lord Melbourne exigindo um pedido de desculpas pelo tom que o primeiro-ministro adotara em sua carta à mãe dele.

22. *The Times*, 12 ago. 1839, p. 5.

23. QVJ, 16 abr. 1839.

24. 7 maio 1839, ibid.

25. Ibid.

26. Christopher Hibbert, *Queen Victoria: A Personal History*, p. 93.

27. Arthur Christopher Benson e Reginald Esher, *The Letters of Queen Victoria*, v. 1, p. 200.

28. Ibid., v. 1, p. 208.

29. Robert Bernard Martin, *Enter Rumour*, p. 62. Lady Harriet Clive era a única *tory* entre as damas da rainha.

30. QVJ, 9 maio 1839.

31. Cecil Woodham-Smitth, *Queen Victoria*, p. 174.

32. Peel Papers, v. 123, carta datada de 10 maio 1839, British Library Archives, Add.40, 303, Passagem: 40303.

33. QVJ, 30 maio 1839.

34. Philip Ziegler, *Melbourne*, p. 299.

35. 30 out. 1897, Sir Arthur Bigge, in Elizabeth Longford, *Victoria R.I.*, p. 114.

36. QVJ, 9 jun. 1839.

37. 5 abr. 1839, ibid.

38. Lady Flora nunca acusou Vitória de malícia, mas escreveu à mãe que a rainha era "às vezes capaz de sentimentos de benevolência, mas... tem sido tão insidiosamente seduzida no último ano e meio que não lhe ocorre se colocar no lugar do outro — no presente momento, seja por imaturidade ou por falta daquele senso vivo de honra feminina que desejamos ver, não creio que compreenda a desonra a que fui exposta por um boato que se mostrou infundado". Robert Bernard Martin, *Enter Rumour*, p. 50.

39. QVJ, 27 jun. 1839. Em um relato desse encontro, a irmã de Lady Flora, Lady Sophia, escreveu para a mãe: "Começo a achar que [Vitória] é uma rematada tola simplória. Creio que ela começa a se preocupar depois das explícitas manifestações de interesse e indignação dos súditos londrinos pelo caso e por temer as consequências que descaso e desrespeito, da parte dela, gerariam". Robert Bernard Martin, *Enter Rumour*, p. 67.

40. QVJ, 6 jul. 1839: Lord Melbourne foi injusto até o fim. Informado em 29 de junho de que uma estática Lady Flora estava em um "estado de espírito absolutamente cristão", ele replicou: "É fácil alegar isso. Ouso dizer que ela gostaria de errar de novo". Vitória respondeu: "Se ela se recuperasse, creio que sim; mas eu disse a Lord M. que penso que as pessoas devam se arrepender nos momentos derradeiros". Vitória acreditava no arrependimento dela, mas isso não a impedia de vê-la como um estorvo (QVJ, 1 jul. 1839). Conforme disse a Lord M. durante um jantar, era esquisito ter uma moribunda em casa, pois não tinha como sair nem convidar pessoas para jantar (QVJ, 3 jul. 1839).

41. 5 jul. 1839, ibid.

42. Robert Bernard Martin, *Enter Rumour*, p. 69.

43. *The Champion and Weekly Herald*, 14 jul. 1839.

44. "O laudo da autópsia de Lady Flora Hastings" foi publicado integralmente no *Morning Post*, 9 jul. 1839, p. 5. Assinado por cinco médicos, nele se lia:

A pessoa em questão estava muito definhada.

No peito: coração e pulmões estavam em perfeito estado; mas havia vastas aderências da pleura (ou membrana) cobrindo o pulmão direito até a parte que circunda as costelas — provavelmente de longa data.

No abdome: aderência generalizada do peritônio (ou membrana que circunda e cobre as vísceras), de modo que a superfície de nenhum órgão estava minimamente descoberta. O fígado estava inchado, a parte inferior chegando à pélvis e a superior ocupando considerável espaço da cavidade direita do peito. A vesícula biliar continha pequena quantidade de bile. O fígado estava bastante pálido, embora a estrutura não diferisse da matéria de um saudável. O estômago e o intestino estavam inchados de ar; o revestimento, principalmente o muscular, tinha se atenuado. O baço e o pâncreas estavam saudáveis. Algumas glândulas mesentéricas estavam crescidas. Havia pequenos acúmulos de material amarelado, talvez em decorrência das aderências.

O útero e seus apêndices tinham o aspecto normal de estado virginal e saudável. Pelas características das aderências fica evidente que elas remontam a alguma inflamação antiga. O efeito delas foi a interrupção da passagem do conteúdo do estômago e dos intestinos e de várias maneiras a interferência em suas respectivas funções.

45. QVJ, 20 abr. 1839.

46. Christopher Hibbert, *Queen Victoria in Her Letters*, p. 5.

47. Para M. V. Brett, 13 mar. 1904, Maurice Brett, *Journals and Letters*, v. 1, p. 49.

48. Robert Bernard Martin, *Enter Rumour*, p. 73.

49. Elizabeth Longford, *Victoria R.I.*, p. 124.

50. Ver a cobertura do *Spectator*. Citado em *Morning Post*, 22 jul. 1839, p. 3. (O *Lemington Spa Courier* publicou que "a permanência de Sir J. Clark no cargo dá vazão ao rumor segundo o qual sua Majestade, e não o médico, foi a autora da calúnia". Robert Bernard Martin, *Enter Rumour*, p. 57).

51. *The Era* publicou que a tensão mental e a negligência física a mataram — e fora ASSASSINATO, escreveram com maiúsculas. Um missivista também chamou de assassinato, no *Morning Post*, 22 jul. 1839, p. 3. O *Morning Post* promoveu uma longa e veemente campanha contra a rainha e sua corte. O *Examiner* (citado em *Caledonian Mercury*, 18 jul. 1839) publicou que Lady Flora fora "destruída na flor de sua juventude por calúnias e insultos de cortesãos, vis e imorais o bastante para granjear favores reais através desse trabalho de assassinato, e sortudos o bastante, até o presente momento, para atingir seus objetivos através de meios cruéis e letais!". E continuava: "Aqui está sem rodeios a tarefa perversa, os favores da rainha seriam obtidos por quem conseguisse matar Lady Flora Hastings, e o favor real de fato foi obtido por esse meio". Era uma alegação chocante.

52. Robert Bernard Martin, *Enter Rumour*, pp. 54-5.

53. Ibid., pp. 67-8.

54. *The Times*, 20 jul. 1839, p. 6.

55. *The Corsair*, 31 ago. 1839, p. 5.

56. Harriet Martineau, *Harriet Martineau's Autobiography*, p. 418.

10. A VIRAGO APAIXONADA [pp. 129-45]

1. Citado em Katherine Hudson, *A Royal Conflict*, p. 183.

2. George Bernard Shaw, 21 nov. 1908, *Collected Letters*, v. 2, p. 817, citado em Stanley Weintraub, "Exasperated Admiration", p. 128.

3. Theo Aronson, *Heart of a Queen*, p. 53.

4. Vitória se arrependeria mais tarde desse adiamento, escrevendo que agora não conseguia "pensar em si mesma sem indignação, ao desejar manter o príncipe esperando por três ou quatro anos, sob o risco de arruinar todas as perspectivas de vida dele, até ela se sentir pronta para casar! A única desculpa que a rainha tem a seu favor é o fato de a súbita mudança da vida isolada em Kensington para a posição independente de regente aos dezoito tê-la desencorajado em relação ao casamento, algo de que ela se arrepende amargamente agora". Citado em Cecil Woodham-Smith, *Queen Victoria*, p. 243.

5. Kurt Jagow, *Letters of the Prince Consort*, p. 14.

6. Arthur Christopher Benson e Reginald Esher, *Letters of Queen Victoria*, v. 1, pp. 177-8.

7. O *Hampshire Journal of Literature and Politics* (de Portsmouth), em 5 de agosto de 1837, documentou um informe no *Salem Register*, de Massachusetts, no qual se lia:

Circula um boato maldoso de que nosso presidente viúvo considera seriamente pedir a jovem e bela rainha do Império Britânico em casamento. A princípio, acreditávamos que a Constituição e as leis britânicas apresentavam obstáculo instransponível a tal união — mas, a crer no parágrafo seguinte do *Boston Daily Advertiser*, a jovem rainha pode se casar com quem desejar, *exceto um papa*. Embora Martin tenha sido quase "tudo alternadamente e nunca por muito tempo", ainda assim cremos que ele nunca foi um católico praticante — e portanto não tem nenhuma razão para não fazer o *pedido* ou não ter as mesmas chances dos insípidos príncipes e reis da Europa.

8. QVJ, 18 abr. 1839.

9. 24 jun. 1839, ibid.

10. 14 out. 1839, ibid.

11. 18 abr. 1839, ibid.

12. Kurt Jagow, *Letters of the Prince Consort*, p. 32.

13. Jude Stewart, *Albert: A Life*, p. 26.

14. Theodore Martin, *The Prince Consort*, 1:7.

15. Vitória e Albert tinham um amor em comum: cães. A raça favorita dela era o bonachão e carinhoso cocker spaniel; a de Albert era o calmo e suave greyhound. Ele disse a Vitória, em uma carta de 31 de dezembro de 1839, que sua cadela predileta, Eos, ficava "muito amistosa se havia bolo de ameixa no recinto, muito contrariada quando tinha que ir em busca de um graveto, entusiasmada quando caçava, sonolenta depois disso e sempre orgulhosa e insolente na presença de outros cães" (Kurt Jagow, *Letters of the Prince Consort*, p. 47). Albert levou Eos consigo para a Inglaterra e, lá, escolheu um filhote de greyhound alaranjado para Vitória.

16. QVJ, 14 out. 1839.

17. Citado em Charles Grey, *The Early Years*, p. 188. Ela também escreveu para Stockmar, o duque de Essex e a rainha Adelaide.

18. Dorothy Stuart, *The Mother of Victoria*, p. 246.

19. QVJ, 17 nov. 1839.

20. Christopher Hibbert, *Queen Victoria: A Personal History*, p. 110.

21. Elizabeth Longford, *Victoria R.I.*, p. 135.

22. QVJ, 13 nov. 1839.

23. Kurt Jagow, *Letters of the Prince Consort*, p. 23.

24. 11 nov. 1839, ibid., p. 25.

25. Ibid., p. 24.

26. Robert Rhodes James, *Albert, Prince Consort*, p. 58.

27. Albert, somente três anos mais novo que Vitória, vinha de Coburgo, um pequeno estado com meio milhão de habitantes e uma família real que se tornara uma dinastia europeia na primeira metade do século XIX. Kurt Jagow descreve Leopoldo, o irmão mais novo do duque Ernst I, como "o líder espiritual" de Coburgo.

28. Lynne Vallone, *Becoming Victoria*, p. 31.

29. QVJ, 26 out. 1839.

30. 15 nov. 1839, ibid.

31. 1 nov. 1839, ibid.

32. Hector Bolitho, *A Biographer's Notebook*, p. 114.

33. Ibid., p. 19.

34. Jude Stewart, *Albert: A Life*, p. 8.

35. Robert Rhodes James, *Albert, Prince Consort*, pp. 20-1.

36. Numa carta datada de 21 de setembro de 1824, ela escreveu: "Separar-me de meus filhos foi a pior coisa. Estavam tossindo e disseram 'A mamãe está chorando porque tem que sair quando estamos doentes'". Richard Sotnick, *The Coburg Conspiracy*, p. 147.

37. História contada pelo filólogo alemão Max Müller, cit. In Stanley Weintraub, *Victoria*, p. 28.

38. Richard Sotnick, *The Coburg Conspiracy*, p. 150.

39. Para uma análise da possível ilegitimidade de Albert, ver Rhodes James, *Albert, Prince Consort*; Hector Bolitho, *A Biographer's Notebook*, pp. 102-22. Richard Sotnick delineia a refutação em *The Coburg Conspiracy*. Em síntese, Sotnick afirma que ele era bastardo; Rhodes James e Hector Bolitho discordam. Os pontos mais fortes são que os rumores sobre o barão Von Hanstein só começaram depois que ela teve um caso com o tenente Von Hanstein, com o qual se casaria mais tarde. David Duff também sustenta que Albert foi concebido quando Leopoldo visitava Coburgo no fim de 1818. Duff, *Albert and Victoria*, pp. 28--32, 66. Novamente, as provas são circunstanciais.

40. Ibid., p. 148.

41. Hector Bolitho, *A Biographer's Notebook*, p. 103.

42. D. A. Ponsonby, *The Lost Duchess*, p. 163.

43. Citado em Kurt Jagow, *Letters of the Prince Consort*, p. 4, atribuído a Charles Grey, *The Early Years*, p. 8.

44. Arthur Christopher Benson e Reginald Esher, *The Letters of Queen Victoria*, v. 1, p. 248.

45. 26 nov. 1839, Charles Greville, *The Great World*, pp. 175-6.

46. Citado em *Caledonian Mercury*, 28 nov. 1839.

47. Ver Adam Kuper, *Incest and Influence*, p. 23.

48. Ibid., p. 18.

49. Ibid.

50. Ibid., p. 23.

51. Charles R. Darwin, *Fertilisation of Orchids*, p. 361.

52. Adam Kuper, *Incest and Influence*, p. 94. Darwin era fascinado pelas consequências da endogamia. Entre 1868 e 1877, publicou três monografias sobre fecundação cruzada em animais e plantas. Na primeira, *The Variation of Animals and Plants Under Domestication*, ele propôs que "a existência de uma grande lei natural está quase provada; a saber, que o cruzamento de animais e plantas que não são parentes próximos é altamente benéfico e até mesmo necessário e que a endogamia prolongada por sucessivas gerações é altamente maléfica". Darwin pensava que isso também se aplicava a seres humanos, embora tenha relutado em publicar o assunto no início, pois era "envolto em preconceitos naturais". De todo modo, ele se sentia compelido a considerar as implicações em sua própria família. Seu projeto científico e suas preocupações pessoais — seu casamento, sua doença e a frágil saúde dos filhos — dificilmente poderiam ser separados.

53. Florence Nightingale, *Cassandra: An Essay*, p. 47.

54. Para uma brilhante análise da consanguinidade no século XIX, ver Nancy Fix Anderson, "Cousin Marriage in Victorian England", e Adam Kuper, *Incest and Influence*.

55. Richard J. Evans, "The Victorians: Empire and Race".

56. John Ramsden, *Don't Mention the War*, p. 32.

57. Kurt Jagow, *Letters of the Prince Consort*, p. 59.

58. David Cecil, *The Young Melbourne*, p. 478.

59. QVJ, 2 fev. 1840, de Elizabeth Longford, *Victoria R.I.*, p. 137. A lei da naturalização dele passou sem que isso fosse mencionado, porém ela podia declarar precedência por prerrogativa real depois.

60. Príncipe Albert para a rainha Vitória, Gotha, 28 dez. 1839. Kurt Jagow, *Letters of the Prince Consort*, p. 45.

61. Em 15 de novembro, ele escreveu para a rainha, de Calais, ainda mal pela viagem marítima, chamando-a de novo de "Queridíssima, profundamente amada Vitória". Ele não parara de pensar nela des-

de que deixara Windsor, e escreveu: "Sua imagem preenche minha alma inteiramente. Mesmo em sonhos eu nunca imaginei que encontraria tanto amor na Terra. Como brilha aquele momento em que estávamos juntos, de mãos dadas!" (Kurt Jagow, *Letters of the Prince Consort*, p. 26). Dois dias depois, ele escreveu "Beijo-a mil vezes" (Ibid., p. 27). E de Wiesbaden, em 21 nov. 1839: "Só consigo imaginá-la no dia 14, tão só na salinha; estávamos tão contentes naquele sofá. Como eu gostaria de aparecer lá por mágica para aliviar sua solidão. Tenho me distraído com ares salubres, memórias, pessoas, acontecimentos, e, no entanto, nada disso alivia a dor da separação". (Ibid., p. 28.)

62. Robert Rhodes James, *Albert, Prince Consort*, p. 85.

63. Kurt Jagow, *Letters of the Prince Consort*, pp. 31-2.

64. 15 dez. 1839, ibid, p. 40.

65. Ibid., p. 42.

66. Ibid., p. 48.

67. 6 jan. 1840, ibid., p. 50.

68. 13 jan. 1840, ibid., p. 51.

69. QVJ, 14 jan. 1840.

70. 1 jan. 1840, ibid.

11. A NOIVA: "NUNCA, NUNCA PASSEI UMA NOITE ASSIM" [pp. 146-56]

1. 31 jan. 1840, Palácio de Buckingham, Arthur Christopher Benson e Reginald Esher, *The Letters of Queen Victoria*, pp. 268-9.

2. Vitória tocou nesse assunto com Melbourne pelo menos duas vezes nas semanas que antecederam o casamento. Primeiro, QVJ, 19 jan. 1840: "Conversaram sobre a falta de interesse de Albert pelas mulheres", e Lord M. disse: "Será ótimo que continue dessa maneira, mas nem sempre é assim". Vitória "deu-lhe uma bronca". Depois, em 23 de janeiro: "Contei a Lord M. que relatara a Stockmar o que Lord M. me dissera em Windsor, sobre os elevados princípios de Albert fadados a mudarem, ao que Stockmar retrucou que, em geral, era verdadeiro, mas que não achava que seria o caso de Albert".

3. Do poema "Crowned and Wedded", impresso cinco dias depois do casamento real.

4. QVJ, 7 fev. 1840.

5. 8 fev. 1840, ibid.

6. 31 jan. 1840, Palácio de Buckingham, Arthur Christopher Benson e Reginald Esher, *The Letters of Queen Victoria*, v. 1, pp. 268-9.

7. Marina Warner, *Queen Victoria's Sketchbook*, p. 92.

8. QVJ, 7 jan. 1840.

9. 7 jan. 1840, ibid.

10. Ibid.

11. Arthur Christopher Benson e Reginald Esher, *The Letters of Queen Victoria*, v. 1, p. 273.

12. Agnes Strickland, *Queen Victoria*, p. 209.

13. *The Times*, 10 fev. 1840, p. 5.

14. *The Observer*, 10 fev. 1840, p. 5.

15. *The Satirist*, 9 fev. 1840, citado em John Plunkett, *Queen Victoria: First Media Monarch*, p. 135.

16. Thomas Carlyle para Margaret A. Carlyle, 11 fev. 1840. endereço: 10.1215/lt-18400211-TC-MAC-01; *CL* v. 12, pp. 40-2. Disponível em: <http://carlyleletters.dukeupress.edu>. Acesso em: 2 ago. 2018.

17. Kate Williams, *Becoming Queen*, p. 339.

18. John Forster, *Life of Charles Dickens*, v. 1, p. 145.

19. Madeline House e Graham Storey, *Letters of Charles Dickens*, v. 2, pp. 25-7.

20. 14 fev. 1840, para Parthenope Nightingale, Lynn McDonald, *Nightingale on Society and Politics*, v. 5, p. 411.

21. Lynn McDonald, *Florence Nightingale's European Travels*, p. 623.

22. QVJ, 10 fev. 1840.

23. Elizabeth Longford, *Queen Victoria*, p. 143.

24. QVJ, 10 fev. 1840.

25. Ibid.

26. Ibid.

27. Ibid.

28. O desejo sexual feminino era considerado especialmente perigoso: as mulheres eram mais facilmente dominadas pelo poder de seu desejo sexual, dizia-se, porque estavam mais próximas da natureza e, portanto, eram mais volúveis e irracionais que os homens. De acordo com um médico, em 1887: "Quando tocadas e excitadas, em dado momento, embora sem intenção pecaminosa, perdem totalmente o autocontrole físico". Carol Groneman, "Nymphomania", p. 353.

29. Ibid., p. 340.

30. Até mulheres sem preconceitos não viam com bons olhos a possibilidade de mulheres médicas. Os homens foram tão habilidosos no estabelecimento de si próprios como autoridades morais e científicas que qualquer mulher que tentasse desempenhar esses papéis era tida como masculinizada ou de sexo indeterminado. Florence Nightingale era uma celebrada enfermeira e, portanto, aceita como cuidadora; mas a dra. Mary Walker, que cuidou de muitos pacientes durante a Guerra Civil Americana, era tida como sinônimo de aberração. Uma exceção era Elizabeth Blackwell, que se qualificara na América, e desse modo podia exercer a função de médica no Reino Unido.

31. "Não raro me deparo com casos nos quais o hímen nunca foi rompido". "Ignorance and False Ideas about Sexual Congress", 1865 em William Acton, *The Function and Disorders*, p. 89.

32. John Tosh, *A Man's Place*, p. 44.

33. Michael Mason, *The Making of Victorian Sexuality*, p. 203. Mason escreve que muitas mulheres temiam o prazer sexual no século XIX porque o orgasmo era associado à gravidez. Muitos médicos leram Copland, que escreveu: "É de conhecimento de todas as mulheres que frieza durante a relação e supressão do orgasmo previnem a gravidez e, embora às vezes se enganem a respeito disso, ainda assim essa inferência é correta para a maioria". James Copland, *A Dictionary of Practical Medicine*, p. 374.

34. Lawson Tait, *Diseases of Women*, pp. 36, 41, citado em Patricia Jalland e John Hooper, *Women from Birth to Death*, p. 222.

35. O historiador Edward Shorter escreveu: "Há provas esmagadoras que atestam que, no passado, para as mulheres casadas, o sexo era um fardo a ser carregado obrigatória e penosamente ao longo da vida, ao invés de uma fonte de prazer". *A History of Women's Bodies*, p. 13.

36. 22 ago. 1840. Hector Bolitho, *The Prince Consort*, p. 24.

37. Robert Rhodes James, *Albert, Prince Consort*, p. 57.

38. Christian Stockmar, *Memoirs of Baron Stockmar*, v. 2, p. 7.

39. Em 1838, Albert disse a seu amigo de infância, o príncipe William zu Löwenstein-Wertheim--Freudenberg: "Acredito que os dias agradáveis que passamos juntos [na universidade], às vezes seriamente ocupados e outras tantas apenas nos divertindo, foram os mais felizes de minha vida. Apesar de nossa irres-

trita intimidade [*Ungenirheit*] e de nossas brincadeiras, nunca tivemos desavenças. Como eram aprazíveis nossos concertos de inverno — nossas experimentações dramáticas — nossas caminhadas até Venusberg — as aulas de natação e de esgrima! Não consigo esquecer aqueles dias". Charles Grey, *The Early Years*, p. 154.

40. Trecho do diário de Lady Clarendon, 21 jul. 1841: "Sentei-me perto do príncipe Albert durante o jantar hoje, mas não iniciamos uma conversa. Ele era urbano e de boa índole, mas não falava. Creio que deva fazê-lo com outros homens, mas não com mulheres, exceto as da realeza. Parecia se dar muito bem com a rainha da Bélgica, que estava ao seu lado". Herbert Maxwell, *Life and Letters of Clarendon*, v. 1, p. 221.

41. Lytton Strachey, *Queen Victoria*, p. 136.

42. Houve quem argumentasse que Albert possivelmente teve relações amorosas durante os anos de 1830, na Universidade de Bonn, embora não haja provas disso. O predomínio de relações homoeróticas em universidades nesse período foi bem documentado, especialmente na Inglaterra. Ronald Pearsall defende a ideia de que, para os mais abastados, "Experiências homossexuais eram a norma, e não a exceção" (Ronald Pearsall, *The Worm in the Bud*, p. 452). Em 1895, o jornalista William Stead admitiu esse fato quando escreveu em *Review of Reviews*, publicado após o caso de Oscar Wilde: "Se todos os culpados pelo crime de Oscar Wilde fossem encarcerados, haveria uma surpreendente emigração de Eton, Harrow, Rugby e Winchester para as prisões de Pentonville e Holloway. Até então, os garotos gozam de liberdade para descobrir tendências e hábitos pelos quais poderão ser condenados no futuro". Ibid., p. 146.

43. Ver a análise de Gillian Gill em seu *We Two*. Edward Benson, que compilou as cartas de Vitória na década de 1930, descreveu a afeição de Albert por Herr Florschütz como "um desejo anormal e extravagante" (*Queen Victoria*, p. 190). Quarenta anos mais tarde, em 1972, David Duff disse que Albert nutria "sentimentos estranhos e anormais" por seu preceptor, sentimentos que tinham que ser "severamente reprimidos". Novamente, nada disso foi comprovado. Em 1991, Monica Charlot escreveu que Albert "sem dúvida atraía" Florschütz, e acrescentou que, se Duff estivesse correto, isso seria "muito natural, considerando o efeito traumático da partida da mãe e o fato de que Florschütz supervisionou os estudos do menino por quinze anos". Charlot, no entanto, não sugere que havia uma relação homossexual (Monica Charlot, *Victoria the Young Queen*, p. 154).

44. A palavra "homossexual" foi usada pela primeira vez em inglês na tradução que Charles Gilbert Chaddock fez, em 1895, da obra *Psychopatia Sexualis*, de Richard von Krafft-Ebing, um estudo de práticas sexuais. O país então considerado "inventor da homossexualidade" era a Alemanha, em parte porque os políticos sentiram a necessidade de coibir manifestações homossexuais com leis contra a sodomia na segunda metade do século XIX. Robert Beachy, "The German Invention of Homosexuality".

45. QVJ, 22 out. 1839.

46. 4 nov. 1839, ibid.

47. Charles Grey, *The Early years*, p. 42.

12. APENAS O MARIDO, E NÃO O SENHOR [pp. 157-72]

1. Citado em Margaret Homans e Adrienne Munich, *Remaking Queen Victoria*, p. 3.

2. Príncipe Albert para o príncipe William zu Löwestein-Wertheim-Freudenberg, maio 1840, citado em Kurt Jagow, *Letters of the Prince Consort*, p. 69.

3. QVJ, 10 jun. 1840.

4. Albert escreveu do Palácio de Buckingham para a avó, Kurt Jagow, *Letters of the Prince Consort*, 11 jun. 1840, p. 70.

5. QVJ, 10 jun. 1840.

6. Rei Leopoldo para a rainha Vitória, Laeken, 13 jun. 1840, Arthur Christopher Benson e Reginald Esher, *The Letters of Queen Victoria*, v. 1, p. 286.

7. Essa carta, de 3 abr. 1840, estava endereçada ao lugar de trabalho dele, o *pub* The Hog in the Hod, e nela se lia: "Jovem Inglaterra — Sir — Requisitamos sua presença esta noite, pois uma reunião extraordinária foi convocada em decorrência do recebimento de comunicados de natureza importante de Hanôver. Você deve comparecer; se seu patrão não o autorizar, deverá desobedecê-lo e vir mesmo assim. A.W. Smith, secretário". Paul Thomas Murphy, *Shooting Victoria*, p. 40.

8. Clare Jerrold, *Married Life of Victoria*, p. 84.

9. Paul Thomas Murphy, *Shooting Victoria*, pp. 38-40.

10. *The Times*, 12 jun. 1840, p. 6.

11. Rei Leopoldo para a rainha Vitória, 13 jun. 1840, Arthur Christopher Benson e Reginald Esher, *The Letters of Queen Victoria*, v. 1, p. 286.

12. *The Times*, 12 jun. 1840, p. 6.

13. Em Melbourne, Oxford levou uma vida respeitável como pintor de sucesso (sob a alcunha de John Freeman), curador de igreja, repórter investigativo, escritor, padrasto e marido de uma jovem viúva. Quando seu livro sobre a cidade de Melbourne foi publicado, ele esperava que Vitória de algum modo viesse a lê-lo: "Gostaria que certa ilustre senhora soubesse que aquele tolinho de meio século atrás é agora um respeitável e respeitado membro da sociedade". Ele morreu um ano antes de Vitória, no entanto, e sua história nunca foi publicada na Inglaterra. Paul Thomas Murphy, *Shooting Victoria*, p. 510.

14. Trevor Turner, "Erotomania and Queen Victoria", p. 226.

15. Betty Miller, *Elizabeth Barrett to Miss Mitford*, p. 121.

16. Midas Dekkers, *Dearest Pet: On Bestiality*, p. 84.

17. Irvine Loudon, *Death in Childbirth*. Um gráfico na p. 14 mostra essa estimativa como constante entre 1851 e 1890, quando cresceu um pouco antes de decair para quatro em cada mil nascimentos em 1900.

18. Patricia Branca, *Silent Sisterhood*, pp. 86-8. De 1847 a 1876, cinco mulheres em cada grupo de mil morriam em trabalho de parto, sendo a febre puerperal a causa de um terço e meio dessas mortes. Os médicos prescreviam ópio, espumante e conhaque com refrigerante. Judith Flanders, *The Victorian House*, p. 20.

19. Monica Charlot, *Victoria the Young Queen*, p. 192.

20. Rainha Vitória para Vicky, 24 mar. 1858, Roger Fulford, *Dearest Child*, p. 77.

21. Hugh Wyndham, *Correspondence of Sarah Spencer*, p. 306.

22. Theodore Martin, *The Prince Consort*, v. 1, pp. 99-100.

23. Cecil Woodham-Smith, *Queen Victoria*, p. 211.

24. Hugh Wyndham, *Correspondence of Sarah Spencer*, p. 299.

25. Judith Flanders, *The Victorian House*, p. 17.

26. Jul. 1841, Hugh Wyndham, *Correspondence of Sarah Spencer*, p. 311.

27. Memorando do sr. Anson sobre os comentários feitos por Lord Melbourne, Castelo de Windsor, 15 jan. 1841, Arthur Christopher Benson e Reginald Esher, *The Letters of Queen Victoria*, v. 1, p. 322. Ao passo que Vitória era fluente em francês e alemão e escrevia e compreendia italiano, "o resto de sua educação era devido à sua perspicácia e rapidez, e isso talvez não fosse a formação mais adequada para quem viria a usar a coroa da Inglaterra".

28. QVJ, 28 fev. 1840.

29. Carta não publicada da coleção de Yvonne Ward, do príncipe Ernest para o rei Leopoldo, 1 fev. 1840, Coburg Archives, 567/WE22: 66.

30. Monica Charlot, *Victoria the Young Queen*, pp. 171-2; Arthur Christopher Benson e Reginald Esher, *The Letters of Queen Victoria*, v. 1, p. 199; Theodore Martin, *The Prince Consort*, v. 1, pp. 256-7.

31. Charles Grey, *The Early Years*, p. 256.

32. Citado em Theodore Martin, *The Prince Consort*, v. 1, p. 74.

33. John Ruskin, *Sesame and Lilies*, p. 84, em "Angel in the House".

34. Charlie R. Darwin, *Evolutionary Writings*, p. 303.

35. Sarah Stickney Ellis, *The Wives of England*, pp. 24-5.

36. 23 nov. 1841. Stockmar escreveu a Lord Melbourne: "Expressei [a Peel] meu prazer em ver a rainha tão feliz e acrescentei o desejo de que cada vez mais ela procure e encontre sua felicidade autêntica somente na vida doméstica". Monica Charlot, *Victoria the Young Queen*, p. 208.

37. 28 maio 1840, "Minutes of Conversation with Lord Melbourne and Baron Stockmar", Arthur Christopher Benson e Reginald Esher, *The Letters of Queen Victoria*, v. 1, pp. 282-3.

38. Conforme registrado por George Anson, ibid., v. 1, p. 283.

39. Monica Charlot, *Victoria the Young Queen*, p. 190.

40. Out. 1838, Hugh Wyndham, *Correspondence of Sarah Spencer*, pp. 282-3.

41. Kurt Jagow, *Letters of the Prince Consort*, p. 69. Note-se também que mulheres podiam participar dessas reuniões, mas não podiam falar nem se tornar membros efetivos. Tyrell, "Women's Mission".

42. Cecil Woodham-Smith, *Queen Victoria*, p. 211.

43. Fev. 1842, Caroline Fox, *Memoirs of Old Friends*, p. 289.

44. Cecil Woodham-Smith, *Queen Victoria*, p. 242.

45. Príncipe Ernest para o rei Leopoldo, 17 fev. 1840, Coburg Archives, 567/WE22: 76. De Ward, "The Womanly Garb", p. 281.

46. Albert para Ernest, 17 jul. 1840, citado em Hector Bolitho, *Albert, Prince Consort*, p. 51.

47. Robert Rhodes James, *Albert, Prince Consort*, p. 118.

48. Rainha Vitória para o rei Leopoldo, 16 out. 1840, Arthur Christopher Benson e Reginald Esher, *The Letters of Queen Victoria*, v. 1, pp. 242-3.

49. Hector Bolitho, *The Prince Consort*, p. 31.

50. Elizabeth Longford, *Queen Victoria*, p. 153.

51. Ibid.

52. Yvonne Ward, "Editing Queen Victoria".

53. QVJ, 11 dez. 1840.

54. 20 dez. 1840, ibid.

55. 11 mar. 1841, ibid.

56. 25 dez. 1840, ibid.

57. 24 fev. 1841, ibid.

58. 6 out. 1841, Hugh Wyndham, *Correspondence of Sarah Spencer*, pp. 319-20.

59. De um memorando escrito pela rainha, registrado por Charles Grey, *The Early Years*, pp. 288-9.

60. 5 jan. 1841, Arthur Christopher Benson e Reginald Esher, *The Letters of Queen Victoria*, v. 1, p. 321.

61. Ibid., p. 83.

62. 22 ago. 1840. Hector Bolitho, *The Prince Consort*, p. 25.

63. Para o rei Leopoldo, 15 dez. 1840, Arthur Christopher Benson e Reginald Esher, *The Letters of Queen Victoria*, v. 1, p. 318.

64. Ibid.

65. 5 jan. 1841, ibid., p. 321.

66. Aristóteles, *History of Animals*, em *The Works of Aristotle*, J. A. Smith e W. D. Ross, v. 4, livro 7, p. 583a-b, citado em Patricia Jalland e John Hooper, *Women from Birth to Death*, p. 266.

67. Richard Carlile, *Every Woman's Book*, pp. 25-6, 31-2, 38, 42-3, citado em Patricia Jalland e John Hooper, *Women from Birth to Death*, p. 267.

68. 21 abr. 1858, Roger Fulford, *Dearest Child*, p. 94.

69. Cecil Woodham-Smith, *Queen Victoria*, p. 218.

70. 24 nov. 1840, Hector Bolitho, *The Prince Consort*, p. 34; Monica Charlot, *Victoria the Young Queen*, p. 197.

71. Um dos editores das cartas de Vitória, Benson, escreve a seu coeditor, Esher, que, no ano seguinte ao nascimento de Bertie, "um problema consideravelmente difícil surgira. Nos documentos relacionados à formação do governo de 1855, há muitos memorandos assinados por Vitória R. Às vezes, eles estão na primeira pessoa do singular, 'eu', e outras, na primeira pessoa do plural, 'nós'. Mas, quando estão na primeira pessoa do singular, o 'eu' refere-se ao príncipe Albert. Isso causará grande confusão". Esher Papers, 11/5, Benson para Esher, 4 mar. 1907, citado em Yvonne Ward, "Editing Queen Victoria", p. 217.

72. Arthur Christopher Benson e Reginald Esher, *The Letters of Queen Victoria*, v. 1, p. 371.

73. QVJ, 10 fev. 1841.

13. OS INTRUSOS DO PALÁCIO [pp. 173-89]

1. Hector Bolitho, *Albert the Good*, p. 86.

2. *The Times*, 17 mar. 1841. *The Blackburn Standard* (9 dez. 1840) o cita, dizendo: "Queria saber como viviam no palácio, conhecer os hábitos deles e pensei que uma descrição daria um bom livro".

3. *The Times*, 5 dez. 1840.

4. *Jackson's Oxford Journal*, 5 dez. 1840.

5. Em julho daquele ano, os porteiros também descobriram um homem dormindo na galeria de retratos, não muito longe do quarto da rainha; ela estivera ali poucos momentos antes. O homem era Tom Flower, que tentara participar da cerimônia de coroação no mês anterior e viera pedir a rainha em casamento. Foi enviado para a prisão de Tothill Fields.

6. *All the Year Round*, 5 jul. 1884, p. 234.

7. Jan Bondeson, *Queen Victoria's Stalker*, p. 44. Edna Healey, citando Dickens, diz que ele "bem que duvidava da crença popular na agudeza intelectual do garoto". *The Queen's House*, p. 150.

8. Jan Bondeson, *Queen Victoria's Stalker*, p. 25n; *Examiner*, 28 mar. 1841. Bondeson acrescenta: "Mais tarde se questionou se quem convidou o Moleque Jones para emigrar foi realmente Fenimore Cooper ou outro americano homônimo".

9. Edna Healey, *The Queen's House*, p. 144.

10. Cecil Woodham-Smith, *Queen Victoria*, p. 208.

11. Para o barão Von Stockmar, Castelo de Windsor, 6 jan. 1846, citado em Kurt Jagow, *Letters of the Prince Consort*, p. 99.

12. Edna Healey, *The Queen's House*, p. 152n.

13. Patricia Wright, *History of Buckingham Palace*, p. 176.

14. Ibid., p. 174.

15. Um exemplo da falta de puritanismo na jovem rainha eram sua afeição e admiração pelo artista George Hayter (que, quando pintou o imenso *The Trial of Queen Caroline*, produziu 189 imagens). Ela

disse a Melbourne que sabia que Hayter não fora eleito para a Academia Real porque "brigara com a esposa e se separara dela". Ainda assim, ela lhe concedeu o título de cavalheiro em 1842. Marina Warner, *Queen Victoria's Sketchbook*, p. 98.

16. Edward Pearce e Deanna Pearce, *The Diaries of Charles Greville*, 6 set. 1841, p. 203.

17. Ibid.

18. Memorando de 5 de maio de 1841, Arthur Christopher Benson e Reginald Esher, *The Letters of Queen Victoria*, v. 1, p. 339.

19. Documento descrito como "Secreto. Memorando de conversas confidenciais com G. E. Anson, secretário particular do príncipe Albert, maio de 1841". Peel Papers, v. 121–3, British Library Archives: Add.40, 303. Trecho: 40301-3.

20. Memorando escrito por Peel, 28 maio 1841, ibid.

21. "Memorando da última conversa secreta entre o sr. Anson e Sir R. Peel" n.4, 23 maio 1841, Arthur Christopher Benson e Reginald Esher, *The Letters of Queen Victoria*, v. 1, p. 358.

22. Memorando do sr. Anson, 30 ago. 1841, ibid., v. 1, p. 383.

23. QVJ, 10 maio 1841.

24. Ibid.

25. Stanley Weintraub, *Uncrowned King*, p. 120.

26. Cecil Woodham-Smith, *Queen Victoria*, p. 222.

27. QVJ, 9 maio 1841.

28. Cecil Woodham-Smith, *Queen Victoria*, p. 223.

29. Nos dias 5, 6 e 7 de maio de 1841, por exemplo.

30. O "querido e gentil amigo", Melbourne, continuou a escrever-lhe sobre assuntos pessoais, mas, ocasionalmente, de maneira imprudente, aconselhava-a sobre questões políticas — até mesmo sobre se ela deveria pagar o imposto sobre sua renda (no v. 1 da correspondência [Visconde Melbourne para a rainha Vitória, 21 mar. 1842], ele afirma que a decisão dela de pagar o imposto fora acertada, embora não precisasse fazê-lo). Isso enfureceu Albert, que pediu a Stockmar que escrevesse cartas de reclamação (o reformista Peel desejava uma taxa de 7% sobre todas a rendas superiores a 150 libras, uma proposta radical em tempos de paz). Ele continuou a escrever a Vitória mesmo após Stockmar, repetidas vezes, instá-lo de modo veemente a parar. Vitória também agiria assim com outro futuro premiê favorito, Lord Salisbury, quando ele desocupou o cargo na década de 1880.

31. Asa Briggs, *The Age of Improvement*, p. 326.

32. 21 fev. 1835, Charles Greville, *The Great World*, p. 99.

33. Asa Briggs, *The Age of Improvement*, p. 326.

34. 17 set. 1841, Edward Pearce e Denna Pearce, *The Diaries of Charles Greville*, p. 204.

35. Arthur Christopher Benson e Reginald Esher, *The Letters of Queen Victoria*, v. 1, pp. 375-6.

36. 24 ago. 1841, 2 set. 1841, ibid., v. 1, pp. 395-6.

37. Memorando do sr. Anson, 30 ago. 1841, citado em ibid., p. 383.

38. Ibid., p. 385.

39. QVJ, 1 out. 1842. Enquanto lia seu antigo diário, ela rabiscava nas margens: "Relendo isso, não consigo evitar a observação de quão artificial era *meu tipo de felicidade então* e de quão afortunada sou agora em ter encontrado em meu amado esposo uma felicidade *autêntica* e sólida, a qual nem a política nem os reveses mundanos *podem* afetar; nada daquilo poderia ter durado, pois, apesar de Lord M. ser gentil e excelente comigo, era apenas em sociedade que eu me divertia, apenas disso vivia e *acreditava* que era feliz! Graças a Deus! por *mim* e por outros que isso mudou e *sei* agora *o que* é a felicidade AUTÊNTICA".

40. QVJ, 17 dez. 1842.

41. Arthur Christopher Benson e Reginald Esher, *The Letters of Queen Victoria*, v. 1, p. 460.

42. Ibid., p. 392.

43. David Cecil, *The Young Melbourne*, p. 532.

44. Lord Melbourne para a rainha Vitória, 20 abr. 1842, Arthur Christopher Benson e Reginald Esher, *The Letters of Queen Victoria*, v. 1, p. 494.

45. Melbourne não é mencionado nas anotações de diário feitas pela rainha no dia da morte dele, 24 nov. 1848; Vitória só saberia pelos jornais do dia seguinte. Ficou de luto pelo homem que era "realmente apegado" a ela, "e embora não fosse um ministro firme, era nobre, gentil e generoso" (Rainha Vitória para o rei Leopoldo, 27 nov. 1848, Arthur Christopher Benson e Visconde Esher, *The Letters of Queen Victoria*, v. 2, p. 204). Conforme escreveu para Leopoldo, no entanto, ao passo que nutria afeto pela memória dele, "Deus sabe que não desejo voltar àqueles tempos". 21 nov. 1848, ibid., v. 2, p. 203.

46. Cecil Woodham-Smith, *Queen Victoria*, p. 216.

47. Ibid., p. 219.

48. Ibid.

49. Edward Boykin, *Victoria, Albert, and Mrs. Stevenson*, p. 251.

50. Cecil Woodham-Smith, *Queen Victoria*, p. 215.

51. Gillian Gill, *We Two*, p. 181.

52. Roger Fulford, *The Prince Consort*, p. 74.

53. Ibid., p. 179. Daphne Bennett (*King Without a Crown*, p. 74) mostra que há um equívoco interpretativo referente a uma carta a Ernst na qual Albert estaria supostamente fazendo amável comentário sobre Vitória, quando na verdade era uma perversa referência a Lehzen, e isso ocorre porque o trecho anterior foi removido por Hector Bolitho, *The Prince Consort*, p. 34. O texto completo diz: "A bruxa velha desenvolveu um ódio medonho por você e lhe atribui a origem de todo mal. Disse isso a Anson ontem. Estava encantadora à mesa, muito *décolletée*, com um buquê de rosas pendurado no colo que ameaçava despencar o tempo todo".

54. Edna Healey, *The Queen's House*, p. 121.

55. 5 out. 1842, Charles Greville, *The Great World*, p. 205.

56. Georgiana Bloomfield, *Court and Diplomatic Life*, p. 24.

57. QVJ, 27 out. 1841.

58. Em 1840, ela se queixou a Melbourne de que a Questão Oriental era maçante. Elizabeth Longford, *Victoria R.I.*, p. 149.

59. Albert decidiu, acertadamente, diga-se, adiar a convocação das tradicionais testemunhas de um parto real, o que significou que os altos dignitários, dentre os quais se incluía o arcebispo da Cantuária, chegaram atrasados e perderam o nascimento; é certo que a intenção de Albert era poupar Vitória de ter ministros de gabinete como ouvintes ociosos de suas dores excruciantes. Edward Pearce e Denna Pearce, *The Diaries of Charles Greville*, 11 nov. 1841, p. 205.

60. Clare Jerrold, *Married Life of Victoria*, p. 178.

61. Roger Fulford, *Dearest Child*, p. 147.

62. QVJ, 4 set. 1841, 20 out. 1841, 2 nov. 1841, 21 out. 1842.

63. Havia 154 mortes por mil crianças com menos de um ano de idade. Patricia Jalland, *Death in the Victorian Family*, p. 120.

64. Christopher Hibbert, *Queen Victoria: A Personal History*, p. 152.

65. Cecil Woodham-Smith, *Queen Victoria*, p. 296.

66. 16 jan. 1842, cit. in Elizabeth Longford, *Victoria R.I.*, p. 160.

67. Elizabeth Longford, *Queen Victoria*, p. 161.

68. Memorando de Vitória para Stockmar, 19-20, jan. 1842. Cecil Woodham-Smith, *Queen Victoria*, p. 231.

69. Ibid.

70. Jul. 1844: "Estamos todos atentos a sinais de *doença* na rainha; mas esta manhã ela estava tropeçando lá em cima até a capela, e a veia férrea que percorre seu extraordinário caráter lhe permite continuar firme até o último minuto, como nenhuma outra pessoa conseguiria". Hugh Wyndham, *Correspondence of Sarah Spencer*, p. 348.

71. QVJ, 25 jul. 1842.

72. Hugh Wyndham, *Correspondence of Sarah Spencer*, p. 331.

73. QVJ, 30 set. 1842.

74. Vicky se casou em Londres, em 25 jan. 1858; era uma visita a ela em agosto desse ano. Vitória escreve em seu diário, em 12 ago. 1858: "Enquanto passávamos pela estação, Lehzen estava lá, acenando com seu lencinho".

75. Elizabeth Longford mostra (*Victoria R.I.*, p. 169) que a rainha Carlota decorara um teixo em Windsor décadas antes, mas a ideia foi atribuída a Albert. O costume se tornou uma tradição extremamente popular.

76. Memorando do sr. Anson, Castelo de Windsor, 26 dez. 1841, citado em Arthur Christopher Benson e Reginald Esher, *The Letters of Queen Victoria*, v. 1, p. 463.

14. REI PARA TODOS OS FINS: "COMO UM ABUTRE EM SUA PRESA" [pp. 190-202]

1. Lytton Strachey e Roger Fulford, *The Greville Memoirs*, v. 5, p. 257.

2. QVJ, 24 jan. 1846.

3. Para um retrato de Sir Robert Peel, ver *Illustrated London News*, 27 ago. 1842, p. 243.

4. QVJ, 27 jan. 1846. Vitória, que se interessara pelos discursos de Peel quando adolescente, leu-o no dia seguinte e descreveu-o como "belo, mas imenso de tão longo". QVJ, 28 jan. 1846.

5. Debates da Câmara dos Comuns (*HC Deb*), 27 jan. 1846, v. 84, cc249-349. Note-se que a presença de Albert fora, até então, motivo de desavença apenas para os opositores de Peel. A imprensa não estava interessada, e relatos do discurso de Bentick não mencionaram as críticas ao príncipe.

6. Theodore Martin, *The Prince Consort*, v. 1, p. 322.

7. 16 fev. 1846, ibid.

8. QVJ, 16 mar. 1842.

9. Monica Charlot (*Victoria the Young Queen*, p. 263) cita Norman St. John-Stevas, *Walter Bagehot*.

10. Charles Stuart Parker, *Sir Robert Peel*, v. 3, p. 223.

11. QVJ, 28 set. 1846, citado em Elizabeth Longford, *Victoria R.I.*, p. 190.

12. K. Theodore Hoppen, *The Mid-Victorian Generation*, p. 570.

13. Citado em Cecil Woodham-Smith, *Queen Victoria*, p. 411.

14. QVJ, 5 nov. 1847.

15. Ibid.

16. Depois dessa, a rainha fez mais três visitas: em 1853, 1861 e 1900.

17. Informações provenientes de *Examiner*, 14 maio 1842.

18. Alan Heesom, "The Coal Mines Act of 1842", p. 75.

19. Primeiro Decreto Fabril efetivo, em 1833, proibia o trabalho de crianças menores de nove anos em fábricas de tecido — exceto as de seda e renda — e regulamentava a jornada em nove horas por dia ou 48 horas por semana para crianças menores de treze anos. Os menores de treze também tinham que frequentar a escola duas horas por dia.

20. Michael Lavalette, *A Thing of the Past?*, p. 78. Note-se que Lavalette sustenta que as condições de trabalho eram piores antes da industrialização, especialmente em pequenas fábricas e nas de algodão, onde trabalhavam como fiandeiros e tecelões.

21. *Odd Fellow*, 14 maio 1842.

22. *Northern Star and Leeds General Advertiser*, 4 jun. 1842.

23. QVJ, 2 ago. 1845.

24. Em 1844, Peel apresentou o projeto da Lei Fabril, que diminuiria a jornada de crianças em fábricas de tecido para seis horas. Lord Ashley quis propor uma emenda de modo que a jornada de todos os jovens e mulheres diminuísse para dez horas. A emenda foi aprovada, mas Peel se opôs a ela e engavetou o projeto. (É importante ressaltar que Lord Shaftsbury era tratado por Lord Ashley até 1851, quando se tornou conde.)

25. A briga com o duque foi em parte motivada por uma disputa por joias de Vitória. Elas haviam pertencido a Charlotte e deveriam passar para o duque por direito, mas Vitória não abriu mão delas.

26. QVJ, 9 jun. 1842.

27. Príncipe Albert para o barão Stockmar, Castelo de Windsor, 4 fev. 1844, citado em Kurt Jagow, *Letters of the Prince Consort*, p. 88.

28. QVJ, 4 fev. 1844.

29. Hugh Wyndham, *Correspondence of Sarah Spencer*, pp. 338-9.

30. 4 fev. 1844, Hector Bolitho, *The Prince Consort*, p. 69.

31. Príncipe Albert para o barão de Stockmar, Castelo de Windsor, 9 fev. 1844, citado em Kurt Jagow, *Letters of the Prince Consort*, p. 89.

32. QVJ, 12 abr. 1844. No ano seguinte, quando foi à Alemanha pela primeira vez, Vitória visitou a casa onde o marido passara a infância, em Rosenau, e ficou muito comovida: "Se não fosse quem sou, *esta* teria sido minha verdadeira casa, mas sempre a considerarei meu segundo lar". QVJ, 20 ago. 1845.

33. 3 ago. 1843, ibid.

34. 27 abr. 1843, ibid.

35. 6 ago. 1844, ibid.

36. Christian Stockmar, *Memoirs of Baron Stockmar*, v. 2, p. 100.

37. Monica Charlot, *Victoria the Young Queen*, p. 227.

38. Rainha Vitória para o rei Leopoldo, 12 dez. 1843, Christopher Hibbert, *Queen Victoria in Her Letters*, p. 72.

39. QVJ, 17 fev. 1843.

40. Charles Greville, *The Greville Memoirs*, 16 dez. 1845, v. 5, p. 330.

41. Arthur Christopher Benson e Reginald Esher, *The Letters of Queen Victoria*, v. 1, p. 28.

42. QVJ, 15 abr. 1845.

43. Ibid.

44. Rainha Vittória, 1 jul. 1846, citado em Arthur Christopher Benson e Reginald Esher, *The Letters of Queen Victoria*, v. 1, p. 100.

45. Peel para Vitória, 24 jul. 1846, citado em Charles Stuart Parker, *Sir Robert Peel*, v. 3, p. 452.

46. Charles Greville, *The Greville Memoirs*, v. 2, p. 325.

47. QVJ, 10 jun. 1846.

1. Clare Jerrold, *Married Life of Victoria*, p. 94.

2. Marina Warner, *Queen Victoria's Sketchbook*, p. 176.

3. "General Tom Thumb Junior at Home", *Era*, 3 mar. 1844.

4. QVJ, 23 mar. 1844.

5. Ficaram em Londres por quatro meses. John Richardson, *The Annals of London*, p. 267; P. T. Barnum, *The Life of P. T. Barnum*, p. 260, "Court and Aristocracy", *Examiner*, 6 abr. 1844. Na segunda visita (numa manhã de segunda-feira), o Polegar encantou a corte com seu repertório:

Sua imitação de Napoleão foi motivo de muita alegria, em seguida ele representou estátuas gregas e, por fim, o general dançou uma música popular e cantou muitas de suas canções prediletas. A rainha ficou contente em presenteá-lo com um soberbo *souvenir* de madrepérola guarnecido de ouro e pedras preciosas em um estojo dourado com as iniciais PP e o brasão dele na esmeralda que encimava o estojo.

Na terceira visita, o Polegar cantou "Yankee Doodle", e elogiou o bom gosto da rainha, expresso na mobília da Sala Amarela. [Barnum, *The Life of P. T. Barnum*, p. 261.]

O *Caledonian Mercury*, em 25 abr. 1844, noticiou a terceira visita ao Palácio de Buckingham:

A rainha lhe pediu que usasse o mesmo traje da corte que vestira para a rainha-mãe. Foi recepcionado na sala de estar amarela, onde também estavam Albert, o rei e a rainha da Bélgica e Charles de Leiningen. "Foi recebido por sua Majestade com toda a familiaridade de um velho amigo." Imitou Napoleão fantasiado, cantou duas canções, dançou uma música popular e lá ficou de 17:30-19. Muitas risadas.

Albert pediu a ele que lhe fizesse uma mesura, ao que ele prontamente atendeu, e então "apertou a mão do anão que, ao se inclinar perante a realeza, elogiou sua Majestade pelo bom gosto da sala de estar, o que provocou a mais calorosa risada durante a partida dele".

Vitória o achou "muito simpático, animado e engraçado, maravilhoso dançarino e cantor". Ficou maravilhada com o fato de ele nem sequer chegar aos ombros de Vicky, que tinha três anos e meio naquela época. QVJ, 1 e 19 abr. 1844.

6. "The Sights of London", *Morning Post*, 8 abr. 1844.

7. Robert Bogdan, *Freak Show*, pp. 150-1: "A rainha Vitória viu o pequeno prodígio três vezes e deu presentes que ele ostentava orgulhoso quando se apresentava. Para promover suas apresentações, ele saía numa ornamentada carruagem em miniatura puxada por cavalinhos. A carruagem azul-marinho, vermelha e branca, um presente de Barnum, fora feita pelo mesmo carruageiro da rainha".

8. George Sanger, *Seventy Years a Showman*, p. 94.

9. Em *Freak Show* (207), Robert Bogdan descreve "The Tallest Couple Alive" [O casal mais alto do mundo], cujas alturas somadas davam cerca de quatro metros e 84 centímetros. A rainha convidou o casal ao Palácio de Buckingham para dar à noiva esses presentes antes do casamento, em 17 jun. 1871.

10. Sanger ficou emocionado; a primeira vez em que usara seu traje de espetáculo foi na feira de Hyde Park no dia da coroação de Vitória. (Ele também era, coincidentemente, o esposo da Mulher-Leão.) George Sanger, *Seventy Years a Showman*, p. 70.

11. Robert Rhodes James, *Albert, Prince Consort*, p. 131.

12. Queria "um lugar próprio, sossegado e afastado". Ibid., p. 140.

13. Ibid., p. 144.

14. QVJ, 9 jun. 1849.

15. 12 maio 1845, ibid.

16. 21 abr. 1848, ibid.

17. 29 ago. 1842, ibid.

18. Albert escreve do Castelo de Windsor à duquesa Caroline de Saxe-Gota-Altemburgo, em 18 set. 1842, que "a Escócia nos causou excelente impressão. O lugar é cheio de beleza de caráter sóbrio e grandioso; é perfeito para a prática de vários esportes, e o ar é admiravelmente puro e claro se comparado ao ar daqui. As pessoas são mais naturais, marcadas por aquela honestidade e simpatia que sempre caracterizam os habitantes de regiões montanhosas, que vivem longe das cidades". Kurt Jagow, *Letters of the Prince Consort*, p. 81.

19. QVJ, 10 set. 1848.

20. Citado em Hector Bolitho, *Albert, Prince Consort*, p. 104.

21. Greville escreveu: "Entra e sai de casa o dia todo e geralmente anda por aí sozinha". 15 set. 1849, Lytton Strachey e Roger Fulford, *The Greville Memoirs*, v. 6, p. 186; Charles Greville, *The Great World*, p. 269.

22. QVJ, 3 out. 1850.

23. 15 set. 1849, Charles Greville, *The Great World*, p. 269.

24. Osborne House, 5 out. 1849, Hugh Wyndham, *Correspondence of Sarah Spencer*, pp. 392-3.

25. QVJ, 31 dez. 1847.

26. Vitória estava grávida ou confinada durante quatro de seus cinco primeiros anos de casada (44 de sessenta meses).

27. Roger Fulford, *Dearest Child*, p. 159.

28. John van der Kiste, *Queen Victoria's Children*, p. 58. Vitória, em carta a Alice, comenta que amamentar era "animalesco" e vulgar: "Uma criança jamais será bem amamentada por uma dama de alta posição, nervosa e de temperamento refinado... quanto menos sensível e mais selvagem for a ama de leite, melhor para a criança". Yvonne Ward, "Editing Queen Victoria", p. 70.

29. Ela escreveu a Vicky: "Nenhuma dama, muito menos uma princesa, está à altura de seu esposo ou de sua posição, se faz *aquilo*". Hannah Pakula, *Uncommon Woman*, p. 114.

30. Leonore Davidoff e Catherine Hall, *Family Fortunes*, p. 27.

31. Um útil resumo das práticas da classe média pode ser lido em *Myths of Sexuality*, de Lynda Nead, p. 27:

A maneira como as mulheres deveriam representar o papel materno muda historicamente. Uma importante mudança de comportamento no século XIX diz respeito às amas de leite. No século XVIII, o uso desse serviço era prática comum entre as famílias abastadas; no entanto, no começo do século seguinte, e particularmente durante os surtos de cólera e as crises políticas da década de 1840, esse costume passou a ser alvo de ataques. A saúde física e moral das mulheres da classe operária que ofereciam esse serviço foi questionada e médicos aventaram a possibilidade de contaminação física/moral da criança (i.e., classe média) pela ama (i.e., classe operária) através da amamentação. As mulheres da classe média foram vigorosamente instadas a amamentarem os próprios filhos; a amamentação foi redefinida como prática natural e saudável da mãe de classe média responsável e os cuidados com a prole como um meio de isolamento e proteção da classe média contra a corrupção da classe inferior.

32. Vitória, escrevendo a Alice, comenta que amamentar era "animalesco" e vulgar. (Yvonne Ward, "Editing Queen Victoria", p. 70. Essas cartas são citadas em Hannah Pakula, *Uncommon Woman*, p. 215.)

33. Judith Flanders, *The Victorian House*, p. 14.

34. Ibid., p. 14.

35. Roger Fulford, *Dearest Child*, pp. 77-8. Para outra discussão, ver capítulo 4, "Queen Victoria and the Shadow Side", em Elizabeth Helsinger et al., *The Woman Question*, v. 1, pp. 63-77.

36. Os versos de Rudyard Kipling abaixo são citados em Judith Flanders, *The Victorian House*, p. 15: "We asked no social questions/ We pumped no hidden shame/ We never talked obstetrics when the Little Stranger came". [trad. livre: Não fizemos perguntas sociais/ Não extraímos vergonha escondida/ Nunca discutimos obstetrícia quando o Estranhinho chegou".] Rudyard Kipling, "The Three Decker", in *Rudyard Kipling's Verse*, p. 380.

37. Citado em Hector Bolitho, *Albert, Prince Consort*, p. 109.

38. 9 fev. 1844, Hugh Wyndham, *Correspondence of Sarah Spencer*, pp. 339-40.

39. QVJ, 7 mar. 1843: "Fomos para o quarto dos bebês, onde Albert brincava deliciosamente com eles, puxando-os pelo chão num cesto, um após o outro e juntos, o que os divertia bastante. Tudo isso é muito prazeroso aqui em Claremont, onde o berçário fica tão perto de nossos aposentos, ao passo que ai de mim! em Buckingham, fica literalmente a um quilômetro, de modo que não podemos entrar e sair como queremos".

40. Robert Rhodes James, *Albert, Prince Consort*, p. 231.

41. Roger Fulford, *Dearest Child*, p. 205, citado em Valerie Sanders, *Victorian Fatherhood*, p. 30.

42. QVJ, 20 jan. 1848.

43. 3 fev. 1842, Hugh Wyndham, *Correspondence of Sarah Spencer*, p. 326. Albert conferia o acesso aos cômodos das crianças: "E os complexos giros e trancas e celas, e as mais variadas precauções cerradas, sugestivas dos perigos mais inimagináveis, que temo não serem de todo imaginários, tudo isso é de fazer alguém estremecer! A chave mais importante nunca sai do bolso de Albert e o mero temor é suficiente para lhe franzir o cenho. Com frequência recebemos cartas ameaçadoras dos piores tipos (provavelmente escritas por loucos), dirigidas às crianças. Preferiria que ninguém além de nós soubesse disso. Seria melhor que nem discutíssemos isso; e até agora assim foi mantido por todos nós".

44. Conforme demonstrou a estudiosa australiana Yvonne Ward, a correspondência trocada por Vitória com a rainha Maria II de Portugal, por exemplo, revela quão preocupada ela estava com seus filhos. Ambas trabalharam e deram à luz durante crises, guerras, tentativas de assassinato e conflitos internacionais. Nessas cartas, omitidas da correspondência editada de Vitória, elas discutiam a utilidade das amas de leite, a cólera, a febre tifoide, vacinas contra a varíola e o desmame assim como o desejo comum de que seus esposos não fossem consumidos pelo trabalho, mas sim reconhecidos pela mestria.

Vitória escreveu para Maria em 2 de junho de 1842: "Garanto-lhe que penso do mesmo modo, o marido deve estar sempre em primeiro lugar; faço de tudo para que assim seja — e me entristeço que ele esteja abaixo de mim em posição; me é doloroso que eu seja a rainha e ele um mero príncipe; mas em meu coração e em minha casa ele é o primeiro, o senhor e a cabeça". Vitória para Maria, 2 jun. 1842, Lisbon Archives, Torre do Tombo, Caixa 7322/CR150-1, cit. in Yvonne Ward, "Editing Queen Victoria", p. 251.

45. QVJ, 26 dez. 1840: "Desceram a bebê e pude mostrá-la às senhoras. Estava acordada e muito amável e confesso que tive muito orgulho dela".

46. Hugh Wyndham, *Correspondence of Sarah Spencer*, p. 391. Anson também observou que a rainha "se interessa cada vez menos por política... e... está bem ocupada com a princesa real". Yvonne Ward, "Editing Queen Victoria", pp. 88-9.

47. Theodore Martin, *The Prince Consort*, 2:182.

48. Ibid.

49. QVJ, 10 fev. 1852.

50. Clare Jerrold, *Married Life of Victoria*, p. 230.

51. Ibid., p. 234.

52. 22 jan. 1848. Greville acrescentou que "a hereditária e infalível antipatia de nossos soberanos por seus herdeiros dos tronos parece assim estar se enraizando, e a rainha não gosta muito da criança". Lytton Strachey e Roger Fulford, *The Greville Memoirs*, 6:9; Charles Greville, *The Great World*, p. 238.

53. Robert Rhodes James, *Albert, Prince Consort*, p. 238.

54. Reverendo D. Newell, citado em Margaret Homans e Adrienne Munich, *Remaking Queen Victoria*, p. 42.

55. Rainha Vitória para o rei Leopoldo, 29 out. 1844, Arthur Christopher Benson e Reginald Esher, *The Letters of Queen Victoria*, v. 2, p. 32.

56. Quando Vitória recebeu críticas elogiosas a seu livro *Leaves from the Journal of Our Life in the Highlands*, publicado em 1884 e dedicado a John Brown, ela afirmou que sabia "perfeitamente bem aquilo que meu povo gosta e aprecia, que é a 'vida doméstica' e simplicidade". Roger Fulford, *Beloved Mama*, p. 160.

57. Kurt Jagow, *Letters of the Prince Consort*, p. 141.

16. *ANNUS MIRABILIS*: O ANO REVOLUCIONÁRIO [pp. 213-26]

1. QVJ, 3 abr. 1848.

2. Sr. Featherstonhaugh, cônsul britânico em Havre, para o visconde Palmerston, 3 mar. 1848, Arthur Christopher Benson e Reginald Esher, *The Letters of Queen Victoria*, v. 2, p. 188.

3. Alexis de Tocqueville escreveu que Paris estava sinistra e assustadora: "Havia 100 mil operários armados organizados em regimentos, sem trabalho e mortos de fome, mas com as mentes cheias de teorias vãs e esperanças quiméricas". Tocqueville, *Recollections*, p. 98.

4. Yvonne M. Ward, "1848: Queen Victoria", p. 180.

5. Sr. Featherstonhaugh, cônsul britânico em Havre, para o visconde Palmerston, 3 mar. 1848, Arthur Christopher Benson e Reginald Esher, *The Letters of Queen Victoria*, v. 2, p. 187.

6. Rainha Louise para a rainha Vitória, 7 out. 1844, ibid., v. 2, p. 187.

7. Vitória escreveu ao barão Stockmar, em 6 mar. 1848, que esperara que ela e sua família francesa se entendessem, o que mostra que ela os havia perdoado pela rasteira que lhe deram em relação ao casamento espanhol: "Você sabe de meu amor pela família; e também do meu desejo de que nos entendêssemos de novo... Não fazia ideia de que seria desse modo que nos reencontraríamos, da maneira mais amigável. Que a duquesa de Montpensier, motivo de nosso desentendimento no último ano e meio, vindo para cá como fugitiva, vestindo roupas que lhe emprestei e me agradecendo por minha generosidade, é uma reviravolta que nenhum romancista conceberia e sobre a qual se poderia meditar em termos morais para sempre". Theodore Martin, *The Prince Consort*, v. 2, p. 24.

8. Rainha Vitória para o rei Leopoldo, 7 mar. 1848, Arthur Christopher Benson e Reginald Esher, *The Letters of Queen Victoria*, v. 2, p.163.

9. QVJ, 29 fev. 1848. Ao escrever sobre o dia da abdicação, o que mais parece ter chocado Vitória foi a angústia da mãe cujos filhos foram tomados de seus braços: "A pobre Hélène teve os filhos arrancados de si. Pode haver coisa mais pavorosa? Paris foi empurrado para um corredor, mas conseguiu voltar a ela, enquanto o pobrezinho do Robert se perdeu por três dias! Contudo um cavalheiro cuidara dele e conseguiu dizer isso a Hélène, que, ao que parece, se comportou com maravilhosa bravura".

10. 27 fev. 1848, ibid.

11. 16 maio 1848, ibid.

12. Em seu diário ela os chamou de uma "turba de rufiões sedentos de sangue", "terrível turba estridente" (QVJ, 28 fev. 1848), "turba raivosa e armada", "horrorosa turba raivosa" (QVJ, 29 fev. 1848), "a ralé medonha" (QVJ, 5 mar. 1848) e, por fim, "gente [que] procede de maneira repulsiva" (QVJ, 1 mar. 1848).

13. A maior parte dos cortes foi feita porque os trechos eram notoriamente políticos ou revelavam uma Vitória pouco discreta ou feminina do ponto de vista eduardiano.

14. Note-se outra eliminação: Vitória disse que desejava que a paz fosse restabelecida na Europa quando "essa sandice acabar" na França. As palavras "na França" foram cortadas na versão final da missiva, 6 fev. 1849, ibid., p. 241.

15. 11 mar. 1848, citado em Yvonne Ward, *Censoring Queen Victoria*, p. 163.

16. Hector Bolitho, *Albert, Prince Consort*, p. 100. Vitória também escreveu a Leopoldo em 11 de março: "Nossos diminutos motins aqui são meras nulidades e a sensação é boa". Theodore Martin, *The Prince Consort*, v. 2, p. 8.

17. QVJ, 6 mar. 1848.

18. 7 mar. 1848, ibid.

19. Theodore Martin, *The Prince Consort*, v. 2, p. 158.

20. Escreveu para seu angustiado irmão, Ernest: "Tal irrupção de gente é sempre algo *mortificante*" e recomendou que "as leis para eleições deveriam ser liberais e extensivas". Feodora, irmã de Vitória, escreveu de Stuttgart, em 7 abr. 1849: "Você dificilmente compreenderá a situação da Alemanha agora. O desrespeito pelas leis é espantoso... Você não pode imaginar quão cabisbaixo Ernest fica às vezes; e eu fico muito angustiada ao vê-lo assim. Creio que nós, mulheres, suportamos melhor os infortúnios que os homens...".

21. Hector Bolitho, *Albert, Prince Consort*, p. 101.

22. QVJ, 3 abr. 1848.

23. Rainha Vitória para o rei Leopoldo, 4 abr. 1848, Arthur Christopher Benson e Reginald Esher, *The Letters of Queen Victoria*, v. 2, pp. 166-7.

24. Phipps para o príncipe, 9 abr. 1848, Cecil Woodham-Smith, *Queen Victoria*, p. 288.

25. David Goodway, *London Chartism, 1838-1848*, p. 131.

26. O decreto foi aprovado em 1848, embora não tenha sido aplicado e foi rescindido em 1850. Clive Bloom, *Victoria's Madmen*, p. 110.

27. Simon Schama, *A History of Britain*.

28. J. Belchem, "The Waterloo of Peace", p. 255.

29. QVJ, 6 abr. 1848.

30. 10 abr. 1848, ibid.

31. Arthur Christopher Benson e Reginald Esher, *The Letters of Queen Victoria*, v. 2, p. 224.

32. Citado em Theodore Martin, *The Prince Consort*, v. 2, p. 75.

33. Vitória escreveu, com leve sentimento de culpa: QVJ, 6 abr. 1848. O texto diz: "Albert está assoberbado de tanto trabalho e por isso levanta bem cedo. Minha gratidão não cobre nem metade de tudo o que ele faz para me ajudar... Andamos na caleche e depois fui para o jardim em minha cadeira de rodas e Albert brincava com as quatro crianças. Ele é tão terno, brinca com elas e cuida delas de maneira tão bela e ao mesmo tempo firme".

34. QVJ, 10 jun. 1848.

35. 13 jun. 1848, ibid.

36. 17 jun. 1848, ibid.

37. James Chambers, *Palmerston: The People's Darling*, pp. 178-9.

38. Cecil Woodham-Smith, *Queen Victoria*, pp. 304-5: "Houve um novo arranjo de aposentos em Windsor e o aposento em que Lord Palmerston entrou estava antes ocupado por uma dama afeita a suas atenções e que ele costumava visitar". Além disso, de acordo com Edgar Feuchtwanger, *Albert and Victoria*, p. 89. Albert disse a Lord Russell que Palmerston não deveria ser autorizado a forçar a rainha, tampouco, o que parecia mentiroso ou falsamente grosseiro e indelicado.

39. Theodore Martin, *The Prince Consort*, v. 2, pp. 300-1.

40. 4 set. 1848, Hector Bolitho, *Albert, Prince Consort*, p. 103.

41. QVJ, 24 jul. 1848. Vitória escreveu: "Para nós, reconhecermos esse governo ilegítimo de modo a sermos os primeiros a agir em consórcio com ele e ajudar súditos rebeldes a se descartar da devida lealdade, enquanto nos debatemos com uma rebelião na Irlanda, tudo isso desonra e desgraça a Inglaterra. Me expressei de forma contundente sobre esses assuntos a Lord Palmerston".

42. Yvonne Ward, "Editing Queen Victoria", p. 224. Vitória e Albert contestaram muitas das decisões de Palmerston como ministro das Relações Exteriores, entre 1846 e 1851. Esher eliminou muitas das críticas de Vitória, Albert e Leopoldo dirigidas a Palmerston antes da publicação, "a maior parte em deferência ao rei Eduardo". As menções ao apelido Pilgerstein foram todas cortadas.

43. Vitória desprezava Palmerston de tal modo que até mesmo o culpou pelas revoluções europeias. E, avessa a qualquer lógica, também o considerou responsável pelo precipitado matrimônio espanhol que foi a razão da desavença entre França e Inglaterra: "Não resta dúvida sobre o sacrifício de todo o bem da Europa à ambição de Lord Palmerston e sua política obstinada. É algo terrível de ser ver". QVJ, 7 maio 1848.

44. Rainha Vitória para o visconde Palmerston, 17 fev. 1850, Arthur Christopher Benson e Reginald Esher, *The Letters of Queen Victoria*, v. 2, p. 234.

45. Theodore Martin, *The Prince Consort*, v. 2, p. 227.

46. Quando Russel fez esse pronunciamento no Parlamento, no ano seguinte, os parlamentares ficaram em choque e Palmerston declarou que jamais trabalharia com o premiê de novo (em 4 de março de 1851, a rainha escreveu a Russell lembrando-lhe que ele também "deveria mantê-la constantemente a par do que ocorria e dos humores dos partidos dentro e fora do Parlamento").

47. Charles Greville, *The Great World*, p. 289.

48. QVJ, 6 ago. 1848.

49. Cecil Woodham-Smith, *Queen Victoria*, p. 295.

50. QVJ, 21 jul. 1848.

51. As palavras "mais sujo", usadas ao descrever o povo irlandês em visita a Dublin, em 1849, também foram eliminadas da correspondência publicada: "Uma multidão mais bem-humorada jamais vi, mas também barulhenta, emotiva além do concebível, falante, saltitante e estridente quando deveria ser apenas animada... Veja bem, povo mais sujo, maltrapilho e miserável eu nunca vi". Rainha Vitória para o rei Leopoldo, 6 ago. 1849, Yvonne Ward, "Editing Queen Victoria", p. 309.

52. James Murphy, *Abject Loyalty*, p. 66: "No entanto, com o passar do tempo, a atenção de Vitória e Albert se fixou no crescente número de atentados contra senhores de terra na Irlanda. Em 1846, houve 68 assassinatos. Em 1847, foram 98... Incapazes de compreender a fome das massas anônimas, direcionavam sua compaixão aos senhores de terras, alguns dos quais conheciam pessoalmente".

53. Hector Bolitho, *Albert, Prince Consort*, p. xi.

54. Theodore Martin, *The Prince Consort*, v. 2, p. 228.

55. 13 maio 1849, citado em Hector Bolitho, *Albert, Prince Consort*, p. 113.

56. Ibid., p. xii.

57. Miles Taylor, "The 1848 Revolutions", p. 146. Tais comentários eram frequentemente removidos ou atenuados pelos editores — por Esher, em particular, em seu entusiasmo pela França.

58. Ibid., p. 155.

59. No encerramento das atividades do Parlamento, em 5 set. 1848, Vitória disse: "Meu povo, por seu turno, é suficientemente sensível às vantagens da ordem e da serenidade para permitir que arruaceiros tenham qualquer chance de sucesso com seus sinistros planos". Theodore Martin, *The Prince Consort*, v. 2, p. 106.

60. Rainha Vitória para o rei da Bélgica, 9 jul. 1850, Arthur Christopher Benson e Reginald Esher, *The Letters of Queen Victoria*, v. 2, p. 256.

61. Conforme Vitória escreveu: "As maiores e menores manifestações de dor são vistas e sentidas de tal maneira como nunca se viu por alguém que ocupou cargo semelhante. Todas as classes sentem que perderam um pai e um amigo". QVJ, 3 jul. 1848.

62. 9 out. 1849, ibid.

63. 21 mar. 1849, ibid.

17. O QUE ALBERT FEZ: A GRANDE EXPOSIÇÃO DE 1851 [pp. 227-37]

1. QVJ, 29 abr. 1851.

2. "The Opening", *Preston Guardian*, 3 maio 1851.

3. "Royal Inauguration of the Great Exhibition of 1851", *Morning Post*, 2 maio 1851, p. 5.

4. QVJ, 1 maio 1851.

5. Arthur Christopher Benson e Reginald Esher, *The Letters of Queen Victoria*, v. 2, p. 318. Vitória escreveu a Leopoldo: "Gostaria que você tivesse visto o Primeiro de Maio de 1851, o *maior* dia de nossa história, o mais belo, imponente e comovente espetáculo jamais visto e o triunfo de meu querido Albert. Foi realmente incrível, um conto de fadas... O caríssimo nome de Albert se imortalizou com essa grande concepção e nossa querida nação mostrou ser digna dela. O triunfo foi imenso".

6. Roger Fulford, *The Prince Consort*, p. 222.

7. Michael Leapman, *The World for a Shilling*, p. 152.

8. Ibid.

9. Para uma descrição mais completa da exposição, ver o excelente relato in Michael Leapman, *The World for a Shilling*, p. 133.

10. QVJ, 19 maio 1851.

11. Ruth Cowen, *Relish*, p. 221.

12. Clement K. Shorter, *Charlotte Brontë and Her Circle*, pp. 425-6.

13. Costume de exposições industriais teve início com as feiras de Frankfurt no século XVI. As exposições começaram em Paris em 1798 e continuaram esporadicamente.

14. Cole também se empenhara na padronização das bitolas ferroviárias, administrara o South Kensington Museum por duas décadas e fora responsável pelos Royal College of Music e Albert Hall. Rhodes James, *Albert, Prince Consort*, p. 195.

15. Cole e Albert trabalharam juntos em algumas exposições menores na Sociedade das Artes que atraíram grande público. Dez mil pessoas visitaram uma delas em 1849; a mesma quantidade de gente visitava a Grande Exposição por dia.

16. Tratava-se de uma época em que se acreditava que a humanidade começava a atingir um grau mais elevado de entendimento; como disse Tennyson em *In Memoriam*, o ser humano deve "Se elevar, aprimo-

rando a besta/ E deixar que o macaco e o tigre morram" ["Move upward, working out the beast/ And let the ape and the tiger die"].

17. Theodore Martin, *The Prince Consort*, v. 2, p. 246.

18. Ibid., v. 2, p. 248.

19. Roger Fulford, *The Prince Consort*, p. 221.

20. Robert Rhodes James, *Albert, Prince Consort*, p. 199.

21. Ibid., p. 197. Além disso, conforme mostra Cecil Woddham-Smith, o coronel Sibthorp se opusera ferozmente ao Decreto das Bibliotecas Públicas também, pois não gostava de ler. *Queen Victoria*, p. 310.

22. Theodore Martin, *The Prince Consort*, v. 2, p. 358.

23. Robert Rhodes James, *Albert, Prince Consort*, p. 100. Ver também Cecil Woodham-Smith, *Queen Victoria*, 313n17.

24. Theodore Martin, *The Prince Consort*, v. 2, p. 244.

25. Ruth Cowen, *Relish*, p. 221.

26. QVJ, 7 jun. 1851.

27. Peter Ackroyd, *Dickens*, p. 632.

28. Para Lavinia Watson, 11 jul. 1851, Jenny Hartlety, *Selected Letters of Dickens*, p. 234.

29. Thomas Carlyle para John A. Carlyle, 12 jan. 1851, The Carlyle Letters Online, endereço: 10.1215/lt-18510112-TC-JAC-01; CL 26: 12-4. Disponível em: <carlyleletters.dukepress.edu>. Acesso em: 13 ago. 2018.

30. Thomas Carlyle para Joseph Neuberg, 25 jul. 1851, The Carlyle Letters Online, endereço: 10.1215/lt-18510725-TC-JN-01; CL 26, pp. 110-3. Disponível em: <carlyleletters.dukepress.edu>. Acesso em 2 ago. 2018.

31. Thomas Carlyle para Jean Carlyle Aitken, 10 jun. 1851, The Carlyle Letters Online, endereço: 10.1215/lt-18510610-TC-JCA-01; CL 26, pp. 85-6. Disponível em: <carlyleletters.dukepress.edu>. Acesso em: 2 ago. 2018.

32. Thomas Carlyle para Jean Carlyle Aitken, 4 ago. 1851, The Carlyle Letters Online, endereço: 10.1215/lt-18510804-TC-JCA-01; CL 26, pp. 118-9. Ele suavizou um pouco o tom após ter estado lá acompanhado da esposa, Jane, mas continuou rabugento acerca da ostentação e do aborrecimento. 29 jan. 1951, endereço: 10.1215/lt-18510129-TC-TSS-01; CL 26, pp. 29-31. Disponível em: <carlyleletters.dukepress.edu>. Acesso em: 2 ago. 2018.

33. Llewellyn Woddward, *The Age of Reform*, p. 106.

34. QVJ, 20 jun. 1851.

35. *Bristol Mercury*, 3 maio 1851.

36. Lynn McDonald, *Florence Nightingale: An Introduction*, p. 129.

37. Florence Nightingale, *Cassandra*, pp. 25-7. E continua: "Nós nos abstemos de qualquer atividade mental, nos flagelamos moralmente, nosso intelecto é austero, tudo para reprimir nossas vontades e como isso é perigoso! Decidimos: 'nesse dia, nesse mês darei fim a isso'; duas vezes por dia, em orações e anotações sobre as ocasiões em que nos permitimos sonhar, nos esforçamos para acabar com essas ilusões. E nunca conseguimos minimamente".

38. Ibid., p. 40.

39. Florence Nightingale, *Cassandra*.

40. Para Florence Nightingale, a inauguração da Grande Exposição era como "o início de uma nova era mundial". Elogiou Albert pelas duas maiores ideias (a maioria dos homens, escreveu, só tinha "meia"): "a grandeza do *trabalho* e não da posição social, riqueza ou ascendência; a outra, a coesão da raça humana. Era a primeira vez que operários e uma rainha marchavam juntos e que o esposo de uma rainha era visto

como um trabalhador... A segunda, a coesão da raça humana: sempre agradecemos a Deus por não sermos como os outros". Lynn McDonald, *Nightingale on Society and Politics*, 5:187.

41. Arthur Christopher Benson e Reginald Esher, *The Letters of Queen Victoria*, v. 2, p. 438.

42. QVJ, 27 jun. 1850.

43. Um breve artigo publicado no *New York Times* em 1899 dizia: "A bengala com a qual Robert Pate, um tenente aposentado, atacou a rainha em 1850, deixando Sua Majestade com uma cicatriz que ela ainda carrega, foi anunciada em leilão esta semana, mas o proprietário recebeu notificação oficial de Osborne, na Ilha de Wight, e por essa razão retirou a bengala do leilão. Pate, condenado a exílio de sete anos pela agressão contra sua Majestade, morreu em 1895". "The Cane That Wounded Royalty", *The New York Times*, 15 jan. 1899.

44. QVJ, 22 abr. 1853.

45. Robert Rhodes James, *Albert, Prince Consort*, p. 110.

46. Albert para a rainha Vitória, Osborne, 9 maio 1853, RA VIC/MAIN/Z/140 9 a 18.

47. Helen Rappaport, *Magnificent Obsession*, p. 14.

48. QVJ, 22 abr. 1853.

49. Cecil Woodham-Smith, *Queen Victoria*, p. 329.

18. A CRIMEIA: "ESSA GUERRA INSATISFATÓRIA" [pp. 238-53]

1. Hope Dyson e Alfred Tennyson, *Dear and Honoured Lady*, p. 39.

2. Rainha Vitória para o rei Leopoldo, 13 out. 1854, Arthur Christopher Benson e Reginald Esher, *The Letters of Queen Victoria*, v. 3, p. 63.

3. QVJ, 13 fev. 1854.

4. Kellow Chesney, *Crimean War Reader*, p. 29.

5. QVJ, 28 fev. 1854.

6. 9 fev. 1854, ibid.

7. Suraiya Faroqhi et al., *Economic and Social History*, v. 2, p. 778.

8. Ela escreveu em 10 de outubro: "Estávamos bem preocupados com a possibilidade de nos descobrirmos comprometidos com uma política perigosa da qual o próprio Lord Aberdeen não gostou e sobre a qual eu deveria ter sido previamente consultada". Arthur Christopher Benson e Reginald Esher, *The Letters of Queen Victoria*, v. 3, p. 552.

9. Christian Stockmar, *Memoirs of Baron Stockmar*, v. 2, p. 475.

10. Nem mesmo a Coroa tinha esse poder, ela mostrou a Lord Clarendon.

11. Rainha Vitória para o conde de Clarendon, 11 out. 1853: "Está cada vez mais claro para a rainha que assumimos junto à França todos os riscos de uma guerra europeia sem estipular aos turcos nenhuma condição relativa à responsabilidade deles pelo conflito". Arthur Christopher Benson e Reginald Esher, *The Letters of Queen Victoria*, v. 2, p. 456.

12. QVJ, 20 dez. 1853.

13. 25 fev. 1854, ibid.

14. 24 mar. 1854, ibid.

15. Mark Bostridge, *Florence Nightingale*, p. 203.

16. Kellow Chesney, *Crimean War Reader*, p. 47.

17. "Campaigning in the Crimea", *The Times*, 21 out. 1854, p. 9.

18. "The Battle of the Alma", *The Times*, 18 out. 1854, p. 8.

19. "Turkey: From Our Own Correspondent", *The Times*, 13 out. 1854, p. 8.

20. Ibid.

21. A taxa de mortalidade não foi reduzida até meados de 1855, quando uma delegação sanitária embarcou da Inglaterra para Scutari e efetuou mudanças significativas no hospital, com reestruturação de larga escala. Um total de 650 mil morreram na guerra. A maioria era russa (475 mil), os franceses mortos foram 95 mil (75 mil por doença). Aproximadamente metade das mortes dos britânicos foi em decorrência de cólera, diarreia e disenteria, e mais de 5 mil morreram de tifo, malária, febre tifoide, congelamento e escorbuto. Clive Ponting, *The Crimean War*, p. 334.

22. "The Crimea: From Our Own Correspondent", *The Times*, 12 out. 1854, p. 7.

23. Elizabeth Grey, *The Noise of Drums and Trumpets*, p. 104. O repórter do *Times* era o irlandês William Howard Russell, o primeiro correspondente de guerra dos jornais modernos, e cujos francos e impactantes relatos mudaram a forma como o público enxergava a guerra.

24. O grande paradoxo em torno da lendária Florence Nightingale advinha do fato de que ela era tida como uma terna cuidadora carregando um lampião, quando na realidade seus verdadeiros talentos eram a destacada capacidade analítica e a aptidão para a organização.

25. Tendo decidido que precisava de mais três ou quatro enfermeiras, ainda no sábado Nightingale procurou o secretário de guerra, seu amigo Sidney Herbert, para ajudá-la, mas ele estava fora da cidade. Coincidentemente, Sidney Herbert lhe escreveu no domingo sondando-a sobre a possibilidade de ela liderar um grupo de enfermeiras, custeado pelo governo, para o hospital Scutari. Ver Mark Bostridge, *Florence Nightingale*, pp. 205-6. Isso oficializou o empreendimento.

26. 14 nov. 1854, Arthur Christopher Benson e Reginald Esher, *The Letters of Queen Victoria*, v. 3, p. 66.

27. Helen Rappaport relata que cerca de 10 mil soldados britânicos e franceses estavam mortos ou fora de combate em decorrência da cólera. *Queen Victoria*, p. 106.

28. "William Howard Russell, correspondente do *Times*, relatou ter visto cadáveres emergindo do fundo do porto e flutuando na água, 'todos movediços, girando na vertical e horríveis à luz do sol'". Mark Bostridge, *Florence Nightingale*, p. 203.

29. Russell ficou famoso — Vitória até mesmo o menciona em seu diário. Na anotação de 16 fev. 1855, escreveu: "Os franceses também sofrem terrivelmente, mas a diferença é que eles não têm um correspondente do *Times* para alardear esse sofrimento, como nós temos, para nossa grande humilhação".

30. QVJ, 28 maio 1855.

31. Rainha Vitória para Lord Panmure, 5 mar. 1855, Arthur Christopher Benson e Visconde Esher, *The Letters of Queen Victoria*, v. 3, pp. 143-4.

32. Sir John McNeill chegou a dizer que a questão da falta de preparo tinha sido exagerada — em contradição com o futuro relato de Florence Nightingale — e mentiu para a rainha ao garantir que seus "soldados doentes e feridos eram tratados melhor que os de qualquer outro exército". QVJ, 24 jul. 1855.

33. Ibid.

34. Helen Rappaport, *No Place for Ladies*, p. 86.

35. QVJ, 12 nov. 1854.

36. 28 out. 1854 e 9 nov. 1854, ibid.

37. Hugh Wyndham, *Correspondence of Sarah Spencer*, p. 414.

38. Rainha Vitória para o duque de Newcastle, secretário de guerra (comentando uma carta dele a Lord Raglan, comandante britânico na Crimeia). Arthur Christopher Benson e Visconde Esher, *The Letters of Queen Victoria*, v. 3, p. 86.

39. Christian Stockmar, *Memoirs of Baron Stockmar*, v. 2, p. 481.

40. Ibid., p. 485.

41. A rainha escreveu em 1856: "Albert e eu concordamos que de todos os primeiros-ministros que tivemos, Lord Palmerston é o que menos nos deu trabalho e o mais razoável e aberto a sugestões. Estávamos em grande perigo quando ele era o responsável pelas relações exteriores, que agora são conduzidas por sujeito hábil, sensato e imparcial [Lord Clarendon] e agora que ele [Lord Palmerston] é responsável pelo *todo*, a história é outra". QVJ, 21 ago. 1856.

42. QVJ, 9 jan. 1854; QVJ, 4 jan. 1854; QVJ, 10 jan. 1854, Arthur Christopher Benson e Visconde Esher, *The Letters of Queen Victoria*, v. 3, p. 8.

43. QVJ, 23 jan. 1854.

44. 5 jan. 1854, ibid.

45. Os lordes Aberdeen e Hardinge lideraram essa defesa na Câmara Alta. Vitória escreveu em seu diário em 1º de fevereiro: "Lord John expressou nossa posição firmemente e acreditamos que isso será importante para o *futuro*. Lendo os jornais, descobrimos que Lord Aberdeen terminou seu discurso com uma admirável defesa de meu querido, e que ele também se pronunciou com muita veemência sobre o assunto... Li todos os discursos para Albert, e me senti muito contente e orgulhosa". A posição de Albert, no entanto, continuou indefinida.

46. QVJ, 20 fev. 1854.

47. Theodore Martin, *The Prince Consort*, p. 110.

48. Reginald Esher para Maurice Brett, 9 ago. 1905, Maurice Brett, *Journals and Letters*, v. 2, p. 97, Esher para Maurice Brett, 9 ago. 1905; Yvonne Ward, "Editing Queen Victoria", p. 288.

49. Stanley Weintraub, *Victoria*, p. 167.

50. Lytton Strachey, *Queen Victoria*, p. 167.

51. Albert para Ernest, inédita, dos arquivos de Yvonne Ward.

52. QVJ, 13 maio 1854.

53. 10 fev. 1854, ibid.

54. 28 abr. 1854, ibid.: "Sir C. Wood me falou sobre o comportamento de Lady John Russell e de como ela manda e amaldiçoa o pobre Lord John, colocando as opiniões *dela* e de *sua família* em primeiro lugar!".

55. QVJ, 20 nov. 1853.

56. Rainha Vitória para Vicky, 18 dez. 1860, citado em Roger Fulford, *Dearest Child*, p. 293.

57. QVJ, 20 jun. 1855.

58. 24 out. 1854, ibid.

59. Aniversário de Albert, 26 ago. 1854, ibid.

60. 30 jul. 1854, ibid.

61. Theodore Martin, *The Prince Consort*, v. 2, pp. 256-7.

62. Ibid., p. 260.

63. QVJ, 25 jun. 1857.

64. 8 out. 1857, Edward Pearce e Denna Pearce, *The Diaries of Charles Greville*, p. 329.

65. Ela também escreveu em QVJ, 8 dez. 1854: "Invejo-a pelo enorme bem que faz e por cuidar de nossos heróis bravos e nobres, cujas atitudes são tão admiráveis. Mortalmente feridos como muitos estão, ainda assim não reclamam nem emitem um gemido de dor!".

66. Também lhe agradou registrar que uma carta dela a Florence Nightingale tinha sido reproduzida e afixada em todas as enfermarias. Rainha Vitória para o rei Leopoldo, Palácio de Buckingham, 22 maio 1855, Arthur Christopher Benson e Visconde Esher, *The Letters of Queen Victoria*, v. 3, p. 161.

67. Rainha Vitória para Florence Nightingale, jan. 1856, ibid., p. 170.

68. Lynn McDonald, *Nightingale on Society and Politics*, 5:412. Em 1861, Vitória também lhe ofereceu um aposento no Palácio de Kensington, mas ela não aceitou.

69. QVJ, 21 set. 1856.

70. Albert foi claro em seu diário: "Ela nos mostrou todos os problemas de nosso atual sistema hospitalar militar e todas as mudanças necessárias. Estamos muito satisfeitos com ela; é extremamente simples". Theodore Martin, *The Prince Consort*, v. 3, p. 410.

71. QVJ, 21 set. 1856.

72. O *Atlantic Monthly* escreveu em dezembro de 1861 que o "trabalho duro, a discrição e a capacidade de gerenciamento única" da enfermeira britânica elevaram as expectativas de reabilitação dos soldados feridos. E que foi "depois dela, principalmente... que todas as nações passaram a pesquisar a premente questão da saúde nos campos de batalha e nos hospitais. É agora missão das mulheres ocupar esse cargo de modo a, acreditamos, aprimorar o conhecimento". Grant, "New Light on the Lady".

73. Lynn McDonald, *Nightingale on Society and Politics*, 5:415. A fonte original são anotações do preceptor de Oxford, o teólogo Benjamin Jowett, sobre conversas com Nightingale em 1879: "[A rainha Vitória era] muito interessada em grandes questões, embora fosse burra, a pessoa mais insegura que conhecera. Se deixada sozinha por dez minutos, era capaz de chamar o esposo para encetar [começar] a conversa — tão superior a seus circundantes. Ele [príncipe Albert] parecia oprimido em sua posição, muito inteligente, versado em todos os assuntos, porém... Tivesse ele construído sua carreira lá não haveria Itália nem Alemanha unificadas. Acreditava que o mundo podia ser governado com premiações, exposições e boas intenções... Ele parecia alguém querendo morrer. Brincava com os filhos de maneira desajeitada, sem saber o que dizer".

74. QVJ, 17 mar. 1854.

75. Georgiana Bloomfield, *Court and Diplomatic Life*, v. 1, p. 126.

76. Ibid., p. 125.

77. Rainha Vitória para o rei da Bélgica, 22 set. 1855, Arthur Christopher Benson e Visconde Esher, *The Letters of Queen Victoria*, v. 3, p. 187.

78. Elizabeth Longford, *Victoria R.I.*, p. 146.

79. QVJ, 24 maio 1853.

80. Seis meses antes, em 2 mar. 1855, o tsar Nicolau morrera de apoplexia pulmonar, depois de uma gripe.

81. QVJ, 10 set. 1855.

19. PAIS REAIS E O DRAGÃO DA INSATISFAÇÃO [pp. 254-71]

1. Walter Bagehot, *The English Constitution*, p. 38.

2. Em 1840, entrar em esgotos passou a ser crime e davam-se recompensas a quem denunciasse a prática. Isso levou os praticantes a entrarem à noite com lamparinas.

3. Henry Mayhew, *Mayhew's London*, p. 326.

4. Os informantes de Mayhew lhe disseram que ganhavam seis *shillings* por dia, o equivalente a cerca de cinquenta dólares hoje. Mayhew escreveu: "Com base nesse ganho diário, os bens recuperados nos esgotos de Londres valeriam não menos que 20 mil libras [$3,3 milhões de dólares hoje] por ano". Ibid., p. 333.

5. A expansão do uso começou a partir de 1810 e se intensificou depois de 1830. Em 1848, a Comissão de Esgotos Metropolitanos conectou encanação e fossas domésticas a esgotos pela primeira vez. Em 1852, cerca de 69,13% das residências urbanas faziam parte do sistema de esgotos.

6. No começo do século XVIII, a terra sob a maioria dos assoalhos domésticos tinha cavidades hexagonais que serviam de esgoto e eram esvaziadas manualmente por vigilantes noturnos. Henry Mayhew relatou que, nas casas mais pobres, "muitas pessoas simplesmente usavam um cantinho escondido ou buracos no chão e havia excremento em corredores, cômodos e escadas. O fedor nesses lugares era insuportável para quem não estava acostumado". Citado em Michael Paterson, *Voices from Dicken's London*, p. 50.

7. Liza Picard, *Victorian London*, p. 50.

8. O cheiro era intenso na maré baixa: as margens ficavam cheias de excremento e brilhantes vermes vermelhos apelidados de vermes de sangue. Ibid., p. 10.

9. *Civil Engineer and Architect's Journal* 15, 1852, p. 160.

10. Nas palavras de um cortesão: "Há mais fedor nas residências reais que em qualquer outro lugar". Giles St. Aubyn, *Queen Victoria*, p. 328.

11. QVJ, 22 nov. 1849.

12. Black também fornecia ratos como iscas para competições nas quais um monte deles era colocado em um fosso e apostava-se em quão rapidamente um *terrier* conseguiria matá-los. Era um passatempo popular na Era Vitoriana.

13. QVJ, 28 jun. 1858. Saneamento era uma das muitas paixões de Albert, porém, e ele frequentemente fazia experimentos com adubo de esgoto em suas propriedades como parte de sua pesquisa sobre a melhoria das condições de vida da classe operária.

14. Mas, constava no *Times*, "aquelas duas semanas quentes fizeram pela administração sanitária da cidade o que a rebelião de 1857 em Bengala fez pela administração da Índia". *The Times*, 21 jul. 1858, 9.

15. Depoimento de um engenheiro civil, *The Times*, 14 jul. 1858, 5.

16. Houve um caso, em 23 de junho de 1858, de um juiz na corte de Exchequer que disse que julgaria rápido por causa do fedor. Um membro do júri concordou e disse que o fedor o deixara doente, ao que o juiz respondeu: "Julgo ser meu dever público observar o estado do rio e seu efeito nos arredores. É impossível fingir que não estamos sentados a julgar um caso importante em meio a uma incômoda podridão". *The Times*, 24 jun. 1858, p. 11. *The Times* fez campanha por meses para incitar as autoridades a limparem o rio. Aconselhava os leitores a tomarem uma taça de xerez com gelo para encararem um passeio pelo Tâmisa na maré baixa: "Vocês verão, no breve intervalo de meia hora e três ou quatro quilômetros, centenas de esgotos despejando dejetos sólidos, de chaminés expelindo fumaça e estranhos e doentios vapores; quatro milhares de vastos hectares de compostos químicos viscosos, centenas de rodas de pás agitando o lodo. A água — ou melhor, o líquido — parece tinta negra. Moleques nus, procedentes de arcos escuros ou barcaças de carvão, brincam no lodo e na água como filhotes de um monstro aquático... Temos razão para crer que é o rio mais sujo e fétido do mundo". *The Times*, 17 jun. 1858, p. 8.

17. Citado em Liza Picard, *Victorian London*, pp. 51-2. Vale a pena ler esse relato do impacto no Tâmisa.

18. Houve longos atrasos e muito desentendimento relacionados a verbas, responsabilidades e soluções até que Joseph Bazalgette, engenheiro civil do Conselho de Obras Metropolitano, foi autorizado a executar seu plano de despoluir o Tâmisa através de grandes esgotos que percorreriam as margens do rio, de norte a sul, interceptando os dejetos e desviando-os para plantas fora dos limites da cidade (Michael Paterson, *Voices from Dicken's London*, p. 31). Em 1858, o Parlamento concedeu-lhe 3 milhões de libras. O projeto começou com aterros construídos ao longo do curso do rio; nos subterrâneos, cerca de 265 quilômetros de redes coletoras foram conectadas a cerca de 1770 quilômetros de esgotos domésticos, para levar os dejetos para longe do centro da cidade. Esse sistema estava a pleno vapor na metade da década de 1870.

19. David Duff, em *Albert and Victoria*, p. 225, considera esse dado "informação confidencial". Escreveu: "Soube-se que [Sir James Clark] revelou a colegas a réplica da rainha a sua recomendação de que não tivesse mais filhos. A réplica fora: 'Ah, Sir James, não posso mais me divertir na cama?'".

20. Carta de 3 mar. 1857. Hector Bolitho, *The Prince Consort*, p. 170. No mês anterior ao nascimento de Beatrice, Albert escreveu ao visconde Palmerston dizendo que a saúde de Vitória não estava boa e ela precisava ir para Windsor: "A rainha se sente incapaz de enfrentar uma crise política". Arthur Christopher Benson e Reginald Esher, *The Letters of Queen Victoria*, v. 3, p. 290.

21. QVJ, 29 abr. 1857. Ela escreveu: "Mais tarde, houve uma festinha com uma bela e animada dança no salão... Me surpreendi comigo mesma. Estava tão bem que dancei até o começo da noite, depois de uma recepção tão cansativa e apenas dois meses depois de meu nono parto! Só tenho a agradecer".

22. QVJ, 29 abr. 1857.

23. 18 dez. 1857, ibid.

24. Príncipe Albert para o barão Stockmar, 2 abr. 1858, Theodore Martin, *The Prince Consort*, v. 4, p. 177.

25. QVJ, 14 abr. 1858. E então, em 23 jan. 1859, tentou desenhar a mais nova: "Desenhei a pequena Beatrice, que é a coisinha mais adorável, tão rechonchuda e fofinha e risonha".

26. Em 1856, havia 233 mil indianos para 45 mil britânicos (Monica Charlot, *Victoria the Young Queen*, p. 370). Os soldados indianos também estavam irritados com cortes salariais e com a possibilidade do exército de Bengala ter de servir no além-mar, o que colocaria em risco a posição de quem pertencia à alta casta.

27. Rainha Vitória para o visconde Canning, 2 dez. 1858, Arthur Christopher Benson e Reginald Esher, *The Letters of Queen Victoria*, v. 3, p. 389.

28. A guerra chinesa terminou em 26 jun. 1858. Mais tarde, o Tratado de Tien-tsin abriu a China para o comércio e a diplomacia com a Grã-Bretanha.

29. Vitória ficou horrorizada, escrevendo em seu diário, em 18 de setembro de 1857: "Depois do desjejum com Jane C., leitura de jornais com detalhes terríveis do espantoso massacre em Cawnpore. 88 oficiais, setenta senhoras e crianças, 120 mulheres e filhos e quatrocentos moradores mortos! O pátio com cinco centímetros de sangue, madeixas e roupas das pobres senhoras jogadas — tudo isso foi encontrado!". Depois ela ficou ainda mais aflita com a dignidade das mulheres, pois detalhes das torturas a que foram submetidas foram divulgados: QVJ, 14 dez. 1857.

30. Rainha Vitória para Lady Canning, 8 set. 1857, citado em Surtees, *Charlotte Canning*, 238. Vitória escreveu mais tarde, em 22 out. 1857 (p. 243), para perguntar: "O que eu gostaria de saber é se há algum relato confiável de testemunhas oculares — de horrores como pessoas obrigadas a comer seus filhos e outras atrocidades terríveis e indizíveis que eu não consigo escrever.".

31. Giles St. Aubyn, *Queen Victoria*, p. 306.

32. Lord Canning escreveu a Vitória: "Uma das maiores dificuldades que teremos pela frente — e lamento dizer, à frente de vossa Majestade também — será o rancor de uma considerável parcela da comunidade inglesa contra todo nativo de qualquer classe. Há um clima de vingança raivosa e indiscriminada aqui no estrangeiro... Mais de um em cada dez homens consideram a forca e o fuzilamento dos 50 mil amotinados e outros rebeldes algo simples e razoável". Visconde Canning para a rainha Vitória, Calcutá, 25 set. 1857, Arthur Christopher Benson e Reginald Esher, *The Letters of Queen Victoria*, v. 3, pp. 318-9.

33. Giles St. Aubyn, *Queen Victoria*, p. 307. Ela também escreveu em seu diário no mesmo período (1º nov. 1857) que falou "muito duramente" a Lord Palmerston "sobre o espírito vingativo ruim mostrado por muitos daqui e alguns da imprensa etc., e da necessidade absoluta de mostrar nossa boa vontade aos nativos; e também sobre não condenar todos os amotinados à morte, pois deve haver penas distintas para aqueles que cometeram crimes e atrocidades ou lutaram contra nós e para aqueles que apenas deixaram suas sacolas e mosquetes para trás e acabaram enforcados também, creio eu".

34. Foi decidido em 31 dez. 1600.

35. A declaração dizia: "Firmemente confiante na verdade do cristianismo e reconhecendo o consolo de nossa religião, renunciamos igualmente ao direito e ao desejo de impor nossas convicções a qualquer súdito. É nossa vontade real e nosso contentamento que ninguém, de qualquer modo, sofra por suas opiniões ou seja perturbado em razão de seu credo e sua prática". Theodore Martin, *The Prince Consort*, v. 4, pp. 335-6.

36. QVJ, 16 abr. 1859.

37. Rainha Vitória para o conde de Clarendon, 25 out. 1857, Arthur Christopher Benson e Reginald Esher, *The Letters of Queen Victoria*, v. 3, p. 321.

38. QVJ, 25 jan. 1858.

39. 2 fev. 1858, ibid.

40. Theodore Martin, *The Prince Consort*, v. 4, p. 132.

41. Vicky para o príncipe Albert, Monica Charlot, *Victoria the Young Queen*, p. 386.

42. Theodore Martin, *The Prince Consort*, v. 4, p. 146.

43. Rainha Vitória para o rei Leopoldo, 12 jan. 1858, Arthur Christopher Benson e Reginald Esher, *The Letters of Queen Victoria*, v. 3, p. 333.

44. Quando o mapa europeu foi reconfigurado depois do Tratado de Viena, firmado no fim das Guerras Napoleônicas em 1814, a Áustria fora cedida ao Reino da Lombardia-Venécia.

45. A França ficou furiosa ao descobrir que os conspiradores italianos que atentaram contra seu imperador buscaram refúgio na Inglaterra, onde armaram planos revolucionários e produziram granadas.

46. Isso remontava a um acordo entre França e Áustria sobre uma confederação de estados italianos, que ignorava completamente o desejo dos italianos de autogoverno e que anexou Nice e Savoy à França.

47. 28 ago. 1905, Maurice Brett, *Journals and Letters*, v. 2, pp. 103-6. Ver Yvonne Ward, "Editing Queen Victoria", p. 221.

48. Esher continuava em uma carta a seu filho: "Além disso, havia indícios de conflitos latentes entre ele e o país de Gales, e, sendo jovem como o príncipe era, talvez a morte dele não tenha sido tamanho infortúnio. É quase certo que sua missão fora cumprida e seu trabalho feito nas instruções que dera à rainha. Viveu o suficiente para plantar a semente, mas não para vê-la florescer. É possível que tenha sido assim". De Reginald Esher para Maurice Brett, 18 ago. 1905, Maurice Brett, *Journals and Letters*. Citado em Yvonne Ward, "Editing Queen Victoria", p. 108.

49. Rainha Vitória para Vicky, 26 maio 1858, Roger Fulford, *Dearest Child*, p. 108.

50. Rainha Vitória para Vicky, 15 jun. 1858, ibid., p. 115. A passagem completa:

Penso em nós mesmas como vacas ou cadelas nesses momentos; quando nossa pobre natureza se torna muito animal e rasteira — mas para você, minha cara, se você é sensata e razoável e não está maravilhada nem desperdiçando o dia com amas ou amas de leite, que é a desgraça de muitas jovens refinadas e inteligentes, isso sem mencionar os deveres maternos, nesse caso uma criança será uma dádiva. Sobretudo, querida, nunca se esqueça da decência que uma jovem deve ter (sem precisar ser pudica); embora seja casada, não se transforme numa matrona desbocada e a quem tudo pode ser dito — permaneci num nível tal (na verdade até agora) que muitas vezes me sinto chocada com as confissões de outras mulheres casadas. Creio que no estrangeiro há muita indelicadeza no trato desses assuntos.

Era apenas nas cartas a Vicky que Vitória se queixava abertamente. Ver também ibid., pp. 77-8, 94.

51. QVJ, 27 jan. 1859.

52. 29 jan. 1859, ibid.

53. Príncipe Albert para Vicky, 16 mar. 1859, Theodore Martin, *The Prince Consort*, v. 4, p. 333.

54. QVJ, 21 maio 1859.

55. 25 set. 1860, ibid.

56. Ela agora entendia, escreveu, o "afeto transbordante" que sua mãe sentia pelos filhos. 16 ago. 1861, ibid.

57. Hugh Wyndham, *Correspondence of Sarah Spencer*, p. 419.

58. QVJ, 30 ago. 1849.

59. 9 out. 1861, ibid.

60. Príncipe Albert para o barão Stockmar, 11 out. 1859, Theodore Martin, *The Prince Consort*, v. 4, p. 411.

61. QVJ, 13 out. 1857.

62. Theodore Martin, *The Prince Consort*, v. 4, p. 424.

63. QVJ, 1 jun. 1859.

64. Vitória escreveu para Vicky: "Uma filha casada, não importa quão jovem, está em pé de igualdade com a mãe". Rainha Vitória para Vicky, 21 abr. 1859, Roger Fulford, *Dearest Child*, p. 184.

65. Príncipe Albert para o barão Stockmar, 15 fev. 1858, Theodore Martin, *The Prince Consort*, v. 4, p. 153.

66. Albert escreveu: "Explico esse difícil fenômeno mental como um tipo de dualismo que emerge porque o *eu anterior*, com toda a sua carga de impressões, lembranças, experiências e sentimentos juvenis, está vinculado a um ponto, com suas associações locais e pessoais, e parece, ao que podemos chamar o *novo eu*, como uma veste do espírito que foi perdida e da qual, no entanto, o *novo eu* não consegue se desconectar, porque a identidade é na verdade contínua. Daí a luta penosa e, eu até poderia dizer, o espasmo da alma". Príncipe Albert para Vicky, 10 mar. 1858, Theodore Martin, *The Prince Consort*, v. 4, p. 178.

67. Rainha Vitória para o rei Leopoldo, 9 fev. 1858, Arthur Christopher Benson e Reginald Esher, *The Letters of Queen Victoria*, v. 3, p. 334.

68. Rainha Vitória para Vicky, 6 fev. 1858, Roger Fulford, *Dearest Child*, pp. 32-3. Vitória também admoestava a filha frequentemente por não lhe escrever com frequência ou por não detalhar como controlava as febres ou a temperatura em seus aposentos, mesmo após Albert ter lhe dado uma bronca por tantas reclamações. Quando Vicky era lacônica sobre sua saúde, Vitória batia o pé por escrito: "Você não diz se o resfriado passou ou não, mas só: 'Ainda não estou bem' e 'Estou muito bem'. Estava bem febril ou não?... Acostumada como eu estava a saber tudo a seu respeito de hora em hora, não saber nada me deixa aflitíssima". Rainha Vitória para Vicky, 20 fev. 1858, Roger Fulford, *Dearest Child*, p. 54.

69. Vitória também sugeriu que começasse as cartas com títulos e pediu que as damas da filha fizessem uma lista das roupas dela, dos presentes recebidos e um esboço da disposição dos móveis.

70. Rainha Vitória para Vicky, 11 dez. 1858, Roger Fulford, *Dearest Child*, p. 151.

71. 30 jun. 1858, ibid., p. 120.

72. Rainha Vitória para Vicky, 14 abr. 1858, ibid., p. 90.

73. Ela avisou a filha sobre a perda de tempo "se exagerasse a paixão pelas crianças. NENHUMA dama e menos ainda uma princesa estaria se conduzindo de maneira adequada em relação ao marido ou à sua posição se fizesse isso. Sei, querida, que você saberá se precaver contra isso; apenas desejo lembrá-la e alertá-la, pois seu amor por crianças (que são apenas plantinhas nos seis primeiros meses) poderia levá-la naturalmente a cometer esse tipo de erro ao se tornar mãe" (Rainha Vitória para Vicky, 17 nov. 1858, ibid., p. 144). Também disse a Vicky, em carta de 16 de março, que só gostava de bebês acima dos três ou quatro meses, "quando se tornam adoráveis de verdade" (Ibid., p. 167). Era dos recém-nascidos que não gostava, escrevendo novamente, em 2 de março de 1859, que só se importava com eles quando se tornavam "pequenos humanos; um bebê feioso é um negócio desagradável — e até o mais bonitinho é assustador quando nu — até os quatro meses; em suma, enquanto têm aqueles corpanzis, membros diminutos e jeito de sapos.

Mas a partir dos quatro meses, ficam cada vez mais lindinhos. E repito — seu filho me encheria de prazer em qualquer idade". (Ibid., p. 191.)

74. Rainha Vitória para Vicky, 14 maio 1859, ibid., p. 193.

75. Vitória tinha sido severa com Vicky quando esta era criança e atribuía o caráter valoroso da filha à educação que lhe dera. Sempre lembrava à filha a provação que tinha sido quando criança: "Criança mais atrevida e temperamental eu nunca vi! O trabalho que você nos deu foi imenso. Em termos de comparação, nenhum dos outros é parecido. Você e Bertie (de modos diversos) foram muito difíceis... Será que você ainda guarda consigo alguns daqueles velhos truques? Se equilibrava em um pé só, gargalhava alto — se empanturrava de comida e andava cambaleando". Rainha Vitória para Vicky, 28 jul. 1858, ibid., pp. 124-5.

76. Vicky para a rainha Vitória, 15 fev. 1858, ibid., p. 46.

77. Rainha Vitória para Vicky, 9 jun. 1858, ibid., p. 69.

78. Rainha Vitória para Vicky, 9 jun. 1858, ibid., p. 112.

79. Rainha Vitória para Vicky, 27 nov. 1858, ibid., p. 147.

80. Sete meses depois, Vitória lamentou o fato de a boca e o nariz continuarem a crescer, sendo que o "nariz Coburgo" era aquilino como o dela própria e o queixo inexistente. Rainha Vitória para Vicky, 29 jun. 1859, ibid., p. 198.

81. Rainha Vitória para Vicky, 2 set. 1859, ibid., p. 208. Vitória continuou em outra carta, em 7 abr. 1860: "Não é bem-apessoado de jeito nenhum; o nariz e a boca são grandes demais, parte o cabelo ao meio e usa as roupas tão mal — é qualquer outra coisa, menos bonito. O penteado é realmente medonho, deixando a cabeça minúscula e os traços gritantes".

82. Rainha Vitória para Vicky, 24 nov. 1858, ibid., p. 146.

83. Rainha Vitória para Vicky, 9 abr. 1859, ibid., p. 175.

84. Rainha Vitória para Vicky, 4 dez. 1858, ibid., p. 149.

85. Quando uma mãe é tão franca sobre o desgosto que sente por um filho, alguns tendem a rechaçar. Vicky aconselhava a mãe a perdoar Bertie e ser paciente, argumentando que ele era gentil, amável e muito desejoso de agradar-lhe ("O coração dele tem afeto, sentimentos calorosos e estou certa de que se manifestarão aos poucos. Ela ama sua casa, se sente feliz lá e isso precisa ser alimentado e cultivado, pois se se perder, não será reencontrado facilmente". Vicky para a rainha Vitória, 4 abr. 1861, ibid., p. 318). Seria terrível, escreveu, se houvesse distanciamento. Mas Vitória não mudou. Quem devia se esforçar era Bertie, dizia ela, para ser "mais terno e afetuoso" e se interessar pelo que interessava aos pais. (Rainha Vitória para Vicky, 10 abr. 1861, ibid., p. 320). Vicky ficou de coração partido ao ler isso.

86. Walter Bagehot, *The English Constitution*, p. 38.

87. Esse recenseamento reconheceu as mulheres como dependentes dos homens e trabalhadoras independentes ao mesmo tempo. "'As mulheres... em certas funções domésticas prestam serviços relevantes; por exemplo, as mulheres de fazendeiros, de pequenos comerciantes, de donos de estalagens, de sapateiros, de açougueiros' e foram listadas nessas categorias." Catherine Hall, *White, Male and Middle Class*, p. 176. O recenseamento também considerou "esposa, mãe e dona de casa em famílias inglesas" como ocupações pela primeira vez.

88. Simon Schama, *A History of Britain*, p. 144.

89. Rainha Vitória para Vicky, 20 abr. 1859, Roger Fulford, ibid., p. 254.

90. Rainha Vitória para Vicky, 16 maio 1860, ibid., p. 254.

91. Rainha Vitória para Vicky, 10 ago. 1859, ibid., p. 205.

92. Cecil Woodham-Smith, *Queen Victoria*, p. 331.

93. 1 out. 1856, citado em Robert Rhodes James, *Albert, Prince Consort*, p. 244.

94. 17 set. 1855, Lytton Strachey e Roger Fulford, *The Greville Memoirs*, v. 7, p. 157; Edward Pearce e Denna Pearce, *The Diaries of Charles Greville*, p. 317.

95. QVJ, 7 abr. 1859.

96. Arthur Christopher Benson e Reginald Esher, *The Letters of Queen Victoria*, v. 3, p. 541; QVJ, 21 jul. 1859.

97. Rainha Vitória para Vicky, 2 maio 1859, Roger Fulford, *Dearest Child*, p. 190.

98. Rainha Vitória para Vicky, 21 jul. 1858, ibid., p. 124.

99. Rainha Vitória para Vicky, 27 set. (1º de outubro então) 1858, ibid., p. 134.

100. QVJ, 13 jan. 1858.

101. 20 set., 1858, ibid.

102. Rainha Vitória para Vicky, sem data, c. 18 abr. 1859, Roger Fulford, *Dearest Child*, p. 180.

103. QVJ, 31 dez. 1860.

104. Rainha Vitória para o rei Leopoldo, 25 maio 1859, Arthur Christopher Benson e Reginald Esher, *The Letters of Queen Victoria*, v. 3, p. 334.

105. Também tivera erisipela, uma forte infecção cutânea, por anos.

106. QVJ, 16 mar. 1859.

107. Rainha Vitória para o rei Leopoldo, 16 mar. 1861, Arthur Christopher Benson e Reginald Esher, *The Letters of Queen Victoria*, v. 3, p. 555.

108. QVJ, 7 abr. 1861.

109. Rainha Vitória para o rei Leopoldo, Castelo de Windsor, 26 mar. 1861, Arthur Christopher Benson e Reginald Esher, *The Letters of Queen Victoria*, v. 3, p. 556.

110. Hector Bolitho, *The Prince Consort*, p. 213.

111. Citado em Elizabeth Longford, *Victoria R.I.*, p. 292. A data, segundo ela, é 22 out. 1861.

112. Joanna Richardson, *Victoria and Albert*, p. 214.

113. QVJ, 24 maio 1861.

114. 7 dez. 1857, ibid.

115. Príncipe Albert para o barão Stockmar, 28 maio 1859, Theodore Martin, *The Prince Consort*, v. 4, pp. 449-50.

116. Roger Fulford, *Dearest Child*, p. 174.

117. Rainha Vitória para Vicky, 16 fev. 1861, ibid., p. 308.

118. Rainha Vitória para Vicky, 21 fev. 1861, ibid., p. 310. Pelo menos um observador próximo pensava que a rainha era carente demais para cuidar do esposo. Stockmar, que era médico, além de conselheiro confiável, ficou ansioso e atribuiu uma crise gástrica a mudanças na temperatura — e a "preocupações físicas e mentais às quais ele era exposto todo dia". Observou de modo perspicaz: "Há grande negligência em relação ao repouso, ao tratamento e ao cuidado que são essenciais aos doentes e convalescentes". Barão Von Stockmar para o príncipe Albert, 8 nov. 1859, Theodore Martin, *The Prince Consort*, v. 4, p. 414.

119. De Cecil Woodham-Smith, *Queen Victoria*, p. 402 — a nota mencionada é *Memoirs of Ernest II*, v. 4, p. 55.

120. *Memoirs of Ernest II*, v. 4, p. 55.

121. Hector Bolitho, *The Prince Consort*, p. 217.

122. Príncipe Albert para Ernest, 14 nov. 1856, ibid., p. 166.

123. Rainha Vitória para o rei Leopoldo, 15 set. 1859, Theodore Martin, *The Prince Consort*, v. 4, p. 409.

124. QVJ, 22 jun. 1860.

1. Alice Stratford, *Diary of Henry Greville*, v. 3, p. 417.

2. Para uma discussão fascinante dessa década, ver Michael Mason, *The Making of Victorian Sexuality*, pp. 119-25.

3. Elizabeth Grey, *Passages in the Life*, v. 3, p. 304.

4. QVJ, 28 ago. 1868.

5. Jane Ridley, *Bertie*, p. 54.

6. Greg King, *Twilight of Splendor*, p. 135.

7. Con Costello, *A Most Delightful Station*, p. 98.

8. Rainha Vitória para Vicky, 27 abr. 1859, Roger Fulford, *Dearest Child*, p. 187.

9. *New York Herald*, 19 set. 1860; Monica Charlot, *Victoria the Young Queen*, p. 404.

10. Rainha Vitória para Vicky, 10 nov. 1860, Roger Fulford, *Dearest Child*, p. 279.

11. Cecil Woodham-Smith, *Queen Victoria*, p. 416.

12. Rainha Vitória para Vicky, 1 out. 1861, Roger Fulford, *Dearest Child*, p. 353.

13. Hector Bolitho, *The Prince Consort*, p. 215.

14. Rainha Vitória para Vicky, 1 out. 1861, Roger Fulford, *Dearest Child*, p. 354.

15. Albert escreveu ao barão Stockmar no 21º aniversário de seu casamento: "Muitas tempestades têm varrido nosso casamento, embora continue vivo, verdejante e enraizado de modo tão forte que os frutos serão, com a graça de Deus, reconhecidos como benéficos a todo o mundo!". Theodore Martin, *The Prince Consort*, 5:292.

16. QVJ, 9 jul. 1863.

17. 9 out. 1862, ibid.

18. *Memoirs of Ernest II*, pp. 18-9.

19. Príncipe Albert para Vicky, 1 set. 1858, Theodore Martin, *The Prince Consort*, v. 4, p. 253. Ele disse a Vicky que sua crise em dezembro de 1860 era devida à cólera. Vitória foi, como de costume, poupada dessa notícia.

20. Ibid., v. 5, p. 344. E continuou: "Estou certo de que, se acometido por grave enfermidade, desistiria de vez de lutar para viver. Não tenho sede de vida".

21. Rainha Vitória para Vicky, 27 nov. 1861, Roger Fulford, *Dearest Child*, pp. 369-70.

22. Theodore Martin, *The Prince Consort*, v. 5, p. 353. (Essa é uma versão mais completa que a escrita por Vitória em seu diário naquele dia.)

23. Rainha Vitória para Vicky, 30 nov. 1861, Roger Fulford, *Dearest Child*, p. 370.

24. Theodore Martin, *The Prince Consort*, v. 5, p. 349.

25. Rainha Vitória para o conde Russell, 1 dez. 1861, Arthur Christopher Benson e Reginald Esher, *The Letters of Queen Victoria*, v. 3, p. 598.

26. QVJ, 2 dez. 1861.

27. Roger Fulford, *The Prince Consort*, p. 269.

28. Theodore Martin, *The Prince Consort*, v. 5, p. 356. A palavra "desvairado" foi eliminada da seleta do diário de Vitória.

29. Para um excelente relato da morte de Albert, de seu funeral e do luto que se seguiu, ver *Magnificent Obsession*, de Helen Rappaport. Essa citação é da p. 61.

30. QVJ, 7 dez. 1861.

31. Beatrice eliminou algumas passagens íntimas que descreviam a morte de Albert do diário de Vitória. É possível chegar a essa constatação comparando a versão oficial de *Life of the Prince Consort*, de Theodore

Martin — que se baseava nas anotações originais da rainha — à versão publicada dos diários. Por exemplo, as partes sobre Albert falando de calafrios em sua espinha, descrições de sua respiração ofegante, engasgo com chá, lágrimas ao ouvir Alice tocando, e acariciando o rosto de Vitória, palavras carinhosas dirigidas à esposa, assim como Vitória o beijando, tudo isso foi eliminado por Beatrice. Também foi suprimida a passagem em que Vitória atribuía a doença ao excesso de trabalho: "É demais. Você deve conversar com os ministros!". (Vitória também disse que era culpa dele assumir projetos por vontade própria, respondendo: "E não é só isso; são suas próprias preocupações". Elizabeth Longford, *Victoria R.I.*, p. 296.) Beatrice também removeu o trecho em que Albert dizia a Vitória que, quando estava na Sala Azul, ouvira pássaros que lhe lembraram os mesmos pássaros que ouvia na infância em Rosenau: um mau agouro (Theodore Martin, *The Prince Consort*, v. 5, p. 357). Em 7 de dezembro, por exemplo, lê-se no diário original de Vitória: "Mas pareço viver um pesadelo. No fim do dia meu anjo estava na cama e sentei-me ao seu lado, velando. As lágrimas vieram rápido enquanto pensei nos dias de aflição, de alarme até, que nos aguardavam, no estilhaçamento de nossos sonhos". Beatrice reescreveu da seguinte maneira: "Mas pareço estar vivendo um pesadelo. — Albert estava deitado no fim do dia e sentei-me ao seu lado, velando e engolindo meu choro com dificuldade".

Em 8 de dezembro, Vitória escreveu em seu diário: "Ficou tão feliz em me ver — acariciou meu rosto, sorriu e me chamou de 'liebe Frauchen' (querida mulherzinha)... Amado meu! A doçura dele essa noite, quando segurou minhas mãos e acariciou meu rosto, me tocou tanto — me deixou agradecida" (Theodore Martin, *The Prince Consort*, v. 5, p. 359). Beatrice revisou do seguinte modo: "Fui ver meu queridíssimo Albert, que ficou tão feliz em me ver, acariciou meu rosto e sorriu". Em 9 de dezembro, Beatrice suprimiu esta passagem: "Foi tão gentil, me chamando de 'gutes Weibchen' (boa mulherzinha) e me fazendo segurar sua mão querida" (ibid., p. 359).

32. Elizabeth Longford, *Victoria R.I.*, p. 298.

33. Rainha Vitória para Vicky, 7 out. 1861, Roger Fulford, *Dearest Child*, p. 356.

34. Foi a Alice que Albert confessou que estava morrendo, e não a Vitória. Quando Alice disse a Vicky que ele estava "muito mal", ela a corrigiu: "Deveria ter-lhe dito que estou morrendo, pois estou morrendo". Helen Rappaport, *Magnificent Obsession*, p. 69; Stratford, *Henry Greville*, v. 3, p. 420.

35. Elizabeth Longford, *Victoria R.I.*, p. 299.

36. Vitória não seria capaz de descrever os eventos da morte de Albert até fevereiro de 1872, quando escreveu um relato das notas que fez naquela época.

37. Theodore Martin, *The Prince Consort*, v. 5, p. 363.

38. Herbert Maxwell, *Life and Letters of Clarendon*, v. 2, p. 255. Sir G. C. Lewis para Lord Clarendon, em 19 dez. 1861: "Granville me disse que o pai não reconheceu o príncipe de Gales, pois passara o último dia inconsciente".

39. Helen Rappaport, *Magnificent Obsession*, p. 81. Ver também o relato de Lady Geraldine Somerset, cujos diários são mantidos nos Arquivos Reais.

40. De um relato de Lady Winchester, 25 dez. 1861, Helen Rappaport, *Magnificent Obsession*, p. 81.

41. Ibid., p. 83.

42. Ibid., pp. 249-60. Helen Rappaport defende, assim como outros, a tese de que a tensão causada pela depressão pós-parto da rainha e o vasto pesar pela morte da mãe dela "teriam piorado as coisas". Não há dúvida quanto a isso ser em parte verdadeiro; o desgaste emocional resultante do apoio a uma esposa aflita, melancólica e carente deve ter sido intenso. É surpreendente, no entanto, a quantidade de pessoas que culpam, implícita ou explicitamente, Vitória pela morte do esposo por ter ela enfrentado a depressão, a maternidade e o luto.

43. *Daily Telegraph*, 16 dez, ibid., p. 94.

44. Herbert Maxwell, *Life and Letters of Clarendon*, v. 2, p. 250.

45. Lord Clarendon para Sir George Lewis, 14 dez. 1861, ibid., p. 251.

46. George Villiers, *A Vanished Victorian*, p. 309.

47. QJV, 21 jan. 1862.

48. John Wolffe, *Great Deaths*, p. 195, citado em Helen Rappaport, *Magnificent Obsession*, p. 116. Houve uma enxurrada de cartas de outros países: até o presidente Abraham Lincoln enviou uma missiva de condolências pela "perda irreparável e o pesar genuíno", assinando "Seu Bom Amigo". Helen Rappaport, *Magnificent Obsession*, p. 135.

49. Helen Rappaport, *Magnificent Obsession*, p. 91.

50. *The Times*, 24 dez. 1861, p. 6; Clare Jerrold, *The Widowhood of Queen Victoria*, p. 11.

51. Lady Augusta Bruce era irmã do preceptor de Bertie, o honorável general Robert Bruce. Ela casou mais tarde com o reverendíssimo Arthur Stanley, deão de Westminster.

52. Albert Baillie e Hector Bolitho, *Letters of Lady Augusta Stanley*, p. 251.

21. "A CASA INTEIRA PARECE POMPEIA" [pp. 288-98]

1. Rainha Vitória para Vicky, 29 abr. 1863, Roger Fulford, *Dearest Mama*, pp. 205-6.

2. Citado em Hope Dyson e Charles Tennyson, *Dear and Honoured Lady*, p. 69. A crença de Vitória em reencontro após a morte era comum nos anos 1860 e 1870. John Wolffe, *Great Deaths*, p. 205.

3. Do *Album Consolativum* 1862–1886 da rainha Vitória, British Library Archives, Add. 62089–62090, 30.

4. QVJ, 14 abr. 1862.

5. Maio 1863, Hope Dyson e Charles Tennyson, *Dear and Honoured Lady*, p. 78.

6. Ibid., p. 76. A passagem completa diz: "O rosto da rainha é belo. Não parece com os retratos, mas é pequenina e um tanto infantil, perspicaz e de aura doce, compassiva e triste. A. encantou-se com a vastidão e a liberdade de seu espírito aguçado. Nenhuma afetação resistiria à sua presença. Conversamos sobre os mais diversos assuntos que vinham à mente. Nunca estive com uma desconhecida com quem pudesse falar tão abertamente e sem acanhamento logo nos primeiros instantes. Riu gostosamente de muito do que foi dito, mas sombras de dor e tristeza perpassavam seu semblante tão risonho... Sente-se que a rainha é uma mulher pela qual vale a pena viver e morrer".

7. QVJ, 8 maio 1863.

8. O príncipe consorte foi arrebatado pela versão que Tennyson fizera das lendas dos cavaleiros da távola redonda, *Idylls of the King*. Uma noite antes de receber a carta que lhe oferecia a nomeação, Tennyson sonhara com Albert beijando seu rosto. Seis anos depois, Albert foi parar acidentalmente na propriedade do poeta na Ilha de Wight — o que deixou Emily muito envergonhada, pois a casa estava bagunçada e entulhada; o casal estava se organizando para uma feira de mobília e pintura. Albert conversou tranquilamente com o poeta enquanto, do lado de fora, um de seus cavaleiros colhia ervas para preparar chá para o casal real mais tarde.

9. QVJ, 1 fev. 1862.

10. 27 jan. 1862, ibid.

11. 24 maio 1863, ibid.

12. Lord Clarendon para Sir George Lewis, 14 dez. 1861, Herbert Maxwell, *Life and Letters of Clarendon*, v. 2, p. 251.

13. Charles Phipps escreveu a Palmerston: "A rainha, apesar da aflição e da dor, está perfeitamente composta e demonstra um autocontrole extraordinário. Infelizmente! Ainda não compreendeu a dimensão

da perda — e tremo quando disso tiver plena consciência, mas só pelo profundo pesar que sentirá. O que acontecerá? Onde ela achará o apoio e a ajuda que a sustentavam nas grandes provações que enfrentou?". Citado em Robert Rhodes James, *Albert, Prince Consort*, p. 273.

14. Lynn McDonald, *Nightingale on Society and Politics*, v. 5, p. 418.

15. Lord Clarendon para a duquesa de Manchester, 17 dez. 1861: "Ela parece lembrar quanto ele a reprovava e alertava contra as manifestações de dor exageradas após a morte da mãe. Tomara que consiga prosseguir dessa maneira; mas é cedo demais para achar que ela não terá um colapso nervoso". Herbert Maxwell, *Life and Letters of Clarendon*, v. 2, p. 253.

16. Hector Bolitho, *Albert, Prince Consort*, p. 229.

17. Do diário de Lady Clarendon, 3 fev. 1862, ibid., p. 258. Ela também afirma que Vitória disse que "sabia que enlouqueceria de preocupação" e que "em três ocasiões pensou que estava enlouquecendo em Balmoral". Hector Bolitho, *The Reign of Queen Victoria*, p. 187.

18. Helen Rappaport, *Magnificent Obsession*, p. 37. Vitória ficara de luto por sua tia Louise em 1850, o rei de Hanôver em 1851, o duque de Wellington em 1852, o tsar Nicolau em 1855, o príncipe Charles de Leiningen (seu meio-irmão) em 1856, a duquesa de Nemours (sua prima) em 1857, o príncipe de Hohenlohe--Langenburg (seu cunhado) em abril de 1860, Marie de Saxe-Coburgo (a madrasta de Albert) em setembro de 1860, e o velho rei da Prússia, Frederico Guilherme IV, em janeiro de 1861.

19. Escreveu a Vicky em 6 de julho de 1859:

"Prometa-me que quando eu morrer você e seus filhos ficarão de luto; isso deve ser levado a sério, pois é algo muito importante para mim". Roger Fulford, *Dearest Child*, pp. 199-200. Em 1863, ela escreveu ao *Times* sobre rumores de que abandonaria o luto: "Essa ideia é tão absurda que nem vale a pena tentar refutar". Helen Rappaport, *Queen Victoria*, p. 407.

20. 11 abr. 1862. Mary Howard McClintock, *The Queen Thanks Sir Howard*, p. 50.

21. Ibid., p. 49.

22. Vitória disse ao general Bruce que Bertie deveria se apresentar "com o espírito adequado, a irremediável tristeza de sua casa". Helen Rappaport, *Magnificent Obsession*, p. 154; Sir George Aston, *The Duke of Connaught and Strathearn*, pp. 47-8.

23. Georgiana Bloomfield, *Court and Diplomatic Life*, v. 2, p. 150.

24. QVJ, 19 jan. 1863.

25. Hector Bolitho, *The Prince Consort*, p. 161.

26. Elizabeth Longford, *Victoria R.I.*, p. 308.

27. Hector Bolitho, *The Prince Consort*, pp. 219-20.

28. Herbert Maxwell, *Life and Letters of Clarendon*, p. 261.

29. George Villiers, *A Vanished Victorian*, p. 317.

30. Ibid., p. 318.

31. Herbert Maxwell, *Life and Letters of Clarendon*, pp. 261-2.

32. Helen Rappaport, *Magnificent Obsession*, p. 76.

33. M. G. Wiebe et al., *Letters of Benjamin Disraeli*, p. 165.

34. Lord Howden para Lord Clarendon, 4 jun. 1864: "Os jornais franceses falam da abdicação de Vitória. Sempre cogitei essa possibilidade, desde a mudança drástica de comportamento no início da viuvez, ela teria agido certo, em nome do próprio bem e da *reputação*, se tivesse abdicado quando o filho atingiu a maioridade. *Então* ela teria deixado um grande nome e um grande arrependimento". Herbert Maxwell, *Life and Letters of Clarendon*, v. 2, pp. 292-3.

35. Florence Nightingale, 22 dez. 1861: "Uma das causas da doença de Albert e sobre a qual ele falou quando delirava foi a indecência do príncipe de Gales". Lynn McDonald, *Nightingale on Society and Politics*, v. 5, p. 419.

36. Observe-se que Vicky era igualmente franca em relação aos próprios filhos, tendo uma vez escrito sobre Henry, por ele ter sido presenteado com um uniforme em seu décimo aniversário: "O rostinho feioso ficará ainda mais miserável, pois ficou — se é que é possível — ainda mais achatado desde o ano passado". Vicky para a rainha Vitória, 7 ago. 1872, Roger Fulford, *Darling Child*, p. 57.

37. Ibid., p. 231.

38. George Villiers, *A Vanished Victorian*, p. 313.

39. A honorável Emily Eden escreveu ao conde de Clarendon em 1863: "Entendo o que a princesa Louise quer dizer por 'ociosidade forçada' do príncipe de Gales, o que pode ser perigoso. O príncipe consorte já teria arrumado algum trabalho para ele — como regente na Escócia, funcionário do Tribunal de Contas ou oficial de diligências da propriedade agrícola —, alguma alta função que o afastaria do vício". Herbert Maxwell, *Life and Letters of Clarendon*, v. 2, p. 284.

40. Helen Rappaport, *Magnificent Obsession*, p. 131.

41. Carta ao rei Leopoldo, 16 jun. 1863, George Earl Buckle, *The Letters of Queen Victoria Between 1862 and 1878*, v. 1, p. 91.

42. QVJ, 1 nov. 1862.

43. 28 abr. 1863, ibid.

44. Leopoldo incentivara essa crença, escrevendo-lhe uma carta em que dizia que era "razoável" pensar que "os mortos continuavam interessados nas suas obras inacabadas e que a destruição e o abandono delas eram motivos de aborrecimento e dor para eles". Rei Leopoldo para a rainha Vitória, 16 jan. 1862, George Earl Buckle, *The Letters of Queen Victoria Between 1862 and 1878*, v. 1, p. 11.

45. Lynn McDonald, *Nightingale on Society and Politics*, v. 5, pp. 419-20.

46. Rainha Vitória para o rei Leopoldo, Balmoral, 18 maio 1863, George Earl Buckle, *The Letters of Queen Victoria Between 1862 and 1878*, v. 1, p. 85.

47. QVJ, 8 set. 1862.

48. Lady Lyttelton disse, alguns dias após a morte de Albert, que Vitória "não tinha amigos a quem pudesse recorrer". Hugh Wyndham, *Correspondence of Sarah Spencer*, p. 422.

49. QVJ, 7 ago. 1883.

50. "Parte meu coração pensar nas pobres crianças sem um pai, de quem tanto necessitam — nos problemas da educação e da posição delas e em mim, tão desamparada". QVJ, 11 maio 1862.

51. 10 mar. 1863, ibid.

52. Jane Ridley, *Bertie*, pp. 95-7.

53. Para Lady Mallet, 30 dez. 1861, Helen Rappaport, *Magnificent Obsession*, p. 120; S. Jackman e H. Haasse, *A Stranger in the Hague*, p. 227.

54. Para o visconde Palmerston, 11 ago. 1863, George Earl Buckle, *The Letters of Queen Victoria Between 1862 and 1878*, v. 1, p. 102.

55. Roger Fulford, *Dearest Mama*, pp. 205-6.

56. Hansard, House of Lords Debates [Debates da Câmara dos Lordes], 26 maio 1864, v. 175, pp. 616--7: Ele descreveu o fato como "um enorme problema que afetou grandemente a relação desta nação com governos estrangeiros".

57. QVJ, 27 maio 1864.

58. 6 mar. 1864, ibid.; 1 jun. 1864, ibid.

59. Vitória escreveu ao rei da Prússia em 28 maio 1864 incitando-o a moderar suas exigências e a concordar com as concessões que a Dinamarca honraria. George Earl Buckle, *The Letters of Queen Victoria Between 1862 and 1878*, v. 1, p. 203.

60. Isso é relatado em *Trewman's Exeter Flying Post or Plymouth and Cornish Advertiser*, 30 mar. 1864. Há quem diga que a história é apócrifa, mas, de todo modo, é representativa, como Tisdall sugere, do "clima em Londres no período". Tisdall, *Queen Victoria's John Brown*, p. 87.

61. QVJ, 7 out. 1863.

62. 6 nov. 1864, ibid.

63. 10 out. 1863, ibid.

64. Ver a carta dela ao rei Leopoldo, 25 fev. 1864, George Earl Buckle, *The Letters of Queen Victoria Between 1862 and 1878*, p. 168.

65. Em 23 de outubro de 1863, por exemplo, ela escreveu em seu diário: "A beleza do dia e da paisagem era indescritível, e embora eu não possa mais me deleitar de *verdade* com nada, o esplendor, a calma e a paz do trabalho divino me fazem muito bem".

66. QVJ, 14 dez. 1864.

22. RESSUSCITANDO A VIÚVA DE WINDSOR [pp. 299-310]

1. Rainha Vitória para Lady Waterpark, 21 set. 1864, British Library Manuscripts [Manuscritos da Biblioteca Britânica], Add. 60750, Extract 60750, Lady Waterpark, v.1.

2. George Bernard Shaw, *Collected Letters, 1898-1910*, p. 817.

3. Pouco depois da tragédia, o Parlamento aprovou uma lei que estipulava que nenhuma mina poderia ter apenas uma única via de acesso; deveria sempre haver duas entradas e duas saídas.

4. 23 jan. 1862, diário de Lady Cavendish. Disponível em: <ladylucycavendish.blogspot.com/2006/11/23jan1862-200-hartley-colliers-found.html>. Acesso em: 2 ago. 2018.

5. QVJ, 18 dez. 1862.

6. Walter Walsh, *The Religious Life of Queen Victoria*, p. 116.

7. Por exemplo: QVJ, 29 abr. 1865.

8. Isso foi feito depois de exames que mostraram que ela estava bem, que podia caminhar, andar de carruagem e representar a rainha em cerimônias. Rainha Vitória para Fanny Howard, 14 set. 1863, British Library Manuscripts [Manuscritos da Biblioteca Britânica], Add. 60750, Extract 60750, Lady Waterpark, v. 1.

9. Helen Rappaport, *Magnificent Obsession*, p. 151.

10. Rainha Vitória para a sra. Lincoln, 29 abr. 1865, George Earl Buckle, *The Letters of Queen Victoria Between 1862 and 1878*, v. 1, p. 266.

11. Patricia Jalland, *Death in the Victorian Family*, p. 230. De acordo com uma estimativa, cerca de 19% dos casamentos nos anos 1860 terminavam com a morte de um dos cônjuges, e cerca de 47% na faixa de 45 anos.

12. Ibid., p. 231.

13. Citado em Gail Turley Houston, *Royalties*, p. 148. Também em Elisabeth Jay, "Mrs. Brown", p. 194.

14. Sir James Clark, dr. Jenner e dr. Watson.

15. Rainha Vitória para o conde Russell, 8 dez. 1864, George Earl Buckle, *The Letters of Queen Victoria Between 1862 and 1878*, v. 1, pp. 244-5. Ela confessou a Leopoldo que seus nervos estavam piores em agosto

de 1865 e só a paz absoluta a fazia melhorar (Rainha Vitória para o rei Leopoldo, 31 ago. 1865, ibid., v. 1, p. 274). Houve quem dissesse que a rainha mostrara sinais de ansiedade antes da morte de Albert. Lady Lucy Cavendish escreveu, em 5 fev. 1864: "Não se pode culpar a rainha por mais um ano de recolhimento: até quando o príncipe estava vivo o nervosismo dela já era excessivo". Disponível em: <ladylucycavendish. blogspot.com/2009/01/05feb1864-parliament-opens-without.html>. Acesso em: 2 ago. 2018.

16. Rainha Vitória para o conde Russell, 25 maio 1866, George Earl Buckle, *The Letters of Queen Victoria Between 1862 and 1878*, v. 1, p. 329.

17. Carta ao rei Leopoldo, 16 jun. 1863, ibid., p. 91.

18. Até mesmo em cerimônias mais íntimas, como o batismo do primogênito de Alix e Bertie, Albert Victor, Vitória escreveu: "Sentir todos os olhares direcionados a mim foi terrível". QVJ, 10 mar. 1864.

19. 26 out. 1864, ibid.

20. Carta ao rei Leopoldo, 24 fev. 1865, George Earl Buckle, *The Letters of Queen Victoria Between 1862 and 1878*, v. 1, p. 255.

21. Sir Charles Phipps para o conde Russell, Osborne, 20 dez. 1865, ibid., v. 1, p. 289. Vitória também precisava ir para assegurar a renda de seus filhos — Helena estava prestes a desposar um príncipe falido, Christian de Schleswig-Holstein, e Alfred já tinha quase dezoito anos.

22. Rainha Vitória para o conde Russell, 7 fev. 1866, ibid., v. 1, p. 299.

23. QVJ, 11 mar. 1866.

24. O Decreto da Reforma de 1867 adicionava 938 mil eleitores a um eleitorado de 1 057 000 na Inglaterra e no País de Gales. Ernest Woodward, *The Age of Reform*, p. 187.

25. QVJ, 24 jul. 1867.

26. Rainha Vitória para Lord Stanley, 11 dez. 1867, George Earl Buckle, *The Letters of Queen Victoria Between 1862 and 1878*, v. 1, p. 472. Ver também a carta de 16 dez. 1867, ibid., v. 1, p. 476.

27. Por exemplo, em 1869, quando convidada a recepcionar o vice-rei do Egito, Vitória disse que estava muito ocupada, sozinha, doente e, portanto, não podia receber como em outros tempos. Carta a Gladstone, 31 maio 1869, ibid., v. 1, p. 601.

28. Rainha Vitória para o conde de Derby, 4 jul. 1867, ibid., v. 1, p. 443.

29. Disraeli para a rainha Vitória, 26 fev. 1868, ibid., v. 1, p. 505.

30. William F. Monypenny e George Earl Buckle, *Life of Benjamin Disraeli*, v. 4, p. 600.

31. Sarah Bradford, *Disraeli*, p. 278.

32. Herbert Maxwell, *Life and Letters of Clarendon*, v. 2, p. 346.

33. Nesse período, ele aprovou importantes leis anticorrupção e proibiu as execuções públicas.

34. A sra. Gladstone disse ao marido em 1867: "Mime a rainha, e acredite de uma vez por todas que consegue fazê-lo, meu velho querido". Philip Magnus, *Gladstone: A Biography*, p. 160.

35. Elizabeth Longford, *Victoria R.I.*, p. 362.

36. John Morley, *The Life of Gladstone*, v. 2, p. 252.

37. George Earl Buckle, *The Letters of Queen Victoria Between 1862 and 1878*, v. 1, p. 572.

38. Ibid., v. 1, p. 603.

39. Richard Williams, *The Contentious Crown*, p. 39.

40. Richard Shannon, *Gladstone: Heroic Minister*, p. 92.

41. QVJ, 20 dez. 1867.

42. 26 jun. 1868, ibid.

43. *The Sydney Morning Herald*, 13 mar. 1868, p. 5 (Vitória só tomou conhecimento em 25 de abril).

44. Jonathan Steinberg, *Bismarck: A Life*, p. 181.

45. Também ficou conhecida como Terceira Guerra pela Independência da Itália. Vitória tentou sem sucesso persuadir o rei da Prússia a evitar o conflito.

46. Bismarck não queria intervenção russa ou francesa, e por isso pressionou o rei Guilherme I da Prússia a estabelecer um acordo de paz com a Áustria rapidamente. A Paz de Praga, em 23 ago. 1866, levou à Confederação da Alemanha do Norte.

47. Rainha Vitória para Lord Stanley, 7 ago. 1866. George Earl Buckle, *The Letters of Queen Victoria Between 1862 and 1878*, v. 1, p. 364.

48. QVJ, 4 abr. 1866.

49. Ruth Sandwell, "Dreaming of the Princess", p. 47.

50. Lucinda Hawksley, *The Mystery of Princess Louise*.

51. QVJ, 4 fev. 1868.

52. 10 fev. 1868, ibid.

53. 7 jun. 1860, ibid.

54. 10 dez. 1865, ibid.

55. Andreas Maercker e John Lalor, "Diagnostic and Clinical Considerations".

56. Considerem-se os critérios para PCBD: ansiedade contínua, pesar agudo e dor emocional, preocupação com os mortos e as circunstâncias da morte. Esses outros sintomas devem ser apresentados por mais de um ano: descrença ou torpor em relação à perda, dificuldade em ter lembranças boas dos entes falecidos, amargura, raiva, avaliação inadequada de si em relação aos entes falecidos ou à morte (por exemplo, culpa) e evasão exagerada de tudo o que se relacione à perda. Outros sintomas incluem desejo de morte para reencontrar os entes falecidos, problemas de desconfiança desde a perda, sensação de que a vida é absurda e de que se é incapaz sem a presença dos mortos, confusão sobre o papel que se deve desempenhar na vida, comprometimento do senso de identidade (por exemplo, sente-se que parte de si morreu com o ente querido) e dificuldade ou relutância em realizar sonhos e desejos futuros desde a morte. Queixas físicas incluem dor e fadiga. *Diagnostic and Statistic Manual of Mental Disorders*, 5. ed., Apêndice, "Conditions for Further Study, Peristent Complex Bereavement Disorder", pp. 7-8.

57. Patricia Jalland, *Death in the Victorian Family*, p. 321.

58. M. Katherine Shear et al., "Complicated Grief", p. 105. Ver também Holly G. Prigerson et al., "Prolonged Grief Disorder", e1000121.

59. Conforme descobriu Patricia Jalland: "Pesar crônico e obsessivo era muito raro nas famílias no século XIX, mais ainda que atualmente... A imagem de Vitória como a eterna viúva de Windsor é tão difundida que se tornou um símbolo, mais que o contrário". Patricia Jalland, *Death in the Victorian Family*, p. 318.

60. Quase dois anos depois da morte de Albert, Vitória disse ao major Elphinstone que era confortada pela compaixão e que a encontrava em "alguns" de seus filhos: "O major Elphinstone espera que a depressão diminua, mas isso é impossível para a rainha; pelo contrário, com o passar do tempo, enquanto os demais sentem menos, a melancolia nela é profundamente enraizada — seu crescente abandono e solidão, tudo é intensamente sentido. A luta é cada vez pior, a ausência é sentida o tempo todo, a alma atormentada e os nervos estraçalhados são incapazes de suportar as provações, o trabalho, a dor e, sobretudo, a desolação". Mary Howard McClintock, *The Queen Thanks Sir Howard*, p. 51.

61. G. K. A. Bell, *Randall Davidson*, v. 1, p. 83.

62. Rainha Vitória para Lady Waterpark, Osborne, 10 fev. 1867, British Library Manuscripts [Manuscritos da Biblioteca de Londres], Add. 60750, Extract 60750, Lady Waterpark, v. 1, p. 271.

1. Diário de Wilfrid Scawen Blunt, cit. in Angela Lambert, *Unquiet Souls*, p. 41.

2. Rainha Vitória para Vicky, 5 abr. 1865, Roger Fulford, *Dear Letter*, p. 21.

3. "Meu querido cavalinho se conduzia belamente, como um gato, e o jeito como Brown me carregava por uma trilha entre pedras era admirável" (QVJ, 24 ago. 1860). Ela o descreveu como "muito atencioso e solícito, o que fazia dele um guia e criado admirável" (QVJ, 28 ago. 1860). Então, "Brown, com seu braço forte e poderoso, me conduziu maravilhosamente" (QVJ, 20 set. 1859). No dia seguinte, durante uma viagem a Graig Gewish, numa subida: "Tínhamos que passar por urzes na altura do joelho, buracos, trilha escorregadia e rochas de quase um metro. Me esforcei, mas não teria conseguido sem a ajuda de Brown... A descida foi maravilhosa e muito divertida, pois as crianças não faziam outra coisa senão rolar, escorregar e achar graça. Era tão íngreme e escorregadia que Brown caiu ao tentar me segurar". E: "A descida foi bem mais tranquila, mas o caminho era muito irregular em certos trechos e tive que me segurar nos braços de Brown para não cair" (QVJ, 28 out. 1874).

4. 3 out. 1850, ibid.

5. 24 jun. 1871, ibid.

6. 12 set. 1870, ibid.

7. 23 set. 1872, ibid. Ver também 31 dez. 1872, ibid.

8. William Kuhn, *Henry and Mary Ponsonby*, p. 97.

9. Em 1866, quando Lord Russell estava prester a renunciar, Vitória estava na Escócia. Lady Frederick Cavendish escreveu em seu diário que "a rainha é gravemente culpada por ficar em Balmoral", já que nada se resolvia sem a presença dela (22 jun. 1866, Lady Lucy Cavendish, *The Diary of Lady Frederick Cavendish*, p. 10). Três dias depois, ela disse que a "terrível e infeliz decisão" de Vitória de permanecer na Escócia dera "ensejo a insatisfação geral e a muita fofoca vulgar" (25 jun. 1866, ibid.).

10. Arthur Ponsonby, *Henry Ponsonby*, p. 71.

11. Ibid., p. 126.

12. Tom Cullen, *The Empress Brown*, p. 10. O autor cita como referência Tisdall, *Queen Victoria's John Brown*, que foi publicado nos Estados Unidos como *Queen Victoria's Mr. Brown*, em 1938. Ressalte-se que Vitória escreveu a Leopoldo, em 1861, que Brown "cuida maravilhosamente bem de mim, acumulando as funções de cavalariço, lacaio, pajem e, ouso dizer, criada, pois é muito habilidoso com mantos e xales". Tom Cullen, *The Empress Brown*, p. 49.

13. Ibid., p. 12.

14. Rainha Vitória para Vicky, 26 set. 1859, Roger Fulford, *Dearest Child*, p. 211.

15. Hector Bolitho, *The Reign of Queen Victoria*, citado em Tom Cullen, *The Empress Brown*, p. 170.

16. Arthur Ponsonby, *Henry Ponsonby*, p. 126. "Era direto e ríspido ao transmitir mensagens. Quando o prefeito de Portsmouth convidou Vitória a uma revista de voluntários, o secretário particular enviou a mensagem a ela e esperava obter uma resposta discreta, de modo a repassá-la educadamente ao emissor. Enquanto esperavam sentados na sala, Brown enfiou a cabeça lá e disse: 'A rainha diz craro que não'. Assim o convite foi recusado e o prefeito foi embora muito cabisbaixo".

17. Numa ocasião, Brown gritou e bateu em Leopoldo, punindo-o cruelmente e deixando-o de castigo sem seu cão. Jane Ridley, *Bertie*, p. 135; Martyn Downer, *Queen's Knight*, pp. 178-84.

18. Tom Cullen, *The Empress Brown*, p. 123.

19. Rainha Vitória para Vicky, 13 nov. 1861, Roger Fulford, *Dearest Child*, pp. 365-6.

20. Tom Cullen, *The Empress Brown*, pp. 12, 26.

21. Ibid., p. 12.

22. Ibid., p. 91.

23. Richard Williams, *The Contentious Crown*, p. 34.

24. 6 jul. 1867, John Vincent, Disraeli, *Derby and the Conservative Party*, p. 313.

25. Elizabeth Longford, *Victoria R.I.*, p. 326.

26. As primeiras insinuações de casamento e gravidez estão na *Lausanne Gazette*, em 1866, e *Tinsley* e *Tomahawk*, em 1867.

27. Angela Lambert, *Unquiet Souls*, p. 41. O autor também menciona, na p. 42, que Blunt também escrevera sobre um Lord Rowton que, assim como Montagu Corry, fora secretário particular de Disraeli por anos e visitante assíduo dos estabelecimentos reais: "Falou muito sobre a rainha e fiquei surpreso quando sugeriu conotação sexual no afeto que ela nutria por John Brown. A menção foi a respeito da estátua de Brown feita por Boehm que ela tinha, exatamente a mesma coisa que XX [código de Blunt para Catherine Walters] me contou que o próprio Boehm lhe dissera. Donde creio que deva ser verdade" (diários de Wilfrid Scawen Blunt, 28 jan. 1902, citado em ibid., p. 42). Lambert acrescenta em nota de rodapé: "No que tange a tais especulações, é difícil prová-las. A única outra corroboração imparcial a que tive acesso é a de um professor universitário que, quando trabalhava nos arquivos do Castelo de Windsor, acidentalmente levou consigo uma pilha de cartas da rainha e de seu ajudante de caça. A partir delas ele chegou à conclusão de que o relacionamento estava longe de ser platônico".

28. Lewis Harcourt escreveu: "Lady Ponsonby disse a H. S. [Ministro do Interior] há alguns dias que a srta. Mcleod afirma que seu irmão, Norman Macleod, lhe confessou no leito de morte que casara a rainha e John Brown e que se arrependia amargamente de tê-lo feito. A srta. Macleod nada ganharia com essa invenção e por isso se tende a acreditar nela, por mais absurda e infeliz que possa parecer". Diários de Lord Harcourt, 17 fev. 1885, Bodleian Special Collections, MS Harcourt dep. 365.

29. Diário de Sir James Reid, Reid Family Archives [Arquivos da Família Reid], Lanton Tower, Lanton.

30. Lady Reid crê que era o hematoma que Vitória adquirira ao cair. Correspondência com Michaela Reid, 3 abr. 2016.

31. Elizabeth Longford, *Queen Victoria*, p. 62.

32. Sir James Reid, cadernos, v. 25 (1904-5), Reid Family Archives [Arquivos da Família Reid], Lanton Tower, Lanton. Uma carta de Lord Knolly a Sir James, de 9 de maio de 1905, em papel branco com o Palácio de Buckingham em relevo na parte superior, estava arquivada em um álbum. Nela se lia:

Caro Reid,
Enviei sua carta de ontem ao rei.
Ele muito aprecia o tato, o discernimento e o talento diplomático demonstrados por você na recuperação das cartas e diz que gostaria de encontrá-lo às 6h30 da próxima quinta-feira.

Sir James fez uma anotação, em tinta azul, arquivada na página seguinte do álbum:

11 de maio — Fui às 6h30 ao Palácio de Buckingham encontrar o rei e lhe entreguei a caixa de metal com mais de trezentas cartas da falecida rainha ao dr. Profeit (sobre J.B.) obtidas por mim depois de seis meses de negociação com George Profeit — na maioria, muito comprometedoras — Agradecido pelo rei — Também encontrei Lord Knolly.

33. Observe-se que Henry Ponsonby não acreditava que John Brown fosse algo além de um criado.

34. Tom Cullen, *The Empress Brown*, p. 123.

35. O rumor de que a França ficara insatisfeita com a divisão dos espólios depois da guerra com a Prússia, em 1866, percorreu toda a Europa.

36. 16 jul. 1870, George Earl Buckle, *The Letters of Queen Victoria*, v. 1, p. 37.

37. Roger Fulford, *Your Dear Letter*, p. 322.

38. Vitória concordava com Vicky sobre os alemães serem superiores não só fisicamente, mas "moralmente" também. QVJ, 16 fev. 1871.

39. Michael Howard, *The Franco-Prussian War*, p. 223.

40. Vitória chamou os franceses de "ingratos" por não terem defendido o "pobre imperador" ao menos uma vez. QVJ, 5 set. 1870.

41. 23 set. 1870, ibid.

42. George Earl Buckle, *The Letters of Queen Victoria Between 1862 and 1878*, v. 2, p. 7.

43. QVJ, 11 jun. 1870.

44. Arthur Ponsonby, *Henry Ponsonby*, p. 124.

45. John Vincent, *Disraeli, Derby and the Conservative Party*, p. 198.

46. Jane Ridley, *Bertie*, p. 129.

47. Christopher Hibbert, *Queen Victoria in Her Letters and Journals*, p. 210.

48. Carta a Vicky, 1 dez. 1872, Roger Fulford, *Darling Child*, p. 70.

49. Roger Fulford, *Darling Child*, p. 44.

50. Ela disse a Vicky que "não havia mais gratidão aos pais nem respeito pelos mais velhos e pela autoridade no presente!". Ibid., p. 47.

51. Ibid., p. 25.

52. 16 abr. 1873, ibid., p. 86.

53. 8 maio 1872, ibid., p. 40.

54. Ibid., p. 39.

55. QVJ, 16 out. 1870.

56. 14 set. 1873, Roger Fulford, *Darling Child*, p. 108. Quando Louise ficou noiva, Vitória também estava preocupada com a questão da pureza do sangue da família, sobre o que escreveu: "Quando a família real é tão numerosa, criar laços com algumas das grandes famílias da terra — dá muito poder à monarquia e forte unidade entre a família real e o país... Ademais, uma nova infusão de sangue é essencial — pois de outro modo a raça se degenera corpórea e fisicamente". Roger Fulford, *Your Dear Letter*, p. 306.

57. 3 jul. 1873, Roger Fulford, *Darling Child*, p. 99.

58. QVJ, 4 mar. 1869.

59. Millicent Garrett Fawcett, *Life of Her Majesty Queen Victoria*, p. 225.

60. Arthur Ponsonby, *Henry Ponsonby*, p. 71.

61. Ibid., p. 21.

62. 15 mar. 1869, John Vincent, *Disraeli, Derby and the Conservative Party*, p. 340.

63. Mesmo quando se pensava que ele estava morrendo, o *Reynolds Newspaper* publicou um obituário precipitado no qual descrevia a vida dele como "um giro incessante de divertimentos rasos". *Reynolds Newspaper*, 10 dez. 1871, pp. 4-5. Citado em Richard Williams, *The Contentious Crown*, p. 74.

64. *The Times*, 9 dez. 1871, p. 9.

65. *Graphic*, 9 dez. 1871.

66. Rainha Vitória para Vicky, 20 dez. 1871, Roger Fulford, *Darling Child*, p. 20.

67. QVJ, 27 fev. 1872.

68. *The Times*, 28 fev. 1872, p. 5.

69. Arthur Ponsonby, *Henry Ponsonby*, p. 72.

70. Rainha Vitória para Vicky, 4 mar. 1872, Roger Fulford, *Darling Child*, p. 33.

71. Tom Cullen, *The Empress Brown*, p. 158.

72. Rainha Vitória para Vicky, 13 mar. 1872, Roger Fulford, *Darling Child*, p. 34.

73. "Ao saber que a rainha sairia e ao ver John Brown com uma cesta, uma das damas perguntou se era chá que iria tomar. 'Bem, naum', disse ele, 'ela num gosta de chá. Nóis leva biscoito e árcol'". Arthur Ponsonby, *Henry Ponsonby*, 126.

74. Rainha Vitória para Vicky, 3 nov. 1874, Roger Fulford, *Darling Child*, p. 160.

75. Ibid., p. 209.

76. Ela se escondia em Glassalt Shiel, Loch Muick, p. ex., 21 nov. 1877: "A total calmaria faz daqui o único lugar onde consigo sossegar realmente". Ibid., p. 269.

77. QVJ, 19 dez. 1876.

78. 3 set. 1873, Roger Fulford, *Darling Child*, pp. 106-7.

79. QVJ, 24 maio 1871.

80. Tom Cullen, *The Empress Brown*, p. 216. Depois da morte de Brown, Vitória copiou uma passagem de diário de 1866 e que foi achada entre as coisas de Hugh Brown após a morte dele. "Frequentemente meu amado John dizia: 'Você não tem um servo mais devotado que Brown. Ah! *Como* eu sabia disso! Muitas vezes eu lhe disse que ninguém o amava mais do que eu, ou tinha melhor amigo, e ele respondia: 'Nem você — mais do que eu. Ninguém ama mais você'".

81. Arthur Ponsonby, *Henry Ponsonby*, p. 128.

82. Tom Cullen, *The Empress Brown*, p. 131.

83. Elizabeth Longford, *Victoria R.I.*, p. 354.

84. Citado em ibid., p. 456.

24. A FADA RAINHA DESPERTA [pp. 327-38]

1. Lewis Carroll, *Through the Looking-Glass*, p. 16.

2. William F. Monypenny e George Earl Buckle, *Life of Benjamin Disraeli*, v. 6, p. 503.

3. QVJ, 28 jun. 1875.

4. 28 jun. 1875 e 2 jul. 1875, ibid.

5. Catherine Brown, "Henry James and Ivan Turgenev", p. 112.

6. Cameron Whitehead, "The Bulgarian Horrors", p. 232. Ver também Barbara Wilkie Tedford, "The Attitudes of Henry James and Ivan Turgenev". Note-se que o romancista Henry James traduziu a partir de uma versão francesa para *The Nation* em outubro de 1876, embora ele não "compartilhasse a fome de guerra russa". Vesna Goldsworthy, *Inventing Ruritania*, p. 29.

7. Ver, por exemplo, *Daily News*, 13 jul. 1876.

8. Ibid., 1 jul. 1876.

9. Hansard, House of Commons, 11 ago. 1876, v. 2341, col. 203.

10. *Daily News*, 23 jun. 1876.

11. H. C. G. Matthew, *Gladstone: 1809-1898*, p. 266.

12. QVJ, 13 mar. 1873.

13. 8 set. 1876, ibid.

14. H. C. G. Matthew, *Gladstone: 1809-1898*, p. 325.

15. Mark Patton, *Science, Politics and Business*, p. 127.

16. *Spectator*, 23 jul. 1876, p. 10.

17. Anne Varty, *Collected Poems of Oscar Wilde*, p. xvii.

18. 26 set. 1876, Richard L. Leonard, *The Great Rivalry*, p. 169.

19. A. J. P. Taylor, *The Struggle for Mastery*, p. 234.

20. William F. Monypenny e George Earl Buckle, *Life of Benjamin Disraeli*, v. 5, pp. 169-70, 172.

21. 14 fev. 1874, Roger Fulford, *Darling Child*, p. 129.

22. 17 fev. 1872, ibid., p. 29.

23. Mary Ponsonby gostava de Gladstone como político, mas preferia a companhia de Disraeli.

24. Elizabeth Longford, *Victoria R.I.*, p. 402.

25. Robert Rhodes James, *Rosebery*, p. 112.

26. Citado em Richard L. Leonard, *The Great Rivalry*, p. 203. Ver também Cornwallis-West, *Lady Randolph Churchill*, p. 97.

27. Robert Rhodes James, *Rosebery*, p. 64.

28. Elizabeth Longford, *Victoria R.I.*, p. 400.

29. QVJ, 13 mar. 1873.

30. Giles St. Aubyn, *Queen Victoria*, p. 427.

31. Robert Blake, *Disraeli*, p. 50.

32. Disraeli disse a Matthew Arnold que "Todos gostam de adulação e, quando se trata da realeza, pode-se faltar com a sutileza". Giles St. Aubyn, *Queen Victoria*, p. 427.

33. Out. 1874 para Lady Bradford, George Earl Buckle, *The Life of Benjamin Disraeli*, v. 5, p. 348.

34. William Kuhn, "Sexual Ambiguity", p. 16.

35. Id., *The Politics of Pleasure*, p. 11.

36. Roger Fulford, *Darling Child*, p. 253.

37. Elizabeth Longford, *Victoria R.I.*, p. 411.

38. 20 fev. 1878, Roger Fulford, *Darling Child*, p. 283.

39. Em meio à confusão havia um novo membro da família real, Marie, que era russa, o que gerava certo embaraço. A filha do tsar russo casara com o desleixado Affie em 23 de janeiro de 1874. Vitória se afeiçoou rapidamente a ela e elogiava seu temperamento equilibrado e bom humor, embora às vezes duvidasse que alguém fosse capaz de amar de verdade o filho, que era reservado e meio grosseiro. Vitória adorava quem a fazia rir. Sentia dó da nora nesse período, por ter chegado à Inglaterra justo quando a rainha e o premiê praguejavam contra seu país. Mas Marie era tão forte e espetacular que sua terra natal acabou sendo deixada de lado.

40. Capítulo 8 de Lytton Strachey, *Queen Victoria*.

41. 15 fev. 1878, Roger Fulford, *Darling Child*, p. 282.

42. Ao que parece, Disraeli passou a se referir à rainha como "Fada" depois de seu primeiro mandato como premiê. William F. Monypenny e George Earl Buckle, *Life of Benjamin Disraeli*, v. 6, p. 150.

43. Ibid., v. 6, p. 311.

44. Elizabeth Longford, *Victoria R.I.*, p. 415.

45. Giles St. Aubyn, *Queen Victoria*, p. 430. Os anos foram 1876, 1877 e 1880.

46. H. C. G. Matthew, *Gladstone: 1809-1898*, p. 267.

47. 26 nov. 1875, George Earl Buckle, *The Letters of Queen Victoria Between 1862 and 1878*, v. 2, p. 428.

48. Richard L. Leonard, *The Great Rivalry*, p. 151.

49. Ibid.

50. Christopher Hibbert, *Disraeli*, p. 296.

51. Boa parte dessa legislação progressista foi promovida e inspirada por Richard Cross, que era o ministro do Interior reformista do governo de 1874 a 1880. Disraeli não se importou em colher os louros de autor dessas reformas.

52. QVJ, 2 abr. 1876.

53. 14 dez. 1878, ibid.

54. Ibid..

55. 3 jan. 1877, Roger Fulford, *Darling Child*, p. 236.

56. Ibid., p. 26.

57. QVJ, 24 maio 1879.

58. Gladstone disse à esposa que Vitória pesava uns setenta quilos, "o que é muito, considerando-se a altura dela". Giles St. Aubyn, *Queen Victoria*, p. 335. Ver também Bassett, *Gladstone to His Wife*.

59. Arthur, descrito por Vicky como "querido e respeitado por todos" e "exemplo de príncipe" como o pai, ficou noivo da princesa Louise da Prússia, a caçula de Fritz Carl, em 1878. Vitória não gostou da notícia por três motivos: ficaram noivos muito rápido, a rainha não gostava da família real da Prússia e achava Louise não muito bonita — a boca e o nariz da princesa tinham fama de serem feios, além dos dentes estragados. 12 mar. 1878, Roger Fulford, *Darling Child*, p. 284. (É chocante a análise crua e quase comercial que Vitória e Vicky faziam das candidatas ao matrimônio — semelhante à de um comprador inspecionando os dentes de um cavalo —, discutindo minuciosamente a aparência das moças.) No casamento, Vitória usou um longo véu branco e o diamante Koh-i-Noor, assim como o cortejo real pela primeira vez desde a morte de Albert.

60. 4 ago. 1875, Roger Fulford, *Darling Child*, p. 187.

61. Ibid., p. 144.

25. SUFICIENTE PARA MATAR QUALQUER HOMEM [pp. 341-57]

1. Frankie Hardie, *Political Influence*, p. 73.

2. Theo Aronson, *Victoria and Disraeli*, p. 183.

3. Memorando da rainha Vitória, 18 abr. 1880. RA VIC/MAIN/C/34/65.

4. Arthur Ponsonby, *Henry Ponsonby*, p. 184.

5. Richard Aldous, *The Lion and the Unicorn*, p. 307.

6. Uma vez que a rainha lhe ordenasse e ele beijasse a mãe dela, Gladstone passava a ser formalmente reconhecido como líder parlamentar do partido liberal e premiê.

7. Roy Jenkins, *Gladstone*, p. 438.

8. QVJ, 23 abr. 1880.

9. Ibid..

10. Carta a Henry Ponsonby, 8 abr. 1880, citado em Giles St. Aubyn, *Queen Victoria*, p. 445.

11. Richard Aldous, *The Lion and the Unicorn*, p. 310.

12. William F. Monypenny e George Earl Buckle, *Life of Benjamin Disraeli*, p. 539.

13. São estimativas sindicais, cit. in Robert Blake, *Disraeli*, p. 697.

14. Citado em ibid., p. 721.

15. Richard Aldous, *The Lion and the Unicorn*, p. 296.

16. A. J. P. Taylor, *The Struggle for Mastery*, p. 268.

17. Era particularmente difícil para Vitória engolir isso, já que em 1881 os bôeres de Transvaal varreram a força britânica na Batalha de Majuba Hill (Elizabeth Longford, *Victoria R.I.*, p. 440). Ela não queria ver nativos africanos sob o jugo dos bôeres — "vizinhos implacáveis e crudelíssimos, opressores na verdade, como os senhores proprietários de escravos em *A cabana do pai Tomás*" (QVJ, 30 jul. 1881).

18. A rainha escreveu a Disraeli em 1879: "Se *é* para *nós* mantermos nossa posição como potência de *primeira linha*, então devemos, com a ajuda de nosso Império Indiano e demais Colônias, estar *Preparados para atacar e guerrear, aqui e ali*, CONTINUAMENTE". 28 jul. 1879, rainha Vitória para Lord Beaconsfield, George Earl Buckle, *The Letters of Queen Victoria Between 1879 and 1885*, v. 3, pp. 37-8.

19. QVJ, 2 dez. 1879.

20. Richard Aldous, *The Lion and the Unicorn*, p. 299.

21. Theo Aronson, *Victoria and Disraeli*, p. 184.

22. Robert Blake, *Disraeli*, p. 474.

23. Disraeli recusou o título de barão que Vitória lhe ofereceu um ano antes, mas conseguiu um para Corry, que se tornara uma espécie de filho. Gladstone comparou o episódio a Calígula nomeando seu cavalo cônsul. Desde então, houve quem sugerisse que Corry era amante de Disraeli, algo como uma esposa para ele. William Kuhn, "Sexual Ambiguity", p. 16.

24. Richard Aldous, *The Lion and the Unicorn*, p. 319.

25. Richard Shannon, *Gladstone: Heroic Minister*, p. 275.

26. Robert Blake, *Disraeli*, p. 752.

27. QVJ, 5 jan. 1881.

28. Hardie escreve que isso foi um "lapso fora do comum" da parte de Disraeli: "Desde o reinado da rainha Ana, Swift observou que 'os discursos nessas ocasiões são moldados pelas sugestões dos chefes de gabinete e, consequentemente, expressam os sentimentos dos ministros de Vossa Majestade, assim como os próprios'." Frankie Hardie, *Political Influence*, pp. 76-7.

29. Ibid., pp. 76, 192-3.

30. Rainha Vitória para Lord Granville, 5 jun. 1880, George Earl Buckle, *The Letters of Queen Victoria Between 1879 and 1855*, v. 3, p. 108.

31. Em 1879, o filho de Vicky, Waldemar, morreu de difteria. Tinha só onze anos. A dor de Vicky só aumentou quando Bismarck promoveu uma *soirée* na noite do funeral. Vitória escreveu à filha, lamentando--se: "Meu coração sangra e dói por você". E continuava: "Fico impressionada com o fato de continuarmos de alguma maneira, mesmo depois dessas provações e desses choques".

32. Helen Rappaport, *Queen Victoria*, p. 428.

33. Rainha Vitória para Vicky, 26 jun. 1872, Roger Fulford, *Dearest Child*, p. 51. Ela disse a Vicky que as mulheres deveriam ser "educadas sensatamente" — e "empregadas sempre que possam ser úteis", mas jamais "assexuadas ou médicas (exceto em uma área), advogadas, eleitoras etc. Permita que isso aconteça e toda proteção devida do sexo masculino desaparecerá".

34. Ibid., p. 67.

35. Elizabeth Longford, *Victoria R.I.*, p. 395.

36. Vitória ficou furiosa quando descobriu que sua filha Louise tinha marcado um encontro secreto com Elizabeth Garrett — a primeira médica da Inglaterra — para discutirem os estudos dela. Louise, no entanto, disse: "Foi gratificante vê-la tão entusiasmada com o próprio trabalho... Ela é dessas que mostram o grande potencial feminino quando se entregam de corpo e alma ao aprendizado". Lucinda Hawksley, *The Mystery of Princess Louise*, p. 114.

37. Rainha Vitória para Vicky, 24 fev. 1872, Roger Fulford, *Dearest Child*, p. 30.

38. Philippa Levine, "Venereal Disease". Florence Nightingale organizou uma delegação sanitária contra doenças venéreas em 1862, depois de testemunhar epidemias na Crimeia.

39. Judith R. Walkowitz, *City of Dreadful Delight*, p. 49.

40. Ronald Pearsall, *The Worm in the Bud*, p. 278.

41. A desigualdade entre os gêneros era gritante aos olhos de mulheres como Josephine Butler, uma das maiores reformistas da Era Vitoriana, que disse: "Um pecado moral é visto como muito pior numa mulher do que em um homem". (Como colocado por J. Miller, em 1859: "Para a mulher basta cair uma vez que a sociedade se voltará contra ela assim que souber da ofensa. O homem cai muitas vezes por hábito, admite e, no entanto, a sua condenação não será implacável, se é que haverá". *Prostitution Considered* p. 26.) Butler viajou pela Inglaterra e pela Europa inspecionando bordéis, defendendo mudanças e fazendo amizades com profissionais do sexo, muitas vezes levando-as para casa e cuidando delas.

42. A. N. Wilson, *Eminent Victorians*, p. 108.

43. Ronald Pearsall, *The Worm in the Bud*, p. 250. "O dr. Acton, um dos mais bem conceituados especialistas do início do período vitoriano, afirmou que uma em treze ou catorze solteiras maiores de idade era imoral, mas essa alegação contradiz outros dados". Ibid., 276. Informes da polícia tinham estimativas mais baixas.

44. De acordo com Judith Walkowitz, a sífilis era "endêmica" tanto na Era Vitoriana quanto na Eduardiana, e "prevalecia entre homens das classes média e alta e entre os operários pobres descuidados". Walkowitz, *Prostitution and Victorian Society*, p. 50. Mary Carpenter fala em contaminação de 10% da população. *Heath, Medicine, and Society*, p. 72.

45. No primeiro semestre de 1846, houve 56 mortes por sífilis em Londres. Trinta dos bebês tinham menos de um ano. Judith R. Walkowitz, *Prostitution and Victorian Society*, p. 49.

46. John Frith, "Syphilis — Its Early History".

47. Roger Davidson e Leslie Hall, *Sex, Sin and Suffering*, p. 121.

48. A. N. Wilson, *Eminent Victorians*, p. 188.

49. Embora muitas acabassem levando vida respeitável, uma mulher que ganhasse dinheiro vendendo o corpo, ele disse, era "nada mais que uma assassina de aluguel, que cometia um crime impunemente". Hemyng escreveu que as profissionais do sexo estavam "envenenando o sangue da nação". Bracebridge Hemyng, "Prostitution in London", in Mayhew, *London Labour*, 4:235.

50. Philip Magnus, em *Gladstone: A Biography*, pp. 425-6, escreve que ele disse aos filhos, em 1897, que se a rainha realmente achasse que as histórias de casos dele com prostitutas fossem verdadeiras, o teria tratado com muita gentileza, mas continuou: "Falo sério quando digo que as circunstâncias sem precedentes de minha despedida tiveram motivações graves, que extrapolavam a política, que tinha seu peso, claro, mas não tanto que explicasse tudo. Histórias, fossem verdadeiras ou falsas, chegaram aos ouvidos dela e influenciaram as atitudes adotadas para comigo". Magnus defende a ideia de que, embora a rainha tivesse sabido das "histórias indecorosas", o fato é que "poucas pessoas decentes, até mesmo entre os mais ferrenhos inimigos de Gladstone, acreditavam nelas". Quando Lord Stanmore disse a Gladstone que a rainha suspeitava das intenções dele, ele respondeu: "Se a rainha pensa isso de mim, está certíssima em me tratar como faz". Giles St. Aubyn, *Queen Victoria*, p. 446.

51. 19 abr. 1875, Elizabeth Longford, *Victoria R.I.*, p. 528.

52. Joyce Marlow, *The Oak and the Ivy*, p. 68.

53. Anne Isba, *Gladstone and Women*, p. 115.

54. Ibid., p. 119.

55. Roy Jenkins, *Gladstone*, p. 100.

56. Ibid.

57. Ibid.

58. H. C. G. Matthew, *Gladstone: 1809-1898*, pp. 425-6.

59. George Bernard Shaw, *Mrs. Warren's Profession*, p. 181.

60. Carta de 6 mar. 1882, Elizabeth Longford, *Victoria R.I.*, p. 446.

61. Um de seus irmãos mais velhos, o marquês de Queensberry, chamou Oscar Wilde de "sondomita" (ele tinha uma notória dificuldade em pronunciar) quando teve um caso com seu filho, Lord Alfred Douglas. Wilde o processou por difamação, e o caso judicial resultante — no qual a verdade era a defesa — levou o escritor à bancarrota e à ruína. Foi condenado por "flagrante indecência" em seus relacionamentos com homens. Depois de sair da prisão, Wilde foi para a França e morreu em Paris, no Hôtel d'Alsace.

62. Florence Dixie, *Gloriana*, pp. 129-30.

63. *Pall Mall Gazette*, 19 mar. 1883. Ver também *Aberdeen Weekly Journal*, 19 mar. 1883.

64. Tom Cullen, *The Empress Brown*, p. 201.

65. Ibid., p. 204.

66. Rainha Vitória para o visconde (futuro conde de) Cranbrook, Windsor, 30 mar. 1883. Grosvenor, "Dear John". Vitória se deteve longamente sobre o assunto: "É possível que nunca tenha havido na história laço tão forte e genuíno, amizade tão ardente e afetuosa entre soberana e servo [acredita-se que a expressão "entre soberana e servo", adicionada na parte superior do texto, foi incluída posteriormente] como a que houve entre ela e o querido e leal John Brown. Força de caráter e vigor físico — a mais corajosa retidão, gentileza, senso de justiça, honestidade, autonomia e altruísmo, tudo isso combinado com um coração caloroso e simples, que não esquecia das origens, fazia dele o homem mais marcante de que se tem notícia — e a rainha sente que a vida se tornou pela segunda vez extremamente penosa e triste de suportar, privando-a de tudo de que tanto precisa".

67. QVJ, 7 ago. 1883.

68. Lord Hallam Tennyson para Vitória, Ilha de Wight, 22 out. 1892. RA VIC/MAIN/R/44/ 14. O filho de Lord Tennyson escreveu a Vitória uma resposta à carta que ela lhe enviara sobre a morte do pai dele. Ele disse: "Permita-me dizer que no fim da conversa ele me disse 'Meus olhos estavam marejados quando me despedi da rainha, por ser ela muito feminina e muito solitária [*lonely*]'". (Pode ser que a palavra seja *lovely*; a caligrafia dificulta a leitura, mas o "n" é muito parecido a outros escritos por Lord Tennyson.)

69. Tom Cullen, *The Empress Brown*, p. 204.

70. Henry Ponsonby para a rainha Vitória, 28 fev. 1884. RA, VIC/ Add. A/12/902.

71. Rainha Vitória para Henry Ponsonby, 23 fev. 1884, RA, Add. A/12/899. Ver também William Kuhn, *Henry and Mary Ponsonby*, pp. 220-1.

72. Os livros também tinham um objetivo político, pois contradiziam aqueles que a acusavam de ser muito interventora e tendenciosa: afinal, ela era apenas uma nobre senhora vagando por colinas escocesas.

73. "Kenward Philip", *John Brown's Legs or Leaves from a Journal in the Lowlands*, dedicado à "Memória daquelas amadas pernocas fora do comum, roxas e arranhadas as pobrezinhas". De Elizabeth Longford, *Victoria R.I.*, p. 460.

74. G. K. A. Bell, *Randall Davidson*, p. 94.

75. Tom Cullen, *The Empress Brown*, p. 216.

76. Rainha Vitória para Vicky, 2 jan. 1884, Roger Fulford, *Beloved Mama*, p. 155.

77. Rainha Vitória para Vicky, 26 mar. 1884, ibid., p. 162.

78. C. B. Kerr, "The Fortunes of Haemophiliacs", pp. 359-60.

79. Daphne Bennett, *Queen Victoria's Children*, p. 124.

80. "Editorial Prince Leopold", *British Medical Journal* 1 (1868):148, apud (nota de rodapé 66 em) C. B. Kerr, "The Fortunes of Haemophiliacs".

81. D. M. Potts e W. T. W. Potts, *Queen Victoria's Gene*, p. 51.

82. John West Walker, "On Haemophilia", pp. 605-7.

83. Alan R. Rushton, "Leopold: The 'Bleeder Prince'", p. 487.

84. C. B. Kerr, "The Fortunes of Haemophiliacs", p. 367.

85. J. Wickham Legg, *A Treatise on Haemophilia*.

86. Alan R. Rushton, "Leopold: The 'Bleeder Prince'", p. 486.

87. D. M. Potts e W. T. W. Potts, *Queen Victoria's Gene*, p. 48.

26. "DOIS COURAÇADOS COLIDINDO": A RAINHA E O SR. GLADSTONE [pp. 358-74]

1. Justin C. Vovk, *Imperial Requiem*, p. 61.

2. Roy Jenkins, *Gladstone*, p. 511.

3. Elizabeth Longford, *Victoria R.I.*, p. 467.

4. Lawrence Zetland, *Lord Cromer*, p. 110.

5. Charles George Gordon, *The Journals*, p. 59.

6. Em setembro ele o chamava de "bem maluco". Roy Jenkins, *Gladstone*, p. 212.

7. Rainha Vitória para Vicky, Castelo de Windsor, 20 fev. 1884, Roger Fulford, *Beloved Mama*, p. 159.

8. Ela também o instruiu a queimar a carta "muitíssimo confidencial". Deu instruções similares à esposa dele, Lady Wolseley. "Ameace renunciar caso ele *não* seja apoiado. A instrução que *lhe* dou não *deverá nunca ser divulgada* ou *vazada* por Lord Wolseley. Mas creio realmente que *devam ficar assustados*". 28 maio 1885, George Earl Buckle, *The Letters of Queen Victoria Between 1879 and 1885*, v. 3, p. 619.

9. Rainha Vitória para Vicky, 27 fev. 1884, Roger Fulford, *Beloved Mama*, p. 160.

10. Citado em Christopher Hibbert, *Queen Victoria: A Personal History*, p. 371.

11. Ao saber da captura de Gordon, Vitória chamou Gladstone de "velho pecador" e se lamentou, em carta a Vicky de 7 fev. 1885: "Estamos atrasados demais, como sempre. E sou eu, como comandante da nação, que tem que aguentar a humilhação". Roger Fulford, *Beloved Mama*, p. 182.

12. Rainha Vitória para Vicky, Osborne, 11 fev. 1885, ibid., p. 182.

13. Roy Jenkins, *Gladstone*, p. 514.

14. H. C. G. Matthew, *Gladstone: 1809-1898*, p. 400.

15. L. C. B. Seaman, *Victorian England*, p. 447.

16. Roy Jenkins, *Gladstone*, p. 501.

17. William Kuhn, *Henry and Mary Ponsonby*, p. 205.

18. Elizabeth Longford, *Victoria R.I.*, p. 372.

19. No sul e no norte da África e na Ásia central. Roy Jenkins, *Gladstone*, p. 501.

20. 20 jun. 1884, Roger Fulford, *Beloved Mama*, p. 168.

21. Rainha Vitória para Vicky, 15 jan. 1879, Roger Fulford, *Beloved Mama*, p. 34.

22. Carol Dyhouse, *Feminism and the Family*, p. 27.

23. QVJ, 23 jul. 1885. Estava mais comovida do que nos casamentos dos outros oito filhos, disse ela, "mas muito confiante".

24. Ibid.

25. Lady Geraldine Somerset, citado em Christopher Hibbert, *Queen Victoria: A Personal History*, p. 373.

26. Andre Roberts, *Salisbury*, p. 795.

27. Ibid., p. 793.

28. Elizabeth Longford, *Victoria R.I.*, p. 576.

29. Ibid., p. 461.

30. 30 out. 1883, George Earl Buckle, *The Letters of Queen Victoria Between 1879 and 1885*, v. 3, pp. 451-2.

31. Rainha Vitória para o sr. Goschen, 27 jan. 1886, RA VIC/MAIN/C/37/158.

32. Memorando da rainha Vitória, 28 jan. 1886, RA VIC/MAIN/C/37/163.

33. Rainha Vitória para Lord Tennyson, Osborne, 12 jul. 1885, Hope Dyson e Charles Tennyson, *Dear and Honoured Lady*, p. 120.

34. Lord Tennyson para a rainha Vitória, Freshwater, Ilha de Wight, 20 jul. 1885, ibid., p. 121.

35. Rainha Vitória para o sr. Goschen, Osborne, 31 jan. 1886, RA 3/204.

36. Memorando do general Sir Henry Ponsonby à rainha Vitória, Osborne, 29 jan. 1886, RA VIC/MAIN/C/37/176.

37. Memorando de Henry Ponsonby, Palácio de St. James, Londres, 30 jan. 1886, RA VIC/MAIN/C/37/199.

38. Sir Henry Ponsonby para a rainha Vitória, St. James, 3 fev. 1886, RA VIC/MAIN/C/37/228.

39. Telegrama da rainha Vitória a Henry Ponsonby, 2 mar. 1886, RA VIC/MAIN/C/37/239b.

40. Memorando de Lord Goschen à rainha Vitória, 29 jan. 1886, RA VIC/MAIN/C/37/192.

41. Já em 1845, ele escreveu à esposa: "Irlanda! Irlanda! aquela nuvem a oeste, a tempestade vindoura". Roy Jenkins, *Gladstone*, p. 276.

42. Ele também tinha instituído o voto secreto na Irlanda, feito crucial.

43. Samuel Clark, *Social Origins of the Irish Land War*. Princeton: Princeton University Press, 1879, p. 120.

44. Elizabeth Longford, *Victoria R.I.*, p. 446.

45. QVJ, 9 jul. 1880.

46. A violência era tão extrema, especialmente contra os latifundiários, que poderia, escreveu ela, "ser necessário recorrer à lei marcial" (QVJ, 11 dez. 1880). Ela também incentivou o secretário-chefe da Irlanda, Forster, a ameaçar renunciar se não lhe fossem dados meios de reprimir os "crimes e o terrorismo" (QVJ, 16 dez. 1880). Quatro meses depois, Gladstone instituiu um Decreto de Coerção que suspendeu temporariamente o habeas corpus, de modo que suspeitos de ações criminosas podiam ser presos sem julgamento. Simultaneamente à expansão dos poderes policiais, Galdstone também promulgou leis para livrar agricultores pobres de dívidas de aluguel atrasadas.

47. William Kuhn, *Henry and Mary Ponsonby*, pp. 208-9.

48. Rainha Vitória para William Gladstone, Osborne, 4 fev. 1886, RA VIC/MAIN/C/37/240.

49. QVJ, 3 fev. 1886.

50. 6 maio 1886, ibid.

51. Carta de Gladstone, 8 maio 1886, citado em ibid., 8 maio 1886.

52. H. C. G. Matthew, *Gladstone: 1809-1898*, p. 508.

53. QVJ, 20 jul. 1886.

54. 1 fev. 1886, ibid.

55. H. C. G. Matthew, *Gladstone: 1809-1898*, p.558.

56. Arthur Ponsonby, *Henry Ponsonby*, pp. 80-1.

57. Samuel Johnson, quando soube por um amigo de uma mulher pregando num ofício quacre, retrucou: "Sir, uma mulher pregando é como um cachorro caminhando sobre as patas traseiras. Não pode funcionar, mas é surpreendente, de algum modo, que exista". 31 jul. 1768, James Boswell, *The Life of Samuel Johnson*, p. 405.

58. Edmund Gosse, "The Character of Queen Victoria", p. 333. E continuou: "Ela se enxergava, profissionalmente, como o eixo esférico em torno do qual toda a máquina do Estado girava. Essa ideia um tanto quimérica da própria importância a ajudou muitíssimo a se manter num plano altivo e inesgotável de deveres diários. E, aos poucos, ela hipnotizou o imaginário público". Ibid., p. 337.

59. Dormer Creston, *The Youthful Queen Victoria*, p. 5.

60. Maurice Brett, *Journals and Letters*, v. 1, p. 74: "É constante esse encontro da rainha com os ministros para admoestá-los, e confesso que é compreensível. Ela sempre dá espaço diante da autoridade do gabinete, mas nem sempre cede prontamente à opinião de um ministro só. O sr. Gladstone fica indignado e diz que não se surpreenderia se ela depusesse o governo como os tios faziam".

61. Walter Bagehot, *The English Constitution*, p. 48.

62. Ibid., p. 60.

63. É possível dizer que a formulação de Bagehot também se aplica ao reinado de Jorge v. Ver Simon Heffer, *Power and Place*, p. 463.

64. Walter Bagehot, *The English Constitution*, p. 37.

65. Ibid., p. 41.

66. Ibid., p. 54.

67. Ibid., p. 65.

68. Ibid., p. 57.

69. Frankie Hardie, *Political Influence*, pp. 91-2.

70. Elizabeth Longford, *Victoria R.I.*, p. 516.

71. Theodore Martin, *The Prince Consort*, 2:445.

72. Theo Aronson, *Victoria and Disraeli*, p. 192.

73. Ibid., p. 565.

74. Roy Jenkins, *Gladstone*, pp. 468-9.

75. Id., *Dilke: A Victorian Tragedy*.

76. George Earl Buckle, *The Letters of Queen Victoria Between the Years 1879 and 1885*, v. 3, p. 241.

77. Ibid., p. 395.

78. Dudley Bahlmann, *The Diary of Hamilton*, pp. 486-7.

79. William Kuhn, *Henry and Mary Ponsonby*, p. 202.

27. MONARCA DE TOUCA [pp. 375-87]

1. Arthur Ponsonby, *Henry Ponsonby*, p. 79.

2. Ibid.

3. Kate Williams, *Becoming Queen*, p. 343.

4. Laurence Housman, *The Unexpected Years*, p. 220.

5. *Illustrated London News*, 25 jun. 1887.

6. Ibid., 9 jul. 1887, p. 38.

7. Brian Louis Pearce et al., "Queen Victoria's Golden Jubilee", p. 597.

8. John Rusk, *Reign of Queen Victoria*, p. 304.

9. *Illustrated London News*, 2 jul. 1887.

10. Ibid.

11. Disponível em: <qni.org.uk/about_qni/our_history>. Acesso em: 2 ago. 2018.

12. 11 dez. 1887, citado em Elizabeth Longford, *Victoria R.I.*, p. 497.

13. Citado em Jane Ridley, *Bertie*, p. 248.

14. John Röhl, professor emérito da Universidade de Sussex, também acredita que Guilherme tinha uma obsessão erótica pela mãe quando criança, expressa em sonhos eróticos que o faziam odiá-la quando ela não correspondia a seus anseios ou comentários inapropriados. Disponível em: <independent.co.uk/news/uk/home-news/kaiser-wilhelmiis-unnatural-love-for-his-mother-led-to-a-hatred-of-britain-8943556.html>. Acesso em: 2 ago. 2018.

15. Egon Caesar Corti, *The English Empress*, p. 259.

16. Hannah Pakula, *An Uncommon Woman*, p. 471.

17. Agatha Ramm, *Beloved and Darling Child*, p. 64.

18. Egon Caesar Corti, *The English Empress*, p. 266.

19. Hannah Pakula, *An Uncommon Woman*, p. 470.

20. Justin C. Vovk, *Imperial Requiem*, p. 61.

21. Vitória anotou em seu diário, em 25 abr. 1888: "Roguei ao príncipe Bismarck que apoiasse Vicky e ele me assegurou que o faria, pois sabia que o fardo dela era pesado".

22. Hannah Pakula, *An Uncommon Woman*, p. 483.

23. Egon Caesar Corti, *The English Empress*, p. 280.

24. Ibid., p. 301.

25. Hannah Pakula, *An Uncommon Woman*, p. 439.

26. Christopher Hibbert, *Queen Victoria: A Personal History*, p. 388.

27. Hannah Pakula, *An Uncommon Woman*, p. 441.

28. Imperador Guilherme II para Sir Edward Malet, 14 jun. 1889, George Earl Buckle, *The Letters of Queen Victoria Between 1879 and 1885*, v. 3, p. 504.

29. Declaração da imperatriz Frederica, 1888, in Egon Caesar Corti, *The English Empress*, p. 293.

30. Hannah Pakula, *An Uncommon Woman*, p. 457.

31. Cartas de Kronenberg, 6 jul. 1892, citado em Elizabeth Longford, *Victoria R.I.*, p. 518.

32. Patrick Jackson, *Harcourt and Son*, p. 213.

33. QVJ, 15 ago. 1892.

34. Castelo de Windsor, 3 mar. 1894, George Earl Buckle, *The Letters of Queen Victoria Between 1886 and 1901*, v. 2, p. 372-3.

35. Philip Magnus, *Gladstone: A Biography*, pp. 425-6.

36. QVJ, 3 mar. 1894.

37. 10 mar. 1894. H. C. G. Matthew, *Gladstone: 1809-1898*, p. 610.

38. Ibid.

39. Quando o duque e a duquesa de York tiveram um filho, o futuro Eduardo VIII (então duque de Windsor), Vitória pensou que havia pela primeira vez "três herdeiros diretos e soberano vivos". Outros casamentos reais incluíam: a princesa Sophie da Prússia (filha de Vicky) e o rei Constantino I da Grécia; a princesa Maud (filha de Bertie) e o príncipe Carl da Dinamarca; a princesa Marie (filha de Alfred) e Fernando da Romênia; a princesa Margaret de Connaught (filha de Arthur) e o príncipe Gustaf Adolf da Suécia; e a princesa Victoria Eugenie (filha de Beatrice) e o rei Afonso XIII da Espanha.

40. Em 1917, ela e seu marido — Nicolau II — foram presos e depois executados no porão da prisão. Alix, que atiçara a ira dos camponeses famintos com seu apego a Raspútin, o eremita que cuidara de seu filho hemofílico, estava se persignando quando foi executada. Em 2000, a Igreja Ortodoxa Grega a canonizou.

41. QVJ, 23 jun. 1887.

42. 28 jun. 1887, ibid.

43. 11 ago. 1888, ibid.

44. 30 ago. 1887, ibid.

45. 2 nov. 1888, ibid.

46. Quando Vitória instituiu a Mais Elevada Estrela da Índia e Mais Alta Ordem do Império Britânico, insistiu que não tivessem símbolos cristãos para serem aceitos pelos súditos hindus e muçulmanos.

47. Michaela Reid, *Ask Sir James*, p. 137.

48. Ibid., p. 133.

28. O "POBRE MUNSHI" [pp. 388-96]

1. Michaela Reid, *Ask Sir James*, p. 132.

2. Fritz Ponsonby, filho de Henry e então aprendiz de cavalariço na criadagem, sobre Karim Abdul, 27 abr. 1897, Elizabeth Longford, p. 539.

3. Michaela Reid, *Ask Sir James*, p. 143.

4. Ibid., p. 154.

5. Ibid., p. 139.

6. Ibid., p. 140.

7. QVJ, 23 out. 1891.

8. 6 jan. 1888, Balliol College, Marie Mallet Archives Lady in Waiting [Arquivos de Maria Mallet, dama de companhia], Mallet V 1-11. Anotação no envelope: "Mallet V i. First Waiting as Maid of Honor, 1887, Letters to her Mother".

9. Arthur Ponsonby, *Henry Ponsonby*, p. 131.

10. Michaela Reid, *Ask Sir James*, p. 139.

11. Elizabeth Longford, *Victoria R.I.*, p. 509.

12. Michaela Reid, *Ask Sir James*, p. 139.

13. Ibid., p. 138.

14. Ibid., p. 132.

15. Elizabeth Longford, *Victoria R.I.*, p. 508.

16. Carta de Fritz Ponsonby sobre Karim Abdul, 27 abr. 1897.

17. Michaela Reid, *Ask Sir James*, p. 144.

18. Ibid., p. 146.

19. Ibid.

20. Greg King, *Twilight of Splendor*, p. 201.

21. Lucinda Hawksley, *The Mystery of Princess Louise*, p. 269.

22. Michaela Reid, *Ask Sir James*, p. 153.

23. Ibid., p. 152.

24. H. C. G. Matthew (*Gladstone: 1809-1898*, p. 610) defende a tese de que esse sonho, ocorrido em 1896, "pode ter tido uma dimensão erótica, pois ele registrou uma 'inquietaçãozinha sobre o como

e o onde do acesso'. 'Acesso restrito' foi a expressão que ele usou para referir-se a sua virgindade no casamento, em 1839 (Ver 14 jun. 39)". (No fim do ano de 1896, ele também fez uma declaração particular — intitulada a *Declaração* — referindo-se aos "rumores que teriam vindo à tona" num período em que ele não estava presente para poder se defender. Ele disse que, ante a visão e o tribunal de Deus, "em nenhum momento de minha vida poderia ser acusado de adultério". Na declaração completa, de 7 de dezembro de 1896, lê-se:

> Sobre os rumores, cujo grau da ocorrência desconheço, que teriam vindo à tona num período em que eu estava ausente e não podia me defender; registro minha declaração solene e categórica, sob os olhos de Deus e perante o tribunal divino, que em nenhum momento de minha vida eu poderia ser acusado de adultério. Limito-me a negá-lo e compartilho essa negativa com meu filho Stephen, o primogênito, e meu pastor. Deverá ele guardá-la em caráter confidencial e somente torná-la pública caso seja necessário, o que considero improvável: e em todo caso que se divulgue entre os irmãos.

29. O IMPÉRIO DE DIAMANTE [pp. 397-413]

1. Lady Gwendolen Cecil, *Life of Robert, Marquis of Salisbury*, v. 3, p. 191.
2. Em 23 de novembro de 1896, Vitória escreveu em seu diário: "Hoje se celebra o fato de meu reinado ser o mais longo do que o de qualquer outro soberano na história da Inglaterra".
3. Franny Moyle, *Constance*, p. 302.
4. Jan Morris, *Heaven's Command*, p. 534.
5. Margaret Homans e Adrienne Munich, *Remaking Queen Victoria*, p. 49.
6. Elizabeth Longford, *Victoria R.I.*, p. 548.
7. Walter L. Arnstein, "Queen Victoria's Diamond Jubilee", p. 594.
8. Edmund Gosse, "The Character of Queen Victoria", p. 310. Ressalte-se que nem todos estavam hipnotizados. Thomas Hardy viajou para a Suíça para fugir das multidões (Tomalin, *Thomas Hardy*, p. 269). Houve até mesmo registro de escândalos obscenos. Em Camden, um engraçadinho disse, durante uma reunião paroquial, que já que "Sua Graciosa Majestade tem sido tão útil ao país por tantos anos, então o que deveríamos erguer em sua memória deveria ser um monumento que nos fosse útil a todos aqui. O que mais precisamos em Camden agora é um mictório público". Muitos gargalharam a essa sugestão, até o pastor passar a palavra para a próxima pessoa (Laurence Housman, *The Unexpected Years*, p. 219).
9. Lynn McDonald, *Nightingale on Society and Politics*, v. 5, p. 427.
10. De uma anotação de diário não publicada, datada de 24 de maio de 1899. Citado em Walter L. Arnstein, "Queen Victoria's Diamond Jubilee", p. 20. Ele credita a citação a Yvonne M. Ward, da Universidade La Trobe. Arnstein pensa que a maioria não percebia o sotaque alemão, embora outros discordem.
11. Roger Fulford, *Your Dear Letter*, p. 315.
12. Yvonne Ward, "Editing Queen Victoria", pp. 266-7. Sir Edmund Gosse escreveu sobre a rainha Vitória, em 1901: "De seus atributos físicos, talvez o sorriso fosse o mais notável. Tinha papel importante na capitalização do poder e exibia sua habilidade dramática nata. Nenhum sorriso jamais se igualou e nenhuma sombra dele foi preservada para a posteridade nas imagens publicadas. Sob o feitiço malévolo da câmera fotográfica, ele desaparecia por completo, e os que não o viram nunca conceberão quanto ele fazia os traços da rainha cintilarem e se iluminarem quando estava com idade avançada". Edmund Gosse, "The Character of Queen Victoria", p. 315.

13. Walter L. Arnstein, "Queen Victoria's Diamond Jubilee", p. 199.

14. *Illustrated London News*, 21 jun. 1897.

15. Peter Neville, *Mussolini*, p. 1897.

16. Sidney Lee, *Queen Victoria*, p. 523. Vitória também encontrou o magnata do diamante Cecil Rhodes, aparentemente sem fazer nenhuma ideia do que a atividade dele implicava. Enquanto ela ouvia, encantada, a descrição que ele fez das minas e da lapidação das pedras, ele se surpreendeu com o conhecimento dela da África do Sul.

17. QVJ, 18 mar. 1891.

18. Quando Bertie estava jogando bacará com amigos numa casa de campo, em 1891, um dos presentes, Sir William Cumming, foi pego trapaceando. Bertie foi chamado a depor no julgamento. Para o príncipe de Gales, ter se envolvido em tal desonrosa situação foi uma desgraça, mas Vitória continuou leal ao filho.

19. QVJ, 31 jul. 1900.

20. 27 mar. 1898, George Earle Buckle, *The Letters of Queen Victoria Between 1886 and 1901*, v. 3, pp. 238-9.

21. Sir Arthur Bigge para a rainha Vitória, George Earl Buckle, *The Letters of Queen Victoria Between 1886 and 1901*, v. 3, p.362.

22. Balfour estava no comando do Ministério das Relações Exteriores durante o período em que Lord Salisbury estava doente. Seu título oficial era Lord Primeiro do Tesouro.

23. Thomas Pakenham, *The Boer War*, p. 245.

24. Clare Jerrold, *The Widowhood of Queen Victoria*, p. 349.

25. Lady Gwendolen Cecil, *Life of Robert, Marquis of Salisbury*, v. 3, p. 191.

26. Rainha Vitória para o sr. Balfour, 4 fev. 1900; Valerie Parkhouse, *Memorializing the Anglo-Boer War*, p. 555.

27. Rainha Vitória para o marquês de Salisbury, 11 fev. 1900, George Earl Buckle, *The Letters of Queen Victoria Between 1886 and 1901*, v. 3, p. 485.

28. Rainha Vitória para o marquês de Lansdowne, 30 jan. 1900; Valerie Parkhouse, *Memorializing the Anglo-Boer War*, p. 555.

29. QVJ, 31 dez. 1900.

30. Michaela Reid, *Ask Sir James*, p. 197.

31. Ibid., p. 198.

32. Jenny de Reuck, "Social Suffering and the Politics of Pain: Observations on the Concentration Camps in the Anlgo-Boer War 1899–1902", em Sue Kossew e Dianne Schwerdt (Orgs.), *Re-Imagining Africa: New Critical Perspectives*. Huntington: Nova Science Publisher, 2001, p. 87.

33. Vitória se orgulhava do modo decente como os britânicos tratavam seus cativos. Porém, ao saber que centenas de prisioneiros estavam sendo torturados, escreveu: "Tratamento desgraçado e desumano de prisioneiros". Instruiu Lord Lansdowne, em 13 jun. 1900, a se queixar a Lord Roberts e a mostrar como os britânicos tratavam seus prisioneiros. George Earl Buckle, *The Letters of Queen Victoria Between 1886 and 1901*, v. 3, p. 562.

34. Sr. Chamberlain para Sir Alfred Milner, 3 abr. 1900, ibid., v. 3, p. 520.

35. Lord Roberts para a rainha Vitória, 15 abr. 1900, ibid., v. 3, p. 528.

36. Jenny de Reuck, "Social Suffering and the Politics of Pain", p. 86.

37. Arthur Conan Doyle, *The Great Boer War*, pp. 259-60. Disponível em: <gutenberg.org/files/3069/3069-h/3069-h.htm>. Acesso em: 2 ago. 2018.

38. Van Wyk Smith, "The Boers and the Anglo-Boer War", pp. 429-46.

39. Sir James Reid, 2 dez. 1900, Reid Family Archives [Arquivos da Família Reid], Lanton Tower, Londres.

40. Ibid., 7 dez. 1900.

41. Giles St. Aubyn, *Queen Victoria*, p. 592.

42. Sir James Reid, "Manuscritos a lápis sobre o que ocorreu nos últimos dias de vida da rainha Vitória e após sua morte". 15 jan. 1901, Reid Family Archives [Arquivos da Família Reid], Lanton Tower, Londres.

43. Ibid.

44. Michaela Reid, *Ask Sir James*, p. 203. O dr. Reid estava tão preocupado com esse pedido que, em dado momento, decidiu não dizer à rainha que Bertie estava lá. O que se omitiu foi outra lista de desejos que ela transmitiu a Reid, dentre os quais estava o de que apenas ele — assim como alguns outros médicos nomeados por ela, Beatrice ou uma das outras filhas mais novas ou Arthur — ficasse com ela. E ordenou explicitamente que nem Bertie, nem qualquer um de meus ministros deve proceder de modo a contrariar os desejos dela. Sir James Reid, cadernos, v. 20 (1897–8), Reid Family Archives [Arquivos da Família Reid], Lanton Tower, Lanton.

45. Sir James Reid: "Manuscritos a lápis sobre o que ocorreu nos últimos dias de vida da rainha Vitória e após sua morte". 21 jan. 1901, Reid Family Archives [Arquivos da Família Reid], Lanton Tower, Londres.

46. Stanley Weintraub, *Victoria*, p. 632.

47. Ela instruiu Bertie e Beatrice por escrito sobre o funeral que desejava para si:

> Eu e meus restos mortais tocados apenas por minhas criadas do sexo feminino e *ninguém* mais — auxiliares pessoais que têm me servido *constante* e *pessoalmente* desde então.
>
> Desejo que meus restos mortais sejam *zelados* por minhas fiéis criadas e que *apenas* me ponham em meu caixão. Entre essas pessoas podem estar minhas criadas indianas, desde que sua religião permita. A gentileza e o cuidado delas foram mais que essenciais agora que estou tão debilitada e necessitada de ajuda.

25 out. 1897. RA VIC/MAIN/F/23/1-9a.

48. Michaela Reid, *Ask Sir James*, p. 203.

49. Ibid., p. 204.

50. Ibid., p. 196.

51. Ibid., p. 206.

52. Jerrold Packard, *Victoria's Daughters*, p. 309.

53. Michaela Reid, *Ask Sir James*, p. 211.

54. 22 jan. 1901, 4h da manhã. Assinado por James Reid, MD, Douglas Powell, MD, Norman Barlow, MD. RA VIC/MAIN/F/23/25.

55. Reid, que estava claramente no comando, foi quem disse a Bertie que o fizesse. De acordo com o relato do médico, todos o cumprimentaram e Bertie lhe agradeceu por tudo que fizera por sua mãe Michaela Reid, *Ask Sir James*, p. 212.

30. O FIM DA ERA VITORIANA: "AS RUAS APRESENTAVAM DE FATO UMA ESTRANHA VISÃO" [pp. 414-21]

1. Marie Corelli, *The Passing of Great Queen*, 3.

2. 19 jan. 1901. Diário de Benson, Magdalene College Library, Cambridge, vol. 5, 1900-1901, p. 130.

3. Maurice Baring, *The Puppet Show of Memory*, pp. 215-6.

4. Laurence Housman, *The Unexpected Years*, p. 221.

5. Comentário de Beatrice Webb, citado em John Wolffe, *Great Deaths*, p. 242.

6. "Estou certa de que hoje nossos corações são um só em consideração à nossa muito querida Rainha Mãe, mãe do povo, obediente, fiel e corajosa. Sente-se como alguém que perdeu um grande amigo. Todos choram e as venezianas estão cerradas. É um luto real, pessoal. Creio que no continente não entendem a nossa dor, mas como é maravilhoso esse frêmito de amor e de lamento sentido em todo o Império". Jane Jordan, *Josephine Butler*, p. 285.

7. Leon Edel, *Henry James: Selected Letters*, pp. 328-9.

8. Mark Bostridge, *Florence Nightingale*, p. 518.

9. Shirley Nicholson, *A Victorian Household*, p. 184.

10. Marie Corelli, *The Passing of a Great Queen*, pp. 46-8.

11. 26 jan. 1897, Instruções para Funeral, RA, VIC/MAIN/F/23/1-9a, pp. 12-6, 18-37.

12. 26 jan. 1897, memorando da rainha Vitória. RA, VIC/MAIN/F/23/1-9a, pp. 12-6, 18-37.

13. Sir James Reid, cadernos, v. 2 (1881–3), Reid Family Archives [Arquivos da Família Reid], Lanton Tower, Lanton.

14. Essas instruções eram sempre guardadas no bolso de uma criada e agora estão nos arquivos do dr. James Reid, o médico que estava com Vitória em seu leito de morte.

15. Reid registrou meticulosamente os detalhes da morte. Lady Reid disse que as últimas palavras de Vitória foram "Farei tudo o que você quiser". Susan Reid para Mary, i.e., Sra. John F. Reid, 26 jan. 1901, Reid Family Archives [Arquivos da Família Reid], Lanton Tower, Londres.

16. Susan Reid para a sra. Reid, 25 jan. 1901, Reid Family Archives [Arquivos da Família Reid], Lanton Tower, Londres.

17. RA, VIC/MAIN/F/23/32: recorte de *The Times*, 2 fev. 1901: "Hoje as transações financeiras e comerciais de Nova York serão interrompidas em respeito e consideração… [uma] pausa na vida agitada da cidade".

18. John Wolffe, *Great Deaths*, p. 229.

19. Ibid.

20. Ibid., p. 230.

21. Ibid., p. 231.

22. H. G. Wells, *Experiment in Autobiography*, p. 27.

23. Jane Jordan, *Josephine Butler*, p. 285.

24. Citado em Elizabeth Longford, *Victoria R.I.*, p. 504.

25. Citado em Helen Rappaport, *Queen Victoria*, p. 426.

26. Grace Greenwood, *Queen Victoria*, pp. 390-1.

27. *Reynolds Newspapers*, 27 jan. 1901. Citado em Helen Rappaport, *Queen Victoria*, p. 430; Richard Williams, *The Contentious Crown*, p. 145.

28. 25 out. 1897. RA, VIC/MAIN/ F/23/1-9a.

29. QVJ, 6 mar. 1873.

30. David M. Craig, "The Crowned Republic?", p. 173.

31. QVJ, 26 set. 1848.

32. G. K. Chesterton, "Queen Victoria", p. 234.

33. 24 maio 1897, Duff, *Queen Victoria's Highlands Journals*, p. 223.

34. 25 out. 1897, RA, VIC/MAIN/F/23/1- 9a.

35. Laurence Housman, *The Unexpected Years*, p. 370.

36. O dr. Reid observou que, enquanto a rainha agonizava, "seu coração batia de modo estável e aguentou até o fim", a despeito da fraqueza física e "exaustão cerebral". Apesar do estranho lapso, as ideias não foram turvadas, disse o médico, mencionando como prova o fato de ela ter reconhecido vários membros de sua família minutos antes da morte. Sir James Reid, Relatório Médico, 23 jan. 1901, Reid Family Archives [Arquivos da Família Reid], Lanton Tower, Londres.

Referências bibliográficas

FONTES PRIMÁRIAS

Para escrever este livro, recorri a materiais de acervos de manuscritos, arquivos e bibliotecas na Inglaterra, Estados Unidos, Alemanha e Austrália. Nos Arquivos Reais do Castelo de Windsor, em Berkshire, na Inglaterra, li a correspondência entre Vitória e o marido, filhos, primeiros-ministros, secretários, ministros, amigos e membros da Casa Real. Percorri várias vezes seus aposentos na Casa Osborne, na Ilha de Wight, bem como no Castelo de Windsor, no Palácio de Buckingham e no Castelo de Balmoral na Escócia. A Casa Osborne continua praticamente igual desde a morte de Vitória, e ainda está repleta de lembranças, moldes de membros dos bebês, cachos de cabelos dos filhos, pinturas encomendadas por um casal jovem e de grandes posses.

Vitória deixou muitos milhões de palavras escritas. Para a sorte dos pesquisadores, seus diários agora estão disponíveis on-line. Um século atrás, a tarefa hercúlea de editar suas cartas foi empreendida por Arthur Christopher Benson e pelo visconde Esher, prosseguida por George Earle Buckle. As cartas da rainha à filha mais velha estão conservadas em Friedrichshof, perto de Frankfurt na Alemanha, a cargo da Kurhessische Hausstiftung, a fundação da família da casa de Hesse. Roger Fulford passou os anos de 1964 a 1981 a editar essa correspondência; Agatha Ramm produziu o volume final em 1991.

Outros materiais foram obtidos em coleções que incluem as seguintes:

Papéis de Aberdeen, Coleção de Manuscritos da Biblioteca Britânica, St. Pancras, Londres.
Papéis de Althorp, Correspondência com Sir Henry Ponsonby, secretário particular da Rainha Vitória, muitos em nome da rainha, Biblioteca Britânica.
Papéis de Ayrton, Biblioteca Britânica.
Diário de Artur Benson, Magdalene College Library, Cambridge, Inglaterra.
Coleções de Jornais da Biblioteca Britânica, Colindale Avenue, Londres, Inglaterra.
Diários de Lady Katherine Clarendon, Papéis de Clarendon, MSS Eng. E. 2122-5, Coleção Especial da Biblioteca Bodleian.
Papéis da Coleção Família Conroy, Balliol College, Oxford.

Papéis de Lord Cross, Biblioteca Britânica.

Benjamin Disraeli, correspondência com a rainha Vitória, Western Manuscripts, MSS Disraeli, NRA 842 Disraeli, Coleção Especial da Biblioteca Bodleian.

Imperatriz Frederick, Cartas, Kurhessische Hausstiftung, Schloss Fasanerie, Eichenzell, Alemanha.

Ernest II, duque of Saxe-Coburgo, Staatsarchiv Coburg, Alemanha.

Papéis Gladstone, incluindo correspondência com a rainha Vitória e seus secretários particulares, 1845-94, Biblioteca Britânica.

Sir William Harcourt, Correspondência com a rainha Vitória 1880-81, MS Harcourt dep. 365; e 1882-83, MS Harcourt dep. 2 Coleção Especial da Biblioteca Bodleian.

Arquivos da princesa Dorothea von Lieven, Coleção de Manuscritos da Biblioteca Britânica.

Princesa Dorothea von Lieven, cartas Acervo Marie Mallet, Balliol College, Oxford.

Arquivos Marie Mallet, dama de companhia, Balliol College, Oxford.

Papéis da Família Morier, K1/4/4, 1866-72, cartas da rainha Vitória ao general Peel, Balliol College, Oxford.

Papéis de Nightingale, Vol. XII, Add. MSS 45750, Biblioteca Britânica.

Papéis de Peel, Biblioteca Britânica.

Acervo Rainha Vitória, Palácio de Kensington, Londres, Inglaterra.

"Album Consolativum" da Rainha Vitória, Biblioteca Britânica.

Papéis de James Reid, Arquivos da Família Reid, Lanton Tower, Lanton, Scotland.

Yvonne Ward, tese de doutorado, "Editing Queen Victoria: How Men of Letters Constructed the Young Queen", Biblioteca Borchardt, Universidade La Trobe em Bundoora, Austrália.

Diário de Lady Waterpark como dama de companhia da rainha Vitória, 1865-1891, Biblioteca Britânica.

Arquivo sobre o Sufrágio Feminino, Add. 74952, apelo no Jubileu: 1897, Biblioteca Britânica.

ARTIGOS E REVISTAS

ANDERSON, Nancy Fix. "Cousin Marriage in Victorian England". *Journal of Family History*, v. 11, n. 2, pp. 285-301, set. 1986.

ARNSTEIN, Walter L. "Queen Victoria's Diamond Jubilee". *The American Scholar*, v. 66, n. 4, pp. 591-7, outono 1997.

BAKER, Kenneth. "George IV: A Sketch". *History Today*, v. 55, 2005. Disponível em: <historytoday.com/kenneth-baker/george-iv-sketch>. Acesso em: 7 jul. 2018.

BEACHY, Robert. "The German Invention of Homosexuality". *The Journal of Modern History*, v. 82, n. 4: Science and the Making of Modern Culture, pp. 801-38, dez. 2010.

BEHLMER, George K. "The Gypsy Problem in Victorian England". *Victorian Studies*, v. 28, n. 2, pp. 231-53, 1985.

BERRIDGE, Virginia. "Queen Victoria's Cannabis Use: Or, How History Does and Does Not Get Used in Drug Policy Making". *Addiction Research and Theory*, v. 11, pp. 213-5, 2003.

BROWN, Catherine. "Henry James and Ivan Turgenev: Cosmopolitanism and Croquet". *Literary Imagination*, v. 15, n. 1, pp. 109-23, 2013. Disponível em: <https://catherinebrown.org/academic/articles/henry--james-and-ivan-turgenev-cosmopolitanism-and-croquet/>. Acesso em: 7 jul. 2018.

BRUMBERG, Joan Jacobs. "Chlorotic Girls, 1870-1920: A Historical Perspective on Female Adolescence". *Child Development*, v. 53, pp. 1468-77, 1982. Disponível em: <https://www.jstor.org/stable/1130073?seq=1#page_scan_tab_contents>. Acesso em: 7 jul. 2018.

CRAIG, David M. "The Crowned Republic? Monarchy and Anti-Monarchy in Britain, 1760-1901". *The Historical Journal*, v. 46, n. 1, v. 167-85, mar. 2003. Disponível em: <http://dro.dur.ac.uk/206/>. Acesso em: 7 jul. 2018.

DELUCA, Geraldine. "Lives and Half-Lives: Biographies of Women for Young Adults". *Children's Literature in Education*, v. 17, n. 4, pp. 241-52, 1986.

DEMOS, John; DEMOS, Virginia. "Adolescence in Historical Perspective". *Journal of Marriage and Family*, v. 31, pp. 632-8, 1969. Disponível em: <https://www.jstor.org/stable/349302?seq=1#page_scan_tab_contents>. Acesso em: 7 jul. 2018.

EVANS, Richard J. "The Victorians: Empire and Race". Palestra apresentada no Gresham College, 11 abr. 2011. Disponível em: <gresham.ac.uk/lectures-and-events/the-victorians-empire-and-race>. Acesso em: 7 jul. 2018.

FRITH, John. "Syphilis — Its Early History and Treatment Until Penicillin and the Debate on Its Origins". *Journal of Military and Medical Health*, v. 20, n. 4, pp. 49-58, dez. 2012. Disponível em: <search.informit. com.au/documentSummary;dn=395151977487523;res=IELHEA>. Acesso em: 7 jul. 2018.

GOSSE, Edmund. "The Character of Queen Victoria". *Quarterly Review*, v. 193, pp. 301-37, jan.-abr. 1901.

GRANT, Susan-Mary. "New Light on the Lady with the Lamp". *History Today*, v. 52, n. 9, pp. 11-7, set. 2002.

GRONEMAN, Carol. "Nymphomania: The Historical Construction of Female Sexuality". *Signs*, v. 19, n. 2, pp. 337-67, 1994.

GROSVENOR, Bendor. "Dear John". *History Today*, v. 55, n. 1, jan. 2005.

HEESOM, Alan. "The Coal Mines Act of 1842, Social Reform, and Social Control". *The Historical Journal*, v. 24, n. 1, pp. 69-88, mar. 1981. Disponível em: <https://www.cambridge.org/core/journals/historical-journal/article/div-classtitlethe-coal-mines-act-of-1842-social-reform-and-social-controldiv/CFC5CBB2ED8E123058612F121336A092>. Acesso em: 7 jul. 2018.

JAY, Elisabeth. "'Mrs. Brown' by Windsor's Other Widow". *Women's Writing*, v. 6, n. 2, pp. 191-200, 1999. Disponível em: <https://www.tandfonline.com/doi/abs/10.1080/09699089900200066>. Acesso em: 7 jul. 2018.

KERR, C. B. "The Fortunes of Haemophiliacs in the Nineteenth Century". *Medical History*, v. 7, n. 4, pp. 359-70, out. 1963. Disponível em: <https://www.cambridge.org/core/journals/medical-history/article/fortunes-of-haemophiliacs-in-the-nineteenth-century/120D0A4E86118EBBB70995A6F87BCED3>. Acesso em: 7 jul. 2018.

KING, Kathryn R.; MORGAN, William W. "Hardy and the Boer War: The Public Poet in Spite of Himself". *Victorian Poetry*, v. 17, n. 1 e 2, pp. 66-83, primavera-verão 1979.

KUHN, William. "Sexual Ambiguity in the Life of Disraeli". *Gay and Lesbian Review Worldwide*, v. 13, n. 4, pp. 16-8, 2006.

LARSSON, S. Anders. "Life Expectancy of Swedish Haemophiliacs". *Journal of Haematology*, v. 59, pp. 593-602, 1985. Disponível em: <https://onlinelibrary.wiley.com/doi/abs/10.1111/j.1365-2141.1985.tb07353.x>. Acesso em: 7 jul. 2018.

LEVINE, Philippa. "Venereal Disease, Prostitution, and the Politics of Empire: The Case of British India". *Journal of the History of Sexuality*, v. 4, n. 4, pp. 579-602, 1994.

LINTON, E. Lynn. "The Judicial Shock to Marriage". *The Nineteenth Century*, v. 29, pp. 691-700, maio 1891.

MAERCKER, Andreas; LALOR, John. "Diagnostic and Clinical Considerations in Prolonged Grief Disorder". *Dialogues in Clinical Neuroscience*, v. 14, n. 2, pp. 167-76, jun. 2012.

MORTON, Tom. "Jewel in the Crown". *Frieze*, v. 66, abr. 2002.

"NOTES OF THE MONTH". *Civil Engineer and Architect's Journal*, v. 15, pp. 159-60, 1852.

PEARCE, Brian Louis et al. "Queen Victoria's Golden Jubilee 1887". *Journal of the Royal Society of Arts*, v. 135, pp. 573-97, jul. 1987.

PETERS, Timothy J.; WILKINSON, D. "King George III and Porphyria: A Clinical Re-Examination of the Historical Evidence". *History of Psychiatry*, v. 21, n. 1, pp. 3-19, 2010.

PLUNKETT, John. "Of Hype and Type: The Media Making of Queen Victoria 1837-1845". *Critical Survey*, v. 13, n. 2, pp. 7-25, verão 2001.

PRIGERSON, Holly G. et al. "Prolonged Grief Disorder: Psychometric Validation of Criteria Proposed for DSM-V and ICD-11." *PLoS Medicine*, v. 6, n. 8, ago. 2009. Disponível em: <e1000121. doi: 10.1371/journal.pmed.1000121>. Acesso em: 7 jul. 2018.

"PROTECTED Cradles". *Household Words*, 2:31, pp. 108-12, out. 26, 1850.

RAVEN, Thomas F. "The Hæmorrhagic Diathesis". *The British Medical Journal*, v. 1, p. 686, 8 nov. 1884. Disponível em: <archive.org/details/britishmedicaljo11884brit>. Acesso em: 7 jul. 2018.

REID, Michaela. "Sir James Reid, Bt: Royal Apothecary". *Journal of the Royal Society of Medicine*, v. 94, n. 4, pp. 194-5, abr. 2001.

RUSHTON, Alan R. "Leopold: The 'Bleeder Prince' and Public Knowledge About Hemophilia in Victorian Britain". *Journal of the History of Medicine and Allied Sciences*, v. 67, n. 3, pp. 457-90, jul. 2012. Disponível em: <https://muse.jhu.edu/article/480068/pdf>. Acesso em: 7 jul. 2018.

SHAW, George Bernard. "The Ugliest Statue in London". *Arts Gazette*, 31 maio 1919.

SHEAR, M. Katherine et al. "Complicated Grief and Related Bereavement Issues for DSM-5". *Depression and Anxiety*, v. 28, n. 2, pp. 103-17, fev. 2011. Disponível em: <https://onlinelibrary.wiley.com/doi/abs/10.1002/da.20780>. Acesso em: 7 jul. 2018.

SHOWALTER, Elaine; SHOWALTER, English. "Victorian Women and Menstruation". *Victorian Studies*, v. 14, n. 1, p. 83-9, set. 1970.

ST. JOHN, Ian. "Queen Victoria as a Politician". *The Historian*, v. 80, 1 dez. 2003.

TAIT, Robert Lawson. "Note on the Influence of Removal of the Uterus and Its Appendages on the Sexual Appetite". *The British Gynaecological Journal*, v. 4, pp. 310-7, 1888.

TAYLOR, Miles. "The 1848 Revolutions and the British Empire". *Past and Present*, v. 166, n. 1, pp. 146-180, 2000. Disponível em: <https://www.researchgate.net/publication/249237082_The_1848_revolutions_and_the_British_Empire>. Acesso em: 7 jul. 2018.

TEDFORD, Barbara Wilkie. "The Attitudes of Henry James and Ivan Turgenev Toward the Russo-Turkish War". *Henry James Review*, v. 1, n. 3, pp. 257-61, primavera 1980. Disponível em: <http://muse.jhu.edu/issue/16827>. Acesso em: 7 jul. 2018.

TURNER, Trevor. "Erotomania and Queen Victoria: Or Love Among the Assassins?". *BJPsych Bulletin*, v. 14, pp. 224-7, 1990. Disponível em: <http://citeseerx.ist.psu.edu/viewdoc/download?doi=10.1.1.624.5696&rep=rep1&type=pdf>. Acesso em: 7 jul. 2018.

TYRELL, Alex. "Women's Mission and Pressure Group Politics in Britain 1825-60". *Bulletin of the John Rylands University Library of Manchester*, v. 63, n. 1, pp. 194-230, outono 1980.

VAN WYK SMITH, Malvern. "The Boers and the Anglo-Boer War (1899-1902) in the Twentieth-Century Moral Imaginary". *Victorian Literature and Culture*, v. 31, n. 2, pp. 429-46, set. 2003. Disponível em: <https://www.researchgate.net/publication/238681087_The_Boers_and_the_Anglo-Boer_War_1899--1902_in_the_twentieth-century_moral_imaginary>. Acesso em: 7 jul. 2018.

WALKER, John West. "On Haemophilia". *The British Medical Journal*, v. 1, pp. 605-60, 1872.

WARD, Yvonne M. "The Womanly Garb of Queen Victoria's Early Motherhood, 1840-42". *Women's History Review*, v. 8, n. 2, pp. 277-94. Disponível em: <https://www.tandfonline.com/doi/abs/10.1080/09612029900200211>. Acesso em: 7 jul. 2018.

WEINTRAUB, Stanley. "Exasperated Admiration: Bernard Shaw on Queen Victoria". *Victorian Poetry*, v. 25, n. 3-4, pp. 115-32, outono-inverno 1987.

LIVROS

ACKROYD, Peter. *Dickens*. Londres: Sinclair-Stevenson, 1990.

ACTON, William. *The Functions and Disorders of the Reproductive Organs in Childhood, Youth, Adult Age, and Advanced Life: Considered in Their Physiological, Social, and Moral Relations*. Londres: Churchill, 1857.

ALBERT, Harold A. *Queen Victoria's Sister: The Life and Letters of Princess Feodora*. Londres: Robert Hale, 1967.

ALBERT, príncipe consorte. *The Principal Speeches and Addresses of His Royal Highness the Prince Consort*. Londres: John Murray, 1862.

ALDOUS, Richard. *The Lion and the Unicorn: Gladstone vs Disraeli*. Londres: Pimlico, 2007.

ALTICK, Richard D. *Victorian People and Ideas*. Nova York: W. W. Norton, 1973.

ANDERSON, William James. *The Life of F.M., H.R.H. Edward, Duke of Kent: Illustrated by His Correspondence with the De Salaberry Family, Never Before Published, Extending from 1791 to 1814*. Ottawa: Hunter, Rose & Co. 1870.

ARNSTEIN, Walter L. *Queen Victoria*. Nova York: Macmillan, 2003.

ARONSON, Theo. *Heart of a Queen: Queen Victoria's Romantic Attachments*. Londres: Thistle, 2014.

_____. *Victoria and Disraeli: The Making of a Romantic Partnership*. Nova York: Macmillan, 1977.

ASHDOWN, Dulcie. *Queen Victoria's Mother*. Londres: Hale, 1974.

ASHTON, John. *Gossip in the First Decade of Victoria's Reign*. Londres: Hurstand Blackett, 1903.

ASPINALL, Arthur (Org.). *The Letters of King George IV, 1812-1830*. 3 v. Cambridge: Cambridge University Press, 1938.

ASTON, Sir George. *His Royal Highness, the Duke of Connaught and Strathearn: A Life and Intimate Study*. Londres: G. G. Harrap, 1929.

BAGEHOT, Walter. *The English Constitution*. Londres: Kegan Paul, Trench, 1888.

BAHLMAN, Dudley W. R. (Org.). *The Diary of Sir Edward Walter Hamilton 1880-1885*. 2 v. Oxford: Clarendon Press, 1972.

BAILLIE, Albert Victor; BOLITHO, Hector (Orgs.). *Letters of Lady Augusta Stanley, a Young Lady at Court, 1849-1863*. Londres: G. Howe, 1927.

BAMFORD, Francis; WELLINGTON, duque de (Orgs.). *The Journal of Mrs Arbuthnot*. 2 v. Londres: Macmillan, 1950.

BARING, Maurice. *The Puppet Show of Memory*. Boston: Little, Brown, 1922.

BARNUM, P. T. *The Life of P. T. Barnum: Written by Himself*. Londres: Sampson Low, 1855.

BARTLEY, Paula. *Prostitution: Prevention and Reform in England, 1860-1914*. Londres: Routledge, 2000.

BASSETT, A. Tilney (Org.). *Gladstone to His Wife*. Londres: Methuen, 1936.

BASU, Shrabani. *Victoria and Abdul: The True Story of the Queen's Closest Confidant*. Stroud, UK: History Press, 2011.

BAUER, Karoline. *Caroline Bauer and the Coburgs*. Org. e Trad. de Charles Nisbet. Londres: Vizetelly, 1887.

BELCHEM, John. "The Waterloo of Peace and Order: The United Kingdom and the Revolutions of 1848". In: *Europe in 1848: Revolution and Reform*. Org. de Dieter Dowe et al. Trad. de David Higgins. Nova York: Berghahn Books, 2001, pp. 242-57.

BELL, G. K. A. *Randall Davidson, Archbishop of Canterbury*. Londres: Oxford University Press, 1935.

BELL, Susan Groag; OFFEN, Karen M. (Orgs.). *Women, the Family, and Freedom: The Debate in Documents*. v. 2, 1880-1950. Stanford: Stanford University Press, 1983.

BENNETT, Daphne. *King Without a Crown: Albert, Prince Consort of England, 1819-61*. Londres: Pimlico, 1983.

_____. *Queen Victoria's Children*. Londres: Victor Gollancz, 1980.

BENSON, Arthur Christopher; ESHER, Reginald (Orgs.). *The Letters of Queen Victoria: A Selection from Her Majesty's Correspondence Between the Years 1837 and 1861*. 3 v. Londres: John Murray, 1907.

BENSON, Edward F. *Queen Victoria*. Londres: Longmans, Green, 1935.

BENSON, Elaine. *Unmentionables: A Brief History of Underwear*. Nova York: Simon and Schuster, 1996.

BERRIDGE, Virginia. *Opium and the People: Opiate Use and Drug Control Policy in Nineteenth and Early Twentieth Century England*. Londres: Free Association Books, 1999.

BEST, Geoffrey. *Mid-Victorian Britain 1851-75*. Londres: Fontana, 1985.

BLAKE, Robert. "Constitutional Monarch: The Prerogative Powers". In: *The Law, Politics, and the Constitution: Essays in Honour of Geoffrey Marshall*. Org. de David Butler, Robert Summers e Vernon Bogdanor. Oxford: Oxford University Press, 1999.

_____. *Disraeli*. Londres: Methuen, 1966.

BLOOM, Clive. *Victoria's Madmen: Revolution and Alienation*. Basingstoke: Macmillan, 2013.

BLOOMFIELD, Georgiana. *Reminiscences of Court and Diplomatic Life*. Londres: Kegan Paul, Trench, 1883.

BLYTH, John. *Caro: The Fatal Passion, the Life of Lady Caroline Lamb*. Londres: Rupert Hart-Davis, 1972.

BOGDAN, Robert. *Freak Show: Presenting Human Oddities for Amusement and Profit*. Chicago: University of Chicago Press, 1990.

BOLITHO, Hector. *A Biographer's Notebook*. Londres: Longmans, Green, 1950.

_____. *Albert: Prince Consort*. Londres: David Bruce and Watson, 1970.

_____. *Albert the Good and the Victorian Reign*. Nova York: D. Appleton, 1932.

_____. (Org.). *Further Letters of Queen Victoria, from the Archives of the House of Brandenburg-Prussia*. Trad. de Mrs. J. Pudney e Lord Sudley. Londres: Thornton Butterworth, 1938.

_____. (Org.). *The Prince Consort and His Brother: Two Hundred New Letters*. Londres: Cobden-Sanderson, 1933; Nova York: Appleton-Century, 1934.

BOLITHO. Hector. *The Reign of Queen Victoria*. Londres: Collins, 1949.

BONDESON, Jan. *Queen Victoria's Stalker: The Strange Story of the Boy Jones*. Stroud: Amberley, 2010.

BOSTRIDGE, Mark. *Florence Nightingale: The Making of an Icon*. Nova York: Farrar, Straus and Giroux, 2008.

BOSWELL, James. *The Life of Samuel Johnson*. Londres: G. Cowie, 1824.

BOYKIN, Edward (Org.). *Victoria, Albert, and Mrs. Stevenson*. Londres: Rinehart, 1957.

BRADFORD, Sarah. *Disraeli*. Londres: Phoenix, 1982.

BRANCA, Patricia. *Silent Sisterhood: Middle-Class Women in the Victorian Home*. Londres: Routledge, 1975.

BRETT, Maurice V. (Org.). *Journals and Letters of Reginald Viscount Esher*. 4 v. Londres: Ivor Nicholson and Watson, 1934-1938.

BRIGGS, Asa. *The Age of Improvement, 1763-1867*. Londres: Longman, 1993.

_____. *Victorian People: A Reassessment of Persons and Themes 1851-1867*. Nova York: Harper and Row, 1963.

BRUMBERG, Joan Jacobs. *The Body Project: An Intimate History of American Girls*. Nova York: Random House, 1997.

BRYSON, Bill. *At Home: A Short History of Private Life*. Londres: Black Swan, 2011.

BUCKLE, George Earle. (Org.). *The Letters of Queen Victoria: A Selection from Her Majesty's Correspondence and Journal Between the Years 1862 and 1878*. 2. ser. 2 v. Londres: John Murray, 1926-28 [1862-78].

BUCKLE, George Earle. (Org.). *The Letters of Queen Victoria: A Selection from Her Majesty's Correspondence and Journal Between the Years 1862 and 1885.* 2. ser. Londres: John Murray, 1928 [1879-85].

_____. (Org.). *The Letters of Queen Victoria: A Selection from Her Majesty's Correspondence and Journal Between the Years 1886 and 1901.* 3. ser. 3 v. Londres: John Murray, 1930-32.

CAINE, Barbara. *Victorian Feminists.* Oxford: Oxford University Press, 1992.

CARLYLE, Thomas. *The Collected Letters of Thomas and Jane Welsh Carlyle.* Org. de Brent E. Kinser. Durham: Duke University Press, 1970-2016. Disponível em: <carlyleletters.dukepress.edu>. Acesso em: 7 jul. 2018.

CARPENTER, Mary Wilson. *Health, Medicine, and Society in Victorian England..* Santa Barbara: Praeger, 2009.

CARROLL, Lewis. *Through the Looking-Glass.*

CAVENDISH, Lady Lucy Caroline Lyttelton. *The Diary of Lady Frederick Cavendish.* Org. de John Bailey. v. 2. Nova York: Frederick A. Stokes, 1927.

CECIL, David. *The Young Melbourne and Lord M.* Londres: Phoenix Press, 2001.

CECIL, Lady Gwendolen. *Life of Robert, Marquis of Salisbury.* 4 v. Londres: Hodder and Stoughton, 1921.

CHAMBERS, James. *Palmerston: The People's Darling.* Londres: John Murray, 2005.

CHARLOT, Monica. *Victoria the Young Queen.* Oxford: Basil Blackwell, 1991.

CHESNEY, Kellow. *Crimean War Reader.* Londres: Frederick Muller, 1960.

_____. *The Anti-Society: An Account of the Victorian Underworld.* Boston: Gambit, 1970.

CHESTERTON, G. K. "Queen Victoria". In: *Varied Types.* Nova York: Dodd, Mead, 1903, pp. 225-34. Reimpr., Rockville: Wildside Press: 2005.

_____. *What's Wrong with the World.* Nova York: Dodd, Mead, 1910.

CLARKE, Isabel C. *Shelley and Byron: A Tragic Friendship.* Londres: Hutchinson, 1934.

CLARKE, J. F. *Autobiographical Recollections of the Medical Profession.* Londres: J. and A. Churchill, 1876.

CLIVE, Mary (Org.). *Caroline Clive: From the Diary and Family Papers of Mrs. Archer Clive, 1801-1873.* Londres: Bodley Head, 1949.

COLLEY, Linda. *Britons: Forging the Nation 1707-1837.* Londres: Vintage, 1996.

CONNELL, Brian. *Regina vs. Palmerston: The Private Correspondence Between Queen Victoria and Her Foreign and Prime Minister, 1837-1865.* Nova York: Doubleday, 1961.

COPLAND, James. *A Dictionary of Practical Medicine.* Nova York: Harper and Brothers, 1845.

CORELLI, Marie. *The Passing of a Great Queen: A Tribute to the Noble Life of Victoria Regina.* Nova York: Dodd, Mead, 1901.

CORNWALLIS-WEST, Mrs. George. *The Reminiscences of Lady Randolph Churchill.* Londres: Edward Arnold, 1908.

CORTI, Egon Caesar. *The English Empress: A Study in the Relations Between Queen Victoria and Her Eldest Daughter, Empress Frederick of Germany.* Trad. de E. M. Hodgson. Londres: Cassell, 1957.

COSTELLO, Con. *A Most Delightful Station: The British Army on the Curragh of Kildare, Ireland, 1855-1922.* Cork: Collins Press, 1996.

COWEN, Ruth. *Relish: The Extraordinary Life of Alexis Soyer, Victorian Celebrity Chef.* Londres: Weidenfeld and Nicolson, 2006.

CRESTON, Dormer. *The Youthful Queen Victoria: A Discursive Narrative.* Londres: Macmillan, 1952.

CULLEN, Tom A. *The Empress Brown: The Story of a Royal Friendship.* Londres: Bodley Head, 1969.

DARBY, Elisabeth; SMITH, Nicola. *The Cult of the Prince Consort.* New Haven: Yale University Press, 1983.

DARWIN, Charles R. *Evolutionary Writings* (Org.). James A. Secord. Oxford: Oxford University Press, 2010.

_____. *Fertilisation of Orchids.* Londres: John Murray, 1862.

DAVENPORT-HINES, Richard. *Sex, Death, and Punishment: Attitudes to Sex and Sexuality in Britain Since the Renaissance*. Londres: Collins, 1990.

DAVIDOFF, Leonore; HALL, Catherine. *Family Fortunes: Men and Women of the English Middle Class, 1780-1850*. Londres: Routledge, 2002.

DAVIDSON, Roger; HALL, Lesley A. (Orgs.). *Sex, Sin and Suffering: Venereal Disease and European Society Since 1870*. Londres: Routledge, 2001.

DEKKERS, Midas. *Dearest Pet: On Bestiality*. Londres: Verso, 2000.

DENNISON, Matthew. *The Last Princess: The Devoted Life of Queen Victoria's Youngest Daughter*. Londres: Phoenix, 2007.

DIAMOND, Michael. *Victorian Sensation*. Londres: Anthem Press, 2003.

DISRAELI, Benjamin. *Benjamin Disraeli Letters: 1860-1864*. Org. de M. G. Wiebe et al. Toronto: University of Toronto Press, 2009.

DIXIE, Lady Florence. *Gloriana; Or, The Revolution of 1900*. Londres: Henry and Company, 1890.

DOUGLASS, Paul. *Lady Caroline Lamb: A Biography*. Nova York: Macmillan, 2004.

DOWNER, Martyn. *The Queen's Knight: The Extraordinary Life of Queen Victoria's Most Trusted Confidant*. Londres: Corgi, 2008.

DOYLE, Arthur Conan. *The Great Boer War*. Londres: Smith, Elder, 1900. Disponível em: <gutenberg.org/files/3069/3069-h/3069-h.htm>. Acesso em: 7 jul. 2018.

DUFF, David. *Albert and Victoria*. Londres: Frederick Muller, 1972.

_____. *Edward of Kent: The Life Story of Queen Victoria's Father*. Londres: Frederick Muller, 1973.

_____. *The Shy Princess: The Life of Her Royal Highness Princess Beatrice, the Youngest Daughter and Constant Companion of Queen Victoria*. Londres: Evans Brothers, 1958.

DUFF, David; VITÓRIA, rainha da Grã-Bretanha. *Queen Victoria's Highland Journals*. Exeter: Webb and Bower, 1980.

DUFF, Ethel M. *The Life Story of H.R.H. the Duke of Cambridge*. Londres: Stanley Paul, 1938.

DYHOUSE, Carol. *Feminism and the Family in England, 1880-1939*. Nova York: Basil Blackwell, 1989.

DYSON, Hope; TENNYSON, Charles (Orgs.). *Dear and Honoured Lady: The Correspondence Between Queen Victoria and Alfred Tennyson*. Londres: Macmillan, 1969.

ELLIS, Sarah Stickney. *The Wives of England: Their Relative Duties, Domestic Influence, and Social Obligations*. Nova York: D. Appleton, 1843.

ERICKSON, Carolly. *Her Little Majesty: The Life of Queen Victoria*. Nova York: Simon and Schuster, 1997.

ERNEST II. *Memoirs of Ernest II, Duke of Saxe-Coburg-Gotha*. 4 v. Londres: Remington, 1888.

ERSKINE, Mrs. Steuart (Org.) *Twenty Years at Court: From the Correspondence of the Hon. Eleanor Stanley, Maid of Honour to Her Late Majesty Queen Victoria, 1842-1862*. Londres: Nisbet, 1916.

ESHER, visconde Reginald Baliol Brett (Org.). *The Girlhood of Queen Victoria: A Selection from Her Majesty's Diaries Between the Years 1832 and 1840*. 2 v. Londres: John Murray, 1912.

FAROQHI, Suraiya et al. *An Economic and Social History of the Ottoman Empire: 1300-1914.*, v. 2, *1600-1914*. Cambridge: Cambridge University Press, 1997.

FARWELL, Byron. *Queen Victoria's Little Wars*. Nova York: Harper, 1972.

FAWCETT, Millicent Garrett. *Life of Her Majesty Queen Victoria*. Boston: Roberts Brothers, [1895].

FEUCHTWANGER, E. J. *Albert and Victoria: The Rise and Fall of the House of Saxe-Coburg-Gotha*. Londres: Hambledon Continuum, 2006.

FILDES, Valerie. *Wet Nursing: A History from Antiquity to the Present*. Oxford: Basil Blackwell, 1988.

FISHER, Trevor. *Prostitution and the Victorians*. Nova York: St. Martin's, 1997.

FLANDERS, Judith. *The Victorian House: Domestic Life from Childbirth to Deathbed.* Londres: Harper, 2004.

FORSTER, John. *The Life of Charles Dickens.* 2 v. Londres: Chapman and Hall, 1904.

FOX, Caroline. *Memories of Old Friends: Being Extracts from the Journals and Letters.* Org. de Horace N. Pym. Londres: Smith, Elder, 1882.

FROST, Thomas. *The Old Showmen, and the Old London Fairs.* Londres: Tinsley Brothers, 1874.

FULFORD, Roger (Org.). *Beloved Mama: Private Correspondence of Queen Victoria and the German Crown Princess, 1878-85.* Londres: Evans Brothers, 1981.

_____. (Org.). *Darling Child: Private Correspondence of Queen Victoria and the Crown Princess of Prussia, 1871-1878.* Londres: Evans Brothers, 1976.

_____. (Org.). *Dearest Child: Letters Between Queen Victoria and the Princess Royal 1858-61.* Londres: Evans Brothers, 1964.

_____. (Org.). *Dearest Mama: Letters Between Queen Victoria and the Crown Princess of Prussia 1861-1864.* Londres: Evans Brothers, 1968.

_____. *George the Fourth.* Londres: Gerald Duckworth, 1949.

_____. *Royal Dukes: The Father and Uncles of Queen Victoria.* Londres: Fontana, 1973.

_____. *The Prince Consort.* Londres: Macmillan, 1949.

_____. (Org.). *Your Dear Letter: Private Correspondence of Queen Victoria and the Crown Princess of Prussia 1865-1871.* Nova York: Scribner, 1971.

GARDINER, John. *The Victorians: An Age in Retrospect.* Londres: Hambledon and London, 2002.

GARDINER, Juliet. *Queen Victoria.* Londres: Collins and Brown, 1997.

GILL, Gillian. *Nightingales: Florence and Her Family.* Londres: Sceptre, 2004.

_____. *We Two: Victoria and Albert: Rulers, Partners, Rivals.* Nova York: Ballantine, 2010.

GILLEN, Mollie. *The Prince and His Lady : The Love Story of the Duke of Kent and Madame de St. Laurent.* Londres: Sidgwick and Jackson, 1970.

GOLDSWORTHY, Vesna. *Inventing Ruritania: The Imperialism of the Imagination.* New Haven: Yale University Press, 1998.

GOODWAY, David. *London Chartism, 1838-1848.* Cambridge: Cambridge University Press, 2002.

GORDON, Charles George. *The Journals of Major-Gen. C. G. Gordon, C. B., at Khartoum.* Londres: K. Paul, Trench, 1885.

GORE, John (Org.). *Creevey.* Londres: John Murray, 1948.

_____. (Org.). *Creevey's Life and Times: A Further Selection from the Correspondence of Thomas Creevey, Born 1768 – Died 1838.* Londres: John Murray, 1934.

GORHAM, Deborah. *The Victorian Girl and the Feminine Ideal.* Camberra: Croom Helm, 1982.

GREENWOOD, Grace [Sara Jane Lippincott]. *Queen Victoria: Her Girlhood and Womanhood.* Nova York: John R. Anderson and Henry S. Allen, 1883.

GREVILLE, Charles. *The Great World: Portraits and Scenes from Greville's Memoirs, 1814-1860.* Org. de Louis Kronenberger. Garden City: Doubleday, 1963.

_____. *The Greville Memoirs.* Org. de Roger Fulford. Londres: Batsford, 1963.

_____. *The Greville Memoirs.* (segunda parte): *A Journal of the Reign of Queen Victoria from 1837 to 1852.* Org. de Henry Reeve. 3 v. Londres: Longmans, Green, 1885.

_____. *The Greville Memoirs: A Journal of the Reigns of King George IV and King William IV.* Org. de Henry Reeve. 2 v. Nova York: D. Appleton, 1896. Reimpr. Londres: Forgotten Books, 2013.

_____. *The Greville Memoirs: A Journal of the Reigns of King George IV and King William IV and Queen Victoria.* Org. de Henry Reeves. 8 v. Londres: Longmans, Green, 1888.

GREY, Charles. *The Early Years of His Royal Highness the Prince Consort.* Nova York: Harper and Brothers, 1867. Reimpr. Londres: Forgotten Books, 2013.

GREY, Elizabeth. *Caroline: Passages in the Life of a Fast Young Lady.* 3 v. Londres: Hurst and Blackett, 1862.

_____. *The Noise of Drums and Trumpets: W. H. Russell Reports from the Crimea.* Londres: Longman, 1971.

GUEDALLA, Philip (Org.). *The Queen and Mr. Gladstone.* 2 v. Londres: Hodder and Stoughton, 1933.

HALL, Catherine. *White, Male and Middle-Class: Explorations in Feminism and History.* Cambridge: Polity Press, 1992.

HALLIDAY, Stephen. *The Great Stink of Londres: Sir Joseph Bazalgette and the Cleansing of the Victorian Capital.* Stroud: Sutton, 1999.

HANDFORD, Thomas. *Queen Victoria: Her Glorious Life and Illustrious Reign.* Atlanta: Franklin, 1901.

HARDIE, Frank. *The Political Influence of Queen Victoria.* 2. ed. Londres: Routledge, 1963.

HARDYMENT, Christina. *Dream Babies: Child Care from Locke to Spock.* Londres: Jonathan Cape, 1983.

HARRISON, J. F. C. *Early Victorian Britain, 1832-51.* Londres: Fontana, 1988.

HARTLEY, Jenny (Org.). *The Selected Letters of Charles Dickens.* Oxford: Oxford University Press, 2012.

HASTINGS, Flora, *Poems by the Lady Flora Hastings.* Edimburgo: William Blackwood and Sons, 1842.

HAWKSLEY, Lucinda. *The Mystery of Princess Louise: Queen Victoria's Rebellious Daughter.* Londres: Chatto and Windus, 2013.

HEALEY, Edna. *The Queen's House: A Social History of Buckingham Palace.* Londres: Michael Joseph em coedição com a Coleção Real, 1997.

HEFFER, Simon. *Power and Place: The Political Consequences of King Edward VII.* Londres: Weidenfeld and Nicolson, 1998.

HELSINGER, Elizabeth K.; SHEETS, Robin Lauterbach; VEEDER, William (Orgs.). *The Woman Question: Defining Voices, 1837-1883.* v. 1, *The Woman Question: Society and Literature in Britain and America, 1837-1883.* Nova York: Garland, 1983.

HENSEL, Sebastian. *The Mendelssohn Family (1729-1847) from Letters and Journals.* 2. ed. Trad. de Carl Klingemann e um colaborador americano. 2 v. Londres: Sampson Low, 1882.

HEWITT, Margaret. *Wives and Mothers in Victorian Industry.* Westport, Conn.: Greenwood Press, 1975.

HIBBERT, Christopher. *Disraeli: A Personal History.* Londres: Harper Perennial, 2005.

_____. *George III: A Personal History.* Londres: Viking, 1998.

_____. *George IV: Regent and King, 1811-1830.* Londres: Allen Lane, 1973.

_____. *Queen Victoria: A Personal History.* Londres: HarperCollins, 2000.

_____. *Queen Victoria in Her Letters and Journals: A Selection.* Stroud: Sutton, 1986.

HILTON, Boyd. *A Mad, Bad, and Dangerous People? England, 1783-1846.* Oxford: Oxford University Press, 2006.

HOBHOUSE, Hermione. *Prince Albert: His Life and Work.* Londres: Hamish Hamilton, 1983.

HOCHSCHILD, Adam. *King Leopold's Ghost: A Story of Greed, Terror, and Heroism in Colonial Africa.* Londres: Pan, 2002.

HOLCOMBE, Lee. *Victorian Ladies at Work: Middle-Class Working Women in England and Wales, 1850-1914.* Newton Abbot: David and Charles, 1973.

HOLLINGSHEAD, John. *Underground London.* Londres: Groombridge and Sons, 1862.

HOLMES, Richard. *Queen Victoria.* Nova York: Boussod, Valadon, 1897.

HOMANS, Margaret. *Royal Representations: Queen Victoria and British Culture, 1837-1876.* Chicago: University of Chicago Press, 1998.

HOMANS, Margaret; MUNICH, Adrienne (Orgs.). *Remaking Queen Victoria*. Cambridge: Cambridge University Press, 1997.

HOPPEN, K. Theodore. *The Mid-Victorian Generation, 1846-1886*. The New Oxford History of England. Oxford: Clarendon Press; Nova York: Oxford University Press, 1998.

HORN, Pamela. *The Victorian Town Child*. Stroud: Sutton, 1997.

HOUGH, Richard (Org.). *Advice to a Grand-daughter: Letters from Queen Victoria to Princess Victoria of Hesse*. Londres: Heinemann, 1975.

HOUGHTON, Walter, E. *The Victorian Frame of Mind, 1830-1870*. New Haven: Yale University Press, 1985.

HOUSE, Madeline; STOREY, Graham (Orgs.). *The Letters of Charles Dickens*, Pilgrim Edition. 12 v. Oxford: Clarendon Press; Nova York: Oxford University Press, 1965-2002.

HOUSMAN, Laurence. *The Unexpected Years*. Londres: Jonathan Cape, 1937.

HOUSTON, Gail Turley. *Royalties: The Queen and Victorian Writers*. Charlottesville: University Press of Virginia, 1999.

HOWARD, Michael. *The Franco-Prussian War: The German Invasion of France, 1870-1871*. Londres: Routledge, 2001.

HOWELL, Philip. *Geographies of Regulation: Policing Prostitution in Nineteenth-Century Britain and the Empire*. Cambridge: Cambridge University Press, 2009.

HUDSON, Katherine. *A Royal Conflict: Sir John Conroy and the Young Victoria*. Londres: Hodder and Stoughton, 1994.

HUGHES, Kathryn. *George Eliot: The Last Victorian*. Londres: Fourth Estate, 1998.

HUNT, Leigh. *The Old Court Suburb: Or, Memorials of Kensington, Regal, Critical and Anecdotical*. Londres: Hurst and Blackett, 1855.

ISBA, Anne. *Gladstone and Women*. Londres: Hambledon Continuum, 2006.

JACKMAN, Sophie; HAASSE, Hella S. (Orgs.). *A Stranger in the Hague: The Letters of Queen Sophie of the Netherlands to Lady Malet, 1842-1877*. Durham: Duke University Press, 1989.

JACKSON, Patrick. *Harcourt and Son: A Political Biography of Sir William Harcourt, 1827-1904*. Madison: Fairleigh Dickinson University Press, 2004.

JAGOW, Kurt (Org.). *Letters of the Prince Consort, 1831-1861*. Trad. de E. T. S. Dugdale. Londres: John Murray, 1938.

JALLAND, Patricia. *Death in the Victorian Family*. Oxford: Oxford University Press, 1996.

_____.; John Hooper (Orgs.). *Women from Birth to Death: The Female Life Cycle in Britain 1830-1914*. Brighton: Harvester, 1986.

JAMES, Henry. *Henry James: Selected Letters*. Org. de Leon Edel. Cambridge: Belknap Press of Harvard University Press, 1987.

JENKINS, Elizabeth. *Lady Caroline Lamb*. Londres: Sphere Books Limited, 1972.

JENKINS, Roy. *Gladstone*. Londres: Pan, 2002.

_____. *Sir Charles Dilke: A Victorian Tragedy*. Londres: Collins, 1965.

JERROLD, Clare. *The Married Life of Queen Victoria*. Londres: G. Bell and Sons, 1913.

_____. *The Widowhood of Queen Victoria*. Londres: Eveleigh Nash, 1916.

JORDAN, Jane. *Josephine Butler*. Londres: John Murray, 2001.

JUSTE, Théodore (Org.). *Memoirs of Leopold I, King of the Belgians*. Trad. de Robert Black. 2 v. Londres: Sampson Low, Son, and Marston, 1868.

KING, Greg. *The Last Empress: The Life and Times of Alexandra Feodorovna, Tsarina of Russia*. Nova York: Carol, 1994.

KING, Greg. *Twilight of Splendor: The Court of Queen Victoria During Her Diamond Jubilee Year.* Hoboken: John Wiley and Sons, 2007.

KIPLING, Rudyard. *Rudyard Kipling's Verse: Inclusive Edition, 1885-1919.* Garden City: Doubleday, Page, 1919.

KUHN, William M. *Democratic Royalism: The Transformation of the British Monarchy, 1861-1914.* Studies in Modern History. Nova York: St Martin's, 1996.

_____. *Henry and Mary Ponsonby: Life at the Court of Queen Victoria.* Londres: Duckworth, 2002.

_____. *The Politics of Pleasure: A Portrait of Benjamin Disraeli.* Londres: Free Press, 2006.

KUPER, Adam. *Incest and Influence: The Private Life of Bourgeois England.* Cambridge: Harvard University Press, 2009.

LADY OF THE COURT, A [Uma dama da corte]. *Victoria's Golden Reign: A Record of Sixty Years as Maid, Mother, and Ruler.* Londres: Richard Edward King, 1899.

LAMB, Lady Caroline. *Glenarvon.* Londres: J. M. Dent, 1995.

LAMBERT, Angela. *Unquiet Souls: The Indian Summer of the British Aristocracy, 1880-1918.* Londres: Macmillan, 1984.

LAMONT-BROWN, Raymond. *John Brown: Queen Victoria's Highland Servant.* Stroud: Sutton, 2000.

LANGLAND, Elizabeth. *Nobody's Angels: Middle-Class Women and Domestic Ideology in Victorian Culture.* Ithaca: Cornell University Press, 1995.

LAVALETTE, Michael (Org.). *A Thing of the Past?: Child Labour in Britain in the Nineteenth and Twentieth Centuries.* Liverpool: Liverpool University Press, 1999.

LEAPMAN, Michael. *The World for a Shilling: How the Great Exhibition of 1851 Shaped a Nation.* Londres: Review, 2002.

LEE, Sidney. *Queen Victoria: A Biography.* Nova York: Macmillan, 1903.

LEE, Stephen. *Aspects of British Political History, 1815-1914.* Londres: Routledge, 1994.

LEGG, J. Wickham. *A Treatise on Haemophilia, Sometimes Called the Hereditary Haemorrhagic Diathesis.* Londres: H. K. Lewis, 1872.

LEONARD, Richard L. *The Great Rivalry: Disraeli and Gladstone.* Londres: I. B. Tauris, 2013.

LEVINE, Philippa. *Prostitution, Race, and Politics: Policing Venereal Disease in the British Empire.* Nova York: Routledge, 2003.

LIEVEN, Dorothea, princesa. *Correspondence of Princess Lieven and Earl Grey.* Org. e Trad. de Guy Le Strange. 3 v. Londres: R. Bentley, 1890.

LOEB, Lori Anne. *Consuming Angels: Advertising and Victorian Women.* Nova York: Oxford University Press, 1994.

LONGFORD, Elizabeth (Org.). *Louisa, Lady in Waiting: The Personal Diaries and Albums of Louisa, Lady in Waiting to Queen Victoria and Queen Alexandra.* Londres: Jonathan Cape, 1979.

_____. *Queen Victoria: Born to Succeed.* Stroud: History Press, 2009.

_____. *The Oxford Book of Royal Anecdotes.* Oxford: Oxford University Press, 1989.

_____. *Victoria R.I.* Londres: Pan Books, 1966.

LOUDON, Irvine. *Death in Childbirth: An International Study of Maternal Care and Maternal Mortality, 1800-1950.* Oxford: Oxford University Press, 1992.

LUTYENS, Mary (Org.). *Lady Lytton's Court Diary 1895-1899.* Londres: Rupert Hart-Davis, 1961.

LYTTELTON, Sarah Spencer. *Correspondence of Sarah Spencer, Lady Lyttelton, 1787-1870.* Org. sra. Hugh Wyndham. Londres: John Murray, 1912.

MAGNUS, Philip. *Gladstone: A Biography.* Londres: John Murray, 1954.

_____. *King Edward the Seventh.* Londres: John Murray, 1964.

518

MALLET, Victor (Org.). *Life with Queen Victoria: Marie Mallet's Letters from Court 1887-1901*. Londres: John Murray, 1868.

MARCUS, Steven. *The Other Victorians: A Study of Sexuality and Pornography in Mid-Nineteenth-Century England*. Londres: Weidenfeld and Nicolson, 1966.

MARLOW, Joyce. *The Oak and the Ivy: An Intimate Biography of William and Catherine Gladstone*. Nova York: Doubleday, 1977.

MARPLES, Morris. *Wicked Uncles in Love*. Londres: Michael Joseph, 1972.

MARTIN, Robert Bernard. *Enter Rumour: Four Early Victorian Scandals*. Londres: Faber and Faber, 1962.

MARTIN, Theodore. *The Life of His Royal Highness the Prince Consort*. 5 vols. Londres: Smith, Elder, 1875-80.

MARTINEAU, Harriet. *A History of the Thirty Years' Peace, A.D. 1816-1846*. 4 v. Londres: George Bell and Sons, 1877.

_____. *Harriet Martineau's Autobiography*. Org. de Maria Weston Chapman. Boston: James R. Osgood, 1877.

_____. *The Collected Letters of Harriet Martineau*. Org. de Deborah Anna Logan. 5 v. Londres: Pickering and Chatto, 2007.

MASON, Michael. *The Making of Victorian Sexuality*. Oxford: Oxford University Press, 1995.

MATSON, John. *Dear Osborne: Queen Victoria's Family Life in the Isle of Wight*. Londres: Hamish Hamilton, 1978.

MATTHEW, H. C. G. *Gladstone: 1809-1898*. Oxford: Oxford University Press, 1997.

MATTHEW, H.C.G. REYNOLDS, K. D. "Victoria (1819-1901)". In: *Oxford Dictionary of National Biography*. Oxford University Press, 2004; ed. on-line, maio 2012. Disponível em: <http://www.oxforddnb.com/view/10.1093/ref:odnb/9780198614128.001.0001/odnb-9780198614128-e-36652>. Acesso em: 7 jul. 2018.

MAXWELL, Herbert. *Life and Letters of George William Frederick, Fourth Earl of Clarendon, K.G., G.C.B.* 2 v. Londres: Edward Arnold, 1913.

_____. *The Creevey Papers: A Selection from the Correspondence and Diaries*. 2 v. Londres: John Murray, 1905.

MAYHEW, Henry. *London Labour and the London Poor*. Org. de Victor Neuburg. Londres: Penguin, 1985.

_____. *Mayhew's London, Being Selections from "London Labour and the London Poor" by Henry Matthew*. Org. de Peter Quennell. Londres: Pilot Press, 1949.

MCCLINTOCK, Mary Howard. *The Queen Thanks Sir Howard: The Life of Major-General Sir Howard Elphinstone, V.C., K.C.B., C.M.G., by His Daughter, Mary Howard McClintock*. Londres: John Murray, 1945.

MCDONALD, Lynn (Org.). *Florence Nightingale: An Introduction to Her Life and Family*. v. 1 de *The Collected Works of Florence Nightingale*. Waterloo: Wilfrid Laurier University Press, 2001. Baltimore: Project MUSE, 2012, 2013.

_____. (Org.). *Florence Nightingale on Society and Politics, Philosophy, Science, Education and Literature*. v. 5 de *The Collected Works of Florence Nightingale*. Waterloo: Wilfrid Laurier University Press, 2003.

_____. (Org.). *Florence Nightingale's European Travels*. v. 7 de *The Collected Works of Florence Nightingale*. Waterloo: Wilfred Laurier University Press, 2004.

MCHUGH, Paul. *Prostitution and Victorian Social Reform*. Londres: Croom Helm, 1980.

MILLER, Betty. *Elizabeth Barrett to Miss Mitford: The Unpublished Letters of Elizabeth Barrett Browning to Mary Russell Mitford*. Londres: John Murray, 1954.

MILLER, J. *Prostitution Considered in Relation to Its Cause and Cure*. Edimburgo: Sutherland and Knox, 1859.

MITCHELL, Leslie George. *Lord Melbourne, 1779-1848*. Oxford: Oxford University Press, 1997.

MITCHELL, Sally. *Daily Life in Victorian England*. Westport: Greenwood Press, 1996.

MONYPENNY, William F.; BUCKLE, George Earle. *The Life of Benjamin Disraeli, Earl of Beaconsfield.* 6 v. Londres: J. Murray, 1910-20.

MORE, Hannah. *The Works of Hannah More.* 2 v. Nova York: Harper and Brothers, 1840.

MORLEY, John. *The Life of William Ewart Gladstone.* 3 v. Nova York: Macmillan, 1904.

MORRIS, Jan. *Farewell the Trumpets: An Imperial Retreat.* Nova York: Penguin, 1978.

_____. *Heaven's Command: An Imperial Progress.* Londres: Faber and Faber, 2003.

_____. *Pax Britannica: The Climax of an Empire.* Nova York: Penguin, 1968.

MORRIS, R. J.; RODGER, Richard (Orgs.). *The Victorian City: A Reader in British Urban History, 1820-1914.* Londres: Longman, 1993.

MOYLE, Franny. *Constance: The Tragic and Scandalous Life of Mrs. Oscar Wilde.* Londres: John Murray, 2012.

MURPHY, James H. *Abject Loyalty: Nationalism and Monarchy in Ireland During the Reign of Queen Victoria.* Washington: Catholic University of America Press, 2001.

MURPHY, Paul Thomas. *Shooting Victoria: Madness, Mayhem, and the Rebirth of the British Monarchy.* Londres: Head of Zeus, 2013.

MURRAY, John Fisher. *The Court Doctor Dissected.* Londres: William Edward Painter, 1839.

NEAD, Lynda. *Myths of Sexuality: Representations of Women in Victorian Britain.* Oxford: Basil Blackwell, 1988.

NEALE, Erskine. *Life of H.R.H. Edward, Duke of Kent: Father of Queen Victoria.* Londres: Richard Bentley, 1850.

NELSON, Michael. *Queen Victoria and the Discovery of the Riviera.* Londres: I. B. Tauris, 2001.

NEVILLE, Peter. *Mussolini.* 2. ed. Londres: Routledge, 2014.

NICHOLSON, Shirley. *A Victorian Household.* Londres: Barrie and Jenkins, 1988.

NIGHTINGALE, Florence. *Cassandra: An Essay.* Introduction by Myra Stark. Old Westbury: Feminist Press, 1979.

NORMINGTON, Susan. *Lady Caroline Lamb: This Infernal Woman.* Londres: House of Stratus, 2002.

PACKARD, Jerrold M. *Victoria's Daughters.* Nova York: St. Martin's, 1998.

PAKENHAM, Thomas. *The Boer War.* Londres: Weidenfeld and Nicolson, 1979.

PAKULA, Hannah. *An Uncommon Woman: The Empress Frederick, Daughter of Queen Victoria, Wife of the Crown Prince of Prussia, Mother of Kaiser Wilhelm.* Londres: Phoenix, 2006.

PARKER, Charles Stuart (Org.). *Sir Robert Peel: From His Private Papers.* 3 vols. Londres: John Murray, 1899.

PARKHOUSE, Valerie B. *Memorializing the Anglo-Boer War of 1899-1902.* Kibworth Beauchamp: Troubador, 2015.

PARRY, E. J. (Org.). *The Correspondence of Lord Aberdeen and Princess Lieven.* 2 v. Londres: Royal Historical Society, 1938.

PATERSON, Michael. *Voices from Dickens' London.* Cincinnati: David and Charles, 2006.

PATTON, Mark. *Science, Politics and Business in the Work of Sir John Lubbock: A Man of Universal Mind.* Farnham: Ashgate, 2007.

PAXMAN, Jeremy. *The Victorians: Britain Through the Paintings of the Age.* Londres: BBC Books, 2009.

PEARCE, Edward; PEARCE, Deanna (Orgs.). *The Diaries of Charles Greville.* Londres: Pimlico, 2011.

PEARSALL, Ronald. *The Worm in the Bud: The World of Victorian Sexuality.* Stroud: Sutton, 2003.

PERKIN, Harold. *The Origins of Modern English Society.* 2. ed. Londres: Routledge, 2002.

PICARD, Liza. *Victorian London: The Life of a City 1840-1870.* Londres: Weidenfeld and Nicolson, 2005.

PILBEAM, Pamela. *Madame Tussaud and the History of Waxworks.* Londres: Hambledon and London, 2003.

PLOWDEN, Alison. *The Young Victoria.* Stroud: History Press, 1981.

PLUNKETT, John. *Queen Victoria: First Media Monarch.* Oxford: Oxford University Press, 2003.

PONSONBY, Arthur. *Henry Ponsonby, Queen Victoria's Private Secretary, His Life from His Letters.* Londres: Macmillan, 1943.

_____. *Queen Victoria.* Great Lives. Londres: Duckworth, 1933.

PONSONBY, D. A. *The Lost Duchess: The Story of the Prince Consort's Mother.* Londres: Chapman and Hall, 1958.

PONSONBY, Frederick (Org.). *Letters of the Empress Frederick.* Londres: Macmillan, 1928.

_____. *Sidelights on Queen Victoria.* Nova York: Sears Publishing, 1930.

PONTING, Clive. *The Crimean War.* Londres: Chatto and Windus, 2004.

POPE-HENNESSY, Una. *Charles Dickens 1812-1870.* Londres: The Reprint Society, 1947.

PORTER, Roy. *Londres: A Social History.* Londres: Penguin, 2000.

POTTS, D. M.; POTTS, W.T.W. *Queen Victoria's Gene.* Stroud: Sutton, 1995.

PUDNEY, John. *The Smallest Room: A Discreet Survey Through the Ages.* Londres: Michael Joseph, 1954.

QUENNELL, Peter (Org.). *The Private Letters of Princess Lieven to Prince Metternich, 1820-1826.* Nova York: E. P. Dutton, 1938.

RAMM, Agatha (Org.). *Beloved and Darling Child: Last Letters Between Queen Victoria and Her Eldest Daughter, 1886-1901.* Stroud: Sutton, 1998.

RAMSDEN, John. *Don't Mention the War: The British and the Germans Since 1890.* Londres: Abacus, 2007.

RAPPAPORT, Helen. *Magnificent Obsession: Victoria, Albert and the Death That Changed the Monarchy.* Londres: Windmill Books, 2012.

_____. *No Place for Ladies: The Untold Story of Women in the Crimean War.* Londres: Arum, 2007.

_____. *Queen Victoria: A Biographical Companion.* Santa Barbara, Calif.: ABC-CLIO, 2003.

REID, Michaela. *Ask Sir James: The Life of Sir James Reid, Personal Physician to Queen Victoria and Physician--in-Ordinary to Three Monarchs.* Londres: Hodder and Stoughton, 1987.

REYNOLDS, Helen. *A Fashionable History of Underwear.* Oxford: Heinemann Library, 2003.

RHODES James, Robert. *Albert, Prince Consort: A Biography.* Londres: Hamish Hamilton, 1983.

_____. *Rosebery.* Londres: Phoenix, 1995.

RICHARDSON, Joanna. *Victoria and Albert: A Study of a Marriage.* Londres: J. M. Dent and Sons, 1977.

RICHARDSON, John. *The Annals of Londres: A Year-by-Year Record of a Thousand Years of History.* Londres: Cassell, 2001.

RICHARDSON, Ruth. *Dickens and the Workhouse: Oliver Twist and the London Poor.* Oxford: Oxford University Press, 2012.

RIDLEY, Jane. *Bertie: A Life of Edward VII.* Londres: Chatto and Windus, 2012.

ROBERTS, Andrew. *Salisbury: Victorian Titan.* Londres: Phoenix, 2006.

ROBINSON, Lionel G. *Letters of Dorothea, Princess Lieven, During Her Residence in London, 1812-1834.* Londres: Longmans, Green, 1902.

ROWBOTHAM, Judith. *Good Girls Make Good Wives: Guidance for Girls in Victorian Fiction.* Oxford: Blackwell, 1989.

ROWSE, A. L. *Windsor Castle in the History of the Nation.* Londres: Weidenfeld and Nicolson, 1974.

RUSK, John. *The Beautiful Life and Illustrious Reign of Queen Victoria.* Boston: James H. Earle, 1901.

RUSKIN, John. *Sesame and Lilies: Two Lectures Delivered at Manchester in 1864.* Londres: Smith, Elder, 1865.

SANDERS, Valerie. *The Tragi-Comedy of Victorian Fatherhood.* Cambridge: Cambridge University Press, 2009.

SANDWELL, Ruth. W. "Dreaming of the Princess: Love, Subversion, and the Rituals of Empire in British Columbia, 1882". In: *Majesty in Canada: Essays on the Role of Royalty.* Org. de Colin Coates, pp. 44--67. Toronto: Dundurn Group, 2006.

SANGER, George. *Seventy Years a Showman*. Londres: MacGibbon and Kee, 1966.

SCHAMA, Simon. *A History of Britain: The Fate of Empire, 1776-2000*. Londres: Hyperion, 2002.

SCHLICKE, Paul. *Dickens and Popular Entertainment*. Londres: Unwin Hyman, 1988.

SCOTT, Sir Walter. *Journal*. 2 v. Edimburgo: David Douglas, 1828.

SEAMAN, L. C. B. *Victorian England: Aspects of English and Imperial History, 1837-1901*. Londres: Routledge, 2002.

SHANNON, Richard. *Gladstone: Heroic Minister, 1865-1898*. v. 2 de Gladstone. Londres: Allen Lane, 1999.

SHAW, George Bernard. *Collected Letters*. Org. de Dan H. Laurence. v. 2, 1898-1910. Londres: Reinhardt, 1972.

_____. *Mrs. Warren's Profession*. Rockville, Md.: Wildside Press, 2009.

SHOEMAKER, Robert. *Gender in English Society, 1650-1850: The Emergence of Separate Spheres?* Londres: Longman, 1998.

SHORTER, Clement K. *Charlotte Brontë and Her Circle*. Nova York: Dodd, Mead, 1896.

SHORTER, Edward. *A History of Women's Bodies*. Nova York: Basic Books, 1982.

SHOWALTER, Elaine. *The Female Malady : Women, Madness, and English Culture, 1830-1980*. Londres: Virago, 1987.

SIEGEL, Dina. *The Mazzel Ritual Culture, Customs and Crime in the Diamond Trade*. Nova York: Springer, 2009.

SMITH, Victoria Ruth. "Constructing Victoria: The Representation of Queen Victoria in England, India, and Canada, 1897-1914". Tese de doutorado, Rutgers University, 1998. DAI 1998 59(1): 286-A. DA9823210 Fulltext: ProQuest Dissertations and Theses.

SOTNICK, Richard. *The Coburg Conspiracy: Royal Plots and Manoeuvres*. Londres: Ephesus, 2008.

SPONGBERG, Mary. *Feminizing Venereal Disease: The Body of the Prostitute in Nineteenth-Century Medical Discourse*. Londres: Macmillan, 1997.

ST. AUBYN, Giles. *Queen Victoria: A Portrait*. Londres: Sceptre, 1991.

STEINBERG, Jonathan. *Bismark: A Life*. Nova York: Oxford University Press, 2011.

STEWART, Jules. *Albert: A Life*. Londres: I. B. Tauris, 2012.

STOCKMAR, Christian Friedrich von. *Memoirs of Baron Stockmar*. [Compilado de seus documentos por seu filho Baron E. Stockmar]. Org. de F. Max Müller. Trad. de Georgiana Adelaide Müller. 2 v. Londres: Longmans, Green, 1873.

STOUGHTON, John. *Windsor: A History and Description of the Castle and the Town*. Londres: Ward and Co., 1862.

STRACHEY, Lytton. *Queen Victoria*. Nova York: Harcourt, Brace, 1921.

_____.; FULFORD, Roger (Orgs.). *The Greville Memoirs, 1814-1860*. 8 v. Londres: Macmillan, 1938.

STRAFFORD, Alice Byng (Org.). *Leaves from the Diary of Henry Greville*. 4 v. Londres: Smith, Elder, 1883-1904.

STRICKLAND, Agnes. *Queen Victoria from Her Birth to Her Bridal*. 2 v. Londres: Henry Colburn, 1840.

STUART, Dorothy Margaret. *Dearest Bess: The Life and Times of Lady Elizabeth Foster*. Londres: Methuen, 1955.

_____. *The Mother of Victoria: A Period Piece*. Londres: Macmillan, 1941.

SUDLEY, Lord (Org. e Trad.). *The Lieven-Palmerston Correspondence, 1828-1856*. Londres: John Murray, 1943.

SURTEES, Virginia. *Charlotte Canning: Lady-in-Waiting to Queen Victoria and Wife of the First Viceroy of India 1817-1861*. Londres: John Murray, 1975.

SWEET, Matthew. *Inventing the Victorians.* Londres: Faber and Faber, 2001.

TAIT, Lawson. *Diseases of Women.* 2. ed. Nova York: W. Wood, 1879.

TAPPAN, Eva March. *In the Days of Queen Victoria.* Boston: Lee and Shepard, 1903.

TAYLOR, A.J.P. *The Struggle for Mastery in Europe 1848-1918.* Oxford: Clarendon Press, 1954.

THACKERAY, William Makepeace. "George the Fourth". In: *The Four Georges.* v. 27 de *The Works of William Makepeace Thackeray.* Nova York: Harper and Brothers, 1898.

THOMPSON, Dorothy. *Queen Victoria: The Woman, the Monarchy, and the People.* Nova York: Pantheon, 1990.

THOMPSON, E. P. *The Making of the English Working Class.* Nova York: Vintage, 1966.

THOMPSON, F. M. L. *The Rise of Respectable Society: A Social History of Victorian Britain, 1830-1900.* Londres: Fontana, 1988.

TISDALL, E. E. P. *Queen Victoria's John Brown: The Life Story of the Most Remarkable Royal Servant in British History.* Londres: Stanley Paul, 1938.

_____. *Queen Victoria's Private Life, 1837-1901.* Londres: Jarrolds, 1961.

TOCQUEVILLE, Alexis de. *Recollections: The French Revolution of 1848.* Org. de J. P. Mayer e A. P. Kerr. Trad. de George Lawrence. Nova York: Doubleday, 1970.

TOMALIN, Claire. *Charles Dickens: A Life.* Londres: Viking, 2011.

_____. *Thomas Hardy: The Time-Torn Man.* Londres: Viking, 2006.

TOSH, John. *A Man's Place: Masculinity and the Middle-Class Home in Victorian England.* New Haven: Yale University Press, 1999.

TUER, Andrew White; FAGAN, Charles E. *The First Year of a Silken Reign.* Londres: Field and Tuer, 1887.

UGLOW, Jennifer S. *Elizabeth Gaskell: A Habit of Stories.* Londres: Faber and Faber, 1994.

ULRICH, Melanie Renee. "Victoria's Feminist Legacy: How Nineteenth-Century Women Imagined the Queen". Tese de doutorado, Universidade do Texas, Austin, 2005. Disponível em: <hdl.handle.net/2152/1745>. Acesso em: 7 jul. 2018. DAI 2006 66(8): 2942-A. DA3184538 Fulltext: ProQuest Dissertations and Theses.

VALLONE, Lynne. *Becoming Victoria.* New Haven: Yale University Press, 2001.

_____. *Disciplines of Virtue: Girls' Culture in the Eighteenth and Nineteenth Centuries.* New Haven: Yale University Press, 1995.

VANDEN BOSSCHE, Chris R. "Moving Out: Adolescence". In: *A Companion to Victorian Literature and Culture.* Org. de Herbert F. Tucker. Oxford: Blackwell, 1999.

VAN DER KISTE, John. *Queen Victoria's Children.* Stroud: History Press, 2013.

_____. *Sons, Servants and Statesmen: The Men in Queen Victoria's Life.* Stroud: Sutton, 2006.

VILLIERS, George. *A Vanished Victorian, Being the Life of George Villiers, Fourth Earl of Clarendon, 1800--1870.* Londres: Eyre and Spottiswoode, 1938.

VINCENT, John (Org.). *Disraeli, Derby and the Conservative Party: Journals and Memoirs of Edward Henry, Lord Stanley [Derby], 1849-1969.* Brighton: Harvester Press, 1978.

VOVK, Justin C. *Imperial Requiem: Four Royal Women and the Fall of the Age of Empires.* Bloomington: iUniverse Star, 2014.

WAKE, Jehanne. *Princess Louise: Queen Victoria's Unconventional Daughter.* Londres: Collins, 1988.

WALKOWITZ, Judith R. *City of Dreadful Delight: Narratives of Sexual Danger in Late-Victorian London.* Chicago: University of Chicago Press, 1992.

_____. *Prostitution and Victorian Society: Women, Class, and the State.* Cambridge: Cambridge University Press, 1980.

WALSH, Walter. *The Religious Life and Influence of Queen Victoria.* Londres: Swann Sonnenschein, 1902.

WARD, Yvonne M. *Censoring Queen Victoria: How Two Gentlemen Edited a Queen and Created an Icon.* Londres: Oneworld, 2014.

———. "Editing Queen Victoria: How Men of Letters Constructed the Young Queen". Tese de doutorado, Universidade La Trobe, 2004. Disponível em: <arrow.latrobe.edu.au:8080/vital/access/manager/Repository/latrobe:35628?exact=creator%3A%22Ward%2C+Yvonne.%22>. Acesso em: 7 jul. 2018.

———. "1848: Queen Victoria and the Cabinet D'Horreurs". In: *1848: The Year the World Turned?* Org. de Kay Boardman e Christine Kinealy, pp. 173-88. Newcastle upon Tyne: Cambridge Scholars Publishing, 2007.

WARNER, Marina. *Queen Victoria's Sketchbook.* Londres: Macmillan, 1979.

WEINREB, Ben; HIBBERT, Christopher (Orgs.). *The London Encyclopaedia.* Londres: PaperMac, 1993.

WEINTRAUB, Stanley. *Disraeli: A Biography.* Nova York: Dutton, 1993.

———. *Uncrowned King: The Life of Prince Albert.* Nova York: Free Press, 1997.

———. *Victoria.* Londres: John Murray, 1996.

WELLS, H.G. *Experiment in Autobiography: Discoveries and Conclusions of a Very Ordinary Brain (Since 1866).* Londres: V. Gollancz, 1934.

WHITE, Jerry. *London in the Nineteenth Century: "A Human Awful Wonder of God".* Londres: Jonathan Cape, 2007.

WHITEHEAD, Cameron. "The Bulgarian Horrors: Culture and the International History of the Great Eastern Crisis, 1876-1878". Tese de doutorado, Universidade da Colúmbia Britânica, 2014. Disponível em: <https://open.library.ubc.ca/cIRcle/collections/ubctheses/24/items/1.0167317>. Acesso em: 7 jul. 2018.

WILDE, Oscar. *Collected Poems of Oscar Wilde.* Org. de Anne Varty Ware. Hertfordshire: Wordsworth Editions, 2000.

WILLIAMS, Kate. *Becoming Queen.* Londres: Arrow, 2009.

WILLIAMS, Richard. *The Contentious Crown: Public Discussion of the British Monarchy in the Reign of Queen Victoria.* Aldershot: Ashgate, 1997.

WILSON, A. N. *Eminent Victorians.* Londres: BBC Books, 1989.

———. *The Victorians.* Nova York: W. W. Norton, 2002.

WISE, Dorothy (Org.). *Diary of William Tayler, Footman, 1837.* Londres: The St. Marylebone Society, 1987.

WISE, Sarah. *The Blackest Streets: The Life and Death of a Victorian Slum.* Londres: Bodley Head, 2008.

WOHL, Anthony. *Endangered Lives: Public Health in Victorian Britain.* Londres: J. M. Dent, 1983.

———. (Org.). *The Victorian Family: Structure and Stresses.* Londres: Croom Helm, 1978.

WOLFFE, John. *Great Deaths: Grieving, Religion, and Nationhood in Victorian and Edwardian Britain.* Oxford: Oxford University Press, 2000. Disponível em: <https://muse.jhu.edu/article/49276>. Acesso em: 7 jul. 2018.

WOODHAM-SMITH, Cecil. *The Great Hunger: Ireland 1845-1849.* Londres: Hamish Hamilton, 1962.

———. *Queen Victoria: Her Life and Times.* Londres: Cardinal, 1975.

WOODS, Robert. *The Demography of Victorian England and Wales.* Cambridge: Cambridge University Press, 2000.

WOODWARD, Ernest. *The Age of Reform, 1815-1870.* 2. ed. Oxford: Clarendon Press, 1988.

WORSLEY, Lucy. *Courtiers: The Secret History of the Georgian Court.* Londres: Faber and Faber, 2010.

WRIGHT, Marcus Joseph. *Sketch of Edward Augustus, Duke of Kent.* Richmond, Va.: William E. Jones, impressor, 1889. Disponível em: <hdl.loc.gov/loc.gdc/scd0001.00206909626>. Acesso em: 7 jul. 2018.

WRIGHT, Patricia. *The Strange History of Buckingham Palace: Patterns of People.* Stroud: Wrens Park, 1999.

ZEEPVAT, Charlotte. *Prince Leopold: The Untold Story of Queen Victoria's Youngest Son.* Stroud, UK: Sutton, 1999.

ZETLAND, Lawrence John Lumley Dundas, marquês de. *Lord Cromer: Being the Authorized Life of Evelyn Baring, First Earl of Cromer.* Londres: Hodder and Stoughton, 1932.

ZIEGLER, Philip. *King William IV.* Londres: Collins, 1971.

_____. *Melbourne: A Biography of William Lamb, 2nd Viscount Melbourne.* Londres: Collins, 1976.

Créditos das imagens

Página 41: Sir William Beechey, *Victoria with Her Mother, Victoria, Duchess of Kent* (1821). Royal Collection Trust © Sua Majestade rainha Elizabeth II, 2016. Foto: Bridgeman Images.

Página 85: Sir David Wilkie, *The First Council of Queen Victoria* (1838). Royal Collection Trust © Sua Majestade rainha Elizabeth II, 2016. Foto: Bridgeman Images.

Página 127: Sir Edwin Landseer, *Windsor Castle in Modern Time: Queen Victoria, Prince Albert and Victoria, Princess Royal* (1840-3). Royal Collection Trust © Sua Majestade rainha Elizabeth II, 2016. Foto: Bridgeman Images.

Página 273: W. & D. Downey, *Victoria* (c. 1866). Watts Gallery, Compton, Surrey. Foto: Rob Dickins Collection, Watts Gallery/ Bridgeman Images.

Página 339: W. & D. Downey, *Victoria* (1893). Foto: Granger Collection/ Alamy.

Caderno de imagens

Sir William Beechey, *Prince Edward, Duke of Kent and Strathearn* (1818). © National Portrait Gallery, Londres.

Richard Rothwell, *Victoria, Duchess of Kent* (c. 1832). Royal Collection Trust © Sua Majestade rainha Elizabeth II, 2016. Foto: Bridgeman Images.

Stephan Poyntz Denning, *Victoria* (1823). Dulwich Picture Gallery, Londres, UK. Foto: Bridgeman Images.

Henry Tanworth Wells, *Victoria Regina* (1887). Royal Collection Trust © Sua Majestade rainha Elizabeth II, 2016. Foto: Bridgeman Images.

Victoria e Albert, 1851. Foto: Bettmann/ Getty Images.

Thomas Sully, *Victoria* (1838). Metropolitan Museum of Art, Nova York. Herança de Francis T. Sully Darley, 1914. Acc. No. 14.126.1. metmuseum.org.

John Partridge, *Prince Albert* (1840), by Royal Collection Trust © Sua Majestade rainha Elizabeth II, 2016. Foto: Bridgeman Images.

Rainha Vitória, *Prince Albert* (1840), by Royal Collection Trust © Sua Majestade rainha Elizabeth II, 2016. Foto: Bridgeman Images.

Franz Xaver Winterhalter, *Victoria* (1859). Royal Collection Trust © Sua Majestade rainha Elizabeth II, 2016. Foto: Bridgeman Images.

Princesa Vitória como princesa coroada da Prússia (c. 1865). Foto: akg-images.

Vitória com seus quatro filhos mais velhos (1854), by Roger Fenton. Royal Collection Trust © Sua Majestade rainha Elizabeth II, 2016.

Vitória e Albert com seus filhos do lado de fora da Casa Osborne (1854). Royal Collection Trust © Sua Majestade rainha Elizabeth II, 2016.

Albert Edward, príncipe de Gales (1861). Foto: Archive Photos/ Getty Images.

Rainha Vitória, *Princess Beatrice* (1859). Royal Collection Trust © Sua Majestade rainha Elizabeth II, 2016. Foto: Bridgeman Images.

Henry Courtney Selous, *The Opening of the Great Exhibition* (1851-2). Coleção particular. Photo: Bridgeman Images.

Carl Friedrich Koepke, *Louise, Baroness Lezhen* (c. 1842). Royal Collection Trust © Sua Majestade rainha Elizabeth II, 2016. Foto: Bridgeman Images.

George Dawe, *Leopold I, King of the Belgians* (c. 1844-50). Royal Collection Trust © Sua Majestade rainha Elizabeth II, 2016. Foto: Bridgeman Images.

Sir Edwin Henry Landseer, *William Lamb, 2nd Viscount Melbourne* (1836). © National Portrait Gallery, Londres.

Henry Pickersgill, *Sir John Conroy* (1837). Coleção particular. Foto: Bridgeman Images.

Alfred, Lord Tennyson (c. 1880). Foto: PVDE/ Bridgeman Images.

Franz Xaver Winterhalter, *Sir Robert Peel* (1844) (detalhe). Royal Collection Trust © Sua Majestade rainha Elizabeth II, 2016. Foto: Bridgeman Images.

J. Woods, Hablot Browne e R. Garland, *Buckingham Palace and Marble Arch* (1837). Royal Collection Trust © Sua Majestade rainha Elizabeth II, 2016. Foto: Bridgeman Images.

Joseph Nash, *The Queen Driving Out with Louis-Philippe from the Quadrangle at Windsor Castle, 10 October 1844.* Royal Collection Trust © Sua Majestade rainha Elizabeth II, 2016. Foto: Bridgeman Images.

Ilustração da Casa Osborne por T. Nelson, *English Scenery*, 1889. Coleção particular. Foto: Look and Learn/ Bridgeman Images.

August Becker, *Balmoral* (1865). Royal Collection Trust © Sua Majestade rainha Elizabeth II, 2016. Foto: Bridgeman Images.

Sir Edwin Landseer, *Queen Victoria Landing at Loch Muick* (1850). Royal Collection Trust © Sua Majestade rainha Elizabeth II, 2016. Foto: Bridgeman Images.

Rainha Vitória, *A Highland Landscape* (1859). Royal Collection Trust © Sua Majestade rainha Elizabeth II, 2016. Foto: Bridgeman Images.

Albert nos últimos anos (s. d.). Foto: Bettmann/ Getty Images.

Edward Henry Corbould, *Memorial Portrait of the Prince Consort* (1863). Royal Collection Trust © Sua Majestade rainha Elizabeth II, 2016. Foto: Bridgeman Images.

Princesa Louise, *Queen Victoria Dreaming of Her Reunion with Prince Albert* (1862). Royal Collection Trust © Sua Majestade rainha Elizabeth II, 2016. Foto: Bridgeman Images.

As filhas de Vitória reunidas ao redor de um busto do pai (1862), by William Bambridge. Royal Collection Trust © Sua Majestade rainha Elizabeth II, 2016. Foto: Bridgeman Images.

Vitória andando a cavalo em Balmoral (1863), by George Washington Wilson. Coleção particular. Foto: Bridgeman Images.

John Brown com seus cachorros Corran, Dacho, Rochie e Sharp (1871). Libby Hall Collection, Bishopsgate Institute, Londres.

Benjamin Disraeli, duque de Beaconsfield (1878). Foto: Pictures from History/ Cornelius Jabez Hughes/ Bridgeman Images.

William Ewart Gladstone (c. 1890). Foto: Chris Hellier/ Alamy.

Bruno Strassberger, *Kaiser Whilhelm II* (c. 1890). Historisches Museum der Stadt, Viena. Foto: Bridgeman Images.

Vitória e a princesa Beatrice (c. 1880), by W. D. Downey. Foto: Granger Collection/ Alamy.

Vitória e Edward, príncipe de Gales, em Coburgo (1895). Photo: adoc-photos/Art Resource, Nova York.

Vitória e Abdul Karim, "o *munshi*" (c. 1894). The Illustrated London News Picture Library, Londres. Foto: Bridgeman Images.

A Jubilee Portrait of Queen Victoria Laughing (1887). Foto: TopFoto.

Sir James Reid, Physician-in-Ordinary to the Queen (1901). Coleção particular. Foto: Look and Learn/ Illustrated Papers Collection/ Bridgeman Images.

O cortejo funerário de Vitória passa pelo arco Wellington (1901). Coleção particular. Foto: Bridgeman Images.

Índice remissivo

Abercromby, James, 82
Aberdeen, Lord: como primeiro-ministro, 240-1, 246, 260, 371; Guerra da Crimeia e, 240-1, 246; sobre Melbourne e Vitória, 115; Vitória e, 233, 240-1, 247, 260, 371
Acton, William, 154
Adelaide de Saxe-Meiningen, rainha consorte (tia), 48, 54, 67, 72, 88, 226
Afeganistão, 343, 345, 392, 401, 418
Afonso XIII da Espanha, rei, 364
África, 52, 399; chegada dos britânicos na, 402; colonização da, 401-4; controle europeu da (de 1870 a 1914), 403; crise sudanesa e, 359-60; Gladstone e expansão na, 344, 362; Gordon na, 359; Império Otomano na, 167, 240; Jubileu de Diamante e, 401; Leopoldo II e violação de direitos humanos, 403-4; massacre zulu, 343; missão ashanti, 393; mulheres agredidas, "pequenas guerras" e, 418-9; ouro na, 393, 403, 406; sofrimentos de civis, os hereros e, 410; ver também Guerra dos Bôeres; África do Sul

África do Sul, 343, 402; bôeres na, 402-3; federação britânica na, 403; Guerra dos Bôeres (segunda, 1899), 406-9; Transvaal (República Sul-Africana), 403, 406
Ahmed, Rafiuddin, 392
Albemarle, Lord, 63
Albert de Saxe-Coburgo-Gota, príncipe consorte, 36-7; administração de palácios e, 175-6; alçado a príncipe consorte, 250; amor de Vitória por, 129, 234; amor por Vitória, 197; Anson (secretário particular) e, 122n, 143, 171, 177, 179, 182, 226; antissemitismo de, 136; aparência de, 44, 75, 129, 144, 147, 151, 153, 228, 249; baile de 1842, 195; banimento de Lehzen por, 184-7; biógrafo de, 36, 192, 334, 347; canonização de, por Vitória, 292; caráter e personalidade, 130, 134, 136, 142-3, 161, 177, 179, 182-3, 199-200, 233, 263, 276; carga de trabalho e efeito estressante sobre, 200, 219-20, 226, 231, 236, 254, 270, 278; carta com conselhos sobre sofrimento para Vitória, 269; casamento de, 152, 156, 162, 166,

170, 197-8, 237, 247-50, 279; casamento de, como fora do comum, 135-6, 197; cavalariços, 217, 313n; cerimônia de casamento de, 151; como apologista do puritanismo, 177; como membro do Conselho Privado, 167; como monarca efetivo, 171-2, 177-9, 182, 188-9, 198-201, 225-6, 235, 247, 250; como único confidente de Vitória, 180; compaixão pela classe operária, 224; complexo de museus criado por, 236; correspondência com Vitória, 92, 142-3, 149, 198; damas de companhia veteranas substituídas por, 177; depressão de, 219, 226, 270, 279; desejo (de Vitória) de reencontro após a morte, 314, 344; dificuldades de ser esposo de Vitória, 162, 250; doença de Crohn como causa da morte, 285; envelhecimento de, 236; falhas de, 130, 138; fatalismo de, 279; feitos, 199-200, 227-33, 236; fidelidade de, 156, 277; filha Beatrice e, 256; filha Victoria e, 259, 263; filho Bertie e, 275-8; gestações de Vitória e, 166; Gladstone e, 305; Grande Exposição de 1851 e, 227-8, 230-3; Guerra da Crimeia e, 240, 246-7; herança alemã de, 140-1; hostilidade com, 197, 246-7; ideias e opiniões, 136-7, 163, 166; imprensa e histórias disseminadas sobre, 248; infância, 136; influência e poder, 112, 143-5, 148, 156-7, 162-7; insatisfação popular de 1848 e, 216, 219; intimidade no casamento, 153, 155; lealdade de, 131; Lehzen e, 165; Lei da regência em caso de morte de Vitória, 166; lições sobre maternidade a Vitória, 267; local de sepultamento (Frogmore), 291, 298; luta por poder, 162-7, 168, 171-2, 177-80, 249-50, 260-1; mãe de, 136-7; Melbourne e, 141, 143, 145, 166, 172, 180; memoriais para, 35, 377; missivas a contemporâneos,

157, 163, 167, 170, 172, 193, 226, 236; mitos sobre, 37; morte, 284n; morte do pai, 197-8; morte, 279-84; mortes de amigos, final da década de 1840, 226; mulheres (incluindo Vitória) como intelectualmente inferiores, 178, 183, 248, 332; mulheres, opiniões sobre, 266-7; nascimento, 44; nascimento da primogênita, 168; Natal de 1841, 188-9; negligente em relação aos sentimentos de Vitória, 181, 266; no Castelo de Balmoral, 237; noivado com Vitória, 133-6; objetos enterrados com Vitória e, 416; opinião de Nightingale sobre, 252; orientações de Melbourne para, 144; Palácio de Osborne e, 205-6; Palmerston e, 220-1, 236; papéis oficiais, 166, 188, 197, 199; papel como secretário particular, 188; papel da monarquia e, 261; paternidade e, 169-70, 210-1; Peel e, 177-81, 188, 191-3, 199, 201, 226, 278; planos para os filhos, 199, 261; política britânica e, 143-4, 191-4; política externa, 220 (ver também questões específicas); pontos fortes de, 161; popularidade de, 166; posição e renda, 141; preferência por companhia masculina, 155-6, 248; presentes para Vitória, 170, 172, 183; preservação (por Vitória) de seus bens pessoais, 291; primeiro aniversário de casamento, 172; primeiro encontro com Vitória, 75; príncipe consorte, nomeado, 197; protocolo estabelecido por, 177; questão de precedência, 142, 145, 197; questão Trent e último memorando, 280, 281; questões de interesse, 188, 196; raiva de, 184-5; reformas sociais defendidas por, 219, 224-5; religião de, como questão, 141; réplica em mármore do rosto e das mãos, 292, 416; reservas em relação ao casamento, 135; residência de veraneio, Rosenau, 130,

Biblioteca Britânica, memorando de Peel e Anson na, 178

Biddulph, Sir Thomas, 312, 325

Bigge, Arthur (secretário de Vitória), 392-3, 406

Bismarck, Herbert von, 382

Bismarck, Otto von, 307, 319, 334, 372, 378-80; Liga dos Três Imperadores, 330; sobre Vitória, 358; Vitória e, 381

Bitter Cry of Outcast London, The (Mearns), 365

Black, Jack, 255

Blake, Robert, 332

Bloomer, Amelia, 418

Bloomfield, Georgiana, 183

Blücher, condessa, 298, 312

Blunt, Wilfried Scawen, 311

Boehm, Joseph Edgar, 307, 316, 393

Bolitho, Hector, 137

Bradford, Lady, 333

Branden, Lady, 109, 110n

Bristol Mercury, 233

British Medical Journal, 356

Brontë, Charlotte, 229

Brontë, Emily, 140

Brough, Mary Ann, 209

Brown, dr. (médico real), 283

Brown, Jessie McHardy, 353

Brown, John, 35, 37, 262, 337, 344, 389; acidente de carruagem de Vitória (1863), 297-8; alcoolismo, 313; aliança da mãe e Vitória, 316, 416; amor de Vitória por, 318, 325, 355; amor por Vitória, 325, 354-5; aparência, 311; aversão dos filhos de Vitória por, 314; cartão de Vitória para (1º de janeiro de 1877), 325; como "o garanhão da rainha", 311, 316; diários de, queimados, 355; eliminado dos diários de Vitória, 311, 317, 416; em retrato de Landseer, 315; fofoca sobre, 313, 315-6; lealdade de, 302, 325, 353; luto e memorial de Vitória por, 353-6; Medalha de Serviço Devotado a Vitória, 324; memória de, escrita por Vitória, 354-5; morte de, 353; objetos enterrados com Vitória e, 416; presentes e regalias de Vitória para, 314; primeira menção nos diários de Vitória, 208; proteção a Vitória em atentado, 324; recuperação de Vitória e, 319; relação com Vitória, 311-9; relato de Reid sobre flerte, 317; sexto sentido de, 314; Vitória em busca de conselhos sobre relacionamento, 315

Browning, Elizabeth Barrett, 55, 147, 159

Browning, Robert, 74

Bruce, general Robert, 284n

Bruce, Lady Augusta, 286

Brunswick, Charles, duque de, 74

Buksh, Mohammed, 386, 390

Bulgária: apoio russo, 332; atrocidades turcas e, 328-30; independência da, 333; rebelião na (1876), 328; Tratado de Berlim e, 333

Bulgarian Horrors and the Question of East [Os horrores búlgaros e a questão oriental] (Gladstone), 329

Bulteel, Mary, 313n

Butler, Josephine, 349, 365n, 418

Byron, George Gordon, Lord, 107-8, 304

Cádis, duque de, 214

Cairns, Lord, 313

Cambridge, Augusta, duquesa de (tia), 48, 101

Cambridge, duquesa de, 300, 376

Cambridge, príncipe Adolphus, duque de (tio), 47-8, 101, 226

Cambridge, Universidade de, 61, 140, 155; Albert como reitor, 199; Bertie na, 278-9, 283

Canal de Suez, 334, 359

Canning, Lord, 258

Cantuária, arcebispo da: batismo de Vitória, 53-4; coroação de Vitória, 34, 102; notificação da morte do rei Guilherme IV a Vitória, 87-8

capital, O (Marx), 51

"carga da Brigada Ligeira, A" (Tennyson), 245

Carlos II, rei, 39

Carlos X da França, rei, 71

Carlota, rainha, 46

Carlyle, Thomas, 98, 141, 150, 233, 241, 322, 329; Albert e, 233

Caroline de Brunswick, princesa, 47

Carroll, Lewis, 140, 327

Casement, Sir Roger, 404

Cassandra (Nightingale), 234

Castelo de Balmoral, Escócia, 207-8, 240, 245, 252, 301, 312; administrador da propriedade, Alexander Profeit, 317; Albert e Vitória, anonimato e, 262; Brown e, 262, 312 (*ver também* Brown, John); contentamento de Vitória em, 237, 262; dias de calma em, 262; expedição a Ben Muich Dhui, 262; visitas de Nightingale, 251

Catedral de St. Paul, 323, 398-9

Cavendish, Lady, 337

Cecil, David, 69, 108, 181

Chamberlain, Joseph, 342

Chamberlain, Neville, 402

Champion and Weekly Herald, The, 105

Charlemont, Lady, 90

Charles (Carl), 3º príncipe de Leiningen (meio-irmão), 45, 48, 71, 79-80, 256

Charlotte, princesa (prima), 45-8, 65, 160, 285

Chenery, Thomas, 243

Chesterton, G. K., 419

Childe Harold's Pilgrimage (Byron), 107

Childers, Hugh, 367

China: "Gordon Chinês", 359; Guerras do Ópio, 401; Revolta de Taiping, 358, 401; Segunda Guerra do Ópio, 257

Christian de Schleswig-Holstein, príncipe (genro), 308, 405

Christian Victor, príncipe (neto), 408

Churchill, Lady Jane, 313, 411

Churchill, Susan, 109

Churchill, Winston, 35, 335, 376, 402, 410

ciganos, 82, 169

Claremont, residência, Surrey, 64-5, 79, 82, 93, 179, 184, 248; como residência para o rei francês exilado, 215

Clarendon, conde de, 259, 267, 281, 285, 290-1, 293, 296

Clarendon, Lady, 155

Clark, dr. James (médico real), 184-5, 256, 261; como incompetente, 116, 146; escândalo de Lady Flora e, 116-8, 126; febre infantil de Vitória e, 70; gestações de Vitória e, 256; morte de, 312; morte de Albert e, 281, 284; tratamento de Vicky quando bebê, 184

Clark, Sir Charles, 117

classe operária, 51n, 52, 94, 104; atenção política à, 194-5; Decreto das Minas de Carvão de 1842, 195; Decreto Fabril de 1844, 195; Decreto Fabril de 1878, 335; fadiga e depressão na, 55; projeto de lei de Shaftesbury derrotado, 196; reformas de Albert e, 219, 224; revolução social de 1848, 215-9; *torismo da*, 335; vida da aristocracia *vs.*, 196; *ver também* trabalho infantil

Clementine de Orleans, princesa, 214-5

Clifden, Nellie, 275-8, 321

Clive, Archer, 33

Clough, Arthur Hugh, 241

Clubes Republicanos, 306

monarquia e republicanismo, 306; direito ao voto, 72, 303, 334, 362, 372, 400; educação na, 52, 61, 201, 374; emigração para as cidades, 52, 112; escravidão e, 38, 48, 71-2, 94, 110, 119; eventos de 1837, 87; expectativa de vida na, 398; feiras e espetáculos de aberrações, 104; festividades da coroação, 104; fome da batata irlandesa e, 193, 223; grandeza, na era vitoriana, 38; homoerotismo na, 155; homossexualidade na, 332; hostilidade com Albert, 197; impacto da mineração de carvão, 73; indústria da seda e da renda, 149, 195; Jubileu de Diamante e, 397-9, 401-2; Jubileu de Ouro, 375-8; laissez-faire e, 194; Leis de Reforma, 72, 77, 94, 303; luto por Albert, 285-6, 291; morte de Vitória e, 414-7; movimento sufragista, 346-7; pobreza na, 38, 51-2, 112, 196-7, 320-1, 335 (ver também pobreza); preconceito com os irlandeses na, 194, 223; problemas assolando o país, 193, 196; reação ao pesar de Vitória pela morte de John Brown, 354; reformas e inovações de Peel, 193; reinado de Vitória e mudanças na, 52, 265, 400 (ver também leis específicas); reinado de William e Maria, 139; revolução evitada na, 225; Revolução Gloriosa, 139, 141; rivalidade com os alemães na, 140-1, 197, 246; rivalidade com os franceses na, 141; sentimento anticatólico na, 141; soldados da, 238; tory vs. whig, 71; trabalho infantil, 52, 112, 194, 195, 335; tradição da árvore de Natal, 188; tumulto e rebelião, 72, 303; tumultos dos pães, 53; turbulência social de 1848, 213-25; vício em entorpecentes na, 51; Vitória e a modernização da, 195; viúvas inglesas na era vitoriana, 300; ver também aristocracia; trabalho infantil; mulheres; classe operária; tópicos específicos

Grande Exposição de 1851, 188, 227-36; antevisão de Albert e, 230; banheiros públicos na, 230; críticos da, 232-3; dividendos obtidos com a, 236; encerramento da, 236; exaltação da, 233; exposições, 229; fundação encabeçada por Albert de um complexo de museus com os lucros da, 236; garantia de Albert ao financiamento, 231; indústria estrangeira na, 246; número de visitantes, 229; oposição pública à construção, 231; Palácio de Cristal, 228, 230; seção de maquinário, 231-2; tamanho da, 229; visitas de Vitória à, 232

Granville, Lord "Pussy", 166, 182, 297, 342, 346, 367

Grécia: descendentes de Vitória e realeza da, 385; exoneração do gabinete feita pelo rei (1892), 372; questão dom Pacifico, 221-2; rei Otto da, 75

Greville, Charles, 76, 89, 94, 96, 106, 192; Bentinck como primo, 192; sobre a baronesa Lehzen, 183; sobre a cerimônia de casamento de Vitória, 152; sobre a coroação de Vitória, 99, 104; sobre a vida em Balmoral, 207; sobre Albert como rei na prática, 190; sobre Albert relegando Vitória a segundo plano, 250; sobre Melbourne, 110, 113, 118; sobre Peel, 180; sobre Vitória após a morte de Albert, 275

Grey, condessa, 106

Grey, general Charles, 284n, 312

Grey, Lord, 92, 110

Guerra Austro-Italiana de 1859, 260

Guerra Austro-Prussiana, 307, 319

Guerra Civil Americana, 279-80

Guerra da Crimeia, 55, 194, 238-53, 358, 410; baixas, 241-4; base naval britânica em Sebastopol, 239; Batalha de Alma, 241,

Igreja da Inglaterra, 38; Decreto de Regulamentação do Culto Público, 335; falta de respeito de Vitória pela, 55; Vitória como líder, 305

Igreja da Irlanda, 367

Igreja de St. Margaret, Londres, 98

Igreja Protestante da Irlanda, 305

Ilha de Wight, 73, 192, 199, 205, 211; lua de mel de Bertie na, 296; menores infratores na, 196; morte de Vitória na, 411-3; Palácio de Osborne, família real e, 175, 199, 205-7, 217, 219, 252, 262, 288, 301, 332, 382, 411; Tennyson na, 288

Illustrated London News, The, 196, 230

Imperial College, 236

Império Britânico, 38; abolição da escravidão, 72; Canal de Suez, 334, 359; custo do, 401; custo em vidas do, 343, 419; Disraeli e, 334; Egito e, 359; em mapas, em vermelho, 52; expansão do, 52, 343, 401; figura quase mítica de Vitória no, 398; Gladstone e imperialismo, 343, 362; Grande Exposição de 1851 e, 229; Índia e, 256; Jubileu de Diamante e, 399; manufatura, 52; massacre zulu, 343; morte de Vitória e, 417; mortes de povos indígenas no, 401; na África, 393; *Pax Britannica*, 52; produção de carvão e ferro, 52; *ver também países específicos*

Império Otomano, 167, 239-40, 328, 358; atrocidades cometidas contra os búlgaros, 328-30

In Memoriam (Tennyson), 288

Índia: Corpo Indiano de Ambulâncias, 410; domínio britânico, 256, 336; "doutrina da extinção do direito", 256; empregados indianos de Vitória, 386 (*ver também* Karim, Hafiz Abdul); fome sob domínio britânico, 419n; massacre em Cawnpore, 257; missão de Arthur na, 378; mulheres feridas, "pequenas guerras" e, 418; períodos de fome, 401; problema dos cartuchos do rifle-mosquete Enfield, 257; racismo e indianos, 390-1; rebelião na (1857), 256-7; retaliações britânicas, 258; soldados do exército britânico, 408; tratado de paz de 1858, 258; veneração por Vitória, 417; viagem de Bertie para a, 336; Vitória como imperatriz da, 335, 342, 386

Infanta Luisa da Espanha, 214

Ingestre, Lady Sarah, 115

Inglaterra *ver* Grã-Bretanha

Instituto de Enfermagem do Jubileu da Rainha, 377

Irlanda: autonomia local, 352, 364, 366-9, 371, 384; Decreto de Terras Irlandesas, 320, 368; emigração em massa, 223; Gladstone e, 305, 367; Grande Fome da Batata, 193, 223; Irmandade Feniana, 306, 367; ódio aos britânicos, 223; preconceito britânico contra os irlandeses, 194; preconceito de Vitória e primeira visita, 194; preocupação britânica com rebeliões na, 223, 225; revide britânico à, 194; revolução social de 1848 e, 216, 223; revolução social de 1886 e, 369; senhores latifundiários ausentes na, 224, 367, 374; Vitória como "a rainha da fome", 224

Irmandade Feniana, 306, 352, 367

Isabel da Espanha, rainha, 214

Itália, 294, 402; anexação dos Estados Vaticanos, 320; apoio de Palmerston à independência, 220; controle da Áustria na, 221, 259; Guerra de Independência Italiana de 1859, 260; guerras pela independência, 260; movimento pela independência, 220; Napoleão III e, 260; tumulto de 1848 e, 215; unificação da, 328; viagens de Albert, 130; Vitória vai à, 381, 383, 388-9, 391

Londres: adversidade no auge do inverno, 190; comício em Trafalgar Square em 1848, 216; Comissão de Esgotos Metropolitanos, 255; condições de vida, 52; convenção do movimento cartista em 10 de abril de 1848, 216-8; coroação de Vitória e, 98-105; cortiços de, 52, 365-6; crescimento demográfico, 255; crescimento e mudanças, 38, 52; ensino em, 52; epidemia de cólera na segunda metade de 1850, 255; exploração sexual de menores, 365n; feira e espetáculo de aberrações, Hyde Park, 104; Força Policial Metropolitana, 180, 218; fuligem de, 190; Grande Fedor, 255; incêndio em Tooley Street em 1848, 271; insatisfação em, 52; Jack, o estripador, 385; Lincoln's Inn, 211; luto pela princesa Charlotte, 46; morte de Vitória e, 414-7; nascimento de Vitória, 43-4; primeira badalada do Big Ben, 260; produção de seda de Spitafields, 149, 195-6; prostituição e, 348; Rio Tâmisa, 254-5; sujeira e atmosfera sombria de, 95; Vitória e, 95-6

Longford, Elizabeth, 317

Lorne, Henry Douglas Sutherland Campbell, Lord (genro), 307, 319, 322, 363, 378, 393, 405

Lothair (Disraeli), 330

Louis de Battenberg, príncipe, 363

Louis de Hesse-Darmstadt, príncipe (genro), 281, 294, 307, 336, 363n, 404

Louise de Orleans (tia), 130, 214, 226

Louise, princesa (filha), 216, 265, 284n, 393; aversão a John Brown, 314; casamento com Lord Lorne, 288, 307, 319, 322, 363, 378, 393, 405; cunhado, Liko, e, 393-4; custos da monarquia e, 306n; Jubileu de Diamante e, 405; morte de Vitória e, 413; relação com Vitória, 322; segredos de, 307, 393

Louise, princesa (mãe de Albert), 136-7

Luís Filipe da França, rei, 213-5; alianças políticas através de casamento e, 214; morte de, 226

Luís Napoleão Bonaparte, príncipe (Napoleão III), 217, 222, 225, 240, 247, 260, 292, 358; Guerra Franco-Prussiana e, 319

Lutero, Martinho, 141

Lyttelton, Lady, 161, 165, 169, 183, 186, 208, 210, 233, 246

Lytton, Lord, 343

Mackenzie, dr. Morell, 378-9

Macleod, reverendo Norman, 316

Macmillan, Harold, 335

Maiden Tribute of Modern Babylon, The (Stead), 365n

Major, John, 335

Mallet, Marie, 404

Malory, Thomas, 350

manifesto comunista, O (Marx e Engels), 212

Maria de Módena, rainha, 44

Maria I, rainha (Maria Sanguinária, *Bloody Mary*), 139

Maria II, rainha, 139

Marie, grã-duquesa (nora), 335-6

Marie-Amélie de Nápoles e Sicília, rainha, 213-5

Martin, Theodore, 36, 192, 334, 347

Martineau, Harriet, 90, 101-2, 126

Marx, Karl, 51, 212

Mary (May) de Teck, princesa (futura rainha Maria), 36, 385

Maton, William, 56

Matthew, H. C. G., 351n

Mayhew, Henry, 141, 254

McNeill, Sir John, 245

Mearns, Andrew, 365

Pankhurst, Richard, 347

Panmure, Lord, 244

Papua e Nova Guiné, 398

Parlamento britânico, 38, 71-2; Aberdeen como primeiro-ministro, 240-1, 246, 260, 371; apoio de Albert à revogação das Leis do Trigo de Peel, 191; atrocidades turcas e, 328-30; Câmara dos Comuns, crescimento da influência, 346; construção de um novo Congresso, 188, 199; Decreto contra a Crueldade aos Animais, 335; Decreto contra as Práticas de Corrupção, 374; Decreto da Guarda Infantil, 400; Decreto da Igreja Irlandesa, 305; Decreto das Minas de Carvão de 1842, 195; Decreto de Ensino de 1870, 374; Decreto de Extensão da Lei dos Pobres aos Irlandeses, 194; Decreto de Regulamentação do Culto Público, 335; Decreto de Remoção de Estrangeiros, 217; Decreto de Saúde Pública, 335; Decreto do Governo Local, 400; Decreto do Voto Secreto de 1872, 374; Decreto dos Arrendamentos Agrícolas, 335; Decretos Fabris, 52, 195, 335; Decretos sobre a Propriedade das Mulheres Casadas de 1870 e 1882, 400; Decretos sobre Doenças Contagiosas, 348, 351; Derby como primeiro-ministro, 260, 303; Disraeli como primeiro-ministro, 303, 305, 331, 341; esgoto e fedor, câmaras parlamentares, 255-6; Galeria dos Visitantes, 192; Gladstone como primeiro-ministro, 305, 331, 341-3, 366-9, 383; Grey como primeiro-ministro, 110; influência de Vitória, 362; Leis do Trigo, 52, 180, 191-4; Melbourne como primeiro-ministro, 81, 88, 91, 106, 110, 112, 119, 122, 143-4, 147, 171, 177; mudanças durante a era vitoriana, 401; mulheres proibidas na galeria, 107;

Palmerston como primeiro-ministro, 246, 260, 293; papel constitucional da rainha e, 370-2, 374; papel de Albert como conselheiro estratégico e, 247; papel de Vitória, 346; Peel como primeiro-ministro, 119-22, 177-80, 191-3; primeira aparição de Vitória, 92; Primeiro Decreto de Terras Irlandesas, 320; Projetos de Lei da Reforma, 72, 77, 94, 179, 303, 334, 361-2; questão da autonomia local e, 368-9, 371, 384; Questão Irlandesa, 367, 383; questões de direitos fundamentais do, 256; Rosebery como primeiro-ministro, 371, 384; Russell como primeiro-ministro, 202, 218, 221, 301-2; Salisbury como primeiro-ministro, 364-6, 370, 383, 392; Segundo Decreto de Terras Irlandesas, 368; Segundo Decreto sobre a Propriedade das Mulheres Casadas de 1882, 346; sufrágio feminino debatido, 346; suspensão de habeas corpus na Irlanda pelo, 223; último discurso de Gladstone, 383; Vitória abre, 301-3, 334, 345; ver também partidos específicos; primeiros-ministros específicos

Partido Conservador, 192, 305, 331, 335, 364, 369

Partido Liberal, 342, 345, 359, 366, 369, 371; Terceiro Projeto de Lei da Reforma e, 361-2; ver também Gladstone, William Ewart

partido whig, 71-2, 90, 107-8, 110; destituição do (1841), 177, 179; no poder (1848), 225; Palmerston e, 220-3; retorno ao poder (1845), 201; ver também Melbourne, William Lamb, Lord; Vitória e, 112, 118, 126, 143, 179

Pate, Robert, 235-6

Paterson, Banjo, 410

Paxton, Joseph, 230

Pedro de Portugal, rei, 279

Peel, Robert, 112, 121-2, 142, 177-80; Albert e, 177-9, 181, 188, 191-3, 199, 201, 226, 278; aparência, 191; apoio de Vitória ao ensino para católicos, 201; caráter e personalidade, 180, 191; como primeiro-ministro, 119-22, 177-80, 191-3; cria a Força Policial Metropolitana, alcunhados de *bobbies* em referência a seu nome, 180; Disraeli e, 304; experiências e carreira política, 180, 191; filosofia política, 179; Ilha de Wight e, 205; impopularidade de, 180; morte de, 225-6; oposição ao projeto de lei de redução da jornada de trabalho de Shaftebury, 196; perda de eleição para mandato, 201; revogação das Leis do Cereal e, 191-3; revolução evitada na Grã-Bretanha e, 225; sucessos políticos, 193, 201; Vitória e, 177-80, 191-2, 197, 201

Pequeno Polegar, General (Charles Sherwood Stratton), 203, 205, 399

Peter Rabbit (Potter), 140

Phipps, coronel, 217

Phipps, Sir Charles, 284n, 301

pobreza, 38, 50, 52, 112; albergues, 225; Albert *vs.* Vitória e, 196-7; reformas de Disraeli e, 335; Rio Tâmisa e, 254-5; Salisbury sobre condições de vida, 365; Vitória e negligência, 112, 320

Ponsonby, Arthur, 7, 93, 321, 370, 385

Ponsonby, Fritz, 388

Ponsonby, Henry (secretário particular de Vitória), 93, 313-4, 353-4; Brown e, 313-4, 325; criados indianos e, 386; destruição dos diários de Brown, 355; discursos para o Jubileu e, 378; Disraeli e, 333, 341; Gladstone e, 342, 362, 366; Jubileu de Ouro e, 378; morte de, 392; morte de Brown e pesar de Vitória, 353-4; *munshi* e, 386, 389, 391-2; opinião sobre Vitória, 370; poder político

de Vitória e, 370, 372; reclusão de Vitória e, 323; sucedido por Bigge, 392

Portman, Lady, 117, 119

Portugal, 221, 385, 402; Albert e rei Pedro, 279; rainha de, 88, 249

Potter, Beatrix, 140

Primeira Guerra Mundial, 52; Guerra Franco-Prussiana e, 320

primos, casamento entre, 139-40

prisão e prisioneiros: Austrália como colônia penal, 159; crianças e, 196; Tasmânia como colônia penal, 235

Profeit, Alexander, 317-8

Projeto de Lei da Reforma de 1832, 72, 77, 94, 179

Projeto de Lei da Reforma de 1867 (Segundo Projeto de Lei da Reforma), 303, 335

Projeto de Lei da Reforma de 1884 (Terceiro Projeto de Lei da Reforma), 361-2

prostituição, 348, 349n; Decretos sobre Doenças Contagiosas, 348, 351; Jack, o estripador, e, 385; peça de Shaw e, 351; queda de Gladstone por "mulheres perdidas", 350, 351n

Prússia, 167, 197, 220, 225; câncer de garganta do imperador e jogos de poder de Guilherme II, 378-82; como aliada da Inglaterra, 53; Guerra Austro-Prussiana (com a França), 307, 319; princesa Victoria e, 199, 261; questão Schleswig-Holstein, 278, 296-7; unificação da Alemanha e, 307, 319; visita de Vitória (1888), 381; *ver também* Bismarck, Otto von; Guilherme II, imperador

Punch, charge do, 231n

Questão Irlandesa, 366-9, 371, 383-4; *ver também* autonomia local

Questão Oriental, 167, 171, 247, 329, 333, 358; *ver também* Império Otomano

trabalho infantil, 52, 112, 194-5; Decreto das Minas de Carvão de 1842, 195; Decreto Fabril de 1844, 195; Decreto Fabril de 1878, 335; limpeza de chaminés e exploração de crianças, 52; *trappers*, 195

Transtorno do Luto Complexo Persistente (PCDB, Persistent Complex Bereavement Disorder), 309

Trent, caso, 280-1

Trollope, Anthony, 140, 230

Trollope, Rose, 230

Turguêniev, Ivan, 328

Turquia: atrocidades contra os búlgaros, 328-30; Guerra da Crimeia e, 239-42; invasão russa (1877), 332-3; Sebastopol, 246; Tratado de Santo Stefano, 333

Twain, Mark, 399-400, 404

União Nacional das Sociedades pelo Voto das Mulheres, 401

Universidade de Bonn, 155

Van Buren, Martin, 131

Victoire de Saxe-Coburgo-Kohary (prima), 214-5

Victoria (Vicky), princesa real (filha), 60, 172-3, 180, 188, 227; Bertie e, 264-5; câncer de garganta do marido e, 378-80, 404; câncer de mama de, 404, 413; carta de Vitória sobre mulheres "despachadas" a, 348; casamento, 199, 258-9, 296, 306-7, 363; como imperatriz, 336; como mais amada que Bertie, 184; como precoce, 249; doença de, 184; em pé de igualdade intelectual com o marido, 249, 337; Guerra Franco-Prussiana e, 319; morte de Albert e, 284n, 286; morte do filho Waldemar, 337; nascimento de, 168; Natal de 1853, 241; noivado com Frederico Guilherme (Fritz) da Prússia, 252; ocultação de documentos particulares para que o filho Guilherme não tivesse acesso, 381; opiniões políticas, 331; perda do filho Sigismund, 308; posição privilegiada de, 267; primogênito (Kaiser Guilherme II), 261-2; relação com a mãe, 169, 210-1, 263-4, 267-8, 321-2, 324; relação com o pai, 170, 263; vida infeliz na Prússia, 261, 363, 378-80; visita de Vitória (1888), 381

Victoria and Albert Museum, 236

Victoria de Hesse-Darmstadt, princesa (neta), 363n

Victoria Eugenie, princesa (neta), 364

Vida de Brown (biografia não publicada escrita pela rainha Vitória), 355

Vitória, rainha: adoração da, 38, 90-1, 105, 211, 289, 376, 398, 417; como arquetípica, 417; como *whig*, 112; crença em espíritos, 314; crença na hierarquia, 223; descrita por Wilde, 37; diário e cartas destruídos ou editados para omissão de conteúdo, 35-7, 73, 124, 168-9, 216, 221, 311; escolha do nome da, 54; escritos da, volume diário, 37; fotografias sorrindo, 399; legado de, 39; linha sucessória e, 34, 43-4, 50-1, 57, 60, 72, 78; memoriais para a, 39; mitos acerca da, 35, 37, 61, 168; prerrogativa real, 197; prestígio/celebridade, 7, 38-9, 135; progresso, modernidade, e, 38, 400-2; reino, duração do, 39, 399; tamanho do reino, 400; temas repetidos na vida da, perda e resistência, 57; vida de um membro da realeza, 43-4; caráter e principais aspectos; amamentação como prática vulgar, 209; amor pela natureza, 207, 309; amor pelo teatro, 62; amor por animais, 34, 327, 335, 377; animais de estimação, 34, 64, 70, 103; atormentando

275-9; filho Leopoldo e, 265, 267; gestações e partos, 156, 160-1, 167-8, 171, 178, 180, 183, 198, 200-1, 214-6, 217n, 236, 256; gestações, desgaste físico da, 184, 199, 208, 237, 266; governanta dos filhos, Lady Lyttelton, 169, 186; Grande Exposição de 1851 e, 227-8; Guerra da Crimeia e, 238-53; Guerra de Independência Italiana de 1859 e, 260; imprensa e críticas à, 139, 196, 244; insatisfação social e revolução, 1848, 213-25; invasor do palácio (Moleque Jones), 173-4; Lehzen banida por Albert, 185-6; Lehzen e, 165, 182-3, 186-7; Leis do Trigo e, 192; Leopoldo e, 170-1, 178, 180, 212, 216, 238, 243, 259, 270; lua de mel, 148; Luís Filipe da França e, 214-5; luta de Albert por poder e, 143, 148, 162-7, 171-2, 260-1; maternidade e, 169, 171, 264-5, 267; medo da revolução, 215-6, 219; medo de engravidar, 160; Melbourne e, 131-2, 141, 143-5, 147, 152, 156, 165, 177-81, 332; Melbourne sobre o casamento de, 156, 164; Melbourne, e cerimônia de casamento de, 148-9, 152; Melbourne, e noivado de, 131, 136, 138, 141, 147; Melbourne, e primogênita, 168; morte de Albert e, 279-85; nascimento da filha Alice, 198; nascimento da filha Beatrice, 256; nascimento da filha Helena, 201; nascimento da filha Louise, 216; nascimento da filha Victoria, 168; nascimento do filho Albert, 183; nascimento do filho Alfred, 198; nascimento do filho Leopoldo, 236; Natal de 1861, 286; negócios de estado e, 165, 171; Nightingale e, 250-2; no Palácio de Kensington, 146; palavras prediletas e *gemütlich*, 205; Palmerston e, 220-2; Peel e, 178-80, 191-2, 197, 201; Pequeno Polegar e outras curiosidades como entretenimento, 203-5;

política externa, 220, 280; popularidade, 158, 211; prece na passagem de ano de 1840, 145; preconceito contra os irlandeses, 194; preocupações de, 196; primeira viagem de trem, 200; primeiro aniversário de casamento, 172; problemas assolando a Grã-Bretanha, 193, 196; Questão Irlandesa, 193-4, 224; Questão Oriental e, 167, 171, 247; rebelião indiana e, 258; relação com a mãe, 133-4, 253, 268; renda da, 175; ritual de aniversário, 269; rivalidade com os franceses, 216; rumores sobre a sanidade mental, 269; rusgas conjugais, 237, 279; Russell e, 221-2, 224; *tories* e, 141; último adeus de Melbourne, 179; uso de clorofórmio como sedativo nos partos e, 236, 256; vestido de noiva, 149-50; vida doméstica e prole, 169, 188, 198, 201, 205-12, 234, 252, 254-71; visitas ao rei da França (1843 e 1845), 214; vontade de Albert de dispensar Lehzen e Melbourne, 165, 172, 175, 180, 182-3; *whigs* e, 142; 1862–1879 (luto e superação), 288-338; abertura das atividades anuais do Parlamento, 302-3; acidente na Escócia, 297-8; aparência, 289, 298, 337-8; atentado (1872), heroísmo de Brown e, 324; atrocidades turcas e, 328-30; Bismarck, unificação alemã, 307; Brown e, 302, 311-9, 322, 325, 337-8; calamidade da mina de Hartley, 299; carga de trabalho da, 296, 301; Carlyle e, 322; cartas a Alexander Profeit, 317-8; Castelo de Balmoral, Escócia e, 312; cerimônia de casamento da filha Alice, 294; cerimônia de casamento da filha Helena, 302; cerimônia de casamento do filho Bertie, 295; chalé Glassalt Shiel, 325; como avó, 322; como imperatriz da Índia, 335, 342; como *tory* convicta, 334; compaixão pública por sua perda, 297, 309; convicções políticas, 321; correspondência após a morte de Albert, 296, 321; críticas à, 300-1, 308-9, 315; depressão da, 290, 295; despesas e incômodo em pagar impostos, 306; Disraeli e, 303-4, 323, 328, 331, 333-5, 341; doença (1871), 323; doença grave de Bertie (1871), 323; em Osborne, Ilha de Wight, 288, 302, 332; escândalo Mordaunt e, 321; filha Alice e, 298, 307, 321; filha Vicky e, 321-2, 324; Gladstone e, 305, 322, 331, 334; Guerra Franco-Prussiana, 319; identidade como viúva, 299-300; insatisfação social e Segundo Projeto de Lei da Reforma, 303; invasão russa à Turquia (1877), 332-3; Lehzen e, 295; maternidade e relação com seus filhos, depois da morte de Albert, 291-2, 308, 321-2; missa de ação de graças pela recuperação de Bertie e, 323; mito acerca de sua incapacidade de governar sem Albert, 293-4; montaria e, 302; moradias, 301; morte de Alice, 336-7; morte do príncipe Leopoldo, 308; mortes de amigos e parentes, 312, 336; mortes de netos, 336-7; novo modelo de governo posterior à morte de Albert, 297; obrigações de estadista e, 303, 308, 312; pesar da, como patologia, 309, 312; política externa, 296-7, 328-30, 332-3; preocupações com sintomas de insanidade, 290-1, 293; Questão Irlandesa, 320; questão Schleswig-Holstein, 296-7; questões sociais e política conservadora, 320-1; rãs em Frogmore e, 327; reclusão, 301, 305-6, 308-9, 312, 314, 323; reformas de Disraeli e, 335; retorno à vida pública, 298, 302-3; retorno ao governo, 301; Russell e, 301-2; saúde, 301, 303, 312; sede de vida, 298; solidão da, 295, 303; sonhos com sua mãe, 325; tática utilizada pela, 303; Tennyson e, 288-9; traje de luto, 291, 294, 299; 1880–1901 (Regina Imperatrix), 341--421; apogeu político da, 370-4; ascensão do nacionalismo europeu e, 402; aversão ao neto imperador Guilherme, 379, 382; carga de trabalho de, 420; casamento de Beatrice e, 363-4; como "a Avó da Europa", 385; cortiços londrinos, preocupação com, 366; crise sudanesa e, 359-60; depressão da, 409; desprezo por mulheres "despachadas", 347; devoção de Brown e, 354-5; Disraeli e, 341, 344,-5; em Osborne, Ilha de Wight, 382, 411-3; envelhecimento e saúde, 373, 375, 383, 393, 399, 402, 408-9, 411; filha Vicky e, 381; filhas da, apoio aos direitos das mulheres, 347; filho Bertie e, 347; funeral e enterro, 415-6, 419; Gladstone e, 341-3, 360-2, 365, 372, 374, 376, 383-4 (*ver também* Gladstone, William Ewart); Guerra dos Bôeres (Segunda, 1899), 406-8; imagem pública, 372, 374-6; Jubileu de Diamante, 395, 397-9, 401-2; Jubileu de Ouro, 375-8; longevidade da, 402, 420; memória de Albert e, 377; morte de Brown e pesar de, 353-6; morte de Gordon e, 360-2; mortes de amigos e parentes, 353-6, 375, 385, 396, 398, 404-5, 409; mulheres "despachadas" e, 348; *munshi* e, 386-95; oposição a Gladstone, 366; oposição aos direitos das mulheres, 347, 374n; partido *tory* e, 345; política externa, 358, 360-2, 370; política indiana e, 392; posicionamentos políticos, 345-6, 362, 366-74; querela acerca do Discurso do Trono, 345; Questão Irlandesa, 366-9, 371, 384; Questão Oriental e, 358; racismo e criados indianos, 390-1; ressurgimento como monarca politicamente ativa, 345; Rosebery

1ª EDIÇÃO [2018] 2 reimpressões

ESTA OBRA FOI COMPOSTA PELA ABREU'S SYSTEM EM INES LIGHT
E IMPRESSA EM OFSETE PELA LIS GRÁFICA SOBRE PAPEL PÓLEN NATURAL
DA SUZANO S.A. PARA A EDITORA SCHWARCZ EM NOVEMBRO DE 2022